It's Time to Change!

문제만 풀고 정답 체크하고 끝인 토익 준비.
이제는 바뀌어야 합니다.
한 문제를 풀어도
열 문제를 푼 것같이
꼼꼼한 정답 도출 과정을 익혀 보세요.

KB044931

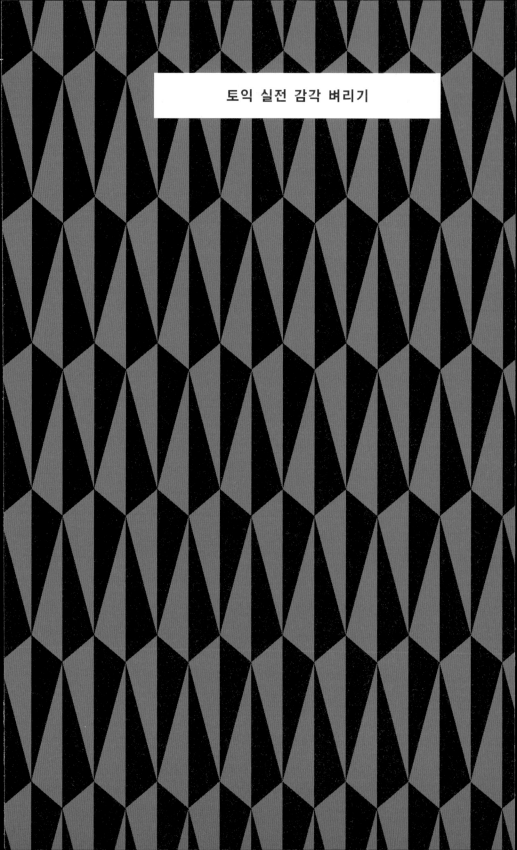

토익 실전 감각 벼리기

유수연 토익 950
최상위 문제 실전 모의고사
유수연 저
632쪽 | 3회분 | 18,000원

유수연 토익 750
최적화 문제 실전 모의고사
유수연 저
640쪽 | 3회분 | 18,000원

유수연 토익 650
맞춤형 문제 실전 모의고사
유수연 저
640쪽 | 3회분 | 18,000원

해설주의 토익
실전 모의고사 LC
백형식 저
320쪽 | 5회분 | 14,000원

해설주의 토익
실전 모의고사 RC
김병기 저
484쪽 | 5회분 | 15,000원

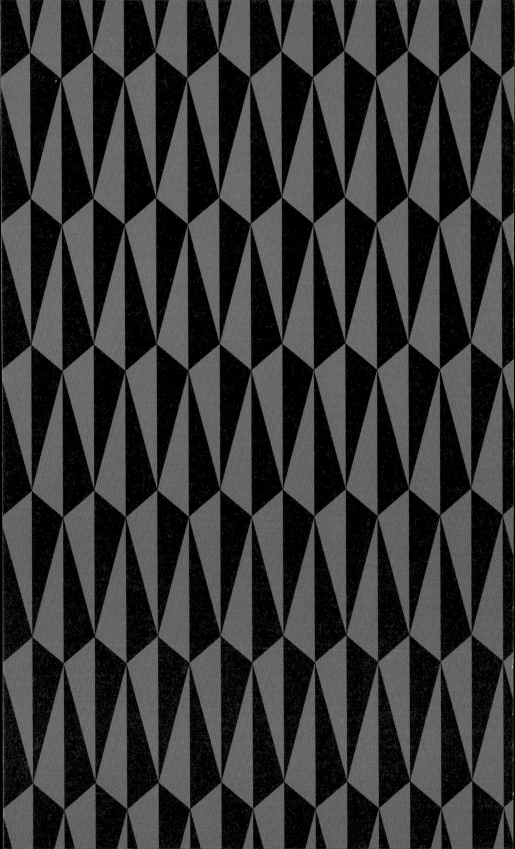

유수연 **토익**
650
맞춤형 문제
실전 모의고사

유수연 토익 650
맞춤형 문제 실전 모의고사

지은이 유수연
초판 1쇄 인쇄 2018년 7월 17일
초판 1쇄 발행 2018년 7월 31일

발행인 박효상   **총괄 이사** 이종선   **편집장** 김현   **기획·편집** 김효정, 김설아   **디자인** 이연진
디자인 싱타디자인 고희선
마케팅 이태호, 이전희   **관리** 김태옥

종이 월드페이퍼   **인쇄·제본** 현문자현

출판등록 제10-1835호   **발행처** 사람in   **주소** 121-839 서울시 마포구 양화로 11길 14-10 (서교동) 4F
전화 02) 338-3555(代)   **팩스** 02) 338-3545   **E-mail** saramin@netsgo.com
Homepage www.saramin.com

책값은 뒤표지에 있습니다.
파본은 바꾸어 드립니다.

© 유수연 2018

ISBN
978-89-6049-674-3 14740
978-89-6049-669-9 (세트)

사람이 중심이 되는 세상, 세상과 소통하는 책 사람in

유수연 토익 650

맞춤형 문제
실전 모의고사

유수연 지음

사람in

토익 수험생에게 고함

본 모의고사는
수많은 문제 유형을
정교하게 난이도 조절을 하여

650점대 이상
점수를 원하는 분들을 위해
가장 특화된 문제만
100% 추출한
모의고사 600제이므로

실제 시험과 다를 수 있음을 알려드립니다.

PART 1

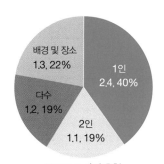

PART 1 사진 유형

정답의 패턴

정답을 유추하지 말고 보이는 것만 믿어라.
① 전반적인 묘사 〉상세한 묘사
② 사실적인 묘사 〉추상적인 묘사
③ 객관적인 묘사 〉주관적인 묘사
정답과 오답의 가장 큰 특징은, 추상적이거나 구체적인 것보다는 사실 상황을 묘사한 것 또는 전반적인 동작 상황을 묘사한 것이 정답이라는 점이다. 사진 속 상황을 절대 유추하지 말고 보이는 것만 믿어라.

기본 문제 풀이 전략

STEP 1 사진 파악 – 음성이 나오기 전에 사진을 미리 보고 시선을 떼지 않는다.
STEP 2 받아쓰기 – 음성을 들으면서 빠르게 핵심어 한두 단어를 받아쓴다.
STEP 3 소거법 – 사진에서 보이지 않는 단어(동사, 명사)가 들리면 바로 소거한다.
STEP 4 정답 확인 – 오답을 먼저 제거하고 남는 것을 정답으로 선택한다.

최근 유형

① 유사한 동작을 묘사하더라도 마지막에 언급되는 명사를 확인하라.
② 사람 유무에 관계없이 정답이 되는 수동태 진행형(be동사 being p.p.)은 따로 있다.
③ 익숙하지 않은 사물 묘사나 자연 현상 표현을 확인하라.

사람 등장 사진의 정답 유형

사람 등장 사진에서 사물을 묘사한 정답이 나올 확률은 18%이다.
특히, 이중에 1인 사진은 67%, 2인 사진은 23%, 3인 이상 다수가 등장한 사진은 10%를 차지한다.

PART 2

PART 2 출제 유형

기본적으로 PART 2는 질문과 답변의 유형이 15개뿐이다.

PART 2 기본 출제 유형		오답유형
의문사 의문문	1. Who 의문문	1. Yes/No 오류
	2. Where 의문문	2. 다른 의문사에 대한 답변
	3. When 의문문	3. 주어 오류
	4. Why 의문문	4. 유사 발음, 동일·연상 어휘 오류
	5. How 의문문	5. 시제 오류
	6. What/Which 의문문	
일반 조동사 의문문	7. 간접의문문	
	8. 조동사 의문문	
	9. 선택 의문문	
	10. 권유/제안/요청 의문문	
	11. 부가/부정 의문문	
평서문	12. 평서문	
회피성 답변	13. I don't know	
	14. 반문	
	15. 간접 상황	

유형별 출제율 분석

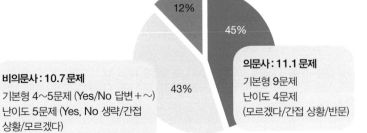

평서문 : 3.1 문제
1. 문제 상황 ▶ 대안/공감
2. 제안 ▶ 거절/승낙
3. 사실/상황 ▶ 맞장구
4. 질문 ▶ Yes/No

12%

45%

43%

비의문사 : 10.7 문제
기본형 4~5문제 (Yes/No 답변+~)
난이도 5문제 (Yes, No 생략/간접
상황/모르겠다)

의문사 : 11.1 문제
기본형 9문제
난이도 4문제
(모르겠다/간접 상황/반문)

PART 3

PART 3 불변의 원칙

1. 정답은 대화의 진행 순서대로 등장한다.

2. 정해진 유형의 질문에서 벗어나지 않는다.

3. 대화는 구체적인 사실/상황으로 표현되나 정답은 포괄적으로 묘사된다.

4. MAN(남자) 질문은 남자의 대사에서 답이 나온다.

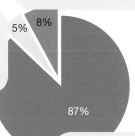

시각 자료 연계 문제 : 3문항

1. 일정: 행사, 공연, 교통, 날씨 등
2. 지도: 도로, 평면도, 노선도
3. 그래프: 파이 차트, 막대 그래프
4. 기타: 쿠폰, 리뷰, 영수증 등

화자의 의도 문제 : 2문항

1. Why ~ say "~"?
2. What ~ mean/imply when she/he says, "~"?

5% 8%

87%

기본 유형 문제 : 34문항

기본 정보: 직업, 업종, 대화 장소, 주제
세부 정보: 키워드 확인 문제
미래 정보: 미래, 요구/요청, 권유/제안

화자의 의도를 묻는 문제 풀이 전략

1. 화자 의도와 같은 뜻의 보기는 제거한다.
2. 포괄적으로 상황을 설명한 것이 정답이다.
3. 해당 위치에서 연결어를 확보하자.

시각 자료 연계 문제 풀이 전략

1. 대화에서 언급된 보기는 정답이 아니다.
2. 일정표는 일정의 변경, 취소 등을 확인하라.
3. 지도 관련 자료는 장소 전치사가 게임의 룰을 정한다.
4. 그래프는 서수, 최상급, 수량에 대한 언급에 답이 나온다.
5. 브로슈어, 쿠폰, 영수증은 잘못된 정보를 찾는 것이 정답이다.

고득점 유형

① 처음 2개의 질문이 주제/장소, 직업/목적 등인 경우는 처음 두 줄에 답이 동시에 나오는 2:1 구조이다.
② 3문제 모두 주제, 직업, 문제점이면 3:0의 구조이다.
③ I'll ~로 말하면 제안을, You'll ~로 말하면 요청을 뜻한다.
④ 답이 먼저 들리고 난 후에 키워드가 들린다.
⑤ 미래 문제는 상대의 말에서 답이 나온다.
⑥ however, but, by the way, unfortunately 뒤에 결정적인 정답의 단서가 나온다.
⑦ 앞으로 일어날 일의 순서를 묻는 문제는 I'll ~ / Let's ~에서 처음 들리는 동사가 정답이다.
⑧ 수동태 문제는 권유, 제안 등의 표현을 들어야 한다.
⑨ Let's/next/from now 등의 표현은 마지막 줄에 들리며 미래의 일정을 설명한다.

PART 4

PART 4 불변의 원칙
1. 정답은 담화의 진행 순서대로 등장한다.
2. 정해진 유형의 질문에서 벗어나지 않는다.
3. 대화는 구체적인 사실/상황을 표현하나 정답은 포괄적으로 묘사된다.
4. 담화의 전개 방식이 패턴화되어 있다.

최근 시험에서 가장 많이 출제되는 담화(talk) 유형은 회의, 설명/연설, 전화 메시지이며, 패턴화된 담화의 전개 방식은 반드시 알아두어야 한다.

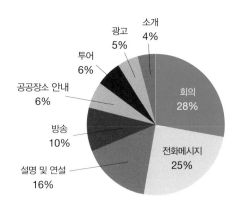

- 소개 4%
- 광고 5%
- 투어 6%
- 공공장소 안내 6%
- 방송 10%
- 설명 및 연설 16%
- 회의 28%
- 전화메시지 25%

PART 5 & 6

PART 5

1

문장의 구조 분석을 통해 품사의 배열과 문법의 근거를 찾아라.

2

문제 해결을 위한 **문법** 사항을 정리해 두자.

3

문장 중에 **답 결정 단어**를 찾아 객관적이고 논리적인 근거를 확보하라.

4

어휘는 언제, 누구와 출제되는지를 함께 암기하라.

PART 5

PART 6

PART 6

1. 품사 선택 1~2 문제
① 품사의 배열 ② 관련 문법

2. 동사의 형태 2~3 문제
① 본동사의 개수
② 주어와의 수일치
③ 목적어 유무의 태
④ 다른 동사들과의 시제

3. 어휘 문제 4~5 문제
→ **말이 되는 것은 답이 아니다.**
① 본문 중에 답을 결정하는 연결 단어
② 동의어
③ 포괄적인 단어

4. 연결어 문제 1~2 문제
① 접속사와 전치사 확인
② 지시대명사/형용사 확인
③ 접속부사/부사 확인

5. 문맥 추가 4 문제
① 보기의 키워드 정리
② 본문 중 빈칸 앞뒤의 답을 결정하는 연결 단어
③ 전체 지문 중에서 오류 제거

PART 7

독해 4대 원칙
① 답은 지문의 순서대로 배치된다.
② 문제를 먼저 분석한 후에 지문의 해당 위치를 검색한다.
③ 본문은 구체적이고 답은 포괄적이다.
④ 보기의 오답들은 한 단어의 오류를 숨기고 있다.

전략적 문제 풀이 접근법

STEP 1 지문의 앞부분을 스키밍(skimming)하여 기본 정보를 정리한다.
STEP 2 질문을 분석하여 키워드와 답의 위치를 찾는다.
STEP 3 질문의 키워드와 보기 (A) ~ (D)의 키워드를 정리한다.
STEP 4 지문에서 보기의 키워드들을 스키밍(skimming)으로 검색한다.
STEP 5 지문에서 검색한 내용과 보기 (A) ~ (D)를 대조하여 정답을 찾는다.

★ 최근 토익 추세는 언뜻 보아서는 (A) ~ (D) 모두 답이 되는 것 같지만, 한 단어 때문에 오답이 되는 경우가 많다. 따라서 신속하면서도 꼼꼼하게 확인하면서 풀어야 한다.

차 례

▸ LC 테스트용 mp3 음원 파일과 복습용 음원 파일은 www.saramin.com에서 다운로드할 수 있습니다.

TEST 1

LISTENING TEST

In the Listening test, you will be asked to demonstrate how well you understand spoken English. The entire Listening test will last approximately 45 minutes. There are four parts, and directions are given for each part. You must mark your answers on the separate answer sheet. Do not write your answers in your test book.

PART 1

Directions: For each question in this part, you will hear four statements about a picture in your test book. When you hear the statements, you must select the one statement that best describes what you see in the picture. Then find the number of the question on your answer sheet and mark your answer. The statements will not be printed in your test book and will be spoken only one time.

Statement (B), "They're having a meeting," is the best description of the picture, so you should select answer (B) and mark it on your answer sheet.

1.

2.

GO ON TO THE NEXT PAGE

3.

4.

5.

6.

GO ON TO THE NEXT PAGE

PART 2

Directions: You will hear a question or statement and three responses spoken in English. They will not be printed in your test book and will be spoken only one time. Select the best response to the question or statement and mark the letter (A), (B), or (C) on your answer sheet.

7. Mark your answer on your answer sheet.

8. Mark your answer on your answer sheet.

9. Mark your answer on your answer sheet.

10. Mark your answer on your answer sheet.

11. Mark your answer on your answer sheet.

12. Mark your answer on your answer sheet.

13. Mark your answer on your answer sheet.

14. Mark your answer on your answer sheet.

15. Mark your answer on your answer sheet.

16. Mark your answer on your answer sheet.

17. Mark your answer on your answer sheet.

18. Mark your answer on your answer sheet.

19. Mark your answer on your answer sheet.

20. Mark your answer on your answer sheet.

21. Mark your answer on your answer sheet.

22. Mark your answer on your answer sheet.

23. Mark your answer on your answer sheet.

24. Mark your answer on your answer sheet.

25. Mark your answer on your answer sheet.

26. Mark your answer on your answer sheet.

27. Mark your answer on your answer sheet.

28. Mark your answer on your answer sheet.

29. Mark your answer on your answer sheet.

30. Mark your answer on your answer sheet.

31. Mark your answer on your answer sheet.

PART 3

Directions: You will hear some conversations between two or more people. You will be asked to answer three questions about what the speakers say in each conversation. Select the best response to each question and mark the letter (A), (B), (C), or (D) on your answer sheet. The conversations will not be printed in your test book and will be spoken only one time

32. Where most likely are the speakers?
 (A) At a cinema
 (B) At a post office
 (C) At a shop
 (D) At a florist

33. What does the man complain about?
 (A) Opening hours are not long enough.
 (B) Repair fees are more expensive than expected.
 (C) A new product seems to have a problem.
 (D) An item has not been delivered on time.

34. What does the man want to do?
 (A) Exchange an item
 (B) Talk with a manager
 (C) Try another branch
 (D) Get a refund

35. What is the purpose of the woman's call?
 (A) To sign up for a training course
 (B) To inquire about renting a vehicle
 (C) To get information about a shipping service
 (D) To make a room reservation

36. What event does the woman talk about?
 (A) A cooking demonstration
 (B) An international trade fair
 (C) An anniversary celebration
 (D) A gallery exhibition

37. What information does the man need to make an estimate?
 (A) A current address
 (B) The dimensions of items
 (C) A bank account number
 (D) The exact location of an event

GO ON TO THE NEXT PAGE

38. What business do the speakers most likely work for?
(A) A fitness center
(B) A nursery
(C) A hospital
(D) A computer shop

39. What kind of project are the women working on?
(A) Organizing a social event for patients
(B) Developing a new database system
(C) Scheduling regular patient checkups
(D) Holding interviews with job candidates

40. What does the man suggest?
(A) Rearranging some records
(B) Contacting a new supplier
(C) Staying late for work
(D) Employing temporary workers

---

41. What are the speakers mainly talking about?
(A) A new manager
(B) A new project
(C) A corporate event
(D) A job candidate

42. What is indicated about St. Palu's Tower?
(A) It has recently moved to a new location.
(B) It was under renovation.
(C) It has a new owner.
(D) It is conveniently located for tourists.

43. What does Sally ask Susan to do?
(A) Drive to the interview
(B) Take some pictures
(C) Prepare a presentation
(D) Write some articles

---

44. What has the man recently done?
(A) Mailed out some flyers
(B) Signed up for a workshop
(C) Read a news report
(D) Looked through customer comments

45. Why does the woman say, "I have been tied up with other work."?
(A) To get some help
(B) To arrange new schedules
(C) To make an excuse
(D) To express her interest

46. What does the man want to discuss at next week's meeting?
(A) Planning a promotional event
(B) Rearranging products
(C) Making operating hours longer
(D) Adding more items

---

47. What are the speakers mainly talking about?
(A) Promotional flyers
(B) A product sample
(C) Materials for training
(D) Invitations for a corporate event

48. According to the woman, what was wrong with the sample copy?
(A) Its size was too small.
(B) Some names were spelled incorrectly.
(C) The number of pages was wrong.
(D) It was printed in different colors.

49. What does the man ask the woman to change?
(A) An event date
(B) A business proposal
(C) A delivery schedule
(D) A list of presenters

---

50. What does the woman suggest to improve efficiency at the workplace?
(A) Dividing assignments equally
(B) Organizing a workplace properly
(C) Setting achievable goals
(D) Having meetings regularly

51. What does the woman intend to do?
(A) Publish a book
(B) Rearrange an office
(C) Schedule a meeting
(D) Found a firm

52. What does the woman mean when she says "I can't say for sure"?
(A) She does not like the question.
(B) She wants to talk about a new topic.
(C) She has received the same questions several times.
(D) She does not have an exact date.

53. What is the man unable to do?
(A) Locate some equipment
(B) Book a meeting room
(C) Sign in to his computer
(D) Copy some documents

54. According to the woman, what happened yesterday?
(A) Renovation work was completed.
(B) A new network line was set up.
(C) Electric power went out in the building.
(D) Some systems were replaced.

55. What does the woman offer to do for the man?
(A) Call a colleague
(B) Hand in a service request
(C) Replace a computer
(D) Install some programs

56. What did the woman do in Berlin?
(A) Interviewed some job candidates
(B) Attended an apparel exposition
(C) Met with some suppliers
(D) Searched for some property

57. What problem does the woman mention?
(A) Some clients complained about quality.
(B) A product is not available at the moment.
(C) The price of some products is high.
(D) A contract was not prepared properly.

58. What does the man suggest?
(A) Putting in a small order
(B) Holding a promotional event
(C) Asking for a product sample
(D) Relocating to a new place

GO ON TO THE NEXT PAGE

59. What is the purpose of the woman's call?
(A) To negotiate a contract
(B) To ask for directions to a location
(C) To get information about a banquet hall
(D) To follow up on a reservation

60. What information does the man ask for?
(A) The reason for an event
(B) The price of a new product
(C) The number of attendees
(D) The payment method

61. What does the man offer to do for the woman?
(A) Schedule a meeting date
(B) Provide free transportation
(C) Contact her later
(D) Forward a document to her

Delgado Office Building Directory	
Company	**Room No.**
Kar Law Consulting	Office 112
Crawford Architect	Office 113
Jenny & Dean Design	Office 211
Elena Computer	Office 312

62. Why is the man visiting the building?
(A) He is picking up an order.
(B) He has a dental appointment.
(C) He is applying for a job.
(D) He is attending a presentation.

63. What does the woman say about parking?
(A) It is open to the public.
(B) It is limited to employees only.
(C) It is located far from the building.
(D) It is available to visitors at no charge.

64. Look at the graphic. Which company name needs to be changed on the building directory?
(A) Kar Law Consulting
(B) Crawford Architect
(C) Jenny & Dean Design
(D) Elena Computer

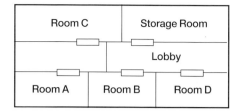

Printing Company	Location
Collins	Highgate
Barrett	Golders Green
Austin	Edgeware Road
Flores	Camden Town

65. According to the woman, what does the man have to do soon?
(A) Set up a meeting room
(B) Leave for a business event
(C) Assign work to each department
(D) Go shopping for office supplies

66. Look at the graphic. Which room has been assigned to the man?
(A) Room A
(B) Room B
(C) Room C
(D) Room D

67. What does the man say will be held tomorrow morning?
(A) A regular meeting
(B) An anniversary party
(C) A promotional event
(D) An orientation session

68. What type of event are the speakers talking about?
(A) A musical concert
(B) A business fair
(C) A race
(D) A charity auction

69. What is the woman worried about?
(A) A small budget
(B) The location of an event
(C) A tight deadline
(D) Complaints from customers

70. Look at the graphic. Which printing company will the speakers most likely do business with?
(A) Collins
(B) Barrett
(C) Austin
(D) Flores

GO ON TO THE NEXT PAGE

PART 4

Directions: You will hear some talks given by a single speaker. You will be asked to answer three questions about what the speaker says in each talk. Select the best response to each question and mark the letter (A), (B), (C), or (D) on your answer sheet. The talks will not be printed in your test book and will be spoken only one time.

71. Who most likely is the speaker?
(A) A professor
(B) A publisher
(C) A radio-show host
(D) A researcher

72. What has Melinda Wilson recently done?
(A) Traveled overseas
(B) Written a book
(C) Harvested some crops
(D) Applied for a position

73. What does the speaker ask listeners to do?
(A) Contact the station
(B) Visit a Web site
(C) Purchase a book
(D) Attend a workshop

74. Why are the listeners gathered?
(A) To volunteer for an event
(B) To praise some accomplishments
(C) To address complaints
(D) To attend a workshop

75. What is suggested about the video?
(A) It will consist of three sections.
(B) It will be 10 minutes long.
(C) It will be uploaded to social media.
(D) It will explain some strict rules.

76. What are the listeners asked to do?
(A) Sign up for a program
(B) Greet other employees
(C) Check some documents
(D) Report to a manager

77. What is the speaker mainly talking about?
(A) Renovation work
(B) An employee survey
(C) A company policy
(D) A job opening

78. Why does the speaker say, "I know it's not where you expected to stay"?
(A) To express surprise
(B) To ask for understanding
(C) To correct an address
(D) To request a new building

79. What does the speaker say about the offices on the tenth floor?
(A) They are limited to the board of directors only.
(B) They include a meeting room.
(C) Their sizes are larger.
(D) Their view will be very nice.

---

80. What is the purpose of the event?
(A) To introduce a new manager
(B) To honor an executive
(C) To give a lecture
(D) To release a new book

81. What does the speaker say James accomplished?
(A) He managed a large client account.
(B) He created a best-selling product.
(C) He upgraded all of the facilities.
(D) He expanded the company's market share overseas.

82. What will happen next?
(A) A presentation will be given.
(B) Some handouts will be distributed.
(C) A souvenir will be presented.
(D) A Q&A session will start.

---

83. Why does the speaker congratulate Ms. Peung?
(A) Her project was completed on time.
(B) Her movie is very popular.
(C) She started writing a book.
(D) She received an award.

84. According to the speaker, what will Ms. Peung do early next month?
(A) She will proofread a book.
(B) She will begin a new program.
(C) She will hold a reception.
(D) She will release a new version of a movie.

85. What does the speaker ask Ms. Peung to do?
(A) Provide a schedule
(B) Arrange an itinerary
(C) Avoid a specific date
(D) Contact her assistant

GO ON TO THE NEXT PAGE

86. What will happen in November?
(A) An investigation will be conducted.
(B) A new product will be released.
(C) A survey will be reported.
(D) A new employee will be hired.

87. Why does the speaker say, "Only you could create such an innovative design"?
(A) He needs a new director.
(B) He wants to show a product.
(C) He is assigning more design work.
(D) He is praising some employees.

88. What are some employees asked to do?
(A) Visit a Web site
(B) Complete some documents
(C) Contact a manager
(D) Attend a meeting

89. What is being advertised?
(A) A hotel
(B) A book
(C) Software
(D) A machine

90. What does the speaker mention about the product?
(A) It has recently added more features.
(B) It can be used internationally.
(C) It is temporarily sold out.
(D) It has received good reviews.

91. What is being offered for a limited time?
(A) A smart phone
(B) A discount
(C) An upgrade
(D) Free shipping

92. Why does the speaker say, "The elevator near my office isn't working properly"?
(A) To raise a question
(B) To ask for help
(C) To announce a work plan
(D) To explain why she was late

93. Where most likely is the speaker?
(A) At a gym
(B) At a museum
(C) At a factory
(D) At an office building

94. What is suggested about the gift shop?
(A) It is open until 6 P.M.
(B) It is having a sale.
(C) It is located on the second floor.
(D) It has a wide selection of items.

Mon.	Tue.	Wed.	Thu.	Fri.	Sat.
7 Interviews	8	9	10	11 Rehearsal	12 Concert

West Wing Transportation History	Special Hall	East Wing Clothing Style
South Wing Photographs	Theather	Gift Shop

95. Who most likely is Mike?
(A) A travel agent
(B) A musician
(C) A reporter
(D) An editor

96. Look at the graphic. On which day will the speaker want to schedule the photoshoot?
(A) Monday
(B) Tuesday
(C) Wednesday
(D) Thursday

97. What will the listener receive later this morning?
(A) Some images
(B) Some questions
(C) A list of attendees
(D) An itinerary

98. Where are the listeners?
(A) At a hospital
(B) At an arena
(C) At a plant
(D) At a museum

99. Look at the graphic. Which area is closed today?
(A) The West Wing
(B) The East Wing
(C) The Special Hall
(D) The South Wing

100. Who is Alberto Montego?
(A) A coordinator
(B) A photographer
(C) A storyteller
(D) A costume designer

This is the end of the Listening test. Turn to Part 5 in your test book.

READING TEST

In the Reading test, you will read a variety of texts and answer several different types of reading comprehension questions. The entire Reading test will last 75 minutes. There are three parts, and directions are given for each part. You are encouraged to answer as many questions as possible within the time allowed.

You must mark your answers on the separate answer sheet. Do not write your answers in your test book.

PART 5

Directions: A word or phrase is missing in each of the sentences below. Four answer choices are given below each sentence. Select the best answer to complete the sentence. Then mark the letter (A), (B), (C), or (D) on your answer sheet.

101. The Kensington Community Center celebrated the --------- of the Children's Public Library with local residents.
(A) open
(B) opened
(C) opening
(D) opens

102. The reviews of the movie after it premiered were --------- favorable.
(A) early
(B) enough
(C) far
(D) quite

103. Due to an increase in business, Morg Corp. decided to relocate to the --------- site in São Paulo.
(A) proposal
(B) proposed
(C) proposes
(D) proposition

104. The recent Viljoen Drink survey --------- indicated that customers prefer a drink that is designed for the season.
(A) results
(B) stores
(C) coupons
(D) events

105. Please keep all --------- belongings at hand in case you leave on your manager's request.
(A) you
(B) your
(C) yours
(D) yourself

106. With increased requests for safety, stricter working rules --------- at the construction site.
(A) enforces
(B) are enforcing
(C) to enforce
(D) are enforced

107. The newly released TV model, UHD 1200, responds more --------- than the previous model did.
(A) quick
(B) quickly
(C) quicker
(D) quickest

108. At Gallerhan Real Estate Agency, --------- try to keep our customers' personal information confidential.
(A) us
(B) our
(C) we
(D) ourselves

109. Stepping stones on the swamp --------- to the habitat for migratory birds in Rainbow Creek.
(A) take
(B) prepare
(C) present
(D) lead

110. A year-end sale on office furniture --------- at the Pollark Furniture's Liverpool branch yesterday.
(A) announced
(B) was announced
(C) to announce
(D) was announcing

111. In order to meet the deadline, all related reports for this year's advertising campaign should be submitted --------- December 11.
(A) during
(B) within
(C) before
(D) while

112. According to the revised company policy, --------- worker at Palcon Telecommunications is eligible to receive two additional days off.
(A) other
(B) every
(C) for
(D) just

113. Customer service representatives at Easy Writing Stationery are trained to address the concerns of our customers --------- to avoid causing inconvenience.
(A) clearly
(B) lately
(C) potentially
(D) promptly

114. Scholer Medical Co. resolved the issue by using a simple yet --------- solution.
(A) innovate
(B) innovative
(C) innovatively
(D) innovation

115. In January, the Wellness Gym will --------- a new membership program to attract more customers.
(A) attempt
(B) emerge
(C) launch
(D) publish

116. CEO Patrick Conrad is confident that his company has the --------- to respond to its customers' requests quickly.
(A) ability
(B) belief
(C) measure
(D) problem

GO ON TO THE NEXT PAGE

117. The National Real Estate Association predicts that housing prices will rise by --------- 8 percent over the next year.
(A) rough
(B) rougher
(C) roughly
(D) roughed

118. The Astral Community Center had no --------- to converting the place that had been vacant for a year into a children's playground.
(A) object
(B) objects
(C) objecting
(D) objection

119. Having won an award for the tenth consecutive year, it is natural for Margaret to consider --------- to be the best in the industry.
(A) her
(B) it
(C) herself
(D) itself

120. Phamacon Manufacturing does not let staff onto the factory floor until they are --------- to all of the safety procedures.
(A) comparable
(B) accustomed
(C) fortunate
(D) changeable

121. Due to the rapid development of social media, many marketing experts have paid attention to buzz marketing, which is --------- used by many companies.
(A) wide
(B) widely
(C) wider
(D) widen

122. Our new security system enables users to access their mobile banking just by touching a button with their fingers --------- using a keypad.
(A) as well as
(B) because of
(C) instead of
(D) together with

123. Clarkson Pharmaceuticals --------- to research and develop new medicine since its foundation.
(A) was trying
(B) is trying
(C) has tried
(D) was tried

124. A large number of people need to make a --------- effort to protect endangered animals.
(A) collects
(B) collector
(C) collect
(D) collective

125. --------- the floor plans are made for the 3D model, the 3D PWX-WL 3000 can realize a stereoscopic image of the room.
(A) Not only
(B) So too
(C) Once
(D) How

126. Next October, Rogit Coin will open another branch in Seoul to --------- the increased demand for virtual money.
(A) allocate
(B) accommodate
(C) investigate
(D) experience

127. The Improvement Project in Roswell City was approved --------- concerns about the unusually low demand for it.
(A) despite
(B) except
(C) behind
(D) inside

128. The instruction video made by Kelly Cho, the creator, is --------- for operating the Tab K-200.
(A) helpfully
(B) helpful
(C) help
(D) helping

129. --------- the budget of the marketing department was reduced, the director pushed ahead with its advertising campaign for the new season.
(A) So that
(B) Whether
(C) Even though
(D) Either

130. Because we are hiring more and more people, it is --------- that we hold a training workshop regularly.
(A) authoritative
(B) imperative
(C) disruptive
(D) informative

GO ON TO THE NEXT PAGE

PART 6

Directions: Read the texts that follow. A word, phrase, or sentence is missing in parts of each text. Four answer choices for each question are given below the text. Select the best answer to complete the text. Then mark the letter (A), (B), (C), or (D) on your answer sheet.

Questions 131-134 refer to the following article.

MU Shipping News – July 2018

Thanks to the ------- of the Gallerhan Fraser Docks, one of the largest multi-purpose
131.
marine terminals in North America, the Association of Canadian Port Authorities
has announced its best yet for cargo traffic this year. -------, it is the first year of
132.
double-digit growth. The docks have handled more than three hundred Panamax-
size vessels coming from Vancouver, Canada. Focused on personalized service, it
has brought in a lot of business. -------. With the revitalization of the recent economy,
133.
authorities ------- this growth in cargo traffic will continue into next year.
134.

131. (A) complete
(B) completely
(C) completing
(D) completion

132. (A) On the contrary
(B) Even so
(C) In fact
(D) Nevertheless

133. (A) As a result, employment has been on the rise in the area.
(B) Therefore, there are steep decreases in other types of cargo.
(C) For this reason, the service is limited to Canada only.
(D) The docks have submitted data for five years.

134. (A) expect
(B) expects
(C) are expected
(D) expecting

Bicycle Storage Facility Guidelines

Because of the increase in bicycle usage by local residents, the city of Rochester
-------- to offer storage facilities for bicycles in the city. Therefore, the city is now
135.
receiving proposals for ------- places to be used as storage facilities.
136.
Below are the guidelines for ideal storage facilities.

The ideal facilities need to be ------- located as follows.
137.
Bike storage locations should be:

- Near main entrances

- In well-shaded areas or enclosed

- Where bicyclists can access the facilities from all sides

To make a proposal for a location, please visit the city's Web site and fill out a form.
-------. The city council will judge the proposals and select the best places among
138.
them. Construction of facilities will start in early March.

135. (A) planning
(B) is planning
(C) are planned
(D) have planned

136. (A) interested
(B) crowded
(C) clean
(D) adequate

137. (A) convenient
(B) conveniently
(C) conveniences
(D) convince

138. (A) However, the place has a narrow driveway.
(B) Moreover, it allows all types of locks to be used.
(C) Applications have to be submitted by February 14.
(D) Some bicyclists have made some requests.

GO ON TO THE NEXT PAGE

Questions 139-142 refer to the following article.

May 10, in Manchester

Wendy Wishart, well-known as the chief designer at Yvonne Fashion, -------
a new company yesterday. The firm, W-Twins Design, ------- in children's
apparel. Designers of W-Twins Design are good at making clothes for children
of all ages. -------. And Ms. Wishart plans to open an online store next month.
In celebration of the company opening, the store will offer 10 percent off all clothing
items, and if you sign up for a membership, you'll receive an additional discount on
your -------. For more information, visit www.w-twins.com.

---

139. (A) contracted
(B) hired
(C) resigned
(D) launched

140. (A) specializes
(B) specialize
(C) specializing
(D) to specialize

141. (A) It will present customers with a wide
selection of quality clothing.
(B) Market analysts expect an increase
in favorable circumstances this year.
(C) Customers tend to prefer shopping
online to visiting stores.
(D) Its main store is located on Rose
Avenue, in Manchester's business
district.

142. (A) purchase
(B) purchasing
(C) purchased
(D) be purchased

Questions 143-146 refer to the following notice.

In response to requests from tenants of the Centurion Building, we at the Centurion Management Company have decided to expand the ------- for the tenants' laundry
143.
room in the basement of the building.

After the expansion, the laundry room will be equipped with three more washing machines and two dryers. With them, up to 10 tenants will be able to do -------
144.
laundry at once, which will reduce waiting time in the laundry room.

The expansion work will start next week, and it will take ------- a week to complete
145.
the work. During this period, access to the machines will be limited.

We apologize for the inconvenience. If you have any questions, please contact the maintenance team on the first floor of the building. We appreciate your cooperation.

-------.
146.

143. (A) amount
(B) fee
(C) space
(D) coverage

144. (A) they
(B) them
(C) their
(D) theirs

145. (A) approximate
(B) approximated
(C) approximation
(D) approximately

146. (A) And we thank the tenants for bringing this to our attention.
(B) Tenants are responsible for keeping the laundry area clean.
(C) The washing and drying fees are reasonable.
(D) Your lease will expire in March.

GO ON TO THE NEXT PAGE

PART 7

Directions: In this part you will read a selection of texts, such as magazine and newspaper articles, e-mails, and instant messages. Each text or set of texts is followed by several questions. Select the best answer for each question and mark the letter (A), (B), (C), or (D) on your answer sheet.

Questions 147-148 refer to the following e-mail.

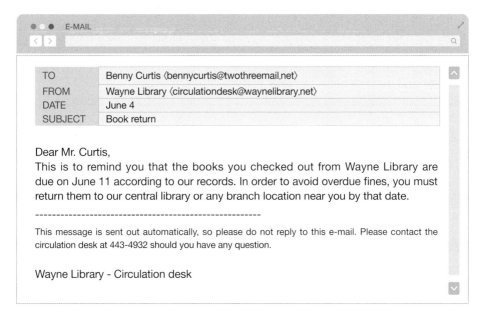

TO	Benny Curtis ⟨bennycurtis@twothreemail.net⟩
FROM	Wayne Library ⟨circulationdesk@waynelibrary.net⟩
DATE	June 4
SUBJECT	Book return

Dear Mr. Curtis,

This is to remind you that the books you checked out from Wayne Library are due on June 11 according to our records. In order to avoid overdue fines, you must return them to our central library or any branch location near you by that date.

This message is sent out automatically, so please do not reply to this e-mail. Please contact the circulation desk at 443-4932 should you have any question.

Wayne Library - Circulation desk

147. What is the purpose of the e-mail?
(A) To waive Mr. Curtis's late fees
(B) To let Mr. Curtis know his request is ready
(C) To ask Mr. Curtis to return his books on time
(D) To encourage Mr. Curtis to renew his membership

148. What should Mr. Curtis do if he has questions?
(A) Talk with a librarian
(B) Log into the central library's Web site
(C) Reply to the e-mail
(D) Go to one of the local branches

Marc Home Furnishing (MHF)
Shipping Delay

Dear Mr. Cohen,

We appreciate your recent online purchase from Marc Home Furnishing (MHF). Several outstanding orders have not been shipped yet as there have been severe rainstorms in our area. As a result, many of our staff members were not able to come to work, and trucks had difficulty picking up products from our warehouse due to road closures. However, normal operation is expected to resume within a day. We will deliver your order by the end of the week. You will be exempt from the delivery fee. We apologize for the inconvenience.

Head of Customer Relations

149. According to the text message, why has the order been delayed?
(A) The delivery addresses were incorrect.
(B) Some products are not in stock.
(C) The shipping schedule was affected by bad weather.
(D) Mr. Cohen's payment could not be processed.

150. What is MHF offering as compensation?
(A) Product samples
(B) Free shipping
(C) Discount coupons
(D) Extended hours

GO ON TO THE NEXT PAGE

NEW POLICY FOR WASTE DISPOSAL

Beginning on July 21, the number of garbage bags from each residence by the collection service will be limited by Hendon City. The monthly charge for the service will remain the same as before, but only three bags per household will be allowed. In addition, the maximum size of each bag will be limited to 100 liters.

City officials indicated that this is to encourage residents to recycle waste such as paper, metal and plastic, which are collected by the city at no charge, instead of putting these in the same garbage bag as normal trash. Moreover, it is an effort to avoid increasing garbage collection expenses caused by rising landfill dumping costs.

151. Why has the information been written?
(A) To report a revised schedule
(B) To announce an additional charge
(C) To explain a rule change
(D) To inform residents of a new landfill site

152. According to the information, what service is available free of charge?
(A) Street cleaning
(B) Landfill dumping
(C) Garbage bags
(D) Recyclable material collection

Questions 153-155 refer to the following e-mail.

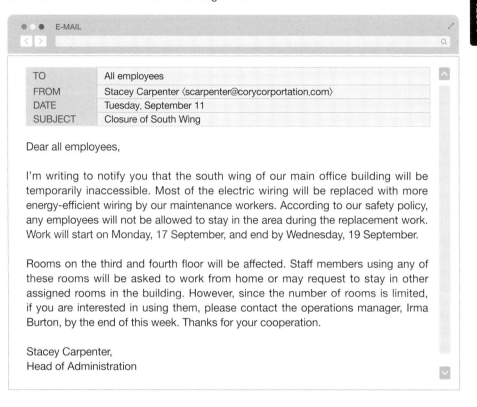

TO	All employees
FROM	Stacey Carpenter ⟨scarpenter@corycorportation.com⟩
DATE	Tuesday, September 11
SUBJECT	Closure of South Wing

Dear all employees,

I'm writing to notify you that the south wing of our main office building will be temporarily inaccessible. Most of the electric wiring will be replaced with more energy-efficient wiring by our maintenance workers. According to our safety policy, any employees will not be allowed to stay in the area during the replacement work. Work will start on Monday, 17 September, and end by Wednesday, 19 September.

Rooms on the third and fourth floor will be affected. Staff members using any of these rooms will be asked to work from home or may request to stay in other assigned rooms in the building. However, since the number of rooms is limited, if you are interested in using them, please contact the operations manager, Irma Burton, by the end of this week. Thanks for your cooperation.

Stacey Carpenter,
Head of Administration

---

153. What is the main purpose of the e-mail?
(A) To introduce a new manager
(B) To announce an upcoming building inspection
(C) To inform employees of replacement work
(D) To explain a relocation plan

154. When will the closure begin?
(A) On September 11
(B) On September 17
(C) On September 18
(D) On September 19

155. What are affected staff members asked to do?
(A) Remove their belongings
(B) Work extra hours
(C) Complete their work at home
(D) Talk to their immediate manager

GO ON TO THE NEXT PAGE

Questions 156-158 refer to the following article.

CONDUCTING SWIMMING POOL RESEARCH

Upton City's residents as well as visitors to the city have expressed strong interest in more swimming pools. —[1]—. Many requested a third facility where the public can cool off, especially on hot summer days, weekends, and during holiday seasons.

—[2]—. This is why Opal Public Research will carry out a survey starting on Wednesday, which will let city officials know the level of demand for a new swimming facility, and when people usually visit the current facilities.

—[3]—. Once it is done, the research will show how well the current facilities can accommodate growing public demand and whether a new facility is needed. —[4]—.

"A lot of people insist that since finishing several construction projects, including office complexes and residential buildings two years ago, the crowds have been getting worse," said Mayor Shelly Allen.

156. How many swimming pools are currently in Upton City?
(A) None
(B) One
(C) Two
(D) Three

157. What does the article suggest about the research?
(A) It will be completed within a month.
(B) It will be designed by Upton City's mayor.
(C) It will be conducted by the city.
(D) It will be done to measure public demand.

158. In which of the positions marked [1], [2], [3], and [4] does the following sentence best belong?
"However, before a facility is constructed, data must be obtained."
(A) [1]
(B) [2]
(C) [3]
(D) [4]

Questions 159-160 refer to the following online chat discussion.

● ● ● ○ ○   [▬▬]

Golders Appliance Staff 10:10 A.M.
Good morning. This is Shelly on behalf of Golders Appliance customer
service. How may I help you?

Vicky Acosta 10:11 A.M.
I'm having difficulties downloading the software program to connect a new
wireless sound device with my computer.

Golders Appliance Staff 10:12 A.M.
What's the name of the sound device you purchased?

Vicky Acosta 10:13 A.M.
It's called S-1000 WS. I can't locate its serial number, which is needed for the
download process.

Golders Appliance Staff 10:14 A.M.
Do you have the user manual with you? If you look at the front cover,
you'll find a label with the number.

Vicky Acosta 10:15 A.M.
Oh, I should have checked it! Wait a second, please.

Golders Appliance Staff 10:17 A.M.
There should be a 10-digit number. Have you found it?

Vicky Acosta 10:18 A.M.
Yes, I have. Thank you so much.

Golders Appliance Staff 10:19 A.M.
My pleasure.

---

159. What does Ms. Acosta want to do?
(A) Return some speakers
(B) Order a computer device
(C) Install some equipment
(D) Design a new device

160. At 10:15 A.M., what does Ms. Acosta
most likely mean when she writes,
"I should have checked it"?
(A) She will speak with another
service representative.
(B) She did not receive an instruction
manual.
(C) She had not thought about the
staff's idea.
(D) She should have bought another
model.

GO ON TO THE NEXT PAGE

Questions 161-163 refer to the following e-mail.

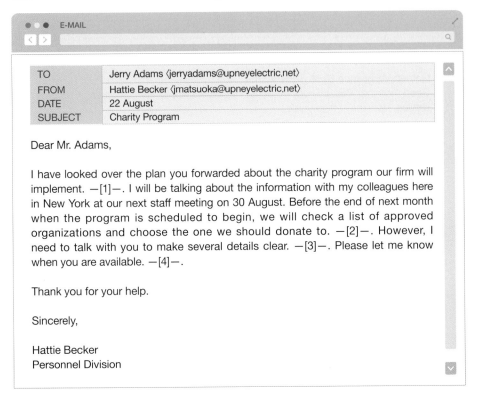

TO	Jerry Adams ⟨jerryadams@upneyelectric.net⟩
FROM	Hattie Becker ⟨jmatsuoka@upneyelectric.net⟩
DATE	22 August
SUBJECT	Charity Program

Dear Mr. Adams,

I have looked over the plan you forwarded about the charity program our firm will implement. —[1]—. I will be talking about the information with my colleagues here in New York at our next staff meeting on 30 August. Before the end of next month when the program is scheduled to begin, we will check a list of approved organizations and choose the one we should donate to. —[2]—. However, I need to talk with you to make several details clear. —[3]—. Please let me know when you are available. —[4]—.

Thank you for your help.

Sincerely,

Hattie Becker
Personnel Division

---

161. What does Ms. Becker want Mr. Adams to do?
(A) Arrange a meeting with employees in New York
(B) Participate in a donation program
(C) Clarify some information about a program
(D) Review application forms for an open position

162. What is suggested about the firm's charity program?
(A) It will be held internationally.
(B) It will take place once a year.
(C) It will go into effect in September.
(D) It is limited to employees in the New York branch.

163. In which of the position marked [1], [2], [3], and [4] does the following sentence best belong?
"We will then notify them of our intention."
(A) [1]
(B) [2]
(C) [3]
(D) [4]

Della Public
Your Insight is Important

Della Public has been gathering public opinions by carrying out polls on current social issues for about two decades. We conduct our polls through telephone interviews with people over 19 years old residing in particular polling areas. A special computer is used to get potential interviewees' contact information randomly to provide an equal opportunity of being reached for every adult in a polling area.

Check out Della Public's poll page to learn about people's general opinion on national and international issues. All the results of our new polls are released to the public biweekly through our Web site. If you would like to search by subject, visit the Subject Direction page. If you intend to use graphics made by Della Public, such as charts and tables, click the link on the Contact Info page to get approval from our copyright division. You will need to complete an online form asking information about where and how the materials will be used. Once the form is submitted, you will receive a response from us within a day.

164. In the Web site, the word "current" in paragraph 1, line 1, is closest in meaning to
(A) flow
(B) present
(C) exceptional
(D) passing

165. What is NOT mentioned about people participating in polls?
(A) They need to be over a certain age.
(B) They are chosen at random.
(C) They prefer to be interviewed in person.
(D) They express their opinions via telephone.

166. What is suggested about Della Public?
(A) It releases various publications.
(B) It has more than one branch in the nation.
(C) Its Web site is updated every other week.
(D) It will contact potential employees soon.

167. How can people get approval to use graphics?
(A) By visiting the Subject Direction page
(B) By leaving details online
(C) By downloading some charts
(D) By calling the copyright division

GO ON TO THE NEXT PAGE

Questions 168-170 refer to the following memo.

To: All Office Clerks
From: Esther Alvarez
Re: Saving expenses
Date: Wednesday, May 16

Reviewing the last few months' expense report, I realized that we need to cut down on our office supplies. In particular, copying or printing fewer documents will help us save a lot. We often make unnecessary color copies of regular documents, such as spreadsheets, meeting notes, and draft contracts. —[1]—. Please minimize the use of color ink cartridges and reserve them for when we need to make visually appealing material. —[2]—. Documents in color are more appealing and eye-catching than ones in black and white, but purchasing color ink cartridges incurs more expenses. Replacing cartridges less frequently will allow us to save enough money to use for such things as company events and business trips. —[3]—. Rather than getting approval from department managers every time, I would like to recommend that staff members make decisions on their own about copying or printing. —[4]—. Thank you in advance for your cooperation.

168. Why has the memo been written?
(A) To notify employees of a mistake in a contract
(B) To solicit opinions about a new procedure
(C) To report next month's budget
(D) To alert workers to a concern about expenses

169. What does Ms. Alvarez suggest staff members do?
(A) Lean how to repair copy machines
(B) Print regular documents in black and white
(C) Encourage colleagues to join a company event
(D) Complete spreadsheets by hand

170. In which of the positions marked [1], [2], [3], and [4] does the following sentence best belong?
"Promotional booklets aimed at potential customers are one excellent example."
(A) [1]
(B) [2]
(C) [3]
(D) [4]

Attention Gloucester Citizens

The Gloucester City Business Directory is getting larger and larger, and has started to take up too much space in the local newsletter. Therefore, the directory will not be printed on paper any longer, and instead it will be provided online.

The directory will be available at www.gloucesterdirectory.com starting next week. Once it is posted, we advise you to check that your information is accurate. If there is any outdated information, mistake, or link that is not working properly, please inform me so that I may correct the problem promptly.

Thank you for your attention.

Brett Armstrong
Gloucester City Council
9943-3321

171. How will the business directory be changed?
(A) Its listings will be shortened.
(B) Its distribution date will be postponed.
(C) It will be posted only on a Web site.
(D) It will be issued by the city council.

172. According to the information, why might business owners contact Mr. Brett?
(A) To apply for a subscription
(B) To update information on their business
(C) To attend a council meeting
(D) To get approval to access a Web site

GO ON TO THE NEXT PAGE

Questions 173-175 refer to the following schedule.

Seminar: Organizing a Good Team
21 June
10:10 A.M. to 3:20 P.M.
$35 per ticket

10:10 A.M. **Start Point**
In order to identify your business's short- and long-term goals and find out which parts need to be improved, we will concentrate on essential issues most small businesses encounter.

11:20 A.M. **Enhancing Relationships among Employees**
Get training on how to create an atmosphere that encourages your employees to cooperate with one another instead of competing.

12:10 P.M. **Lunch Time**
There are two kinds of meals attendees can choose from: ham and cheese sandwich or chicken salad.

1:10 P.M. **Team-Building Exercise**
Work with other attendees to brainstorm ideas that can be used for your own staff members, participating in team-building work in small and large groups.

2:20 P.M. **Analysis Skills**
Study various approaches to see whether your team-building efforts are causing the effect you intended. Learn how to track your organization's progress by using common office software.

173. For whom is the seminar most likely intended?
(A) Unexperienced workers
(B) Small business owners
(C) Recruiting experts
(D) Business reporters

174. What program includes identifying objectives?
(A) Start Point
(B) Enhancing Relationship among Employees
(C) Team-Building Exercise
(D) Analysis Skills

175. What is NOT suggested about the seminar?
(A) It provides a break for a meal.
(B) It costs a fee to participate.
(C) It will introduce a piece of new software.
(D) It is scheduled to last only one day.

GO ON TO THE NEXT PAGE

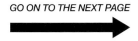

Questions 176-180 refer to the following fleaflet and e-mail.

KRDA's Eleventh Annual Interior and Exterior Design Fair

August 21-25
Goodge Convention Center, Kingsbury, London

The Kingsbury Region Decorating Association (KRDA), which attracted close to five thousand visitors last year, asks firms to support this year's event. This exhibition is a cost-effective way of reaching decoration enthusiasts and DIY'ers, and an opportunity to improve your company's business performance.

KRDA is happy to provide various benefits depending on the below levels of corporate sponsorships. (For more information, call Mr. Jeff Brady, at 332-4439-2211. To sign up, send an e-mail to exhibitsupport@krda.com)

Seminar Supporter £950
The honor of presenting the speaker(s) of a seminar will be given to a representative of your organization on the third day of the fair.

Packet Supporter £1250
The logo of your organization will be printed on the information packets, which will be given to each visitor.

Sign Supporter £2200
Your organization's sign will be placed above the six refreshment stations in the event hall, which will be used by a lot of visitors during the event.

Event Supporter £3000
Three representatives of your organization will be invited to KRDA's Welcome Banquet on the first night of the event.

E-MAIL

FROM	ccarr@krda.com
TO	kchavez@cgreen.net
DATE	June 09
SUBJECT	Appreciation

Dear Ms. Chavez,

Thank you for signing up as a supporter of the KRDA Fair. Your support helps foster interest in decorating and makes this fair possible.

The £2200 you contributed has been accepted. In addition, you will be given the sponsorship of our fair packets at no extra charge. As you are a long-standing supporter of KRDA and its events, we offer this as a token of our appreciation. In order to complete the publicity materials, please forward us a clear image of your organization's logo.

Clinton Carr, KRDA Fair Organizer

176. What is the purpose of the leaflet?
(A) To report on budgets issues in organizing a business fair
(B) To announce the result of a fundraising activity
(C) To advertise the benefits of being a sponsor for an event
(D) To invite the public to apply for a job opportunity

177. Why should companies contact KRDA's office by phone?
(A) To inquire about further details
(B) To change sponsorship levels
(C) To register for a sponsorship
(D) To find out the exact location of the event

178. According to the leaflet, what will happen on August 21?
(A) The catering service for refreshment will arrive.
(B) Equipment for the event will be installed in the center.
(C) A dinner party will take place.
(D) A variety of social events will be held.

179. What is indicated about KRDA's event?
(A) It is to promote interest in decorating.
(B) It drew more than 5,000 visitors last year.
(C) It receives funding from the Kingsbury city council.
(D) It takes place in a different city each year.

180. What is NOT suggested about Ms. Chavez's company?
(A) It has contributed to KRDA's events more than once.
(B) Its logo will be featured on information packets.
(C) Its name will be shown in some of the areas in the center.
(D) It will donate furniture for the fair.

GO ON TO THE NEXT PAGE

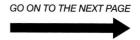

Questions 181-185 refer to the following e-mails.

TO	c.carter@leisurelife.com
FROM	hchen@juanitafishingtrend.net
DATE	July 11
SUBJECT	Juanita Fishing Trend

Dear Ms. Carter,

For the upcoming season, any firm that has not been JFT's (Juanita Fishing Trend) client yet will have the opportunity to advertise in our journal at discounted rates. Advertising with JFT will allow your business to reach over 10,000 fishing enthusiasts and professionals both in print and online. Do not miss this great chance to widen your customer base!

This offer is limited to our first-time advertisers, and is only good for two months until the end of September. The following options are available. Please call 221-2231-2233 (ext.34) or reply to this e-mail to ask for more details, reserve a section for your advertisement in full color, or order a personalized advertisement from our experienced designers. You can also find information at www.juanitafishingtrend.net/adopt.

Option No.	Rate(Per Month)	Section Design
A	£275	quarter-page print ad with 2" × 2" Web site ad
B	£315	half-page print ad with 2" × 2" Web site ad
C	£380	half-page print ad with 3" × 4" Web site ad
D	£435	full-page print ad with 5" × 2" Web site ad

Sincerely,
Henry Chen
Marketing Coordinator
Juanita Fishing Trend (JFT)

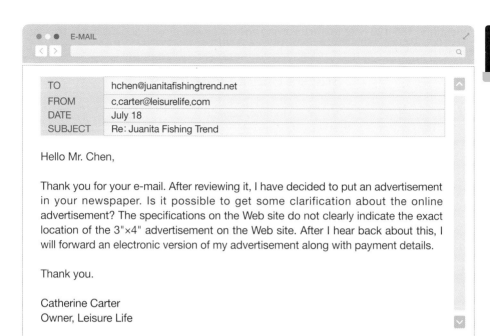

● ● ●   E-MAIL

TO	hchen@juanitafishingtrend.net
FROM	c.carter@leisurelife.com
DATE	July 18
SUBJECT	Re: Juanita Fishing Trend

Hello Mr. Chen,

Thank you for your e-mail. After reviewing it, I have decided to put an advertisement in your newspaper. Is it possible to get some clarification about the online advertisement? The specifications on the Web site do not clearly indicate the exact location of the 3"×4" advertisement on the Web site. After I hear back about this, I will forward an electronic version of my advertisement along with payment details.

Thank you.

Catherine Carter
Owner, Leisure Life

181. Why did Mr. Chen send the e-mail to Ms. Carter?
(A) To promote a new publication
(B) To offer a discount on a subscription
(C) To let her know about a special deal
(D) To encourage her to order more fishing products

182. What is indicated about JFT?
(A) It distributes a special issue every month.
(B) It has been growing rapidly.
(C) It issues a newspaper containing full color pages.
(D) It has recently renovated its headquarters.

183. According to the first e-mail, what is true about Mr. Chen?
(A) He will be away for business in September.
(B) He can provide additional information.
(C) He has met Ms. Carter before.
(D) He works in the graphic design department.

184. In the second e-mail, the word "put" in paragraph 1, line 1, is closest in meaning to
(A) express
(B) regard
(C) place
(D) experience

185. What option is Ms. Carter most likely planning to use?
(A) Option A
(B) Option B
(C) Option C
(D) Option D

GO ON TO THE NEXT PAGE

Bruce's Bright Light Tours
★ ★ ★ ★ ★
Toronto, Canada

To celebrate the end of this winter, Bruce's Bright Light Tours is offering special package tours at a 20 percent discount. Trips reserved on or before 10 February are eligible for this offer. Although we will offer the special tour every week, make your reservation before they are booked up! The following is a list of our special package tours.

• Halifax and Lunenburg: This 7-day tour starts in one of the busiest port cities in Canada. Visit historic buildings and enjoy beautiful views from its coastlines. Then proceed to Lunenburg, and explore the interesting contrast created by old structures in modern business districts.

• Quebec City and Montreal: Quebec City attracts many tourists year-round with its diverse cultures. During this 6-day tour, visit Battlefield Park, explore museums, and check out various local businesses, such as markets and restaurants around Parliament Building. The tour continues to Montreal, which is a beautiful peaceful city, but has a busy harbor for international trade.

• Ottawa: This 5-day tour provides an opportunity to experience the nation's past and present at the same time by exploring tourist attractions and historical areas in the city.

Personalized tours are available for groups depending on the length of tour and type of attractions.

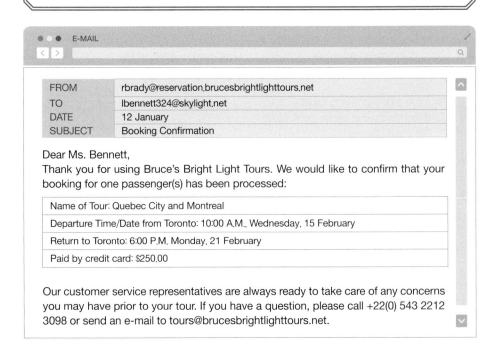

● ● ●   E-MAIL

FROM	rbrady@reservation.brucesbrightlighttours.net
TO	lbennett324@skylight.net
DATE	12 January
SUBJECT	Booking Confirmation

Dear Ms. Bennett,
Thank you for using Bruce's Bright Light Tours. We would like to confirm that your booking for one passenger(s) has been processed:

Name of Tour: Quebec City and Montreal
Departure Time/Date from Toronto: 10:00 A.M., Wednesday, 15 February
Return to Toronto: 6:00 P.M. Monday, 21 February
Paid by credit card: $250.00

Our customer service representatives are always ready to take care of any concerns you may have prior to your tour. If you have a question, please call +22(0) 543 2212 3098 or send an e-mail to tours@brucesbrightlighttours.net.

Customer Review

I'm a painter, and the places and views we explored and enjoyed on this tour are amazing. This agency knows how to serve its customers well, and I would certainly like to go for other adventures with them. The guide Jeff Boyd, native of the place we traveled to, was very friendly and knowledgeable. He helped us to experience and learn about various cultures and traditions. Particularly, his fascinating stories about the history of the place were very impressive.

Posted by: Lori Bennett

186. What is indicated about Bruce's Bright Light Tours?
(A) It is expanding into the international market.
(B) It provides tours once a week.
(C) It is going to move to a new office space.
(D) It introduces new tour packages every month.

187. According to the advertisement, what can Bruce's Bright Light Tours offer customers?
(A) Discounted prices for loyal customers
(B) Social gatherings with local natives
(C) Customized tours according to a group's preferences
(D) A money-back guarantee on customer satisfaction

188. What is suggested about Ms. Bennett's tour?
(A) It will include admission tickets to local attractions.
(B) It has been created only for Ms. Bennett's group.
(C) It will last approximately seven days.
(D) It was reserved at a discounted rate.

189. In the customer review, the word "serve" in paragraph 1, line 2, is closest in meaning to
(A) provide
(B) cater
(C) treat
(D) work

190. What is most likely true about Mr. Boyd?
(A) He studied multiple cultures and traditions at university.
(B) He was hired as a guide recently.
(C) He is from Quebec City or Montreal.
(D) He has attended many training sessions.

GO ON TO THE NEXT PAGE

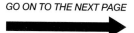

Questions 191-195 refer to the following e-mails and addendum.

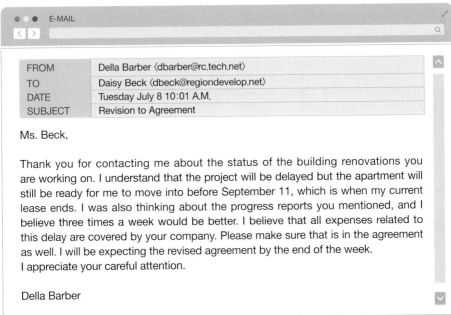

FROM	Della Barber ⟨dbarber@rc.tech.net⟩
TO	Daisy Beck ⟨dbeck@regiondevelop.net⟩
DATE	Tuesday July 8 10:01 A.M.
SUBJECT	Revision to Agreement

Ms. Beck,

Thank you for contacting me about the status of the building renovations you are working on. I understand that the project will be delayed but the apartment will still be ready for me to move into before September 11, which is when my current lease ends. I was also thinking about the progress reports you mentioned, and I believe three times a week would be better. I believe that all expenses related to this delay are covered by your company. Please make sure that is in the agreement as well. I will be expecting the revised agreement by the end of the week.
I appreciate your careful attention.

Della Barber

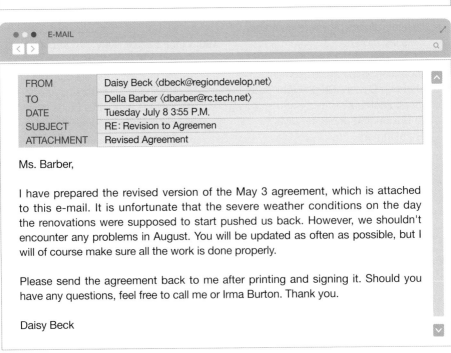

FROM	Daisy Beck ⟨dbeck@regiondevelop.net⟩
TO	Della Barber ⟨dbarber@rc.tech.net⟩
DATE	Tuesday July 8 3:55 P.M.
SUBJECT	RE: Revision to Agreemen
ATTACHMENT	Revised Agreement

Ms. Barber,

I have prepared the revised version of the May 3 agreement, which is attached to this e-mail. It is unfortunate that the severe weather conditions on the day the renovations were supposed to start pushed us back. However, we shouldn't encounter any problems in August. You will be updated as often as possible, but I will of course make sure all the work is done properly.

Please send the agreement back to me after printing and signing it. Should you have any questions, feel free to call me or Irma Burton. Thank you.

Daisy Beck

Agreement Addendum

Agreement Completion
As a result of inevitable circumstances that occurred on June 22, the project was started late and the completion date of the renovation project has been postponed to August 23 from August 18. Any additional labor expenses related to this delay will not be charged to the client. The contractor is held accountable for any costs related to the permit for the extension.

Reports
The client will be provided with progress reports twice a week by the contractor as discussed via e-mail. These will detail which steps of the project have been done each week and any issues the work crew encounters.

191. Who most likely is Ms. Barber?
(A) A realtor working for Ms. Beck
(B) The legal advisor of Ms. Beck
(C) One of Ms. Beck's clients
(D) A coworker of Ms. Beck

192. What will most likely happen on September 11?
(A) An agreement will be drafted.
(B) Ms. Barber's lease will end.
(C) Renovation work will begin.
(D) Requests for work extensions will be approved.

193. In paragraph 1, line 1 of the second e-mail, the phrase "prepared" is closest in meaning to
(A) corrected
(B) written
(C) prevented
(D) prescribed

194. Which date were weather conditions severe?
(A) May 3
(B) June 22
(C) August 18
(D) August 23

195. What condition requested by Ms. Barber was NOT reflected in the agreement addendum?
(A) The change of a completion date
(B) The extension of a work permit
(C) The frequency of status reports
(D) The extra labor expenses

GO ON TO THE NEXT PAGE

Questions 196-200 refer to the following letters and invoice.

Tamara's Rare Films
46 Old Street, London, 2Q1 NC3

Dear, Ms. Tamara,

I first heard of Tamara's Rare Films at the Antiquarian Record Expo in Brighton last month. After I found out that you carry a wide selection of high-quality video records and films, I tried to purchase some from your online store. Since I do not want any faulty record films in my collection, I thoroughly reviewed the information describing their condition prior to my purchase. I was convinced that they were in original and decent condition. Upon arrival, I examined them, but I noticed that the videotape of the Opal film record was cracked.

To talk about this disappointing issue, I would like you to contact me as soon as possible.

Sincerely,

Sheri Chandler

Tamara's Rare Films
46 Old Street, London, 2Q1 NC3

T. Elliott, Explore the Ocean -------------------------- £82.00
U. Opal, Within the Jungle ---------------------------- £71.00
B. Audrey, Modern Tech Invasion --------------------- £64.00
V. Franklin, Six Princes with a Castle ----------------- £56.00
C. Gardner, New Generations ------------------------- £43.00
Total £316.00

No items can be returned or exchanged.

Tamara's Rare Films
46 Old Street, London, 2Q1 NC3

Sheri Chandler
Bounds Green Avenue, 5W4 TR4

Dear Ms. Chandler,

I would like to assure you that all of our items are thoroughly checked before we list them in the sales brochure. I clearly remembered checking the item that you inquired about before it was shipped to you. In my professional experience, I believe that the videotape may have already been damaged by its previous owner a few years ago. Hence, it can be said that the item is in its original condition based on our industry standards.

However, to compensate for your disappointment, the payment for the documentary film by Beulah Audrey will be refunded.

Thank you,

Laurie Tamara
Laurie Tamara

---

196. Why did Ms. Chandler write to Ms. Tamara?
(A) To change a shipping address
(B) To complain about an item's condition
(C) To get a refund for recent purchases
(D) To request a correction to a bill

197. What item does Ms. Chandler express concern about?
(A) Explore the Ocean
(B) Within the Jungle
(C) Modern Tech Invasion
(D) Six Princes with a Castle

198. What is indicated about Tamara's Rare Films?
(A) It does not carry any documentary film.
(B) Its products are available only through the online store.
(C) Its products are nonreturnable.
(D) It has the largest selection of products in the area.

199. What is mentioned in the second letter?
(A) A replacement item will be delivered soon.
(B) An item will be evaluated again by an expert.
(C) All the items are examined before shipping.
(D) Some items were sent to a wrong place.

200. How much will Ms. Chandler receive as a refund?
(A) £43
(B) £56
(C) £64
(D) £71

GO ON TO THE NEXT PAGE

TEST 1

해설

01. (D)	41. (B)	81. (D)	121. (B)	161. (C)
02. (C)	42. (B)	82. (C)	122. (C)	162. (C)
03. (A)	43. (B)	83. (B)	123. (C)	163. (B)
04. (B)	44. (D)	84. (D)	124. (D)	164. (B)
05. (C)	45. (C)	85. (A)	125. (C)	165. (C)
06. (D)	46. (C)	86. (B)	126. (B)	166. (C)
07. (C)	47. (C)	87. (D)	127. (A)	167. (B)
08. (A)	48. (B)	88. (B)	128. (B)	168. (D)
09. (B)	49. (C)	89. (C)	129. (C)	169. (B)
10. (A)	50. (B)	90. (A)	130. (B)	170. (B)
11. (C)	51. (A)	91. (B)	131. (D)	171. (C)
12. (A)	52. (D)	92. (D)	132. (C)	172. (B)
13. (C)	53. (C)	93. (B)	133. (A)	173. (B)
14. (B)	54. (D)	94. (A)	134. (A)	174. (A)
15. (B)	55. (B)	95. (B)	135. (B)	175. (C)
16. (C)	56. (C)	96. (B)	136. (D)	176. (C)
17. (B)	57. (C)	97. (A)	137. (B)	177. (A)
18. (C)	58. (A)	98. (D)	138. (C)	178. (C)
19. (A)	59. (C)	99. (B)	139. (D)	179. (A)
20. (C)	60. (C)	100. (C)	140. (A)	180. (D)
21. (C)	61. (D)	101. (C)	141. (D)	181. (C)
22. (A)	62. (B)	102. (D)	142. (A)	182. (C)
23. (C)	63. (D)	103. (B)	143. (C)	183. (B)
24. (B)	64. (D)	104. (A)	144. (C)	184. (C)
25. (A)	65. (B)	105. (B)	145. (D)	185. (C)
26. (A)	66. (C)	106. (D)	146. (A)	186. (B)
27. (B)	67. (A)	107. (B)	147. (C)	187. (C)
28. (A)	68. (C)	108. (C)	148. (A)	188. (D)
29. (A)	69. (A)	109. (D)	149. (C)	189. (C)
30. (C)	70. (C)	110. (B)	150. (B)	190. (C)
31. (B)	71. (C)	111. (C)	151. (C)	191. (C)
32. (C)	72. (B)	112. (B)	152. (D)	192. (B)
33. (C)	73. (A)	113. (D)	153. (C)	193. (B)
34. (A)	74. (A)	114. (B)	154. (B)	194. (B)
35. (C)	75. (A)	115. (C)	155. (C)	195. (C)
36. (D)	76. (C)	116. (A)	156. (C)	196. (B)
37. (B)	77. (A)	117. (C)	157. (D)	197. (B)
38. (C)	78. (B)	118. (D)	158. (B)	198. (C)
39. (B)	79. (D)	119. (C)	159. (C)	199. (C)
40. (D)	80. (B)	120. (B)	160. (C)	200. (C)

1

(A) A woman is putting on a scarf.
(B) A woman is stocking some shelves.
(C) A woman is removing a bar code.
(D) A woman is holding a box.

[해석]
(A) 여자는 스카프를 매고 있다.
(B) 여자는 선반에 물건을 채우고 있다.
(C) 여자는 바코드를 제거하고 있다.
(D) 여자는 상자를 들고 있다.

어휘　**put on** (옷을) 입다, 걸치다　**stock** 채우다　**shelf** 선반 (복수형 shelves)　**remove** 제거하다, 없애다
hold 잡다, 들다

01 1인 사진은 사람의 동작과 외관에 집중한다.

▸ 1인 사진은 동작이나 상태에 대한 묘사를 염두에 두어야 한다.
▸ 최신 경향: 〈손 → 눈 → 의복〉에 해당하는 순서로 집중한다.

STEP 1   사진 분석

❶ 1인 중심
❷ 여자는 스카프를 이미 착용하고 있다.
❸ 상자와 리더기를 들고 있다.

STEP 2   사진에 보이지 않는 단어가 들리면 바로 소거한다.

(A) A woman is ~~putting on~~ a scarf.
▸ 스카프를 착용하고 있는 동작이 아니다. wearing이 있다면 정답이 된다.
(B) A woman ~~is stocking~~ some shelves.
▸ 선반에 이미 물건이 쌓여 있다.
(C) A woman is removing ~~a bar code~~.
▸ 사진 속에서 바코드를 확인할 수 없다.
(D) A woman is holding a box. ▸정답

STEP 3   put on은 입는 동작을, wear는 입고 있는 상태를 나타낸다.

putting on a hat은 모자를 쓰고 있는 동작을, wearing a hat은 모자를 쓴 상태를 나타낸다. 과거에는 put on이 입고 있는 동작을 나타내기 때문에 움직이지 않는 사진 문제에서는 오답 처리되었고 인물의 옷차림을 묘사할 때는 주로 wearing이 답이 되었다. 그러나 최근에는 상점에서 물건을 착용하는 동작을 보이는 경우, putting on(입고 있는), trying on(한번 입어 보는), taking off(벗고 있는) 등의 동작 동사가 정답이 되는 경우가 등장하고 있다는 점에 주의하자.

2

(A) A woman is taking a picture.
(B) A man is working on a computer.
(C) They are looking at a document.
(D) They are sitting around a table.

[해석]
(A) 여자는 사진을 찍고 있다.
(B) 남자는 컴퓨터로 일을 하고 있다.
(C) 그들은 서류를 보고 있다.
(D) 그들은 테이블에 둘러앉아 있다.

어휘 take a picture 사진을 찍다 work on a computer 컴퓨터로 작업하다 look at ~을 보다
document 서류 sit around ~에 둘러앉다

02 2인 이상의 사진은 공통된 동작이나 포괄적인 상태가 정답이다.

2인 사진은 〈공통점 → 구체적인 세부사항〉 순으로 시선을 처리해야 한다.

STEP 1 사진 분석

❶ 2인 등장
❷ 여자와 남자는 서류를 보고 있다.
❸ 여자는 카메라를 들고 있다.
❹ 남자는 서류를 들고 있다.

STEP 2 사진에 보이지 않는 단어가 들리면 바로 소거한다.

(A) A woman is ~~taking a picture~~.
▸ 여자는 카메라를 들고 있다.
(B) A man is ~~working on a computer~~.
▸ 컴퓨터로 작업하고 있는 남자의 모습은 없다.
(C) They are looking at a document. ▸정답
(D) ~~They are~~ sitting around a table.
▸ 남자만 앉아 있다.

STEP 3 paper, document는 이렇게 출제된다!

회의하는 사진에는 주로 회의 테이블(table)에 서류들이 놓여 있고 사람들이 서류를 들고 이야기하는 모습이 나온다. 사진 속의 서류는 설계도면, 계약서 등 다양한 형태가 등장하며 document, paper 등의 어휘로 표현된다. 이들과 함께 자주 나오는 동사로는 examine(검토하다), look at(보다), pick up(집어 들다), work on(작업을 하다), hand out(건네주다) 등이 있다.

e.g. They're looking at a document. 그들이 문서를 보고 있다.
He is signing a paper. 남자는 서류에 서명을 하고 있다.

3

(A) A woman is leading a tour group.
(B) Some people are taking off their backpacks.
(C) Some statues are being carved.
(D) A man is installing a window.

[해석]
(A) 여자는 단체 견학을 진행하고 있다.
(B) 몇몇 사람들이 배낭을 벗고 있다.
(C) 조각상들이 조각되고 있다.
(D) 남자는 창문을 설치하고 있다.

어휘   lead a tour group 단체 견학을 진행하다   take off ~을 벗다   backpack 배낭   statue 조각상
carve 조각하다   install 설치하다

03 2인 이상 사진에서 단수 주어로 시작하는 보기는 그 특정 주어의 상태에 집중한다.

▶ 다수의 사람들이 등장하는 사진은 주로 공통된 동작이나 전체 배경에 대해 언급한다.
▶ 최근에는 다수 사람 중 한 명을 언급하여 특정 동작이나 상태의 특징을 답으로 하는 문제가 출제된다.

STEP 1   사진 분석

❶ 여자의 주도로 강의가 진행되고 있다.
❷ 아이들은 여자에게 집중하고 있다.
❸ 뒤에 조각상이 전시되어 있다.

STEP 2   사진에 보이지 않는 단어가 들리면 바로 소거한다.

(A) **A woman is leading a tour group.** ▶정답
(B) Some people are ~~taking off~~ their backpacks.
▶ 가방을 착용하고 있다.
(C) Some statues are ~~being carved~~.
▶ 조각상들이 이미 조각되어 전시 중이다.
(D) A man is ~~installing~~ a window.
▶ 창문을 설치하는 사람은 없다.

STEP 3   2인 이상 사진의 POINT

1. 특정인 한 명을 언급할 때는 One of the men의 표현과 함께 동작과 상태의 차이점을 나타낸다.
2. Some people 혹은 They 등의 표현이면 공통된 동작·상태가 답이 된다.
   e.g. They are having a meeting. 사람들이 회의를 하고 있다.
         Some people are participating in a parade. 일부 사람들이 퍼레이드에 참가하고 있다.

사진 유형	정답 유형
다수의 사람이 나왔을 경우	① 다수의 공통 행위와 상황 묘사 ② 특정인 한 명의 구체적인 동작 묘사 ③ 주변의 상황 묘사

4

(A) One of the women is pointing at a book.
(B) One of the women is reading a book.
(C) They're emptying some boxes.
(D) Chairs are unoccupied.

[해석]
(A) 여자들 중 한 명이 책을 가리키고 있다.
(B) 여자들 중 한 명이 책을 읽고 있다.
(C) 그들은 상자를 비우고 있다.
(D) 의자들이 비어 있다.

어휘   point at ~을 가리키다   empty ~을 비우다   unoccupied (자리 등이) 비어 있는

04 도서관, 학교, 박물관 등의 공공장소 역시 자주 출제된다.

▶ 도서관이나 박물관은 물건들이 전시되어 있는 것에 대한 묘사가 주를 이룬다.
▶ 반드시 책이나 그림만이 답이 되는 것은 아니다. 조명이나 바닥, 천장 상태 등 주변을 묘사하는 것이 답이 되기도 한다.

STEP 1 사진 분석

❶ 3인 등장
❷ 장소는 도서관이다.
❸ 한 여자는 책을 읽고 있다.
❹ 한 여자는 책을 꺼내고 있다.

STEP 2 사진에 보이지 않는 단어가 들리면 바로 소거한다.

(A) One of the women is pointing at a book.
▶ 여자는 책을 꺼내고 있다.
(B) One of the women is reading a book. ▶정답
(C) They're emptying some boxes.
▶ 상자가 보이지 않는다.
(D) Chairs are unoccupied.
▶ 의자가 비어 있지 않으므로 오답이다.

STEP 3 정답은 다른 각도나 시선으로 묘사되기도 한다.

사진에서 제일 먼저 알아볼 수 있는 행위를 묘사한 보기가 정답이 되기도 하지만, 자칫 사진을 잘 묘사한 것이 정답이 될 것이라는 생각 때문에 생각하지 못한 시선이나 각도로 묘사한 정답에 다소 당황할 수 있다.
예를 들어, 한 남자가 책을 정리하고 있는 사진이 등장한 경우에는 일반적으로 A man is arranging some books.로 표현할 것이라 생각하지만, 정답은 A man is standing in front of the bookcase.(남자가 책장 앞에 서 있다.)인 경우가 있다.

5

(A) A man is sweeping a floor.
(B) Some chairs are taken.
(C) Seats have been placed side by side.
(D) A billboard is being posted on a wall.

[해석]
(A) 남자는 바닥을 쓸고 있다.
(B) 몇몇 의자에 사람이 앉아 있다.
(C) 좌석들이 나란히 놓여 있다.
(D) 광고판이 벽에 부착되고 있다.

어휘 sweep 쓸다, 청소하다 floor 바닥 take 차지하다, (의자 등에) 앉다 place 배치하다, 설치하다
billboard 광고판 post 게시하다

05 사람이 있더라도 배경이 부각되는 경우 사물의 상태를 위주로 듣는다.

▶ 사람과 사물이 함께 있는 사진이어도 후반부 문제에서는 사람과 사물의 비중이 비슷하게 출제된다.
▶ 사람이 있는 사진이라고 해도 들리는 주어가 무엇이냐에 따라 동사의 형태와 시제가 달라질 수 있으므로 주의해야 한다.

STEP 1   사진 분석

❶ 사람과 주변 배경
❷ 남자는 청소도구를 끌고 가고 있다.
❸ 의자가 일렬로 배치되어 있다.
❹ 벽에 포스터가 걸려 있다.

STEP 2   사진에 보이지 않는 단어가 들리면 바로 소거한다.

(A) A man is ~~sweeping a floor~~.
▶ 남자는 청소 카트를 끌고 가고 있다.
(B) Some chairs ~~are taken~~.
▶ 의자에 앉아 있는 사람은 보이지 않는다.
(C) Seats have been placed side by side. ▶정답
(D) A billboard ~~is being posted~~ on a wall.
▶ 광고판은 이미 걸려 있다.

STEP 3   사람이 등장해도 반드시 사람을 묘사한 것이 정답은 아니다.

가끔 사진에서 제일 먼저 알아볼 수 있는 행위를 묘사한 것이 정답이 되기도 하지만, 생각하지 못한 내용의 묘사가 정답으로 출제되어 당황할 수 있다.
가령, 벤치에 앉아서 신문을 읽고 있는 사람이 중심이 된 사진이 등장했을 때, 행위나 동작을 묘사하지 않고 주변 사물의 위치나 상태를 묘사한 것이 답으로 등장할 수 있다는 것을 명심하자.

행위나 동작 묘사		주변 사물의 위치나 상태 묘사
A man is reading a newspaper. 남자가 신문을 읽고 있다. A man is holding a piece of paper. 남자가 종이를 들고 있다. A man is sitting on a bench. 남자가 의자에 앉아 있다.	+	There is a bench next to the grassy area. 잔디밭 옆에 벤치가 있다.

6

(A) Some boats are passing under the bridge.
(B) Some paddles are being picked up.
(C) Some people are boarding a boat.
(D) Boats are secured to a dock.

[해석]
(A) 배들이 다리 아래를 지나가고 있다.
(B) 사람들이 노를 들어 올리고 있다.
(C) 사람들이 배를 타고 있다.
(D) 배들이 부두에 대어 있다.

어휘   paddle 노   board 승선하다   be secured to ~에 고정되어 있다

06 사람이 없는 사진에서 2가지를 기억하라.

▶ 사물 사진의 소거 포인트 1: 사람 명사가 들리면 오답이다.
▶ 사물 사진의 소거 포인트 2: be being p.p.는 오답이다.

STEP 1   사진 분석

❶ 사람이 없는 사물 위주 사진
❷ 물가에 배가 고정되어 있다.
❸ 배경에 아치형 입구가 있다.

STEP 2   사진에 보이지 않는 단어가 들리면 바로 소거한다.

(A) Some boats are ~~passing~~ under the bridge.
 ▸ 배들은 움직이지 않고 있다.
(B) Some paddles ~~are being picked up~~.
 ▸ 노를 들어 올리는 사람은 없다.
(C) ~~Some people~~ are boarding a boat.
 ▸ 사람들은 보이지 않는다.
(D) Boats are secured to a dock. ▸정답

STEP 3   사물 사진의 소거 POINT

1. 가장 부각되는 사물의 위치나 상태, 주변의 사물, 배경을 확인하라.
❶ 가장 부각되는 사물의 위치 및 상태를 확인한다.
❷ 주변 사물을 확인한다.
❸ 장소 및 배경을 확인한다.
❹ 사람이 없는 사진에 사람 명사가 나오면 오답이니 바로 소거한다.
❺ 사진에 없는 사물을 언급한 오답에 주의한다.

2. be being p.p.는 오답이다.
– 〈사물 주어 + be being p.p.〉는 '사람이 사물을 가지고 동작을 진행하고 있다'의 의미이므로, 사람이 없는 사진에서는
  오답이다.
– [예외] display(진열하다)의 경우 상태의 지속을 나타내어 사람이 없더라도 진행형 수동태를 쓸 수 있다.
  e.g. Some items are being displayed. 물건이 진열되고 있다.

07. Who is in charge of fixing the broken copier?
(A) ~~50~~ copies, please. **How many 의문문 응답**
(B) ~~He~~ is my colleague. **주어 오류**
(C) John Miller. **사람 이름 답변**

07. 고장 난 복사기 수리는 누가 담당하고 있나요?
(A) 50부 부탁드립니다.
(B) 그는 제 동료입니다.
(C) John Miller 씨요.

---

08. When is the report due?
(A) Please submit it by Tuesday. **시간 답변**
(B) A ~~professional reporter~~. **Who 의문문 응답**
(C) ~~At the Raymond plant~~. **Where 의문문 응답**

08. 보고서 마감일이 언제인가요?
(A) 화요일까지 그것을 제출해 주세요.
(B) 전문 기자입니다.
(C) Raymond 공장에서요.

---

09. Are you going to lunch?
(A) ~~They~~ offer a reasonable price. **주어 오류**
(B) Would you like to join us? **반문 답변 / 다음 행동 제시**
(C) ~~At noon~~. **When 의문문 응답**

09. 당신, 점심 먹으러 갈 건가요?
(A) 그들은 적당한 가격을 제공합니다.
(B) 저희와 함께 가실래요?
(C) 정오에요.

---

10. Where did you put those files?
(A) On your desk. **장소 응답**
(B) ~~On October 12~~. **When 의문문 응답**
(C) ~~Yes~~, I did. **Yes/No 오류**

10. 당신은 그 파일을 어디에 두셨나요?
(A) 당신 책상에요.
(B) 10월 12일에요.
(C) 네, 제가 했습니다.

---

11. Why don't you call Ms. Collins for a room reservation?
(A) ~~At Garrison Building~~. **Where 의문문 응답**
(B) You can use only ~~reserved~~ areas. **유사 발음 x**
(C) That's a good idea. **긍정의 응답**

11. 객실 예약 건으로 Collins 씨에게 전화해 보는 건 어떨까요?
(A) Garrison Building에서요.
(B) 당신은 예약된 공간만 사용하실 수 있습니다.
(C) 그것 참 좋은 생각입니다.

---

12. What's going on with the manager meeting?
(A) It has been delayed. **"모른다"의 간접적인 응답**
(B) ~~He~~ is going ~~on a holiday~~. **주어 오류 / Where 의문문 응답**
(C) I've ~~managed~~ to go. **유사 발음 x**

12. 관리자 회의는 어떻게 돼 가고 있어요?
(A) 그게 지연되었습니다.
(B) 그는 휴가 중입니다.
(C) 저는 간신히 갔습니다.

---

13. How do you usually go to work?
(A) ~~About 20 minutes~~. **How long 의문문 응답**
(B) The ~~workshop~~ will be helpful. **유사 발음 x**
(C) I have a car. **간접적인 응답**

13. 보통 어떻게 출근하시나요?
(A) 대략 20분 정도요.
(B) 워크숍이 도움이 될 것입니다.
(C) 저는 차가 있습니다.

14. You attended the training session, right?
(A) A train for London. 유사 발음 x
(B) Yes, last week. 긍정의 답변
(C) He is very organized. 주어 오류 / How 의문문 응답

14. 당신은 연수회에 참석하셨죠, 그렇죠?
(A) 런던행 기차요.
(B) 네, 지난주에요.
(C) 그는 매우 체계적입니다.

---

15. Are you a presenter or an organizer of this seminar?
(A) I got a present. 유사 발음 x / What 의문문 응답
(B) Neither, actually. 부정의 답변
(C) It is well organized. How 의문문 응답 / 유사 발음 x

15. 당신은 이 세미나의 발표자입니까, 주최자입니까?
(A) 저는 선물을 받았습니다.
(B) 사실 둘 다 아닙니다.
(C) 그것은 잘 준비되었습니다.

---

16. Where will the conference be held?
(A) On September 13. When 의문문 응답
(B) In the drawer. 연상 어휘 x
(C) At the Capital Hotel. 장소 응답

16. 어디서 학회가 열릴 예정인가요?
(A) 9월 13일에요.
(B) 서랍 안에요.
(C) Capital Hotel에서요.

---

17. Where's the nearest pharmacy?
(A) With a prescription. How 의문문 응답
(B) There's one on Wellington Street. 장소 응답
(C) That works well. How 의문문 응답

17. 가장 가까운 약국은 어디에 있습니까?
(A) 처방전을 가지고요.
(B) Wellington Street에 하나 있습니다.
(C) 그것은 효과가 있습니다.

---

18. Is there an earlier flight to Sydney?
(A) It takes off later. 연상 어휘 x
(B) I arrived early. 유사 발음 x
(C) No, they're fully booked. 이유 설명

18. 시드니로 출발하는 빠른 항공편이 있나요?
(A) 그건 나중에 이륙합니다.
(B) 저는 일찍 도착했습니다.
(C) 아니요, 그것들은 예약이 꽉 찼습니다.

---

19. Why is the store closed?
(A) Today is a national holiday. 이유 설명
(B) Every Sunday. When 의문문 응답
(C) Restore deleted data. How 의문문 응답

19. 왜 그 가게는 문이 닫혀 있나요?
(A) 오늘이 국경일입니다.
(B) 매주 일요일에요.
(C) 삭제된 자료를 복구하세요.

---

20. Do you have some envelopes?
(A) I sent a letter to James. 연상 어휘 x
(B) He had them. 주어 오류
(C) How many do you need? 추가 질문

20. 당신은 봉투를 갖고 있나요?
(A) 저는 James 씨에게 편지를 보냈습니다.
(B) 그가 그것들을 갖고 있었습니다.
(C) 몇 장이 필요하십니까?

21. This weekend will be sunny.
(A) A ~~week~~ long seminar. 유사 발음 x / **How long** 의문문 답변
(B) I ~~went to the park last week~~. 시제 오류
(C) The weather forecaster said so. 동의의 답변

21. 이번 주말은 화창할 것입니다.
(A) 일주일간의 세미나요.
(B) 저는 지난주에 그 공원에 갔습니다.
(C) 기상예보관이 그렇게 말했습니다.

---

22. When will the marketing director arrive?
(A) At 10 A.M. 시간 부사구 답변
(B) ~~For two hours~~. **How long** 의문문 답변
(C) I'll be there soon. 주어 오류

22. 마케팅 부장이 언제 도착할 예정인가요?
(A) 오전 10시에요.
(B) 2시간 동안이요.
(C) 제가 곧 거기에 갈게요.

---

23. Can you attend the seminar instead of Kelly?
(A) ~~She didn't~~ go there. 주어 오류 / 시제 오류
(B) It ~~was~~ very informative. 시제 오류 / **How** 의문문 답변
(C) I'm sorry, I have a meeting in a few minutes. 부정의 답변

23. Kelly 씨 대신 세미나에 참석해 주실 수 있나요?
(A) 그녀는 그곳에 가지 않았습니다.
(B) 그것은 매우 유익했었습니다.
(C) 죄송하지만, 제가 몇 분 후에 회의가 있습니다.

---

24. When did Kyle make a job posting for the marketing assistant position?
(A) ~~For two hours~~. **How long** 의문문 답변
(B) Sometime last week. 시간 부사구 답변
(C) ~~On our Web site~~. **Where** 의문문 응답

24. Kyle 씨는 언제 마케팅 조수직 구인 공고를 냈습니까?
(A) 2시간 동안이요.
(B) 지난주쯤에요.
(C) 저희 웹사이트에요.

---

25. You can put off going to the dentist, can't you?
(A) I can't stand the pain. 부정의 답변
(B) ~~On Kendrick Avenue~~. **Where** 의문문 답변
(C) ~~Take a bus~~. **How** 의문문 답변

25. 당신, 치과 방문을 미룰 수 있죠, 그렇죠?
(A) 저는 이 고통을 참을 수가 없습니다.
(B) Kendrick Avenue에요.
(C) 버스를 타십시오.

---

26. How do I log on to the Web site?
(A) Read the instructions. '확인해 보세요' 답변
(B) ~~No~~, I don't have it. **Yes/No** 오류
(C) ~~It~~ has a list of our clients. 주어 오류 / **What** 의문문 답변

26. 웹사이트에 어떻게 접속하나요?
(A) 설명서를 읽어 보세요.
(B) 아니요, 저는 그것을 갖고 있지 않습니다.
(C) 그것에는 저희 고객 명단이 있습니다.

27. Who will be the chief designer?
(A) The ~~design~~ got a good review. **유사 발음 x**
(B) We're still deciding. **'모르겠다'의 답변**
(C) ~~Yes~~, I'm going to take it. **Yes/No 오류**

27. 누가 수석 디자이너가 될 예정인가요?
(A) 그 디자인은 좋은 평가를 받았습니다.
(B) 저희가 아직 결정 중에 있습니다.
(C) 네, 제가 그것을 갖게 될 예정입니다.

---

28. Won't the renovation work last until next Friday?
(A) It was finished earlier than expected. **간접적인 상황 설명**
(B) ~~Ms. Gonzales~~ does. **Who 의문문 답변**
(C) It ~~was~~ gorgeous. **시제 오류 / How 의문문 답변**

28. 다음 주 금요일까지 보수 작업이 계속되지 않겠습니까?
(A) 그것은 예상보다 빨리 끝났습니다.
(B) Gonzales 씨가 합니다.
(C) 그것은 대단했습니다.

---

29. Why didn't we have the survey results yet?
(A) I need more data. **이유 설명**
(B) ~~In the marketing department~~. **Where 의문문 답변**
(C) The questions were ~~good~~. **How 의문문 답변**

29. 우리가 왜 아직 설문조사 결과를 받지 못했나요?
(A) 저는 더 많은 자료가 필요합니다.
(B) 마케팅 부서에서요.
(C) 그 질문들은 좋았습니다.

---

30. Which entrance will be closed?
(A) ~~Enter~~ your name correctly. **유사 발음 x**
(B) We are ~~close~~ friends. **유사 발음 x**
(C) The west one. **구체적인 장소 답변**

30. 어떤 입구가 폐쇄될 예정인가요?
(A) 귀하의 이름을 정확하게 입력하십시오.
(B) 저희는 친한 친구입니다.
(C) 서쪽 입구입니다.

---

31. This printer isn't working properly.
(A) I work ~~in Human Resources department~~.
Which 의문문 답변
(B) It must be out of ink. **간접적인 다음 행동 제시**
(C) No, you should review it ~~thoroughly~~. **연상 어휘 x**

31 이 프린터가 제대로 작동하지 않습니다.
(A) 저는 인사과에서 근무합니다.
(B) 그게 잉크가 떨어진 게 틀림없습니다.
(C) 아니요, 당신은 그것을 철저히 검토해야 합니다.

07

[Who 의문문] 사람 이름이나 직위로 대답한다.

[질문 분석] Who is in charge of fixing the broken copier?

문제의 키워드는 Who/in charge of로, '책임자가 누구'인지 묻는 문제이다. 일반적으로 Who 의문문은 사람이나 단체(직업, 직책, 회사명 등)로 답한다.

[보기 분석]

(A) 50 copies, please. ❷ 다른 의문사에 대한 답변

숫자나 수량형용사를 사용한 대답은 〈How many〉 의문문의 답변이다. 즉, How many copies do you need?에 대한 답변이다.

(B) He is my colleague. ❸ 주어 오류

제3자 He를 받을 수 있는 구체적인 명사가 질문에서 언급되지 않았으므로 오답이다.

(C) John Miller. ▶정답

고장 난 복사기 수리를 담당하고 있는 책임자의 구체적인 이름 John Miller를 언급했으므로 정답이다.

08

[When 의문문] 구체적인 시점 부사가 기본 정답이다.

[질문 분석] When is the report due?

문제의 키워드는 When과 report due로, '보고서 마감일'이 언제인지 묻는 문제이다. When 의문문은 일반적으로 행위나 사건이 일어나는 시점을 나타내는 답변이 정답이다.

[보기 분석]

(A) Please submit it by Tuesday. ▶정답

대명사 it은 the report를 가리키며, 구체적인 시점을 나타내는 부사구 by Tuesday(화요일까지)를 사용해 보고서 마감일을 나타내고 있으므로 정답이다.

(B) A professional reporter. ❷ 다른 의문사에 대한 답변

사람의 구체적인 직위는 Who 의문문의 답변으로 오답이다.

(C) At the Raymond plant. ❷ 다른 의문사에 대한 답변

장소 부사구인 〈전치사(At) + 장소 명사(Raymond plant)〉는 Where 의문문의 답변이다. 해당 보기의 plant는 식물이 아닌 '공장'을 나타냄에 유의하자.

09

[조동사 의문문] Yes/No가 없는 대답

[질문 분석] Are you going to lunch?

문제의 키워드는 Are you going과 lunch로, 상대방에게 '점심을 먹을 것인지' 의향을 묻는 조동사 의문문이다.

[보기 분석]

(A) They offer a reasonable price. ❸ 주어 오류

문제에서 They로 언급될 수 있는 복수 명사가 언급되지 않았으므로 오답이다.

(B) Would you like to join us? ▶정답

직접적인 Yes/No로 대답하기보다는, '함께 가지 않겠느냐'라며 반문하면서 다음 행동을 제시하고 있으므로 정답이다.

(C) At noon. ❷ 다른 의문사에 대한 답변

전치사 뒤의 noon은 구체적인 시간을 나타내므로 When 의문문의 답변이다.

10 [Where 의문문] 장소로 대답한다.

[질문 분석] Where did you put those files?
〈Where+과거형〉 질문으로, '파일을 둔 장소'를 묻는 문제이다. Where 의문문은 장소 부사 혹은 〈전치사+장소 명사〉로 대답한다.

[보기 분석]
(A) On your desk. ▶정답
전치사 뒤의 your desk는 파일을 둔 특정 공간을 나타내므로 정답이다.

(B) On October 12. ❷ 다른 의문사에 대한 답변
특정 시점 부사구 On October 12.는 When 의문문에 대한 답변으로 오답이다.

(C) Yes, I did. ❶ Yes/No 오류
의문사를 이용한 의문문은 구체적인 정보로 답변해야 하므로 긍정/부정을 바로 나타내는 Yes/No로 답변이 불가능하다.

11 [권유/제안/부탁] 승낙이나 거절 또는 That's a good idea.로 답한다.

[질문 분석] Why don't you call Ms. Collins for a room reservation?
문제의 키워드는 Why don't you와 call Ms. Collins로, 'Collins 씨에게 전화하기'를 권유/제안하는 표현이다. 권유/제안 문제는 일반적으로 좋다(수락)/싫다(거절)/That's a good idea.로 답변한다.

[보기 분석]
(A) At Garrison Building. ❷ 다른 의문사에 대한 답변
구체적인 건물명을 언급하고 있으므로 장소를 묻는 Where 의문문의 답변이다.

(B) You can use only reserved areas. ❹ 유사 발음 오류
질문의 reservation과 유사 발음인 reserved를 이용한 오답이다.

(C) That's a good idea. ▶정답
상대방의 권유/제안 표현에 긍정적인 의견을 표하는 답변이므로 정답이다.

12 [What] 고득점 유형 - 간접적인 상황 설명과 회피성 대답을 주의하라.

[질문 분석] What's going on with the manager meeting?

문제의 키워드는 What's going on과 meeting으로, 회의의 진행 상황을 묻고 있다. 최근에는 의문사에 대한 직접적인 답변이 아니라, '모른다'의 답변이 정답으로 나오는 추세이다.

[보기 분석]

(A) It has been delayed. ▶정답
회의의 진행 상황을 알려주는 것이 아니라, 질문에 대한 상황 설명 즉, '회의가 연기되었다'는 사실을 설명하고 있으므로 정답이다.

(B) He is going on a holiday. ❸ 주어 오류
질문에 He를 받을 수 있는 구체적인 사람 명사가 언급되지 않았으므로 오답이다. 또 남자의 현 위치(출장으로 부재중)를 나타내므로 Where 의문문의 답변이다.

(C) I've managed to go. ❹ 유사 발음 오류
질문의 manager와 managed의 유사 발음을 이용한 오답이다.

13 [How] ⟨How+do/조동사⟩는 방법이나 수단으로 대답한다.

[질문 분석] How do you usually go to work?

문제의 키워드는 How, you, go to work로 출근 방법을 묻는 문제이다.

[보기 분석]

(A) About 20 minutes. ❷ 다른 의문사에 대한 답변
About 20 minutes는 특정 기간을 언급하므로 How long ~? 의문문의 답변이다.

(B) The workshop will be helpful. ❹ 유사 발음 오류
질문의 work와 발음이 유사한 workshop을 이용한 오답이다.

(C) I have a car. ▶정답
방법을 묻는 How 의문문에 직접적으로 교통수단을 언급하기보다, 차량을 갖고 있다는 간접적인 상황을 설명하고 있는 정답이다.

14 [부정/부가의문문] 최근의 부가의문문은 right으로 끝난다.

[질문 분석] You attended the training session, right?

연수회 참석 여부를 확인하는 질문이며, right으로 끝나는 문장은 부가의문문으로 사실 여부를 확인해 주어야 한다.

[보기 분석]

(A) A train for London. ❹ 유사 발음 오류
질문의 training과 train의 유사 발음을 이용한 오답이다.

(B) Yes, last week. ▶정답
부가의문문은 사실 혹은 의견을 확인하는 질문으로, Yes/No로 대답한 이후에 보충 설명을 한다. 따라서 참석 여부에 긍정적인 답변을 한 뒤, 구체적인 시점을 언급했으므로 정답이다.

(C) He is very organized. ❸ 주어 오류
질문에 He로 받을 수 있는 구체적인 사람 명사가 언급되지 않았으므로 오답이다. 또, 상태 형용사 organized를 사용해 특정 사람의 성격을 언급하고 있으므로 How 의문문에 대한 답변이기도 하다.

15 [선택의문문] or가 들리는 순간 or 앞뒤 단어에 집중한다.

[질문 분석] **Are you a presenter or an organizer of this seminar?**
or 앞뒤 단어인 a presenter와 an organizer가 문제의 키워드이며, '발표자 혹은 주최자'의 선택의문문으로 일반적으로 둘 중 하나를 선택해야 한다.

[보기 분석]
(A) I got a present. ❹ 유사 발음 오류
질문의 presenter와 present의 유사 발음을 이용한 오답이다. 또 What did you get?의 답변이기도 하다.

(B) Neither, actually. ▶정답
문제의 키워드 중 하나를 선택하는 것이 아니라, 부정대명사 neither를 사용해 '둘 다 아니다'를 표현했으므로 정답이다. 최근에는 특정 대상을 선택하는 것이 아니라, both, neither를 사용해 '둘 다 맞다, 아니다'라고 대답한다.

(C) It is well organized. ❷ 다른 의문사에 대한 답변
부사 well을 이용하여 '잘 준비되고 있다'는 상태를 나타내고 있으므로 How is ~? 질문에 대한 답변이다. 또, 질문의 organizer와 발음이 유사한 organized를 이용한 오답이다.

16 [Where 의문문] 보기에 2개의 장소가 언급되면 장소의 크기가 답을 결정한다.

[질문 분석] **Where will the conference be held?**
문제의 키워드는 Where와 conference be held로, '학회가 열릴 장소'를 묻는 문제이다. Where 의문문은 최근 보기에 2개 이상의 장소 명사를 등장시키며 난이도를 높이고 있다.

[보기 분석]
(A) On September 13. ❷ 다른 의문사에 대한 답변
특정 시점을 나타내고 있으므로 When 의문문의 답변이다.

(B) In the drawer. ❹ 연상 어휘 오류
질문의 Where에서 장소 전치사 In을 연상했지만, 질문은 컨퍼런스가 열릴 장소를 묻고 있으므로 In the drawer의 '서랍 안에서'는 의미상 장소의 크기가 맞지 않으므로 답이 될 수 없다.

(C) At the Capital Hotel. ▶정답
전치사 at은 특정 행위가 발생하는 특정 장소를 언급할 때 사용한다. 따라서 학회가 열릴 장소를 묻는 질문에 구체적인 호텔명을 언급한 것으로 정답이다.

17 [Where 의문문] 장소로 대답한다.

[질문 분석] **Where's the nearest pharmacy?**
문제의 키워드는 Where, pharmacy로 '약국이 어디에 있는지'를 묻는 문제이다.

[보기 분석]

(A) With a prescription. ❷ 다른 의문사에 대한 답변
'처방전을 가지고요'라는 방법으로 대답하고 있으므로 How 의문문의 답변이다.

(B) **There's one on Wellington Street.** ▸정답
구체적인 장소 부사구 on Wellington Street을 이용해 약국의 위치를 언급하고 있으므로 정답이다.

(C) That works well. ❷ 다른 의문사에 대한 답변
사물에 대한 의견이나 상태를 답변하고 있으므로 How's it going?의 답변이기도 하다.

18 [조동사 의문문] Yes/No로 대답한다.

[질문 분석] **Is there an earlier flight to Sydney?**
'시드니로 출발하는 빠른 항공편이 있는지'를 묻는 조동사 의문문으로, 일반적으로 Yes/No로 시작하는 답변이 정답이다.

[보기 분석]
(A) It takes off later. ❹ 연상 어휘 오류
질문의 flight에서 연상 가능한 takes off를 이용한 오답이다.

(B) I arrived early. ❹ 유사 발음 오류
질문의 earlier와 발음이 유사한 early를 사용해 혼동을 유도한 오답이다.

(C) **No, they're fully booked.** ▸정답
거절의 표현인 No와 함께 구체적인 이유를 설명해 주고 있으므로 정답이다.

19 [Why 의문문] 이유나 변명을 언급한다.

[질문 분석] **Why is the store closed?**
문제의 키워드는 Why, store closed로 '가게가 문이 닫혀 있는' 이유를 묻는 질문이다. 일반적으로 Why 의문문은 이유나 목적을 나타내는 구와 절이 정답이다.

[보기 분석]
(A) **Today is a national holiday.** ▸정답
이유를 나타내는 전치사와 접속사를 사용하지 않았지만, '오늘이 국경일이다'라는 구체적인 이유를 언급하고 있으므로 정답이다.

(B) Every Sunday. ❷ 다른 의문사에 대한 답변
시간 부사인 〈every+시간 명사〉의 대답은 When 의문문의 답변으로 오답이다.

(C) Restore deleted data. ❷ 다른 의문사에 대한 답변
명령문의 답변은 주로 방법이나 수단을 묻는 How 의문문의 대답으로 오답이다.

20 [조동사 의문문] 반문 – 의문사를 이용한 추가 질문

[질문 분석] Do you have some envelopes?

'봉투의 재고 여부'를 묻는 문제로, 일반적인 조동사 의문문은 Yes/No로 답변한다. 하지만 최근에는 의문사를 이용해 추가 질문을 하는 반문의 비중이 커지고 있다.

[보기 분석]

(A) I sent a letter to James. ❹ 연상 어휘 오류
질문의 envelope에서 연상 가능한 letter를 이용한 오답이다.

(B) He had them. ❸ 주어 오류
질문에 Mr. 혹은 사람 명사가 언급되지 않았으므로 He로 답변이 불가능하다.

(C) How many do you need? ▶정답
상대방에게 필요한 봉투의 수 즉, 의문사를 이용해 추가적인 세부 정보를 묻고 있으므로 정답이다.

21 [평서문] 동의/맞장구로 대답한다.

[질문 분석] This weekend will be sunny.

'이번 주말 날씨는 좋을 것이다'라는 평서문의 질문이다. 일반적으로 평서문에 대한 답변에서는 동의 혹은 맞장구가 가장 많은 비중을 차지한다.

[보기 분석]

(A) A week long seminar. ❹ 유사 발음 오류
질문의 weekend와 week의 유사 발음을 이용한 오답이다. 또 세미나의 기간을 언급하고 있으므로, How long 의문문의 답변이기도 하다.

(B) I went to the park last week. ❺ 시제 오류
질문의 의도와 맞지 않는 시제는 오답이다. 이번 주말 날씨가 좋을 거는 미래에 대한 언급에 과거 시간 부사구 last week와 함께 과거시제로 '공원에 갔다'는 답변은 시제 오류이다.

(C) The weather forecaster said so. ▶정답
평서문의 대답 중 동의는 가장 보편적인 정답이다. 답변에 so, too 등의 표현이 자주 언급된다.

22 [When 의문문] 일반적으로 '시간, 시점'을 나타내는 부사구로 대답한다.

[질문 분석] When will the marketing director arrive?
문제의 키워드는 When과 marketing director arrive로 '마케팅 부장이 도착하는 시간'을 묻는 문제이다.

[보기 분석]
(A) At 10 A.M. ▶정답
전치사 at 뒤에 특정 시간인 10 A.M.을 언급했으므로 정답이다.

(B) For two hours. ❷ 다른 의문사에 대한 답변
전치사 for을 이용해 구체적인 기간을 나타냈으므로 How long 의문문의 답변이다.

(C) I'll be there soon. ❸ 주어 오류
질문의 marketing director는 I가 아닌, He/She로 언급해야 하므로 오답이다.

23 [조동사 의문문] Yes/No가 없는 대답

[질문 분석] Can you attend the seminar instead of Kelly?
문제의 키워드는 Can you attend the seminar로, 상대방의 세미나 참석 가능 여부를 묻는 질문이다.

[보기 분석]
(A) She didn't go there. ❸ 주어 오류
제3자 She를 받을 수 있는 구체적인 명사가 질문에서 언급되기는 했지만 You로 물어보았으므로 I/We로 대답해야 하기에 오답이다. 또 미래의 질문에 과거시제로 답변한 오답이기도 하다.

(B) It was very informative. ❺ 시제 오류
미래시제의 질문에 과거시제로 답변한 오류이다. 또 상태 형용사 informative를 사용해 의견을 나타내고 있으므로 How was the seminar?에 대한 답변이기도 하다.

(C) I'm sorry, I have a meeting in a few minutes. ▶정답
No라고 직접적으로 거절하기보다 구체적인 상황을 설명하는 완곡한 거절의 표현으로 정답이다.

24 [When 의문문] 시제를 주의하라.

[질문 분석] When did Kyle make a job posting for the marketing assistant position?
문제의 키워드는 When did, Kyle make a job posting으로 Kyle 씨가 구인 공고를 낸 구체적인 과거 시점을 묻는 문제이다.

[보기 분석]
(A) For two hours. ❷ 다른 의문사에 대한 답변
전치사 for와 함께 특정 기간 two hours를 나타내고 있으므로 How long 의문문의 답변이다.

(B) Sometime last week. ▶정답
과거 질문에 대한 답변으로, 시간 부사구 sometime을 이용해 지난주의 불특정한 시점을 나타내고 있으므로 정답이다.

(C) On our Web site. ❷ 다른 의문사에 대한 답변
구체적인 장소를 언급하고 있으므로 Where 의문문의 답변이다.

25 [부정/부가의문문] Yes/No 없는 정답은 변명이 나온다.

[질문 분석] You can put off going to the dentist, can't you?

'치과 진료를 연기할 수 있는지'를 묻는 질문으로, 부가의문문은 일반적으로 Yes/No로 답변하지만 (1) 다음 행동을 제시하거나, (2) 관련 부가 설명을 하거나, (3) 답변의 내용이 Yes/No를 포함하고 있는 경우 Yes/No 없이 답변할 수 있다.

[보기 분석]

(A) I can't stand the pain. ▶정답
구체적인 이유를 설명하면서 치과 방문을 미룰 수 없다고 우회적으로 답변하고 있으므로 정답이다.

(B) On Kendrick Avenue. ❷ 다른 의문사에 대한 답변
구체적인 장소를 언급했으므로 Where 의문문의 답변이다.

(C) Take a bus. ❷ 다른 의문사에 대한 답변
명령문 혹은 제안의 표현으로 수단이나 방법을 알려주는 건 How 의문문에 대한 답변이다.

26 [How 의문문] ⟨How+do/조동사⟩는 방법이나 수단으로 대답한다.

[질문 분석] How do I log on to the Web site?

문제의 키워드는 How와 I log on으로 '웹사이트의 접속 방법'을 묻는 1인칭 질문이다.

[보기 분석]

(A) Read the instructions. ▶정답
구체적인 접속 방법을 직접 알려주기보다는, 해당 정보를 얻을 수 있는 출처를 언급하고 있으므로 정답이다. 최근 '~을 확인해 보세요'라는 명령문이 정답으로 출제되고 있다.

(B) No, I don't have it. ❶ Yes/No 오류
의문사를 이용한 의문문은 구체적인 정보로 답변해야 하므로 긍정/부정을 나타내는 Yes/No로 답변이 불가능하다.

(C) It has a list of our clients. ❸ 주어 오류
질문의 주어는 I로, You로 답변하는 것이 일반적이다. 또 사물이 갖고 있는 구체적인 정보를 언급하고 있으므로 What's on the Web site?의 답변이기도 하다.

27 [Who 의문문] 고득점 유형 – '아직 결정나지 않았다'

[질문 분석] Who will be the chief designer?
문제의 키워드는 Who, chief designer로 '수석 디자이너가 누구일지'를 묻는 질문이다. 최근 '들은 바 없다, 결정된 바 없다, 모른다'가 정답으로 나오는 추세이다.

[보기 분석]
(A) The design got a good review. ❹ 유사 발음 오류
질문의 designer와 유사 발음인 design을 이용한 오답이다.

(B) We're still deciding. ▶정답
구체적인 사람 이름을 언급하는 것이 아닌, '결정된 바 없다'라는 '모르겠다' 유형이 빈출 정답 표현이다. 또, 최근에는 부사 still을 이용한 돌려 말하기가 대세이다.

(C) Yes, I'm going to take it. ❶ Yes/No 오류
의문사를 이용한 의문문은 구체적인 정보로 답변해야 하므로 긍정/부정을 나타내는 Yes/No로 답변이 불가능하다.

28 [부정의문문] 고득점 유형 – 빈출 답변 '취소/변경되었다'

[질문 분석] Won't the renovation work last until next Friday?
'보수 작업이 다음 주 금요일까지 계속되는 게 아닌지'를 묻는 부정의문문으로 '취소/변경되었다, 당신이 잘못 알고 있었다' 가 정답으로 자주 출제된다.

[보기 분석]
(A) It was finished earlier than expected. ▶정답
Yes/No로 직접 대답하는 것이 아니라, '보수 작업이 예상보다 빠르게 끝났다'는 변경 상황을 설명하고 있으므로 정답이다.

(B) Ms. Gonzales does. ❷ 다른 의문사에 대한 답변
특정 사람 이름을 언급했으므로 Who 의문문의 답변이며, 대동사 does를 받을 수 있는 일반동사가 질문에서 언급되지 않았으므로 오답이다.

(C) It was gorgeous. ❺ 시제 오류
질문의 의도와 맞지 않는 시제는 오답이다. 또, 상태 형용사를 이용한 대답은 How 의문문의 답변이기도 하다.

29 [Why 의문문] 이유나 변명을 언급한다.

[질문 분석] Why didn't we have the survey results yet?
문제의 키워드는 Why didn't we have와 survey results yet으로 '설문조사 결과를 받지 못한 이유'를 묻는 문제이다.

[보기 분석]
(A) I need more data. ▶정답
'자료가 더 필요하다'는 말로 설문조사를 마무리하지 못한 구체적인 이유를 언급하고 있으므로 정답이다. Why 의문문에 대한 답변으로 〈in order to부정사, to부정사, for+목적어〉의 답변이 주로 등장한다.

(B) In the marketing department. ❷ 다른 의문사에 대한 답변
해당 답변은 구체적인 장소(부서)를 언급하고 있으므로 Where 의문문의 답변이다.

(C) The questions were good. ❷ 다른 의문사에 대한 답변
상태 형용사를 이용한 답변이므로 How 의문문에 대한 대답이다.

30 [Which 의문문] ⟨The ~ one⟩이 최다 빈출 정답이다.

[질문 분석] Which entrance will be closed?
문제의 키워드는 Which entrance와 closed로 어느 입구가 폐쇄 예정인지 묻는 문제이다. ⟨Which+명사⟩ 의문문은 해당 명사의 종류로 대답하거나, 구체적으로 설명하는 답변이 정답이다.

[보기 분석]
(A) Enter your name correctly. ❹ 유사 발음 오류
문제의 entrance와 enter의 유사 발음을 이용한 오답이다.

(B) We are close friends. ❹ 유사 발음 오류
질문의 closed와 close의 유사 발음을 이용한 오답이다.

(C) The west one. ▶정답
entrance가 부정대명사 the one으로 언급되며, 형용사를 이용해 구체적인 폐쇄 예정인 입구를 설명하고 있으므로 정답이다.

31 [평서문] 동의의 구체적인 이유와 설명을 추가한다.

[질문 분석] This printer isn't working properly.
'프린터가 제대로 작동하지 않는다'라는 평서문 형태의 질문이다. 일반 평서문의 경우, 다음 행동 제시, 추가 관련 질문, 추가 설명의 답변이 정답으로 출제된다.

[보기 분석]
(A) I work in Human Resources department. ❷ 다른 의문사에 대한 답변
본인의 근무 부서를 이야기하는 것으로 Which department do you work in?의 답변이다.

(B) It must be out of ink. ▶정답
상대방의 질문에 프린터가 작동하지 않는 구체적인 이유를 추측하며, 잉크를 교체하라고 간접적으로 제시하고 있으므로 정답이다.

(C) No, you should review it thoroughly. ❹ 연상 어휘 오류
질문의 properly에서 thoroughly를 연상한 어휘 오류로 오답이다.

Questions 32-34 refer to the following conversation.

M **32** Hi, I need help with this **mobile phone, which I purchased here** a couple of weeks ago. I started using it a week ago, **but** its battery **33** doesn't seem to last **as long as** it should.

33-A

W Hmm... Actually, we have received similar complaints from other customers with the same model. But if you use a power-saving setting which turns off the device faster and dims the screen, you can save power.

M I have already done that, but it didn't make any difference. So, I **34** would just like to return this phone and **try another model**.

34-D **34-C**

---

32. Where most likely are the speakers?
(A) At a cinema
(B) At a post office
(C) At a shop
(D) At a florist

장소 / 상
ㄴ. 첫 두 줄의 our / your / this / here에 집중한다.

33. What does the man complain about?
(A) ~~Opening hours~~ are not long enough.
(B) ~~Repair fees~~ are more expensive than expected.
(C) A new product seems to have a problem.
(D) An item has not been delivered on time.

남자 / 불만사항
ㄴ. 남자의 대사에 정답이 있다.
but, however 등의 역접, 반전 접속사나 부사에 집중한다.

34. What does the man want to do?
(A) Exchange an item
(B) Talk with a manager
(C) Try another branch
(D) Get a ~~refund~~

남자 / 원하는 것 / 하
ㄴ. 권유/요구 표현에 집중한다.

남 안녕하세요. 2주 전에 여기서 구매한 이 휴대폰에 도움이 필요합니다. 일주일 전부터 이 제품을 쓰기 시작했는데, 배터리가 사양만큼 오래 지속되지 않는 것 같습니다.

여 흠... 사실, 저희가 동일 모델을 사용하시는 다른 고객들로부터 유사한 불만사항을 받았습니다. 하지만, 디바이스를 더 빠르게 종료하고 화면을 어둡게 하는 절전 설정 모드를 사용하시면, 배터리 전력을 아끼실 수 있습니다.

남 제가 벌써 그걸 사용해 봤지만, 차이가 없었습니다. 그래서, 저는 이 제품을 반납하고 다른 모델을 사용하고 싶습니다.

32. 화자들은 어디에 있을 것 같은가?
(A) 극장에
(B) 우체국에
(C) 가게에
(D) 꽃가게에

33. 남자는 무엇에 대해서 항의하는가?
(A) 영업 시간이 충분히 길지 않다.
(B) 수리 비용이 예상했던 것보다 훨씬 비싸다.
(C) 신제품에 문제가 있는 것 같다.
(D) 제품이 제시간에 배달되지 않았다.

34. 남자는 무엇을 하기 원하는가?
(A) 제품 교환
(B) 관리자와 대화
(C) 다른 지점 방문
(D) 환불 받기

32 직업과 장소는 전반부에서 힌트가 나온다.

STEP 1 첫 두 줄에 our/your/this/here 표현과 함께 들리는 장소/직업 명사가 정답이 된다.

화자들이 대화를 나누고 있는 장소를 묻는 문제로, 대화의 "I need help with this mobile phone, which I purchased here"에서 남자가 위치한 현재 장소에서 휴대폰을 구매했음을 언급하였다. 따라서 화자들이 대화를 나누고 있는 장소는 전자기기를 판매하고 있는 가게로 정답은 (C) At a shop이다.

– PART 3에 자주 등장하는 장소는 store로, 대화의 전반부에서 buy(사다), looking for(~을 찾고 있는) 등의 표현이 들리면 store를 정답으로 고르자. 이 외에 office가 정답으로 가장 많이 출제되는 장소이다.

33 문제점과 걱정은 본인의 입으로 직접 얘기한다.

STEP 1 문제점을 묻는 문제는 첫 대사와 두 번째 대사에 정답이 있다.

남자의 불만사항을 묻는 문제로, 남자의 대사에 정답이 있다. 대화의 "I started using it a week ago, but its battery doesn't seem to last as long as it should."에서 남자가 구매한 휴대폰의 배터리가 사양만큼 오래 지속되지 않는다는 문제점을 언급하였다. 즉, 남자가 구매한 제품에 문제가 있는 것으로 정답은 (C)이다. 본문의 구체적인 어휘 its (= mobile phone's) battery와 not last as long as it should는 각각 보기의 포괄적인 어휘 a new product와 have a problem으로 paraphrasing되었다.

– 주로 But이나 However, Actually 등의 역접이나 반전을 의미하는 접속사나 부사 등이 나오면 그 뒤에 정답을 동반하는 경우가 많다.

STEP 2 함정 유형 및 오답 패턴

(A) Opening hours are not long enough. ▸배터리의 수명에 대해 언급하고 있으므로 오답이다.
(B) Repair fees are more expensive than expected. ▸문제점에서 repair fees를 연상한 오답이다.
(C) A new product seems to have a problem. ▸정답
(D) An item has not been delivered on time.

34 제안, 요구 사항이나 미래 일정은 후반부에 정답이 있다.

STEP 1 제안, 요구의 문제는 대화 후반부에서 질문에 등장한 사람의 대사를 잘 들어야 한다.

남자가 하고 싶은 일이 무엇인지 묻는 문제로, 지문 후반부 대사 "So, I would just like to return this phone and try another model."에서 남자는 구매한 휴대폰을 반납하고, 다른 제품을 사용하고 싶다는 의도를 밝혔으므로 정답은 (A)이다. 지문의 구체적인 어휘 try another model은 보기의 포괄적인 어휘 exchange an item으로 paraphrasing되었다.

STEP 2 함정 유형 및 오답 패턴

(A) Exchange an item ▸정답
(B) Talk with a manager
(C) Try another branch ▸동일 어휘의 반복으로 오답이다.
(D) Get a refund ▸return에서 refund를 연상한 오답이다.

어휘 mobile phone 휴대폰 purchase 구매하다 last 지속하다 similar 유사한 complaint 불만사항 power-saving 절전 turn off (전원을) 끄다 device 장치 dim (빛의 밝기를) 낮추다 difference 차이 return 반납하다, 돌려주다

Questions 35-37 refer to the following conversation.

W Hello, **I'm calling to ask about** shipping some works of art from
35 New York to Beijing. I have around a thousand framed pictures to
ship to the Chung-Ra Gallery in Beijing.

M Certainly. We are well known for shipping delicate items. Your items
will be treated with great care and delivered on time. When do they
need to be shipped?

W Well, **the pictures** are scheduled to **be exhibited at the gallery**
36 next month, which means they will have to be shipped no later than
September 24. How much will it cost?

M We need **the exact size of each item to make a cost estimate**.
37 Please send us the information at dflores@rocshipping.net.

`35-B`

`37-D`

35. What is the purpose of the woman's call?
(A) To sign up for a training course
(B) To inquire about ~~renting a vehicle~~
(C) To get information about a shipping service
(D) To make a room reservation

여자 / 전화 목적 / 상
ㄴ, 첫 두 줄에 집중한다.

36. What event does the woman talk about?
(A) A cooking demonstration
(B) An international trade fair
(C) An anniversary celebration
(D) A gallery exhibition

여자 / 행사
ㄴ, 여자의 대사에 정답이 있다.

37. What information does the man need to make an estimate?
(A) A current address
(B) The dimensions of items
(C) A bank account number
(D) The exact location of an event

남자 / 필요한 정보 / 하
ㄴ, 남자의 대사에 정답이 있다.

여 안녕하세요. 뉴욕에서 베이징까지 몇몇 예술작품 배송
과 관련하여 문의 드리려고 전화했습니다. 저는 베이징
에 위치한 Chung-Ra Gallery로 액자에 끼운 그림 약
1,000점을 발송해야 합니다.

남 알겠습니다. 저희는 세심한 주의가 필요한 제품의 배송
으로 잘 알려져 있습니다. 귀하의 수하물은 매우 조심스
럽게 취급되어, 제시간에 배송될 것입니다. 언제 배송되
어야 하나요?

여 글쎄요. 그 작품들이 다음 달 갤러리에 전시될 예정이고
요. 늦어도 9월 24일까지는 배송되어야 합니다. 비용이
얼마가 들까요?

남 비용 견적서를 작성하려면 각 제품의 정확한 크기가 필
요합니다. dflores@rocshipping.net으로 관련 정보를
보내 주십시오.

35. 여자가 전화를 건 목적은 무엇인가?
(A) 교육 과정을 신청하기 위해서
(B) 차량 대여를 문의하기 위해서
(C) 배송 서비스 관련 정보를 얻기 위해서
(D) 객실을 예약하기 위해서

36. 여자가 어떤 행사에 관해 이야기하는가?
(A) 요리 시연회
(B) 국제 무역 박람회
(C) 기념일 축하 행사
(D) 갤러리 전시회

37. 남자는 견적서를 내기 위해 어떤 정보를 필요로 하는가?
(A) 현 주소
(B) 제품들의 규격
(C) 은행 계좌번호
(D) 행사의 정확한 장소

35 주제나 목적을 묻는 문제는 처음 두 줄에 정답이 있다.

STEP 1 대화의 주제나 목적을 묻는 문제는 보통 첫 문장을 들으면 해결할 수 있다.

여자가 전화를 건 목적을 묻는 문제이다. 여자의 대사 "I'm calling to ask about shipping some works of art from New York to Beijing"에서 여자는 뉴욕에서 베이징까지 예술 작품 배송에 관해 문의하고자 전화했다고 언급하였으므로 정답은 (C)이다. 보기의 구체적인 어휘 shipping some works of art ~ to Beijing이 보기의 포괄적인 어휘 shipping service로 paraphrasing되었다.

– 전화의 목적을 말할 때는 I'm calling to ~ (~하려고 전화했어요), Because ~ (~ 때문에) 등의 표현을 많이 쓴다.

STEP 2 함정 유형 및 오답 패턴

(A) To sign up for a training course
(B) To inquire about ~~renting a vehicle~~ ▶여자는 차량 대여가 아닌 예술품 배송과 관련해 문의하고자 전화했음을 밝혔으므로 오답이다.
(C) To get information about a shipping service ▶정답
(D) To make a room reservation

36 들리는 단어는 구체적이나, 정답은 포괄적인 어휘를 사용한다.

STEP 1 지문에서 들리는 구체적인 단어는 보기에서 포괄적이고 일반화된 단어로 **paraphrasing**된다.

여자가 이야기하고 있는 행사가 무엇인지 묻는 문제로, 여자의 대사에 정답이 있다. 대화의 "the pictures are scheduled to be exhibited at the gallery next month, which means they will have to be shipped no later than September 24"에서 9월 24일 이후로, 뉴욕에서 베이징으로 배송하려는 작품들이 갤러리에서 전시될 예정임을 언급하였으므로 정답은 (D)이다. 지문의 구체적인 어휘 the pictures are scheduled to be exhibited at the gallery는 보기의 포괄적인 어휘 a gallery exhibition으로 paraphrasing되었다.

– 문제에서 남자 혹은 여자를 언급한다면, 그 사람의 대사에서 정답이 나오므로 주의해서 들어야 한다. 하지만, 문제에서 화자가 언급되지 않으면, 문제의 키워드를 가지고 해결해야 한다.

37 남자/여자/화자(man/woman/speakers)를 확인하라.

STEP 1 문제에 남자가 언급되면 남자의 대사에 답이 나온다.

남자가 견적서를 내기 위해서 필요한 정보가 무엇인지 묻는 문제로, 남자의 대사에 정답이 있다. 대화의 "We need the exact size of each item to make a cost estimate."에서 비용 견적서를 작성하기 위해 제품의 정확한 크기가 필요하다. 즉, 남자가 필요한 정보는 배송 예정인 제품의 크기로 정답은 (B)이다. 지문의 구체적인 어휘 exact size는 보기의 포괄적인 어휘 dimensions로 paraphrasing되었다.

STEP 2 함정 유형 및 오답 패턴

(A) A current address
(B) The dimensions of items ▶정답
(C) A bank account number
(D) The exact location of an event ▶지문 중반부까지 내용으로, 전시회는 베이징의 **Chung-Ra Gallery**에서 진행됨을 확인할 수 있으므로 오답이다.

어휘 ask about ~에 대해 묻다 framed 액자에 끼운 ship 배송하다 be known for ~로 알려져 있다 delicate 부서지기 쉬운, 까다로운 treat with great care 조심조심 다루다 deliver 배달하다 be scheduled to do ~할 예정이다 exhibit 전시하다 no later than 늦어도 ~까지는 exact 정확한 cost estimate 비용 견적(서)

Questions 38-40 refer to the following conversation with three speakers.

M Hello, can I get an update on the transition of **our patients'** medical
38 records from paper form to electronic?

W1 It's going well. **I'm** done with making the computer files for almost
39 all of the patients in **our database system**. And, **Ms. Fuller** is now
upgrading our appointment system.

W2 Yeah, **I'm** installing it to have **the patient records linked automatically
to the** appointment system.

M That's brilliant. But, actually, I was expecting the database to be
completed no later than the beginning of next month. Why don't we
40 hire temporary assistants to get help with this project?

W1 That sounds good.

`39-A`
`40-A`
`38-D`

`39-C`

---

38. What business do the speakers most likely work for?
(A) A fitness center
(B) A ~~nursery~~
(C) A hospital
(D) A computer shop

화자들 / 직업 / 상
└. 첫 두 줄의 our / your / this
/ here에 집중한다.

39. What kind of project are the women working on?
(A) ~~Organizing a social event for~~ patients
(B) Developing a new database system
(C) Scheduling regular patient checkups
(D) Holding interviews with job candidates

여자들 / 담당 업무
└. 여자들의 대사에서 공통점을
찾아야 한다.

40. What does the man suggest?
(A) Rearranging some ~~records~~
(B) Contacting a new supplier
(C) Staying late for work
(D) Employing temporary workers

남자 / 제안 / 하
└. 권유 / 제안 표현에 집중한다.

남 안녕하세요, 환자들의 의료 기록을 종이 서류에서 전자
서류로 전환에 관해 업데이트 해주시겠어요?

여1 그건 잘 되어 가고 있습니다. 저는 저희 데이터베이스 시
스템에 있는 거의 모든 환자들의 컴퓨터 파일 작성을 마
무리했습니다. 또 Fuller 씨가 지금 예약 시스템을 업그
레이드 하고 있습니다.

여2 네, 저는 환자 기록이 예약 시스템에 자동적으로 연결되
도록 해당 시스템을 설치하고 있습니다.

남 훌륭합니다. 하지만, 사실 저는 해당 데이터베이스 시스
템이 늦어도 다음 달 초까지는 완료될 거라고 예상하고
있었습니다. 이 프로젝트에 도움을 줄 임시 보조 직원을
고용하는 게 어떨까요?

여1 좋은 생각입니다.

38. 화자들은 어떤 사업체에서 근무하는 것 같은가?
(A) 헬스장
(B) 유치원
(C) 병원
(D) 컴퓨터 가게

39. 여자들은 어떤 종류의 프로젝트를 작업하고 있는가?
(A) 환자들을 위한 사교 행사 기획
(B) 신규 데이터베이스 시스템 개발
(C) 정규 진료 환자의 건강 검진 일정 예약
(D) 구직자와 인터뷰 진행

40. 남자는 무엇을 제안하는가?
(A) 일부 기록 재조정
(B) 신규 공급업체와의 연락
(C) 야근
(D) 임시 직원 채용

38 3인 대화 – 첫 번째 문제는 주로 3인의 직업 혹은 대화 주제를 묻는다.

STEP 1   3인 대화의 직업 문제는 처음 주고받는 대사의 직업 및 장소 명사를 통해 파악하면 된다.

남자의 대사 "can I get an update on the transition of our patients' medical records from paper form to electronic?"에서 남자는 환자의 진료 기록을 전자 서류로 변경시키는 것과 관련해 최신 정보를 문의하고 있다. 즉, 남자를 비롯해 화자들이 근무하고 있는 장소는 병원임을 추측할 수 있다. 따라서 정답은 (C)이다.
－ we, our 등의 표현 또는 I'm calling from ~ (~에서 전화 드립니다), This is ~ from … (…의 ~입니다)과 같은 문장에서 from 뒤에 회사명이나 업종과 관련된 단어가 직접 언급된다.

STEP 2   함정 유형 및 오답 패턴

(A) A fitness center   (B) A ~~nursery~~ ▸nursery는 nurse(간호사)와 관련된 단어가 아님을 유의해야 한다.
(C) A hospital ▸정답   (D) A computer shop

39 3인 대화 – 두 번째 문제는 주로 사람의 공통점을 묻는 것이 출제된다.

STEP 1   공통점을 묻는 문제는, 두 사람의 특징을 포괄적으로 받는 내용이 정답이다.

여자들이 담당하고 있는 업무의 공통점을 묻는 문제로, 대명사 I를 사용해 각자가 진행하는 업무를 언급할 것임을 추측할 수 있다. 여자 1의 대사 "I'm done with making the computer files ~ our appointment system"과 여자 2(Fuller 씨)의 대사 "I'm installing it to have the patient records linked automatically to the appointment system." 에서 Fuller 씨는 예약 시스템에 환자 기록이 자동으로 연결되도록 업그레이드 중이며, 다른 여자는 데이터베이스 시스템에 있는 환자들의 진료 기록을 컴퓨터 파일로 전환시켰음을 언급했다. 따라서 두 여자들은 새로운 데이터베이스 시스템을 제작하고 있다는 공통점이 있으므로 정답은 (B)이다. 지문의 구체적인 어휘 making the computer files와 upgrading our appointment system은 보기의 포괄적인 어휘 Developing a new database system으로 paraphrasing되었다.

STEP 2   함정 유형 및 오답 패턴

(A) ~~Organizing a social event for~~ patients ▸지문에서 patients는 언급되었지만, 사교 행사가 아닌 진료 기록을 전자화시키고 있는 것으로 오답이다.
(B) Developing a new database system ▸정답
(C) Scheduling regular patient checkups ▸지문의 appointment system에서 연상한 오답이다.
(D) Holding interviews with job candidates

40 제안, 요구 사항이나 미래 일정은 후반부에 정답이 있다.

STEP 1   권유/제안 표현은 If you ~, Let's ~, Why don't we ~? 뒤에 정답이 언급된다.

남자가 제안한 일이 무엇인지 묻는 문제로, 남자의 대사에 정답이 있다. "But, actually, I was expecting ~ assistants to get help with this project?"에서 데이터베이스 시스템이 늦어도 다음 달 초에 마무리될 것이라 예상했기 때문에, 추가적인 도움을 받게 임시 직원 채용을 제안하고 있다. 따라서 정답은 (D)이다. 지문의 hire temporary assistants는 보기의 Employing temporary workers로 paraphrasing되었다.

－ 상대방에게 권유/제안하는 표현으로 Why don't you ~?, Would you like ~?, You can ~, Let's ~ 등이 출제된다.

STEP 2   함정 유형 및 오답 패턴

(A) Rearranging some ~~records~~ ▸지문 전반부의 records를 반복 이용한 오답이다.
(B) Contacting a new supplier
(C) Staying late for work
(D) Employing temporary workers ▸정답

어휘   get an update on ~에 대해 최신 정보를 받다   transition 이행, 과도   patient 환자
medical record 진료(의료) 기록   electronic 전자의   go well 잘 되다   appointment system 예약 시스템
install 설치하다   link 연결하다   automatically 자동적으로   brilliant 훌륭한, 멋진   expect 예상하다, 기대하다
complete 완료하다, 끝마치다   no later than 늦어도 ~까지는   hire 채용하다   temporary 임시의   assistant 조수

Questions 41-43 refer to the following conversation with three speakers.

M Good afternoon. Next week, our newspaper will feature **a special**
41 **section on local attractions.** Is anyone willing to **take on the**
   assignment?
W1 That sounds interesting. I may be able to write about **St. Palu's**
42 **Tower. It** was **renovated recently** and reopened to the public.   **42-A**
M That'd be great, Sally. I think you should make an appointment for   **43-D**
   an interview with the tower's manager.   **43-C**
W1 Okay, absolutely. Hey, Susan, can you **help me by taking a few**
43 **photos** during the interview?   **43-A**
W2 Why not? I wanted to visit the place anyway.
W1 Thank you, Susan. Why don't we meet to talk more about it?

41. What are the speakers mainly talking about?
(A) A new manager
(B) A new project
(C) A corporate event
(D) A job candidate

대화 주제 / 상
ㄴ. 첫 두 줄에 집중한다.

42. What is indicated about St. Palu's Tower?
(A) It has recently ~~moved to a new location~~.
(B) It was under renovation.
(C) It has a new owner.
(D) It is conveniently located for tourists.

키워드 St. Palu's Tower
ㄴ. 키워드 앞뒤 문장에 집중한다.

43. What does Sally ask Susan to do?
(A) ~~Drive to~~ the interview
(B) Take some pictures
(C) Prepare ~~a presentation~~
(D) ~~Write some articles~~

Sally / 요청 사항 / 하
ㄴ. 권유 / 제안 표현에 집중한다.

남 안녕하세요. 다음 주에 저희 신문에서 지역 관광명소와
   관련해 특별 섹션을 실을 예정입니다. 이 업무를 맡으실
   분이 계신가요?
여1 재미있을 것 같네요. 제가 St. Palu's Tower 관련해 글
   을 쓸 수 있을 것 같습니다. 거기가 최근에 보수되어 대
   중들에게 다시 개방되었거든요.
남 아주 괜찮겠는데요. Sally 씨. 타워 관리자와 인터뷰 약
   속을 잡아야 할 것 같네요.
여1 네, 그렇게 하겠습니다. 저기 Susan 씨, 제가 인터뷰 진
   행하는 동안 사진 촬영하면서 도와주실 수 있나요?
여2 그러죠! 게다가 저도 그곳을 방문하고 싶었습니다.
여1 고마워요, Susan 씨. 만나서 그것과 관련해 더 얘기를
   나눌까요?

41. 화자들은 주로 무엇에 대해서 이야기를 하고 있는가?
(A) 신규 관리자
(B) 신규 프로젝트
(C) 기업 행사
(D) 구직자

42. St. Palu's Tower에 관하여 언급된 것은 무엇인가?
(A) 최근에 새로운 장소로 이전했다.
(B) 보수공사 중이었다.
(C) 새로운 소유주가 생겼다.
(D) 관광객에게 편리한 장소에 위치해 있다.

43. Sally 씨는 Susan 씨에게 무엇을 하라고 요청하는가?
(A) 인터뷰 장소까지 운전해 주기
(B) 사진 촬영하기
(C) 발표 준비하기
(D) 기사 작성하기

41 첫 두 줄 안에 주제/목적이 나온다.

STEP 1 주제를 묻는 문제는 첫 번째 대사와 두 번째 대사에 정답이 있다.

화자들이 대화를 나누고 있는 내용이 무엇인지 묻는 문제이다. 남자는 첫 대사인 "Next week, our newspaper ~ on the assignment?"에서 다음 주에 화자들이 근무하는 신문사에서 지역 관광명소와 관련해 특별 섹션을 실을 예정 이며, 이를 담당할 사람이 있는지를 확인하고 있다. 즉, 화자들이 논의하고 있는 주제는 다음 달 특별 섹션으로 정답은 (B) 이다. 본문의 구체적인 어휘 a special section on local attractions는 보기의 포괄적인 어휘 A new project로 paraphrasing되었다.

－ 대화의 주제는 looking for, want 등과 같이 '(무엇인가) 찾고 있다' 혹은 '원한다'는 말과 함께 자주 언급된다.

42 키워드 문제는 키워드 기준 앞뒤 문장에 답이 나온다. ▶ St. Palu's Tower

STEP 1 특정 키워드 문제는 반드시 지문의 해당 키워드 앞뒤에서 정답이 들린다.

문제의 키워드는 St. Palu's Tower이다. 대화의 "I may be able to write about St. Palu's Tower. It was renovated recently and reopened to the public."에서 여자는 최근에 보수되어 대중들에게 개방된 St. Palu's Tower에 관하여 글을 쓸 수 있겠다고 언급하였다. 따라서 해당 장소는 과거에 보수된 것으로 정답은 (B)이다. 지문의 renovated recently는 보기의 was under renovation으로 paraphrasing되었다.

－ 최근에는 키워드 뒤에 답이 나오는 것이 아니라 그 다음 사람이 키워드를 대명사(it/he/she/they 등)로 받아 언급하는 부분에 답이 나오는 경우도 있다.

STEP 2 함정 유형 및 오답 패턴

(A) It has recently ~~moved to a new location.~~ ▶ 최근에 새로운 장소로 이전한 것이 아니라 보수된 것으로 오답이다.
(B) It was under renovation. ▶ 정답
(C) It has a new owner.
(D) It is conveniently located for tourists.

43 요청과 제안 문제의 힌트는 대화 후반부에 You로 언급된다.

STEP 1 Please ~, Can/Could you ~?, Why don't you[we] ~?의 표현으로 간접적 으로 요청한다.

Sally 씨가 Susan 씨에게 해달라고 요청한 것이 무엇인지를 묻는 문제로, Sally 씨인 여자1의 대사에 정답이 있다. 대화의 "can you help me by taking a few photos during the interview?"에서 Sally 씨는 자기가 St. Palu's Tower 관리자와 인터뷰를 하는 동안, Susan 씨에게 사진 촬영을 해 주면서 도와달라고 요청하므로 정답은 (B)이다.

STEP 2 함정 유형 및 오답 패턴

(A) ~~Drive to~~ the interview ▶ 지문에서 interview는 언급되었지만, 운전을 부탁한 것은 아니므로 오답이다.
(B) Take some pictures ▶ 정답
(C) Prepare ~~a presentation~~ ▶ Sally 씨는 발표가 아닌, 타워 관리자와 인터뷰를 준비해야 하므로 오답이다.
(D) ~~Write some articles~~ ▶ Sally 씨가 해야 하는 일이므로 오답이다.

어휘 feature 특별히 포함하다 local attraction 지역 관광명소 be willing to do 기꺼이 ~하다 assignment 과제, 임무 renovate 개조하다, 보수하다 recently 최근에 reopen 다시 문을 열다, 재개하다 the public 대중, 일반인 make an appointment with ~와 약속을 하다

Questions 44-46 refer to the following conversation.

M Hello, Erlka. **Have you finished reviewing the results of our customer survey? I was** looking at them.

[44]

W **No, not yet. I have been tied up with other work**. Is there anything we should consider?

[45]

M Yeah. Some customers requested longer hours of operation on weekends.

W That's a good suggestion. Most of our competitors have extended their hours. So it would be good for business to be open longer hours like them.

M OK. We should **talk about that** in more detail **at next week's meeting**!

[46]

[44-C]
[45-A]

[46-D]

---

44. What has the **man recently done**?
(A) Mailed out some flyers
(B) Signed up for a workshop
(C) Read a news report
(D) Looked through customer comments

남자 / 키워드 recently / 상
└ 키워드 앞뒤 문장에 집중한다.

45. Why does the woman say,
"I have been tied up with other work"?
(A) To get some help
(B) To arrange new schedules
(C) To make an excuse
(D) To express her interest

화자의 의도 파악
└ 해당 위치의 앞뒤 문맥을 파악한다.

46. What does the **man want to discuss at next week's meeting**?
(A) Planning a promotional event
(B) Rearranging products
(C) Making operating hours longer
(D) Adding more items

남자 / 키워드 at next week's meeting / 하
└ 키워드 앞뒤 문장에 집중한다.

남 안녕하세요. Erika 씨. 고객 설문조사 결과 검토 다하셨나요? 제가 그 자료를 보고 있었거든요.

여 아니요. 아직 못했어요. 제가 다른 업무로 바빴습니다. 저희가 생각해 봐야 하는 내용이 있습니까?

남 네. 일부 고객들이 주말 운영 시간이 더 길면 좋겠다고 요청했습니다.

여 좋은 제안입니다. 자사의 경쟁업체 대다수가 운영 시간을 늘렸습니다. 그러니 저희도 그들처럼 더 오랜 시간 영업을 하게 좋을 것 같습니다.

남 알겠습니다. 다음 주 회의에서 그것에 대해 더 자세히 논의해 봐야겠네요!

44. 남자는 최근에 무엇을 하였는가?
(A) 일부 전단지를 발송했다
(B) 워크숍을 신청했다
(C) 뉴스 보도를 읽었다
(D) 고객 후기를 살펴보았다

45. 왜 여자가 "I have been tied up with other work(제가 다른 업무로 바빴습니다)"라고 말하는가?
(A) 도움을 받기 위해서
(B) 새로운 일정을 준비하기 위해서
(C) 변명하기 위해서
(D) 그녀의 관심을 표출하기 위해서

46. 남자는 다음 주 회의에서 무엇을 논의하길 원하는가?
(A) 홍보 행사 계획하기 (B) 상품 재배치하기
(C) 운영 시간 연장하기 (D) 상품 추가하기

44 문제의 순서와 대화의 순서는 일치한다.

STEP 1 문제의 순서와 대화의 순서는 일치한다는 점을 이용해 풀어야 한다.

남자의 대사 "Have you finished reviewing the results of our customer survey? I was looking at them."에서 남자는 고객 설문조사 결과를 살펴보았음을 언급하였으므로 정답은 (D)이다. 지문의 looking at them (= the results of our customer survey)는 보기의 Looked through customer comments로 paraphrasing되었다.

STEP 2 함정 유형 및 오답 패턴

(A) Mailed out some flyers
(B) Signed up for a workshop
(C) Read ~~a news report~~ ▸뉴스 보도가 아닌 고객 설문조사 결과를 읽은 것으로 오답이다.
(D) Looked through customer comments ▸정답

45 " "의 화자의 의도 파악 문제는 포괄적으로 설명한 보기가 정답이다.

STEP 1 화자의 의도 파악 문제 표현은 주로 앞뒤 문맥을 연결하는 역할을 하므로, 주변 문맥을 파악해서 포괄적인 정답을 찾아야 한다.

앞 문장인 남자의 대사 "Have you finished reviewing the results of our customer survey?"에서 고객 설문조사 결과 검토를 끝냈는지 확인하고자 질문했지만 여자의 대사 "No, not yet."과 바로 "I have been tied up with other work"에서 다른 업무로 결과지를 살펴보지 않았다는 변명을 하고 있다. 따라서 정답은 (C)이다.

STEP 2 함정 유형 및 오답 패턴

(A) To ~~get some help~~ ▸be tied up with other work에서 연상한 오답이다.
(B) To arrange ~~new schedules~~
(C) To make an excuse ▸정답
(D) To express her interest

46 키워드 문제는 키워드 기준 앞뒤 문장에 정답이 나온다. ▶ at next week's meeting

STEP 1 특정 키워드에 대해 묻는 문제는 반드시 대화의 해당 키워드 앞뒤에서 답이 들린다.

문제의 키워드는 at next week's meeting으로, 남자가 다음 주 회의에서 논의하고 싶은 내용이 무엇인지 묻는 문제이다. 남자의 대사 "We should talk about that in more detail at next week's meeting!"에서 그것(that)에 대해 자세히 논의해 봐야겠다고 했지만, that을 알기 위해서는 바로 앞 문장을 파악해야 한다. 이전 여자의 대사인 "Most of our competitors ~ open longer hours like them"에서 다른 경쟁업체도 영업 시간을 연장하고 있으므로, 이것을 자사에 도입하자고 제안하고 있다. 즉, 남자가 다음 회의에서 논의하고 싶은 주제는 영업 시간 연장이므로 정답은 (C)이다. 지문의 for business to be open longer hours는 보기의 Making operating hours longer로 paraphrasing되었다.

STEP 2 함정 유형 및 오답 패턴

(A) Planning a promotional event
(B) Rearranging products
(C) Making operating hours longer ▸정답
(D) Adding more ~~items~~ ▸추가하는 것은 제품이 아닌 시간이므로 오답이다.

어휘 **review** 검토하다 **result** 결과 **customer survey** 고객 설문조사 **be tied up with** ~로 바쁘다 **competitor** 경쟁업체 **extend** 연장하다 **in more detail** 더 자세하게

Questions 47-49 refer to the following conversation.

M Hi, Jane. **How are you doing with the training manuals** we need to have printed for the new interns?

W I'm still working on them. I received a sample copy from the printer this morning. But I found some of the **presenters' names were misspelled**, so I contacted the printer. He apologized and told me he'll send the corrected version to me by Wednesday.

M Hmm... Actually, that won't work. We are supposed to hand out the manuals on Tuesday morning when the orientation is held. Please call the printer back and let him know that the **order needs to be delivered by Tuesday morning at the latest**.

47. What are the speakers mainly talking about?
(A) Promotional flyers
(B) A product sample
(C) **Materials for training**
(D) Invitations for a corporate event

주제 / 상
└. 첫 두 줄에 집중하자.

48. According to the woman, what was wrong with the sample copy?
(A) Its size was too small.
(B) **Some names were spelled incorrectly.**
(C) The number of pages was wrong.
(D) It was printed in different colors.

여자 / 문제점
└. 여자의 대사에 정답이 있다.
역접 접속사에 집중한다.

49. What does the man ask the woman to change?
(A) An event date
(B) A business proposal
(C) **A delivery schedule**
(D) A list of presenters

남자 / 요청 사항 / 하
└. 권유/제안 표현에 집중한다.

남 안녕하세요, Jane 씨. 신입 인턴들을 위해 인쇄해야 하는 교육 자료는 어떻게 되어 가고 있나요?

여 제가 여전히 작업하고 있습니다. 오늘 오전에 인쇄업자한테서 샘플본을 받았습니다. 하지만, 일부 발표자들의 이름 철자가 잘못 적혀 있는 것을 발견하여, 인쇄업자에게 연락을 했습니다. 인쇄업자가 사과를 했고 수요일까지 수정안을 보내주겠다고 말했습니다.

남 흠... 사실, 그러면 곤란한데요. 저희는 오리엔테이션이 열리는 화요일 오전에 해당 자료를 배부할 예정입니다. 그 인쇄업자에게 다시 전화해서 주문한 게 늦어도 화요일 오전까지 배달되어야 한다고 알려주세요.

47. 화자들은 무엇에 대해서 이야기를 하고 있는가?
(A) 홍보 전단지
(B) 제품 견본
(C) **교육용 자료**
(D) 기업 행사 초대장

48. 여자에 따르면, 샘플본에는 어떤 문제가 있었는가?
(A) 크기가 너무 작았다.
(B) **일부 이름 철자가 잘못되었다.**
(C) 페이지 수가 잘못되었다.
(D) 다른 색상으로 인쇄되었다.

49. 남자는 여자에게 무엇을 변경하도록 요청하는가?
(A) 행사 날짜
(B) 사업 제안서
(C) **배달 일정**
(D) 발표자 명단

47 주제나 목적을 묻는 문제는 처음 두 줄에 정답이 있다.

STEP 1 Hi, Hello, Good morning의 간단한 인사말 뒤에 주제/목적이 제시된다.

화자들의 이야기 주제가 무엇인지 묻는 문제이다. 대화의 "How are you doing with the training manuals we need to have printed for the new interns?"에서 남자는 여자에게 신입 인턴들에게 배부할 교육용 자료 인쇄의 진행 상황을 묻고 있다. 따라서 정답은 (C)이다. 지문의 구체적인 training manuals we ~ for the new interns는 보기의 포괄적인 어휘 Materials for training으로 paraphrasing되었다.

STEP 2 함정 유형 및 오답 패턴

(A) Promotional flyers ▸ copy에서 flyers를 연상한 오답이다.
(B) A ~~product~~ sample ▸ 지문에서 sample은 언급되었지만, 제품 샘플이 아닌 교육용 자료 샘플에 대해 이야기를 나누고 있으므로 오답이다.
(C) Materials for training ▸ 정답
(D) Invitations for a corporate event

48 문제점과 걱정은 본인의 입으로 직접 얘기한다.

STEP 1 But(그러나), Actually(사실), Unfortunately(불행하게도) 등의 표현 뒤에 문제의 상황을 언급한다.

샘플본과 관련해 여자가 언급한 문제점이 무엇인지 묻는 문제이다. 여자의 대사 "But I found some of the presenters' names were misspelled"에서 오늘 아침에 받은 교육용 자료 샘플본에 발표자들의 이름 철자가 잘못 기재되어 있다는 문제점을 발견했다고 언급하였으므로 정답은 (B)이다.

– 문제점으로 늦음(late), 지연(delayed), 바쁨(busy), 부족(lack), 고장(out of order) 등의 내용이 주를 이룬다.

STEP 2 함정 유형 및 오답 패턴

(A) Its size was too small.
(B) Some names were spelled incorrectly. ▸ 정답
(C) ~~The number of pages~~ was wrong. ▸ 페이지 수가 아닌, 발표자 이름에 문제가 있는 것으로 오답이다.
(D) It was printed ~~in different colors~~. ▸ 다른 색상이 아닌, 발표자 이름이 잘못 인쇄된 것이므로 오답이다.

49 요청/제안 문제는 하단에 위치하며 please가 대세이다.

STEP 1 If you ~, please ~ (~한다면, ~하세요)의 제안 표현을 자주 사용하므로 알아두자.

남자가 여자에게 변경하도록 요청한 것이 무엇인지 묻는 문제이다. 여자의 대사 "he'll send the corrected version to me by Wednesday"에서 이름 수정한 것을 수요일까지 배송해 준다는 일정을 언급하였다. 하지만 남자의 대사 "Please call the printer back and let him know that the order needs to be delivered by Tuesday morning at the latest."에서 인쇄업자에게 다시 전화를 해서 늦어도 화요일 오전까지 주문품 배송을 요청해 달라고 이야기하고 있다. 즉, 배송 일정이 수요일에서 화요일로 변경되어야 하므로 정답은 (C)이다.

– 권유/제안의 내용은 recommend, suggest, Why don't you ~, Would you like ~, You can ~, Let's ~ 등의 표현 뒤에 언급된다.

STEP 2 함정 유형 및 오답 패턴

(A) An event date
(B) A business proposal
(C) A delivery schedule ▸ 정답
(D) A list of presenters ▸ 중반부에 presenters가 언급됐으나 남자가 변경을 요청한 건 발표자 명단이 아니므로 오답이다.

어휘　How are you doing with ~? ~는 어떻게 되어 가고 있습니까?　training manual 훈련 교본
work on 작업하다, 공을 들이다　misspell 철자를 잘못 쓰다　apologize 사과하다　correct 수정하다
be supposed to do ~하기로 되어 있다　hand out 나누어 주다, 배포하다　at the latest 늦어도

Questions 50-52 refer to the following conversation.

> **M** A special guest, Doris Ford, is with us today. She is an expert on efficiency at the workplace. Thank you for joining us, Ms. Ford. Could you give us some useful **tips to enhance workplace efficiency**?
>
> **W** Certainly, I'd be glad to. **One important thing** is to **keep the work**
> **50** **area well organized** to find everything easily.
>
> **M** That's an excellent example. And, earlier you told us that **you're**
> **51** **working on a new book** about this. **When** is the **book scheduled**
> **to be published**?
>
> **W** **I can't say for sure. Currently, I'm gathering data** through interviews
> **52** with renowned business leaders.

50. What does the woman suggest to improve efficiency at the workplace?
(A) Dividing assignments equally
(B) Organizing a workplace properly
(C) Setting achievable goals
(D) Having meetings regularly

여자 / 제안 / 상
ㄴ 여자의 대사에 정답이 있다.

51. What does the woman intend to do?
(A) Publish a book
(B) Rearrange an office
(C) Schedule a meeting
(D) Found a firm

여자 / 미래
ㄴ 여자는 남자의 대사에서
대명사 You로 언급되며
미래 표현에 집중한다.

52. What does the woman mean when she says, "I can't say for sure"?
(A) She does not like the question.
(B) She wants to talk about a new topic.
(C) She has received the same questions several times.
(D) She does not have an exact date.

화자 의도 파악 / 하
ㄴ 해당 위치 앞뒤 문맥을
파악한다.

남 Doris Ford 씨를 오늘 특별 손님으로 모시겠습니다. 직장 내 효율성에 관한 전문가이시죠. 와 주셔서 감사합니다. Ford 씨. 업무 효율성을 강화할 수 있는 유용한 조언을 해 주시겠어요?

여 그럼요. 기꺼이 그래야죠. 중요한 점은 모든 물건을 쉽게 찾을 수 있도록 근무 공간을 잘 정리해 두는 것입니다.

남 매우 좋은 예시입니다. 또, 이전에 이것과 관련된 새로운 도서를 작업하고 계신다고 말씀하셨지요. 언제쯤 그 책이 출간될 예정인가요?

여 확실히는 말씀드릴 수 없어요. 현재, 제가 유명 기업가들과의 인터뷰로 자료를 수집 중이거든요.

50. 여자는 직장 내 효율성 향상을 위해서 무엇을 제안하는가?
(A) 균등하게 업무 배분하기
(B) 업무 현장을 제대로 정리하기
(C) 성취 가능한 목표 설정하기
(D) 규칙적으로 회의하기

51. 여자는 무엇을 할 생각인가?
(A) 도서 출간하기
(B) 사무실 재배치하기
(C) 회의 일정 잡기
(D) 회사 설립하기

52. 여자가 "I can't say for sure(확실히는 말씀드릴 수 없어요)" 라고 말한 의도는 무엇인가?
(A) 그녀는 그 질문이 마음에 안 든다.
(B) 그녀는 새로운 주제와 관련해 이야기를 나누고 싶어 한다.
(C) 그녀는 동일한 질문을 여러 번 받았다.
(D) 그녀는 정확한 날짜는 모른다.

50 답은 대화상에 순서대로 배치되고, 위치는 불변이다.

STEP 1 답은 순서대로 대화에 배치되므로 문제의 위치에 따라 해당 보기에 집중하여 듣는다.

직장 내 효율성 증진을 위해 여자가 조언한 내용이 무엇인지 묻는 문제로, 여자의 대사에 정답이 있다. 남자가 "Could you give us some useful tips to enhance workplace efficiency?"에서 직장 내 효율성을 증진시킬 수 있는 tip 을 요청하자 바로 여자가 "One important thing is to keep the work area well organized to find everything easily."라며 업무 공간을 잘 정리하는 게 중요하다고 언급하였다. 따라서 정답은 (B)이다. 지문의 keep the work area well organized는 보기의 Organizing a workplace properly로 paraphrasing되었다.

STEP 2 함정 유형 및 오답 패턴

보기 모두 tips to enhance workplace efficiency에서 연상할 수 있는 내용이지만, 여자의 대사(keep the work area well organized)에서 정답이 결정되었다.
(A) Dividing assignments equally
(B) Organizing a workplace properly ▶ 정답
(C) Setting achievable goals
(D) Having meetings regularly

51 미래의 일정은 주로 대화 후반부에 나온다.

STEP 1 고유명사나 일반명사는 대화의 처음에 언급된 후, 3인칭 대명사(he/she/they/it)로 언급된다.

여자의 미래 일정을 묻는 문제로, 여자는 남자의 대사에서 대명사 You로 언급되며 미래 표현에 집중해야 한다. 남자의 대사 "And, earlier you told us that you're working on a new book about this."에서 여자는 이전에 직장 내 업무 효 율성과 관련하여 새로운 도서를 집필하고 있음을 화자에게 밝혔다. 따라서 여자는 도서를 출간하려는 계획을 갖고 있는 것 으로 정답은 (A)이다. 지문의 구체적인 어휘 working on a new book about this는 보기의 포괄적인 어휘 Publish a book으로 paraphrasing되었다.

52 " "의 화자 의도 파악 문제는 해당 위치에서 연결어를 확보하자.

STEP 1 문맥 문제는 앞 사람의 말에 대해 답변/반응하는 것이 대부분이므로, 앞 사람의 대사 에서 들리는 '특정 단어'를 포함하거나 관련된 보기가 정답이 된다.

바로 앞 문장인 "earlier you told us that you're working on a new book about this. When is the book scheduled to be published?"에서 남자는 여자가 작업하고 있는 도서의 출간 날짜를 묻고 있다. 이어진 여자의 응 답 "I can't say for sure"와 "Currently, I'm gathering data through interviews with renowned business leaders."에서 여자는 도서 출간 날짜에 대해서 확실히 대답할 수 없고, 현재 자료를 수집하고 있다고 표현하고 있으므로 정답은 (D)이다.

어휘 special guest 특별 손님 expert 전문가 efficiency 효율성 workplace 직장, 업무 현장
enhance 강화하다, 향상시키다 organized 조직적인, 정돈된 easily 쉽게, 수월하게 work on ~에 애쓰다, ~을 작업 중이다
currently 현재 gather 수집하다 renowned 유명한 business leader 기업가

Questions 53-55 refer to the following conversation.

M Hello, Kristy. I wanted to **log in to my** computer, but it keeps **53** indicating that **my password is not right**. Has the same problem ever happened to you? `53-A`

W No. I have no problem signing in. But I heard that **tech support** **54** replaced some programs **yesterday**. The system upgrades might be causing the problem. `54-C` `54-A, B` `55-D`

M Hmm... I believe I need to talk with someone in tech support. Who should I contact in that department? `55-A`

W I'm not sure. But I'm guessing that **submitting a request for** **55** service is the best way to go. **Why don't I do that** for you with my computer? `55-C`

53. What is the man unable to do?
(A) ~~Locate some~~ equipment
(B) Book a meeting room
(C) Sign in to his computer
(D) Copy some documents

남자 / 문제 / 상
ㄴ 남자의 대사에 정답이 있다.
역접의 접속사에 집중한다.

54. According to the woman, what happened yesterday?
(A) ~~Renovation work~~ was completed.
(B) A new ~~network line~~ was set up.
(C) ~~Electric power went out~~ in the building.
(D) Some systems were replaced.

여자 / 키워드 yesterday
ㄴ 키워드 앞뒤 문장에 집중한다.

55. What does the woman offer to do for the man?
(A) Call a ~~colleague~~
(B) Hand in a service request
(C) Replace ~~a computer~~
(D) ~~Install~~ some programs

여자 / 제안 / 하
ㄴ 권유 / 제안 표현은 대화
후반부에 나온다.

남 안녕하세요, Kristy 씨. 제 컴퓨터에 접속하고 싶지만, 제 패스워드가 맞지 않다고 계속 나타나네요. 같은 문제가 당신에게도 발생한 적이 있나요?

여 아니요. 저는 접속하는 데 아무 문제가 없는데요. 하지만, 어제 기술지원팀에서 일부 프로그램들을 교체했다는 소식을 들었습니다. 시스템 업그레이드로 문제가 생긴 것 같네요.

남 흠... 기술지원팀 직원과 이야기를 나누어 봐야겠군요. 해당 부서의 누구에게 연락해야 할까요?

여 저도 잘 모르겠습니다. 하지만, 서비스 요청서를 제출하는 것이 가장 좋은 방법일 것 같습니다. 제 컴퓨터로 그 일을 대신 해드릴까요?

53. 남자는 무엇을 할 수 없는가?
(A) 장비 위치 파악
(B) 회의실 예약
(C) 컴퓨터 접속
(D) 서류 복사

54. 여자의 말에 따르면, 어제 무슨 일이 있었는가?
(A) 보수 작업이 마무리되었다.
(B) 네트워크 선이 새로 설치되었다.
(C) 건물 전기가 나갔다.
(D) 일부 시스템이 교체되었다.

55. 여자는 남자를 위해서 무엇을 해주겠다고 제안하는가?
(A) 동료에게 연락
(B) 서비스 요청서 제출
(C) 컴퓨터 교체
(D) 프로그램 설치

53 문제점과 걱정은 본인 입으로 직접 얘기한다.

STEP 1 문제점을 묻는 문제는 첫 대사와 두 번째 대사에 정답이 있다.

남자가 할 수 없는 일이 무엇인지 묻는 문제로, 남자의 대사에 정답이 있다. 대화의 "I wanted to log in to my computer, but it keeps indicating that my password is not right."에서 남자는 본인 컴퓨터에 접속하려 했지만, 패스워드가 맞지 않는다는 창이 계속 나타난다고 언급하였다. 즉, 남자가 못하고 있는 일은 컴퓨터 접속으로 정답은 (C)이다. 지문의 log in to는 보기에서 sign in to로 paraphrasing되었다.

– but(그러나), actually(사실), unfortunately(불행하게도) 등의 특정 표현 뒤에 문제 상황을 언급한다.

STEP 2 함정 유형 및 오답 패턴

(A) ~~Locate some~~ equipment ▶ equipment는 대화에서 computer로 paraphrasing할 수 있지만, 장비를 찾는 것이 아니라 접속에 문제가 있는 것으로 오답이다.
(B) Book a meeting room
(C) Sign in to his computer ▶ 정답
(D) Copy some documents

54 키워드 문제는 키워드 기준 앞뒤 문장에 답이 나온다. ▶ yesterday

STEP 1 특정 키워드에 대해 묻는 문제는 반드시 담화 중 해당 키워드 앞에서 답이 들린다.

문제의 키워드는 yesterday로, 어제 발생한 일이 무엇인지 묻는 문제이다. 여자의 대사 "But I heard that tech support replaced some programs yesterday."에서 어제 기술지원팀에서 일부 프로그램을 교체했음을 언급하였으므로 정답은 (D)이다.

– 주로 but이나 however, actually 등의 역접이나 반전을 의미하는 접속사나 부사 뒤에 정답을 동반하는 경우가 많다.

STEP 2 함정 유형 및 오답 패턴

(A) ~~Renovation work~~ was completed. ▶ 보수 작업이 아닌 프로그램 교체 작업이 진행된 것으로 오답이다.
(B) A new ~~network line~~ was set up. ▶ 네트워크 선이 아닌, 프로그램이 교체된 것으로 오답이다.
(C) ~~Electric power went out~~ in the building. ▶ 지문의 tech support replaced에서 연상한 오답이다.
(D) Some systems were replaced. ▶ 정답

55 요청과 제안 문제의 힌트는 대화 후반부에 언급된다.

STEP 1 요청과 제안은 상대방(you)에게 하는 것이므로 언급되는 부분을 듣자.

여자가 남자를 위해 해주겠다고 제안하는 게 무엇인지 묻는 문제이다. 여자의 대사 "But I'm guessing that submitting a request for service is the best way to go. Why don't I do that for you with my computer?"에서 문제점을 해결할 수 있는 가장 좋은 방법이 서비스 요청서 제출임을 추천하며, 여자는 본인 컴퓨터로 그 일(서비스 요청서 제출)을 해주겠다고 제안하고 있다. 따라서 정답은 (B)이다. 지문의 do that (= submitting a request for service)는 보기의 Hand in a service request로 paraphrasing되었다.

STEP 2 함정 유형 및 오답 패턴

(A) Call a ~~colleague~~ ▶ 여자가 제안한 일이 아니라, 남자가 생각한 해결책(기술지원팀 직원과의 통화)으로 오답이다.
(B) Hand in a service request ▶ 정답
(C) Replace ~~a computer~~ ▶ 정답 위치의 computer만을 듣고 정답으로 고르지 않도록 주의해야 한다.
(D) ~~Install~~ some programs ▶ 지문 중반부에 some programs가 언급되었지만, 여자는 서비스 요청서를 제출하는 것을 해주겠다고 했으므로 오답이다.

어휘 　log in to ~에 접속하다　indicate 나타내다, 보여주다　sign in 서명하고 들어가다
tech support 기술지원팀　cause ~을 야기하다, 초래하다　submit 제출하다　the best way to go 최선의 방법

Questions 56-58 refer to the following conversation.

M Hello, Volma. Welcome back from **Berlin**. I heard **you visited some**
56 **firms we are considering doing business with**. Have you found a
new shirts supplier for us?

W Yeah, I believe we should buy from Heather-Day Apparel. Its
57 products are well known for their high quality. But, the cost of
these shirts tends to be higher than other companies.

M Well, if the quality is as good as their reputation suggests, it would
58 be worth paying a higher cost. **Let's place a small order** to find out
how our customers like them.

`56-A` `56-D`

`57-A`
`57-B`

---

56. What did the woman do in Berlin?
(A) Interviewed some job candidates
(B) Attended an apparel exposition
(C) Met with some suppliers
(D) Searched for some property

여자 / 키워드 Berlin / 상
└, 키워드 앞뒤 문장에 집중한다.

57. What problem does the woman mention?
(A) Some clients complained about quality.
(B) A product is not available at the moment.
(C) The price of some products is high.
(D) A contract was not prepared properly.

여자 / 문제점
└, 여자의 대사에 정답이 있다.
역접의 접속사에 집중한다.

58. What does the man suggest?
(A) Putting in a small order
(B) Holding a promotional event
(C) Asking for a product sample
(D) Relocating to a new place

남자 / 제안 / 하
└, 권유 / 제안 표현에 집중한다.

남 안녕하세요, Velma 씨. 베를린에서 돌아오신 것을 환영
합니다. 우리가 거래를 체결할까 생각 중인 기업들을 방
문했다고 들었습니다. 자사에 셔츠를 공급할 새로운 업
체를 찾으셨나요?

여 네, 우리가 Heather-Day Apparel에서 구매해야 할
것 같아요. 그 기업 제품이 고품질로 잘 알려져 있습니다.
하지만, 셔츠 비용은 다른 업체보다 비쌉니다.

남 음, 품질이 그 기업의 평판만큼 좋다면, 높은 비용을 지
불할 가치가 있겠지요. 저희 고객들이 해당 제품을 얼마
나 좋아하는지 알아보게 소량 주문을 넣어 봅시다.

56. 여자는 베를린에서 무엇을 하였는가?
(A) 일부 구직자와 인터뷰했다
(B) 의류 박람회에 참석했다
(C) 공급업체와 만났다
(D) 부지를 조사했다

57. 여자는 어떤 문제를 언급하는가?
(A) 일부 고객들이 품질에 항의했다.
(B) 제품은 현재 구매가 불가능하다.
(C) 일부 제품 가격이 비싸다.
(D) 계약이 제대로 준비되지 않았다.

58. 남자는 무엇을 제안하는가?
(A) 소량 주문하기
(B) 홍보 행사 열기
(C) 제품 샘플 요청하기
(D) 새로운 장소로 이전하기

56 키워드 문제는 키워드 기준 앞뒤 문장에 답이 나온다. ▶ Berlin

STEP 1 특정 키워드에 대해 묻는 문제는 반드시 대화 중 해당 키워드 앞뒤에서 답이 들린다.

문제의 키워드는 Berlin으로, 여자가 베를린에서 한 일을 묻는 문제이며 여자는 대명사 You로 언급된다. 남자의 대사 "Welcome back from Berlin. ~ Have you found a new shirts supplier for us?"에서 여자가 거래를 체결할까 생각 중인 기업들을 방문했으며, 새로운 셔츠 공급업체를 찾으러 베를린을 방문했다는 목적을 언급하였으므로 정답은 (C)이다. 지문의 구체적인 어휘 visited some firms we are considering doing business with는 보기의 포괄적인 어휘 Met, some suppliers로 paraphrasing되었다.

STEP 2 함정 유형 및 오답 패턴

(A) Interviewed ~~some job candidates~~ ▶새로운 공급업체와 계약을 위해 인터뷰를 진행했음을 추측할 수 있으므로 오답이다.
(B) Attended an apparel exposition
(C) Met with some suppliers ▶정답
(D) Searched for ~~some property~~ ▶부지가 아닌 새로운 공급업체를 찾고자 베를린을 방문한 것으로 오답이다.

57 문제점과 걱정은 본인의 입으로 직접 얘기한다.

STEP 1 But(그러나), Actually(사실), Unfortunately(불행하게도) 등의 표현 뒤에 문제 상황을 언급한다.

여자가 이야기한 문제점이 무엇인지 묻는 문제로, 여자의 대사에 정답이 있다. 여자의 대사 "I believe we should buy ~, But, the cost of these shirts tends to be higher than other companies"에서 Heather-Day Apparel의 품질은 뛰어나지만, 가격은 다른 업체보다 비싸다고 난색을 표하고 있다. 따라서 여자가 이야기하고 있는 문제점은 (C)이다. 지문의 구체적인 어휘 the cost of these shirts는 보기의 포괄적인 어휘 the price of products로 paraphrasing되었다.

STEP 2 함정 유형 및 오답 패턴

(A) ~~Some clients~~ complained about ~~quality~~. ▶클라이언트가 품질로 항의했다는 내용은 없으므로 오답이다.
(B) A product is ~~not~~ available at the moment. ▶제품 가격 때문에 망설이고 있는 것으로 오답이다.
(C) The price of some products is high. ▶정답
(D) A contract was not prepared properly.

58 요청과 제안 문제의 힌트는 대화 후반부에 You로 언급된다.

STEP 1 요청과 제안은 상대방(you)에게 하는 것이므로 권유 혹은 제안하는 표현이 정답이 된다.

남자가 제안한 일이 무엇인지 묻는 문제이다. 남자의 대사 "Let's place a small order to find out how our customers like them."에서 남자는 고객들의 제품 선호도를 파악하고자 소량의 주문을 넣고 제안하고 있다. 따라서 정답은 (A)이다.

STEP 2 함정 유형 및 오답 패턴

(A) Putting in a small order ▶정답
(B) Holding a promotional event
(C) Asking for a product sample ▶조금만 주문한다는 것이지 제품 샘플을 요청한다는 것은 아니다.
(D) Relocating to a new place ▶place a small order에서 place를 반복 이용한 오답이다.

어휘   firm 기업   do business with ~와 거래하다   supplier 공급회사   be well known for ~로 잘 알려져 있다 reputation 평판   worth ~의 가치가 있는   place an order 주문하다   find out ~을 알아내다

Questions 59-61 refer to the following conversation.

W Hi, I would like to **reserve a large banquet hall** at your hotel for `59-B` `59-D`
`59` November 15. I'm organizing a corporate luncheon for Penny `60-D`
Appliances. Could you help me with this?

M Certainly. May I ask you **how many people** are expected **to be**
`60` **attending**? We need the approximate number to make sure we
recommend a hall everyone can fit in.

W OK. Around 70 guests will attend the event and we're thinking about
holding a formal course luncheon with around 7 people at each
table.

M Well, I think Duncan Hall will meet your needs. It has a lot of space
and features a great view of the river, which will make your event
perfect. To make a reservation, **a contract** needs to be signed. **Let**
`61` **me email it to you,** so you can go through it before signing it.

---

59. What is the purpose of the woman's call?
(A) To negotiate a contract
(B) To ask for ~~directions to a location~~
(C) To get information about a banquet hall
(D) To ~~follow up on~~ a reservation

여자 / 전화 목적 / 상
ㄴ. 첫 두 줄에 집중한다.

60. What information does the man ask for?
(A) The reason for an event
(B) The price of a new product
(C) The number of attendees
(D) The ~~payment method~~

남자 / 요청 정보
ㄴ. 남자의 대사에 집중한다.

61. What does the man offer to do for the woman?
(A) Schedule a meeting date
(B) Provide free transportation
(C) Contact her later
(D) Forward a document to her

남자 / 제안 / 하
ㄴ. You가 언급되고, 남자의
권유·제안 표현에 집중한다.

여 안녕하세요. 11월 15일로 귀하의 호텔 대연회장을 예약
하고 싶습니다. 전 Penny Appliances의 기업 만찬회
를 준비하고 있습니다. 이것 관련해 도와주실 수 있으세
요?
남 그럼요. 몇 분이나 참석할 예정인지 여쭤봐도 될까요?
모든 인원이 들어갈 수 있는 곳을 추천해 드리기 위해 대
략적인 인원수를 알아야 합니다.
여 네. 대략 손님 70분이 행사에 참석할 예정이며, 테이블
당 약 일곱 분 정식 오찬 코스를 진행하려 생각중입니다.
남 글쎄요. Duncan Hall이 귀하의 요구 사항에 부합할 것
같습니다. 거기가 공간이 넓고, 멋진 강 풍경이 또한 특징
이라 귀하의 행사를 완벽하게 만들 것입니다. 예약을 하
시려면, 계약서에 서명을 하셔야만 합니다. 해당 서류를
이메일로 보내드릴 테니 서명하시기 전에 검토하실 수
있습니다.

59. 여자가 전화를 건 목적은 무엇인가?
(A) 계약서를 협상하기 위해서
(B) 장소까지 가는 길 안내를 문의하기 위해서
(C) 연회장에 대한 정보를 얻기 위해서
(D) 예약을 마무리 짓기 위해서

60. 남자는 어떤 정보를 요청하는가?
(A) 행사 주최 이유
(B) 신제품 가격
(C) 참석자 수
(D) 결제 방법

61. 남자는 여자를 위해서 무엇을 하겠다고 제안하는가?
(A) 회의 날짜 잡기
(B) 무료 교통편 제공하기
(C) 나중에 그녀에게 연락하기
(D) 그녀에게 서류 전송하기

59 주제나 목적을 묻는 문제는 처음 두 줄에 답이 있다.

STEP 1 Hi, Hello, Good morning의 간단한 인사말 뒤에 주제/목적이 제시된다.

여자가 전화를 건 목적을 묻는 문제이다. 여자의 첫 대사 "I would like to reserve ~ help me with this?"에서 여자는 Penny Appliances 기업 만찬회를 준비하고 있는데 11월 15일로 남자가 근무하는 호텔의 대연회장을 예약하려 한다고 언급하였다. 즉, 여자는 대연회장 관련 정보 및 예약에 대해 문의하고자 연락한 것으로 정답은 (C)이다.

STEP 2 함정 유형 및 오답 패턴

(A) To negotiate a contract
(B) To ask for ~~directions to a location~~ ▶ 호텔까지 길 안내가 아닌, 대연회장 예약과 관련해 전화를 건 것으로 오답이다.
(C) **To get information about a banquet hall** ▶ 정답
(D) To ~~follow up on~~ a reservation ▶ 아직 예약 전이므로 오답이다.

60 남자/여자/화자(man/woman/speakers)를 확인하라.

STEP 1 문제에 남자가 언급되면 남자의 대사에 답이 나온다.

남자가 요청한 정보가 무엇인지 묻는 문제이다. 남자의 대사 "May I ask you how many people are expected to be attending?"에서 여자가 준비하고 있는 행사에 적합한 연회장을 추천하기 위해서 참석자 수를 묻고 있으므로 정답은 (C)이다. 지문의 구체적인 어휘 how many people are expected to be attending은 보기의 포괄적인 어휘 The number of attendees로 paraphrasing되었다.

STEP 2 함정 유형 및 오답 패턴

(A) The reason for an event
(B) The price of a new product
(C) **The number of attendees** ▶ 정답
(D) The ~~payment method~~ ▶ 전반부의 reserve a large banquet hall에서 연상한 오답이다.

61 요청과 제안 문제의 힌트는 대화 후반부에 언급된다.

STEP 1 요청과 제안은 상대방(you)에게 하는 것이므로 권유, 제안하는 표현이 정답이 된다.

남자가 여자에게 제안하는 일이 무엇인지 묻는 문제이다. 남자의 대사 "To make a reservation, a contract needs to be signed. Let me email it to you, so you can go through it before signing it."에서 예약을 하려면 계약서에 서명이 필요함을 언급하면서, 여자가 자세히 살펴볼 수 있게 이메일로 보내주겠다는 남자의 미래 일정을 언급하고 있다. 즉, 남자가 여자를 위해 해줄 일은 해당 계약서를 이메일로 전달하는 것으로 정답은 (D)이다. 지문의 구체적인 어휘 email it[a contract]는 보기의 Forward a document로 paraphrasing되었다.

어휘 banquet hall 연회장 organize 준비하다, 조직하다 corporate 기업의 luncheon 오찬 approximate 대략적인 formal 격식을 차린 meet 충족시키다 need 요구 사항 feature 특별히 포함하다, 특징으로 삼다 contract 계약서 sign 서명하다 go through ~을 살펴보다, 검토하다

Questions 62-64 refer to the following conversation and directory.

M Hi, **I am here for** my 11 o'clock **appointment with the dentist**. I parked my car in the lot in front of the building. Could you tell me where to pay for parking?

W Well, **parking** is **free** for all visitors. So, you don't have to worry about it. **63**

M Oh, thank you. By the way, could you tell me where Dr. Device's office is located in this building? I cannot find his name on the directory.

W **Dr. Device** has just recently moved in and the **directory has not been updated yet. He is in office 312 on the third floor.**

Delgado Office Building Directory	
Company	Room No.
Kar Law Consulting	Office 112
Crawford Architect	Office 113
Jenny & Dean Design	Office 211
Elena Computer	**Office 312**

62. Why is the man visiting the building?
(A) He is picking up an order.   **(B) He has a dental appointment.**
(C) He is applying for a job.   (D) He is attending a presentation.

남자 / 방문 목적 / 상
ㄴ. 첫 두 줄에 집중한다.

63. What does the woman say about parking?
(A) It is open to the public.
(B) It is limited to employees only.
(C) It is located far from the building.
(D) It is available to visitors at no charge.

여자 / 키워드 parking
ㄴ. 키워드 앞뒤 문장을
집중해 듣는다.

64. Look at the graphic. Which company name needs to be changed on the building directory?
(A) Kar Law Consulting   (B) Crawford Architect
(C) Jenny & Dean Design   **(D) Elena Computer**

시각 자료 / 변경되어야 하는
기업명 / 하
ㄴ. 사무실 호수를 집중하여
듣는다.

남 안녕하세요. 의사 선생님과 11시에 진료 약속이 잡혀 있어 여기 왔습니다. 건물 앞에 위치한 부지에 차를 주차해 놓았습니다. 주차 요금을 어디서 정산해야 하는지 말씀해 주시겠습니까?

여 음, 모든 방문객들에게 주차 요금이 무료입니다. 그러니 주차요금에 대해서는 걱정하실 필요 없습니다.

남 오, 감사합니다. 참, 이 건물에 Device 박사님 사무실이 어디에 있는지 말씀해 주시겠습니까? 안내도에서 그 분 이름을 찾을 수가 없습니다.

여 Device 박사님이 최근에 이사를 오셔서, 아직 안내도가 업데이트 되지 않았습니다. 박사님은 3층 312호에 계십니다.

Delgado 사무실 건물 안내도	
기업	방 번호
Kar 법률 컨설팅	112 호
Crawford 건축사	113 호
Jenny & Dean 디자인	211 호
Elena 컴퓨터	312 호

62. 남자는 왜 건물을 방문하고 있는가?
(A) 그는 주문한 제품을 찾아가고 있다.
(B) 그는 치과 진료 예약이 있다.
(C) 그는 일자리에 지원하고 있다.
(D) 그는 발표에 참석하고 있다.

63. 여자는 주차에 관해 뭐라고 말하는가?
(A) 대중들에게 공개돼 있다.
(B) 직원들만 사용할 수 있다.
(C) 건물에서 먼 곳에 위치해 있다.
(D) 방문객들이 무료로 이용할 수 있다.

64. 시각 자료를 보시오. 건물 안내도에서 어떤 기업명이 변경되어야 하는가?
(A) Kar 법률 컨설팅   (B) Crawford 건축사
(C) Jenny & Dean 디자인 **(D) Elena 컴퓨터**

62 첫 두 줄 안에 주제/목적이 나온다.

STEP 1 목적을 묻는 문제는 첫 번째 대사와 두 번째 대사에 정답이 있다.

남자가 건물을 방문한 목적을 묻는 문제로, 남자의 대사에 정답이 있다. 대화의 "I am here for my 11 o'clock appointment with the dentist.에서 남자는 오늘 11시에 치과 진료 약속이 있어서 이 건물에 왔다고 언급하였으므로 정답은 (B)이다. 지문의 my 11 o'clock appointment with the dentist는 보기의 has a dental appointment로 paraphrasing되었다.

63 키워드 문제는 키워드 기준 앞뒤 문장에 답이 나온다. ▶ parking

STEP 1 특정 키워드에 대해 묻는 문제는 반드시 대화 중 해당 키워드 앞뒤에서 답이 들린다.

문제의 키워드는 parking으로, 여자의 대사에 정답이 있다. 지문의 "parking is free for all visitors"에서 해당 건물을 방문하는 사람들은 주차가 무료라고 언급하였다. 따라서 정답은 (D)이다. 지문의 free는 보기의 at no charge로 paraphrasing되었다.

STEP 2 함정 유형 및 오답 패턴

(A) It is open to ~~the public~~. ▶visitors에서 the public을 연상한 오답이다.
(B) It is limited to employees only. ▶해당 건물에서 근무하는 직원뿐만 아니라 방문객들도 사용할 수 있으므로 오답이다.
(C) It is located far from the building. ▶남자는 차량을 건물 앞에 주차한 것으로, 주차장이 건물 근처에 위치해 있음을 파악할 수 있다.
(D) It is available to visitors at no charge. ▶정답

64 시각 자료▶ 시각 자료 문제에서 (A)-(D)의 보기는 대화에서 들리지 않는다.

STEP 1 보기가 해당 건물에 위치한 기업명이므로 시각 자료에서 그 외의 부분을 확인하면서 대화를 들어야 한다.

건물 안내도에서 변경되어야 하는 기업명이 무엇인지 묻는 문제이다. 여자의 대사인 "Dr. Device has just recently moved in and the directory has not been updated yet. He is in office 312 on the third floor."에서 치과 의사인 Device 씨가 최근에 3층의 312호로 이사를 왔지만, 아직 안내도가 업데이트 되지 않았음이 언급되었다. 즉, 이전에 312호를 쓰던 기업은 Elena 컴퓨터로 정답은 (D)이다.

어휘   appointment 약속, (진료 등의) 예약   dentist 치과의사   park 주차하다   lot 지역, 부지
directory 명부, 안내책자, 안내도   recently 최근에   move in 이사 오다

Questions 65-67 refer to the following conversation and floor plan.

W   Vincent, I know you have to **leave soon** to attend the conference in New **67-C**
65 **York**. But could you look over the room assignment for the office renovation project before you leave?

M   Sure. It's almost done, right?

W   Yes. Rooms A and B have been assigned to the accounting department **65-C**
66 and **your office** will be located **beside the storage room**, so there will be enough space for meetings in your room.

M   That sounds great. So, you will be in the room D, right?

W   Yeah, I believe being close to both the accounting team and you is better for me.

M   It looks great. I'm sure everyone will be happy to hear about the assignments
67 at the **weekly meeting tomorrow morning**.

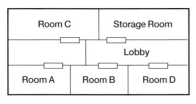

65. According to the woman, what does the man have to do soon?
(A) Set up a meeting room
(B) Leave for a business event
(C) Assign work to each department
(D) Go shopping for office supplies

여자 / 키워드 soon / 상
└, 키워드 앞뒤 문장을 집중해
듣는다.

66. Look at the graphic. Which room has been assigned to the man?
(A) Room A   (B) Room B
(C) Room C   (D) Room D

시각 자료 / 남자 사무실
└, 장소 전치사에 집중한다.

67. What does the man say will be held tomorrow morning?
(A) A regular meeting   (B) An anniversary party
(C) A promotional event   (D) An orientation session

남자 / 키워드 tomorrow
morning / 하
└, 키워드 앞뒤 문장에 집중한다.

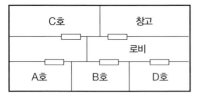

여   Vincent 씨, 당신이 뉴욕에서 열리는 학회에 참석하러 곧 떠나셔야 하는 건 압니다. 하지만 출발하시기 전에 사무실 개조 프로젝트의 방 배치도를 검토해 주시겠습니까?
남   그러죠. 거의 마무리되었죠, 그렇죠?
여   네. A호와 B호는 회계부서에 배정되었고, 당신 사무실은 창고 옆에 위치할 겁니다. 그래서 당신 사무실에 회의할 수 있는 충분한 공간을 확보할 수 있을 거예요.
남   그거 좋겠네요. 그럼 당신은 D호에서 있는 건가요?
여   네. 회계부서와 당신 사무 가까이에 있는 게 저에게 더 좋을 것 같아요.
남   좋아 보이네요. 내일 오전 주간 회의에서 해당 배치 관련 소식을 들으면 모두 기뻐할 거예요.

65. 여자의 말에 따르면, 남자는 곧 무엇을 해야 하는가?
(A) 회의실 준비하기
(B) 비즈니스 행사로 출발하기
(C) 각 부서에 업무 배정하기
(D) 사무용품 구매하러 가기

66, 시각 자료를 보시오. 남자에게 어떤 방이 할당되었는가?
(A) A호   (B) B호
(C) C호   (D) D호

67. 남자는 내일 오전에 무엇이 열릴 거라고 이야기하는가?
(A) 정기 회의   (B) 기념 파티
(C) 홍보 행사   (D) 오리엔테이션

65 키워드 문제는 키워드 기준 앞뒤 문장에 정답이 나온다. ▶ soon

STEP 1 특정 키워드에 대해 묻는 문제는 반드시 대화 중의 해당 키워드 앞뒤에서 답이 들린다.

문제의 키워드는 soon으로, 남자가 곧 해야 할 일이 무엇인지 여자의 대사에 정답이 있다. 지문의 "I know you have to leave soon to attend the conference in New York."에서 남자가 뉴욕에서 열리는 학회에 참석하고자 곧 출발해야 함을 언급했으므로 정답은 (B)이다. 지문의 구체적인 어휘 the conference in New York은 보기의 포괄적인 어휘 a business event로 paraphrasing되었다.

STEP 2 함정 유형 및 오답 패턴

(A) Set up a meeting room
(B) Leave for a business event ▶정답
(C) Assign work to each department ▶ 여자의 대사에서 **assigned, department**만을 듣고 정답으로 고르지 않도록 해야 한다.
(D) Go shopping for office supplies

66 시각 자료 ▶ 지도 관련 자료는 장소 전치사가 게임의 룰을 정한다.

STEP 1 지도 문제는 시각 자료의 장소 명사를 기준으로, 장소 전치사로 표현된 위치로 정답을 찾는다.

남자에게 배정될 사무실이 어디인지 묻는 문제이다. 여자의 대사 "your office will be located beside the storage room. ~"에서 남자의 사무실은 창고 옆에 위치할 것임을 언급하였다. 따라서 창고 옆에 위치한 것은 C호이므로 정답은 (C)이다.

67 키워드 문제는 키워드 기준 앞뒤 문장에 정답이 나온다. ▶ tomorrow morning

STEP 1 특정 키워드에 대해 묻는 문제는 반드시 대화 중 해당 키워드 앞뒤에서 답이 들린다.

문제의 키워드는 tomorrow morning으로, 내일 오전에 일어날 일이 무엇인지 남자의 대사에서 찾아야 한다. 남자의 대사 "I'm sure everyone will be happy to hear about the assignments at the weekly meeting tomorrow morning."에서 전 직원들이 내일 오전에 진행되는 주간 회의에서 사무실 배치 관련 소식을 듣게 될 것임을 언급하였으므로 정답은 (A)이다. 지문의 구체적인 어휘 weekly meeting은 보기의 포괄적인 어휘 regular meeting으로 paraphrasing되었다.

STEP 2 함정 유형 및 오답 패턴

(A) A regular meeting ▶정답
(B) An anniversary party
(C) A ~~promotional event~~ ▶ 전반부의 **conference**에서 연상한 오답이다.
(D) An orientation session

어휘   conference 학회   look over 검토하다   room assignment 방 배치   renovation 개조, 보수   assign 할당하다   storage room 창고   be close to ~에 가깝다   weekly meeting 주간 회의

Questions 68-70 refer to the following conversation and list.

W Have you heard we are sponsoring **the town marathon** this year? Many people are expected to participate. It would be a great opportunity to publicize our company. `68` `69-B`

M That's right. I'm searching for a printing company to put our company logo on the race T-shirts. We have to find one as soon as possible to have the T-shirts ready in time.

W Actually, I have a list of printing companies we can refer to. One company we should consider is Barrett. It has a great reputation. But, **I'm concerned** `69` because **they are much more expensive** than other companies and our **budget is pretty tight**. `70-B` `70` `69-C`

M You're right. Why don't we look at the **one located here on Edgeware Road**? Their prices are good and they also have a pretty good reputation.

Printing Company	Location
Collins	Highgate
Barrett	Golders Green
Austin	**Edgeware Road**
Flores	Camden Town

68. What type of event are the speakers talking about?
(A) A musical concert
(B) A business fair
(C) A race
(D) A charity auction

행사 종류 / 상
ㄴ 지문 전반부에 집중한다.

69. What is the woman worried about?
(A) A small budget
(B) ~~The location~~ of an event
(C) A tight deadline
(D) Complaints from customers

여자 / 걱정
ㄴ 여자의 대사에 정답이 있다.
역접 접속사에 집중한다.

70. Look at the graphic. Which printing company will the speakers most likely do business with?
(A) Collins
(B) ~~Barrett~~
(C) Austin
(D) Flores

시각 자료 / 계약을 맺을 인쇄업체
/ 하
ㄴ 각 기업의 위치에 집중한다.

인쇄업체	위치
Collins	Highgate
Barrett	Golders Green
Austin	Edgeware Road
Flores	Camden Town

여 우리 회사가 올해 동네 마라톤을 후원할 거라는 소식 들었어요? 많은 사람들이 참여할 거라 예상됩니다. 우리 회사를 홍보할 수 있는 좋은 기회가 될 겁니다.

남 맞습니다. 저는 레이스 티셔츠에 회사 로고를 넣을 수 있는 인쇄업체를 찾고 있어요. 제시간에 티셔츠가 준비되도록 가능한 한 빨리 업체를 찾아야 합니다.

여 사실, 저한테 참고할 수 있는 인쇄업체 명단이 있습니다. 저희가 고려해야 할 업체는 Barrett사입니다. 그곳은 평판이 아주 좋지만 다른 업체들보다 가격이 훨씬 더 비싸고, 저희 예산은 아주 빠듯해서 걱정입니다.

남 당신 말이 맞습니다. Edgeware Road에 위치한 업체는 어떤가요? 가격이 괜찮고 평판도 꽤 좋습니다.

68. 화자들은 어떤 행사에 대해서 이야기를 나누고 있는가?
(A) 음악회
(B) 기업 박람회
(C) 경주
(D) 자선 경매

69. 여자는 무엇을 걱정하고 있는가?
(A) 적은 예산
(B) 행사 위치
(C) 촉박한 마감일
(D) 고객들의 불만사항

70. 시각 자료를 보시오. 화자들이 거래를 할 인쇄업체는 어디일 것 같은가?
(A) Collins
(B) Barrett
(C) Austin
(D) Flores

68 답은 대화 중에 힌트가 언급되는 순서대로 배치되고, 위치는 불변이다.

STEP 1 답은 순서대로 대화에 배치되기 때문에 문제의 위치에 따라 해당 보기에 집중하여 듣는다.

화자들이 이야기하고 있는 행사가 무엇인지 묻는 문제이다. 지문 전반부의 "Have you heard we are sponsoring the town marathon this year?"에서 여자와 남자가 근무하고 있는 기업은 올해 마을에서 열리는 마라톤을 후원할 예정임을 언급하였다. 즉, 화자들이 이야기하고 있는 것은 마라톤이므로 정답은 (C)이다. 지문의 구체적인 어휘 the town marathon은 보기의 포괄적인 어휘 a race로 paraphrasing되었다.

69 문제점이나 걱정거리는 역접의 단어(Unfortunately/But) 다음에 언급된다.

STEP 1 주로 but이나 however, actually 등의 역접이나 반전을 의미하는 접속사나 부사 뒤에 정답을 동반하는 경우가 많다.

여자가 걱정하고 있는 일이 무엇인지 묻는 문제로, 여자의 대사에 정답이 있다. 지문의 "But, I'm concerned because they are much more expensive than other companies and our budget is pretty tight."에서 여자는 Barrett사의 티셔츠 제작 요금이 다른 업체보다 훨씬 비싸며, 예산도 빠듯하기 때문에 해당 업체로의 제작을 고민하고 있다. 즉, 여자는 비용에 대해 염려하고 있으므로 정답은 (A)이다.

STEP 2 함정 유형 및 오답 패턴

(A) A small budget ▶정답
(B) ~~The location~~ of an event ▶마라톤이 진행되는 구체적인 마을명은 언급되지 않았으므로 오답이다.
(C) A tight deadline ▶동일 단어 반복으로 오답이다.
(D) Complaints from customers

70 시각 자료 문제에서 (A)~(D)의 보기는 대화에서 들리지 않는다.

STEP 1 보기가 인쇄업체명이므로 시각 자료에서 그 외의 부분을 확인하면서 대화를 들어야 한다.

화자들이 계약을 맺을 인쇄업체를 묻는 문제로, 여자는 비싼 요금과 빠듯한 예산 때문에 Barrett사와의 계약을 걱정하고 있다. 하지만 바로 다음 남자의 대사 "Why don't we look at the one located here on Edgeware Road? Their prices are good and they also have a pretty good reputation."에서 가격도 괜찮고 후기도 좋은 Edgeware Road에 위치한 기업을 추천하고 있다. 따라서 화자가 계약을 맺을 가능성이 있는 기업은 Austin사이므로 정답은 (C)이다.

STEP 2 함정 유형 및 오답 패턴

(A) Collins
(B) Barrett ▶여자가 Barrett 사를 언급하였지만, 요금이 비싸고 예산이 빠듯하다고 했으므로 오답이다.
(C) Austin ▶정답
(D) Flores

어휘 sponsor 후원하다 expect 예상하다 participate 참가하다 publicize 홍보하다
search for 검색하다, 탐색하다 in time 시간 맞춰 refer to 참조하다 reputation 평판 concerned 걱정하는
budget 예산 tight 빠듯한 look at 살펴보다

Questions 71-73 refer to the following broadcast.

Hello, everyone and **welcome to** *Make You Healthy*, a **weekly program** dedicated to making sure **listeners** stay current on the latest health information. Today, I'll introduce Professor **Melinda Wilson**, an expert on food and nutrition. She has **published a book** about the advantageous effects of fruits such as acai berry and raspberry. Many of you already know that berries can help control cholesterol levels. But did you know that berries also have certain qualities that help decrease body fat and increase immunity? Professor Wilson will talk about this benefit and how to use berries in your cooking. At the end of the program, she will answer your questions. So **if you have** any **questions, call our station** at 555-1252 right now. Welcome Professor Wilson.

`71-A`

`72-C` `73-C`

71. Who most likely is the **speaker**?
(A) A professor
(B) A publisher
(C) A radio-show host
(D) A researcher

화자 / 직업 / 상
ㄴ. 첫 두 줄 인사 표현에 집중한다.

72. What has Melinda Wilson recently done?
(A) Traveled overseas
(B) Written a book
(C) ~~Harvested~~ some crops
(D) Applied for a position

키워드 Melinda Wilson
ㄴ. 과거 / 현재완료 시제에 집중한다.

73. What does the **speaker ask listeners** to do?
(A) Contact the station
(B) Visit a Web site
(C) ~~Purchase~~ a book
(D) Attend a workshop

화자 / 요청 사항 / 하
ㄴ. 권유 / 제안 표현에 집중한다.

안녕하세요, 여러분, 청취자분들께 최신 건강 정보를 알려주는 주간 프로그램 〈Make You Healthy〉에 오신 것을 환영합니다. 오늘 저는 식품영양학 전문가인 Melinda Wilson 교수님을 소개해 드릴 겁니다. 교수님은 아사이베리와 라즈베리 같은 과일의 유익한 효과에 관한 책을 출판하였습니다. 여러분들 대다수가 베리류가 콜레스테롤 수치를 조절하는 데 도움이 된다는 걸 알고 계실 것입니다. 하지만, 베리류가 체지방 감소와 면역력 증진에도 뛰어나다는 점, 알고 계셨나요? Wilson 교수님은 이러한 효능과 베리류를 요리에 사용하는 방법에 대해 말씀해 주실 겁니다. 프로그램이 끝날 때쯤에는, 교수님이 여러분들의 질문에 답변해 드릴 것입니다. 그러니, 궁금한 점이 있으시면, 555-1252로 저희 방송국에 지금 연락 주십시오. Wilson 교수님을 모시겠습니다.

71. 화자는 누구일 것 같은가?
(A) 교수
(B) 출판업자
(C) 라디오 방송 진행자
(D) 연구원

72. Melinda Wilson은 최근에 무엇을 하였는가?
(A) 해외 여행을 했다
(B) 책을 집필했다
(C) 농작물을 수확했다
(D) 어떤 직책에 지원했다

73. 화자는 청자들에게 무엇을 하라고 요청하는가?
(A) 방송국에 연락하기
(B) 웹사이트 방문하기
(C) 도서 구매하기
(D) 워크숍 참석하기

71 직업과 장소는 전반부에서 힌트가 나온다.

STEP 1   Welcome/Attention의 단어 뒤에서 직업이나 장소를 언급한다.

화자의 직업을 묻는 문제로, 지문 전반부의 "welcome to *Make You Healthy*, a weekly program dedicated to making sure listeners stay current on the latest health information"에서 청자들에게 최신 건강 정보를 알려 주는 주간 프로그램 〈Make You Healthy〉에 오신 것에 대한 환영 인사를 전하고 있다. 즉, 화자는 해당 프로그램의 진행 자로 정답은 (C) A radio-show host이다.

– 토크쇼는 일반적으로 I'm your host, ~. → We'll be talking to ~. → 오늘의 주제 → 청자에 대한 당부 (e.g. ~로 전 화해 주세요)의 순서로 진행되며, 마지막 2줄에는 청취자들의 참여를 유도하는 내용이 나온다.

STEP 2   함정 유형 및 오답 패턴

직업 명사는 여러 개가 언급될 수 있으므로 청자, 화자 및 제3자를 구분하자.
(A) A professor ▸ 지문의 **"I'll introduce professor ~ food and nutrition"에서 오늘 특별 손님인 Melinda Wilson** 씨의 **직업이 교수임을 확인할 수 있다.**
(B) A publisher
(C) A radio-show host ▸ 정답
(D) A researcher

72 키워드 문제는 키워드 기준 앞뒤 문장에 정답이 나온다. ▶ Melinda Wilson

STEP 1   특정 키워드에 대해 묻는 문제는 반드시 담화 중의 해당 키워드 앞뒤에서 답이 들린다.

문제의 키워드는 Melinda Wilson으로, 그녀가 최근에 한 일을 묻는 문제이다. 담화의 "I'll introduce Professor Melinda Wilson ~. She has published a book about ~"에서 오늘 방송의 초대 손님인 Melinda Wilson 교수 가 최근에 아사이베리와 라즈베리 같은 과일의 유익한 효과와 관련된 책을 출판하였음을 언급하였다. 즉, 그녀가 최근에 한 일은 책을 집필한 것으로 정답은 (B)이다. 지문의 구체적인 어휘 published a book ~ raspberry는 보기의 포괄적인 어 휘 written a book으로 paraphrasing되었다.

STEP 2   함정 유형 및 오답 패턴

(A) Traveled overseas
(B) Written a book ▸ 정답
(C) Harvested some crops ▸ 지문에 언급된 **acai berry와 raspberry는 crops로 paraphrasing**될 수 있지만, 해당 농작물 수확이 아닌 관련 도서를 출판한 것으로 오답이다.
(D) Applied for a position

73 요청/제안 문제는 하단에 위치하며 please가 대세이다.

STEP 1   If you ~, please ~.(~한다면, ~하세요)의 표현을 자주 사용하므로 알아 두자.

화자가 청자들에게 요청한 것이 무엇인지를 묻는 문제로, 담화의 "At the end of the program, she will answer your questions. So if you have any questions, call our station at 555-1252 right now."에서 해당 방송이 종료될 쯤에, Melinda Wilson 교수가 청취자들의 질문에 답변하는 일정이 예정되어 있으므로, 궁금한 점이 있으면 방송국으로 연락 달라고 요청하고 있으므로 정답은 (A)이다.

STEP 2   함정 유형 및 오답 패턴

(A) Contact the station ▸ 정답
(B) Visit a Web site
(C) ~~Purchase~~ a book ▸ **Melinda Wilson** 씨가 도서를 출판한 것은 맞지만, 시청자들에게 도서 구매를 요청한 것은 아니므 로 오답이다.
(D) Attend a workshop

어휘   dedicate 헌신하다   latest 최신의   expert 전문가   food and nutrition 식품영양학
advantageous 이로운, 유리한   effect 효과   certain 특정한   have quality 뛰어나다   decrease 감소시키다
immunity 면역력   benefit 혜택, 이득   station 방송국

Questions 74-76 refer to the following announcement.

Good afternoon, everyone. First, I'd like to thank all of you for **[74] volunteering for our company's tenth anniversary**. As indicated on the Web site, we're going to make a video for celebrating the **[75]** anniversary. **The video** you will participate in will **be in three parts**. Today, we'll be filming the second section in which our facilities will be introduced. It'll be played at the celebration's reception, and it will also be uploaded to our Web site. So we want it to be perfect. It will be 5 minutes long, but it'll take us half a day to make, so we need to start right now. Because the film staff's still getting ready, I'm going to distribute your scripts. Why don't you **check each of your [76] positions** in the film now?

`76-B`

`75-C`
`75-B`

---

74. Why are the listeners gathered?
(A) To volunteer for an event
(B) To praise some accomplishments
(C) To address complaints
(D) To attend a workshop

이유 / 키워드 listeners gathered / 상
└. 담화의 첫 부분에 답이 있다.

75. What is suggested about the video?
(A) It will consist of three sections.
(B) It will be ~~10~~ minutes long.
(C) It will be uploaded to ~~social media~~.
(D) It will explain some strict rules.

키워드 video
└. 키워드 앞뒤 문장에 집중한다.

76. What are the listeners asked to do?
(A) ~~Sign up for a program~~
(B) ~~Greet other employees~~
(C) Check some documents
(D) Report to a manager

청자 / 요청 받은 일 / 하
└. 권유 / 제안 표현에 집중한다.

안녕하세요, 여러분. 우선, 자사의 10주년 기념 행사에 자원해 주신 여러분 모두에게 감사드립니다. 웹사이트에 게시된 것처럼, 기념일을 축하하기 위해 비디오를 제작할 예정입니다. 여러분들이 참여하는 비디오는 3개 부분으로 구성될 겁니다. 오늘 우리는 자사 시설을 소개하는 두 번째 부분을 촬영할 겁니다. 해당 비디오는 축하 연회에서 상영될 것이며, 자사 웹사이트에도 게시될 예정입니다. 그래서 저희는 비디오가 완벽하기를 바랍니다. 5분짜리 영상이지만, 촬영하는 데 반나절 정도 걸릴 거라서 지금 바로 시작해야 합니다. 촬영 제작팀이 아직 준비 중이라서 제가 여러분들의 대본을 나누어 드리겠습니다. 필름에서 맡고 있는 각 배역을 지금 확인해 주시겠습니까?

74. 청자들은 왜 모여 있는가?
(A) 행사에 자원하기 위해서
(B) 성과를 칭찬하기 위해서
(C) 불만사항을 해결하기 위해서
(D) 워크숍에 참석하기 위해서

75. 비디오에 관하여 언급된 것은 무엇인가?
(A) 3개 부분으로 구성될 것이다.
(B) 길이가 10분 정도일 것이다.
(C) 일부 소셜 미디어에 업로드될 것이다.
(D) 엄격한 규칙을 설명할 것이다.

76. 청자들은 무엇을 하라고 요청받는가?
(A) 프로그램 신청하기
(B) 다른 직원들과 인사하기
(C) 문서 확인하기
(D) 관리자에게 보고하기

74 답은 담화 중에 힌트가 언급되는 순서대로 배치되고, 위치는 불변이다.

STEP 1 답은 순서대로 담화에 배치되기 때문에 문제의 위치에 따라 해당 보기에 집중하여 듣는다.

문제의 키워드는 listeners gathered로, 청자들이 모여 있는 이유를 묻는 문제이다. 담화의 "I'd like to thank all of you for volunteering for our company's tenth anniversary"에서 화자는 회사의 10주년 기념 행사에 자진하여 참여해 준 것에 감사 인사를 전하고 있다. 즉, 청자들은 회사 창립 기념 행사에 참여하고자 모여 있는 것으로 정답은 (A)이다. 지문의 구체적인 어휘 our company's tenth anniversary는 보기의 포괄적인 어휘 an event로 paraphrasing되었다.

– 보통 회의 시작을 알린 뒤 바로 Let's discuss ∼, Let's start with ∼, I want to introduce ∼, 등의 표현으로 주제나 안건이 언급된다.

75 키워드 문제는 키워드 기준 앞뒤 문장에 정답이 나온다. ▶ video

STEP 1 특정 키워드에 대해 묻는 문제는 반드시 담화 중 해당 키워드 앞뒤에서 답이 들린다.

문제의 키워드는 video이다. 담화의 "we're going to make a video for celebrating the company. The video you will participate in will be in three parts"에서 청자들은 회사 10주년 행사를 축하하기 위해 비디오 제작에 참여할 예정이며, 해당 비디오는 세 개 파트로 구성될 것임을 언급하였다. 따라서 정답은 (A)이다.

– 일반적으로 키워드 뒤에 정답이 들리지만, 최근에는 키워드 앞에 미리 답이 나오는 경우가 있다.

STEP 2 함정 유형 및 오답 패턴

(A) **It will consist of three sections.** ▶정답
(B) It will be ~~10~~ minutes long. ▶비디오 재생 시간은 5분으로 오답이다.
(C) It will be uploaded to ~~social media~~. ▶소셜 미디어가 아닌 회사 웹사이트에 업로드되는 것으로 오답이다.
(D) It will explain some strict rules.

76 수동태 문제는 권유, 제안 표현 등을 들어야 한다.

STEP 1 수동태 문제는 주로 청자에게 요청이나 제안을 하는 것으로, **Please ∼, I'd like you to ∼, Why don't you ∼?** 표현으로 언급된다.

화자가 청자에게 요청한 일이 무엇인지 묻는 문제로, 지문 후반부의 "I'm going to distribute your scripts. Why don't you check each of your positions in the film now?"에서 화자는 청자들에게 나누어 줄 대본에서 각자 맡은 배역을 확인해 달라고 요청하고 있으므로 정답은 (C)이다. 지문의 구체적인 어휘 scripts는 보기의 포괄적인 어휘 documents로 paraphrasing되었다.

STEP 2 함정 유형 및 오답 패턴

(A) ~~Sign up for a program~~ ▶지문 전반부에 청자들이 회사 기념일 행사에 자원한 것으로 오답이다.
(B) ~~Greet other employees~~ ▶지문 전반부에서 청자들에게 인사하지만, 이것을 요청한 것이 아니므로 오답이다.
(C) **Check some documents** ▶정답
(D) Report to a manager

어휘   volunteer for ∼에 자원하다   anniversary 기념일   indicate 나타내다, 보여주다   facility 시설
get ready 준비를 하다   distribute 나누어 주다

Questions 77-79 refer to the following excerpt from a meeting.

> **77** In response to employees' requests, the board of directors has decided to **renovate our office building**. The construction is scheduled to begin next month, and it will take about three months to complete. In the meantime, we will temporarily relocate **to the**
> **78** **Marison Building. I know it's** not where you expected to stay. I'm sorry, but we don't have a choice, and it's only for a limited time. Marison is smaller than this building, so I suggest that the product development department and the design team share an office until the construction is complete. After the renovations, I'll allocate
> **79** each of them to their own office on **the tenth floor**, where each department will have an independent room **with a nice view**. Now, I'd be glad to answer any questions about the renovation work.

77–B

78–A

77. What is the speaker mainly talking about?
(A) **Renovation work**
(B) An employee survey
(C) A company policy
(D) A job opening

회의 주제 / 상
ㄴ 첫 두 줄에 집중해 듣는다.

78. Why does the speaker say, "I know it's not where you expected to stay"?
(A) To express surprise
(B) **To ask for understanding**
(C) To correct an address
(D) To request a new building

화자 의도 파악
ㄴ 해당 위치 앞뒤 문맥을 파악한다.

79. What does the speaker say about the offices on the tenth floor?
(A) They are limited to the board of directors only.
(B) They include a meeting room.
(C) Their sizes are larger.
(D) **Their view will be very nice.**

키워드 offices on the tenth floor / 하
ㄴ 키워드 앞뒤 문장에 집중해 듣는다.

직원들의 요청에 응하여, 이사회에서는 자사의 사무실 건물을 보수하기로 결정했습니다. 공사는 다음 달에 시작될 예정이며, 완공까지 대략 3개월이 걸릴 겁니다. 그 동안, 저희는 임시로 Marison Building으로 이전할 예정입니다. 여러분들이 근무할 것이라 예상하지 못한 장소인 것은 알고 있습니다. 안타깝지만, 다른 선택이 없으며, 정해진 기간 동안만 있는 것입니다. Marison 빌딩은 이 빌딩보다 더 협소해서 공사가 끝날 때까지 제품 개발부서와 디자인 부서는 사무실을 함께 쓸 것을 제안합니다. 보수 공사 후에는 각 부서마다 10층에 위치한 개별 사무실로 배치해 드릴 예정입니다. 거기서 각 부서는 전망이 좋은 독립된 공간을 갖게 될 것입니다. 그러면 보수 작업과 관련해 질문에 답변하겠습니다.

77. 화자는 무엇에 대해서 이야기하고 있는가?
(A) **보수 작업** (B) 직원 설문조사
(C) 회사 정책 (D) 구인

78. 화자는 왜 "I know it's not where you expected to stay(여러분들이 근무할 것이라 예상하지 못한 장소인 것은 알고 있습니다)"라고 말하는가?
(A) 놀라움을 표현하기 위해서
(B) **양해를 부탁하기 위해서**
(C) 주소를 정정하기 위해서
(D) 새로운 건물을 요청하기 위해서

79. 화자가 10층에 위치한 사무실에 관해서 뭐라고 말하는가?
(A) 이사회 전용이다.
(B) 회의실이 비치되어 있다.
(C) 크기가 더 크다.
(D) **경치가 좋을 것이다.**

77 첫 두 줄 안에 주제/목적이 나온다.

STEP 1   회의의 경우, 주로 **I'm pleased** ~ 다음에 지문의 목적(주제/주의사항)이 언급된다.

회의 주제를 묻는 문제이다. 담화의 "In response to employees' requests, the board of directors has decided to renovate our office building."에서 직원들의 요청으로, 이사회에서 사무실 건물을 개조하기로 결정을 내렸다는 소식을 전하고 있으므로 정답은 (A)이다. 지문의 구체적인 어휘 renovate our office building은 보기의 포괄적인 어휘 Renovation work로 paraphrasing되었다.

STEP 2   함정 유형 및 오답 패턴

(A) Renovation work ▸ 정답
(B) An employee survey ▸ employee는 언급되었지만, 설문조사가 아닌 직원들의 요청에 의해서 보수공사가 결정된 것으로 오답이다.
(C) A company policy
(D) A job opening

78 " "의 화자의 의도 파악 문제는 해당 위치에서 위아래의 연결어를 확보하자.

STEP 1   전체 문맥상 의미를 파악하는 문제이며, 앞뒤 문맥을 파악하여 포괄적인 정답을 찾아야 한다.

기준 문장 it의 예상치 못한 장소가 무엇인지를 정확하게 파악해야 한다. 지문 전반부에서 화자는 이사회에서 사무실 건물 개조를 결정했음을 발표하였다. 앞 문장인 "In the meantime, we will temporarily relocate to Marison Building."에서 해당 공사 기간 동안 청자들은 Marion Building으로 이전해야 함을 밝히며 기준 문장인 "I know it's not where you expected to stay."에서 화자는 청자들이 생각하지 못한 장소에서 근무하게 될 것에 사과의 말과 양해를 구하고 있으므로 정답은 (B)이다. 기준 문장의 it과 where you expected to stay는 Marison Building을 나타낸다.

– 화자의 의도 파악 문제는 문제를 반드시 읽어, 의미를 확인한 후 각각의 보기에서 상황을 예측해야 한다.

STEP 2   함정 유형 및 오답 패턴

(A) To express surprise ▸ 화자는 놀라움이 아닌 사과를 표현하는 것으로 오답이다.
(B) To ask for understanding ▸ 정답
(C) To correct an address
(D) To request a new building

79 키워드 문제는 키워드 기준 앞뒤 문장에 정답이 나온다. ▸ offices on the tenth floor

STEP 1   특정 키워드에 대해 묻는 문제는 반드시 담화 중 해당 키워드 앞뒤에서 답이 들린다.

문제의 키워드는 offices on the tenth floor로, 담화의 "I'll allocate each of them to their own office on the tenth floor, where each department will have an independent room with a nice view."에서 화자는 보수공사가 끝난 이후에, 직원들을 10층에 위치한 전망이 좋은 독립된 공간으로 이전시켜 준다는 미래 계획을 언급하였다. 따라서 정답은 (D)이다.

어휘   in response to ~에 응하여, 답하여   employee 직원   board of directors 이사회   renovate 개조하다
complete 완료하다, 끝마치다   in the meantime 그 동안에   temporarily 일시적으로, 임시적으로
relocate 이전하다   suggest 제안하다   share 공유하다, 같이 쓰다   own 자기 소유의
independent 독립적인, 독자적인   answer 답변하다

Questions 80-82 refer to the following introduction.

---

80 Thank you for coming to this **retirement party for our CEO, James** **80-A**
Mcdonnel. I want to say **I'm grateful to James for his 30 years of**
contribution to this company, Volland Electronics. Since he joined
the company, he has achieved many things here. Most noticeably,
81 **he expanded the company's market share internationally**. When
he took over, we had only two offices, both in England. Thanks to
James, we have expanded to fifteen more countries. Now, let's
welcome James to the stage. On behalf of all of our employees, I
82 **have a** plaque to give him for his years of service.   **82-B**

---

80. What is the purpose of the event?　　　　　　　　행사 목적 / 상
(A) To introduce a new manager　　　　　　　　　ㄴ, 첫 두 줄에 집중한다.
(B) To honor an executive
(C) To give a lecture
(D) To release a new book

81. What does the speaker say James accomplished?　　키워드 James accomplished
(A) He managed a large client account.　　　　　　ㄴ, James는 담화에서 He로
(B) He created a best-selling product.　　　　　　언급된다.
(C) He upgraded all of the facilities.
(D) He expanded the company's market share overseas.

82. What will happen next?　　　　　　　　　　　미래 일정 / 하
(A) A presentation will be given.　　　　　　　　ㄴ, 지문의 후반부를 집중해
(B) Some handouts will be distributed.　　　　　듣는다.
(C) A souvenir will be presented.
(D) A Q&A session will start.

자사 최고경영자 James Mcdonnel 씨의 은퇴 파티에 와　　**80.** 행사의 목적은 무엇인가?
주셔서 감사합니다. Volland Electronics사에서 30년간　(A) 신규 관리자를 소개하기 위해서
기여해 주신 James 씨에게 감사 말씀 드리고 싶습니다. 입　**(B) 임원을 예우하기 위해서**
사 이후, James 씨는 이곳에서 많은 것들을 이뤄냈습니다.　(C) 강연을 하기 위해서
가장 두드러지는 것으로, 회사의 시장 점유율을 국제적으로　(D) 신간 도서를 출시하기 위해서
확장시켰습니다. James 씨가 회사를 맡게 되었을 때, 저희
는 영국에 2개 지점만 있었습니다. James 씨 덕분에, 저희　**81.** 화자는 James 씨가 무엇을 이뤄냈다고 말하는가?
는 더 많은 15개 국가로 확장했습니다. 이제, James 씨를　(A) 그는 대형 거래처의 계좌를 관리했다.
무대로 환영합시다. 자사의 전 직원들을 대표하여, 제게 그　(B) 그는 잘 팔리는 제품을 만들어 냈다.
분의 노고에 감사드리며 드릴 상패가 있습니다.　　　　　(C) 그는 모든 시설을 개선했다.
　　　　　　　　　　　　　　　　　　　　　　　(D) 그는 회사의 시장 점유율을 해외로 확장시켰다.

82. 다음에 무엇이 일어날 것인가?
(A) 발표가 진행될 예정이다.
(B) 유인물이 배부될 예정이다.
(C) 기념품이 제공될 예정이다.
(D) 질의 응답 시간이 시작될 예정이다.

---

80 첫 두 줄 안에 주제/목적이 나온다.

STEP 1 〈Welcome to [Thank you for coming] + 특정 행사〉, 〈I'd like + 지문의 주제〉 표현을 알아두자.

행사의 목적을 묻는 문제이다. 담화의 "Thank you for coming to this retirement party for our CEO, James Mcdonnel. ~ I'm grateful to James for his 30 years of contribution to this company"에서 회사 최고경영자 James Mcdonnel 씨의 은퇴 기념 파티에 온 것에 감사 인사를 전하는 것을 통해 현재 진행되고 있는 행사는 James 씨의 은퇴식임을 알 수 있고, 30년 간 근무한 것에 대해 James Mcdonnel 씨에게 감사 인사를 전하고 있으므로 정답은 (B)이다. 지문의 구체적인 어휘 our CEO, James Mcdonnel은 보기의 포괄적인 어휘 an executive로 paraphrasing 되었다.

STEP 2 함정 유형 및 오답 패턴

(A) To introduce ~~a new manager~~ ▶retirement party에서 new manager를 연상한 오답이다.
(B) To honor an executive ▶정답
(C) To give a lecture
(D) To release a new book

81 인물 소개 - 누구를 소개하느냐에 따라 이야기의 흐름이 달라진다.

STEP 1 특정 인물의 이름을 언급한 후에는, He/She의 3인칭 대명사로 나타낸다.

문제의 키워드는 James accomplished로, 대명사 he와 함께 그의 구체적인 성과에 해당하는 내용이 언급될 것임을 추측할 수 있다. 담화의 "he expanded the company's market share internationally"에서 James 씨는 회사의 시장 점유율을 국제적으로 확장시켰음을 언급하였으므로 정답은 (D)이다.

- 인물 소개는 대개 연사 소개로, 발표의 주제를 언급하기 전에 ① 연사의 이름, ② 직업, ③ 최근 경력, ④ 업적의 순서로 나열된다. 특히 은퇴자 소개는 〈경력의 시작 → 가장 큰 업적〉의 순서로 언급되며, 후반부의 미래 시제를 이용하여 은퇴 이후의 계획을 나열한다.

82 답은 담화 중에 힌트가 언급되는 순서대로 배치되고, 위치는 불변이다.

STEP 1 답은 순서대로 담화에 배치되기 때문에 문제의 위치에 따라 해당 보기에 집중하여 듣는다.

다음에 발생할 일이 무엇인지 묻는 문제로, 지문의 후반부에 정답이 있다. 담화의 "On behalf of all of our employees, I have a plaque to give him for his years of service."에서 화자는 전 직원들을 대표하여 James 씨의 노고에 감사드리고자 상패를 준비했음을 언급하였다. 즉, James 씨는 은퇴 기념으로 상패를 수여받을 것으로 정답은 (C)이다. 지문의 구체적인 어휘 plaque to give him for his years of service는 보기의 포괄적인 어휘 souvenir로 paraphrasing되었다.

STEP 2 함정 유형 및 오답 패턴

(A) A presentation will be given.
(B) ~~Some handouts~~ will be distributed. ▶유인물이 아니라, 상패가 James 씨에게 수여될 예정이므로 오답이다.
(C) A souvenir will be presented. ▶정답
(D) A Q&A session will start.

어휘 **retirement** 퇴직, 은퇴 **grateful** 고마워하는 **contribution** 기여 **noticeably** 두드러지게 **expand** 확장하다 **market share** 시장 점유율 **internationally** 국제적으로 **take over** 맡다, 인수하다 **on behalf of** ~를 대표하여 **plaque** 명판

Questions 83-85 refer to the following telephone message.

Hello, **Ms. Peung**. This is Monica Henson from Unicorn Entertainment. **[83]** I'd like to **congratulate you on how well your movie is doing**. I heard it recorded one of the highest ticket sales of the year. I also **[84]** heard that you're scheduled to **release a director's cut of the movie early next month**. I know you're busy with that, but we'd like to schedule two or three rounds of stage greetings and an interview with you to promote the movie. This would take place between March 15 and 23. Can you tell me when you are available **[85]** by tomorrow? **If you confirm the schedule** of these promotional events, I'd like to have your itinerary arranged soon.

83-C **84-B**

85-C **85-D**

85-B

83. Why does the speaker congratulate Ms. Peung?
(A) Her project was completed on time.
(B) Her movie is very popular.
(C) She started writing a book.
(D) She received an award.

이유 / congratulate Ms. Peung / 상

84. According to the speaker, what will Ms. Peung do early next month?
(A) She will proofread a book.
(B) She will begin a new program.
(C) She will hold a reception.
(D) She will release a new version of a movie.

키워드 early next month
ㄴ 키워드 앞뒤 문장을 집중해 듣는다.

85. What does the speaker ask Ms. Peung to do?
(A) Provide a schedule
(B) Arrange an itinerary
(C) Avoid a specific date
(D) Contact her assistant

Peung 씨 / 요청 / 하
ㄴ 권유 / 제안 표현에 집중한다.

안녕하세요, Peung 씨. 저는 Unicorn Entertainment의 Monica Henson입니다. 귀하의 영화가 어찌나 잘 되고 있는지 축하드리고 싶습니다. 그 영화가 올해 최고 티켓 판매량 중 하나를 기록했다고 들었습니다. 또 다음 달 초에 해당 영화의 감독판을 발매 예정이라는 소식도 들었습니다. 그것 때문에 매우 바쁘시다는 건 알지만, 영화 홍보를 위해 2~3번의 무대 인사 및 인터뷰 일정을 잡고 싶습니다. 이건 3월 15일에서 23일 사이에 진행될 것 같습니다. 언제 시간이 되는지 내일까지 알려 주실 수 있나요? 이 홍보 행사 일정을 확정해 주시면, 귀하의 일정을 곧 조정하겠습니다.

83. 화자는 왜 Peung 씨를 축하하는가?
(A) 그녀의 프로젝트가 제시간에 마무리됐다.
(B) 그녀의 영화가 매우 인기 있다.
(C) 그녀는 책을 집필하기 시작했다.
(D) 그녀는 상을 받았다.

84. 화자의 말에 따르면, Peung 씨는 다음 달 초에 무엇을 할 예정인가?
(A) 그녀는 책 교정을 볼 것이다.
(B) 그녀는 신규 프로그램을 시작할 것이다.
(C) 그녀는 환영 만찬회를 열 것이다.
(D) 그녀는 영화의 새 버전을 발매할 것이다.

85. 화자는 Peung 씨에게 무엇을 하라고 요청하는가?
(A) 일정 제공하기
(B) 일정 조정하기
(C) 특정 날짜 피하기
(D) 조수에게 연락하기

83 Why 관련 질문은 대화에서 그대로 반복된 후 원인에 대한 정답이 나온다.

STEP 1 Why 뒤의 키워드가 지문에서 들려야 정답을 찾을 수 있다.

문제의 키워드는 congratulate Ms. Peung으로, 화자가 Peung 씨를 축하하는 이유를 묻는 문제이다. 담화의 "This is Monica Henson from Unicorn Entertainment. I'd like to congratulate you on how well your movie is doing."에서 발신자인 Monica 씨는 수신자인 Peung 씨의 영화 흥행에 축하 인사를 전하고 있다. 즉, 많은 소비자들이 Peung의 영화를 보고 있는 것으로 정답은 (B)이다. 지문의 구체적인 어휘 how well your movie is doing은 보기의 포괄적인 어휘 Her movie is very popular로 paraphrasing되었다.

– 전화의 목적을 알릴 때는 I'm calling because ~, I'll calling to ~, I want to let you know 등의 표현을 사용한다.

STEP 2 함정 유형 및 오답 패턴

(A) Her project was completed on time.
(B) Her movie is very popular. ▶정답
(C) She started writing a book. ▶도서 집필이 아닌 감독판 영화를 제작하고 있는 것으로 오답이다.
(D) She received an award.

84 키워드 문제는 키워드 기준 앞뒤 문장에 정답이 나온다. ▶ early next month

STEP 1 특정 키워드에 대해 묻는 문제는 반드시 담화 중의 해당 키워드 앞뒤에서 답이 들린다.

문제의 키워드는 early next month로, Peung 씨가 다음 달 초에 하는 일이 무엇인지 묻는 문제이다. 또 Peung 씨는 대명사 She로 언급되며, 미래 표현에 집중해야 한다. 담화의 "I also heard that you're scheduled to release a director's cut of the movie early next month."에서 Peung 씨는 다음 달 초에 영화의 감독판을 출시할 예정임을 언급하였으므로 정답은 (D)이다. 지문의 구체적인 어휘 a director's cut of the movie는 보기의 포괄적인 어휘 a new version of a movie로 paraphrasing되었다.

STEP 2 함정 유형 및 오답 패턴

(A) She will proofread a book.
(B) She will begin a new program. ▶프로그램이 아닌 영화 감독판이 출시될 것으로 오답이다.
(C) She will hold a reception.
(D) She will release a new version of a movie. ▶정답

85 요청/제안 문제는 하단에 위치하며 please가 대세이다.

STEP 1 If you ~, please ~.(~한다면, ~하세요)의 표현을 자주 사용하므로 알아두자.

화자가 Peung 씨에게 무엇을 요청하는지 묻는 문제로, 지문 후반부의 "If you confirm the schedule of these promotional events, I'd like to have your itinerary arranged soon."에서 무대 인사와 인터뷰 같은 홍보 행사를 진행할 일정을 확정해 주면, 화자가 일정을 조정하겠다고 언급하였다. 즉, Peung 씨가 해야 하는 일은 일정 제공으로 정답은 (A)이다. 지문의 구체적인 어휘 confirm the schedule of these promotional events는 보기의 포괄적인 어휘 Provide a schedule로 paraphrasing되었다.

STEP 2 함정 유형 및 오답 패턴

(A) Provide a schedule ▶정답
(B) Arrange an itinerary ▶Peung 씨가 아닌 화자가 해야 할 일로 오답이다.
(C) Avoid a specific date ▶specific date(3월 15일부터 23일)을 언급했지만, 이날을 피하는 게 아니라 해당 날짜에 진행하고자 하는 화자의 요청을 나타내므로 오답이다.
(D) Contact her assistant ▶조수가 아닌 화자에게 연락을 달라고 요청했으므로 오답이다.

어휘 congratulate 축하하다 record 기록하다 sales 매출(량) release 발매하다 stage greeting 무대 인사 promote 홍보하다 take place 일어나다 confirm 확인해 주다, 확정하다 itinerary (여행) 일정표

Questions 86-88 refer to the following excerpt from a meeting.

Thank you for attending this R&D staff meeting. First of all, I have some good news. After undergoing all rigid tests, **TLC 1000-X, our newest smart phone, will be released in November**. I really appreciate your hard work. **Only you could create such an innovative design.** Before presenting it to the public, we'll bring it to the Las Vegas Electronics Fair next week. If you're interested in going to this fair, **please make sure to fill out a travel request** and submit it to me by this Friday.

86 **87** **88**

88-D
86-A
86-D
87-B
87-C

86. What will happen in November?
(A) An investigation will be conducted.
(B) A new product will be released.
(C) A survey will be reported.
(D) A new employee will be hired.

키워드 in November / 상
ㄴ, 키워드 앞뒤 문장을 집중해서 듣는다.

87. Why does the speaker say, "Only you could create such an innovative design"?
(A) He needs a new director.
(B) He wants to show a product.
(C) He is assigning more design work.
(D) He is praising some employees.

화자 의도 파악
ㄴ, 해당 위치 앞뒤 문맥을 파악한다.

88. What are some employees asked to do?
(A) Visit a Web site
(B) Complete some documents
(C) Contact a manager
(D) Attend a meeting

청자 / 요청 받은 일 / 하
ㄴ, 권유·제안 표현에 집중한다.

연구 개발 직원 회의에 참석해 주셔서 감사합니다. 우선, 좋은 소식이 있습니다. 엄격한 테스트를 거치고 자사 최신형 스마트폰인 TLC 1000-X가 11월에 출시될 예정입니다. 여러분의 노고에 정말로 감사드립니다. 오직 여러분만이 이런 혁신적인 디자인을 만들어 낼 수 있었습니다. 대중들에게 공개하기 전에, 저희는 다음 주에 열리는 라스베이거스 전자기기 박람회에서 제품을 먼저 선보일 예정입니다. 이번 박람회 참가에 관심 있으시면, 출장 요청서를 작성하셔서 이번 주 금요일까지 저에게 제출해 주십시오.

86. 11월에 무엇이 일어날 예정인가?
(A) 조사가 실시될 예정이다.
(B) 신상품이 출시될 예정이다.
(C) 설문조사 결과가 보도될 예정이다.
(D) 신입직원이 채용될 예정이다.

87. 화자는 왜 "Only you could create such an innovative design(오직 여러분만이 이런 혁신적인 디자인을 만들어 낼 수 있었습니다)"라고 말하는가?
(A) 그는 새로운 감독이 필요하다.
(B) 그는 제품을 소개하고 싶어 한다.
(C) 그는 더 많은 디자인 작업을 맡기고 있다.
(D) 그는 직원들을 칭찬하고 있다.

88. 일부 직원들은 무엇을 하라고 요청받는가?
(A) 웹사이트 방문
(B) 서류 작성 완료
(C) 관리자와 연락
(D) 회의 참석

86 키워드 문제는 키워드 기준 앞뒤 문장에 답이 나온다. ▶ in November

STEP 1 특정 키워드에 대해 묻는 문제는 반드시 지문 중 해당 키워드 앞뒤에서 정답이 들린다.

문제의 키워드는 in November로, 11월에 일어날 일이 무엇인지를 묻는 문제이다. 담화의 "After undergoing all rigid tests, TLC 1000-X, our newest smart phone, will be released in November."에서 화자가 근무하는 회사의 최신형 스마트폰이 11월에 출시 예정임을 언급하였으므로 정답은 (B)이다. 지문의 구체적인 어휘 TLC 1000-X, our newest smart phone은 보기의 포괄적인 어휘 A new product로 paraphrasing되었다.

STEP 2 함정 유형 및 오답 패턴

(A) An investigation will be conducted. ▶조사가 아니라 제품 출시가 될 것이므로 오답이다.
(B) A new product will be released. ▶정답
(C) A survey will be reported.
(D) A new employee will be hired. ▶지문에서 newest는 언급되었지만, 직원 채용이 아닌 스마트폰 출시와 관련된 내용이므로 오답이다.

87 " "의 화자의 의도 파악 문제는 포괄적으로 설명한 보기가 정답이다.

STEP 1 화자의 의도 파악 문제의 표현은 주로 앞뒤 문맥을 연결하는 역할을 하므로, 주변 문맥을 파악해서 포괄적인 정답을 찾아야 한다.

지문 전반부에서 11월에 신규 스마트폰이 출시 예정이라는 좋은 소식을 발표하고 있으며, 앞 문장인 "I really appreciate your hard work."와 기준 문장인 "Only you could create such an innovative design"에서 혁신적인 디자인을 제작한 직원들에게 감사 인사를 전하고 있으므로 해당 문장은 직원들을 칭찬하는 것임을 알 수 있다. 따라서 정답은 (D)이다.

STEP 2 함정 유형 및 오답 패턴

(A) He needs a new director.
(B) He wants to show a product. ▶제품 소개가 아닌 직원들에게 감사 인사를 전하는 것으로 오답이다.
(C) He is assigning more design work. ▶주어진 문장의 design을 반복 이용한 오답이다.
(D) He is praising some employees. ▶정답

88 요청/제안 문제는 하단에 위치하며 please가 대세이다.

STEP 1 ⟨Please+동사원형⟩, ⟨Let's ~⟩, ⟨If you ~, please ~⟩ 표현에서 정답을 파악한다.

일부 직원들이 당부 받은 것이 무엇인지 묻는 문제이다. 지문 후반부의 "If you're interested in going to this fair, please make sure to fill out a travel request and submit it to me by this Friday."에서 다음 주 라스베이거스 박람회 참가에 관심이 있으면, 출장 신청서를 작성해 제출해 달라고 청자들에게 요청하고 있으므로 정답은 (B)이다. 보기의 구체적인 어휘 fill out a travel request는 보기의 포괄적인 어휘 Complete some documents로 paraphrasing되었다.

STEP 2 함정 유형 및 오답 패턴

(A) Visit a Web site
(B) Complete some documents ▶정답
(C) Contact a manager
(D) Attend a meeting ▶지문 전반부에서 회의 참석에 감사 인사를 전했으므로 오답이다.

어휘 R&D 연구 개발 undergo 겪다, 받다 rigid 엄격한 newest 최신의 release 출시하다, 발표하다 appreciate 고마워하다 innovative 혁신적인 present 공개하다 make sure 반드시 ~하다 fill out 작성하다 travel request 출장 요청서 submit 제출하다

Questions 89-91 refer to the following advertisement.

Are you having trouble finding accommodations that meet your needs? Or do you want to search more easily and more quickly? **89** **Then** you need the **All About Hotels App**. Our database includes all types of accommodations from simple inns to luxury hotels. And we **90** **now have new features**, including keyword searching and quick comparison. **For a limited time**, book through All About Hotels to **91** **get a 30 percent discount** on your reservation. Just download the app to your smart phone. Don't miss this great opportunity!

89-A

91-A

89. What is being advertised?
(A) A hotel
(B) A book
(C) Software
(D) A machine

90. What does the speaker mention about the product?
(A) It has recently added more features.
(B) It can be used internationally.
(C) It is temporarily sold out.
(D) It has received good reviews.

91. What is being offered for a limited time?
(A) A smart phone
(B) A discount
(C) An upgrade
(D) Free shipping

광고 제품 / 상
ㄴ. 지문의 상단부에 집중하여
듣는다.

키워드 the product
ㄴ. 키워드 앞뒤 문장에 집중한다.

키워드 for a limited time / 하
ㄴ. 키워드 앞뒤 문장에 집중해
듣는다.

여러분의 요구에 맞는 숙박업소를 찾는 데 어려움을 겪고 계십니까? 아니면 숙박업소를 더 쉽고 빠르게 찾고 싶으십니까? 그러면 All About Hotels 앱이 필요하신 겁니다. 저희 데이터에는 소박한 여인숙부터 고급 호텔까지 모든 유형의 숙박업소가 포함되어 있습니다. 그리고 키워드 검색과 빠른 비교를 포함한 신규 특징들이 있습니다. 한정 기간 동안, All About Hotels로 예약하시고, 해당 예약 건에 30퍼센트 할인을 받으십시오. 스마트폰에 앱을 다운받으세요. 이 멋진 기회를 놓치지 마세요!

89. 무엇이 광고되고 있는가?
(A) 호텔
(B) 도서
(C) 소프트웨어
(D) 기계

90. 화자가 제품에 관하여 뭐라고 언급하는가?
(A) 최근에 더 많은 기능을 추가했다.
(B) 국제적으로 사용이 가능하다.
(C) 일시적으로 매진되었다.
(D) 후기가 좋다.

91. 한정된 기간 동안 무엇이 제공되고 있는가?
(A) 스마트폰
(B) 할인
(C) 업그레이드
(D) 무료 배송

89 광고는 문제점이나 니즈를 먼저 제시한다.

STEP 1　Are you interested ∼?, Are you having trouble ∼? 형태로 제품을 광고한다.

광고하는 게 무엇인지 묻는 문제이다. 전반부의 "Are you having trouble ∼? Then you need the All About Hotels app"에서 숙박업소 예약 과정에서 겪는 문제들을 All About Hotels 앱으로 해결할 수 있음을 언급하고 있다. 즉, 광고하고 있는 것은 숙박업소 예약 관련 앱이므로 정답은 (C)이다. 지문의 구체적인 어휘 All About Hotels App은 보기의 포괄적인 어휘 Software로 paraphrasing되었다.

－ 광고의 순서: 문제 제기 → 대안 제시 → 서비스 소개 → 특징, 장점 → 연락 방법

STEP 2　함정 유형 및 오답 패턴

(A) A hotel　▶지문에서 언급되었지만, hotel 관련 앱을 소개하는 것으로 오답이다.
(B) A book
(C) Software　▶정답
(D) A machine

90 제품의 특징이나 장점을 묻는다.　▶ the product

STEP 1　특정 키워드에 대해 묻는 문제는 반드시 담화 중 해당 키워드 앞뒤에서 답이 들린다.

문제의 핵심 키워드는 the product이지만, 담화에서는 구체적으로 All About Hotels App이라고 언급됐다. 따라서 제품을 소개한 뒤, "And we now have new features, including keyword searching and quick comparison."에서 최근 키워드 검색과 빠른 비교를 포함해 다양한 특징들이 추가되었음을 언급하였으므로 정답은 (A)이다.

91 광고에서 소비자에게 제공하는 혜택은 키워드와 함께 후반부에 나온다.
▶ for a limited time

STEP 1　특정 키워드에 대해 묻는 문제는 반드시 담화 중의 해당 키워드 앞뒤에서 답이 들린다.

문제의 키워드는 for a limited time으로, 담화의 "For a limited time, book through All About Hotels to get a 30 percent discount on your reservation."에서 해당 앱으로 숙박업소를 예약해서 한정 기간 동안 30퍼센트 할인을 받으라고 언급하였으므로 정답은 (B)이다. 지문의 구체적인 어휘 a 30 percent discount는 보기의 포괄적인 어휘 A discount로 paraphrasing되었다.

STEP 2　함정 유형 및 오답 패턴

(A) A smart phone　▶지문에서 smart phone이 언급되었지만, 해당 앱을 설치해야 하는 장소로 오답이다.
(B) A discount　▶정답
(C) An upgrade
(D) Free shipping

어휘　have trouble V-ing ∼에 어려움을 겪다　accommodations 숙박업소　meet 충족시키다　needs 요구
easily 쉽게　include 포함하다　inn 여관　feature ∼을 특징으로 삼다　comparison 비교　book 예약하다
reservation 예약

Questions 92-94 refer to the following announcement.

Hello. **I'm sorry for being late.** I work on the sixth floor, and **the elevator near my office isn't working properly.** Anyway, welcome to **the Pallau Art Museum.** I am Michelle Tung, and I am your guide. Before the tour, let me explain what you'll see. First we're going to visit the Artworks of the Renaissance exhibit on the first floor, and on the second floor, you'll see a collection of statues made by notable seventeenth-century artists in England. At the end of the tour, we'll stop by the **gift shop** next to the main entrance, where you may purchase some souvenirs. Note that **it** closes at **6 P.M.** Now, let's begin the tour.

92 — B

93

94

92 — B

94 — C

94 — D

92. Why does the speaker say, "The elevator near my office isn't working properly"?
(A) To raise a question
(B) To ask for help
(C) To announce a work plan
(D) To explain why she was late

화자 의도 파악 / 상
└, 해당 위치의 앞뒤 문맥을 파악한다.

93. Where most likely is the speaker?
(A) At a gym
(B) At a museum
(C) At a factory
(D) At an office building

화자 / 장소
└, 첫 두 줄의 our, your, this, here에 집중하자.

94. What is suggested about the gift shop?
(A) It is open until 6 P.M.
(B) It is having a sale.
(C) It is located on the second floor.
(D) It has a wide selection of items.

키워드 the gift shop / 하
└, 키워드 앞뒤 문장에 집중한다.

안녕하세요. 늦어서 죄송합니다. 저는 6층에서 근무하는데 제 사무실 근처의 엘리베이터가 제대로 작동하지 않고 있네요. 어쨌든, Pallau Art Museum에 오신 것을 환영합니다. 저는 Michelle Tung이며 여러분의 가이드입니다. 투어 전에, 여러분이 보시게 될 것을 설명해 드리겠습니다. 우선 저희는 1층에서 르네상스 예술 작품(Artworks of the Renaissance) 전시를 관람할 예정입니다. 그리고 2층에서는 17세기 영국의 유명 예술가들이 제작한 조각상 콜렉션을 보시게 될 겁니다. 투어가 끝날 때쯤에, 저희는 정문 옆에 있는 선물 가게에 들 건데요, 거기서 기념품을 구입하실 수 있습니다. 그곳은 오후 6시에 문을 닫는다는 점을 알아두세요. 그러면 이제 투어를 시작해 봅시다.

92. 화자는 왜 "The elevator near my office isn't working properly(제 사무실 근처의 엘리베이터가 제대로 작동하지 않고 있네요)"라고 말하는가?
(A) 의문을 제기하기 위해서
(B) 도움을 요청하기 위해서
(C) 업무 계획을 발표하기 위해서
(D) 왜 늦었는지를 설명하기 위해서

93. 화자는 어디에 있을 것 같은가?
(A) 체육관에
(B) 박물관에
(C) 공장에
(D) 사무실 건물에

94. 선물 가게에 관하여 무엇이 언급되고 있는가?
(A) 오후 6시까지 영업한다.
(B) 세일을 하고 있다.
(C) 2층에 위치해 있다.
(D) 다양한 제품을 보유하고 있다.

92 " "의 화자의 의도 파악 문제에서 같은 뜻의 보기는 제거한다.

STEP 1   주어진 문장 " "과 동일한 단어 혹은 같은 의미의 보기는 오히려 답이 될 확률이 적다.

앞 문장인 "I'm sorry for being late. I work on the sixth floor,"에서 지각한 것에 대해 사과 인사를 전하며, 화자가 6층에 근무하고 있음을 밝혔다. 바로 이어서 "The elevator near my office isn't working properly"에서 화자의 사무실 근처 엘리베이터가 정상적으로 작동하지 않고 있다는 변명을 하고 있다. 즉, 화자는 지각한 사유를 설명하고 있으므로 정답은 (D)이다.

STEP 2   함정 유형 및 오답 패턴

(A) To raise a question
(B) To ~~ask for help~~ ▸**not working properly**에서 연상한 오답이다.
(C) To announce a work plan
(D) To explain why she was late ▸정답

93 직업과 장소는 전반부에서 힌트가 나온다.

STEP 1   첫 두 줄에서 **our, your, this, here**의 표현과 함께 들리는 장소·직업 명사가 정답이 된다.

화자가 위치한 장소를 묻는 문제이다. 담화의 "welcome to the Pallau Art Museum. I am Michelle Tung, and I am your guide"에서 화자는 Pallau 미술관의 가이드로 청자들에게 환영 인사를 전하고 있으므로 정답은 (B)이다. 지문의 구체적인 어휘 the Pallau Art Museum은 보기의 포괄적인 어휘 a museum으로 paraphrasing되었다.

94 키워드 문제는 키워드 기준 앞뒤 문장에 정답이 나온다. ▶ the gift shop

STEP 1   특정 키워드에 대해 묻는 문제는 반드시 담화 중의 해당 키워드 앞뒤에서 답이 들린다.

문제의 키워드는 the gift shop으로, 담화의 "we'll stop by the gift shop next to the main entrance ~. Note that it closes at 6 P.M."에서 화자는 정문 옆에 위치한 선물 가게에서 물건을 구매할 수 있으며, 해당 가게는 저녁 6시까지 운영함을 언급하였다. 따라서 정답은 (A)이다.

STEP 2   함정 유형 및 오답 패턴

(A) It is open until 6 P.M. ▸정답
(B) It is having a sale.
(C) It is located on ~~the second floor~~. ▸2층이 아닌 정문 옆에 위치하므로 오답이다.
(D) It has ~~a wide selection of~~ items. ▸판매 제품의 다양성은 언급하지 않았으므로 오답이다.

어휘   **properly** 정상적으로, 제대로   **explain** 설명하다   **artwork** 예술작품   **exhibit** 전시, 전시품
a collection of ~의 수집품   **statue** 조각상   **gift shop** 선물 가게   **souvenir** 기념품

Questions 95-97 refer to the following telephone message and calendar.

Hello, **Mike**. It's Catherine from Red Entertainment Agency. I heard **you** **95** **won the Today's Musician award**. Congratulations! I'm calling about the date for your photoshoot for the profile. I think it would be better to **96** schedule it for **the day after the magazine interviews** so that you have your time before Saturday's concert. The stylist sent me **photos of the** **97** **outfits** you'll wear for the photoshoot. **I'll send them to you** by e-mail **later this morning**. Thank you.

Mon.	Tue.	Wed.	Thu.	Fri.	Sat.
7 **Interviews**	8	9	10	11 Rehearsal	12 Concert

95. Who most likely is Mike?
(A) A travel agent
(B) A musician
(C) A reporter
(D) An editor

96. Look at the graphic. On which day will the speaker want to schedule the photoshoot?
(A) Monday
(B) Tuesday
(C) Wednesday
(D) Thursday

97. What will the listener receive later this morning?
(A) Some images
(B) Some questions
(C) A list of attendees
(D) An itinerary

Mike / 직업 / 상
ㄴ, 첫 두 줄에 집중한다.

시각 자료 / 키워드 photoshoot
ㄴ, 요일에 적힌 일정 내용에
집중한다.

키워드 later this morning /
하
ㄴ, 키워드 앞뒤 문장에 집중한다.

월요일	화요일	수요일	목요일	금요일	토요일
7 인터뷰	8	9	10	11 리허설	12 콘서트

안녕하세요, Mike 씨. 저는 Red Entertainment Agency 의 Catherine입니다. 오늘의 음악가 상을 받으셨다는 소식 들었습니다. 축하드려요! Mike 씨 프로필 사진 촬영 일정 때 문에 연락드렸습니다. 토요일 콘서트 전에 시간을 낼 수 있 게 잡지 인터뷰 다음 날에 일정을 잡는 게 좋을 것 같습니다. 스타일리스트가 저한테 Mike 씨가 사진 촬영에서 입을 의 상 사진을 보냈습니다. 제가 당신에게 오늘 오전 늦게 이메 일로 그 자료를 보내드리겠습니다. 감사합니다.

95. Mike는 누구일 것 같은가?
(A) 여행사 직원
(B) 음악가
(C) 리포터
(D) 편집자

96. 시각 자료를 보시오. 화자는 무슨 요일에 사진 촬영 일정을 잡고 싶어 할 것인가?
(A) 월요일
(B) 화요일
(C) 수요일
(D) 목요일

97. 청자는 오늘 오전 늦게 무엇을 받을 것인가?
(A) 사진 이미지
(B) 질문
(C) 참석자 명단
(D) 여행 일정

95 전화 메시지는 화자와 청자를 구별하는 특별한 표현이 있다.

STEP 1 ⟨**This is[It's]** + 화자⟩, ⟨**I'm calling to[about]** + 주제나 목적⟩

Mike의 직업을 묻는 문제로, 담화의 "Hello, Mike. It's Catherine from Red Entertainment Agency. I heard you won the Today's Musician award."에서 화자는 연예 기획사에서 근무하고 있는 Catherine으로, 청자인 Mike 씨가 오늘의 음악가 상을 받은 것에 축하 인사를 전하고 있다. 즉, 청자인 Mike 씨의 직업은 음악가이므로 정답은 (B)이다.

96 시각 자료▶ 시각 자료 문제에서 (A)–(D)의 보기는 절대 대화에서 들리지 않는다.

STEP 1 보기가 요일이므로 시각 자료에서 그 외의 부분을 확인하면서 담화를 들어야 한다.

사진 촬영을 진행하려는 요일을 묻는 문제로, 담화의 "I'm calling about the date ~ so that you have your time before Saturday's concert"에서 화자는 청자가 토요일 콘서트 전에 시간을 낼 수 있게, 잡지사와의 인터뷰 다음 날 일 정을 잡는 것이 괜찮을 것 같다고 의견을 제시하고 있다. 따라서 잡지사와의 인터뷰가 진행되는 날짜는 월요일이므로 정답은 (B)이다.

97 키워드 문제는 키워드 기준 앞뒤 문장에 정답이 나온다. ▶ later this morning

STEP 1 특정 키워드에 대해 묻는 문제는 반드시 담화 중 해당 키워드 앞뒤에서 답이 들린다.

문제의 키워드는 later this morning이다. 담화의 "The stylist sent me photos of the outfits you'll wear for the photoshoot. I'll send them to you by e-mail later this morning."에서 사진 촬영 시 입을 의상 사진을 오늘 오전 늦게 이메일로 전송하겠다고 언급하였으므로 정답은 (A)이다. 지문의 구체적인 어휘 photos of the outfits는 보기 의 포괄적인 어휘 some images로 paraphrasing되었다.

어휘 **entertainment agency** 연예 기획사 **win the award** 상을 받다 **photoshoot** 사진 촬영 **magazine** 잡지 **so that** ~할 수 있도록 **outfit** 의상

Questions 98-100 refer to the following talk and map.

Before starting the tour, I'd like to thank you for your interest in the **98 National Folk Museum**. You'll learn many things about our ancestors' lifestyles, customs, and so on. **Unfortunately, the clothing style 99 exhibit is being renovated.** It will **reopen** in May with an expanded space. But I do recommend you to visit the photographs exhibit, which shows people and household items in modern times. Also, you'll have an opportunity to make your own short video using these photos. This **100 activity will be led by Alberto Montego, a famous local storyteller.**

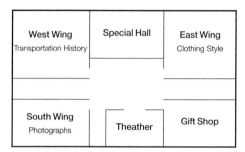

98. Where are the listeners?
(A) At a hospital (B) At an arena
(C) At a plant **(D) At a museum**

청자 / 장소 / 상
└, 첫 두 줄의 our, your, this, here에 집중하자.

99. Look at the graphic. Which area is closed today?
(A) The West Wing **(B) The East Wing**
(C) The Special Hall (D) The South Wing

시각 자료 / 키워드 closed today
└, 역접 접속사에 집중해 듣는다.

100. Who is Alberto Montego?
(A) A coordinator (B) A photographer
(C) A storyteller (D) A costume designer

Alberto Montego / 직업 / 하
└, 키워드 앞뒤 문장에 집중한다.

지만, 사진 전시관 방문을 추천해 드리는데요, 거기서 근대 사람들과 생활용품을 보여줍니다. 또, 이 사진들을 이용해 여러분만의 짧은 비디오를 제작할 수 있는 기회를 갖게 될 겁니다. 이 활동은 이 지역의 유명 스토리텔러인 Alberto Montego 씨가 진행할 예정입니다.

98. 청자들은 어디에 있는가?
(A) 병원에 (B) 경기장에
(C) 공장에 **(D) 박물관에**

99. 시각 자료를 보시오. 오늘 문을 닫은 곳은 어디인가?
(A) 서관 **(B) 동관**
(C) 특별관 (D) 남관

100. Alberto Montego 씨는 누구인가?
(A) 진행자 (B) 사진작가
(C) 스토리텔러 (D) 의상 디자이너

견학을 시작하기 전에, 이곳 국립민속박물관에 관심을 가져 주셔서 감사의 인사를 드리고 싶습니다. 여러분은 우리 조상들의 생활 양식과 관습 등 많은 것을 배우게 되실 겁니다. 안타깝게도, 의복 전시관은 보수 공사 중에 있습니다. 해당 전시관은 더 넓은 공간으로 5월에 재개장할 예정입니다. 그렇

98 직업과 장소는 전반부에서 힌트가 나온다.

STEP 1　첫 두 줄에서 **our, your, this, here** 표현과 함께 들리는 장소/직업 명사가 정답이 된다.

청자가 위치한 장소를 묻는 문제이다. 지문의 "Before starting the tour, I'd like to thank you for your interest in the National Folk Museum."에서 화자는 국립민속박물관에 방문한 청자들에게 감사 인사를 전하고 있다. 즉, 청자를 비롯한 화자는 박물관에 있는 것으로 정답은 (D)이다. 지문의 구체적인 어휘 the National Folk Museum은 보기의 포괄적인 어휘 a museum으로 paraphrasing되었다.

– Welcome to ~/Thanks for ~ 뒤에는 직업과 장소의 답변이, Before we begin ~ 이후에는 지문의 목적이, I'm pleased ~ 다음에는 수상 소식이나 소개하는 내용이 언급된다.

99 시각 자료▶ 시각 자료 문제에서 (A)-(D)의 보기는 절대 대화에서 들리지 않는다.

STEP 1　보기가 전시관 이름이므로 시각 자료에서 그 외의 부분을 확인하면서 담화를 들어야 한다. 따라서 해당 관에서 전시되고 있는 주제에 해당하는 단어를 들어야 한다.

오늘 운영하지 않고 있는 전시관을 묻는 문제이다. 일정을 언급한 뒤, 역접이나 반전을 의미하는 부사 unfortunately 뒤에서 일정이 진행되지 않는 곳을 언급하게 됨을 예상할 수 있다. 담화의 "Unfortunately, the clothing style exhibit is being renovated. It will reopen in May with an expanded space."에서 의복 전시관은 현재 공사 중으로, 5월에 더 넓은 공간으로 대중들에게 재개방될 예정임을 언급하였다. 따라서 현재 문을 닫은 곳은 동관으로 정답은 (B)이다.

– 주로 But이나 However, Actually 등의 역접이나 반전을 의미하는 접속사, 부사 등이 나오면 그 뒤에 정답을 동반하는 경우가 많다.

100 키워드 문제는 키워드 기준 앞뒤 문장에 정답이 나온다. ▶ Alberto Montego

STEP 1　특정 키워드에 대해 묻는 문제는 반드시 담화 중의 해당 키워드 앞뒤에서 답이 들린다.

문제의 키워드는 Alberto Montego로, 그의 직업을 묻는다. 담화의 "This activity will be led by Alberto Montego, a famous local storyteller."에서 비디오 제작 관련 활동은 해당 지역의 유명 스토리텔러인 Alberto Montego 씨가 진행한다고 언급했으므로 정답은 (C)이다.

STEP 2　함정 유형 및 오답 패턴

(A) A coordinator
(B) A photographer
(C) A storyteller ▶정답
(D) A costume designer ▶지문 중반부의 **clothing style**에서 연상한 오답이다.

어휘　**interest in** ~에 대한 관심　**National Folk Museum** 국립민속박물관　**ancestor** 조상, 선조　**custom** 관습　**renovate** 개조하다, 보수하다　**expand** 확대하다　**household items** 생활용품　**one's own** 자기 자신만의　**activity** 활동　**local** 지역의

101 The Kensington Community Center / celebrated / the ——— /
　　　　　주어　　　　　　　　　　　동사　　　　목적어
(of the Children's Public Library) / (with local residents).
　(전치사구)　　　　　　　　　　　(전치사구)

> 관사, 소유격, 한정사 뒤에는 항상 명사가 답이다.
> celebrated the ———

STEP 1　빈칸은 타동사 celebrated의 목적어 자리로 명사가 와야 한다.
보기 중 명사는 (C) opening(개관, 개막)이다.

STEP 2　오답 분석
(A) open은 동사나 형용사로 사용된다.
(B) opened는 동사 open의 과거형 혹은 과거분사 형태이므로 답이 될 수 없고,
(D) opens는 open의 3인칭 단수 형태의 동사이므로 답이 될 수 없다.

STEP 3　동명사가 명사보다 우선하는 네 가지 경우
명사 자리에서 명사와 동명사 중 선택할 때 명사가 우선하는 게 원칙이지만, 동명사가 명사보다 우선하는 네 가지 경우가 있다.

> ① 뒤에 목적어를 수반하는 경우
> for ——— : revision vs. ~~revising~~
> for ——— it : ~~revision~~ vs. revising
> ② 명사와 동명사의 뜻이 다른 경우
> process(과정) vs. processing(처리): 이때 동명사는 불가산, 명사는 가산명사이다.
> ③ 행위, 과정, 전략, 용어, 부서 등의 〈동명사＋명사〉 복합명사의 경우
> e.g. pricing decision 가격 책정　advertising agency 광고 대행사
> ④ 기존의 명사가 없어 동명사에서 명사를 가져다 쓰는 경우
> e.g. surroundings 주변 환경　beginning 시작　belongings 소유물

> 해석　Kensington Community Center는 지역 주민들과 함께 어린이 공공 도서관의 개관을 축하했다.
> 어휘　community center 지역 주민센터　celebrate 축하하다　local 지역의　resident 주민
> 정답　(C)

102 The reviews (of the movie) / after / it / premiered / were / ——— favorable.
　　　　주어　　　(전치사구)　　　접속사 주어2　동사2　　동사1　　　　　보어

> 부사는 명사를 제외한 모든 것을 수식한다.
> The reviews were ——— favorable.

STEP 1　빈칸은 주격 보어인 형용사 favorable을 수식하는 부사 자리이다.
형용사 favorable을 수식하는 적절한 부사는 '꽤, 매우'의 정도를 나타내는 부사 (D) quite가 정답이다.

STEP 2　오답 분석
(A) early는 시간적으로 '이른, 일찍이'라는 뜻으로 일이 예상한 것보다 더 빨리 일어나는 것을 의미한다.
(B) enough가 부사로 쓰일 경우 형용사 뒤에 위치해야 한다.
(C) far는 '(거리상) 멀리', '(시간상) 오래 전에'라는 의미이다. '(정도가) 훨씬'이라는 의미를 나타낼 때 〈far＋비교급〉 혹은 〈by far＋최상급〉으로 쓴다.

해석 영화가 개봉한 후, 후기는 상당히 호의적이었다.
어휘 review 논평, 후기 premiere 개봉하다 favorable 호의적인
정답 (D)

---

103 (Due to an increase in business), Morg Corp. / decided / (to relocate) /
　　　　　　(전치사구)　　　　　　　　주어　　　　동사　　(to부정사 - 동사 decided의 목적어)

(to the ———— site)/ (in São Paulo).
　(전치사구)　　　　(전치사구)

명사 앞자리는 형용사가 답이다.
to the ———— site

STEP 1　빈칸은 명사 site를 수식하는 형용사 자리이다.

'제안, 제안서'를 뜻하는 명사 (A) proposal과 '제의, 문제'를 뜻하는 명사 (D) proposition은 우선 제거한다. 또 본동사 형태인 (C) proposes는 관사 뒤에 위치할 수 없으므로 오답이다.

STEP 2　보기 중에 형용사가 없으면, 과거분사나 현재분사가 답이 된다.

과거분사(형용사)는 완료, 수동의 의미를 갖는다. 즉, 빈칸 뒤 명사 site는 사람에 의해서 제안된 것이므로 (B) proposed가 정답이다.

STEP 3　능동의 현재분사 형용사가 답이 되는 경우는 크게 세 가지이다.

① 앞의 명사가 의미상 주어이고 뒤의 명사가 의미상 목적어 역할을 할 때
　e.g. a boy reading a book 책을 읽는 소년
② 자동사가 분사 형용사가 될 때
　e.g. the rising sun 떠오르는 태양
③ 감정동사가 사물을 수식하는 분사 형용사가 될 때
　e.g. interesting movies 흥미로운 영화들

해석 사업 성장으로 인해, Morg Corp.는 상파울루에 있는 제안된 장소로 이전하기로 결정했다.
어휘 due to ~ 때문에 increase 증가, 인상 business 사업 relocate to ~로 이전하다 site 위치, 장소
정답 (B)

104 The recent Viljoen Drink survey ——————— / indicated / that / customers / prefer / a drink /
　　　　　　　　　　　　주어।　　　　　　　　　　　　동사।　접속사　주어2　　동사2　목적어2
that / is designed / (for the season).
주격관계대명사 동사3　　(전치사구)

> 복합명사일 때 앞의 명사는 형용사 역할을 한다.
> **survey ——————— indicated**

STEP 1　빈칸은 명사 **survey**와 동사 **indicated** 사이에 위치해 있다.
보기가 모두 명사 어휘이므로 명사 survey와 복합명사를 이루며, 동사 indicated(나타냈다)의 주어로 적절한 어휘를 골라야 한다.

STEP 2　〈명사+명사〉의 복합명사에서 앞에 오는 명사는 뒤에 오는 명사의 종류나 유형을 보여준다.
따라서 실질적인 주어는 빈칸에 들어가는 명사가 되므로, '~을 나타냈다' indicated의 주어로서 의미상 적절한 명사 어휘는 '결과'의 (A) results이다.

STEP 3　반드시 암기해 두어야 할 복합명사 List

consumer awareness 소비자 인식	identification badge 신분증
expiration date 유효 기간, 만기일	safety procedure 안전 절차
pay increase 급여 인상	application form 지원서
product recognition 제품 인지도	media coverage 미디어 보도
production facilities 생산 설비	performance appraisal 업무 평가
attendance record 출석률	employee participation 직원 참여
assembly line 조립 라인	staff assembly 직원회의
production figures 생산 실적	hearing protection devices 청력 보호기
heating equipment 난방 기구	information distribution 정보 배포

해석 최근 Viljoen Drink 설문조사 결과는 고객들은 계절용으로 제작된 음료를 선호한다는 것을 보여주고 있다.
어휘 **recent** 최근의　**indicate** 나타내다, 보여주다　**prefer** ~을 선호하다　**design for** ~을 목적으로 제작하다
정답 (A)

---

105 Please keep / all ——————— belongings / (at hand) / in case / you / leave /
　　　　　동사।　　　　　　　목적어　　　　　　(부사구)　접속사　주어2　동사2
(on your manager's request).
(전치사구)

> [한정사 + ——————— + 명사]에서 빈칸에는 형용사가 위치한다.
> **all ——————— belongings**

STEP 1　명사 앞에는 소유격이 와야 한다.
대명사 중에서 명사를 수식하는 형용사 역할을 하는 것은 소유격임을 주의하자. 따라서 정답은 (B) your이다.
(A) you는 주격, 목적격 대명사로 주어/목적어 자리에 쓸 수 있다. (C) yours는 소유대명사로, 소유격과 앞에서 언급한 명사를 대신해 [소유격+명사]의 의미를 가지며, 주어/목적어 자리에 쓸 수 있다. (D) yourself는 재귀대명사로, 재귀대명사는 목적어 자리, 부사 자리에 위치한다. 동사의 목적어 자리에 재귀대명사가 들어가는 경우는 동사의 주어와 목적어가 일치할 때이며, 재귀대명사가 부사로 쓰일 경우, 주어 뒤 동사 앞 혹은 문장 끝에 쓰인다.

STEP 2   대명사의 위치에 따라 주격, 목적격, 소유격이 출제된다.

① ──── +동사+목적어: 동사의 앞자리는 주어이므로 주격이 와야 한다.
② 주어+동사+──── 명사: 명사 앞에는 소유격이 와야 한다.
③ 주어+동사+목적어+────: 완전한 문장 뒤의 부사 자리는 재귀대명사가 온다.
④ 타동사/전치사+────: 타동사나 전치사의 목적어 자리에는 목적격이나 재귀대명사가 온다.
*주어와 목적어가 같으면 재귀대명사가, 주어와 목적어가 다르면 목적격 대명사가 와야 한다.

해석 관리자의 요청으로 떠날 경우에 대비해서 귀하의 소지품을 가까이 두세요.
어휘 keep 유지하다   belongings 소지품   at hand (시간, 거리상으로) 가까이에   in case ~할 경우에 대비하여
leave 떠나다   on one's request ~의 요청에 의하여
정답 (B)

---

106   (With increased requests for safety), stricter working rules / ──────── /
(전치사구)   주어   동사
(at the construction site).
(전치사구)

문장 = 주어1 + 동사1
working rules ────────

STEP 1   빈칸은 주어 working rules의 동사 자리이다.

하나의 문장에는 반드시 하나의 본동사가 있어야 하므로 빈칸은 동사 자리이다. 따라서 동사 형태가 아닌 (C) to enforce 는 우선 제거한다.

STEP 2   동사 형태 문제는 수 → 태 → 시제 순으로 파악하자.

1. 주어가 복수이므로 3인칭 단수 형태 (A) enforces는 오답이다.
2. 타동사 enforce는 목적어가 필요하다. 빈칸 뒤에 목적어가 없으므로 수동태 형태인 (D) are enforced가 정답이다.

STEP 3   빈칸 뒤에 목적어가 없으면 대부분 수동태가 답이다.

영어 동사에는 2가지 태(voice)가 존재한다.
주어가 능동적으로 행위를 하는 능동태와 주어가 다른 것에 의해 해당 행위를 받거나 당하는 수동태이다. 수동태는 완전한 문장이며, 〈by+주어(행위자)〉는 보통 생략 가능하다.

※ 시험에 나오는 대부분의 동사들은 타동사이기 때문에 목적어가 있어야 하고, 목적어가 없으면 수동태가 된다.
※ 자동사는 수동태로 바꾸어 쓸 수 없다. 왜냐하면 자동사는 목적어를 받지 않기 때문이다. 즉, 문장 앞으로 나올 목적어가 없기 때문에 수동태가 불가능하다.

해석 안전 관련 요청이 늘면서, 더 엄격한 작업 규정이 공사 현장에서 시행된다.
어휘 increased 증가한   a request for ~에 대한 요구(요청)   safety 안전   strict 엄격한   rule 규칙, 규정
construction 공사   enforce 시행하다
정답 (D)

107 The newly released TV model, / (UHD 1200), / responds / more ———————— /
주어 (동격의 명사) 동사I

than / the previous model / did.
접속사 주어2 동사2

비교급과 최상급은 구조 분석과 품사가 먼저이다.
TV model responds more ———————— than the previous model did

STEP 1 비교급 more, than ~은 생략되어도 전체 문장에 영향을 주지 않는다.

as ~ as, more ~ than은 기존의 문장에 추가로 붙은 것이다. 그렇기 때문에 문제를 풀 때는 비교의 표현이 없다고 생각하고 문장의 구조를 분석해야 한다.

STEP 2 완전한 문장에 추가될 수 있는 품사는 부사이다.

문장의 주어는 model이고, 동사는 자동사인 responds이므로 빈칸에 부사가 들어가야 한다. 따라서 (B) quickly가 정답이다. 보기 중에 형용사인 (A) quick, (C) quicker (quick의 비교급), (D) quickest (quick의 최상급)은 답이 될 수 없다. 문제를 풀 때 보기에 비교급이나 최상급의 표현이 보인다 해도 품사가 우선이다.

STEP 3 비교급 정리

• 원급 비교 〈as+형용사/부사+as+비교 대상〉

as와 as 사이에 빈칸이 있고, 보기 중에 부사와 형용사를 놓고 골라야 한다면 문장의 구조를 보자. as ~ as를 지우고 봤을 때 앞의 문장이 완전한 형태라면 부사가 정답이고, 앞의 문장이 보어가 필요한 불완전한 형태라면 형용사가 답이다.

He works as ———— as his supervisor. 그는 그의 상사만큼 일을 효율적으로 한다. (A) efficient (B) efficiently	This machine is as ———— as the old one. 이 기계는 예전 것만큼이나 효율적이다. (A) efficient (B) efficiently

• 우열 비교 〈more+형용사/부사+than+비교 대상〉

문장에 〈than+비교 대상〉이 있는데 앞에 비교급이 없다면 빈칸은 비교급 자리다. 이때 문장이 완전하면 빈칸에는 부사가, 불완전하면 형용사가 들어간다. 특히 2형식 동사가 보이면 보어 역할을 하는 형용사가 필요한 불완전한 문장이라는 것을 쉽게 알 수 있다.

> 해석 새로 출시된 TV 모델 UHD 1200은 이전 모델이 그랬던 것보다 더 빠르게 반응한다.
> 어휘 newly 최근에, 새로 release 공개하다, 출시하다 respond 반응하다 previous 이전의
> 정답 (B)

---

108 (At Gallerhan Real Estate Agency), ———————— / try / to keep / our customers'
(전치사구) 주어 동사 to부정사

personal information / confidential.
keep의 목적어 목적격 보어

대명사의 위치에 따라 주격, 목적격, 소유격이 출제된다.
전치사구, ———————— 동사

STEP 1 빈칸의 위치를 파악한다.

빈칸은 동사 try의 주어 자리이므로 주격 대명사로 주어 자리에 쓰이는 (C) we가 정답이다.

STEP 2 오답 분석

(A) us는 목적격 대명사로 동사 혹은 전치사 뒤의 목적어 자리에서 목적어 역할을 한다. (B) our는 소유격 대명사로 뒤에 수식을 받는 명사가 있어야 한다. (D) ourselves는 재귀대명사로, 목적어 자리와 부사 자리에 위치한다.

해석 Gallerhan Real Estate Agency에서, 저희는 고객의 개인 정보를 기밀로 유지하려고 노력합니다.
어휘 real estate agency 부동산 중개업소   keep 유지하다   personal 개인의   confidential 비밀의, 기밀의
정답 (C)

---

109   Stepping stones / (on the swamp) / ———— / (to the habitat) / (for migratory birds) /
 　　　　 주어 　　　　　 (전치사구) 　　　 동사 　　　 (전치사구) 　　　　　 (전치사구)
 　　　 (in Rainbow Creek).
 　　　　 (전치사구)

동사 어휘는 목적어 유무를 가장 먼저 확인하자.
Stepping stones(주어) ———— to the habitat(전치사구)

STEP 1   빈칸 뒤에 명사(목적어) 대신 전치사 to가 위치하고 있으므로 빈칸은 자동사가 필요한 자리이다.

따라서 '~을 제출·제시하다, ~을 주다'를 의미하는 타동사 (C) present와 '~을 취하다'의 (A) take는 답이 될 수 없다. (B) prepare는 자동사로 쓰일 때 전치사 for, against와 어울리며 '~을 준비하다, ~을 대비하다'를 뜻한다.

STEP 2   전치사 to와 함께 쓸 수 있는 동사를 찾아야 한다.

자동사로서 전치사 to와 어울리는 (D) lead가 '~로 이어지다'의 의미로 정답이다.

STEP 3   빈출 〈자동사＋전치사〉

자동사는 목적어를 바로 취할 수 없기 때문에 목적어가 필요할 때 전치사를 동반한다. 특정 동사마다 어울리는 전치사가 있으며, 시험에 출제되는 〈자동사＋전치사〉 형태는 암기해 두는 것이 좋다.

concentrate on ~에 집중하다	go through ~을 겪다	lay off ~을 해고하다
care for ~을 돌보다	benefit from ~로부터 이익을 얻다	deal with ~을 다루다
succeed in ~에 성공하다	enroll in ~에 등록하다	refrain from ~을 그만두다
check in 체크인하다	differ in ~와 다르다	focus on ~에 집중하다
interfere with ~에 간섭하다	wait for ~을 기다리다	rely on ~에 의지하다
talk about ~을 논의하다	contend with (문제·상황과) 씨름하다	look into/through ~을 조사하다
consist of ~로 구성되다	compete with ~와 경쟁하다	apologize to ~에게 사과하다
object to ~을 반대하다		listen to ~을 듣다
		look for ~을 찾다

해석 습지의 디딤돌은 Rainbow Creek에 있는 철새 서식지로 이어진다.
어휘 stepping stone 징검돌, 디딤돌   swamp 늪, 습지   habitat 서식지   migratory 이동하는   lead to ~로 이어지다
정답 (D)

110 A year-end sale / (on office furniture) / ———— / (at the Pollark Furniture's
　　　　　주어　　　　　　(전치사구)　　　　　동사　　　　　　(전치사구)
Liverpool branch) / (yesterday).
　　　　　　　　　　　　(부사)

빈칸 뒤에 목적어가 없으면 대부분 수동태가 답이다.
A year-end sale(주어) ————.

STEP 1　빈칸은 주어 **A year-end sale**의 동사 자리이다.
한 문장에는 반드시 동사가 하나 있어야 하므로 준동사 (C) to announce는 제거한다.

STEP 2　동사 형태 문제는 수 → 태 → 시제 순으로 파악하자.
'~을 알리다, 발표하다는'를 의미하는 타동사 announce는 목적어가 필요한데 뒤에 목적어가 없으므로 수동태 형태여야
한다. 보기 중 수동태인 (B) was announced가 정답이다. (A) announced, (D) was announcing은 모두 능동태로 목
적어가 필요하다.

STEP 3　수동태: 〈목적어 + be동사 + 과거분사(p.p.)〉
수동태 만드는 방법
① 능동태의 목적어를 주격으로 바꾸어 수동태의 주어 자리에 둔다.
② 능동태의 동사를 〈be동사 + 과거분사〉, 주어를 〈by + 주어(목적격)〉 형태로 바꾼다.
〈능동태〉 He repaired my watch. 〈수동태〉 My watch was repaired by him.

> 해석　어제 Pollark Furniture's Liverpool 지점에서 사무용 가구에 대한 연말 세일이 발표됐다.
> 어휘　a year-end sale 연말 세일　office furniture 사무용 가구　branch 지사, 지점　announce 발표하다
> 정답　(B)

111　(In order to meet the deadline), all related reports / (for this year's advertising campaign) /
　　　　　(to부정사구)　　　　　　　　　주어　　　　　　　　　(전치사구)
should be submitted / (———— December 11).
　　동사　　　　　　(전치사구)

기간 전치사와 기준 전치사를 구분하라.
———— December 11(시점 명사)

STEP 1　전치사는 뒤에 명사를, 접속사는 뒤에 〈주어+동사〉를 동반한다.
보기에 전치사와 접속사가 섞여 있다. 빈칸 뒤는 명사이므로 빈칸은 전치사 자리이다. 따라서 접속사 (D) while은 우선 제거
하자.

STEP 2　**December 11**은 시점 명사(기준)이다.
따라서 특정 시점을 받는 '기준 전치사'가 와야 한다.
(A) during, (B) within은 two weeks 같이 '기간 명사'를 받는 기간 전치사이므로 답이 될 수 없다. 따라서 기간 명사와
시점 명사(기준)를 모두 받을 수 있는 전치사 (C) before가 정답이다.

STEP 3　기간 전치사와 기준 전치사
뒤에 있는 명사가 기준 시점을 의미하는지 기간을 의미하는지 확인하라.

기간 전치사란? 뒤에 특정 기간을 명시하는 명사가 따라온다.		
for, over, during, throughout, in, within, after, before 등	기간 명사	2 weeks, 4 days
기준 전치사란? 특정 시점을 기준으로 움직이는 것을 의미하여 뒤에 시점 명사를 받는다.		
by, until, since, after, following, before, prior to, from, to 등	시점 명사(기준)	4th, Monday

해석 마감일을 맞추기 위해, 올해 광고 캠페인에 대한 모든 관련 보고서는 12월 11일 전에 제출되어야 한다.
어휘 in order to do ~하기 위해 meet (기한 등을) 지키다, 맞추다 deadline 마감일 related 관련된
advertising 광고 submit 제출하다
정답 (C)

---

112 (According to the revised company policy), ——— worker / (at Palcon
               (전치사구)   주어

Telecommunications) / is eligible to receive / two additional days off.
  (전치사구)   동사   receive의 목적어

수량형용사는 명사와의 수일치를 확인한다.
——— **worker**

STEP 1　빈칸은 명사 worker를 수식하는 형용사 자리이다.

명사 worker는 가산명사이므로 단수의 worker 앞에는 한정사의 개념에 해당하는 형용사가 위치해야 한다. 따라서 전치
사인 (C) for와 부사인 (D) just은 우선 제거하자.

STEP 2　other는 뒤에 명사가 가산인지 불가산인지 확인하라.

other은 '그밖에/기타 등등/나머지'의 의미로 가산 복수명사와 불가산명사를 수식한다. worker는 가산 단수명사이므로 (A)
other는 오답이다.

STEP 3　every는 단수 가산명사를 받는다.

every는 한정사로 단수 명사를 받는다. worker는 단수 명사이기 때문에 (B) every가 정답이다.

STEP 4　수량형용사 many(수)와 much(양)

수량형용사는 명사의 수와 양을 표시해 주는 형용사이다. 셀 수 있는 명사(가산명사) 앞에 쓰이는 수량형용사와 셀 수 없는
명사(불가산명사) 앞에 쓰이는 수량형용사를 잘 구분하여 써 주어야 한다.

수	many, (a) few, several, a number of, a series of, a wide arrange of, each, every+가산명사
양	much, (a) little, a deal of, an amount of, a quantity of+불가산명사
수/양	a lot of, lots of+가산 복수명사/불가산명사

해석 개정된 회사 정책에 따르면, Palcon Telecommunications사의 모든 직원은 2일의 추가 휴일을 받을 자격이 있다.
어휘 according to ~에 따르면 revised 개정된 policy 정책 be eligible to do ~할 자격이 있다 receive 받다
additional 추가의 day off 휴일
정답 (B)

113 Customer service representatives / (at Easy Writing Stationery) / are trained to address /
　　　　주어　　　　　　　　　　　　　　(전치사구)　　　　　　　　　　동사

the concerns of our customers / ─────── / (to avoid causing inconvenience).
address의 목적어　　　　　　　　　　　　　　(to부정사구)

> 부사 어휘 문제는 수식받는 대상을 함께 확인하자.
> **address the concerns of our customers ─────**

STEP 1　빈칸은 동사 address를 수식하는 부사 자리이다.
보기가 모두 부사이므로, 의미와 구조상 적절한 것을 찾아야 한다. 동사 address(해결하다, 처리하다)를 수식하는 부사 어휘는 (D) promptly(즉시)가 정답이다.

STEP 2　오답 분석
(A) clearly는 '또렷하게, 분명히'라는 뜻으로 write(글을 쓰다), speak(말하다), explain(설명하다), express(표현하다)와 같은 동사와 함께 쓰인다.
(B) lately는 주로 현재완료와 과거시제와 어울려 쓰이며, 문장 중간에 쓰이지 않고 문두나 문장 끝에 위치한다.
(C) potentially는 '가능성 있게, 잠재적으로'라는 뜻의 부사이다.

STEP 3　'어떻게'의 답이 되는 방법 부사
방법 부사는 부사의 종류 중에서 가장 많고, 가장 자주 쓰인다. 방법 부사는 어떤 동작의 모양이나 형태를 나타내는 부사로 동사가 수행되는 방식을 설명하기 때문에 주로 동사를 수식한다.

토익에 자주 출제되는 대표적인 방법 부사

> hard 몹시, 심하게　fast 빠르게　well 잘　skillfully 능숙하게　politely 공손하게　easily 쉽게　quickly 빠르게
> slowly 느리게　safely 안전하게

> 해석 Easy Writing Stationery의 고객 서비스 직원들은 불편을 끼치지 않기 위해, 고객들의 문제를 지체 없이 처리하도록 훈련받는다.
> 어휘 **customer service representative** 고객 서비스 직원　**stationery** 문방구　**address** (문제를) 다루다
> **concern** 문제　**avoid** 방지하다, 피하다　**cause** 초래하다　**inconvenience** 불편
> 정답 (D)

---

114 Scholer Medical Co. / resolved / the issue / (by using a simple yet ───── solution).
　　　　　주어　　　　　　동사　　목적어　　　　(전치사구)　　　등위접속사

> 빈칸 앞뒤에서 정답을 결정하는 단어들을 확보한다.
> **a simple yet ───── solution**

STEP 1　등위접속사는 앞뒤 문장에서 동일한 부분이 생략된다.
등위접속사는 앞에서 언급된 부분이 뒤의 문장에서 반복되면 생략할 수 있다. 그래서 어느 부분이 생략됐는지 먼저 확인해야 한다. 'a simple yet ____ solution' 구조는 원래 'a simple solution'과 'a ____ solution'이 등위접속사 yet으로 연결된 것이다. 따라서 빈칸은 solution을 수식하는 형용사가 와야 한다.

STEP 2　빈칸은 명사 solution 앞에 위치하므로 형용사 자리이다.
따라서 동사인 (A) innovate와 부사인 (C) innovatively는 오답이다. 보기 중 형용사 (B) innovative(혁신적인)가 정답이다.

STEP 3　단어, 구, 절을 대등하게 연결하는 등위접속사의 특징과 앞뒤의 논리 관계
① PART 5에서는 등위접속사가 문장 맨 앞에 답으로 오는 경우가 없다.
(등위접속사는 새로운 문단을 시작할 수 없다.)

② 등위접속사 앞뒤 문장에서 동일하게 반복되는 부분은 생략할 수 있다.
③ and의 경우 같은 문장 성분이 둘 이상 연결될 때는 콤마(,)로 연결하고 마지막 단어(구, 절) 앞에만 and를 쓴다.

순접 〈긍정+긍정〉	and → ① 대등적 서술 ② 첨가[addition], ③ 시간 순서 ④ 결과 so → 결과 서술: '그래서' [원인+so+결과/대책] 주의 ▶ so는 앞뒤에 완전한 문장만을 받는다.
역접 〈긍정+부정〉	but → 대조[contrast]: '그러나' yet → 대조[contrast]: '그러나, 하지만'
기타	or → ① 선택[choice] ② 대안적 서술: 바꿔 말하면, 혹은, 그렇지 않으면 nor → 부정적 서술 '그리고 ~이 아니다'

해석 Scholer Medical Co.는 간단하지만 혁신적인 해결책을 사용해서 문제를 해결했다.
어휘 resolve 해결하다 issue 문제점 simple 간단한
정답 (B)

115

(In January), the Wellness Gym / will ——————— / a new membership program /
(전치사구)   주어   동사   목적어

(to attract more customers).
(to부정사구)

타동사 어휘는 어울리는 명사를 확인하자.
——————— **a new membership program**

STEP 1   타동사 어휘는 목적어를 파악하자.

빈칸은 a new membership program을 목적어로 받는 적절한 타동사 어휘를 찾는 문제이다. 따라서 자동사인 (B) emerge는 우선 제거하자. (A) attempt는 주로 to부정사를 목적어로 취하며 '~을 시도하다'를 의미한다. (D) publish는 '~을 출판하다, 발표하다'라는 의미로 report, book, newsletter(보고서, 책, 소식지)와 같은 명사를 목적어로 취한다. (C) launch는 '~을 출시하다'를 의미하며, 목적어로 campaign, project, service, product, program을 취한다. 따라서 빈칸 뒤 목적어 a new membership program과 어울리며 '새로운 회원 프로그램을 개시할 것이다'라는 문맥으로 정답은 (C) launch가 된다.

STEP 2   동사 어휘는 문장 중의 답 결정 단어를 함께 암기한다.

동사 어휘는 반드시 문장에서 답 결정 단어와 근거를 명확하게 찾아야 한다. 동사를 중심으로 함께 쓰이는 명사(주어, 목적어), 전치사를 암기해 두어야 유사 문제들에서 정답률을 높일 수 있다.

① 명사(주어)+자동사+전치사+명사
② 명사(주어)+타동사+명사(목적어)

해석 1월에, Wellness Gym은 더 많은 고객을 유치하기 위해 새로운 회원 프로그램을 출시할 예정이다.
어휘 membership 회원(권) attract ~을 끌다
정답 (C)

116 CEO Patrick Conrad / is / confident / that / his company / has / the ————— /
주어 　　　　　동사 　주격 보어　접속사 　　주어2 　　동사2 　목적어2
to respond / (to its customers' requests) / (quickly).
to부정사 　　　　　(전치사구) 　　　　　(부사)

to부정사의 수식을 받는 명사
has the ————— to respond

STEP 1 빈칸은 동사 **has**의 목적어 자리로 적절한 명사 어휘를 묻는 문제이다.

STEP 2 〈명사+to부정사〉로 명사가 to부정사의 수식을 받을 수 있는 것인지 확인하라.
ability는 to부정사의 수식을 받을 수 있으며, ability to do '~할 수 있는 능력'으로 자주 출제되는 표현이다. 따라서 빈칸
뒤 to부정사의 수식을 받으며 '대응할 수 있는 능력'을 의미하는 명사 (A) ability가 정답이다.
(B) belief는 전치사 in과 함께 쓰이며 '신념, 확신'을 의미한다.

STEP 3 빈출 〈명사+to부정사〉
시험에 가장 자주 출제되는 것 중 하나가 명사를 수식하는 to부정사이다. 주로 [계획, 노력, 목적, 의도, 시간] 등의 명사와
함께 쓰이는 to부정사는 미래의 의미를 지닌다.

ability to do ~할 수 있는 능력	attempt to do ~하려는 시도
effort to do ~하기 위한 노력	right to do ~할 권리
opportunity (= chance) to do ~할 기회	way to do ~할 방법
decision to do ~하겠다는 결정	willingness to do ~하려는 의지
time to do ~할 시간	plan to do ~할 계획
authority to do ~할 수 있는 권한	proposal to do ~하겠다는 제안

해석 CEO인 Patrick Conrad 씨는 자신의 회사가 고객 요청에 빠르게 대응할 수 있는 능력을 갖추고 있다고 확신한다.
어휘 confident 확신하는 respond to ~에 대응하다 request 요청 quickly 빠르게
정답 (A)

117 The National Real Estate Association / predicts / that / housing prices / will rise /
주어 　　　　　　　　　　　　동사1 　접속사　　주어2 　　　동사2
(by ————— 8 percent) / (over the next year).
(전치사구) 　　　　　　　　(전치사구)

수사 수식 부사 〈_____ + 숫자 + 단위 명사〉
by ————— 8 percent

STEP 1 빈칸은 숫자를 수식하는 품사, 부사가 들어갈 자리이다.
보기 중 숫자 수식 부사인 (C) roughly가 정답이다.

STEP 2 오답 분석
(A) rough는 '거친, 대강의'를 의미하는 형용사이며, 부사일 때는 '거칠게, 대강'을 의미한다. 타동사로는 '(물건을) 거칠게 하
다, 대충 만들다'를 의미한다.
(B) rougher는 형용사 혹은 부사 rough의 비교급 형태이다.
(D) roughed는 동사 rough의 과거, 과거분사 형태이다.

STEP 3   수사 수식 부사

의미	수사를 꾸며 주는 부사(구)	의미	수사를 꾸며 주는 부사(구)
거의	almost, nearly, about	최대한	up to, a maximum of
대략	approximately, roughly, around	~만큼	as many as (수), as much as (양)
겨우	only, just, merely, at most, at the most, no more than	~ 이상(~보다 많은)	over, more than
최소한, 적어도	at least, a minimum of	~ 이하(~보다 적은)	under, less than

해석 전국 부동산 협회는 주택 가격이 내년에 약 8퍼센트 인상될 것으로 예측하고 있다.
어휘 predict 예측하다   housing 주택   rise by ~만큼 오르다
정답 (C)

---

118   The Astral Community Center / had / no ——————— / (to converting the place / that /
　　　　　　주어　　　　　　동사　　　　　　　　　　　(전치사구　　　　주격관계대명사

had been / vacant / (for a year) (into a children's playground)).
동사2　　보어2　　(전치사구)　　(전치사구))

문장 중의 답 근거 단어를 찾아 연결해 정답을 찾는다.
had no ——————— to converting

STEP 1   빈칸은 목적어 자리이다.
타동사 had의 목적어이면서 한정사 no의 수식을 받는 적절한 명사를 골라야 한다.
(C) 동명사 objecting은 부사 not의 수식을 받아야 하므로 오답이다.

STEP 2   명사를 결정하는 전치사 〈명사＋전치사〉
(A) object는 동사와 명사로 모두 사용이 가능하나 토익에서는 주로 동사로 사용되며, 명사로 쓰일 경우에는 전치사 of와 함께 쓰여 구체적인 목표를 나타내므로 오답이다. (D) objection은 '반대'를 의미하며, 빈칸 뒤 전치사 to와 어울려 '~하는 데 의의'를 의미하므로 정답이다. 'have no objection to'는 '~에 이의가 없다'를 뜻하는 숙어로 알아두자.

STEP 3   전치사와 짝을 이루는 명사

명사 + 전치사	
advance in ~에서의 진보	concern with ~와의 관계
effect/impact on ~에 대한 영향	alternative to ~의 대안
commitment to ~에 대한 약속	exposure to ~로의 노출
proximity to ~에의 근접성	concern about/for/over ~에 대한 관심
question about/concerning ~에 대한 관심, 질문	dedication to ~에 대한 헌신
demand/request/call for ~에 대한 요구	regret for ~에 대한 후회
emphasis on ~에 대한 강조	access to ~에 대한 접근

해석 Astral Community Center는 1년 동안 비어 있는 장소를 어린이 놀이터로 바꾸는 데 이의가 없었다.
어휘 convert 개조하다   place 장소, 곳   vacant 비어 있는   playground 놀이터
정답 (D)

119 (Having won an award for the tenth consecutive year), it / is / natural / (for Margaret) /
    (분사구문)   가주어 동사 주격 보어   (의미상 주어)
    to consider ——————— / to be the best / (in the industry).
    진주어   consider의 목적보어   (전치사구)

> 주어와 목적어가 같으면 재귀대명사이다.
> **for Magaret to consider ——————— to be the best**

STEP 1 consider의 목적어 성격을 파악한다.
보기의 대명사들은 모두 목적어 자리에 들어갈 수 있으므로 consider의 목적어를 지칭하는 대명사가 사물(it)인지, 3인칭 사람(her)인지를 찾고, 주어와 동일한지를 확인해야 한다. 대명사란 앞에 있는 명사를 대신 받는 것으로, 목적격 (A) her가 답이 되기 위해서는 앞에 나온 Margaret 외에 다른 3인칭 사람이 언급되어야 한다. 목적격 (B) it이 답이 되기 위해서는 앞에서 3인칭 사물이 언급되어야 한다. 재귀대명사 (D) itself가 답이 되기 위해서는 주어와 목적어가 같아야 하는데, consider의 주어는 사람 Margaret이다. itself는 사물을 대신하는 대명사이므로 답이 될 수 없다.

STEP 2 consider의 의미상 주어를 파악한다.
consider의 의미상 주어는 Margaret이며, Margaret이 최고라고 consider하는 대상도 본인인 Margaret이다. 따라서 주어와 목적어가 동일할 때 사용하는 재귀대명사 (C)가 정답이다.

STEP 3 동사의 목적어 자리에 재귀대명사가 들어가는 경우는 동사의 주어와 목적어가 일치할 때이다.

> 주어 + 동사 + 목적어
> └. [동사의 의미상 주어 = 목적어] ⇨ 재귀대명사 vs. 목적격 대명사
>   [동사의 의미상 주어 ≠ 목적어] ⇨ 재귀대명사 vs. 목적격 대명사

> 해석 10년 연속으로 수상했기에, Margaret 씨가 자기 스스로를 업계 최고라고 생각하는 건 당연하다.
> 어휘 **win an award** 상을 타다 **consecutive** 연이은 **natural** 당연한, 자연스러운 **consider** ~을 ...로 생각하다
> **industry** 업계
> 정답 (C)

---

120 Phamacon Manufacturing / does not let / staff / (onto the factory floor) / until /
        주어1   동사1   목적어   (전치사구)   접속사
    they / are ——————— / (to all of the safety procedures).
    주어2 동사2   (전치사구)

> 전치사를 포함한 관용표현을 알아두자.
> **they are ——————— to all of the safety procedures**

STEP 1 be동사 뒤에 오는 빈칸은 주어의 상태를 설명하는 주격 보어 자리이다.
주격 보어로 올 수 있는 품사는 형용사, 명사이다. 명사가 답이 되는 경우는 주어와 동격이 성립될 때이다.

STEP 2 be동사 + 형용사(과거분사) + 전치사
(B) accustomed는 'be accustomed to + 명사' 형태로 '~하는 데 익숙하다'를 뜻하는 빈출 관용표현이다. 빈칸 뒤 전치사 to와 함께 '안전 절차에 익숙해질 때까지'를 의미하며, 접속사 until 뒤에서 구체적인 시점을 나타낼 수 있는 (B) accustomed가 정답이다.

STEP 3 오답 분석
(A) comparable는 'be comparable with/to'의 형태로 '~와 비교할 만하다'를 뜻하고, 주어와 전치사 to 이하의 명사가 서로 비교하는 대상이어야 한다.
(C) fortunate은 '운 좋은'을 의미하는 형용사이다.

(D) changeable은 '변하기 쉬운, 바꿀 수 있는'을 의미하는 형용사이다.

STEP 4 〈be + 과거분사 + 전치사〉+ 명사

be accustomed to ~하는 데 익숙하다	be replaced with ~로 대체되다
be aimed at ~을 목적으로 하다	be transmitted to ~로 전송되다
be assigned to ~에게 할당되다	be covered with ~로 뒤덮이다
be associated with ~과 관련 있다	be surprised/alarmed/shocked/amazed at/by
be exposed to ~에 노출되다	~에 놀라다
be faced with ~와 마주하다	be involved in ~에 관여되다
be interested in ~에 관심을 갖다	be made of ~로 만들어지다(재료)
be introduced to ~에게 소개되다	be pleased with ~로 인해 기쁘다
be crowded with ~로 붐비다	be based on ~에 근거하다
be equipped with ~을 갖추다	be composed of ~로 구성되다
be engaged in ~에 종사하다	be concerned about ~에 대해 걱정하다
be related to ~과 관계 있다	be satisfied with ~에 만족하다

해석 Phamacon Manufacturing은 직원들이 모든 안전 절차에 익숙해질 때까지 직원들을 작업 현장에 들어가게 하지 않는다.
어휘 let 허용하다, ~하게 하다   factory floor 작업 현장   safety 안전   procedure 절차, 방법
정답 (B)

---

121   (Due to the rapid development of social media), many marketing experts /
(전치사구)   주어

have paid attention to / buzz marketing, / which / is ——— used / (by many companies).
동사1   목적어   주격관계대명사 동사2   (전치사구)

> be + 부사 + 과거분사
> is ——— used

STEP 1   빈칸은 수동태(be+p.p.)에서 be동사 is와 과거분사 used 사이에 위치해 있으므로 부사 자리이다.

보기 중 '널리, 폭넓게'를 의미하며 used를 수식하는 부사 (B) widely가 정답이다.

STEP 2   오답 분석

(A) wide는 '넓은'의 형용사이다. (C) wider는 wide의 비교급 형태이다. (D) widen은 동사로 '넓어지다, 넓히다'를 의미한다.

STEP 3   15개의 부사 출제 패턴

① 〈주어+**부사**+동사〉	⑨ 〈have+**부사**+과거분사〉
② 〈주어+동사+목적어+**부사**〉	⑩ 〈자동사+**부사**+전치사〉
③ 〈관사+**부사**+형용사+명사〉	⑪ 〈조동사+**부사**+본동사〉
④ 〈be동사+**부사**+형용사/부사〉	⑫ 〈완전한 문장+as+**부사**+as〉
⑤ 〈**부사**, 완전한 문장(주어+동사+목적어)〉	⑬ 〈완전한 문장+more+**부사**+than〉
⑥ 〈완전한 문장+**부사**〉	⑭ 〈to+**부사**+동사원형〉
⑦ 〈be동사+**부사**+과거분사〉	⑮ 〈전치사+**부사**+동명사〉
⑧ 〈be동사+**부사**+현재분사〉	

해석 소셜 미디어의 빠른 성장 때문에, 많은 마케팅 전문가들이 여러 기업에서 널리 쓰이고 있는 입소문 마케팅에 주목해 왔다.
어휘 rapid 빠른   development 성장   expert 전문가   pay attention to ~에 주목하다
buzz marketing 입소문 마케팅
정답 (B)

122   Our new security system / enables / users / to access their mobile banking /
주어   동사   목적어   to부정사구
just / (by touching a button with their fingers ———— using a keypad).
부사   (전치사구)

〈전치사 + 동명사 + 목적어〉
완전한 문장 + ———— using a keypad

STEP 1   빈칸은 완전한 문장 뒤에서 동명사를 목적어로 받을 수 있는 전치사 자리이다.
보기가 모두 전치사구이므로 전체 문장과 전치사의 목적어인 동명사와의 관계를 파악하여 적절한 어휘를 선택해야 한다. 빈칸 앞에서 '오직' 사용자가 손가락으로 터치함으로써 라고 언급하고 있으므로 '키패드 번호를 사용하는 것 '대신에'라는 대체의 의미를 갖는 전치사구 (C) instead of가 정답이다.

STEP 2   오답 분석
(A) as well as는 in addition to와 같은 의미로 '~에 더하여'를 의미하는, 추가의 전치사구이다.
(B) because of는 '~ 때문에'를 의미하는 이유, 원인의 전치사구이다.
(D) together with는 '~을 포함하여, ~와 함께'를 의미한다.

STEP 3   뒤에 있는 명사가 전치사를 결정한다.
전치사를 결정하는 것은 뒤에 오는 명사이다. 문제를 풀 때 구조 분석을 마치고 나서 전치사 뒤의 목적어인 명사의 종류와 성격을 파악하고 나서 적절한 전치사를 골라야 한다.

전치사		
장소, 시간(기간, 기준), 목적, 거리, 소유, 동반, 방법/수단, 방향, 위치, 근거, 이유, 자격, 사람, 정도/차이, 변화/이동, 과정, 교환 등	+	어떤 명사?

해석 자사 신규 보안 시스템으로, 사용자들은 키패드 사용 대신 오직 손가락으로 버튼만 터치함으로써 모바일 뱅킹에 접속할 수 있다.
어휘 security 보안   enable (무엇을) 가능하게 하다   access 접속하다, 사용하다
정답 (C)

---

123   Clarkson Pharmaceuticals / ———— / (to research and develop new medicine) /
주어   동사   (to부정사구)
(since its foundation).
(전치사구)

현재완료시제 + since + 과거 시점 어구
Clarkson Pharmaceuticals(주어) ———— since its foundation

STEP 1   빈칸은 문장의 본동사가 들어갈 자리이다.
빈칸은 주어가 Clarkson Pharmaceuticals인 문장의 동사 자리이다.

STEP 2   시제를 결정하는 시간 부사를 확인하라.
완전한 문장 뒤에 since its foundation(설립 이후로)이 나와 과거부터 현재까지를 의미하고 있으므로 현재완료인 (C) has tried가 정답이다.

STEP 3   보기에서 현재완료를 답으로 취하는 표현과 유형들
① 과거부터 현재까지의 특정 기간을 의미하는 시간 부사구
  : over the past/last+(수사)+시간 명사
② 시간의 부사절: since+과거시제/시점, 주절은 현재완료

③ 시간의 순서: 현재완료+and/so+미래시제
④ 시간/조건 부사절에서 미래완료시제를 대신하는 현재완료시제

해석 Clarkson Pharmaceuticals는 설립 이래로 신약을 연구 개발하기 위해 노력해 왔다.
어휘 pharmaceutical 제약회사 research 연구하다 develop 개발하다 medicine 약 foundation 설립
정답 (C)

124 A large number of people / need to make / a ─────── effort /
　　　　　주어　　　　　　　　동사　　　　　　목적어
(to protect endangered animals).
(to부정사구)

명사 앞자리는 형용사가 답이다.
a ─────── effort

STEP 1 빈칸은 need to make의 목적어인 effort를 수식하는 형용사 자리이다.
따라서 보기 중 형용사인 (D) collective(단체의, 집단의)가 정답이다.

STEP 2 오답 분석
(A) collects는 동사 collect의 3인칭 단수 형태이다.
(B) collector는 '수집가'를 뜻하는 명사이다.
(C) collect는 '모으다'를 뜻하는 동사이다.

STEP 3 형용사의 대표적인 자리
기본 형용사 자리는 크게 ① 명사를 수식하는 자리, ② be동사 뒤나 2형식/5형식 동사 뒤에 보어로 쓰이는 자리로 나뉜다.
그 중에서 형용사의 가장 기본 쓰임은 명사를 수식하는 것이다

① 부정관사/정관사(a/an/the)+**형용사**+명사	an **active** program 활동 중인 프로그램
② 소유격/지시형용사+**형용사**+명사	its **strategic** growth 그것의 전략적인 증대
③ (부사/형용사)+**형용사**+명사	particularly **small** companies 특히 소규모 회사들
④ 타동사+**형용사**+명사	have **technical** problems 기술적인 문제가 있다
⑤ 동명사+**형용사**+명사	changing **political** conditions 정치적인 조건 변경하기
⑥ 전치사+**형용사**+명사	of **professional** ethics 직업 윤리의

해석 다수의 사람들이 멸종 위기에 처한 동물들을 보호하기 위해 공동의 노력을 해야 한다.
어휘 a large number of 다수의 effort 노력 protect 보호하다 endangered 멸종 위기에 처한
정답 (D)

125 ———— / the floor plans / are made / (for the 3D model), / the 3D PWX-WL 3000 /
　　　　　주어1 　　　　 동사1 　　　　(전치사구) 　　　　　　　　주어2

can realize / a stereoscopic image / (of the room).
동사2 　　　　 목적어2 　　　　　(전치사구)

완전한 두 문장의 연결: 부사절 접속사
———— 완전한 문장, 완전한 문장

STEP 1　빈칸 뒤의 동사 **are made**는 수동태로 완전한 문장이다. 따라서 빈칸에는 2개의 완전한 문장을 연결할 수 있는 부사절 접속사가 필요하다.

완전한 문장을 받으며, '어떤 일이 특정 시점부터 발생한다는 의미'를 지닌 시간 부사절 접속사 (C) Once가 정답이다.

STEP 2　오답 분석

(A) Not only는 부사이고, not only A but also B의 병렬 구조를 이끄는 형태로 사용한다. (B) So too 역시 부사이므로 오답이다. (D) How는 동사나 전치사 뒤에서 명사절을 이끄는 접속사이다.

STEP 3　두 개의 완전한 문장을 연결하는 부사절의 접속사

부사절 접속사는 문장 맨 앞이나 중간에 위치하며, 완전한 두 문장을 잇는다. 이때 접속사는 앞뒤 문장의 관계를 설명한다. 참고로 부사절 접속사의 뒤 문장에 주어가 없을 때 동사는 분사 형태가 된다.

해석　일단 3D 모델 평면도가 제작되면, 3D PWX-WL 3000이 그 방의 입체적인 이미지를 구현해 낼 수 있다.
어휘　**floor plan** 평면도　**realize** 실현하다, 만들어 내다　**stereoscopic** 입체적인
정답　(C)

126　(Next October), / Rogit Coin / will open / another branch / (in Seoul)
　　　　　　(부사구) 　　　　　주어 　　　　동사 　　　　목적어 　　　　　(전치사구)

/ (to ———— the increased demand) / (for virtual money).
　　　(to부정사구) 　　　　　　　　　(전치사구)

타동사 어휘는 어울리는 명사를 확인하자.
to ———— the increased demand

STEP 1　타동사 어휘는 목적어를 파악하자.

빈칸은 the increased demand(증가된 수요)를 목적어로 받는 적절한 타동사 어휘가 들어갈 자리이다. (B) accommodate는 '~을 수용하다'라는 뜻으로 목적어로 people(사람들), need(필요), demand(요구)를 취한다. 따라서 빈칸 뒤 목적어 demand와 어울리는 타동사 (B) accommodate가 정답이다.

STEP 2　오답 분석

(A) allocate는 '~을 할당하다, 배분하다'는 뜻으로 업무/숙제 등의 명사를 목적어로 주로 받는다.
(C) investigate는 '~을 조사하다'는 뜻으로 목적어로 주로 problem(문제), case(사건), crime(범죄), issue(이슈)를 취한다.
(D) experience는 '~을 경험하다'를 뜻하므로, demand와 의미상 어울리지 않는다.

해석 내년 10월, Rogit Coin은 가상 화폐에 대한 수요 증가를 수용하기 위해 서울에 또 다른 지점을 개설할 예정이다.
어휘 open 개업하다 branch 지사, 분점 increased 증가한 demand 수요 virtual money 가상 화폐
정답 (B)

---

127 The Improvement Project / (in Roswell City) / was approved / ———— concerns /
　　　　　주어　　　　　　　　　(전치사구)　　　　　동사
(about the unusually low demand) / (for it).
　　　　(전치사구)　　　　　　　　　(전치사구)

뒤에 있는 명사가 전치사를 결정한다.
완전한 문장 + ———— concerns

STEP 1   빈칸은 완전한 문장 뒤에서 명사와 함께 수식어구가 될 수 있는 전치사 자리이다.

따라서, 문장의 동사는 was approved로 '승인되었다'를 의미하는데, 빈칸 뒤의 명사는 concerns로 '우려'를 나타내므로
양보(~에도 불구하고)의 전치사 (A) despite가 정답이다.

STEP 2   오답 분석

(B) except는 '전체 대상 + except + 제외 대상'의 형태가 와야 하므로 오답이다.
(C) behind는 '~보다 늦어진, ~ 뒤에'란 의미의 위치/장소 전치사로 위치상 뒤, 혹은 업무나 성취에 있어서 남들보다 진전
되지 못하거나 뒤처짐을 의미할 때 사용한다.
(D) inside '~의 내부에, 이내에'의 의미로 주로 장소 관련 명사가 온다.

STEP 3   〈양보를 의미하는 빈출 전치사〉 ~에도 불구하고, 비록 ~라도

① regardless of
② in spite of
③ notwithstanding
※ 같은 의미의 접속사: although, while, though
※ 같은 의미의 (접속)부사: nonetheless, nevertheless

해석 Roswell 시의 개선 프로젝트는 매우 낮은 수요에 대한 우려에도 불구하고 승인되었다.
어휘 approve 승인하다 concern 걱정 unusually 대단히, 몹시 low 낮은 demand 수요
정답 (A)

128 The instruction video / (made by Kelly Cho), (the creator), / is / ───── /
　　　　주어　　　　　　　(분사)　　　　　(Kelly Cho 동격) 동사
(for operating the Tab K-200).
　(전치사구)

2형식 동사 뒤에는 99% 형용사가 정답이다.
The instruction video is ─────

STEP 1 　빈칸은 주격 보어 자리로, 명사와 형용사 모두 가능하다.
따라서 보기 중 부사인 (A) helpfully은 오답이다.

STEP 2 　be동사 뒤에 오는 빈칸은 주어의 상태를 설명해야 한다.
(D) helping은 타동사로, 목적어를 취해야 하므로 오답이다.
또 명사 형태인 (C) help는 주어인 the instruction video와 동격을 이루지 못하므로 형용사 (B) helpful이 정답이다.

STEP 3

주어	+	2형식 동사	+	형용사

　　　　　　　　　　└ become, stay, remain, look, smell …

토익에서 be동사와 2형식 동사의 보어는 주로 형용사만 출제된다. 일반적으로 명사 보어도 가능하지만, 주어인 명사와 주격 보어인 명사가 완전히 동격이 될 수 없는 경우가 대부분이기 때문에 형용사가 주로 정답으로 나온다.

해석 크리에이터 Kelly Cho가 제작한 교육용 비디오는 Tab K-200 작동에 도움이 되어 유용하다.
어휘 instruction 설명　operate 작동하다
정답 (B)

---

129 ───── the budget of the marketing department / was reduced, / the director /
　　　　　　　　　　주어1　　　　　　　　　　　　동사1　　　　　　　주어2
pushed ahead / (with its advertising campaign) / (for the new season).
　동사2　　　　　　　(전치사구)　　　　　　　　　(전치사구)

기대치의 반대를 의미하는 although
───── 주어1 was reduced, 주어2 pushed ahead

STEP 1 　빈칸 뒤는 완전한 문장이므로 빈칸에는 2개의 완전한 문장을 연결할 수 있는 부사절 접속사가 필요하다.
주절의 사실에 상반되는 상황을 언급하는 종속절을 받을 수 있는 (C) Even though가 정답이다.
STEP 2 오답 분석 (A) So that은 '~하기 위하여'의 목적의 의미를 나타내는 부사절 접속사로 so that 이하가 목적, 주절이 이를 달성하기 위한 수단이 되어야 함을 주의하자.
(B) Whether는 명사절 접속사로 주로 출제된다.
(D) Either은 형용사, 대명사, 부사이므로 오답이다.

STEP 3 　부사절 접속사 〈though, although, even if, even though〉
① '비록 ~이긴 하지만, 비록 ~일지라도'로 해석하며 양보의 부사절을 이끈다. 앞 문장과 뒤에 나오는 문장이 기대했던 것과는 다른 반대의 내용이 나온다.
② "일찍 출발했지만, 늦게 도착했다."처럼 반대 상황의 단어가 답을 결정한다.
③ 해석에 의존하기보다 답 결정 요소를 찾아 논리적으로 답을 결정한다.

해석 마케팅 부서의 예산은 줄었지만, 이사는 새로운 시즌을 위한 광고 캠페인을 추진해 나갔다.
어휘 budget 예산   department 부서   reduce 줄이다   push ahead (with something) (~을) 추진해 나가다
advertising 광고
정답 (C)

---

130   Because / we / are hiring / more and more people, / it / is / ──────── / that / we /
　　　　　접속사1　　주어1　　동사1　　　　목적어1　　　　가주어 동사2　　　　　　접속사2 주어3

hold / a training workshop / (regularly).
동사3　　　목적어3　　　　(부사)

이성/감정/판단의 형용사 + that + 주어 + (should) + 동사원형
Because ~, it is ──────── that we hold a training workshop

STEP 1   〈이유 → 결과〉의 앞뒤 문맥 논리를 확인하라.

앞에서 이유를 언급하고 있으며, '더 많은 사람들을 채용하고 있기 때문에, 정기적으로 교육 워크숍을 개최해야 한다'는 당위
와 필요성을 언급하고 있다. 접속사 that과 함께 it is ~ that 구조로 '~하는 것이 당연하다, 필수적이다'의 의미를 나타내
는 형용사 (B) imperative(반드시 해야 하는)가 정답이다.

STEP 2   오답 분석

(A) authoritative는 '권위적인, 권위 있는'을 의미하는 형용사이다.
(C) disruptive는 '지장을 주는'을 의미하는 형용사이다.
(D) informative는 '정보를 제공하는, 교육적인'을 의미하는 형용사이다.

STEP 3   It is+이성/감정/판단의 형용사+that+주어+(should)+동사원형+ ~.
　　　　　　　　 └ important, imperative, essential, necessary, advisable, critical ...

※ 그 밖에 꼭 알아두어야 할 형용사

· 사실에 대한 판단의 형용사 〈it is+형용사+(for 사람)+to부정사/that절〉
useful 유용한   natural 당연한   (in)convenient (불)편한   difficult 어려운   easy 쉬운   hard 어려운 (im)possible (불)가능한   regrettable 유감스러운   necessary 필요한   (un)important (안) 중요한

· 의지를 나타내는 형용사 〈사람 주어+be동사+형용사+to부정사/that절〉
anxious 갈망하는   keen/eager 열망하는   reluctant ~하기를 꺼리는   willing 기꺼이 ~하려고 하는

해석 우리는 더 많은 사람들을 채용하고 있기 때문에, 정기적으로 교육 워크숍을 개최하는 게 필수적이다.
어휘 hire 채용하다   hold 개최하다   training workshop 교육 워크숍
정답 (B)

Questions 131-134 refer to the following article.

MU Shipping News – July 2018

Thanks to the ------- of the Gallerhan Fraser Docks, one of the largest multi-purpose
131.
marine terminals in North America, the Association of Canadian Port Authorities
has announced its best yet for cargo traffic this year. -------, it is the first year of
132.
double-digit growth. The docks have handled more than three hundred Panamax-
size vessels coming from Vancouver, Canada. Focused on personalized service, it
has brought in a lot of business. -------. With the revitalization of the recent economy,
133.
authorities ------- **this growth in cargo traffic will continue into next year.**
134.

---

131. (A) complete
(B) completely
(C) completing
(D) completion

품사
ㄴ. 〈전치사 + 명사〉

132. (A) On the contrary
(B) Even so
(C) In fact
(D) Nevertheless

접속 부사 어휘
ㄴ. 앞뒤 문맥을 파악하자.

133. **(A) As a result, employment has been on the rise in the area.**
(B) Therefore, there are steep decreases in other types of cargo.
(C) For this reason, the service is limited to Canada only.
(D) The docks have submitted data for five years.

문맥 추가
ㄴ. 빈칸의 앞뒤 문장을 확인하자.

134. **(A) expect**
(B) expects
(C) are expected
(D) expecting

동사 수/태/시제
ㄴ. 능동태와 수동태의 구별은
빈칸 뒤 목적어를 확인하자.

문제 131-134는 다음 기사를 참고하시오.

MU 해운 운송 뉴스 - 2018년 7월

북미 최대 다목적 해양 터미널 중 한 곳인 Gallerhan Fraser Docks의 완공 덕분에, 캐나다 항만 당국 협회는 올해 화물 교통량이 역대 최고임을 발표했습니다. 사실, 두 자리 수 성장을 처음 달성한 해입니다. 그 부두는 캐나다 밴쿠버에서 들어오는 파나맥스 크기의 선박을 300대 이상 처리해 왔습니다. 맞춤형 서비스에 중점을 두어, 많은 기업들을 유치해 왔습니다. 그 결과, 해당 지역 내 고용이 증가했습니다. 최근의 경기 활성화로, 당국은 이러한 화물 교통량의 성장이 내년까지 계속될 것으로 예상하고 있습니다.

> 어휘 thanks to somebody/something ~ 덕분에(때문에)   dock 부두   multi-purpose 다목적의
> marine 해양의   association 협회   authority 당국   announce 발표하다   cargo 화물   traffic 교통량
> double-digit 두 자리 수의   growth 성장   handle 처리하다   more than ~ 이상의
> panamax 파나맥스 (파나마 운하를 통과할 수 있는 최대 규모의 선박)   vessel 선박
> focused on ~에 중점을 둔   personalized 개인이 원하는 대로 할 수 있는, 개인 맞춤형의
> revitalization 경제력 활성화   recent 최근의

품사

131 **품사 문제는 관련 문법을 적용해야 한다. - 전치사는 뒤에 명사를 동반한다.**

STEP 1 빈칸은 전치사구 **thanks to**의 목적어로 명사가 들어갈 자리이다.

(A) complete는 '완성된'을 의미하는 형용사, '완료하다'를 의미하는 동사이며, (B) completely는 '완전히'를 의미하는 부사이므로 우선 제거하자. 보기 중에 명사의 역할을 할 수 있는 것은 동명사 (C) completing과 명사 (D) completion이다. (C) completing은 타동사의 동명사로 뒤에 목적어가 와야 하기 때문에 답이 될 수 없다. 따라서 명사 (D) completion(완료, 완성)이 정답이다.

접속 부사 어휘

132 **연결어 문제는 앞뒤 문맥을 파악하자.**

STEP 1 연결어의 성질을 알아두자.

빈칸 앞은 '올해 화물 교통량이 최고다'라는 포괄적인 설명이고, 빈칸 뒤는 '두 자리 수 성장을 처음 달성한 해'라고 구체적으로 추가 설명을 하고 있으므로 (C) In fact가 정답이다. In fact는 [포괄적인 설명의 앞 문장]+in fact+[구체적인 실제]가 나와야 하므로 구체적인 추가 설명이 필요하다는 것을 알아두자.

STEP 2 오답 분석

(A) On the contrary '그와는 반대로'를 의미하며, 앞 뒤 문장이 반대되는 내용이 언급되어야 한다.
(B) Even so는 '그렇기는 하지만'을 의미하며, [사실+even so+사실의 반대/다름]의 형태로 앞뒤 문장의 내용이 반대여야 한다.
(D) Nevertheless는 '그럼에도 불구하고'로 앞뒤 문장이 기대치의 반대여야 한다. 예를 들어, [일찍 출발했다. Nevertheless 늦게 도착했다]와 같은 배열이 되어야 한다.

133 문맥 추가 문제는 연결어들을 확인해야 한다.

STEP 1 연결어와 앞뒤 문장의 내용을 연결해야 한다.

빈칸 앞에 '맞춤형 서비스를 중점으로, 많은 기업을 유치시켰다'고 언급하고 있으므로, 빈칸 앞에 언급된 내용이 이유가 된다. 따라서 기업 유치로 인해 '결과적으로, 그 지역의 고용이 증가했다'는 (A)가 정답이다.

(A) 그 결과, 해당 지역 내 고용이 증가했습니다.
(B) 그러므로, 다른 종류의 화물(량)이 급격히 감소하고 있습니다.
(C) 이러한 이유로 그 서비스는 캐나다만 이용할 수 있습니다.
(D) 부두는 5년 동안 자료를 제출해 오고 있습니다.

134 동사 자리는 수 ⇨ 태 ⇨ 시제를 생각하자.

STEP 1 빈칸은 주어 **authorities** 뒤에 들어갈 적절한 동사 형태를 묻는 문제이다.

따라서 동사 형태가 아닌 (D) expecting은 우선 제거한다. 주어가 authorities로 복수이므로 동사의 3인칭 단수 현재 형태인 (B) expects는 답이 될 수 없다. 빈칸 뒤에 명사절 접속사 that이 생략된 목적어절 'this growth in cargo traffic will continue into next year'가 있으므로 능동태인 (A) expect가 정답이다.

Questions 135-138 refer to the following information.

Bicycle Storage Facility Guidelines

Because of the increase in bicycle usage by local residents, the city of Rochester ------- to offer storage facilities for bicycles in the city. Therefore, the city is now **135.**
receiving proposals for ------- places to be used as storage facilities. **136.**

Below are the guidelines for ideal storage facilities.

The ideal facilities need to be ------- located as follows. **137.**

Bike storage locations should be:

- Near main entrances
- In well-shaded areas or enclosed
- Where bicyclists can access the facilities from all sides

To make a proposal for a location, please visit the city's Web site and fill out a form. -------. The city council will judge the proposals and select the best places among **138.**
them. Construction of facilities will start in early March.

135. (A) planning
 (B) is planning
 (C) are planned
 (D) have planned

136. (A) interested
 (B) crowded
 (C) clean
 (D) adequate

137. (A) convenient
 (B) conveniently
 (C) conveniences
 (D) convince

138. (A) However, the place has a narrow driveway.
 (B) Moreover, it allows all types of locks to be used.
 (C) Applications have to be submitted by February 14.
 (D) Some bicyclists have made some requests.

동사 수 / 태 / 시제
└ 주어의 단, 복수를 확인하자.

형용사 어휘
└ 어휘 문제는 객관적인 근거
단어를 확보하자.

품사
└ 〈be동사 + 부사 + 과거분사〉
의 구조를 파악한다.

문맥 추가
└ 빈칸 문장의 앞뒤 문장을
확인하자.

155

문제 135-138은 다음 정보를 참고하시오.

자전거 보관 시설 지침

지역 주민들의 자전거 사용이 증가하여 Rochester 시는 도시 내에 자전거 보관 시설을 제공할 계획입니다. 따라서 시에서는 현재 보관소로 사용하기 적합한 장소에 관한 제안을 받고 있습니다.

아래는 이상적인 보관 시설에 대한 지침입니다.

이상적인 시설은 다음과 같이 편리한 위치에 있어야 합니다.

자전거 보관 장소는 다음과 같아야 합니다.
– 정문 근처일 것
– 그늘이 잘 지는 지역이거나 막힌 공간일 것
– 자전거 사용자가 사방에서 그 시설에 접근할 수 있는 장소일 것

장소에 관해 제안해 주시려면, 시 웹사이트를 방문하셔서 양식을 작성해 주십시오. 신청서는 2월 14일까지 제출하셔야 합니다. 시의회가 제안서를 심사하고 그 중에서 가장 적합한 장소를 선정할 예정입니다. 시설 공사는 3월 초에 시작될 예정입니다.

> 어휘 **storage facility** 보관 시설 **guideline** 가이드라인(지침) **because of** ~ 때문에 **increase** 증가
> **usage** 사용(량) **local** 지역의, 현지의 **resident** 거주자 **offer** 제공하다 **receive** 받다 **proposal** 제안(서)
> **ideal** 이상적인 **locate** 위치하다 **main entrance** 정문 **shaded** 그늘이 있는 **enclosed** 둘러막힌
> **bicyclist** 자전거 사용자 **access** 접근하다 **from all sides** 사방에서 **make a proposal for ~** ~에 대해 제안하다
> **fill out** 작성하다 **form** 서류, 양식 **city council** 시의회 **judge** 판단하다 **select** 선정하다 **among** ~ 중에서

동사 시제

135 동사 자리는 수 ⇨ 태 ⇨ 시제를 생각하자

STEP 1   적절한 동사 형태를 묻는 문제이다.

빈칸은 주어 the city of Rochester 뒤에 들어갈 본동사 자리로 동사의 형태가 아닌 (A) planning은 우선 제거하자. 주어가 단수이므로 복수 동사인 (C) are planned, (D) have planned 역시 답이 될 수 없다. 따라서 단수 동사인 (B) is planning이 정답이다.

형용사 어휘

136 어휘 문제는 빈칸 위아래에서 문맥을 연결할 수 있는 객관적인 근거 단어를 확보하자.

STEP 1   빈칸은 명사 places를 수식하는 적절한 형용사 어휘가 들어갈 자리이다.

'시에서는 보관 시설로 사용할 수 있는 _____ 장소에 관한 제안서를 받고 있다'고 언급하고 있으며, 다음 문장에서 '이상적인 보관 시설에 관한 가이드라인'을 언급하고 있으므로, 보관 시설에 '적합한 장소'에 대한 제안서를 받고 있다'라는 문맥으로 '적절한, 적합한'을 의미하는 (D) adequate가 정답이다.

STEP 2   오답 분석

(A) interested는 감정동사 interest의 과거분사 형태로 사람 명사를 수식한다.
(B) crowded는 '(사람들이) 붐비는, 복잡한, ~이 가득한'을 의미하는 형용사이다.
(C) clean은 '(더럽지 않아) 깔끔한, 깨끗한'이라는 의미이다.

156   TEST 1 | PART 6 해설

품사
137 품사 문제는 관련 문법을 적용해야 한다. – be동사 + 부사 + 과거분사

STEP 1   빈칸은 부사 자리이다.

빈칸은 be동사와 과거분사 located 사이에 위치한 부사 자리로 보기 중 부사인 (B) conveniently(편리하게)가 정답이다.

STEP 2   오답 분석

(A) convenient는 '편리한'을 의미하는 형용사이다.
(C) conveniences는 '편의 시설'을 의미하는 명사의 복수형이다.
(D) convince는 '납득시키다, 설득하다'의 동사이다.

문맥 추가
138 문맥 추가 문제는 빈칸 앞뒤의 내용과 연결되는 보기의 키워드를 찾아야 한다.

STEP 1

빈칸 바로 앞 문장에서는 '자전거 보관 시설 제안서 제출 방법'을, 빈칸 바로 뒤의 문장에서는 '시의회가 제안서를 심사하고 그 중에서 가장 적절한 장소를 선정할 것이다'라는 걸 언급하고 있다. 따라서 신청서의 제출 기한을 언급하는 (C)가 정답이다.

(A) 그러나, 그 장소에는 좁은 차도가 있습니다.
(B) 게다가, 그것으로 모든 종류의 자물쇠 사용이 가능합니다.
(C) 신청서는 2월 14일까지 제출하셔야 합니다.
(D) 일부 자전거 사용자들이 몇 가지 요청을 해왔습니다.

Questions 139-142 refer to the following article.

May 10, in Manchester

Wendy Wishart, well-known as the chief designer at Yvonne Fashion, -------
139.
a new company yesterday. The firm, W-Twins Design, ------- in children's
140.
apparel. Designers of W-Twins Design are good at making clothes for children
of all ages. -------. And Ms. Wishart plans to open an online store next month.
141.
In celebration of the company opening, the store will offer 10 percent off all clothing
items, and if you sign up for a membership, you'll receive an additional discount on
your -------. For more information, visit www.w-twins.com.
142.

---

139. (A) contracted
(B) hired
(C) resigned
(D) launched

동사 어휘
ㄴ. 빈칸 위아래 답의 근거가 되는
연결어를 확보하자.

140. **(A) specializes**
(B) specialize
(C) specializing
(D) to specialize

구조 분석
ㄴ. 문장 = 주어 + 동사 ~.

141. (A) It will present customers with a wide selection of quality
clothing.
(B) Market analysts expect an increase in favorable
circumstances this year.
(C) Customers tend to prefer shopping online to visiting
stores.
**(D) Its main store is located on Rose Avenue, in
Manchester's business district.**

문맥 추가
ㄴ. 빈칸 앞뒤 문장을 확인하고
보기의 키워드를 찾자.
'And ~ open an online store'

142. **(A) purchase**
(B) purchasing
(C) purchased
(D) be purchased

품사
ㄴ. 〈소유격 + 명사〉의 구조

문제 139–142는 다음 기사를 참조하시오.

5월 10일, 맨체스터

Yvonne Fashion에서 수석 디자이너로 유명한 Wendy Wishart 씨가 어제 새로운 회사를 창립하였습니다. W-Twins Design사는 아동복을 전문으로 합니다. W-Twins Design사 디자이너들은 모든 연령대의 아동용 의류 제작에 능숙합니다. 본점은 맨체스터 상업 지역의 Rose Avenue에 위치해 있습니다. 그리고 Wishart 씨는 다음 달에 온라인 매장을 개업할 계획입니다.

회사 개업을 기념하고자, 매장은 모든 의류 상품에 10퍼센트 할인을 제공할 예정이고, 멤버십에 가입하시면, 구매 상품에 추가 할인을 받으실 수 있습니다. 더 자세한 정보를 원하시면, www.w-twins.com을 방문하세요.

어휘 **well-known** 유명한, 잘 알려진 **chief** 최고자인 **firm** 기업, 회사 **specialize in** ~을 전문으로 하다 **apparel** 의류 **be good at** ~에 능숙하다 **age** 나이, 연령 **open** 문을 열다, 개업하다 **in celebration of** ~을 축하하여, ~을 기념하여 **company opening** 개업 **sign up for** ~을 신청(가입)하다 **additional** 추가의

동사 어휘
139 어휘 문제는 빈칸의 위아래 답의 근거가 되는 연결어가 확보되어야 한다.

STEP 1   빈칸은 적절한 타동사 어휘를 묻는 문제이다.

Wendy Wishart가 주어이며, a new company를 목적어로 받을 수 있는 타동사는 보기 중 '새로운 회사를 창립했다'의 (D) launched이다. launch는 '시작하다, ~을 출시하다, 내보이다'를 의미하는 타동사로 a campaign/a project/a service/a product/a program(캠페인, 프로젝트, 서비스, 제품, 프로그램) 같은 명사를 목적어로 받는다.

STEP 2   오답 분석

(A) contracted는 '(일)을 계약하다'의 자동사로, 계약 대상을 나타낼 때는 〈contract + with/between + 명사(대상)〉의 형태로 쓰인다.
(B) hired는 '~을 고용하다'는 의미로 〈hire + 사람 명사 + to부정사〉의 형태로 쓰이며 목적어로 사람 명사가 와야 한다.
(C) resigned는 '(직위)를 그만두다, (권리)를 포기하다'를 의미하는 동사로, 목적어로 직위나 권리의 내용이 와야 한다.

구조 분석
140 문장 내의 구조를 분석하고 필요 품사를 찾자.

STEP 1   하나의 문장에는 반드시 동사가 하나 있어야 한다.

따라서 빈칸은 본동사 자리이므로, 동사 형태가 아닌 (C) specializing과 (D) to specialize는 우선 제거하자. 해당 문제의 주어는 The firm이므로 단수 동사인 (A) specializes가 정답이다.

141 문맥 추가 문제는 빈칸 앞뒤의 내용과 연결되는 보기의 키워드를 찾아야 한다.

STEP 1

빈칸 바로 뒤 문장에서 '그리고 Wishart 씨가 온라인 매장을 개장할 것'이라고 언급하고 있다. 따라서 본점(main store)의 위치에 대해 이야기하는 (D)가 정답이다.

(A) 그곳은 고객들에게 다양한 고급 의류를 소개할 것입니다.
(B) 시장 분석가들은 올해 유리한 상황이 증가할 것으로 예상합니다.
(C) 고객들은 매장 방문보다 온라인 쇼핑을 선호하는 경향이 있습니다.
(D) 본점은 맨체스터 상업 지역의 Rose Avenue에 위치해 있습니다.

142 품사 문제는 관련 문법을 적용해야 한다.

STEP 1   관사, 소유격, 한정사 뒤에는 명사가 답이다.

빈칸은 소유격 your 뒤에 위치해 있으므로, 명사 자리이다. 따라서 명사가 아닌 (C) purchased, (D) be purchased는 우선 제거하자. 명사와 동명사가 같이 있을 때는 명사가 우선적으로 답이 된다. 따라서 명사 (A) purchase(구입, 구매)가 정답이다.

STEP 2   동명사가 답이 되는 경우

1. 보기에 명사가 없거나 2. 타동사의 경우 뒤에 목적어를 동반할 때 3. 복합명사로 쓰일 때 4. 행위를 묘사할 때이다.

In response to requests from tenants of the Centurion Building, we at the Centurion Management Company have decided to expand the ------- for the tenants' laundry
143.
room in the basement of the building.

After the expansion, the laundry room will be equipped with three more washing machines and two dryers. With them, up to 10 tenants will be able to do -------
144.
laundry at once, which will reduce waiting time in the laundry room.

The expansion work will start next week, and it will take ------- a week to complete
145.
the work. During this period, access to the machines will be limited.

We apologize for the inconvenience. If you have any questions, please contact the maintenance team on the first floor of the building. We appreciate your cooperation.

146.

143. (A) amount
(B) fee
(C) space
(D) coverage

명사 어휘
ㄴ. 빈칸 위아래 답의 근거가 되는
연결어를 확보하자.

144. (A) they
(B) them
(C) their
(D) theirs

대명사
ㄴ. 명사 앞에는 소유격이
와야 한다.

145. (A) approximate
(B) approximated
(C) approximation
(D) approximately

품사
ㄴ. 숫자를 수식하는 부사

146. **(A) And, we thank the tenants for bringing this to our attention.**
(B) Tenants are responsible for keeping the laundry area clean.
(C) The washing and drying fees are reasonable.
(D) Your lease will expire in March.

문맥 추가
ㄴ. 전체 지문에 대한 이해력이
있어야 한다.

문제 143-146은 다음 공지를 참조하시오.

Centurion Building 세입자의 요청에 부응하여, 저희 Centurion Management Company는 건물 지하에 위치한 세입자 세탁실 공간을 확장하기로 결정했습니다.

확장 후에, 세탁실은 세탁기 3대와 건조기 2대를 추가로 더 갖출 예정입니다. 이것으로, 최대 10명까지 세입자들이 동시에 세탁할 수 있고, 이로써 세탁실에서 대기하는 시간을 줄일 수 있을 것입니다.

확장 작업은 다음 주에 시작될 예정이고, 완공까지 대략 1주일이 소요될 예정입니다. 이 기간 동안, 기계 사용은 제한될 예정입니다.

불편을 끼쳐 드려 죄송합니다. 질문 있으시면, 건물 1층에 위치한 관리부서로 연락을 주십시오. 협조에 감사드립니다. 또, 이 부분을 알려주신 세입자들께도 감사드립니다.

> 어휘 in response to ~에 답하여, ~에 부응하여 request 요청 tenant 세입자 decide 결정하다
> expand 확장시키다 laundry room 세탁실 basement 지하 expansion 확장
> be equipped with ~을 갖추다 washing machine 세탁기 dryer 건조기 up to ~까지 at once 동시에
> reduce 줄이다 waiting time 대기 시간 complete 완료하다 period 기간 access 사용, 접속
> limited 제한된 apologize 사과하다 inconvenience 불편 appreciate 고마워하다 cooperation 협조

명사 어휘
143 어휘 문제는 빈칸의 위아래 답의 근거가 되는 연결어가 확보되어야 한다.

STEP 1   타동사 expand의 목적어로 적절한 명사 어휘를 묻는 문제이다.

어휘 문제는 빈칸 위아래 답의 근거가 되는 연결어를 확보하자. 두 번째 문단에서 '확장 후 세탁실에 추가로 세탁기 3대와 건조기 2대가 구비될 예정이다'고 언급하고 있으므로 세입자용 세탁 '공간'을 확장할 계획이 있다는 것임을 알 수 있다. 따라서 정답은 (C) space이다.

대명사
144 대명사의 위치에 따라 주격, 목적격, 소유격이 출제된다.

STEP 1   빈칸은 타동사 do 뒤의 목적어 laundry를 수식하는 형용사 자리이다.

(A) they는 주격 대명사로 주어 자리에서 주어 역할을 한다.
(B) them은 목적격 대명사로 동사 혹은 전치사 뒤의 목적어 자리에서 목적어 역할을 한다. 따라서 them이 들어가게 되면 동사 뒤에 명사(목적어)가 2개이므로 3형식 동사 do는 사용이 불가능하다. (D) theirs는 소유대명사로, 소유대명사는 소유격과 앞에서 언급한 명사를 대신해 [소유격+명사]의 의미를 가지며, 주어/목적어 자리에 쓸 수 있다. 소유대명사 뒤에는 명사가 올 수 없으므로 (D) 또한 오답이다. 따라서 명사를 수식하는 형용사와 동일한 역할을 하는 소유격 (C) their가 정답이다.

부사
145 품사 문제는 관련 문법을 적용해야 한다.

STEP 1 부사는 명사를 제외한 모든 것을 수식한다.

빈칸은 동사 will take와 a week 사이에 위치해 있다. 빈칸 뒤 하나를 나타내는 부정관사 a를 수식할 수 있는 것은 부사이다. 따라서 보기 중 수사 수식 부사인 (D) approximately가 정답이다. 형용사는 관사 앞에 위치할 수 없으므로 (A) approximate와 (B) approximated는 답이 될 수 없다.

문맥 추가
146 문맥 추가 문제는 전체 지문에 대한 이해력이 있어야 한다.

STEP 1 빈칸 앞에서 '협조에 감사드립니다'라는 언급을 하고 있다.

따라서 접속사 and를 이용하여 '이 부분(세탁실 관련 문제점)을 알려주신 세입자들에게 감사드립니다'고, 추가적으로 감사하는 부분을 언급하는 (A)가 정답이다.

(A) 또, 이 부분을 알려주신 세입자들께도 감사드립니다.
(B) 세입자들은 세탁 공간을 깨끗하게 유지할 책임이 있습니다.
(C) 세탁과 건조 요금이 저렴합니다.
(D) 귀하의 임차 기간은 3월에 만료될 겁니다.

Questions 147-148 refer to the following e-mail.

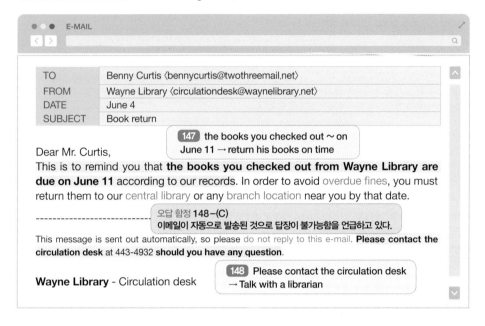

TO   Benny Curtis ⟨bennycurtis@twothreemail.net⟩
FROM   Wayne Library ⟨circulationdesk@waynelibrary.net⟩
DATE   June 4
SUBJECT Book return

> **147** the books you checked out ~ on
> June 11 → return his books on time

Dear Mr. Curtis,

This is to remind you that **the books you checked out from Wayne Library are due on June 11** according to our records. In order to avoid overdue fines, you must return them to our central library or any branch location near you by that date.

> 오답 함정 148-(C)
> 이메일이 자동으로 발송된 것으로 답장이 불가능함을 언급하고 있다.

This message is sent out automatically, so please do not reply to this e-mail. **Please contact the circulation desk** at 443-4932 **should you have any question.**

Wayne Library - Circulation desk

> **148** Please contact the circulation desk
> → Talk with a librarian

147. What is the purpose of the e-mail?
(A) To waive Mr. Curtis's late fees
(B) To let Mr. Curtis know his request is ready
(C) To ask Mr. Curtis to return his books on time
(D) To encourage Mr. Curtis to renew his membership

목적 / 상
ㄴ 첫 두 줄에 집중한다.

148. What should Mr. Curtis do if he has questions?
(A) Talk with a librarian
(B) Log into the central library's Web site
(C) Reply to the e-mail
(D) Go to one of the local branches

Mr. Curtis / 연락 방법 / 하
ㄴ 권유/제안 표현에 집중한다.

문제 147-148은 다음 이메일을 참조하세요.

수신	Benny Curtis ⟨bennycurtis@twothreemail.net⟩
발신	Wayne Library ⟨circulationdesk@waynelibrary.net⟩
날짜	6월 4일
제목	도서 반납

Curtis 씨에게

저희 기록에 따라 귀하께서 Wayne Library에서 대출하신 도서를 6월 11일까지 반납하셔야 함을 알려드립니다. 연체료를 지불하지 않으려면, 해당 날짜까지 저희 중앙 도서관이나 가까운 다른 지점으로 도서를 꼭 반납해 주십시오.

이 메시지는 자동으로 발송되었으므로, 이 이메일에 답장을 보내지 마십시오. 문의사항이 있으면, 대출 데스크 443-4932로 연락 주십시오.

Wayne Library - 대출 데스크

어휘 remind 상기시키다, 다시 한 번 알려주다 check out 대출하다 due 예정된, ~하기로 되어 있는 according to ~에 의하면 record 기록 in order to do ~하기 위하여 avoid 방지하다, 막다 overdue fine 연체료 return 돌려주다, 반납하다 central 중심의, 중앙의 branch 지점 send out ~을 보내다, 발송하다 automatically 자동적으로 reply to ~에 답하다 contact 연락하다 circulation desk 대출 데스크

---

147. 이메일의 목적은 무엇인가?

(A) Curtis 씨의 연체료를 면제하기 위해서
(B) Curtis 씨에게 그의 요청 사항이 준비되었다는 소식을 알리기 위해서
(C) Curtis 씨에게 시간에 맞춰 도서 반납하라고 요청하기 위해서
(D) Curtis 씨에게 회원권 갱신하라고 권장하기 위해서

STEP 1 목적은 처음 두 줄에 90% 답이 있다.

이메일을 작성한 이유를 묻는 문제이다. 지문의 "This is to remind you ~ according to our records"에서 발신자인 Wayne Library는 6월 11일까지 Curtis 씨의 대출 도서 반납을 다시 한 번 알려주고자 해당 이메일을 작성했다는 목적을 언급하였다. 즉, 반납 예정일을 지켜 도서를 반납해 달라고 요청하고 있으므로 정답은 (C)이다. 지문의 구체적인 어휘 the books you checked out ~ are due on June 11은 포괄적인 어휘 return his books on time으로 paraphrasing되었다.

STEP 2 오답 분석

(A) 지문의 "In order to avoid overdue fines, ~ near you by that date"에서 연체료(overdue fines)는 언급되었지만, 아직 Curtis 씨에게 연체료가 부과되지는 않았으므로 오답이다.
(B), (D)는 지문에서 언급되지 않았으므로 오답이다.

165

148. 질문이 있다면, Curtis 씨는 무엇을 해야 하는가?

(A) 사서와 이야기하기
(B) 중앙 도서관 웹사이트에 접속하기
(C) 이메일에 답장하기
(D) 지점 중 한 곳 방문하기

STEP 1 추후 연락처/연락 방법/지원 방법 등은 지문의 하단부에 답이 있다.

연락할 방법, 연락해야 하는 이유 등은 정답이 지문의 하단부에 있으며, 본문 중에서 If(~한다면), Please ~(~하세요), You should ~(~하셔야 해요) 등의 표현을 찾아야 한다. 지문의 "Please contact the circulation desk at 443-4932 should you have any question."에서 문의사항이 있을 경우에는 도서관 대출 데스크로 연락해 달라고 언급하고 있다. 또, 대출 데스크에서 근무하고 있는 사람은 사서이므로, 도서관에 전화할 경우 사서와 통화할 수 있음을 파악할 수 있다. 따라서 정답은 (A)이다.

STEP 2 오답 분석

(B), (D)는 지문의 "In order to avoid overdue fines, you must return them to our central library or any branch location near you by that date."에서 central library와 local branches(본문의 branch location near you에서 paraphrasing)로 언급되었지만, Curtis 씨의 문의사항 해결 방법과는 관계가 없다.
(C)는 지문의 "This message is sent out automatically, so please do not reply to this e-mail."에서 해당 이메일에 답장하지 말라고 언급되어 있으므로 오답이다.

Questions 149-150 refer to the following text message.

Marc Home Furnishing (MHF)
Shipping Delay

Dear Mr. Cohen,

m Marc Home Furnishing (MHF). Several outstanding **orders** have not been shipped yet as there have been **severe rainstorms** in our area. As a result, many of our staff members were not able to come to work, and trucks had difficulty picking up products from our warehouse due to road closures. However, normal operation is expected to resume within a day. We will deliver your order by the end of the week. You will be **exempt from the delivery fee**. We apologize for the inconvenience.

Head of Customer Relations

---

149. According to the text message, why has the order been delayed?
(A) The delivery addresses were incorrect.
(B) Some products are not in stock.
(C) The shipping schedule was affected by bad weather.
(D) Mr. Cohen's payment could not be processed.

150. What is MHF offering as compensation?
(A) Product samples
(B) Free shipping
(C) Discount coupons
(D) Extended hours

Marc Home Furnishing (MHF)
배송 지연

Cohen 씨께

최근 온라인으로 Marc Home Furnishing (MHF) 제품을 구매해 주셔서 감사합니다. 주요 주문 상품들이 아직 발송되지 않았습니다. 저희 지역에서 심각한 폭풍우가 발생했기 때문입니다. 그 결과, 저희 직원 대다수가 출근하지 못했으며, 도로 폐쇄 때문에 트럭들이 창고로 물건을 찾으러 가는 데 어려움이 있었습니다. 하지만, 하루 내로 정상적인 운영이 재개될 것이라 예상하고 있습니다. 저희가 이번 주말까지 귀하께서 주문하신 물건을 배달할 예정입니다. 귀하의 배송료를 면제해 드릴 것입니다. 불편을 끼쳐드려 죄송합니다.

고객 상담실 책임자 올림

어휘 **appreciate** 고마워하다 **recent** 최근의 **purchase** 구매한 것, 구매 **outstanding** 중요한 **order** 주문품
ship 배송하다 **rainstorm** 폭풍우 **as a result** 결과적으로 **have difficulty V-ing** ~하는 데 고생하다
pick up 가지러 가다 **warehouse** 창고 **due to** ~ 때문에 **road closure** 도로 폐쇄 **normal operation** 정상 운영
expect 예상하다, 기대하다 **resume** 재개하다(되다) **within** ~ 이내에 **deliver** 배달하다
by the end of ~ 말까지는 **be exempt from** ~에서 면제되다 **apologize** 사과하다 **inconvenience** 불편

---

149. 문자 메시지에 따르면, 주문 물품은 왜 지연되고 있는가?
(A) 배달 주소가 정확하지 않았다.
(B) 일부 제품의 재고가 없다.
(C) 배송 일정이 악천후의 영향을 받았다.
(D) Cohen 씨의 결제가 처리될 수 없었다.

STEP 1 문제점, 과거의 정보는 정답이 앞에 있다.

problem, concern, worry, challenge 등 어려움, 문제점, 과거의 상황은 본문의 앞부분에서 설명이 되어야 한다. order(주문품)의 배송이 지연되고 있는 이유를 묻는 문제로, 상단부의 "Several outstanding orders have not been shipped yet as there have been severe rainstorms in our area."에서 MHF가 위치한 지역에 폭풍우가 발생하여 물건 출하가 불가능함을 언급하고 있다. 즉, 악천후로 배송 일정에 영향을 받은 것이므로 정답은 (C)이다. 지문의 구체적인 어휘 severe rainstorms는 보기의 포괄적인 어휘 bad weather로 paraphrasing되었다.

STEP 2 오답 분석

(A)는 지문에서 언급되지 않았으므로 오답이다.
(B) 지문의 "trucks had difficulty picking up products from our warehouse due to road closures"에서 트럭이 창고로 물건을 가지러 가는 데 어려움을 겪었다고 언급하였다. 즉, 해당 문장으로 창고에 재고가 있는 걸 추측할 수 있으므로 오답이다.
(D) 지문의 "We appreciate your recent online purchase from Marc Home Furnishing (MHF)."에서 Cohen 씨는 온라인으로 물건을 구매했음을 언급하였다. 즉 물건 구매와 동시에 물건 가격을 지불한 것이므로 오답이다.

150. MHF사는 보상으로 무엇을 제공할 것인가?

(A) 제품 샘플

(B) 무료 배송

(C) 할인권

(D) 시간 연장

STEP 1   정답은 항상 **paraphrasing**된다.

배송 지연에 보상하고자 Cohen 씨에게 제공 예정인 것을 묻는 문제로, Cohen 씨는 해당 회사에서 물건을 구매한 customers에게 해당하므로 대명사 You에 집중한다. 따라서 지문 후반부의 "You will be exempt from the delivery fee."에서 그가 주문한 제품을 무료로 배송 받을 것임을 알 수 있으므로 정답은 (B)이다. 지문의 구체적인 어휘 exempt from the delivery fee는 보기의 포괄적인 어휘 free shipping으로 paraphrasing되었다.

STEP 2

(A), (C), (D)는 지문에서 언급되지 않았으므로 오답이다.

Questions 151-152 refer to the following information.

151 the number of garbage ~ will be limited → a rule change

NEW POLICY FOR WASTE DISPOSAL

Beginning on July 21, **the number of garbage bags** from each residence by the collection service **will be limited** by Hendon City. The monthly charge for the service will remain the same as before, but only three bags per household will be allowed. In addition, the maximum size of each bag will be

152 recycle waste such ~ by the city → Recyclable material collection

City officials indicated that this is to encourage residents to recycle waste such as paper, metal and plastic, which are collected by the city **at no charge**, instead of putting these in the same garbage bag as normal trash. Moreover, it is an effort to avoid increasing garbage collection expenses caused by rising landfill dumping costs.

151. Why has the information been written?
(A) To report a ~~revised schedule~~
(B) To announce ~~an additional charge~~
(C) To explain a rule change
(D) To inform residents of ~~a new landfill site~~

목적 / 상
ㄴ. 첫 두 줄에 집중하자.

152. According to the information, what service is available free of charge?
(A) Street cleaning
(B) Landfill dumping
(C) Garbage bags
(D) Recyclable material collection

키워드 free of charge / 하
ㄴ. 본문에서 유사 어휘 at no charge로 언급된다.

문제 151–152는 다음 안내문을 참조하세요.

폐기물 처리 관련 신규 정책

7월 21일을 시작으로, 수거 업체가 수거해 가는 각 가구의 쓰레기 봉투 수를 Hendon 시에서 제한할 예정입니다. 업체 서비스의 월별 사용료는 이전과 동일할 것이지만, 각 가구당 봉투 세 개만이 허용될 예정입니다. 추가로 각 봉투의 최대 크기는 100리터로 제한됩니다.

시 공무원들은 이것으로 시민들이 시에서 무료로 수거하는 종이, 금속과 플라스틱류의 쓰레기를 일반 쓰레기와 동일한 봉투에 넣는 대신, 재활용할 수 있도록 장려할 것이라고 시사했습니다. 게다가, 이 해결책은 매립지 투기 비용 상승으로 야기되는 쓰레기 수거 비용의 인상을 막고자 하는 노력의 일환이기도 합니다.

어휘 policy 정책 waste disposal 폐기물 처리 the number of ~의 수 garbage bag 쓰레기 봉투 residence 주택, 거주지 collection 수거 monthly 매달의 charge 요금 remain 여전히 ~이다 per ~마다, ~당 household 가정 in addition 게다가, 추가로 maximum 최대의 city official 시 공무원 indicate 내비치다, 시사하다 encourage 격려하다 resident 거주자 recycle 재활용하다 at no charge 무료로 instead of ~ 대신에 normal 보통의, 일반적인 moreover 게다가 expense 비용 landfill 쓰레기 매립(지)

---

151. 왜 안내문이 작성되었는가?

(A) 수정된 일정표를 보고하기 위해서
(B) 추가 요금을 알리기 위해서
(C) 규정 변화를 설명하기 위해서
(D) 거주자들에게 새로운 쓰레기 매립지를 알리기 위해서

STEP 1 목적은 처음 두 줄에 90% 답이 있다.

안내문이 작성된 이유를 묻는 문제이다. 지문의 "New Policy for Waste Disposal ~ but only three bags per household will be allowed"에서 시에서 수거할 수 있는 쓰레기 봉투의 개수를 3개로 제한한다는 폐기물 처리 관련 신규 정책을 안내하고 있다. 따라서 정답은 (C)이다. 지문의 구체적인 어휘 the number of garbage ~ will be limited는 포괄적인 어휘 a rule change로 paraphrasing되었다.

STEP 2 오답 분석

(A), (D) 지문의 "New Policy for Waste Disposal"에서 수정된 일정이나 신규 매립지 장소가 아니라 폐기물 처리와 관련된 신규 정책을 안내하는 것으로 오답이다.
(B) 지문의 "The monthly charge for the service will remain the same as before."에서 폐기물 처리 비용은 이전과 동일함이 언급되었으므로 오답이다.

152. 안내문에 따르면, 무료로 이용할 수 있는 서비스는 무엇인가?

(A) 도로 청소
(B) 쓰레기 매립지 투기
(C) 쓰레기 봉투
(D) 재활용 물품 수거

STEP 1   답은 항상 키워드 옆에 있다.

문제의 키워드는 free of charge로, 지문에서는 유사 어휘 at no charge로 언급된다. 지문의 "City officials indicated that this is to encourage residents to recycle waste such as paper, metal and plastic, which are collected by the city at no charge"에서 Hendon 시는 종이, 금속과 플라스틱 쓰레기의 재활용을 시민들에게 장려하고 있으며, 이것들은 시에서 무료로 수거하고 있다. 따라서 정답은 (D)이다. 본문의 구체적인 어휘 recycle waste such as ~ which are collected는 보기의 포괄적인 어휘 Recyclable material collection으로 paraphrasing되었다.

STEP 2   오답 분석

(A)는 지문에서 언급되지 않았으므로 오답이다. (B) 지문의 "Moreover, it is an effort to avoid increasing garbage collection expenses caused by rising landfill dumping costs."에서 매립지(landfill)는 언급되었지만, 매립지에 쓰레기 투기가 무료로 이루어지는 것은 언급되지 않았으므로 오답이다. (C)는 지문 초반에 언급되었으나 무료로 주는 것은 아니므로 역시 오답이다.

Questions 153-155 refer to the following e-mail.

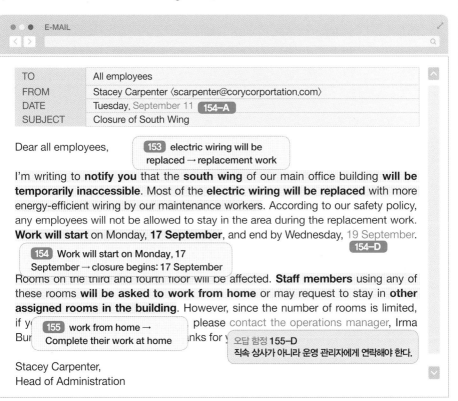

153. What is the main purpose of the e-mail?
(A) To introduce a new manager
(B) To announce an upcoming building inspection
(C) To inform employees of replacement work
(D) To explain a relocation plan

목적 / 상
ㄴ 첫 두 줄에 집중한다.

154. When will the closure begin?
(A) On September 11
(B) On September 17
(C) On September 18
(D) On September 19

When / closure begin
ㄴ 날짜 근처에 정답이 있다.

155. What are affected staff members asked to do?
(A) Remove their belongings
(B) Work extra hours
(C) Complete their work at home
(D) Talk to their immediate manager

직원들 / 요청 받은 일 / 하
ㄴ 요구/요청 표현에 집중한다.

문제 153-155는 다음 이메일을 참조하세요.

수신	전 직원들
발신	Stacey Carpenter ⟨scarpenter@corycorportation.com⟩
날짜	9월 11일 화요일
제목	남관 폐쇄

전 직원분들께

본사 건물의 남관을 일시적으로 출입할 수 없게 됨을 여러분께 알리고자 이메일을 작성합니다. 저희 정비 직원들이 사내 대부분의 전력 배선을 보다 에너지 효율적인 전력 배선으로 교체할 예정입니다. 저희 안전 정책에 따르면, 직원 누구든 교체 작업이 진행되는 동안에는 해당 건물에 있으면 안 됩니다. 공사는 9월 17일 월요일에 시작되며, 9월 19일 수요일까지 마무리될 예정입니다.

3층과 4층에 위치한 사무실이 영향을 받게 될 겁니다. 해당 사무실을 사용하는 직원들은 자택 근무를 요청받거나 건물 내 다른 공간에서의 근무를 요청하실 수 있습니다. 하지만, 사무실 수가 한정되어 있으니, 해당 공간 사용에 관심이 있으시면, 이번 주말까지 운영 관리자인 Irma Burton 씨에게 연락 주십시오. 협조해 주셔서 감사합니다.

Stacey Carpenter 올림
행정 책임자

어휘 notify 알리다 wing 부속 건물 main office 본사 temporarily 일시적으로 inaccessible 접근할 수 없는 electric wiring 전력 배선 replace A with B A를 B로 교체하다 energy-efficient 에너지 효율적인 maintenance 유지, 보수 according to ~에 의하면 safety policy 안전 정책 employee 직원 replacement 교체, 대체 affect 영향을 미치다 ask 요청하다 request 요청하다, 요구하다 assigned 할당된 the number of ~의 수 limit 제한하다 be interested in ~에 관심이 있다 contact 연락을 취하다 by the end of ~말까지는 cooperation 협력

---

153. 이메일의 주요 목적은 무엇인가?

(A) 새로운 매니저를 소개하기 위해서
(B) 곧 있을 건물 점검을 공지하기 위해서
(C) 직원들에게 교체 작업을 안내하기 위해서
(D) 이전 계획을 설명하기 위해서

STEP 1   목적은 처음 두 줄에 90% 답이 있다.

이메일을 작성한 이유를 묻고 있는 문제이다. 지문의 "I'm writing to notify you that ~ more energy-efficient wiring by our maintenance workers"에서 남관에서 전력 배선 공사가 진행될 예정이므로 일시적으로 해당 장소의 사용이 불가능함을 언급하고 있으므로 정답은 (C)이다.

STEP 2   오답 분석

지문의 "I'm writing to notify you that ~ more energy-efficient wiring by our maintenance workers"에서 남관 사용이 불가능하다는 것을 발표하는 것으로 (A), (D)는 오답이다.
(B)는 지문의 "Most of the electric wiring will be replaced with more energy-efficient wiring by our maintenance workers."에서 9월 17일부터 건물 점검이 아니라 배선 교체 작업이 진행됨을 알리는 것으로 오답이다.

154. 언제 건물 폐쇄가 시작될 것인가?

(A) 9월 11일에
(B) 9월 17일에
(C) 9월 18일에
(D) 9월 19일에

STEP 1 　기간, 요일, 숫자 등은 키워드 옆에 있는 것이 정답이다.

숫자, 기간, 요일 등은 보기의 정보가 본문에서 모두 언급되면서 난이도가 올라간다. 따라서 본문에 있는 정보들 중에 문제에서 제시하는 키워드 옆에 있는 정확한 정보를 찾아내는 것이 관건이다.
지문의 "I'm writing to notify you that ~ more energy-efficient wiring by our maintenance workers."와 "Work will start on Monday, 17 September, and end by Wednesday, 19 September."에서 남관의 전선 교체 작업은 9월 17일에 시작하여 19일에 마무리가 된다는 구체적인 날짜를 언급하고 있다. 즉, 남관의 폐쇄가 시작되는 날짜는 9월 17일로 정답은 (B)이다.

STEP 2 　오답 분석

(A)는 이메일을 발송한 날짜이다.
(C)는 지문에서 언급되지 않았으므로 오답이다.
(D) 지문의 "Work will start on Monday, 17 September, and end by Wednesday, 19 September."에서 9월 19일은 배선 교체 작업이 마무리되는 날짜로, 남관 사용이 가능하다는 것을 알 수 있다.

---

155. 영향을 받는 직원들은 무엇을 하도록 요청받는가?

(A) 개인 소지품 치우기
(B) 추가 근무하기
(C) 자택에서 업무 마무리하기
(D) 직속상관과 이야기하기

STEP 1 　요구 사항은 정답이 지문의 하단부에 있다.

결론이나 미래에 대한 전망, 계획 또는 제안이나 요구, 요청 사항은 본문 후반부에 주로 등장한다. 주로 must/should/have to/need 등의 형태나 If절 혹은 명령문의 표현을 파악해야 한다.
지문의 "Rooms on the third ~ affected. Staff members using any of these rooms will be asked to work from home or may request to stay in other assigned rooms in the building"에서 3층이나 4층에서 근무하는 직원들은 자택 근무를 요청받거나, 건물 내 지정된 공간에서의 근무를 요청할 수 있음이 언급되어 있다. 따라서 정답은 (C)이다.

STEP 2 　오답 분석

(A), (B)는 지문에서 언급되지 않았으므로 오답이다.
(D) 지문의 "since the number of rooms is limited, if you are interested in using them, please contact the operations manager, Irma Burton, by the end of this week"에서 건물 내 지정된 공간에서 근무를 원하는 직원들은 운영 관리자인 Irma Burton에게 연락을 취하라고 언급이 되어 있다. 하지만, Irma Burton은 immediate manager(직속상관)가 아니므로 오답이다.

Questions 156-158 refer to the following article.

CONDUCTING SWIMMING POOL RESEARCH

Upton City's residents as well as visitors

[156] requested a third facility
→ Two swimming pools

interest
. Many requested a third facility where the public can cool off, especially on hot summer days, weekends, and during holiday seasons

[158] data must be obtained

—[2]—. This is why Opal Public Research will carry out a survey starting on Wednesday, which will let city officials know the level of demand for a new

swimming facility, and when people usually visit the current facilities.

[157] know the level of demand ~ facilities
→ measure public demand

snow now well the current facilities can accommodate growing public demand and whether a new facility is needed. —[4]—.

"A lot of people insist that since finishing several construction projects, including office complexes and residential buildings two years ago, the crowds have been getting worse," said Mayor Shelly Allen.

오답 함정
157-A 시작하는 시점만 표시돼 있다.
157-B, C 조사의 주체는 Opal Public Research이다.

---

156. How many swimming pools are currently in Upton City?
(A) None
(B) One
(C) Two
(D) Three

현 수영장 개수/상
ㄴ. 기수 혹은 서수 표현에
집중한다.

157. What does the article suggest about the research?
(A) It will be completed ~~within a month~~.
(B) It will be designed by ~~Upton City's mayor~~.
(C) It will be conducted by ~~the city~~.
(D) It will be done to measure public demand.

키워드 the research
ㄴ. 문제와 보기의 키워드를
정리한 후 본문을 검색하자.

158. In which of the positions marked [1], [2], [3], and [4] does the following sentence best belong?
"However, before a facility is constructed, data must be obtained."
(A) [1]
(B) [2]
(C) [3]
(D) [4]

문맥 추가 문제
ㄴ. 위아래 문맥을 연결해 주는
논리의 근거를 확보하자.

문제 156-158은 다음 기사를 참조하시오.

수영장 관련 조사 실시

Upton 시 방문객뿐만 아니라 거주자들이 더 많은 수영장 건설에 큰 관심을 표현해 왔습니다. — [1] —. 많은 이들이 특히나 더운 여름날과 주말, 휴가철에 대중들이 더위를 식힐 수 있는 세 번째 시설을 요청했었습니다.

— [2] —. 이것이 Opal Public Research에서 수요일부터 설문조사를 실시하는 이유이며, 이로써 시 공무원들은 신규 수영장 시설에 대한 수요 정도와 사람들이 현재 시설을 언제 방문하는지 알게 될 것입니다.

— [3] —. 그 설문조사가 마무리되면, 해당 연구는 현재 시설이 점점 증가하는 대중들의 수요를 얼마나 잘 수용할 수 있는지, 그래서 신규 시설이 필요한지 여부를 설명할 수 있을 것입니다. — [4] —.

"2년 전에 사무 복합단지와 거주용 건물을 포함해 여러 건설 프로젝트를 마무리한 이후, 혼잡함이 더 악화되고 있다고 많은 사람들이 주장하고 있습니다."라고 Shelly Allen 시장이 이야기했습니다.

어휘 conduct 실시하다   resident 거주자   express 표현하다   strong interest 큰 관심   request 요청하다   third 셋째의   facility 시설   cool off (더위) 등을 식히다   especially 특히   holiday season 휴가철   public research 공공 연구(소)   carry out 수행하다   city official 시 공무원   demand 수요   current 현재의   once 일단 ~하면   accommodate 수용하다   growing 커지는   public 대중의   insist 시사하다, 주장하다   since ~한 이래로, ~이기 때문에   construction 건설   office complex 사무실 복합단지   residential 거주용의   crowd 사람들, 군중   get worse 악화되다   mayor 시장

---

156. 현재 Upton 시에는 수영장이 몇 개 있는가?

(A) 없음
(B) 1개
(C) 2개
(D) 3개

STEP 1   답은 순서대로 배치된다.

Upton 시에 있는 수영장의 개수를 묻는 문제로, 지문의 전반부에 답이 위치하며 기수 혹은 서수에 집중해야 한다. 상단부의 "Many requested a third facility where the public can cool off, especially on hot summer days, weekends, and during holiday seasons."에서 많은 사람들이 세 번째 수영장의 설립을 요청하고 있음을 알 수 있다. 즉, 현재 Upton 시에 있는 수영장 개수는 2개이므로 정답은 (C)이다.

---

157. 기사에서 연구 조사에 관하여 시사하는 것은 무엇인가?

(A) 그것은 한 달 내로 마무리될 예정이다.
(B) Upton 시의 시장이 그것을 설계할 예정이다.
(C) 그것은 시에서 실시할 예정이다.
(D) 그것은 대중들의 수요를 측정하기 위해 진행될 예정이다.

STEP 1   '사실'인 것을 찾는 문제는 보기의 키워드를 먼저 정리한 후 본문을 검색한다.

suggest, indicate, imply, mention, true 등 사실인 것을 묻는 문제는 보기를 먼저 분석한 후에 보기의 내용과 본문의 내용을 비교·대조해 정답을 파악해야 한다. 보기의 키워드를 먼저 (A) completed within a month (B) designed, mayor (C) conducted, city (D) measure public demand로 정리한다.
지문의 "This is why Opal Public Research will carry out a survey ~ and when people usually visit the current facilities"에서 Opal Public Research는 해당 조사로 공무원들이 신규 수영장 시설과 관련하여 대중들의 수요를 파악하게 될 것임을 언급했다. 즉, 세 번째 수영장 신축에 대한 사람들의 수요를 파악하기 위해 진행되는 것으로 정답은 (D)이다.

STEP 2 오답 분석

(A) 지문의 "Opal Public Research will carry out a survey starting on Wednesday"에서 설문조사는 수요일부터 실시되는 게 언급되었지만, 끝나는 시점은 언급되지 않았으므로 오답이다.

(B), (C) 지문의 "Opal Public Research will carry out a survey starting on Wednesday"에서 해당 설문조사를 실시하는 기관은 Opal Public Research로 오답이다.

---

158. [1], [2], [3], [4]로 표시된 자리 중에서 다음 문장이 들어가기에 가장 알맞은 위치는 어디인가?

"하지만, 시설이 건설되기 전에, 자료가 수집되어야 합니다."

(A) [1]

(B) [2]

(C) [3]

(D) [4]

STEP 1 '문맥' 추가 문제는 위치와 연결어가 관건이다.

문장이 들어가기 위해서는 해당 위치 위아래로 연결어가 확보되는 것이 관건이다. 비즈니스 문서는 한 가지 정보를 한 번에 같이 언급하므로 문단별로 주제어를 확보하고 관련 주제에 맞는 위치에 문장을 추가한다.

[2]번 뒤 문장인 "This is why Opal Public Research ~ people usually visit the current facilities"에서 Opal Public Research에서 수영장 관련 조사를 진행하는 이유를 언급하였다. 즉, 수영장을 건설하기 전에 대략적인 조사 목표를 설명하고, 구체적인 목표를 언급하였으므로 정답은 (B)이다.

Questions 159-160 refer to the following online chat discussion.

Golders Appliance Staff 10:10 A.M.
Good morning. This is Shelly on behalf of Golders Appliance customer service. How may I help you?

> **159** downloading the software program
> → install some equipment

Vicky Acosta 10:11 A.M.
I'm having difficulties **downloading the software program** to connect a new wireless sound device with my computer.

Golders Appliance Staff 10:12 A.M.
What's the name of the sound device you purchased?

Vicky Acosta 10:13 A.M.
It's called S-1000 WS. I can't locate its serial number, which is needed for the download process.

> 오답 함정 160-B
> 이미 사용자 매뉴얼을 가지고 있다.

Golders Appliance Staff 10:14 A.M.
Do you have the **user manual** with you? **If you look at the front cover, you'll find a label with the number.**

160

Vicky Acosta 10:15 A.M.
Oh, I should have checked it! Wait a second, please.

Golders Appliance Staff 10:17 A.M.
There should be a 10-digit number. Have you found it?

Vicky Acosta 10:18 A.M.
Yes, I have. Thank you so much.

Golders Appliance Staff 10:19 A.M.
My pleasure.

---

159. What does Ms. Acosta want to do?
(A) Return some speakers
(B) Order a computer device
(C) Install some equipment
(D) Design a new device

Acosta 씨 / 원하는 일 / 상
└. Acosta 씨의 대사에 정답이 있다.

160. At 10:15 A.M., what does Ms. Acosta most likely mean when she writes, "I should have checked it"?
(A) She will speak with another service representative.
(B) She did not receive an instruction manual.
(C) She had not thought about the staff's idea.
(D) She should have bought another model.

화자 의도 파악 문제
└. 주어진 문장의 'it'이 무엇인지 파악하자.

문제 159-160은 다음 온라인 대화 메시지를 참조하시오.

Golders Appliance 직원 (오전 10시 10분)
안녕하세요. 저는 Golders Appliance 고객 서비스 부서에서 근무하는 Shelly입니다. 무엇을 도와드릴까요?

Vicky Acosta (오전 10시 11분)
제 컴퓨터와 무선 사운드 장치를 연결하는 소프트웨어 다운로드에 문제가 있습니다.

Golders Appliance 직원 (오전 10시 12분)
구매하신 사운드 장치의 이름은 무엇인가요?

Vicky Acosta (오전 10시 13분)
S-1000 WS입니다. 일련번호를 찾을 수가 없어요. 다운받는 과정에서 필요한데 말이죠.

Golders Appliance 직원 (오전 10시 14분)
사용자 설명서 갖고 계신가요? 앞쪽 표지를 보시면, 번호가 적힌 라벨지를 확인하실 수 있습니다.

Vicky Acosta (오전 10시 15분)
오, 그것을 확인해 봤어야 했네요! 잠시만 기다려 주세요.

Golders Appliance 직원 (오전 10시 17분)
거기에 10자리 숫자가 있을 겁니다. 찾으셨나요?

Vicky Acosta (오전 10시 18분)
네, 찾았습니다. 대단히 감사합니다.

Golders Appliance 직원 (오전 10시 19분)
도움이 되어 기쁩니다.

어휘 on behalf of ~을 대표하여 customer service 고객 서비스 부서 have difficulty (in) V-ing ~하는 데 어려움이 있다 connect 연결하다 wireless 무선의 purchase 구매하다 locate ~의 정확한 위치를 찾아내다 serial number 일련번호 process 과정 user manual 사용 설명서 look at ~을 보다 front 앞쪽의 cover 표지 should have p.p. ~했어야 했는데(안 해서 안타깝다) digit 숫자

---

159. Acosta 씨는 무엇을 하기를 원하는가?
(A) 스피커 반납
(B) 컴퓨터 장치 주문
(C) 장비 설치
(D) 신형 장치 제작

STEP 1 online chat은 등장인물들의 담당 업무와 진행되는 일의 상황을 파악해야 한다.

대화 중 누가 누구에게 어떤 업무를 지시했는가에 대한 사실 관계 혹은 현재 진행 상황과 문제점, 다음에 할 일 등에 대한 정보를 정리해야 한다. Acosta 씨가 하고 싶은 일이 무엇인지 묻는 문제로, Acosta 씨의 대사에 정답이 있다.
대화의 "I'm having difficulties downloading the software program to connect a new wireless sound device with my computer."에서 신형 무선 사운드 장치와 컴퓨터를 연결하는 소프트웨어 프로그램을 다운받는 데 어려움을 겪고 있음을 언급하였다. 즉, Acosta 씨가 하고 싶은 일은 소프트웨어 설치로 정답은 (C)이다. equipment는 장비, 용품 이외에도 '설치 과정'을 언급할 때 사용한다.

STEP 2   오답 분석

(A)는 지문에서 언급되지 않았으므로 오답이다.

(B) 지문의 a new wireless sound device는 computer device로 paraphrasing될 수 있지만, 이미 무선 사운드 장치를 구매한 것으로 오답이다.

(D) 지문의 "downloading the software program to connect a new wireless sound device"에서 새로운 장치(a new device)를 구입한 것으로 오답이다.

---

160. 오전 10시 15분에 Acosta 씨가 "I should have checked it(그것을 확인해 봤어야 했네요)"라고 적었을 때 의미하는 것은 무엇인가?

(A) 그녀는 다른 서비스 직원과 통화할 예정이다.

(B) 그녀는 사용 설명서를 받지 못했다.

(C) 그녀는 직원이 말해 준 방안에 대해서는 미처 생각하지 못했다.

(D) 그녀는 다른 제품을 구매했어야 했다.

STEP 1   온라인 채팅의 '의도' 문제는 위아래 연결어가 있거나 전체적인 상황을 포괄적으로 묘사하는 것이 정답이다.

온라인 채팅의 대화에서는 등장인물들의 관계와 입장을 먼저 정리하고, 해당 위치의 위아래 문맥을 파악하여 포괄적인 정답을 찾는 것이 관건이다. 기준 문장의 대명사 it이 무엇인지 파악해야 한다.

지문 상단부에서 Acosta 씨는 구매한 무선 사운드 장치와 컴퓨터를 연결하는 프로그램 설치 과정에서 필요한 일련번호를 찾지 못하고 있음을 언급하였다. 이전 Golders Appliance 직원의 대사 "Do you have the user manual with you? If you look at the front cover, you'll find a label with the number."에서 사용자 설명서의 앞쪽 표지에 Acosta 씨가 찾고 있는 일련번호가 적혀 있음을 언급하였다. 이어서 Acosta 씨는 기준 문장인 "오, 그것을 확인해 봤어야 했네요!"라고 대답한다. 즉, it은 사용자 설명서를 가리키는 것으로, 상담원이 언급한 해결 방안을 미처 생각해 보지 못했다는 변명을 하고 있다. 따라서 정답은 (C)이다.

STEP 2   오답 분석

(A), (D)는 지문에서 언급되지 않았으므로 오답이다.

(B) 지문의 "Do you have the user manual with you? ~ I should have checked it!"에서 Acosta 씨는 사용자 설명서를 갖고 있음을 확인할 수 있으므로 오답이다.

Questions 161-163 refer to the following e-mail.

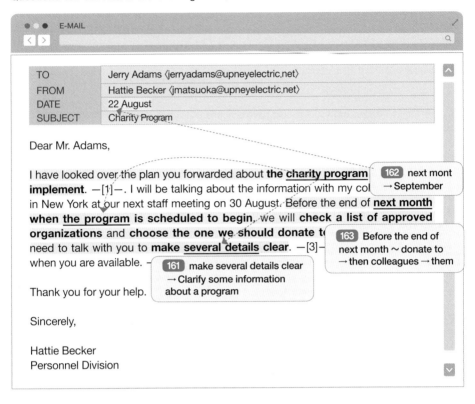

E-MAIL

TO   Jerry Adams ⟨jerryadams@upneyelectric.net⟩
FROM   Hattie Becker ⟨jmatsuoka@upneyelectric.net⟩
DATE   22 August
SUBJECT   Charity Program

Dear Mr. Adams,

I have looked over the plan you forwarded about **the charity program** [162] next mont implement. —[1]—. I will be talking about the information with my col →September in New York at our next staff meeting on 30 August. Before the end of **next month when the program is scheduled to begin,** we will **check a list of approved organizations** and **choose the one we should donate t** [163] Before the end of need to talk with you to **make several details clear.** —[3]— next month ~ donate to when you are available. — [161] make several details clear →then colleagues →them →Clarify some information Thank you for your help. about a program

Sincerely,

Hattie Becker
Personnel Division

---

161. What does Ms. Becker want Mr. Adams to do?
(A) Arrange a meeting with employees in New York
(B) Participate in a donation program
(C) Clarify some information about a program
(D) Review application forms for an open position

Becker 씨 / 요청
└, 하단부 요구 사항에 집중한다.

162. What is suggested about the firm's charity program?
(A) It will be held internationally.
(B) It will take place once a year.
(C) It will go into effect in September.
(D) It is limited to employees in the New York branch.

키워드
the firm's charity program
└, 또 다른 키워드
next month에 집중한다.

163. In which of the position marked [1], [2], [3], and [4] does the following sentence best belong?
"We will then notify them of our intention."
(A) [1]
(B) [2]
(C) [3]
(D) [4]

문맥 추가 문제
└, then, them이 가리키는
말을 찾자.

문제 161-163은 다음 이메일을 참조하세요.

수신	Jerry Adams 〈jerryadams@upneyelectric.net〉
발신	Hattie Becker 〈jmatsuoka@upneyelectric.net〉
날짜	8월 22일
제목	자선 프로그램

Adams 씨께

저희 기업에서 실시 예정인 자선 프로그램과 관련해 전달해 주신 계획서를 검토했습니다. ― [1] ―. 8월 30일 이곳 뉴욕에서 진행되는 다음 직원회의에서 제 동료들과 함께 해당 정보에 대해 이야기를 나눌 예정입니다. 해당 프로그램이 시작되는 다음 달 말 전까지, 승인받은 기관 명단을 확인하여 기부하려는 기관을 선정할 겁니다. ― [2] ―. 하지만, 당신과 몇 가지 세부사항을 분명히 하고자 이야기를 나눠야겠습니다. ― [3] ―. 언제 시간이 나는지 저에게 알려주십시오. ― [4] ―.

도와주셔서 감사합니다.

Hattie Becker 올림
인사과

어휘 look over 검토하다 forward 전달하다 firm 회사 implement 시행하다 colleague 동료 be scheduled to do ~할 예정이다 approve 승인하다 organization 조직, 기관 donate to ~에 기부하다 detail 세부사항 available 시간이 있는

---

161. Becker 씨는 Adams 씨가 무엇을 하기를 원하는가?

(A) 뉴욕에서 직원들과의 회의 준비하기
(B) 기부 프로그램에 참가하기
(C) 프로그램에 관한 몇 가지 정보를 명확히 하기
(D) 공석에 대한 지원서 검토하기

STEP 1　목적은 처음 2~3줄에 정답이 있을 확률이 90%이며, 하단부 요구 사항에 정답이 있을 확률은 10%이다.

편지의 지문이 짧은 경우에는 종종 지문의 하단부에 본론이 나온다. 따라서 하단부에 요구 사항이나 부탁, 제안 등의 표현으로 목적이 제시된다. 지문의 "I have looked over the plan you forwarded about the charity program our firm will implement."와 "I need to talk with you to make several details clear"에서 Becker 씨는 Adams 씨에게 전달받은 자선 프로그램 계획서의 세부사항을 논의하고 싶음을 표현하였으므로 정답은 (C)이다. 지문의 make several details clear는 보기에서 clarify some information으로 paraphrasing되었다.

STEP 2　오답 분석

(A) 지문의 "I will be talking about the information with my colleagues here in New York at our next staff meeting on 30 August."에서 뉴욕에서 진행 예정인 회의는 이미 준비되어 있음을 확인할 수 있으므로 오답이다.
(B) 지문의 "the charity program our firm will implement"에서 자선 프로그램은 Becker 씨와 Adams 씨가 근무하고 있는 회사에서 진행 예정인 것이지만, Becker 씨가 Adams 씨에게 참가를 요청한 것은 아니므로 오답이다.
(D) 지문의 "I have looked over the plan you forwarded about the charity program our firm will implement."와 "I need to talk with you to make several details clear"에서 Becker 씨와 Adams 씨는 취업 지원서가 아닌 자선 프로그램 관련 세부사항을 검토할 것으로 오답이다.

162. 회사의 자선 프로그램에 관하여 무엇이 언급되고 있는가?

(A) 국제적으로 열릴 예정이다.
(B) 일 년에 한 번 열릴 예정이다.
(C) 9월에 실시될 예정이다.
(D) 뉴욕 지점 직원들에게로 제한된다.

STEP 1   키워드 옆에 정답이 없는 경우는 또 다른 키워드를 남긴다.

문제 중에서 제시된 키워드를 본문에서 찾으면 대부분 그 근처에 정답이 있다. 하지만, 키워드 근처에 있는 내용이 보기 중 정답에 해당하지 않는다면 또 다른 키워드를 남기게 된다. 문제의 키워드 the firm's charity program과 관련된 내용을 지문에서 찾아 보기와 대조하는 문제이지만, 해당 키워드 근처에는 보기 중에 해당하는 내용이 없다. 따라서 근처에 위치한 프로그램 시작 날짜(next month)를 키워드로 정답을 파악해야 한다.

지문의 "Before the end of next month when the program is scheduled to begin"에서 해당 기업의 자선 프로그램은 다음 달 말쯤에 시작될 예정임을 언급하였다. 따라서 이메일을 보낸 날짜가 August 22 즉, 8월 22일이므로 다음 달 9월 말에 진행됨을 알 수 있다. 따라서 정답은 (C)이다.

STEP 2   오답 분석

(A)는 지문에서 언급되지 않았으므로 오답이다.
(B) 지문의 "Before the end of next month when the program is scheduled to begin"에서 다음 달인 9월 말쯤에 행사가 진행될 예정임을 파악할 수 있지만, 행사가 열리는 빈도수에 대한 언급은 없으므로 오답이다.
(D) 지문의 "I will be talking about the information with my colleagues here in New York"에서 뉴욕에서 근무하는 직원들은 언급되었지만, 이 행사에 해당 직원들만이 참가할 수 있다는 내용은 언급되지 않았으므로 오답이다.

---

163. [1], [2], [3], [4]로 표시된 자리 중에서 다음 문장이 들어가기에 가장 알맞은 위치는 어디인가?

"그 후에, 그들에게 저희 의도를 알려줄 예정입니다."

(A) [1]
(B) [2]
(C) [3]
(D) [4]

STEP 1   '문맥 추가 문제'는 지시형용사, 지시대명사, 부사들이 정답을 연결한다.

기준 문장에서 지시형용사나 지시대명사가 언급되었다면, 빈칸 위아래에서 해당 지시형용사나 대명사가 지칭하는 것을 찾아서 연결해야 한다. 접속사, 전치사, 부사, 접속부사들은 앞뒤 문맥의 연결 관계 즉, 추가/역접/대조/인과/순접 등의 관련성을 설명한다.

기준 문장의 부사 then과 대명사 them이 가리키는 것이 무엇인지 파악해야 한다. [2]번 앞 문장인 "Before the end of next month ~ choose the one we should donate to"에서 발신자인 Becker 씨는 수신자인 Adams 씨와 함께 승인받은 기관을 확인하여 기부할 기관을 선정할 것이라는 미래 계획을 언급하였다. 즉, 대명사 them은 기업의 직원들을, then은 구체적인 내용이 확정된 시기를 가리킨다. 기부 기관 선정 이유는 our intention으로 paraphrasing한 것으로 정답은 (B)이다.

Questions 164-167 refer to the following Web site.

Della Public
Your Insight is Important

164

Della Public has been gathering public opinions by carrying out polls on **current** social issues for about two decades. We conduct our polls 1 165-D **telephone interviews** with **people over 19 years old** 165-A g in particular polling areas. A special computer is used to **get potential interviewees'** contact information **randomly** 165-B ide an equal opportunity of being reached for every adult in a polling area.

166 All the results of our new polls are releases / biweekly through our Web site → Its Web site is updated every other week ral opinion on national and international issues. All the **results of our new polls** are released to the public **biweekly through our Web site**. If you would like to search by subject, visit the Subject Direction page. If you intend to **use graphics** made by Della Public, such as charts and tables, **click the link** on the Contact Info page to get approval from our copyright division. You will **need to complete an online form** asking information about where and how the materials will be used. O 167 complete an online u will receive a response from us within a day. form → leaving details online

---

164. In the Web site, the word "**current**" in paragraph 1, line 1, is closest in meaning to
(A) flow
(B) present
(C) exceptional
(D) passing

동의어 찾기 문제
ㄴ. 단어를 기준으로 앞뒤 문장을 확인하자.

165. What is NOT mentioned about **people participating in polls**?
(A) They need to be over a certain age.
(B) They are chosen at random.
(C) They prefer to be interviewed in person.
(D) They express their opinions via telephone.

NOT / 여론조사 참가자
ㄴ. NOT Question은 소거법을 이용하자.

166. What is suggested about Della Public?
(A) It releases various publications.
(B) It has more than one branch in the nation.
(C) Its Web site is updated every other week.
(D) It will contact potential employees soon.

키워드 Della Public
ㄴ. 문제와 보기의 키워드를 정리한 후 본문을 검색하자.

167. How can people get approval to use graphics?
(A) By visiting the Subject Direction page
(B) By leaving details online
(C) By downloading some charts
(D) By calling the copyright division

How / use graphics / 하
ㄴ. 지문의 하단부 미래 표현에 집중하자.

문제 164-167은 다음 웹사이트를 참조하세요.

Della Public
여러분의 통찰력이 중요합니다

Della Public은 약 20년 가까이 현재 사회 문제와 관련한 여론조사를 실시하여 대중들의 의견을 수집하고 있습니다. 저희는 투표 지역에 거주하고 있는 19세 이상 성인들과의 전화 인터뷰로 여론조사를 진행합니다. 투표 지역에 거주하는 모든 성인들에게 동일한 기회를 제공하고자 특수 컴퓨터를 이용해 무작위로 잠재적인 인터뷰 대상자의 연락처를 얻고 있습니다.

국내 및 국제적인 문제에 대한 대중들의 일반적인 의견을 확인하시려면 Della Public 여론조사 페이지를 확인해 주세요. 새로운 여론조사 결과가 웹사이트를 통해 격주로 대중들에게 공개되고 있습니다. 주제별로 검색하시려면, Subject Direction 페이지를 방문해 주십시오. Della Public에서 제작한 차트와 표 같은 시각 자료를 사용하시려면, Contact Info 페이지의 링크를 클릭하여 저작권 부서에서 승인을 받으십시오. 여러분들은 해당 자료를 어디서 어떻게 사용할 지를 묻는 온라인 양식을 작성하셔야 합니다. 일단 해당 서류를 제출하시게 되면, 하루 내로 저희 측으로부터 답변을 받으실 겁니다.

어휘 insight 통찰력 public opinion 여론 carry out 수행하다 poll 여론조사 current 현재의 social issue 사회 문제 decade 10년 conduct 시행하다, 수행하다 reside ~에 거주하다 polling area 투표 지역 be used to do ~하기 위해 사용되다 potential 가능성 있는, 잠재적인 interviewee 인터뷰 대상자 contact information 연락처 randomly 무작위로 equal 동일한, 평등한 general opinion 일반적인 견해, 여론 national 국내의 international 국제적인 release 공개하다, 발표하다 biweekly 격주로 subject 주제 intend to do ~할 작정이다, ~할 생각이다 approval 인정, 찬성 complete 완성하다 once 일단 ~하면 submit 제출하다 receive a response 대답을 듣다 within ~ 이내에

---

164. 웹사이트에서, 첫 번째 단락 첫 번째 줄의 "current"와 의미가 가장 가까운 것은?

(A) 흐르다
(B) 현재의
(C) 예외적인
(D) 흘러가는

STEP 1   동의어는 문맥상 대체할 수 있는 단어를 찾는 것이다.

보기에서 일차원적으로 같은 의미의 단어를 찾는 것이 아니라 그 단어의 다양한 의미 중에서 본문의 상황에 맞는 의미를 선택해야 한다. 해당 문장인 "Della Public has been gathering public opinions by carrying out polls on current social issues for about two decades."에서 Della Public은 '현재' 사회 문제와 관련한 여론조사를 실시하고 있음을 언급하고 있다. 따라서 '현재의, 지금의'를 뜻하는 (B)가 정답이다.

---

165. 여론조사 참가자에 관하여 언급되지 <u>않은</u> 것은 무엇인가?

(A) 그들은 특정 연령 이상이어야 한다.
(B) 그들은 무작위로 선정된다.
(C) 그들은 직접 인터뷰하는 걸 선호한다.
(D) 그들은 전화로 그들의 생각을 표현한다.

STEP 1   NOT Question은 소거법을 이용한다.

언급되지 않는 것을 묻는 문제로 지문의 언급된 것을 보기와 대조해 소거한 후 정답을 남긴다.
지문의 "We conduct our polls through telephone interviews with people over 19 years old"에서 참가자들은 19세 이상의 성인이어야 하며(A), 전화로 인터뷰가 진행됨(D)을 확인할 수 있다. 또 지문의 "A special computer is used to get potential interviewees' contact information randomly"에서 특수 컴퓨터를 사용하여 인터뷰 대상자가 무작위로 선정됨(B)을 알 수 있다.

지문의 "We conduct our polls through telephone interviews with people over 19 years old"에서 인터뷰는 개별 면접이 아닌, 유선상으로 이루어지는 것이므로 정답은 (C)이다.

---

166. Della Public에 관하여 언급된 것은 무엇인가?

(A) 다양한 서적을 출시한다.
(B) 국내에 지점이 두 개 이상이다.
(C) 웹사이트가 격주로 업데이트 된다.
(D) 곧 잠재적인 직원과 연락을 취할 예정이다.

STEP 1 　'사실'인 것을 찾는 문제는 보기의 키워드를 먼저 정리한 후 본문을 검색한다.

사실인 것을 묻는 문제는 보기를 먼저 분석한 후, 보기의 키워드를 찾아서 보기의 내용과 본문의 내용을 비교 대조하여 정답을 파악해야 한다. 지문의 "All the results of our new polls are released to the public biweekly through our Web site."에서 여론조사 결과가 격주로 웹사이트에 게시됨을 알 수 있으므로 정답은 (C)이다. 지문의 구체적인 어휘 all the results of our new polls are released, biweekly through our Web site는 보기의 포괄적인 어휘 its Web site is updated every other week로 paraphrasing되었다.

STEP 2 　오답 분석

(A), (B)는 지문에서 언급되지 않은 것으로 오답이다.
(D) 지문의 "We conduct our polls through ~ contact information randomly"에서 여론조사를 실시하는 Della Public은 특수 컴퓨터를 사용해 잠재적인 직원이 아닌, 19세 이상 인터뷰 대상자들과 유선으로 인터뷰를 진행하고 있음을 파악할 수 있으므로 오답이다.

---

167. 사람들은 어떻게 시각 자료 사용 승인을 받을 수 있는가?

(A) Subject Direction 페이지를 방문함으로써
(B) 온라인에 세부사항을 남김으로써
(C) 차트를 다운로드 함으로써
(D) 저작권 부서에 전화함으로써

STEP 1 　추후 연락처/연락 방법/지원 방법 등은 지문의 하단부에 답이 있다.

연락할 방법, 연락해야 하는 이유 등은 지문의 하단부에 정답이 있으며, 본문 중에서 If (~한다면), Please ~ (~하세요), You should ~ (~하셔야 해요) 등의 표현을 찾아야 한다. 지문의 "If you intend to use graphics ~ how the materials will be used"에서 Della Public에서 제작한 시각 자료를 사용하려면, 온라인 양식을 작성해 저작권 부서의 승인을 받아야 함이 언급되어 있다. 즉, 시각 자료 사용을 원하는 사람들이 해야 할 일은 (B)이다. 지문의 complete an online form은 보기의 leaving details online으로 paraphrasing되었다.

STEP 2 　오답 분석

(A) 지문의 "If you would like to search by subject, visit the Subject Direction page"에서 Subject Direction 페이지에서는 여론조사를 주제별로 검색할 수 있는 것이므로 오답이다.
(C)는 승인을 받은 이후의 일이므로 오답이다.
(D) 지문의 "If you intend to use ~ about where and how the materials will be used"에서 시각 자료의 사용 여부를 최종적으로 결정하는 곳은 저작권 부서이며, 해당 부서에서 서류 작성자에게 연락하는 것이므로 오답이다.

Questions 168-170 refer to the following memo.

To: All Office Clerks
From: Esther Alvarez
Re: Saving expenses

168 cut down on our office supplies
→ a concern about expenses

Reviewing the last few months' expense report. I realized that we need to **cut down on our office supplies**. In particular, copying **169** minimize the use of color ink us save a lot. We often make unnecessary cc cartridges → print ~ in black and white as spreadsheets, meeting notes, and draft contracts. —[1]—. **Please minimize the use of color ink cartridges** and reserve them for when we need to make **visually appealing material**. —[2]—. Documents in color are more appealing and eye-

170 visually appealing material → promotional hasing color ink cartridges incurs more booklets = one excellent example y will allow us to save enough money to use for such things as company events and business trips. —[3]—. Rather than getting approval from department managers every time, I would like to recommend that staff members make decisions on their own about copying or printing. —[4]—. Thank you in advance for your cooperation.

---

168. Why has the memo been written?
(A) To notify employees of a mistake in a contract
(B) To solicit opinions about a new procedure
(C) To report next month's budget
(D) To alert workers to a concern about expenses

목적 / 상
ㄴ. 첫 두 줄에 집중한다.

169. What does Ms. Alvarez suggest staff members do?
(A) Lean how to repair copy machines
(B) Print regular documents in black and white
(C) Encourage colleagues to join a company event
(D) Complete spreadsheets by hand

Ms. Alvarez / 제안
ㄴ. 권유/제안 표현에 집중한다.

170. In which of the positions marked [1], [2], [3], and [4] does the following sentence best belong?
"**Promotional booklets aimed at potential customers are one excellent example**."
(A) [1]
(B) [2]
(C) [3]
(D) [4]

문맥 추가 문제
ㄴ. one excellent example을 가리키는 말을 찾자.

문제 168-170은 다음 메모를 참조하세요.

수신 : 전 사무원
발신 : Esther Alvarez
답장 : 지출 비용 절약
날짜 : 5월 16일 수요일

지난 몇 달의 경비 보고서를 검토해 보고, 전 우리 모두 사무용품 소비를 줄여야 한다는 걸 알게 되었습니다. 특히, 서류를 덜 복사하거나 인쇄하는 것이 비용 절약에 많이 도움이 될 것입니다. 스프레드시트, 회의록 및 계약서 초안 같은 일반 문서를 불필요하게 자주 컬러로 복사하고 있습니다. — [1] —. 컬러 잉크 카트리지의 사용을 최소화하여 시각적으로 멋져 보여야 하는 자료를 만들어야 하는 경우를 위해 남겨 주십시오. — [2] —. 컬러로 인쇄된 서류가 흑백으로 인쇄된 서류보다 더 매력적이고 눈길을 사로잡지만, 컬러 잉크 카트리지 구매에 많은 비용이 발생합니다. 카트리지 교체 횟수를 줄이는 것으로 회사 행사와 출장 같은 항목에 사용할 수 있는 충분한 비용을 마련할 수 있을 것입니다. — [3] —. 매번 부서 책임자에게 승인을 받기보다는, 직원 여러분 스스로 복사나 인쇄 여부에 관한 결정을 내려주셨으면 합니다. — [4] —. 협조해 주신 점에 미리 감사드립니다.

어휘 **expense** 경비, 지출 비용 **review** 검토하다 **expense report** 경비 보고서, 지출 품의서
realize 깨닫다, 알아차리다 **cut down on** ~을 줄이다 **office supplies** 사무용품 **in particular** 특히, 특별히
document 서류, 문서 **make a copy of** ~을 복사하다 **unnecessary** 불필요한 **regular** 일반적인, 평범한
meeting notes 회의록 **draft** 초안 **contract** 계약서 **minimize** 축소하다 **reserve** 비축하다
visually 시각적으로 **appealing** 매력적인 **material** 자료 **eye-catching** 눈길을 끄는 **incur** 초래하다
replace 교체하다 **frequently** 자주, 흔히 **business trip** 출장 **rather than** ~보다는, ~ 대신에 **approval** 승인
make a decision 결정을 하다 **on one's own** 혼자서, 단독으로 **cooperation** 협력, 협조

---

168. 왜 메모가 작성되었는가?

(A) 직원들에게 계약서 오류 사항을 알리기 위해서
(B) 신규 절차 관련한 의견을 수렴하기 위해서
(C) 다음 달 예산을 보고하기 위해서
(D) 직원들에게 비용 관련 문제를 의식하게 하기 위해서

STEP 1   목적은 처음 두 줄에 90% 답이 있다.

메모를 작성한 이유를 묻고 있다. 지문의 "Reviewing the last few months' expense report, I realized that we need to cut down on our office supplies."에서 지난 몇 달 간의 경비 보고서 검토를 통해, 사무용품에 너무 많은 비용이 지출되었음을 언급하였다. 즉, 화자는 간접적으로 비용 절감을 요청하고 있으므로 정답은 (D)이다. 지문의 구체적인 어휘 cut down on our office supplies는 보기의 포괄적인 어휘 concern about expenses로 paraphrasing되었다.

STEP 2   오답 분석

(A) 지문의 "Reviewing the last ~ office supplies"는 계약서에서 발견된 오류가 아닌, 직원들에게 비용 절감 방법을 안내하는 것으로 오답이다.
(B)는 지문에서 언급되지 않았으므로 오답이다.
(C) 지문의 "Reviewing the last ~ office supplies"에서 다음 달 예산이 아닌, 최근 몇 개월 간의 지출 내역을 보고 이에 대한 해결책을 제시하는 것이므로 오답이다.

169. Alvarez 씨는 직원들에게 무엇을 하라고 제안하는가?

(A) 복사기 수리 방법 배우기

(B) 흑백으로 일반 서류 인쇄하기

(C) 동료들에게 회사 행사 참가 권유하기

(D) 수기로 스프레드시트 마무리하기

STEP 1   요구사항은 주로 Please ~, If you ~, 명령문으로 언급된다.

요구 사항은 주로 〈require/ask/invite/encourage + 목적어 + to do〉의 형태나 must/should/have to/need to 등으로 말한다. 발신자인 Alvarez 씨가 직원들에게 요청한 것이 무엇인지 묻는 문제로, 첫 두 줄에서 간접적으로 사무 용품에 소비되는 비용 절감을 요청하고 있다. 이어서 "We often make unnecessary color copies ~ and draft contracts"와 "Please minimize ~ visually appealing material"에서 시각적으로 멋져 보여야 하는 자료를 만들 때를 위해 컬러 잉크 사용을 최소화해 달라고 직원들에게 요청하고 있다. 즉, Alvarez 씨는 흑백으로 복사 또는 인쇄를 권장하고 있으므로 정답은 (B)이다.

STEP 2   오답 분석

(A) 지문의 "Please minimize ~ visually appealing material"과 "Replacing cartridges less frequently ~ company events and business trips"에서 복사기 수리 방법이 아닌, 비용을 절감할 수 있는 방법을 언급하고 있으므로 오답이다.

(C) 지문의 "Please minimize ~ visually appealing material"에서 Alvarez 씨는 회사 행사 참여가 아닌 컬러 잉크 사용 자제를 요청하고 있으므로 오답이다.

(D) 지문의 "We often make unnecessary color copies of regular documents, such as spreadsheets, meeting notes, and draft contracts."에서 spreadsheets가 언급되었지만, Alvarez 씨가 스프레트시트를 수기로 마무리하라고 요청한 건 아니므로 오답이다.

170. [1], [2], [3], [4]로 표시된 자리 중에서 다음 문장이 들어가기에 가장 알맞은 위치는 어디인가?

"잠재 고객들을 대상으로 한 홍보용 책자가 좋은 예시입니다."

(A) [1]

(B) [2]

(C) [3]

(D) [4]

STEP 1   문맥 추가 문제는 지시형용사, 지시대명사, 부사들이 정답을 연결한다.

기준 문장에서 지시형용사나 지시대명사가 언급되었다면, 빈칸 위아래에서 해당 지시형용사나 대명사가 지칭하는 것을 찾아서 연결해야 한다. 접속사, 전치사, 부사, 접속부사들은 앞뒤 문맥의 연결 관계 즉, 추가/역접/대조/인과/순접 등의 관련성을 설명한다.

기준 문장의 부정 형용사 one과, 이것이 수식하는 명사 example이 무엇을 가리키는지를 정확하게 파악해야 한다. [2]번 앞 문장인 "Please minimize the use of color ink cartridges and reserve them for when we need to make visually appealing material."에서 시각적으로 매력적인 자료를 만들 경우를 위해 컬러 잉크의 사용을 최소화해 달라고 요청하고 있다. 즉, 홍보용 책자는 시각적으로 매력적으로 보여야 하고, 컬러 잉크 사용이 가능한 구체적인 예시이므로 정답은 (B)이다.

Questions 171-172 refer to the following information.

Attention Gloucester Citizens

The Gloucester City Business Directory is getting larger and larger, and has started to take up too much space in the local newsletter. Therefore, **the directory** will **not be printed on paper any longer,** and **instead it will be provided online**.

The directory will be available at www.glouces... Once it is posted, we advise you to check that your information is accurate. If there is any **outdated information, mistake, or link that is not working properly**, please inform **me** so that I may **correct the problem** promptly.

> 171 will be provided online
> → will be posted only on a Web site

> 172 correct the problem
> → update information

Thank you for your attention.

Brett Armstrong
Gloucester City Council
9943-3321

171. How will the business directory be changed?
(A) Its listings will be shortened.
(B) Its distribution date will be postponed.
(C) It will be posted only on a Web site.
(D) It will be issued by the city council.

변경 사항 / 상
└, 지문의 상단부에 답이 위치한다.

172. According to the information, why might business owners contact Mr. Brett?
(A) To apply for a subscription
(B) To update information on their business
(C) To attend a council meeting
(D) To get approval to access a Web site

이유 / Mr. Brett와 연락 / 하
└, 지문 하단부 권유, 제안 표현에 집중한다.

문제 171-172는 다음 안내문을 참조하세요.

Gloucester 시민은 주목해 주세요!

Gloucester 시의 비즈니스 명부 규모는 점점 커져 가고 있으며, 지역 소식지에서 너무 많은 자리를 차지하기 시작했습니다. 그래서 해당 명부는 더 이상 용지에 인쇄되지 않을 것이며, 대신에 온라인으로 제공될 것입니다.

다음 주부터 명부는 www.gloucesterdirectory.com에서 이용하실 수 있습니다. 명부가 게시되면, 여러분과 관련한 정보가 정확한지 확인해 주십시오. 예전 정보, 실수 혹은 정상적으로 작동하지 않는 링크가 있다면, 그 문제를 바로 수정할 수 있도록 즉시 알려주십시오.

여러분의 관심에 감사드립니다.

Brett Armstrong 올림
Gloucester 시의회
9943-3321

어휘 **business directory** 비즈니스 안내책자/명부 **take up** 차지하다 **local** 지역의, 현지의 **newsletter** 소식지 **therefore** 그러므로 **available** 이용할 수 있는 **post** 게시하다 **advise** 조언하다, 충고하다 **accurate** 정확한 **outdated** 구식인 **mistake** 실수, 오류 **work** 작동되다 **properly** 제대로, 적절히 **correct** 정정하다 **promptly** 지체 없이

---

171. 비즈니스 명부는 어떻게 바뀔 것인가?

(A) 명단이 축소될 것이다.
(B) 배포 날짜가 연기될 것이다.
(C) 웹사이트에만 게시될 것이다.
(D) 시의회에서 발행할 것이다.

STEP 1   답은 순서대로 배치된다.

비즈니스 명부가 어떻게 변경될 것인지 묻는 첫 번째 문제로, 지문의 상단부에 정답이 있다. 지문의 "The Gloucester City Business Directory is getting ~, and instead it will be provided online"에서 해당 명부는 본래 종이에 인쇄되었지만, 이제는 온라인으로 제공될 거라는 변경 사항을 언급하고 있다. 따라서 정답은 (C)이다. 지문의 will be provided online은 보기의 will be posted on a Web site로 paraphrasing되었다.

STEP 2   오답 분석

(A) 지문의 "The Gloucester City Business Directory is getting larger and larger"에서 해당 비즈니스 명부의 규모가 점점 더 커져 가고 있음이 언급되어 있지만, 명단 축소와 관련된 내용은 언급되지 않았으므로 오답이다.
(B)는 지문에서 언급되지 않았으므로 오답이다.
(D) 비즈니스 명부에 도시 명인 Gloucester가 포함되었지만, 이것으로 시의회에서 발행하는지 여부는 알 수 없으므로 오답이다.

172. 안내문에 따르면, 왜 사업자 대표들이 Brett 씨에게 연락을 할 수도 있겠는가?

(A) 정기 구독을 신청하기 위해서

(B) 기업 관련 정보를 업데이트하기 위해서

(C) 의회 회의에 참석하기 위해서

(D) 웹사이트 접속 승인을 받기 위해서

STEP 1 추후 연락처/연락 방법/지원 방법 등은 지문의 하단부에 답이 있다.

연락할 방법, 연락해야 하는 이유 등은 지문의 하단부에 정답이 있다. 본문 중에서 If (~한다면), Please ~ (~하세요), You should ~ (~해야 합니다) 등의 표현을 찾아야 한다. 지문의 "If there is any outdated ~ so that I may correct the problem promptly"에서 발신자인 Brett 씨는 온라인 명부에 게시된 자료에 문제가 있을 경우, 즉시 정정할 수 있도록 본인한테 연락을 달라고 요청하고 있다. 따라서 정답은 (B)이다.

STEP 2 오답 분석

(A), (C)는 지문에서 언급되지 않았으므로 오답이다.

(D) 지문의 "The directory will be available at www.gloucesterdirectory.com starting next week."에서 웹사이트에서 명부를 확인할 수 있는 것이므로 오답이다.

Questions 173-175 refer to the following schedule.

Seminar: Organizing a Good Team
21 June `175-D`
10:10 A.M. to 3:20 P.M.
$35 per ticket `175-B`

`174` identify ~ goals and find out which parts need to be improved → identifying objectives → Start Point

10:10 A.M. Start Point
In order to **identify** your business's **short- and long-term goals** and **find out which parts need to be improved,** we will **concentrate on** essential **issues most small businesses encounter.** `173`

11:20 A.M. Enhancing Relationships among Employees
Get training on how to create an atmosphere that encourages your employees to cooperate with one another instead of competing.

12:10 P.M. Lunch Time `175-A`
There are two kinds of **meals attendees can choose from**: ham and cheese sandwich or chicken salad.

1:10 P.M. Team-Building Exercise
Work with other attendees to brainstorm ideas that can be used for your own staff members, participating in team-building work in small and large groups.

2:20 P.M. Analysis Skills
Study various approaches to see whether your team-building efforts are causing the effect you intended. Learn how to track your organization's progress by using common office software.

---

173. For whom is the seminar most likely intended?
(A) Unexperienced workers
(B) Small business owners
(C) Recruiting experts
(D) ~~Business reporters~~

세미나 대상자
ㄴ. 지문의 상단부에 정답이 있다.

174. What program includes identifying objectives?
(A) Start Point
(B) Enhancing Relationship among Employees
(C) Team-Building Exercise
(D) Analysis Skills

키워드 identifying objectives
ㄴ. 키워드 앞뒤에서 정답의
근거를 찾자.

175. What is NOT suggested about the seminar?

(A) It provides a break for a meal.

(B) It costs a fee to participate.

(C) It will introduce a piece of new software.

(D) It is scheduled to last only one day.

NOT / seminar
↳ NOT Question은 소거법을 이용하자.

문제 173–175는 다음 일정표를 참조하세요

세미나: 좋은 팀 만들기
6월 21일
오전 10시 10분 - 오후 3시 20분
입장권당 35달러

오전 10시 10분: **시작**
귀사의 단기 및 장기적인 목표를 확인하고, 어떤 부분이 개선되어야 하는지 살펴보기 위해서, 대부분의 소기업이 직면하고 있는 본질적인 문제에 집중해 볼 예정입니다.

오전 11시 20분: **직원간의 관계 개선**
귀사 직원들이 경쟁하는 대신 서로 협력할 수 있는 분위기를 만드는 방법에 대해 교육을 진행할 예정입니다.

오후 12시 10분: **점심 시간**
참석자들이 선택할 수 있는 두 가지 종류의 식사가 있습니다. 햄치즈 샌드위치 또는 치킨 샐러드입니다.

오후 1시 10분: **팀워크 활동**
소규모 및 대규모로 팀워크 활동에 참가하여 다른 참가자들과 귀사의 직원들에게 적용할 수 있는 아이디어를 함께 떠올려 볼 예정입니다.

오후 2시 20분: **분석 기술**
여러분이 팀워크 활동에 쏟은 노력이 의도한 효과를 낳을 수 있는지 확인할 수 있게 다양한 접근법을 연구합니다. 일반 사무 소프트웨어를 사용해 여러분 기업의 진행 상태를 살펴보는 방법을 배워 보세요.

어휘 **organize** 조직하다 **per** ~당(마다) **identify** 확인하다, 알아보다 **short-term** 단기(의) **long-term** 장기(의) **find out** ~을 알아내다, 알게 되다 **improve** 개선하다 **concentrate on** ~에 집중하다 **essential** 본질적인, 근본적인 **issue** 문제 **encounter** 맞닥뜨리다, 부딪히다 **enhance** 높이다, 향상시키다 **relationship** 관계 **among** ~ 중(사이)에 **employee** 직원 **atmosphere** 대기, 분위기 **cooperate** 협력하다 **one another** 서로 **compete** 경쟁하다 **attendee** 참석자 **team-building exercise** 팀워크 활동 **participate in** ~에 참가하다 **analysis** 분석 **various** 다양한 **approach** 접근법 **effort** 노력 **cause** 야기하다, 초래하다 **effect** 영향, 효과 **intend** 의도하다 **track** 추적하다, 뒤쫓다 **progress** 진척, 진행

---

173. 세미나는 누구를 대상으로 하고 있는 것 같은가?

(A) 경험이 부족한 근무자

(B) 소기업 대표

(C) 채용 전문가

(D) 기업 리포터

STEP 1 지문의 대상은 주로 지문의 첫 부분에 위치한다.

해당 일정표의 독자가 누구일지 묻는 문제로 지문의 상단부에서 정답을 파악하자. 지문의 "In order to identify ~ essential issues most small businesses encounter"에서 해당 세미나는 소기업에서 겪을 수 있는 문제점을 중심으로 10시 10분에 세미나가 진행됨을 언급하였다. 즉, 해당 세미나의 대상자는 소기업 대표로 정답은 (B)이다.

STEP 2 오답 분석

(A), (C)는 지문에서 관련 내용이 언급되지 않았으므로 오답이다.
(D) 지문의 "In order to identify ~ essential issues most small businesses encounter"에서 10시 10분 강의를 진행하는 사람의 직업임을 추측할 수 있으므로 오답이다.

---

174. 어떤 프로그램에서 목표를 확인하는가?

(A) 시작
(B) 직원간의 관계 개선
(C) 팀워크 활동
(D) 분석 기술

STEP 1 문제에 나온 키워드 옆에 있는 것이 정답이다.

본문에 있는 정보들 중에 문제에서 제시하는 키워드 옆에 있는 정확한 정보를 찾아내는 것이 관건이다. 문제의 키워드는 identifying objectives로, 목표를 분석하는 세미나 이름을 묻는 문제이다. 지문의 "10:10 A.M. Start Point – In order to identify your business's short- and long-term goals and find out which parts need to be improved"에서 오전 10시 10분 세미나에서는 기업의 단기 및 장기 목표를 분석해, 개선시킬 수 있는 부분을 살펴본다는 개략적인 설명이 언급되어 있으므로 정답은 (A)이다. 본문의 구체적인 어휘 short- and long-term goals는 문제의 포괄적인 어휘 objectives로 paraphrasing되었다.

---

175. 세미나에 관하여 언급되지 <u>않은</u> 것은 무엇인가?

(A) 식사를 할 수 있는 휴식 시간을 제공한다.
(B) 참가하는 데 비용이 든다.
(C) 신규 소프트웨어 하나를 소개할 것이다.
(D) 하루 동안 진행될 예정이다.

STEP 1 NOT Question은 소거법을 이용한다.

언급되지 않은 것을 묻는 문제로 지문에서 언급된 것을 보기와 대조해 소거한 후 정답을 남긴다
(A) 지문의 "12:10 P.M. Lunch Time – There are two kinds of meals attendees can choose from"에서 오후 12시 10분에 참가자들에게 점심 식사가 제공됨이 언급되어 있다.
(B) 지문의 "Seminar: Organizing a Good Team ~ $35 per ticket"에서 해당 세미나의 입장료는 35달러로, 참가자들에게 특정 비용을 받고 있음을 알 수 있다.
(D) 지문의 "Seminar: Organizing a Good Team ~ 10:10 A.M. to 3:20 P.M."에서 해당 세미나는 6월 21일 오전 10시 10분부터 오후 3시 20분까지 진행됨이 언급되어 있다.
지문의 "Learn how to track your organization's progress by using common office software"에서 소프트웨어는 언급되었지만, 신규 소프트웨어가 아닌 일반 사무 관련 소프트웨어로 (C)가 정답이다.

Questions 176-180 refer to the following leaflet and e-mail.

KRDA's Eleventh Annual Interior and Exterior Design Fair

<u>**August 21**</u>-25

Goodge Convention Center, Kingsbury, London

The Ki 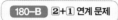 which attracted close to five

thousa → benefits of being a sponsor year's event. This exhibition

is a **cost-effective way of reaching decoration enthusiasts and DIY'ers**, and an

opportuni 179 ①+② 연계 문제 any's business performance.

KRDA is happy to **provide** <u>various benefits</u> **depending on the below levels of corporate sponsorships.** (**For more information, call Mr. Jeff Brady**, at 332-4439-2211. To sign up, send an e- 177 For more information)

→ inquire about further details

Seminar Supporter £950
The honor of presenting the speaker(s) of a seminar will be given to a representative of your organization on the third day of the fair.

Packet Supporter £1250 180-B ②+① 연계 문제
The **logo** of your organization **will be printed on the information packets**, which will be given to each visitor.

Sign Supporter £2200 180-C ②+① 연계 문제
Your organization's sign will be **placed** above the **six refreshment stations in the event hall**, which will be used by a lot of visitors during the event.

178 Welcome Banquet

→ dinner party

Event Supporter £3000
Three representatives of your organization will be invited to KRDA's **Welcome Banquet** on **the first night of the event**.

176 various benefits ~ corporate sponsorships
→ benefits of being a sponsor

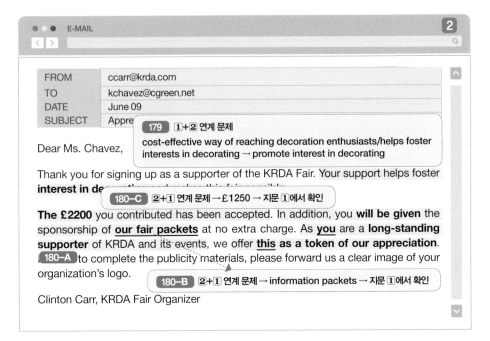

FROM   ccarr@krda.com
TO   kchavez@cgreen.net
DATE   June 09
SUBJECT Appre

Dear Ms. Chavez,

179 ①+② 연계 문제
cost-effective way of reaching decoration enthusiasts/helps foster interests in decorating → promote interest in decorating

Thank you for signing up as a supporter of the KRDA Fair. Your support helps foster **interest in de**

180–C ②+① 연계 문제 → £1250 → 지문 ① 에서 확인

The £2200 you contributed has been accepted. In addition, you **will be given** the sponsorship of **our fair packets** at no extra charge. As **you** are a **long-standing supporter** of KRDA and its events, we offer **this as a token of our appreciation**. 180–A to complete the publicity materials, please forward us a clear image of your organization's logo.

180–B ②+① 연계 문제 → information packets → 지문 ① 에서 확인

Clinton Carr, KRDA Fair Organizer

---

176. What is the purpose of the leaflet?
(A) To report on budgets issues in organizing a business fair
(B) To announce the result of a fundraising activity
(C) To advertise the benefits of being a sponsor for an event
(D) To invite the public to apply for a job opportunity

전단지 목적 / 상: 지문 ①
└. 첫 두 줄에 집중한다.

177. Why should companies contact KRDA's office by phone?
(A) To inquire about further details
(B) To change sponsorship levels
(C) To register for a sponsorship
(D) To find out the exact location of the event

이유 / KRDA 사무실로 전화로 연락
└. 권유/제안 표현에 집중한다.

178. According to the leaflet, what will happen on August 21?
(A) The catering service for refreshment will arrive.
(B) Equipment for the event will be installed in the center.
(C) A dinner party will take place.
(D) A variety of social events will be held.

키워드 August 21: 지문 ①
└. 키워드 앞뒤에서 정답의 근거를 찾자.

179. What is indicated about KRDA's event?
(A) It is to promote interest in decorating.
(B) It drew more than 5,000 visitors last year.
(C) It receives funding from the Kingsbury city council.
(D) It takes place in a different city each year.

키워드 KRDA's event
└. 문제와 보기의 키워드를 정리한 후 본문을 검색하자.

180. What is NOT suggested about Ms. Chavez's company?
(A) It has contributed to KRDA's events more than once.
(B) Its logo will be featured on information packets.
(C) Its name will be shown in some of the areas in the center.
(D) It will donate furniture for the fair.

NOT/ Ms. Chavez's company
└. NOT Question은 소거법을 이용하자.

문제 176-180은 다음 전단지와 이메일을 참조하세요.

제 11회 연례 KRDA 실내외 디자인 박람회
8월 21일 - 25일
Goodge Convention Center, Kingsbury, London

1

작년에 거의 5천 명 방문객들을 유치한 Kingsbury Region Decorating Association (KRDA Kingsbury 지역 장식 협회)가 기업들에게 올해 행사의 후원을 요청 드립니다. 이번 전시회는 장식에 열광하는 팬들과 직접 만드는 사람들에게 영향을 미칠 수 있는 비용 대비 효과적인 방법이며, 귀사의 영업 실적을 향상시킬 수 있는 기회입니다.

KRDA는 아래의 기업 후원 수준에 따라 다양한 혜택을 제공할 수 있게 되어 기쁩니다. (더 자세한 정보는 332-4439-2211로 Jeff Brady 씨에게 연락 주십시오. 신청하시려면, exhibitsupport@krda.com으로 이메일을 보내주십시오.)

세미나 후원자 - 950파운드
기업 대표 한 분에게 세미나 발표자가 되는 영광을 드릴 것이며, 해당 행사는 박람회 셋째 날에 진행될 예정입니다.

자료집 후원자 - 1250파운드
기업 로고가 각 방문객들에게 제공되는 자료집에 인쇄될 예정입니다.

간판 후원자 - 2200파운드
행사 기간 동안 기업 간판이 행사장에서 많은 방문객들이 이용하는 여섯 개의 다과 서비스 구역 위쪽에 놓일 예정입니다.

행사 후원자 - 3000파운드
기업 대표 세 분이 행사 첫날 저녁에 진행되는 KRDA 환영 만찬 연회에 초대될 겁니다.

2

발신	ccarr@krda.com
수신	kchavez@cgreen.net
날짜	6월 9일
제목	감사

Chavez 씨에게

KRDA Fair의 후원자로 신청해 주셔서 감사합니다. 귀하가 후원해 주신 덕에 장식에 관한 사람들의 관심을 키우는 데 도움이 되고 있으며, 이 박람회의 진행이 가능하답니다.

후원하신 2200파운드는 수납되었습니다. 추가로 귀하께서는 별도의 비용 없이 박람회 자료집에 대한 후원 자격을 받으시게 됩니다. 귀하께서는 KRDA의 장기 후원자이기 때문에, 저희는 감사의 의미로 이것을 제공해 드립니다. 홍보물을 마무리할 수 있도록, 귀사의 선명한 로고 이미지를 저희 측으로 전달해 주십시오.

Clinton Carr 올림, KRDA Fair 주최자

어휘 **annual** 매년의, 연례의 **fair** 박람회 **region** 지역 **association** 협회 **attract** 끌어들이다. 끌어 모으다 **firm** 회사 **support** (금전적으로) 후원하다 **cost-effective** 가격 대비 효율이 높은 **reach** (사람의) 마음에 영향을 주다 **enthusiast** 열광적인 팬 **DIYer** 손수 만드는 사람 **business performance** 경영 성과, 영업 실적 **benefit** 혜택, 이득 **depending on** ~에 따라 **corporate** 기업의 **sponsorship** 후원, 협찬 **honor** 명예, 영광 **representative** 대표 **place** 설치하다, 배치하다 **above** ~보다 위에 **refreshment** 다과, 가벼운 식사 **station** (호텔업장에서 고객에게 서비스하기 편리하도록 종사원에게 주어진) 서비스 구역 **event hall** 행사장 **information packet** 자료집 **visitor** 방문객 **welcome banquet** 환영 만찬 **foster** 조성하다. 발전시키다 **at no extra charge** 추가 비용 없이 **long-standing** 오래된 **as a token of** ~의 표시로 **appreciation** 감사 **complete** 끝마치다 **publicity material** 홍보물 **forward** 전달하다

176. 전단지의 목적은 무엇인가?

(A) 기업 박람회 준비 관련 예산 문제를 공지하기 위해서
(B) 모금 행사 활동의 결과를 발표하기 위해서
(C) 행사 후원자의 혜택을 광고하기 위해서
(D) 대중들을 초대해 주어진 취업 기회에 지원하도록 하기 위해서

STEP 1　목적은 처음 두 줄에 90%답이 있다.

전단지를 작성한 이유를 묻고 있다. 첫 번째 지문의 "The Kingsbury Region Decorating Association (KRDA), which attracted close to five thousand visitors last year, asks firms to support this year's event." 와 "KRDA is happy to provide various benefits depending on the below levels of corporate sponsorships."에서 KRDA에서 주최하는 제 11회 연례 실내외 디자인 박람회에 기업 후원을 요청하며, 이로써 받을 수 있는 장점을 언급하고 있으므로 정답은 (C)이다. 본문의 구체적인 어휘 benefits depending on the below levels of corporate sponsorships는 보기의 포괄적인 어휘 benefits of being a sponsor로 paraphrasing되었다.

---

177. 왜 기업들은 KRDA 사무소에 전화로 연락해야 하는가?

(A) 추가 세부사항을 문의하기 위해서
(B) 후원 정도를 변경하기 위해서
(C) 후원을 신청하기 위해서
(D) 행사의 정확한 위치를 확인하기 위해서

STEP 1　추후 연락처/연락 방법/지원 방법 등은 주로 지문의 하단부에 답이 있다.

연락할 방법, 연락해야 하는 이유 등은 주로 지문의 하단부에 정답이 있으며, 본문 중에서 If (~한다면), Please ~ (~하세요), You should ~ (당신은 ~해야 합니다) 등의 표현을 찾아야 한다. 첫 번째 지문의 "For more information, call Mr. Jeff Brady, at 332-4439-2211"에서 해당 전단지에 게시되어 있지 않은 추가 정보를 확인하려면, Jeff Brady 씨에게 연락해 달라고 요청하고 있으므로 정답은 (A)이다.

STEP 2

(B) 지문의 "KRDA is happy to provide various benefits depending on the below levels of corporate sponsorships."에서 기업의 후원 정도에 따라 다양한 혜택을 언급하고 있지만, 해당 정보 변경 관련 내용은 언급되지 않았으므로 오답이다.
(C) 지문의 "To sign up, send an e-mail to exhibitsupport@krda.com"에서 KRDA에 후원을 신청하려면, 이메일을 보내달라고 요청하고 있으므로 오답이다.
(D)는 지문에서 언급되지 않았으므로 오답이다.

178. 전단지에 따르면, 8월 21일에 무엇이 일어날 것인가?
(A) 다과를 제공하는 출장 연회 서비스가 도착할 것이다.
(B) 행사 장비가 중앙에 설치될 것이다.
(C) 만찬이 열릴 것이다.
(D) 다양한 사교 행사가 진행될 것이다.

STEP 1   기간, 요일, 숫자 등은 키워드 옆에 있는 것이 정답이다.

본문에 있는 정보들 중에 문제에서 제시하는 키워드 옆에 있는 정확한 정보를 찾아내는 것이 관건이다. 문제의 키워드는 August 21로, 8월 21일에 예정되어 있는 일이 무엇인지 묻는 문제이다. 첫 번째 지문의 "KRDA's Eleventh Annual Interior and Exterior Design Fair – August 21–25"에서 8월 21일은 박람회가 진행되는 첫 번째 날임을 확인할 수 있다. 하지만 예외로 바로 옆에 정답이 있지 않다. 후반부의 "Three representatives of your organization will be invited to KRDA's Welcome Banquet on the first night of the event."에서 첫 번째 날 저녁에 KRDA에서 환영 만찬회를 주최할 것임을 언급하였다. 따라서 8월 21일에 예정되어 있는 행사는 저녁 만찬으로 정답은 (C)이다.

STEP 2   오답 분석

(A) 지문의 "Your organization's sign will be placed above the six refreshment stations in the event hall, which will be used by a lot of visitors during the event."에서 첫 번째 날뿐만 아니라 행사가 진행되는 동안 다과 서비스가 진행됨이 언급되어 있지만, 출장 연회 서비스가 도착하는 날짜는 언급되지 않았으므로 오답이다.
(B) 지문의 "Your organization's sign will be placed above the six refreshment stations in the event hall, which will be used by a lot of visitors during the event."에서 2200파운드를 후원할 경우, 기업 간판이 행사장의 다과 서비스 구역 위쪽에 설치될 것임을 언급했지만, 행사 장비가 중앙에 위치해 있는지는 알 수 없으므로 오답이다.
(D)는 지문에서 언급되지 않았으므로 오답이다.

179. KRDA 행사에 관하여 언급된 것은 무엇인가?
(A) 장식에 대한 관심을 증진시킬 것이다.
(B) 작년에 5,000명 이상의 방문객들을 끌어들였다.
(C) Kingsbury 시의회에서 자금을 받는다.
(D) 매년 다른 도시에서 진행된다.

STEP 1   '사실'인 것을 찾는 문제는 보기의 키워드를 먼저 정리한 후 본문을 검색한다.

suggest, indicate, imply, mention, true 등 사실인 것을 묻는 문제는 보기를 먼저 분석한 후에 보기의 내용과 본문의 내용을 비교·대조해 정답을 파악해야 한다. KRDA에서 주관하는 박람회에 대해 개괄적으로 설명하고 있는 첫 번째 지문의 "This exhibition is a cost-effective way of reaching decoration enthusiasts and DIY'ers"에서 해당 박람회는 장식에 관한 열성적인 광팬과 손수 물건을 제작하는 사람들에게 영향을 끼치는 데 비용 대비 효과적임을 언급하였다. 또 두 번째 지문의 "Your support helps foster interest in decorating and makes this fair possible."에서 Chavez 씨의 후원으로 행사 진행이 가능하며, 장식에 관한 많은 관심을 자극할 것이라는 점을 확인할 수 있다. 따라서 KRDA의 행사로 장식에 많은 관심을 끌어 모을 수 있다는 (A)가 정답이다.

STEP 2   오답 분석

(B) 첫 번째 지문의 "The Kingsbury Region Decorating Association (KRDA), which attracted close to five thousand visitors last year"에서 해당 행사로 5,000명 이상이 아닌 대략 5,000명의 참가자들을 유치했음을 확인할 수 있으므로 오답이다.
(C)는 지문에서 언급되지 않았으므로 오답이다.
(D) 지문만 읽어서는 알 수 없는 내용이므로 오답이다.

180. Chavez 씨의 회사에 관하여 언급되지 <u>않은</u> 것은 무엇인가?

(A) 한 번 이상 KRDA의 행사에 기부해 왔다.
(B) 기업 로고는 자료집에 실릴 것이다.
(C) 기업명은 센터 일부 구역에서 볼 수 있을 것이다.
(D) 박람회에 가구를 기부할 예정이다.

STEP 1   5문제 중 반드시 한 문제 이상은 두 문서를 동시에 이용해야 답이 나온다. − **NOT Question**은 소거법을 이용한다.

두 번째 지문의 "The £2200 you contributed has been accepted."에서 Chavez 씨의 회사가 후원한 것은 가구가 아닌 2200파운드의 기부금으로 (D)가 정답이다.

STEP 2   오답 분석

언급되지 않는 것을 묻는 문제로 지문에서 언급된 것을 보기와 대조해 소거한 후 정답을 남긴다. Chavez 씨에게 발송한 두 번째 지문에서 확인해야 한다.

(A) 두 번째 지문의 "As you are a long-standing supporter of KRDA and its events"에서 Chavez 씨가 KRDA의 장기 후원자임이 언급되어 있다.

(B) 두 번째 지문의 "In addition, you will be given ~ as a token of our appreciation"에서 해당 기업은 장기 후원에 대한 보답으로, 박람회 자료집에 대한 후원 자격을 받을 것임을 확인할 수 있다. 또 첫 번째 지문의 "The logo of your organization will be printed on the information packets, which will be given to each visitor." 에서 박람회 자료집에 회사 로고가 찍히는 것은 1250파운드 기부금을 납부했을 때 받을 수 있는 혜택으로, 안내 책자에 Chavez 씨 회사의 기업 로고가 인쇄될 것임을 확인할 수 있다.

(C) 두 번째 지문의 "The £2200 you contributed has been accepted."와 첫 번째 지문의 "Sign Supporter £2200 - Your organization's sign will be placed above the six refreshment stations in the event hall." 에서 Chavez 씨 회사는 2200파운드의 기부금을 납부했으며, 이에 대한 혜택으로 기업 간판이 행사장의 6개 다과 서비스 구역 위에 설치될 것임이 언급되어 있다. 따라서 해당 기업명은 행사가 진행되는 Goodge Convention Center의 일부 장소에서 확인할 수 있다.

Questions 181-185 refer to the following e-mails.

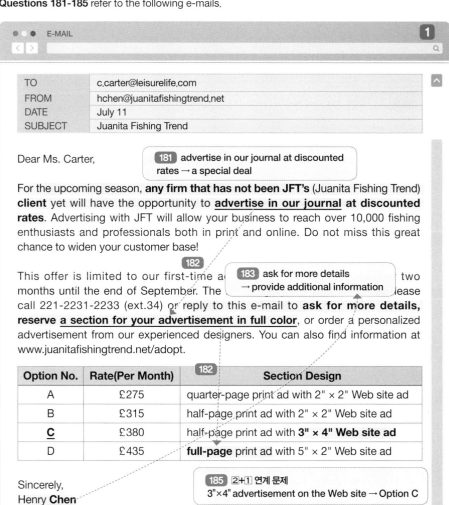

E-MAIL

1

TO	c.carter@leisurelife.com
FROM	hchen@juanitafishingtrend.net
DATE	July 11
SUBJECT	Juanita Fishing Trend

Dear Ms. Carter,

181 advertise in our journal at discounted rates → a special deal

For the upcoming season, **any firm that has not been JFT's** (Juanita Fishing Trend) **client** yet will have the opportunity to **advertise in our journal** at **discounted rates**. Advertising with JFT will allow your business to reach over 10,000 fishing enthusiasts and professionals both in print and online. Do not miss this great chance to widen your customer base!

182

This offer is limited to our first-time a   **183** ask for more details   two months until the end of September. The   → provide additional information   lease call 221-2231-2233 (ext.34) or reply to this e-mail to **ask for more details, reserve a section for your advertisement in full color**, or order a personalized advertisement from our experienced designers. You can also find information at www.juanitafishingtrend.net/adopt.

Option No.	Rate(Per Month)	**182** Section Design
A	£275	quarter-page print ad with 2" × 2" Web site ad
B	£315	half-page print ad with 2" × 2" Web site ad
C	£380	half-page print ad with **3" × 4" Web site ad**
D	£435	**full-page** print ad with 5" × 2" Web site ad

Sincerely,

185 2+1 연계 문제
3"×4" advertisement on the Web site → Option C

Henry **Chen**
Marketing Coordinator
Juanita Fishing Trend (JFT)

TO	hchen@juanitafishingtrend.net
FROM	c.carter@leisurelife.com
DATE	July 18
SUBJECT	Re: Juanita Fishing Trend

Hello Mr. Chen,

184

Thank you for your e-mail. After reviewing it, I have decided to **put** an advertisement in your newspaper. Is it possible to get some clarification about the online advertisement? The specifications on the Web site do not clearly indicate the exact location of the **3"×4" advertisement on the Web site**. After I hear back about this, I will forward an electronic version of my advertisement along with payment details.

Thank you.

185 ②+① 연계 문제
3"×4" advertisement on the Web site → 지문 ①에서 확인

Catherine Carter
Owner, Leisure Life

181. Why did Mr. Chen send the e-mail to Ms. Carter?
(A) To promote a new publication
(B) To offer a discount on a subscription
(C) To let her know about a special deal
(D) To encourage her to order more fishing products

목적 / 상: 지문 ①
└ 첫 두 줄에 집중한다.

182. What is indicated about JFT?
(A) It distributes a special issue every month.
(B) It has been growing rapidly.
(C) It issues a newspaper containing full color pages.
(D) It has recently renovated its headquarters.

키워드 JFT: 지문 ①
└ 문제와 보기의 키워드를
정리한 후 본문을 검색하자.

183. According to the first e-mail, what is true about Mr. Chen?
(A) He will be away for business in September.
(B) He can provide additional information.
(C) He has met Ms. Carter before.
(D) He works in the graphic design department.

키워드 Mr. Chen: 지문 ①
└ 문제와 보기의 키워드를
정리한 후 본문을 검색하자.

184. In the second e-mail, the word "put" in paragraph 1, line 1, is closest in meaning to
(A) express
(B) regard
(C) place
(D) experience

동의어 찾기 문제: 지문 ②
└ 단어를 기준으로 앞뒤 문장을
확인하자.

185. What option is Ms. Carter most likely planning to use?
(A) Option A
(B) Option B
(C) Option C
(D) Option D

Carter 씨가 사용할 옵션
: 지문 ②, ①
└ 지문 ②에서 세부사항 확인 후
지문 ①에서 옵션 번호를 확인한다.

문제 181-185는 다음 이메일들을 참조하세요.

수신	c.carter@leisurelife.com
발신	hchen@juanitafishingtrend.net
날짜	7월 11일
제목	Juanita Fishing Trend

Carter 씨께

다가올 시즌을 대비해서, JFT (Juanita Fishing Trend) 기업 고객이 아니었던 업체도 할인 가격으로 저희 저널에 광고를 게시할 수 있습니다. JFT와 광고를 하게 되면 인쇄물과 온라인으로 10,000명 이상의 낚시광과 전문가들에게 여러분의 기업을 선보일 수 있습니다. 귀사의 고객층을 넓힐 수 있는 이 좋은 기회를 놓치지 마십시오!

이 행사는 신규 광고주에게만 제한되며, 9월 말까지 두 달 동안만 유효합니다. 아래 옵션들을 사용하실 수 있습니다. 더 자세한 세부사항 요청, 컬러 광고판 예약, 혹은 저희 기업의 경력 디자이너들이 제작한 맞춤형 광고를 주문하시려면 221-2231-2233(내선번호 34)로 연락주시거나 해당 이메일에 답장하시기 바랍니다. www.juanitafishingtrend.net/adopt.에서도 정보를 찾으실 수 있습니다.

옵션 번호	요금(월별)	광고란 디자인
A	275 파운드	4분의 1페이지 인쇄 광고와 2 × 2 인치 웹사이트 광고
B	315 파운드	2분의 1페이지 인쇄 광고와 2 × 2 인치 웹사이트 광고
C	380 파운드	2분의 1페이지 인쇄 광고와 3 × 4 인치 웹사이트 광고
D	435 파운드	전면 인쇄 광고와 5 × 2 인치 웹사이트 광고

Henry Chen 올림
마케팅 진행자
Juanita Fishing Trend (JFT)

수신	hchen@juanitafishingtrend.net
발신	c.carter@leisurelife.com
날짜	7월 18일
제목	답장: Junita Fishing Trend

Chen 씨께

이메일을 보내주셔서 감사합니다. 이메일을 검토하고서, 귀하의 신문에 광고를 싣기로 결정하였습니다. 온라인 광고와 관련하여 명확한 설명을 받을 수 있을까요? 웹사이트에 게시되어 있는 정보에 의하면, 3 × 4 인치 크기의 온라인 광고가 실리는 위치가 정확히 표시되어 있지 않습니다. 이 내용을 들은 후, 결제 세부사항과 함께 전자판 광고를 전달해 드리겠습니다.

감사합니다.

Catherine Carter 올림
Leisure Life 대표

어휘 **upcoming** 곧 있을, 다가오는 **firm** 회사, 업체 **client** 의뢰인, 고객 **opportunity** 기회 **advertise** 광고하다 **journal** 신문, 잡지 **at discounted rates** 할인된 비용으로 **reach** ~에 도달하다, 이르다 **enthusiast** 열광적인 팬 **professional** 전문직 종사자 **widen** 넓히다 **customer base** 고객층 **good** 유효한 **following** (그) 다음의 **reply to** ~에 답하다 **ask for** ~을 묻다 **detail** 세부사항 **personalized** 개인이 원하는 대로 할 수 있는, 맞춤의 **experienced** 경력이 있는 **quarter** 4분의 1의 **half** 반, 절반 **review** 검토하다 **clarification** 설명, 해명 **specification** 설명서 **indicate** 나타내다, 보여주다 **exact** 정확한 **forward** 전달하다 **along with** ~와 함께 **payment** 지불금

181. Chen 씨는 왜 Carter 씨에게 이메일을 보냈는가?

(A) 신규 출판물을 홍보하기 위해서
(B) 구독료를 할인해 주기 위해서
(C) 특별 할인행사를 알리기 위해서
(D) 더 많은 낚시 용품 주문을 장려하기 위해서

STEP 1   목적은 처음 두 줄에 90% 답이 있다.

Chen 씨가 Carter 씨에게 이메일을 발송한 이유를 묻는 문제이다. 첫 번째 지문의 "For the upcoming season, ~ at discounted rates"에서 신규 광고주들은 JFT 기업에서 발행하는 신문에 할인된 가격으로 광고를 게시할 수 있는 특별 행사를 알리고 있으므로 정답은 (C)이다.

STEP 2   오답 분석

(A) 지문의 "For the upcoming season, ~ at discounted rates"에서 신규 출판물이 아닌, 할인 행사를 홍보하는 것으로 오답이다.
(B) 지문의 "For the upcoming season, ~ at discounted rates"에서 책의 정기 구독이 아니라 광고 할인에 관한 내용이다.
(D) 지문의 "For the upcoming season, ~ at discounted rates"에서 수신자인 Carter 씨에게 광고를 내라고 간접적으로 제안하고 있으므로 오답이다.

---

182. JFT에 관하여 언급된 것은 무엇인가?

(A) 매달 특별 호를 배본한다.
(B) 빠르게 성장하고 있다.
(C) 전면 컬러 페이지가 있는 신문을 발행한다.
(D) 최근에 본사를 개조했다.

STEP 1   '사실'인 것을 찾는 문제는 보기의 키워드를 먼저 정리한 후 본문을 검색한다.

문제의 키워드인 JFT와 관련된 내용을 지문에서 찾아야 한다. 두 번째 문제이므로 첫 번째 지문에서 정답을 파악한다. 지문의 "For the upcoming season, ~ at discounted rates"와 "reply to this e-mail ~ reserve a section for your advertisement in full color"에서 JFT 기업에서 발행하는 신문에 컬러 광고를 실을 수 있음이 언급되어 있으며, 이메일에 첨부된 광고 종류에서도 전면 인쇄가 가능함을 확인할 수 있다. 따라서 JFT는 컬러로 전면 인쇄 광고를 발행할 수 있음을 알 수 있으므로 정답은 (C)이다.

STEP 2   오답 분석

(A), (B), (D) 모두 지문에서 언급되지 않았으므로 오답이다.

---

183. 첫 번째 이메일에 따르면, Chen 씨에 관하여 맞는 것은 무엇인가?

(A) 그는 9월에 출장을 갈 예정이다.
(B) 그는 추가 정보를 제공할 수 있다.
(C) 그는 이전에 Carter 씨를 만난 적이 있다.
(D) 그는 그래픽 디자인 부서에서 근무한다.

STEP 1   I/You/제3자를 확인하고 각각의 직업을 파악하라.

편지/이메일을 보내거나 받는 사람과 관련된 문제의 경우 I와 You 그리고 본문 중에 언급되는 제3자를 찾아서 직업과 관련 정보를 정리해야 한다. Chen 씨는 첫 번째 지문의 발신자로 I로 언급된다. 지문의 "Please call ~ from our experienced designers"에서 컬러 광고란 예약 및 고객 맞춤형 광고 주문 등 광고 게시와 관련된 세부사항을 문의하려면 특정 연락처로 전화를 하거나 Chen 씨가 발송한 이메일로 답장하라고 요청하고 있다. 따라서 정답은 (B)이다.

STEP 2 오답 분석

(A) 지문의 "This offer is limited to our first-time advertisers, and is only good for two months until the end of September."에서 9월은 Chen 씨가 출장을 가는 날짜가 아닌 특별 할인 제공이 끝나는 날짜로 오답이다.
(C) 지문의 "any firm that has not been JFT's (Juanita Fishing Trend) client yet will have the opportunity to advertise in our journal at discounted rates"에서 해당 이메일은 JFT 저널에 광고를 실어 본 적이 없는 신규 광고주들에게만 발송된 것으로 오답이다.
(D) 지문의 "any firm that has not been JFT's (Juanita Fishing Trend) client yet will have the opportunity to advertise in our journal at discounted rates"에서 Chen 씨가 Juanita Fishing Trend에서 근무하고 있음을 확인할 수 있지만, 정확한 부서명은 알 수 없으므로 오답이다.

184. 두 번째 이메일에서, 첫 번째 단락 첫 번째 줄의 "put"과 의미가 가장 가까운 것은?
(A) 표현하다
(B) 고려하다
(C) 두다
(D) 경험하다

STEP 1 동의어 찾기 문제는 진짜 동의어를 찾는 것이 아니다.

동의어 찾기 문제에서 보기의 대부분은 실제 동의어들이다. 단순히 같은 뜻을 찾는 것이 아니라 본문의 문맥에 어울리는 단어로 교체하는 것이 핵심이다. 해당 문장인 "After reviewing it, I have decided to put an advertisement in your newspaper."에서 발신자인 Carter 씨는 JFT에서 발행하는 신문에 광고를 '게시하기로' 결정했음을 언급하였다. 따라서 해당 의미와 동일한 의미를 갖고 있는 (C) place가 정답이다.

185. Carter 씨는 어떤 옵션을 사용할 계획일 것 같은가?
(A) 옵션 A
(B) 옵션 B
(C) 옵션 C
(D) 옵션 D

STEP 1 표나 시각 자료 등에는 직접적인 정답이 많지 않다.

시각 자료는 정답을 선택할 수 있는 근거를 제공하는 역할을 하기 때문에 문서에 시각 자료가 나오면 두 문서 연계 문제의 출제 비중이 크다. 문제의 키워드는 What option, Ms. Carter와 planning to use로, Carter 씨가 구매할 광고 옵션이 무엇인지 묻는 문제이다. 발신자가 Carter 씨인 두 번째 지문의 "The specification on the Web site ~ 3"x4" advertisement on the Web site"에서 그가 관심을 갖고 있는 웹사이트 광고 크기는 3x4인치로, 첫 번째 지문에서 이에 해당하는 광고 옵션은 C임을 확인할 수 있다. 따라서 정답은 (C)이다.

Questions 186–190 refer to the following advertisement, e-mail, and customer review.

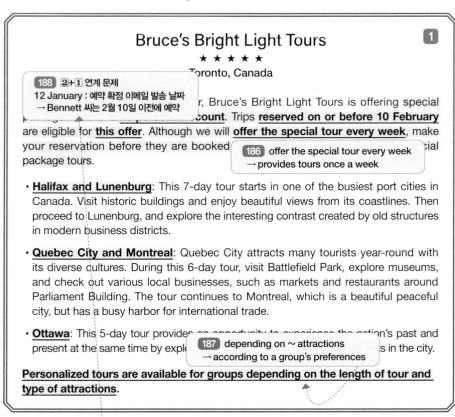

Bruce's Bright Light Tours

★ ★ ★ ★ ★

Toronto, Canada

188 2+1 연계 문제
12 January : 예약 확정 이메일 발송 날짜
→ Bennett 씨는 2월 10일 이전에 예약

r, Bruce's Bright Light Tours is offering special
count. Trips **reserved on or before 10 February**
are eligible for **this offer**. Although we will **offer the special tour every week**, make
your reservation before they are booked

186 offer the special tour every week
→ provides tours once a week

package tours.

- **Halifax and Lunenburg**: This 7-day tour starts in one of the busiest port cities in Canada. Visit historic buildings and enjoy beautiful views from its coastlines. Then proceed to Lunenburg, and explore the interesting contrast created by old structures in modern business districts.

- **Quebec City and Montreal**: Quebec City attracts many tourists year-round with its diverse cultures. During this 6-day tour, visit Battlefield Park, explore museums, and check out various local businesses, such as markets and restaurants around Parliament Building. The tour continues to Montreal, which is a beautiful peaceful city, but has a busy harbor for international trade.

- **Ottawa**: This 5-day tour provides an opportunity to experience the nation's past and present at the same time by explo___ ___ ___s in the city.

187 depending on ~ attractions
→ according to a group's preferences

Personalized tours are available for groups depending on the length of tour and type of attractions.

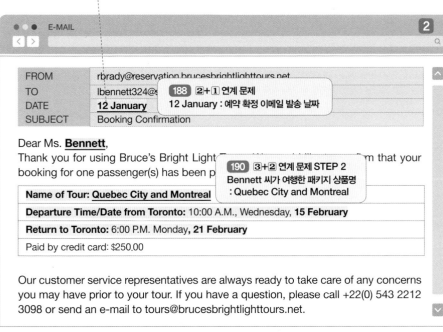

● ● ● E-MAIL

FROM	rbrady@reservation.brucesbrightlighttours.net
TO	lbennett324@s
DATE	**12 January**
SUBJECT	Booking Confirmation

188 2+1 연계 문제
12 January : 예약 확정 이메일 발송 날짜

Dear Ms. **Bennett**,
Thank you for using Bruce's Bright Light ___ ___ ___ ___ m that your
booking for one passenger(s) has been p___

190 3+2 연계 문제 STEP 2
Bennett 씨가 여행한 패키지 상품명
: Quebec City and Montreal

Name of Tour: Quebec City and Montreal
Departure Time/Date from Toronto: 10:00 A.M., Wednesday, **15 February**
Return to Toronto: 6:00 P.M. Monday, **21 February**
Paid by credit card: $250.00

Our customer service representatives are always ready to take care of any concerns you may have prior to your tour. If you have a question, please call +22(0) 543 2212 3098 or send an e-mail to tours@brucesbrightlighttours.net.

Customer Review

3

I'm a painter, and the places and vie 189 we explored and enjoyed on this tour are amazing. This agency knows how to **serve** its customers well, and I would certainly like to go for other adventures with them. The guide Jeff **Boyd, native of the place we traveled to**, was very friendly and know [...] learn about various cultures and traditions [...] the history of the place were very impressive.

190 ③+② 연계 문제 STEP 1
지문 ②에서 Bennett 씨가 여행한 패키지 상품명 확인

190 ③+② 연계 문제 STEP 3
Boyd = native of Quebec City or Montreal

Posted by: Lori **Bennett**

---

186. What is indicated about Bruce's Bright Light Tours?
(A) It is expanding into the international market.
(B) It provides tours once a week.
(C) It is going to move to a new office space.
(D) It introduces new tour packages every month.

키워드 Bruce's Bright Light
Tours: 지문 ①
ㄴ. 문제와 보기의 키워드를
정리한 후 본문을 검색하자.

187. According to the advertisement, what can Bruce's Bright Light Tours offer customers?
(A) Discounted prices for loyal customers
(B) Social gatherings with local natives
(C) Customized tours according to a group's preferences
(D) A money-back guarantee on customer satisfaction

Bruce's Bright Light Tours
/ 제공 상품: 지문 ①
ㄴ. 문제와 보기의 키워드를
정리한 후 본문을 검색하자.

188. What is suggested about Ms. Bennett's tour?
(A) It will include admission tickets to local attractions.
(B) It has been created only for Ms. Bennett's group.
(C) It will last approximately seven days.
(D) It was reserved at a discounted rate.

키워드 Ms. Bennett's tour:
지문 ②+①
ㄴ. 지문 ②에서 Bennett 씨의
여행 예약 정보를 확인 후, 지문
①에서 세부사항을 확인한다.

189. In the customer review, the word "serve" in paragraph 1, line 2, is closest in meaning to
(A) provide
(B) cater
(C) treat
(D) work

동의어 찾기 문제: 지문 ③
ㄴ. 단어를 기준으로 앞뒤 문장을
확인하자.

190. What is most likely true about Mr. Boyd?
(A) He studied multiple cultures and traditions at university.
(B) He was hired as a guide recently.
(C) He is from Quebec City or Montreal.
(D) He has attended many training sessions.

키워드 Mr. Boyd: 지문 ③+②
ㄴ. 지문 ③에서 Boyd 씨의
정보를 파악 후 지문 ②에서
세부사항을 확인한다.

Bruce's Bright Light Tours
★ ★ ★ ★ ★
토론토, 캐나다

올 겨울의 끝을 기념하고자, Bruce's Bright Light Tours에서 20퍼센트 할인된 가격의 특별 패키지 여행 상품을 제공하고 있습니다. 2월 10일과 그 이전에 예약되는 여행은 이 특별 가격에 이용하실 수 있습니다. 매주 특별 여행 상품을 제공해 드리기는 하지만 마감되기 전에 꼭 예약해 주세요! 다음은 자사의 특별 패키지 여행 목록입니다.

- Halifax와 Lunenburg: 이 7일 여정의 여행은 캐나다에서 가장 붐비는 항구 도시 중 한 곳에서 시작됩니다. 역사적으로 중요한 건물을 방문하시고 해안 지대에서 보이는 아름다운 풍경을 즐기십시오. 그런 다음 Lunenburg로 이동하여 현대적인 상업 지역에 위치한 고풍스런 건축물이 자아내는 흥미로운 대비점도 살펴보세요.

- Quebec시와 Montreal: Quebec시는 연중 다양한 문화로 많은 관광객들을 끌어모으는 곳입니다. 이 6일 간의 여행 동안, Battlefield Park를 방문하고, 박물관을 둘러보며, 의사당 주변의 시장과 식당 같은 다양한 현지 업체들을 확인해 보세요. 여행은 아름답고 평화롭지만, 국제 무역으로 번화한 항구를 끼고 있는 도시 Montreal까지 이어집니다.

- Ottawa: 이 5일 간의 여행은 도시의 관광명소와 역사적인 지역을 살펴보면서 국가의 과거와 현재를 동시에 경험해 볼 수 있는 기회를 제공합니다.

여행 기간과 관광지 유형에 따라서 단체 맞춤 여행도 가능합니다.

발신	rbrady@reservation.brucesbrightlighttours.net
수신	lbennett324@skylight.net
날짜	1월 12일
제목	예약 확정

Bennett 씨께

Bruce's Bright Light Tours를 이용해 주셔서 감사합니다. 1인 여행 예약이 정상적으로 처리되었음을 알려드립니다.

여행명 : Quebec시와 Montreal
토론토 출발 시간/날짜 : 2월 15일 수요일 오전 10시
토론토 도착 : 2월 21일 월요일 오후 6시
신용카드로 지불 : 250달러

저희 고객 서비스 부서 직원들은 여행 전 고객님들의 궁금증과 문의사항을 해결해 드릴 준비가 항상 돼 있습니다. 문의사항이 있으면 +22(0) 543 2212 3098로 연락주시거나 tours@brucesbrightlighttours.net으로 이메일을 보내주십시오.

고객 후기

제 직업은 화가이며, 이번 여행에서 저희가 둘러보며 즐겼던 장소와 풍경은 정말 대단하더군요. 이 여행사는 고객들을 정성껏 대접하는 법을 잘 알고 있으며, 해당 여행사로 다른 여행을 가고 싶습니다. 저희가 여행 갔던 지역의 현지인 가이드인 Jeff Boyd 씨는 매우 다정했고 아는 것도 무척 많았습니다. 그는 다양한 문화와 전통을 경험하고 학습할 수 있게 도움을 주었습니다. 특히, 해당 장소의 역사에 관련된 흥미로운 이야기는 매우 인상적이었습니다.

게시자: Lori Bennett

어휘 celebrate 기념하다, 축하하다 offer 제공하다, 제안 discount 할인 reserve 예약하다
be eligible for ~할 자격이 있다 book up 마감하다 busy 바쁜 port 항구 historic 역사적으로 중요한
coastline 해안 지대 proceed to ~으로 나아가다, 향하다 explore 답사하다, 탐사하다 contrast 차이, 대조, 대비
structure 구조물, 건축물 modern 현대적인 business district 상업 지역 attract 끌어모으다
year-round 연중 계속되는 various 다양한 local 현지의 Parliament 의회, 국회 international 국제적인
opportunity 기회 experience 경험하다 nation 국가 past 과거 present 현재 tourist attraction 관광명소
historical 역사적인 personalized 개인이 원하는 대로 할 수 있는, 맞춤의 depending on ~에 따라
length 길이 confirm 사실임을 보여주다, 확인하다 passenger 승객 process 처리하다 departure 출발
customer service representative 고객 서비스 상담원 be ready to do ~할 준비가 돼 있다
take care of ~을 처리하다 concern 우려, 걱정 prior to ~에 앞서, 먼저 serve 대접하다 adventure 모험
native 토착민, 현지인 friendly 친절한, 우호적인 knowledgeable 아는 것이 많은 particularly 특히, 특별히
fascinating 대단히 흥미로운 impressive 인상적인

---

186. Bruce's Bright Light Tours에 관하여 언급된 것은 무엇인가?

(A) 해외 시장으로 확장하고 있다.
(B) 일주일에 한번 여러 여행을 제공하고 있다.
(C) 새로운 사무실로 이전할 것이다.
(D) 매달 새로운 여행 패키지를 발표한다.

STEP 1   '사실'인 것을 찾는 문제는 보기의 키워드를 먼저 정리한 후 본문을 검색한다.

문제의 키워드인 Bruce's Bright Light Tours와 관련된 내용을 지문에서 찾아야 한다. 첫 번째 문제이므로 첫 번째 지문에서 정답을 파악한다. 지문의 "Although we will offer the special tour every week, make your reservation before they are booked up!"과 아래쪽에 3개 여행 특징을 설명하고 있다. 매주마다 특별 여행 상품을 제공해 주므로 정답은 (B)이다.

STEP 2   오답 분석

(A), (C)는 지문에서 언급되지 않았으므로 오답이다.
(D) 지문의 "Although we will offer the special tour every week, make your reservation before they are booked up!"에서 특별 여행 상품은 일주일 간격으로 제공됨을 알 수 있지만, 신규 패키지 여행 상품이 매달 나오는 지에 관련된 정보는 언급되지 않았으므로 오답이다.

---

187. 광고문에 따르면, Bruce's Bright Light Tours에서는 고객들에게 무엇을 제공할 수 있는가?

(A) 단골 고객들을 위한 할인 가격
(B) 현지인들과의 사교 모임
(C) 단체 기호에 맞는 맞춤형 여행
(D) 고객 만족도 따른 페이백 보장

STEP 1   '사실'인 것을 찾는 문제는 보기의 키워드를 먼저 정리한 후 본문을 검색한다.

Bruce's Bright Light Tours에서 제공할 수 있는 것이 무엇인지 묻는 문제이다. 첫 번째 지문의 "Personalized tours are available for groups depending on the length of tour and type of attractions."에서 고객들이 원하는 여행 기간과 관광명소에 맞춰 단체 여행이 진행될 수 있다는 가능성을 언급하였다. 따라서 정답은 (C)이다. 지문의 구체적인

어휘 depending on the length of tour and type of attractions는 보기의 포괄적인 어휘 group's preferences 로 paraphrasing되었다.

STEP 2 오답 분석

(A) 지문의 "To celebrate the end of this winter, Bruce's Bright Light Tours is offering special package tours at a 20 percent discount."에서 올 겨울의 끝을 기념하고자 모든 고객들에게 20퍼센트 할인된 가격에 특별 패키지 여행 상품을 제공하고 있음을 언급하였으므로 오답이다.
(B), (D)는 지문에서 언급되지 않았으므로 오답이다.

---

188. Bennett 씨의 여행에 관하여 언급된 것은 무엇인가?
(A) 지역 명소의 입장료를 포함할 것이다.
(B) Bennett 씨의 단체만을 위해 제작되었다.
(C) 대략 7일 동안 진행될 예정이다.
(D) 할인된 가격에 예약되었다.

STEP 1 특정인과 관련한 사실 확인 문제는 해당 지문과 연계 지문을 동시에 봐야 한다.

문제의 키워드 Ms. Bennett은 두 번째 지문에서 언급되므로, 그와 관련된 여행 정보는 해당 지문에서 파악한다. 두 번째 지문은 예약 확정을 알리는 이메일로 발신 날짜는 1월 12일이며, 2월 15부터 21일까지 Quebec시와 Montreal에서 여행을 즐길 예정임을 확인할 수 있다. 또 첫 번째 지문의 "Bruce's Bright Light Tours is offering ~ eligible for this offer"에서 2월 10일 이전까지 예약하는 고객들에게 20퍼센트 할인해 주는 특별 행사를 진행하고 있음을 언급하였다. 따라서 Bennett 씨는 2월 10일 이전에 예약한 것으로 20퍼센트 할인을 받았음을 파악할 수 있기 때문에 정답은 (D)이다.

STEP 2 오답 분석

(A)는 지문에서 언급되지 않았으므로 오답이다.
(B) 두 번째 지문의 "We would like to confirm that your booking for one passenger(s) has been processed"에서 Bennett 씨가 1인 여행을 예약했음을 확인할 수 있으므로 오답이다.
(C) Bennett 씨가 예약한 여행 상품은 Quebec시와 Montreal으로, 첫 번째 지문의 "During this 6-day tour"에서 해당 여행 상품은 6일 동안 진행됨을 파악할 수 있으므로 오답이다.

---

189. 고객 후기에서, 첫 번째 단락 두 번째 줄의 "serve"와 의미가 가장 가까운 것은?
(A) 제공하다
(B) 음식을 공급하다
(C) 대접하다
(D) 일하다

STEP 1 동의어 찾기 문제는 진짜 동의어를 찾는 것이 아니다.

동의어 찾기 문제에서 보기의 대부분은 실제 동의어들이다. 단순히 같은 뜻을 찾는 것이 아니라 본문의 문맥에 어울리는 단어로 교체하는 것이 핵심이다. 해당 문장인 "This agency knows how to serve its customers well"에서 해당 여행사가 고객들을 "정성껏 모시는, 대접하는" 법을 잘 알고 있다는 의미로 사용되었으므로 "정성껏 모시다, 대접하다"의 의미를 갖는 (C)가 정답이다.

190. Boyd 씨에 관하여 무엇이 사실일 것 같은가?

(A) 그는 대학교에서 다문화와 전통을 공부했다.
(B) 그는 최근에 가이드로 채용되었다.
(C) 그는 Quebec시나 Montreal 출신이다.
(D) 그는 많은 연수회에 참석했었다.

STEP 1　특정인과 관련한 사실 확인 문제는 해당 지문과 연계 지문을 동시에 봐야 한다.

세 지문 중 하나의 지문에만 언급되는 사람과 관련한 사실 확인 문제는 보기의 키워드를 통해 위치를 확인해야 한다. 이때 해당 지문뿐만 아니라 연계 지문의 내용이 보기의 키워드로 등장하므로 주의하자.

문제의 키워드인 Mr. Boyd는 마지막 지문에 등장한다. 세 번째 지문은 Bennett 씨가 작성한 후기로, "The guide Jeff Boyd, native of the place we traveled to, was very friendly and knowledgeable."에서 Boyd 씨는 Bennett 씨가 여행한 여행 상품의 가이드이자 해당 지역 현지인임을 언급하였다. 두 번째 지문에서 Bennett 씨가 여행한 상품은 Quebec시와 Montreal 상품으로, Boyd 씨가 Quebec시 혹은 Montreal 출생임을 추측할 수 있으므로 정답은 (C)이다.

STEP 2　오답 분석

(A), (D)는 지문에서 언급되지 않았으므로 오답이다.
(B) 세 번째 지문의 "The guide Jeff Boyd, native of the place we traveled to, was very friendly and knowledgeable."에서 Boyd 씨의 직업이 가이드임을 확인할 수 있지만, 구체적인 채용 날짜는 언급되지 않았으므로 오답이다.

Questions 191-195 refer to the following e-mails and addendum.

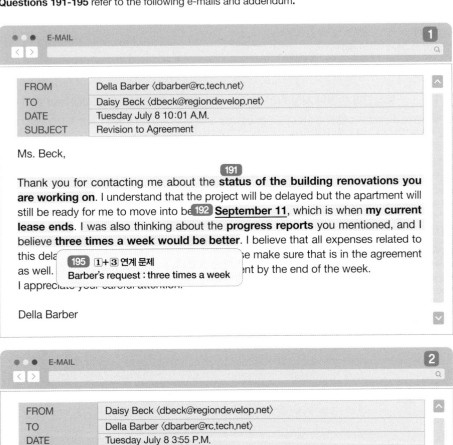

E-MAIL ①

FROM	Della Barber ⟨dbarber@rc.tech.net⟩
TO	Daisy Beck ⟨dbeck@regiondevelop.net⟩
DATE	Tuesday July 8 10:01 A.M.
SUBJECT	Revision to Agreement

Ms. Beck,

191 Thank you for contacting me about the **status of the building renovations you are working on**. I understand that the project will be delayed but the apartment will still be ready for me to move into be **192** **September 11**, which is when **my current lease ends**. I was also thinking about the **progress reports** you mentioned, and I believe **three times a week would be better**. I believe that all expenses related to this dela~~...~~ **195** 1+3 연계 문제 ~~...~~e make sure that is in the agreement as well. Barber's request : three times a week ~~...~~nt by the end of the week. I appreci~~ate your careful attention.~~

Della Barber

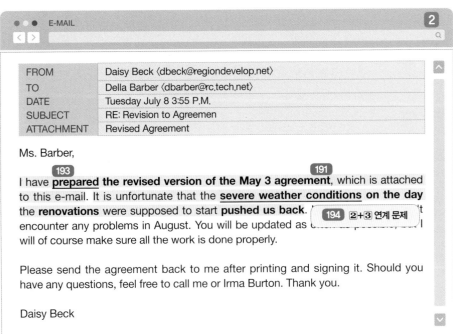

E-MAIL ②

FROM	Daisy Beck ⟨dbeck@regiondevelop.net⟩
TO	Della Barber ⟨dbarber@rc.tech.net⟩
DATE	Tuesday July 8 3:55 P.M.
SUBJECT	RE: Revision to Agreemen
ATTACHMENT	Revised Agreement

Ms. Barber,

193 I have **prepared the revised version of the May 3 agreement**, **191** which is attached to this e-mail. It is unfortunate that the **severe weather conditions on the day** the **renovations** were supposed to start **pushed us back**. **194** 2+3 연계 문제 ~~...~~t encounter any problems in August. You will be updated as ~~soon as possible, but~~ I will of course make sure all the work is done properly.

Please send the agreement back to me after printing and signing it. Should you have any questions, feel free to call me or Irma Burton. Thank you.

Daisy Beck

Agreement Addendum   ③

194 ②+③ 연계 문제
inevitable circumstances = on June 22

Agreement Completion

As a result of **inevitable circumstances that occurred on June 22**, the project was started late and the completion date of the renovation project has been postponed to August 23 from August 18. Any additional labor expenses related to this delay will not be charged to the client. The contractor is held accountable for any costs related to the permit for the exten

195 ①+③ 연계 문제
Barber's request : three times a week
in Agreement Addendum : twice a week

Reports

The client will be provided with **progress reports twice a week** by the contractor as discussed via e-mail. These will detail which steps of the project have been done each week and any issues the work crew encounters.

---

191. Who most likely is Ms. Barber?
(A) A realtor working for Ms. Beck
(B) The legal advisor of Ms. Beck
(C) One of Ms. Beck's clients
(D) A coworker of Ms. Beck

Ms. Barber / 직업 / 상
└. 지문 ①과 지문 ②의 상단부에서 정답을 확인해야 한다.

192. What will most likely happen on September 11?
(A) An agreement will be drafted.
(B) Ms. Barber's lease will end.
(C) Renovation work will begin.
(D) Requests for work extensions will be approved.

키워드 September 11: 지문 ①
└. 키워드 앞뒤에서 정답의 근거를 찾자.

193. In paragraph 1, line 1 of the second e-mail, the phrase "prepared" is closest in meaning to
(A) corrected
(B) written
(C) prevented
(D) prescribed

동의어 찾기 문제: 지문 ②
└. 단어를 기준으로 앞뒤 문장을 확인하자.

194. Which date were weather conditions severe?
(A) May 3
(B) June 22
(C) August 18
(D) August 23

악천후 발생 날짜: 지문 ②, ③
└. 지문 ②에서 키워드를 확보하고, 지문 ③에서 정답을 확인한다.

195. What condition requested by Ms. Barber was NOT reflected in the agreement addendum?
(A) The change of a completion date
(B) The extension of a work permit
(C) The frequency of status reports
(D) The extra labor expenses

계약 부속서에 반영되지 않은 Barber 씨의 요청: 지문 ①, ③

문제 191-195는 다음 이메일과 부록을 참조하세요.

발신	Della Barber 〈dbarber@rc.tech.net〉
수신	Daisy Beck 〈dbeck@regiondevelop.net〉
날짜	7월 8일 화요일 오전 10시 1분
제목	계약서 수정

Beck 씨에게

귀하가 작업하고 계신 건물 개조 진행 상황에 대해 저에게 연락해 주셔서 감사합니다. 이 프로젝트가 지연될 거라는 건 이해하지만, 제가 이사를 들어갈 수 있게 9월 11일 전까지 그래도 아파트가 준비가 돼 있어야 합니다. 그날 제 임대 기간이 만료되거든요. 저는 또 귀하가 언급했던 중간 진행 보고서에 대해서도 생각을 해보았는데요, 일주일에 세 번이 좋을 것 같습니다. 이번 지연과 관련된 모든 비용은 귀하의 회사에서 처리할 거라고 생각합니다. 해당 부분도 계약서에 꼭 넣어 주십시오. 이번 주말까지 수정된 계약서를 받기 기대합니다.
꼼꼼하게 관심 가져주셔서 감사합니다.

Della Barber 올림

발신	Daisy Beck 〈dbeck@regiondevelop.net〉
수신	Della Barber 〈dbarber@rc.tech.net〉
날짜	7월 8일 화요일 오후 3시 55분
제목	답장 : 계약서 수정
첨부	수정된 계약서

Barber 씨께

5월 3일 계약서의 수정본을 준비했으며, 이메일에 첨부하였습니다. 공사를 시작하기로 했던 그 날 악천후로 안타깝게 공사가 지체되었습니다. 하지만, 8월에는 어떠한 문제도 없을 것입니다. 귀하께서 가능한 한 자주 소식을 듣게 되시겠지만, 확실하게 모든 작업이 제대로 마무리되도록 하겠습니다.

계약서를 출력하여 서명하신 후에 저에게 다시 보내주십시오. 문의사항이 있으면, 저 혹은 Irma Burton 씨에게 언제든지 연락 주십시오. 감사합니다.

Daisy Beck 올림

계약서 부속서

계약서 완성
6월 22일에 발생한 불가피한 상황으로, 해당 프로젝트가 늦게 시작되었으며 개조 공사 프로젝트 완공일도 8월 18일에서 23일로 연기되었습니다. 이번 지연과 관련된 추가 인건비는 고객에게 청구되지 않습니다. 도급업자가 연장 허가와 관련된 모든 비용을 책임집니다.

보고서
의뢰인은 논의된 것처럼 이메일로 계약자에게 일주일에 두 번 중간 보고서를 받습니다. 이 보고서에는 매주 프로젝트의 어떤 단계가 마무리되었는지와 인부들이 겪고 있는 문제점들을 상세히 기술합니다.

어휘 contact 연락하다 status (진행 과정상의) 상황 renovation 수선, 수리, 개조 work on ~을 작업하다, 공들이다 delay 지연시키다 move into ~로 이사 들어가다 current 현재의 lease 임대 계약 end 끝나다 expense 비용 cover 처리하다 agreement 계약서 revised 수정된 by the end of ~ 끝 무렵에 appreciate 감사하다 attach 첨부하다 severe weather condition 심각한 기상 조건(악천후) push back 미루다 encounter 부딪히다 properly 제대로 addendum 부속서 inevitable 불가피한 occur 발생하다 completion date 완공일 postpone 연기하다 labor 노동 contractor 계약자, 도급업자 accountable for ~에 대해 책임이 있는 extension (기간의) 연장 via ~을 통하여 detail 상세히 열거하다 crew 팀, 반

---

191. Barber 씨는 누구일 것 같은가?

(A) Beck 씨를 위해 일하는 부동산업자
(B) Beck 씨의 법률 자문
(C) Beck 씨의 의뢰인
(D) Beck 씨의 동료

STEP 1 I/You/제3자를 확인하고 각각의 직업을 파악하라.

문제의 키워드인 Barber 씨는 첫 번째 이메일의 발신자며, 두 번째 이메일의 수신자이다. 먼저 첫 번째 지문의 "Thank you for contacting me about the status of the building renovations you are working on."에서 Beck 씨는 작업 중인 주택 개조의 진행 상황을 알리고자 Barber 씨에게 연락했음을 알 수 있다. 또 두 번째 지문의 "I have prepared the revised version of the May 3 agreement, which is attached to this e-mail."에서 Beck 씨는 Barber 씨에게 5월 3일에 작성된 계약서의 수정본을 첨부했음이 언급되어 있다. 즉, Barber 씨는 Beck 씨의 고객으로 정답은 (C)이다.

STEP 2 오답 분석

(A) 첫 번째 지문과 두 번째 지문의 상단부에서, Beck 씨는 공사 관련 계약자(contractor)임을 알 수 있다.

---

192. 9월 11일에 무슨 일이 일어날 것인가?

(A) 계약서 초안이 작성될 예정이다.
(B) Barber 씨의 임대 기간이 만료될 예정이다.
(C) 보수 작업이 시작될 예정이다.
(D) 연장 작업 요청이 승인될 예정이다.

STEP 1 기간, 요일, 숫자 등은 키워드 옆에 있는 것이 정답이다.

본문에 있는 정보들 중에 문제에서 제시하는 키워드 옆에 있는 정확한 정보를 찾아내는 것이 관건이다. 문제의 키워드 September 11은 첫 번째 지문에서 언급된다. 지문의 "the apartment will still be ready for me to move into before September 11, which is when my current lease ends"에서 Barber 씨의 현 임대 계약 기간이 9월 11일에 끝남을 언급하였으므로 정답은 (B)이다.

STEP 2 오답 분석

(A) 두 번째 지문의 "I have prepared the revised version of the May 3 agreement, which is attached to this e-mail."에서 계약서의 초안은 이미 작성되었으므로 오답이다.
(C) 첫 번째 지문의 "Thank you for contacting me about the status of the building renovations you are working on."에서 Barber 씨는 Beck 씨의 공사 진행 상황을 알리려는 통화의 목적을 언급하였다. 즉, 주택 보수 작업은 현재 진행 중이므로 오답이다.
(D)는 지문에서 언급되지 않았으므로 오답이다.

193. 두 번째 이메일의 첫 번째 단락 첫 번째 줄의 "prepared"와 의미가 가장 가까운 것은?

(A) 정정했다
(B) 작성했다
(C) 예방했다
(D) 처방했다

STEP 1   동의어는 문맥상 대체할 수 있는 단어를 찾는 것이다.

보기에서 일차원적으로 같은 의미의 단어를 찾는 것이 아니라 그 단어의 다양한 의미 중에서 본문의 상황에 맞는 것을 선택해야 한다. 해당 문장인 "I have prepared the revised version of the May 3 agreement"에서 5월 3일자 계약서의 수정본을 "준비(혹은 작성)하였다"는 의미로 사용되었다. 따라서 동일한 의미를 갖고 있는 (B)가 정답이다.

---

194. 며칠날 기상 조건이 안 좋았는가?

(A) 5월 3일
(B) 6월 22일
(C) 8월 18일
(D) 8월 23일

STEP 1   보기가 모두 장소이거나, 시간, 사람 이름 등이면 본문에서 검색해 두어야 한다.

문제의 키워드를 중심으로 보기에 해당하는 명사들을 빠르게 찾는 것이 관건이다. 악천후로 공사가 지연된 날짜를 묻는 문제로, 수정된 최종 계약서인 세 번째 지문에서 정답을 찾아야 한다.
먼저, 문제의 핵심 키워드는 두 번째 지문에 위치하며, 해당 지문의 "It is unfortunate that the severe weather conditions on the day the renovations were supposed to start pushed us back."을 통해 악천후로 공사 시작일이 연기되었음을 언급하였다. 또, 세 번째 지문의 "As a result of inevitable circumstances that occurred on June 22,"에서 6월 22일에 발생한 불가피한 상황 즉, 악천후로 완공일이 지연되었음을 확인할 수 있다. 따라서 정답은 (B)이다.

STEP 2

(A)는 계약서가 최초로 작성된 날이다.
(C)는 본래 공사 완공일이었으므로 오답이다.
(D)는 최종 완공일로 오답이다.

---

195. Barber 씨가 요청한 어떤 조건이 계약서 부속서에 반영되지 않았는가?

(A) 완공일 변경
(B) 작업 허가 연장
(C) 진행 보고서 안내 횟수
(D) 추가 인건비

STEP 1   특정인과 관련한 사실 확인 문제는 해당 지문과 연계 지문을 동시에 봐야 한다.

문제의 키워드는 Barber 씨로, Barber 씨의 요청 사항 중 계약 부속서에 반영되지 않은 항목을 찾는 문제이다. 따라서 발신자가 Barber 씨인 첫 번째 지문과 계약 부속서인 세 번째 지문을 연계해서 정답을 파악해야 한다.
첫 번째 지문의 "I was also thinking about the progress reports you mentioned, and I believe three times a week would be better."에서 Barber 씨는 일주일에 세 번 중간 진행 보고서를 받는 게 좋겠다고 했지만, 세 번째 지문의 "The client will be provided with progress reports twice a week by the contractor as discussed via e-mail."에서 일주일에 두 번 보고서를 받을 예정임이 계약서에 명시되어 있다. 즉, Barber 씨가 요청한 조건 중 반영되지 않은 것은 진행 보고서를 받는 횟수로 정답은 (C)이다.

Tamara's Rare Films
46 Old Street, London, 2Q1 NC3

Dear, Ms. Tamara,

I first heard of Tamara's Rare Films at the Antiquarian Record Expo in Brighton last month. After I found out that you carry a wide selection of high-quality video records and films, I tried to purchase some from your online store. Since I do not want any faulty record films in m~~~~~~~~~~~~~~~~~~ information describing their condition prior to ~~~~~~~~~~~~~~~~~ey were in original and decent condition. Upon arrival, **I examined them, but** I noticed that the videotape of the **Opal film record was cracked**.

> **196** Opal film record was cracked
> → complain about an item's condition

To talk about thi~~~~~~~~~~~~~~~~~~~~~~~~ contact me as soon as possible.

> **197** ①+② 연계 문제
> Opal film record was cracked → concern
> → 지문 ②에서 작품명 확인

Sincerely,

Sheri Chandler

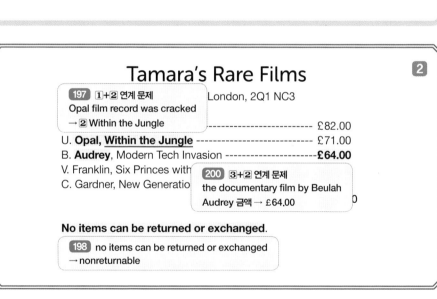

Tamara's Rare Films

London, 2Q1 NC3

> **197** ①+② 연계 문제
> Opal film record was cracked
> → ② Within the Jungle

~~~~~~~~~~~~~~~~~~~~~~~~~ £82.00
U. **Opal, Within the Jungle** -------------------------- £71.00
B. **Audrey**, Modern Tech Invasion --------------------**£64.00**
V. Franklin, Six Princes with
C. Gardner, New Generatio~~~~~~~~~~~~~~~~~~~~~~~ 0

> **200** ③+② 연계 문제
> the documentary film by Beulah
> Audrey 금액 → £64.00

No items can be returned or exchanged.

> **198** no items can be returned or exchanged
> → nonreturnable

Tamara's Rare Films
46 Old Street, London, 2Q1 NC3

Sheri Chandler
Bounds Green Avenue, 5W4 TR4

Dear Ms. Chandler,

I would like to **assure you that all of our items are thoroughly checked** before we list them in the sales brochure. I clearly remembered **checking the item that you inquired about before it was shipped to you.** In my professional experience, I believe that the videotape may have already been damaged by its previous owner a few years ago. Hence, it can be said that the item is in its original condition based on our industry standards.

However, to compensate for your disappointment, **the payment for the documentary film by Beulah Audrey will be refunded**. Thank you,

Laurie Tamara
Laurie Tamara

> **200** 3+2 연계 문제
> the documentary film by Beulah Audrey 금액
> → 지문 2에서 확인

196. Why did Ms. Chandler write to Ms. Tamara?
(A) To change a shipping address
(B) To complain about an item's condition
(C) To ~~get a refund~~ for recent purchases
(D) To request a correction to a bill

편지 목적: 지문 1
ㄴ 하단부 요구 사항에 답이 있을
확률이 10%이다.

197. What item does Ms. Chandler express concern about?
(A) Explore the Ocean
(B) Within the Jungle
(C) Modern Tech Invasion
(D) Six Princes with a Castle

Chandler 씨 / 염려 제품: 지문 1, 2
ㄴ 지문 1에서 제품 확인 후
지문 2에서 세부사항을 확인한다.

198. What is indicated about Tamara's Rare Films?
(A) It does ~~not~~ carry any documentary film.
(B) Its products are available ~~only~~ through the online store.
(C) Its products are nonreturnable.
(D) It has ~~the largest~~ selection of products in the area.

키워드 Tamara's Rare Films: 지문 2
ㄴ 지문 속에서 정답에 영향을 주는
모든 요소들을 이용한다.

199. What is mentioned in the second letter?
(A) ~~A replacement item will be delivered soon.~~
(B) An item will be evaluated again by an expert.
(C) All the items are examined before shipping.
(D) Some items were sent to a wrong place.

키워드 second letter: 지문 3
ㄴ 문제와 보기의 키워드를 정리한 후
본문을 검색하자.

200. How much will Ms. Chandler receive as a refund?
(A) £43   (B) £56
(C) £64   (D) £71

Chandler 씨 / 환불 금액: 지문 3, 2
ㄴ 지문 3에서 환불 내용을 확인하고
지문 2에서 금액을 확인한다.

문제 196-200은 다음 편지와 송장을 참조하세요.

1

Tamara's Rare Films
46 Old Street, London, 2Q1 NC3

Tamara 씨께

저는 지난달 Brighton에서 개최되었던 고서 박람회에서 Tamara's Rare Films를 처음 듣게 되었습니다. 귀하가 다양한 고품질의 비디오와 영화를 취급한다는 소식을 알고 난 뒤, 귀하가 운영하는 온라인 매장에서 몇 가지 제품을 구매해 봤습니다. 제 소장품으로 결함이 있는 기록 영화는 보유하고 싶지 않아서, 구매 전에 제품 상태를 설명하는 안내서를 꼼꼼히 검토했습니다. 저는 제품들이 본래 괜찮은 상태였을 거라고 확신했습니다. 제품이 도착하자마자 그 것들을 살펴보았는데, Opal 영화 비디오테이프에 금이 가 있는 걸 발견했습니다.

이 불미스러운 사태를 논의하고자, 가능한 한 빨리 제게 연락을 주셨으면 합니다.

Sheri Chandler 올림

2

Tamara's Rare Films
46 Old Street, London, 2Q1 NC3

T. Elliott, 해저 탐사 ——————————— 82파운드
U. Opal, 정글 속에서 ——————————— 71파운드
B. Audrey, 현대 기술 침입 ——————————— 64파운드
V. Franklin, 성 안의 여섯 왕자들 ——————— 56파운드
C. Gardner, 신세대 ——————————— 43파운드
총액 316파운드

어떠한 제품도 환불 혹은 교환이 불가능합니다.

3

Tamara's Rare Films
46 Old Street, London, 2Q1 NC3

Sheri Chandler
Bounds Green Avenue, 5W4 TR4

Chandler 씨에게

판매 책자에 상품들을 명시하기 전에, 상품들을 철저히 확인한다는 것을 알려드립니다. 귀하께서 문의하신 제품을 발송하기 전에 확인했던 걸 저는 분명히 기억하고 있습니다. 제 전문적인 경험에 의하면, 그 테이프는 몇 년 전에 이미 이전 소유자에 의해 손상되었을 거라는 생각이 듭니다. 그러므로 저희 업계 기준상, 본래 상태를 유지하고 있다는 걸 말씀드릴 수 있겠죠.

하지만, 귀하께서 겪으신 실망감을 보상해 드리고자, Beulah Audrey 씨가 제작한 다큐멘터리 영화의 비용을 환불 해 드리겠습니다.

감사합니다.

Laurie Tamara
Laurie Tamara

어휘 hear of ~에 대해 듣다 antiquarian 골동품(고서)의 find out 알아내다 carry 취급하다
a wide selection of 폭넓은 film 영화 since ~이기 때문에 faulty 결함이 있는 thoroughly 철저히, 철두철미하게
review 확인하다 describe 서술하다, 묘사하다 condition 조건 prior to ~에 앞서 convinced 확신하는
original 원래의, 본래의 decent 괜찮은, 제대로 된 upon arrival 노착하자마자 examine 조사하다, 검토하다
cracked 금이 간, 갈라진 assure 장담하다 list 명단을 작성하다 brochure 책자 inquire 문의하다
professional 전문적인 previous 이전의 hence 이런 이유로 compensate for ~에 대해 보상하다
disappointment 실망, 낙심

---

196. Chandler 씨는 왜 Tamara 씨에게 편지를 썼는가?

(A) 배송지 주소를 변경하기 위해서
(B) 제품 상태에 대해 항의하기 위해서
(C) 최근 구매 제품을 환불받기 위해서
(D) 청구서의 수정을 요청하기 위해서

STEP 1 목적이 앞 부분에 없을 때는 하단부에 나오는 요구 사항에 정답이 있다.

목적이나 주제는 주로 지문의 상단부에 언급되지만, 초반에 편지나 이메일을 보내게 된 배경 등을 설명할 때는 하단부에 요청 사항으로 등장한다. 첫 번째 지문의 "Upon their arrival, I examined them, but I noticed that the videotape of the Opal film record was cracked."에서 Chandler 씨가 주문한 제품에 하자가 있음을 발견하였다. 즉, 발신자인 Chandler 씨는 제품 상태에 항의를 하고 있으므로 정답은 (B)이다.

STEP 2 오답 분석

(A), (D)는 지문에서 관련 정보가 언급되지 않았으므로 오답이다.
(C) 지문의 "Upon their arrival, I examined them, but I noticed that the videotape of the Opal film record was cracked."에서 비디오테이프에 문제가 있음을 언급했지만, 이에 대한 해결 방법으로 환불을 요청하지 않았으므로 오답이다.

---

197. Chandler 씨가 우려를 표한 제품은 무엇인가?

(A) Explore the Ocean
(B) Within the Jungle
(C) Modern Tech Invasion
(D) Six Princes with a Castle

STEP 1 표나 그래프 등 시각 자료는 다른 문서와 연결해 정답을 찾는 문제가 출제된다.

표에 있는 관련 정보들을 다른 지문들에서 모아 답을 찾아야 한다. 먼저, 질문의 키워드는 Ms. Chandler로, 그의 우려 혹은 불만사항은 그가 보낸 첫 번째 지문에서 언급된다. 지문의 "Upon their arrival, I examined them, but I noticed that the videotape of the Opal film record was cracked."에서 그가 주문한 제품 중 Opal 씨의 영화 비디오 테이프가 금이 가 있었다는 문제점을 언급하였다. 따라서 두 번째 지문 중 Opal 씨가 제작한 제품인 (B)가 정답이다.

---

198. Tamara's Rare Films에 관하여 언급된 것은 무엇인가?

(A) 다큐멘터리 영화는 전혀 취급하지 않는다.
(B) 제품은 온라인 매장을 통해서만 구입이 가능하다.
(C) 제품은 환불이 불가능하다.
(D) 그 지역에서 가장 많은 제품을 보유하고 있다.

STEP 1 문제 중에 키워드가 있으면 해당 지문에서 검색된 키워드 위주로 정보를 연결한다.

키워드를 중심으로 지문을 검색하고, paraphrasing 여부나 한 단어 오류 등에 주의해서 정답을 선택한다. 문제의 키워드는 Tamara's Rare Films로, 첫 번째 지문과 두 번째 지문에서 언급된다. 하지만, 첫 번째 지문은 Chandler 씨의 불만

을 표현하는 메일로, 두 번째 지문인 Chandler 씨의 주문 청구서에서 해당 가게와 관련된 사항을 확인하자. 지문의 "No items can be returned or exchanged"에서 주문한 제품은 교환 혹은 환불이 불가능하다는 정책을 언급하였다. 따라서 정답은 (C)이다.

STEP 2 오답 분석

(A) 세 번째 지문의 "the payment for the documentary film ~ be refunded"에서 Beulah Audrey가 제작한 영화가 다큐멘터리 필름임이 언급되어 있다. 따라서 두 번째 지문에서 Chandler 씨가 구입한 제품 중 Modern Tech Invasion이 다큐멘터리임을 확인할 수 있으므로 오답이다.
(B) 첫 번째 지문의 "I tried to make a purchase of some of them from the online store you run."에서 Chandler 씨는 온라인으로 제품을 구입했음을 언급했지만, 오프라인 매장 여부는 언급되지 않았으므로 오답이다.
(D) 첫 번째 지문의 "I found out that you carry a wide selection of high quality video records and films,"에서 Tamara's Rare Films는 다양한 고품질의 비디오와 필름을 보유하고 있지만, 다른 곳과의 규모를 비교할 수 있는 정보는 언급되지 않았으므로 오답이다.

---

199. 두 번째 편지에서 언급된 것은 무엇인가?
(A) 교체품이 곧 배달될 예정이다.
(B) 전문가가 다시 제품을 감정할 예정이다.
(C) 배송하기 전에 모든 제품의 상태를 검사한다.
(D) 일부 제품은 잘못된 장소로 배송되었다.

STEP 1 문제가 주는 힌트나 지문 내의 답에 영향을 주는 모든 요소들을 이용한다.

두 번째 편지의 "I would like to assure you ~ it was shipped to you"에서 발신자인 Laurie Tamara 씨는 이전 소유자에게서 물건을 받고, 책자에 싣고, 소비자에게 포장되어 발송되기 전까지 꼼꼼히 확인한다는 사실을 언급하였다. 즉, Tamara's Rare Films에서 취급하는 모든 제품은 철저하게 검사되는 것으로 정답은 (C)이다.

STEP 2 오답 분석

(A) 세 번째 지문의 "However, to compensate for your disappointment, the payment for the documentary film by Beulah Audrey will be refunded."에서 Chandler 씨가 느낀 실망감에 보답하고자, 주문한 물건 중 Beulah 씨의 다큐멘터리 영화를 환불해 줄 것을 언급했으므로 오답이다.
(B), (D)는 지문에서 언급되지 않았으므로 오답이다.

---

200. Chandler 씨가 환불받을 금액은 얼마인가?
(A) 43 파운드
(B) 56 파운드
(C) 64 파운드
(D) 71 파운드

STEP 1 표나 그래프 등 시각 자료는 다른 문서와 연결해 정답을 찾는 문제가 출제된다.

표에 있는 관련 정보들을 다른 지문들에서 모아서 정답을 찾아야 한다. 문제의 키워드는 Ms. Chandler로, 환불 받을 금액이 얼마인지를 묻는 문제이다. 첫 번째 지문은 Chandler 씨의 불만을 표현하는 것으로 두 번째 지문과 세 번째 지문을 연계해서 정답을 파악해야 한다.
Chandler 씨의 문의사항에 답변을 하는 세 번째 지문의 "However, to compensate for your disappointment, the payment for the documentary film by Beulah Audrey will be refunded."에서 Chandler 씨가 느끼는 실망감에 보답하고자, Beulah Audrey 씨의 다큐멘터리 영화의 지불 금액을 환불해 드리겠다고 언급하였다. 따라서 두 번째 지문에서 Beulah Audrey 씨가 제작한 영화는 Modern Tech Invasion으로, 정답은 (C)이다.

TEST 2

LISTENING TEST

In the Listening test, you will be asked to demonstrate how well you understand spoken English. The entire Listening test will last approximately 45 minutes. There are four parts, and directions are given for each part. You must mark your answers on the separate answer sheet. Do not write your answers in your test book.

PART 1

Directions: For each question in this part, you will hear four statements about a picture in your test book. When you hear the statements, you must select the one statement that best describes what you see in the picture. Then find the number of the question on your answer sheet and mark your answer. The statements will not be printed in your test book and will be spoken only one time.

Statement (B), "They're having a meeting," is the best description of the picture, so you should select answer (B) and mark it on your answer sheet.

1.

2.

GO ON TO THE NEXT PAGE

3.

4.

5.

6.

GO ON TO THE NEXT PAGE

PART 2

Directions: You will hear a question or statement and three responses spoken in English. They will not be printed in your test book and will be spoken only one time. Select the best response to the question or statement and mark the letter (A), (B), or (C) on your answer sheet.

7. Mark your answer on your answer sheet.

8. Mark your answer on your answer sheet.

9. Mark your answer on your answer sheet.

10. Mark your answer on your answer sheet.

11. Mark your answer on your answer sheet.

12. Mark your answer on your answer sheet.

13. Mark your answer on your answer sheet.

14. Mark your answer on your answer sheet.

15. Mark your answer on your answer sheet.

16. Mark your answer on your answer sheet.

17. Mark your answer on your answer sheet.

18. Mark your answer on your answer sheet.

19. Mark your answer on your answer sheet.

20. Mark your answer on your answer sheet.

21. Mark your answer on your answer sheet.

22. Mark your answer on your answer sheet.

23. Mark your answer on your answer sheet.

24. Mark your answer on your answer sheet.

25. Mark your answer on your answer sheet.

26. Mark your answer on your answer sheet.

27. Mark your answer on your answer sheet.

28. Mark your answer on your answer sheet.

29. Mark your answer on your answer sheet.

30. Mark your answer on your answer sheet.

31. Mark your answer on your answer sheet.

PART 3

Directions: You will hear some conversations between two or more people. You will be asked to answer three questions about what the speakers say in each conversation. Select the best response to each question and mark the letter (A), (B), (C), or (D) on your answer sheet. The conversations will not be printed in your test book and will be spoken only one time.

32. What are the speakers talking about?
(A) A destination
(B) An online store
(C) A local attraction
(D) An assigned seat

33. Where most likely are the speakers?
(A) In a lounge
(B) On a bus
(C) At a ticket office
(D) In a shop

34. What does the woman say she will do?
(A) Talk with a bus driver
(B) Request another ticket
(C) Take her baggage
(D) Present her ID card

35. Who most likely is the man?
(A) A dentist
(B) A shop assistant
(C) A receptionist
(D) A seminar organizer

36. What does the man want to change?
(A) A method of payment
(B) An appointment time
(C) An event location
(D) A total number of products

37. What will the woman do next?
(A) Draft a contract
(B) Reschedule a meeting
(C) Forward a medical file
(D) Update her schedule

38. What kind of business do the speakers work for?
(A) A concert hall
(B) A restaurant
(C) A travel agency
(D) A hotel

39. What does the man inform the woman about?
(A) Famous local restaurants
(B) A reservation process
(C) Some music performances
(D) Discounted rates for tourists

40. What will the woman do after her break?
(A) E-mail some guests
(B) Visit the man's office
(C) Go to a concert
(D) Send back some tickets

41. What does the woman ask the man to do?
(A) Offer a discount
(B) Provide details on a feature
(C) Make suggestions on a product
(D) Submit an order form

42. What does the woman say she will do with her video device?
(A) Use it for her business
(B) Record her trips
(C) Make her own movie
(D) Document corporate events

43. What does the man mention about the Lowe R2?
(A) It is the latest model.
(B) It is not difficult to operate.
(C) Its customer reviews are good.
(D) Its battery lasts longer than other models.

44. What kind of service do the speakers most likely provide?
(A) Advertising
(B) Medical
(C) Catering
(D) Shipping

45. Why does the man say, "This is the third time this month"?
(A) He does not like an idea.
(B) He is disappointed with a supplier.
(C) He already informed his staff of an issue.
(D) He knows the location well.

46. What will the man most likely do next?
(A) Park his vehicle
(B) Visit a shop
(C) Contact a deliverer
(D) Call a meeting

47. What field does Ralph specialize in?
(A) Human resources
(B) Architecture
(C) Marketing
(D) Building maintenance

48. What is the woman trying to discuss with Ralph?
(A) Some job specifications
(B) A security procedure
(C) A payroll system
(D) Some construction projects

49. Why has the workshop been delayed?
(A) An employee is on holiday.
(B) Some information is unavailable.
(C) A facility is not accessible.
(D) Some computers are not working.

50. What issue is the man talking about?
(A) A broken door
(B) An error in the bill
(C) A leaking pipe
(D) An unfinished job

51. According to the woman, what has caused a delay?
(A) Irregular maintenance
(B) A limited budget
(C) Bad weather
(D) Demanding work

52. What does the woman say she will do right now?
(A) Set up a schedule
(B) Order extra materials
(C) Call a site manager
(D) Close a deal

53. What kind of company is the man calling?
(A) A hardware store
(B) A magazine publisher
(C) A radio station
(D) A computer shop

54. What does the woman suggest?
(A) Changing some information
(B) Visiting the main office
(C) Printing out an issue
(D) Signing up for an online subscription

55. What does the man ask about?
(A) Business hours
(B) Express shipping
(C) Price reduction
(D) Relocation services

56. What are the speakers mainly talking about?
(A) A new product
(B) A social event
(C) A presentation
(D) A local store

57. What kind of business do the speakers work for?
(A) An office supply store
(B) A cleaning company
(C) A financial consulting firm
(D) An advertising company

58. What does the man say should be described in more detail?
(A) Ways to reach various customers
(B) Plans for an upcoming meeting
(C) Changes in a work schedule
(D) Measures to prevent errors

GO ON TO THE NEXT PAGE

59. What kind of event is the man preparing for?
(A) A building inspection
(B) A customer survey
(C) A training course
(D) A client meeting

60. What does the woman imply when she says, "I finished my report early"?
(A) She thinks she will get promoted.
(B) She intends to leave the office.
(C) She is available to give assistance.
(D) She wants comments on a project.

61. What will the woman most likely do next?
(A) Correct a few errors
(B) Check some equipment
(C) Go to another department
(D) Postpone an event

Highway 87

Exit 23
Train Station

Exit 22
Rental Car
Service

Exit 21
Gas Station

Exit 20
North Town

62. What are the speakers worried about?
(A) Being stuck in a traffic jam
(B) Paying an extra fee
(C) Missing a train
(D) Securing a parking space

63. Look at the graphic. Which exit does the man tell the woman to take?
(A) Exit 20
(B) Exit 21
(C) Exit 22
(D) Exit 23

64. What does the woman say she hopes to do?
(A) Call her family
(B) Purchase some gifts
(C) Get some food
(D) Buy a map

http://www.foodservice.net	
Review of Eduardo Restaurant	
Location & Transportation	★ ★ ★ ★ ★
Restaurant Facilities	★ ★ ★ ★
Interior Appearance	★
Customer Service	★

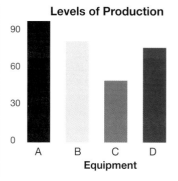

Levels of Production

65. What does the man say he is concerned about?
(A) Missing an event
(B) Losing diners
(C) Opening a new branch
(D) Cutting a budget

66. Look at the graphic. Which area will the speakers be talking about at next week's meeting?
(A) Location & Transportation
(B) Restaurant Facilities
(C) Interior appearance
(D) Customer Service

67. What does the woman suggest doing?
(A) Offering a discount
(B) Inviting a consultant
(C) Ordering new tables and chairs
(D) Relocating to a different place

68. What type of business do the speakers work for?
(A) A food supplier
(B) A car repair center
(C) A packaging plant
(D) An appliance store

69. Look at the graphic. Which equipment are the speakers talking about?
(A) Equipment A
(B) Equipment B
(C) Equipment C
(D) Equipment D

70. What does the man say needs to be done as soon as possible?
(A) Revising a schedule
(B) Reviewing other reports
(C) Selling some products
(D) Contacting maintenance

GO ON TO THE NEXT PAGE

PART 4

Directions: You will hear some talks given by a single speaker. You will be asked to answer three questions about what the speaker says in each talk. Select the best response to each question and mark the letter (A), (B), (C), or (D) on your answer sheet. The talks will not be printed in your test book and will be spoken only one time.

71. What type of business do the listeners work for?
(A) A financial consulting company
(B) An office supplies store
(C) A cafe chain
(D) An educational institution

72. According to the speaker, what is the training session about?
(A) A software system
(B) A return policy
(C) New equipment
(D) Customer service

73. What will the listeners most likely do next?
(A) Review customer records
(B) Listen to a speaker
(C) Meet new coworkers
(D) Sample some drinks

74. What kind of business has the listener sent a résumé to?
(A) A medical center
(B) A car manufacturer
(C) A financial institution
(D) A shipping firm

75. What is mentioned about the position?
(A) It is temporary.
(B) It includes frequent traveling.
(C) It needs to be filled as soon as possible.
(D) It requires extensive experience.

76. Why does the listener need to call Ms. Fleming?
(A) To accept a job offer
(B) To update information
(C) To get a contract
(D) To set up an interview

77. What field do the listeners most likely specialize in?
(A) Data handling
(B) Marketing
(C) Product development
(D) Manufacturing

78. According to the speaker, what can be found on the Web site?
(A) A list of current clients
(B) Financial statements
(C) A directory of local businesses
(D) The specifications of a new product

79. What will the listeners most likely do before the next meeting?
(A) Change their schedule
(B) Draft a contract
(C) Prepare their ideas
(D) Review customer comments

---

80. What is the speaker planning to do?
(A) Go on holiday
(B) Treat some clients
(C) Hold a training session
(D) Prepare a job interview

81. What is the listener asked to prepare for the speaker?
(A) A rental car
(B) Access to the Internet
(C) Presentation equipment
(D) A copy of some documents

82. Why does the speaker say, "I have already reserved a rental car"?
(A) To turn down an offer
(B) To cancel a scheduled event
(C) To change a reservation
(D) To complain about some requests

---

83. According to the speaker, what will take place this quarter?
(A) An employee training session
(B) A financial audit
(C) An industrial merger
(D) A construction project

84. What field does Julian Hicks specialize in?
(A) Textile chemistry
(B) Computer graphics
(C) Business accounting
(D) Construction engineering

85. What is Julian Hicks currently doing?
(A) Designing a hiring process
(B) Touring a plant
(C) Conducting a survey
(D) Drafting a budget report

GO ON TO THE NEXT PAGE

86. What type of event is scheduled to be held?
(A) A trade fair
(B) A product release
(C) A sports tournament
(D) A charity auction

87. What is the purpose of the speaker's call?
(A) To discuss a new system
(B) To confirm a registration detail
(C) To report a schedule change
(D) To ask for a missing payment

88. What is suggested about the event?
(A) Parking is free to attendees.
(B) The registration fee has been discounted.
(C) It is very popular.
(D) It is held every year.

---

89. What field does the speaker most likely work in?
(A) Car manufacturing
(B) Construction
(C) Finance
(D) Publishing

90. Why is the meeting being held?
(A) To discuss the results of a survey
(B) To learn about current market trends
(C) To talk about safety policies
(D) To share security issues

91. Why does the speaker say, "we didn't have enough time to arrange the materials properly"?
(A) To acknowledge a worker
(B) To make an excuse
(C) To express concern
(D) To extend a deadline

---

92. What class are the listeners attending?
(A) Writing
(B) Art
(C) Furniture design
(D) Home repair

93. Why does the speaker say, "we are not the only ones who use this room"?
(A) To clarify the location of the class
(B) To explain why the class needs to finish early
(C) To remind listeners to be on time for every class
(D) To encourage listeners to sign up for other classes

94. What do some of the listeners have to do after today's class?
(A) Rearrange their supplies
(B) Complete a survey
(C) Submit some work
(D) Make a payment

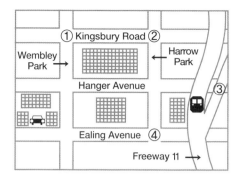

Shipment Checklist		
Step 1	Checking Box Code	____
Step 2	Matching packing list with contents	____
Step 3	Inspecting goods for damage	____
Step 4	Moving goods to storage room	____

95. According to the news report, what has caused a problem?
(A) Building construction
(B) Severe weather
(C) A car accident
(D) An outdated road sign

96. Look at the graphic. Which location is the speaker talking about?
(A) Location 1
(B) Location 2
(C) Location 3
(D) Location 4

97. What does the speaker say will take place tonight?
(A) A seasonal festival
(B) A press release
(C) Road maintenance work
(D) A bicycle race

98. What is the speaker worried about?
(A) Customer complaints
(B) Wasted work hours
(C) Insufficient storage space
(D) Additional costs

99. Look at the graphic. Which step does the speaker say needs special attention?
(A) Step 1
(B) Step 2
(C) Step 3
(D) Step 4

100. What does the speaker say will start from next week?
(A) A regular inspection
(B) A grand opening
(C) A sales promotion
(D) An orientation session

This is the end of the Listening test. Turn to Part 5 in your test book.

READING TEST

In the Reading test, you will read a variety of texts and answer several different types of reading comprehension questions. The entire Reading test will last 75 minutes. There are three parts, and directions are given for each part. You are encouraged to answer as many questions as possible within the time allowed.

You must mark your answers on the separate answer sheet. Do not write your answers in your test book.

PART 5

Directions: A word or phrase is missing in each of the sentences below. Four answer choices are given below each sentence. Select the best answer to complete the sentence. Then mark the letter (A), (B), (C), or (D) on your answer sheet.

101. Dr. Anya Petrov is well known for her -------- in the field of sports psychology.
(A) accomplish
(B) accomplishments
(C) accomplishing
(D) accomplished

102. After members of the R&D team at Peu Rul Pharmaceuticals found new chemicals, -------- developed innovative treatments for cancer.
(A) they
(B) them
(C) their
(D) themselves

103. Kellaergman Real Estate Agency is trying to help you find the -------- house.
(A) perfectly
(B) perfection
(C) perfect
(D) perfecting

104. The new desk is -------- designed for children who need an adjustable desk for their heights.
(A) special
(B) specially
(C) specialize
(D) specialization

105. The -------- of the Macoy Organization is to protect wildlife from human activity.
(A) objects
(B) objective
(C) objectives
(D) objection

106. After the new computing system was installed last week, -------- malfunctions have occurred.
(A) much
(B) few
(C) little
(D) every

107. Beginning next Wednesday, Popping Stationery -------- its store hours until 9:30 P.M. daily.
(A) is extended
(B) have extended
(C) will be extending
(D) are extending

108. The new PKR-1000 enables staff to search customer databases easily -------- quickly.
(A) after
(B) either
(C) and
(D) for

109. Mr. Kunes was surprised that -------- five hundred people had already purchased tickets to his concert.
(A) approximate
(B) approximately
(C) approximation
(D) approximated

110. Marc Srentova, a lawyer from MS Laws, -------- to take the case.
(A) are
(B) have
(C) was
(D) being

111. Customers can wait in the lounge -------- our staff processes the applications.
(A) except
(B) nevertheless
(C) during
(D) while

112. Ms. Bennings -------- the food contest for the past ten years.
(A) organize
(B) organizing
(C) has organized
(D) will be organized

113. Due to the rise in awareness of environmental issues, this year's demand for hybrid cars is -------- higher than last year's.
(A) much
(B) many
(C) very
(D) well

114. The HCTC program plans -------- local residents with better health services.
(A) providing
(B) to provide
(C) provides
(D) provide

115. All employees can -------- the employee contact list from the company Web site.
(A) access
(B) appeal
(C) notify
(D) stay

116. Manager Peter Collins will be meeting the three finalists at tomorrow's orientation --------.
(A) he
(B) his
(C) him
(D) himself

GO ON TO THE NEXT PAGE

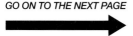

117. The survey results indicated that most attendees found the conference very --------.
(A) inform
(B) informs
(C) informative
(D) information

118. -------- its prices have risen slightly, Looming Flowers does not expect its sales to decline.
(A) Although
(B) Because
(C) Provided
(D) Since

119. Our customer service representatives are -------- to satisfying all of our customers.
(A) dedicated
(B) dedication
(C) dedicate
(D) dedicating

120. If you notice any defects in our new display screens, please -------- us immediately.
(A) notice
(B) reply
(C) notify
(D) review

121. Please be aware that the -------- of mobiles phones and other electronic devices is prohibited during the tour.
(A) operate
(B) operation
(C) operator
(D) operational

122. On sunny days, Melissa's Bistro usually opens its patio section -------- more customers to enjoy its wonderful view outside.
(A) allow
(B) allows
(C) allowed
(D) to allow

123. Heymin Kim decided to relocate the office -------- the tenth floor.
(A) at
(B) by
(C) for
(D) to

124. We will continue to use the Diamond Room for larger events -------- renovations to the Rose Room are finished.
(A) without
(B) until
(C) under
(D) so that

125. In order to process your requests quickly, we need to see the -------- receipt for your purchases.
(A) introductory
(B) original
(C) accurate
(D) direct

126. Due to time limits, Clara Nelson will speak only -------- about the Montreal Music Festival.
(A) briefly
(B) rarely
(C) recently
(D) slightly

127. This year's sales figures from Conroy Cereal Company are surprisingly similar to -------- of the previous year.
(A) much
(B) either
(C) those
(D) them

128. Holly Publishing will feature a new fashion trend in the June --------.
(A) area
(B) issue
(C) offer
(D) cover

129. If you want to get reimbursement for your medical expense, please submit an application with proof documents -------- two weeks.
(A) to
(B) until
(C) before
(D) within

130. Pedestrians are reminded to walk -------- on sidewalks when it snows.
(A) honestly
(B) repeatedly
(C) carefully
(D) widely

GO ON TO THE NEXT PAGE

PART 6

Directions: Read the texts that follow. A word, phrase, or sentence is missing in parts of each text. Four answer choices for each question are given below the text. Select the best answer to complete the text. Then mark the letter (A), (B), (C), or (D) on your answer sheet.

Questions 131-134 refer to the following notice.

On Tuesday, November 11, Hilly Water Park will begin renovations in some of the facilities. This project will consist of two phases. One is surface work. The area located ------- the main pool and the kids pool needs to be resurfaced. Workers will
131.
prepare the zone for a new surface on November 16. -------. So our staff will not be
132.
affected by this work.

The second phase will consist in relocating some amenities. In order to make our amenities more -------, we're going to move them to the first floor of each facility.
133.
Also, we'll add more selected snack booths so customers ------- various kinds of
134.
dishes in our water park.

131. (A) among
    (B) between
    (C) into
    (D) after

132. (A) The main pool will also need to be enlarged.
    (B) Many companies sent estimates for a bidding process.
    (C) The original schedule was postponed due to bad weather.
    (D) The dates for this correspond to our staff's holiday.

133. (A) access
    (B) accessible
    (C) accessibility
    (D) accessing

134. (A) have enjoyed
    (B) can enjoy
    (C) to be enjoying
    (D) will have enjoyed

Questions 135-138 refer to the following e-mail.

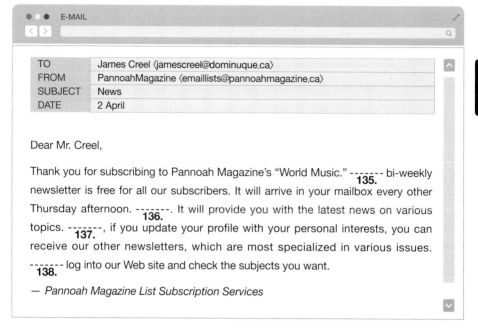

TO   James Creel ⟨jamescreel@dominuque.ca⟩
FROM   PannoahMagazine ⟨emaillists@pannoahmagazine.ca⟩
SUBJECT   News
DATE   2 April

Dear Mr. Creel,

Thank you for subscribing to Pannoah Magazine's "World Music." ------- bi-weekly **135.** newsletter is free for all our subscribers. It will arrive in your mailbox every other Thursday afternoon. -------. **136.** It will provide you with the latest news on various topics. -------, **137.** if you update your profile with your personal interests, you can receive our other newsletters, which are most specialized in various issues. ------- **138.** log into our Web site and check the subjects you want.

— Pannoah Magazine List Subscription Services

135. (A) This
(B) Neither
(C) These
(D) Anything

136. (A) It will soon be released.
(B) You will receive a monthly bill for it.
(C) We want to send you some e-mails.
(D) We trust that you will find it interesting.

137. (A) As if
(B) Furthermore
(C) To demonstrate
(D) In contrast

138. (A) Recently
(B) Hardly
(C) Simply
(D) Similarly

GO ON TO THE NEXT PAGE

Questions 139-142 refer to the following letter.

October 11

Dear Mr. Paulo,

I want to thank you for taking the time to discuss the opportunity ------- an **139.** accounting director for Moncart Electronics. Based on our conversation, I believe my past work experience makes me a perfect candidate. ------- am familiar with the **140.** computer programs used by your company to organize and manage accounting data. -------. In addition, I believe that my background and education would be **141.** valuable assets to your -------. **142.**

Once again, thank you for your time.

Sincerely,

Jason Belkinson

---

139. (A) becomes
(B) became
(C) to become
(D) having become

140. (A) I
(B) You
(C) They
(D) We

141. (A) I hope to meet with you again soon.
(B) An accounting position is a very important position.
(C) I am especially experienced with Accounting 2500.
(D) I have enclosed my portfolio with this letter.

142. (A) experience
(B) organization
(C) presentation
(D) conference

Questions 143-146 refer to the following review.

Marinel Resort–Tembok, Bali

"Great resort for travelers."

I stayed at this beautiful resort on a recent trip to Bali. It is ------- that the resort was **143.** designed for those who want to relax. ------- in a peaceful sanctuary, the villa where **144.** I stayed had its own private entrance and a plunge pool with an unobstructed view of the ocean. Also, the spa treatments were amazing.

The resort's only ------- is its lack of a fitness center. Aside from learning Balinese **145.** healing traditions, I wanted to work out. -------. **146.**

---

143. (A) clear
(B) clearly
(C) clearing
(D) cleaned

144. (A) Locate
(B) Locating
(C) Located
(D) To locate

145. (A) announcement
(B) distance
(C) drawback
(D) event

146. (A) There was a cafe on the ground floor.
(B) Therefore, my friends recommended the resort.
(C) But there isn't any equipment to exercise.
(D) It lasted ten minutes longer than expected.

GO ON TO THE NEXT PAGE

PART 7

Directions: In this part you will read a selection of texts, such as magazine and newspaper articles, e-mails, and instant messages. Each text or set of texts is followed by several questions. Select the best answer for each question and mark the letter (A), (B), (C), or (D) on your answer sheet.

Questions 147-148 refer to the following receipt.

Ticket for Opera Night at the Blanca Royal Theater
Guest Singer: Dennis Hailey
Date: June 23, 6:45 P.M.

Receipt No. RC2101-J81101

(Please keep the receipt number. It will be required should you need to contact our customer service.)

Payment £34 to Blanca Royal Theater - Paid by Lowell Dawson
Method of payment – Credit Card No. xxxx-xxxx-xxxx-4386

NOTE: Tickets are not refundable. Please make sure to bring this receipt with you to the arena after printing it. Don't forget to arrive ahead of time to confirm your name on our list at the ticket office.

---

147. What will Mr. Dawson most likely do on June 23?
(A) Ask for a refund
(B) Make a phone call to the theater
(C) Attend a musical event
(D) Request a paper receipt at the ticket office

148. What must Mr. Dawson bring with him?
(A) A printed receipt
(B) His membership ID
(C) A parking permit
(D) His credit card

From: Allan Fresh Goods Inc.
44TO 21Q
Canons Park Avenue, London

TEST 2

Invoice:
Billed to: Shipped to (on May 21)
Mr. Vernon Dunn   Gordon Bistro
Gordon Bistro   231 Marble Arch, London

Product No.	Quantity	Product Description
31PP	6	Carton of Potatoes
71RC	4	Carton of Sweet Onions
*32RX	5	Can of Tuna
12VC	7	Bag of flour
43BN	4	Sanitary Rubber gloves

* Product 32RX will be shipped on May 22 as it is currently out of stock.

149. What type of business most likely is Allan Fresh Goods Inc.?
(A) A delivery firm
(B) A food supplier
(C) A restaurant
(D) A farm

150. According to the invoice, what will most likely happen on May 21?
(A) Some forms will be submitted.
(B) Documents will be filed.
(C) Some items will be delivered.
(D) A payment will be made in full.

151. What is indicated about the tuna cans?
(A) They were delivered to a wrong address.
(B) They are temporarily unavailable.
(C) They are no longer produced.
(D) They are on sale at the moment.

GO ON TO THE NEXT PAGE

Questions 152-153 refer to the following letter.

Elaine Morgan
3341 Canary Wharf
North London, MQ 2094

August 21

Wilbert Manning
214 Hounslow South
South London, TR0091

Dear Mr. Manning,

I am writing to extend my sincere gratitude to you for being my professional reference. I strongly believe the reference letter you have written to support my application helped me take over the position of social and political news reporter at RQBC Station.

I have learned a lot while working under you, particularly through broadcasting new stories in multiple languages, which gave me a great chance to get myself ready for this new position. Now, I am not only reporting live in Chinese and Japanese, but also enjoying the challenge of translating international political news stories.

Thank you again for your help.

Yours sincerely,
Elaine Morgan

Elaine Morgan

---

152. What is the main purpose of Ms. Morgan's letter?
(A) To accept a job offer
(B) To report a political issue
(C) To express appreciation
(D) To correct some personal information

153. Where does Ms. Morgan work?
(A) At a local newspaper
(B) At a broadcasting company
(C) At a charity organization
(D) At a language institution

Questions 154-156 refer to the following e-mail.

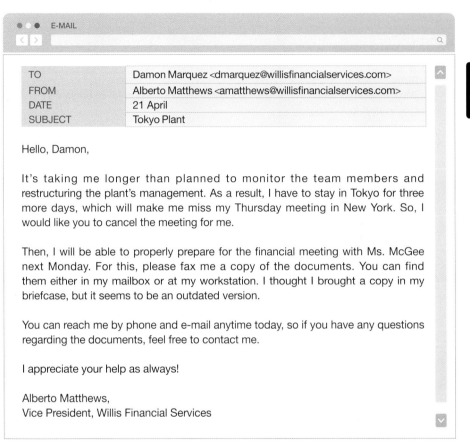

E-MAIL

TO	Damon Marquez <dmarquez@willisfinancialservices.com>
FROM	Alberto Matthews <amatthews@willisfinancialservices.com>
DATE	21 April
SUBJECT	Tokyo Plant

Hello, Damon,

It's taking me longer than planned to monitor the team members and restructuring the plant's management. As a result, I have to stay in Tokyo for three more days, which will make me miss my Thursday meeting in New York. So, I would like you to cancel the meeting for me.

Then, I will be able to properly prepare for the financial meeting with Ms. McGee next Monday. For this, please fax me a copy of the documents. You can find them either in my mailbox or at my workstation. I thought I brought a copy in my briefcase, but it seems to be an outdated version.

You can reach me by phone and e-mail anytime today, so if you have any questions regarding the documents, feel free to contact me.

I appreciate your help as always!

Alberto Matthews,
Vice President, Willis Financial Services

154. Why did Mr. Matthews write the e-mail?
(A) To report on the status of a restructuring project
(B) To ask for help with establishing a schedule
(C) To arrange an interview with an applicant
(D) To request assistance with a building project

155. Why is Mr. Matthews in Tokyo?
(A) To close a deal
(B) To construct a new plant
(C) To enjoy a holiday
(D) To oversee a project

156. Who most likely is Ms. McGee?
(A) A shop assistant
(B) A financial officer
(C) A building designer
(D) A plant supervisor

GO ON TO THE NEXT PAGE

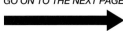

Questions 157-158 refer to the following text-message chain.

●●●○○   ▭◗

Robyn Median 10:23 A.M.
The clients from Japan are here in the conference room. Should we begin the meeting without you?

Cathy Mendez 10:24 A.M.
Yes, please go ahead. I will be there in about 15 minutes.

Robyn Median 10:25 A.M.
OK. We'll start with the outline, and then move onto the new functions of our model. Can you be here by 10:40?

Cathy Mendez 10:26 A.M.
I think I will be able to make it.

Robyn Median 10:26 A.M.
Good. I believe you should talk about the new technologies we have applied to the new product. It's your field.

Cathy Mendez 10:27 A.M.
Absolutely! Thank you.

---

157. At 10:24 A.M., what does Ms. Mendez most likely mean when she writes, "Yes, please go ahead"?
(A) She wants Ms. Median to follow a schedule.
(B) She thinks they should hold the meeting at another place.
(C) She suggests starting a business event a little later.
(D) She needs some more details about a project.

158. According to Ms. Median, what is Ms. Mendez's specialty?
(A) Sales
(B) Technology
(C) Advertising
(D) Distribution

Questions 159-160 refer to the following e-mail.

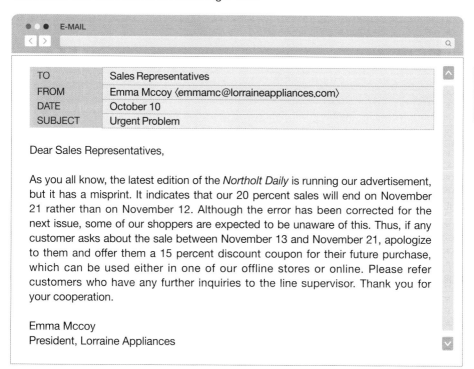

TO	Sales Representatives
FROM	Emma Mccoy ⟨emmamc@lorraineappliances.com⟩
DATE	October 10
SUBJECT	Urgent Problem

Dear Sales Representatives,

As you all know, the latest edition of the *Northolt Daily* is running our advertisement, but it has a misprint. It indicates that our 20 percent sales will end on November 21 rather than on November 12. Although the error has been corrected for the next issue, some of our shoppers are expected to be unaware of this. Thus, if any customer asks about the sale between November 13 and November 21, apologize to them and offer them a 15 percent discount coupon for their future purchase, which can be used either in one of our offline stores or online. Please refer customers who have any further inquiries to the line supervisor. Thank you for your cooperation.

Emma Mccoy
President, Lorraine Appliances

159. What is suggested about the *Northolt Daily*?
(A) It is owned by Lorraine Appliances.
(B) It will include a business's discount coupon.
(C) It misprinted the duration of a business's sales event.
(D) It has recently started issuing a brand new publication.

160. What should sales representatives do if customers have further questions?
(A) Tell them about new products
(B) Ask them to submit a comment online
(C) Direct them to the business's other offline stores
(D) Let them speak with a manager

GO ON TO THE NEXT PAGE

Questions 161-163 refer to the following Web page.

Main	About Us	Camping	Hiking	Maps	**Information**

Please be advised that www.placesfortourists.net, a well-known commercial Web site that features tourism spots, indicates 34 Ealing Common Avenue as the address of Sudbury Hill Reserve. But please note that this address is for the reserve's storage facility, located at the end of an unpaved path which only reserve staff members can use.

The Sudbury Hill Reserve's official entrance and visitor center can be found at 32 Rayners Road, about 32 kilometers from the storage facility. All visitors to the reserve are required to use the main entrance. All guided tours and trails with direction signs start from that place. From Richmond, use freeway 34 South, and follow Holland River for about 4 kilometers to the reserve's entrance. For more details, call (302) 443-9584.

161. For whom is the information most likely intended?
(A) Daily commuters in the Sudbury Hill area
(B) Employees working at a local attraction
(C) Visitors to a reserve
(D) Road-maintenance work crews

162. What is indicated about the Web site www.placesfortourists.net?
(A) It is only for international tourists.
(B) It is operated by Sudbury Hill Reserve.
(C) It shows incorrect information.
(D) It is scheduled to be updated.

163. What information is included on the Web page?
(A) Driving direction to the reserve
(B) Employment opportunities for local residents
(C) A list of upcoming events in the reserve
(D) Explanations on how to purchase tickets in advance

Jakarta Eco-friendly Building Tech Fair

EXHIBITION AREA POLICY
ADMISSION BADGE

TEST 2

Please note that admission to the event is limited to administrators, attendees, and exhibitors from authorized organizations. Attendees must wear badges at all times when in the exhibition hall.

- Each organization's primary contact will be given admission badges for distribution to representatives participating in the show.

- The total number of admission badges provided to each organization will be decided according to the size of the booth space it has booked.

- Any individual who is not officially signed up in the exhibition hall will be evicted from the fair.

- Misuse of admission badges, or fake certification by any organization's personnel will result in withdrawal of its exhibit from the hall.

164. Why is the information written?
(A) To list amenities available to attendees
(B) To brief the reservation process
(C) To outline how to set up an exhibit
(D) To explain who can be in the exhibit area

165. How will badges be secured by the attendees?
(A) They will be mailed to each individual.
(B) They will be given to representatives.
(C) They must be requested online.
(D) They will be issued after check-in.

166. How can an organization obtain more badges?
(A) By talking with the head of administration
(B) By applying for more badges at the security office
(C) By paying an additional fee
(D) By reserving a bigger space for its display

GO ON TO THE NEXT PAGE

Questions 167-169 refer to the following advertisement.

Goldhawk

A Valuable Source For Business Success

Goldhawk is a strong new-generation program created to help design affordable and effective surveys. Our user-friendly Web-based computer program enables you to easily keep track of and evaluate findings as well as create and monitor surveys.

Goldhawk provides the following:

• Easy-to-follow instructions that guide you each step of the way for creating surveys.

• A vast list of sample questions, from open text to true or false formats, including suggestions on when and how to apply each type.

• A large selection of examples of appropriate questions, created by analyzing vital comments on quality from respondents.

• Various means of easy and fast ways to reach potential survey respondents by using social media, e-mail, and other methods.

• Real-time reports with quick summaries that help you anticipate the final results of your survey.

Visit www.goldhawk.net for further details.

---

167. Why most likely would an organization use Goldhawk?
(A) To work on financial reports
(B) To create various marketing materials
(C) To analyze the latest market trends
(D) To design computer programs

168. What is indicated about the firm that developed Goldhawk?
(A) It is well-known for its affordable products.
(B) Its owner is a computer programmer.
(C) It collects customers' opinions to improve products.
(D) Its Web site shows customer comments.

169. What is NOT stated as a feature of Goldhawk?
(A) Tips on distribution channels
(B) Clear visual aid materials
(C) Examples of survey questions
(D) User-friendly instructions

Today's business issue

Fresh fruit sales in the nation have decreased by almost thirty percent this quarter. This sudden and huge drop has surprised some people, although this year's severe weather conditions were expected to negatively affect the overall yield of fresh fruit. Local restaurants and cafes attributed a considerable increase in the prices of their menu items containing fruit ingredients to a rise in the wholesale price of fresh fruit. To make up for losses in sales, many are modifying their menu items not to contain any fruit. For instance, Priscilla Bistro in Vauxahall has begun serving desserts and drinks without fruit ingredients. Since fruit market conditions vary depending on the weather unlike other industries, conventional approaches such as customer discounts and advertisements are not effective solutions.

TEST 2

170. According to the report, what has caused a change in fresh fruit consumption trends?
(A) Higher prices
(B) New advertising strategies
(C) Fierce competition
(D) Consumers' variable tastes

171. What are businesses doing to respond to the trend?
(A) Offering various discounts
(B) Selling alternative products
(C) Opening longer hours than usual
(D) Advertising more than before

GO ON TO THE NEXT PAGE

Questions 172-175 refer to the following information.

Canons National Reserve Administration (CNRA)

Canons National Reserve boasts Canons Island itself and mainland shorelines. Please be advised that new restriction policies to access the reserve will be implemented this spring. People who are not members of an approved tour will be not permitted to step on Canons Island. This policy also applies to individuals who may intend to come to the island independently with their private boats. Anchoring offshore or viewing the island from the water is allowed, but making landfall is not.

Approved visitors can enjoy CNRA's official boat tours, which leave at three-hour intervals beginning at 9 A.M. daily year-round. The last boat tour departs at 5 P.M. from April to September, and at 3 P.M. from October to February. Contact us at 04 6654 4832 to make a booking. The boat tour includes a one-hour visit to the island, where migratory birds can be observed. The visit is led by an authorized CNRA reserve guide.

Bookings and Payment

Unless your group arrives at the scheduled time, to avoid disrupting subsequent trips, CNRA reserves the right to shorten your tour if necessary. Rescheduling is not possible. Each tour is limited to 12 members. If the number of members in your group is less than 10, CNRA reserves the right to add other visitors to your tour. Tickets are £15 per person for those over 13 years old and £8 per child under 13. To hold a reservation, a deposit of £4 per person is required, which will be credited to the total admission fee for your party and is nonrefundable.

172. What is announced in the information?
(A) New transportation services
(B) Some updated policies
(C) An increase in admission fees
(D) New tourist attractions

173. What is suggested about visitors to Canons Island?
(A) They must use their own boats to visit the Island.
(B) They are not allowed to fish near the Island.
(C) They must be with a guide to tour the Island.
(D) They are forbidden to feed the Island's wildlife.

174. What is NOT stated about CNRA tours?
(A) Individuals cannot reserve a spot on a day tour.
(B) Tour schedules are different depending on the season.
(C) Payment has to be made in advance.
(D) The total number of people in a group is limited.

175. What will probably happen if a group is late for their tour?
(A) It may be called off immediately.
(B) It may require additional costs.
(C) It may be postponed to a different day.
(D) It may last a shorter time than planned.

GO ON TO THE NEXT PAGE

Questions 176-180 refer to the following e-mail and magazine index.

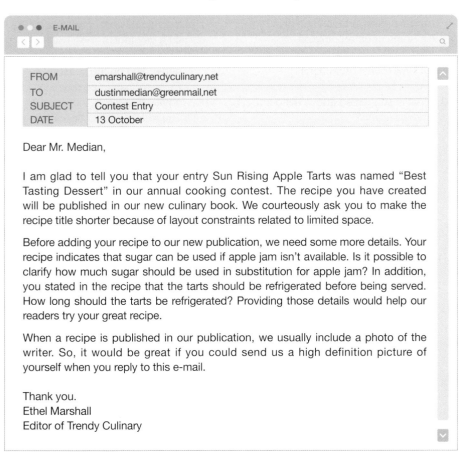

E-MAIL

FROM	emarshall@trendyculinary.net
TO	dustinmedian@greenmail.net
SUBJECT	Contest Entry
DATE	13 October

Dear Mr. Median,

I am glad to tell you that your entry Sun Rising Apple Tarts was named "Best Tasting Dessert" in our annual cooking contest. The recipe you have created will be published in our new culinary book. We courteously ask you to make the recipe title shorter because of layout constraints related to limited space.

Before adding your recipe to our new publication, we need some more details. Your recipe indicates that sugar can be used if apple jam isn't available. Is it possible to clarify how much sugar should be used in substitution for apple jam? In addition, you stated in the recipe that the tarts should be refrigerated before being served. How long should the tarts be refrigerated? Providing those details would help our readers try your great recipe.

When a recipe is published in our publication, we usually include a photo of the writer. So, it would be great if you could send us a high definition picture of yourself when you reply to this e-mail.

Thank you.
Ethel Marshall
Editor of Trendy Culinary

<Book Index>

Trendy Culinary Vol.21
Recipe Index

Renowned Chefs
15 ·········· Meatball Spaghetti: A special take on the traditional dish
24 ·········· Chili Chicken: A chance to explore fun new flavors

Home Baking
29 ·········· Mom's Banana Cake: A surprisingly moist cake with mashed fresh bananas

Winner of the Annual Contest
35 ·········· Apple Tarts: A fabulous fruit dessert

Simple & Easy Cooking
40 ·········· Italian Cheese Toast: A quick and easy snack

Secret Ingredient
44 ·········· Crushed Garlic Bread: A great-tasting bread with crushed garlic

176. What is the main purpose of the e-mail to Mr. Median?
(A) To ask for a deadline extension
(B) To invite him to lead a cooking class
(C) To talk about publishing a recipe
(D) To inform him about a prize he will receive

177. In the e-mail, the word "entry" in paragraph 1, line 1, is closest in meaning to
(A) beginning
(B) part
(C) submission
(D) award

178. What is NOT mentioned as something Mr. Median needs to provide?
(A) An image of himself
(B) A new recipe
(C) The duration of a process
(D) The amount of an ingredient

179. On what page is Mr. Median's recipe shown?
(A) 15
(B) 24
(C) 35
(D) 40

180. What is suggested about the recipe on page 40?
(A) It is not difficult to cook.
(B) It requires rare ingredients.
(C) It is developed by a renowned chef.
(D) It is highly nutritious.

GO ON TO THE NEXT PAGE

Questions 181-185 refer to the following information and page from a brochure.

Leah Book Store
Autumn Brochure

Information for Patrons:

Our new brochure will help you find your next book. In our Leisure and Travel section starting on page 4, travel books and guides are highlighted to help you on your next trip anywhere in the world. On page 6, our Cooking and Food section introduces various interesting titles for those who love cooking and food lovers. Starting on page 9, you will find the latest trends in commercial and residential interior designs in the Construction and Architecture titles. Finally, check our wide selection of reference and course books in the Business Management section on page 12 with this year's award-winning publication: *New Innovative Paths of Business Management*.

This brochure introduces only a small part of our latest acquisitions. To get a full listing of our selections, visit www.leahbookstore.net. If you have a chance to visit the Madia Vale area, be sure to stop by our store for a great deal of additional publications that are not listed on our online store.

Leah Book Store

Business Marketing Textbook
By Flora C. McKinney and Robyn T. Mclaughlin

A detailed and clear introduction to business marketing with various recommended learning activities and intriguing illustrations for important notes. Instructors can make copies of sheets for class activities.

Condition: Relatively good, with few signs of use.
Price: £32.50

New Innovative Paths of Business Management
by Blanche Jennings

Ideal for anyone inexperienced in business. Includes over 3,000 definitions of key terms in marketing and finance. Those who are already in business or just entered the business world will love this book.

Condition: Good, with few signs of wear and tear.
Price: £35.95

New Generation Finance Management
by Andre McDaniel

A combination of reliable financial theory and practical applications makes this book valuable. It features theoretical principles with real-life instances through case studies. Definitely useful for business professionals and students.

Condition: Like new.
Price: £21.20

Proper Accounting for Small Companies
by Ernest L. Manning

Important reading material for small business owners who wish to handle their own taxes and accounting work.

Condition: Fairly good, with minor wear and tear on some pages.
Price: £18.55

Leah Book Store

181. According to the information, which publication does Leah Book Store most likely carry?
(A) Course material for professional designers
(B) A review of tourist attractions around the world
(C) A picture book of famous historical buildings
(D) A well-known novelist's biography

182. In the information, the word "deal" in paragraph 2, line 3, is closest in meaning to
(A) contract
(B) treat
(C) amount
(D) handling

183. What is suggested about the brochure?
(A) It advertises only academic textbooks.
(B) It is issued every month for customers.
(C) It features secondhand books.
(D) It shows a full listing of book titles in stock.

184. Who has most likely received an award recently?
(A) Ms. McKinney
(B) Mr. McDaniel
(C) Ms. Jennings
(D) Mr. Manning

185. What is NOT mentioned as featured in the books in the brochure page?
(A) Pictures illustrating key notes
(B) Instances from the real business world
(C) Reading material that may be reproduced
(D) Information packets for starting a small business

GO ON TO THE NEXT PAGE

Need Participants for Focus Groups

Fulham Research Center is looking for adults from 19 to 60 years old to take part in a study about leisure and travel activities at the Hanger Convention Center at 21 North Acton during the second week of June. Study participants will review a selection of advertising messages and be involved in a group discussion moderated by a host. Attendees will be compensated for the three-hour program. Please contact Fulham at 321-5437-9983 (ext. 232) if you are interested. In order to determine your eligibility for the study, your call will be transferred so you may answer a simple screening questionnaire.

Joseph,

I am happy to hear that you have agreed to oversee the focus group study for Lynch Royal at the Hanger Convention Center. The following is the timetable. The client asked us to find people who tend to travel frequently, either for leisure or work, since this study is for a leisure and travel industry Web site. Fifteen people will be assigned to each group.

5:30 to 8:30 P.M. Programs
Dates and Age Ranges
Tuesday, 12 June–19 to 28
Wednesday, 13 June–29 to 41
Thursday, 14 June–42 to 51
Friday, 15 June–52 to 60

You will let each group listen to four advertising messages, which each highlight a different aspect of LynchRoyal.uk's services.

Message 1: Searching for rental cars
Message 2: Discounts for group travelers
Message 3: Finding the most reasonable airline ticket
Message 4: Exploring major tourist attractions around the world

As each group's interaction is being recorded, attendees' name tags are required to be seen. In this way, we can mention attendees by name when reviewing the video and put together our evaluation for our client. Feel free to contact me should you have any concern.

Damon Marquez

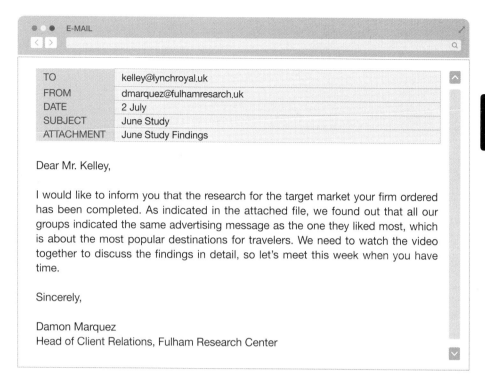

Dear Mr. Kelley,

I would like to inform you that the research for the target market your firm ordered has been completed. As indicated in the attached file, we found out that all our groups indicated the same advertising message as the one they liked most, which is about the most popular destinations for travelers. We need to watch the video together to discuss the findings in detail, so let's meet this week when you have time.

Sincerely,

Damon Marquez
Head of Client Relations, Fulham Research Center

186. What is NOT indicated about the focus group attendees?
(A) They will be paid for their participation.
(B) They need to call to respond to preliminary questions.
(C) They have worked for Fulham Research Center before.
(D) They often go on trips.

187. In the information, the word "find" in paragraph 1, line 3, is closest in meaning to
(A) feel
(B) locate
(C) realize
(D) consider

188. What is suggested about the study?
(A) It took an entire month to conduct.
(B) It involved only leisure travelers.
(C) It consisted of groups of equal sizes.
(D) It was held at Lynch Royal's main office building.

189. According to the information, what was the purpose of the participants' name tags?
(A) To introduce them to other members
(B) To make them identifiable by researchers
(C) To grant them access to the convention center
(D) To assign them to the proper groups

190. What advertising message was the most popular?
(A) Message 1
(B) Message 2
(C) Message 3
(D) Message 4

GO ON TO THE NEXT PAGE

265

Questions 191-195 refer to the following coupon, message and e-mail.

PATRON COUPON

ONE-DAY SALE
Saturday, 18 April

- 15% off a single regular-priced product
- 25% off a single discounted clearance product

Plenty of products will be available, including accessories, jackets, T-shirts, jeans, footwear, and more. Store hours will be extended for the day. We will be open from 10 A.M. to 9:30 P.M.

This coupon is valid on 18 April only, and is not valid on items of the following brands: Griffin, Hansen, and Fletcher. Each patron is limited to only one coupon. This coupon may not be combined with other promotional offers. Clearance products cannot be returned for exchanges, refunds, or store credit.

Dunn Fashion
427 Watford Avenue
Kenton RC2 5RT, Finchley
Phone: 201-3322-5664

To: All Dunn Fashion staff members
From: Jeffery Chavez, Supervisor
Date: 17 April
Re: Promotional event

The discount coupon printed in this week's issue of *Community Weekly* neglected to state that products available under the brand name Coleman are not included in the sale. If a shopper tries to buy a product of this specific brand and use the coupon, please inform them of the mistake and express our sincere apology. Then, explain that, as a courtesy, the discount will nevertheless be honored.

In addition, we are expecting many more shoppers than usual, especially from the early afternoon to late evening as the sales event has been promoted through all media. So, more sales assistants will be needed from 1 P.M. to 8 P.M. Anyone available to work extra hours, please talk to me by this evening.

Thank you in advance.

FROM	DunnFashion 〈cusotmerrelations@dunnfashion.com〉
TO	Johnnie Doyle <johnniedoyle@greennet.com>
DATE	18 April, 4:31 P.M.
SUBJECT	Proof of purchase

Dear Mr. Doyle,

The following is the electronic receipt you requested from Dunn Fashion.

Amount paid by Burke credit card XXXX XXXX XXXX 3217

Number of product	Price	Product Info.
1	$500.00 − $125.00 **$375.00**	Castro leather Jacket 25% discounted **Product price**
1	$250.00 − $37.00 **$213**.00	Coleman formal shoes 15% discounted **Product price**
1	$41.00	Adkins felt hat
Total Total Saved	$629.00 $162.00	

Thank you for visiting Dunn Fashion.

191. What does the coupon indicate about the Dunn Fashion store on April 18?
(A) It will offer patrons full refunds.
(B) It will be distributed additional coupons to visitors there.
(C) It will stay open longer than usual.
(D) It will get a shipment of new products.

192. In the message, what are sales assistants asked to do?
(A) Work extra hours
(B) Encourage patrons to complete a form
(C) Come to work early
(D) Apply for a managerial position

193. In the message, the word "promoted" in paragraph 2, line 2, is closest in meaning to
(A) raised
(B) facilitated
(C) publicized
(D) stimulated

194. What is suggested about Mr. Doyle?
(A) He often visits Dunn Fashion.
(B) He paid for his products with cash.
(C) He will move to a different town.
(D) He bought a clearance product.

195. What did Mr. Doyle probably receive when he bought the formal shoes?
(A) A promotional gift
(B) A parking ticket
(C) An explanation
(D) A paper receipt

GO ON TO THE NEXT PAGE

Questions 196-200 refer to the following e-mail, flyer and text message.

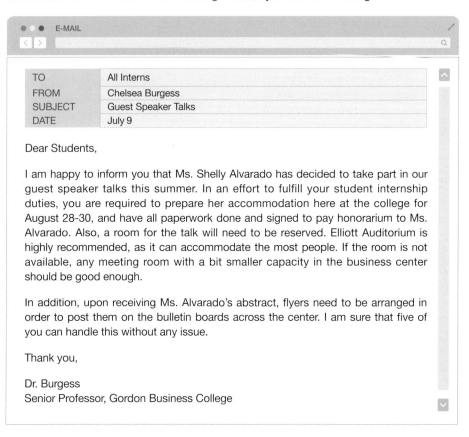

E-MAIL

TO	All Interns
FROM	Chelsea Burgess
SUBJECT	Guest Speaker Talks
DATE	July 9

Dear Students,

I am happy to inform you that Ms. Shelly Alvarado has decided to take part in our guest speaker talks this summer. In an effort to fulfill your student internship duties, you are required to prepare her accommodation here at the college for August 28-30, and have all paperwork done and signed to pay honorarium to Ms. Alvarado. Also, a room for the talk will need to be reserved. Elliott Auditorium is highly recommended, as it can accommodate the most people. If the room is not available, any meeting room with a bit smaller capacity in the business center should be good enough.

In addition, upon receiving Ms. Alvarado's abstract, flyers need to be arranged in order to post them on the bulletin boards across the center. I am sure that five of you can handle this without any issue.

Thank you,

Dr. Burgess
Senior Professor, Gordon Business College

Gordon Business College
Guest Speaker Talks:

Ms. Shelly Alvarado
Chief Executive Officer, Laurie & Jan Financing, Spain

Establishing New Financial Networks
August 29, 4:10 P.M.
Grand Conference Room

In recent years, most financial institutions have limited lending so that they can minimize their risks. This trend is making market conditions unfavorable. What is the best way for banks to reduce risk while still offering appropriate funding chances to entrepreneurs? Establishing new financial networks can be one possible answer, and it is gaining popularity. An overview of new financial networks will be covered in my presentation. I will also discuss some intriguing data gathered jointly by professionals at Laurie & Jan Financing and Gordon Business College, and talk about the best ways to revitalize our industry through this new innovative approach.

From: Beulah Espinoza
To: Wallace Fields
Received: August 10, 5:15 P.M.

Wallace, I'm in the copy room trying to print the flyer you created, but unfortunately, I've found a mistake. Somehow, Ms. Alvarado's profile has disappeared from the flyer. Can you forward me a new one right away after revising it? The copy room is open until 6:00 P.M. and we need to post the flyers today.

196. What is suggested about the Grand Conference Room?
(A) It is reserved on August 30.
(B) It is not as big as the Elliott Auditorium.
(C) It was recently renovated.
(D) It is located outside the business center.

197. In the e-mail, the word "issue" in paragraph 2, line 3, is closest in meaning to
(A) version
(B) edition
(C) problem
(D) publication

198. What is Ms. Alvarado's talk about?
(A) The best way to become a successful entrepreneur
(B) Innovative approaches to gather data
(C) Employment opportunities in the financial industry
(D) Building new financial systems

199. Who most likely is Mr. Fields?
(A) A faculty member at Gordon Business college
(B) One of Ms. Alvarado's employees
(C) A student participating in an internship program
(D) One of attendants in the copy room

200. According to Ms. Espinoza, what is the problem?
(A) Some information is missing in the flyer.
(B) No room is available for the presentation.
(C) The name of a presenter is wrong.
(D) The flyer design has not been approved.

GO ON TO THE NEXT PAGE

TEST 2
해설

정답 **TEST 2**

01. (C)	41. (C)	81. (C)	121. (B)	161. (C)
02. (A)	42. (B)	82. (A)	122. (D)	162. (C)
03. (A)	43. (B)	83. (C)	123. (D)	163. (A)
04. (B)	44. (C)	84. (D)	124. (B)	164. (D)
05. (A)	45. (B)	85. (B)	125. (B)	165. (B)
06. (C)	46. (B)	86. (A)	126. (A)	166. (D)
07. (A)	47. (B)	87. (D)	127. (C)	167. (C)
08. (B)	48. (C)	88. (C)	128. (B)	168. (C)
09. (C)	49. (C)	89. (B)	129. (D)	169. (B)
10. (A)	50. (D)	90. (C)	130. (C)	170. (A)
11. (B)	51. (C)	91. (B)	131. (B)	171. (B)
12. (B)	52. (A)	92. (B)	132. (D)	172. (B)
13. (A)	53. (B)	93. (B)	133. (B)	173. (C)
14. (C)	54. (D)	94. (D)	134. (B)	174. (A)
15. (A)	55. (C)	95. (B)	135. (A)	175. (D)
16. (A)	56. (C)	96. (A)	136. (D)	176. (C)
17. (B)	57. (D)	97. (A)	137. (C)	177. (C)
18. (B)	58. (A)	98. (B)	138. (C)	178. (B)
19. (A)	59. (C)	99. (A)	139. (C)	179. (C)
20. (C)	60. (C)	100. (C)	140. (A)	180. (A)
21. (B)	61. (C)	101. (B)	141. (C)	181. (B)
22. (A)	62. (B)	102. (A)	142. (B)	182. (C)
23. (B)	63. (B)	103. (C)	143. (A)	183. (C)
24. (C)	64. (C)	104. (B)	144. (C)	184. (C)
25. (A)	65. (B)	105. (B)	145. (C)	185. (D)
26. (C)	66. (D)	106. (B)	146. (C)	186. (C)
27. (C)	67. (B)	107. (C)	147. (C)	187. (B)
28. (A)	68. (C)	108. (C)	148. (A)	188. (C)
29. (C)	69. (C)	109. (B)	149. (B)	189. (B)
30. (B)	70. (D)	110. (C)	150. (C)	190. (D)
31. (C)	71. (C)	111. (D)	151. (B)	191. (C)
32. (D)	72. (D)	112. (C)	152. (C)	192. (A)
33. (B)	73. (B)	113. (A)	153. (B)	193. (C)
34. (C)	74. (C)	114. (B)	154. (B)	194. (D)
35. (C)	75. (B)	115. (A)	155. (D)	195. (C)
36. (B)	76. (D)	116. (D)	156. (B)	196. (B)
37. (D)	77. (B)	117. (C)	157. (A)	197. (C)
38. (D)	78. (D)	118. (A)	158. (B)	198. (D)
39. (C)	79. (C)	119. (A)	159. (C)	199. (C)
40. (B)	80. (C)	120. (C)	160. (D)	200. (A)

1

(A) A man is filing some papers.
(B) A man is turning on a light.
(C) A man is using a machine.
(D) A man is emptying a trash can.

[해석]
(A) 남자가 문서들을 철하고 있다.
(B) 남자가 전등을 켜고 있다.
(C) 남자가 기계를 사용하고 있다.
(D) 남자가 쓰레기통을 비우고 있다.

어휘 file 철하다   paper 종이, 서류   turn on 켜다   light (전)등   use 사용하다   machine 기계
empty 비우다   trash can 쓰레기통

01 항상 포괄적인 묘사가 정답이다.

▶ PART 1에서는 구체적이고 직접적인 단어보다는 일반적이고 포괄적인 단어를 이용한 보기를 정답으로 한다.

STEP 1　사진 분석

❶ 1인 사람/사무실
❷ 남자는 서 있다.
❸ 남자는 복사기를 사용하고 있다.

STEP 2　사진에 보이지 않는 단어가 들리면 바로 소거한다.

(A) A man is ~~filing~~ some papers.
▶ 서류를 철하는 게 아니라 복사를 하고 있다.
(B) A man ~~is turing on~~ a light.
▶ 조명은 이미 켜져 있으므로 오답이다.
(C) A man is using a machine. ▶정답
(D) A man ~~is emptying~~ a trash can.
▶ 남자는 쓰레기통을 비우고 있지 않다.

STEP 3　포괄적 묘사의 POINT

1. 구체성을 띈 명사보다는 포괄적인 의미의 명사를 사용한다.

구체적인 명칭	일반적인 명칭
copy machine / copier 복사기	equipment / machine 장비, 기계
glasses 안경 vegetables 채소 necklace 목걸이	merchandise / items 상품, 물건 goods / produce 농산물 jewelry 보석류
map 지도　magazine 잡지　notepad 메모지	document / paper 서류, 문서, 종이
bulldozer 불도저　forklift 지게차	heavy machine 중장비

2. 구체적인 동작 동사보다는 포괄적인 의미의 동작 동사를 사용한다.

구체적인 동작	일반적인 동작
sweep 쓸다 mop 대걸레질하다 scrub / wipe 닦다	clean / clear 청소하다
make a presentation 발표하다 listen to the presentation 발표를 듣고 있다	have a meeting 회의하다
shake hands 악수하다	greet each other 인사하다

2

(A) **A man is handing an item to a woman.**
(B) A man is weighing an item using a scale.
(C) A woman is browsing a display case.
(D) A woman is wearing an apron.

[해석]
(A) **남자가 여자에게 물건을 건네주고 있다.**
(B) 남자가 저울을 사용하여 물건의 무게를 재고 있다.
(C) 여자가 상품 진열 케이스를 살펴보고 있다.
(D) 여자가 앞치마를 착용하고 있다.

어휘   hand 건네주다, 넘겨주다   weigh 무게를 달다   scale 저울   browse 둘러보다, 훑어보다
display case (상품) 진열 케이스   wear 착용하다   apron 앞치마

---

02 식당, 쇼핑센터, 시장, 가게 등 일상 생활 관련 장소가 출제된다.

▶ 마트 사진은 '살펴보다(examine, study, inspect, look at)', '카트(cart)'가 주로 답이 된다.
▶ 사진에 사람들이 있다고 해도 전체 배경이 부각되는 경우에는 전반적인 상태를 묘사하는 것이 답이다.
▶ '물건이 진열되어 있다'와 같은 포괄적인 묘사가 답이 된다.

STEP 1　사진 분석

❶ 2인 등장 / 가게
❷ 남자는 여자에게 물건을 건네고 있다.
❸ 여자는 물건을 받으면서 미소를 짓고 있다.
❹ 남자는 앞치마를 착용하고 있다.

STEP 2　사진에 보이지 않는 단어가 들리면 바로 소거한다.

(A) A man is handing an item to a woman. ▶정답
(B) A man is weighing an item using a scale.
▶ 물건의 무게를 재고 있는 남자의 모습은 없다.
(C) A woman is browsing a display case.
▶ 여자는 물건을 받고 있다.
(D) A woman is wearing an apron.
▶ 여자가 아닌 남자가 앞치마를 착용하고 있다.

STEP 3　쇼핑 사진의 POINT

1. be purchasing은 오답이다.
　– 쇼핑 사진에서 '사다'라는 동사가 정답 키워드가 되는 경우는 사진에서 '돈을 주고받을 때'이다.
　– '사다(purchase, buy, pay)'의 표현을 함께 암기하자.

2. be being displayed는 정답이다.
　– 물건을 진열하는 사람이 동작을 하고 있거나, 물건이 이미 진열되어 있는 상태에도 be being displayed가 정답이다.
　– '진열되어 있다'의 다른 표현으로 have been displayed, be displayed, be on display도 사용한다.

3. 야외 시장 – shade / shelter / parasol
　– 야외 시장에서는 천막과 우산을 자주 언급한다.
　All umbrellas are folded. 모든 우산이 접혀 있다.
　Some canopies are open. 천막이 열려져 있다.
　A canopy is casting a shadow. 천막이 그림자를 드리우고 있다.

4. 직원 – arrange / shelves
　– 마트의 경우, 직원이 물건을 채우고 있는 동작을 나타낸다.
　A man is stocking items on a shelf. 남자가 선반 위에 물건을 채우고 있다.
　Some items are being arranged. 일부 물건이 정리되고 있다.

3

(A) People have gathered in a room.
(B) People are going up and down the stairs.
(C) Books have been placed on the floor.
(D) Some people are leaning against the railing.

[해석]
(A) 사람들이 방에 모여 있다.
(B) 사람들이 계단을 오르내리고 있다.
(C) 책들이 바닥에 놓여 있다.
(D) 사람들이 난간에 기대어 있다.

어휘 gather 모이다 go up and down 오르내리다 stair 계단 place 놓다, 두다 floor 바닥
lean against ~에 기대다 railing 난간

03 2인 이상 사진은 공통된 동작이나 포괄적인 상태가 정답이다.

▶ 다수의 사람들이 등장하는 사진은 주로 공통된 동작이나 전체 배경에 대해 언급한다.
▶ 최근에는 다수 사람 중 한 명을 언급하여, 특정 동작이나 상태의 특징을 답으로 하는 문제가 출제된다.

TEST 2 해설

STEP 1   사진 분석

❶ 다수 사람 사진 / 서점
❷ 사람들이 계단에 앉아 책을 읽고 있다.
❸ 책은 중앙과 벽의 진열장에 전시되어 있다.

STEP 2   사진에 보이지 않는 단어가 들리면 바로 소거한다.

(A) People have gathered in a room. ▶정답
(B) People are going up and down the stairs.
▶ 사람들은 계단에 앉아 있다.
(C) Books have been placed on the floor.
▶ 도서는 중앙과 벽 쪽 진열장에 전시되어 있다.
(D) Some people are leaning against the railing.
▶ 난간에 기대고 있는 사람은 없다.

STEP 3   사람과 사물이 혼합되어 있는 사진의 POINT

1. 사람의 비중과 배경의 비중을 판단한다.
2. 사진 속 장소와 주변 사물의 위치 및 상태를 확인한다.
3. 사진에서 부각되는 사물의 특징과 관련 단어들을 암기해 두어야 한다.
4. 사람의 동작과 무관한 동사를 사용한 오답에 주의한다.
5. 사진에 없는 사물을 언급한 오답에 주의한다.

4

(A) All of the doors have been left open.
(B) Some bicycles are parked near the pillars.
(C) A man is posting a notice on the wall.
(D) Some stools have been stacked.

[해석]
(A) 모든 문들이 열려 있다.
(B) 자전거 몇 대가 기둥 옆에 세워져 있다.
(C) 남자가 벽에 공지를 붙이고 있다.
(D) 몇몇 의자들이 쌓여 있다.

어휘 bicycle 자전거 pillar 기둥 post 게시하다 stool 등받이 없는 의자 stack 쌓다, 포개다

04 사람이 있더라도 배경이 부각되는 경우 사물의 상태를 위주로 듣는다.

▶ 사람과 사물이 함께 있는 사진이라고 해도 후반부 문제에서는 사람과 사물의 비중이 비슷하게 출제된다.
▶ 사람이 있는 사진이어도 들리는 주어가 무엇이냐에 따라 동사의 형태와 시제가 달라질 수 있으므로 주의해야 한다.

STEP 1 사진 분석
❶ 사람과 주변 배경
❷ 3개의 문 중 한 개는 닫혀 있다.
❸ 자전거 몇 대가 기둥에 묶여 있다.
❹ 사람들은 가게에 모여 있다.

STEP 2 사진에 보이지 않는 단어가 들리면 바로 소거한다.
(A) All of the doors have been left open.
▶ 3개 중 두 개만이 열려 있다.
(B) Some bicycles are parked near the pillars. ▶정답
(C) A man is ~~posting a notice~~ on the wall.
▶ 벽에는 이미 공지들이 붙어 있다.
(D) Some stools ~~have been stacked~~.
▶ 의자가 쌓여 있는 모습은 없다.

STEP 3 시험에는 이렇게 나온다! pillar, column, post, pole
건물 입구에 보면 커다란 기둥들이 천장이나 지붕 등을 떠받들고 있는 것을 볼 수 있다. 또 유명한 관광지에 가 보면 오래된 성터의 기둥을 볼 수 있는데, 이들을 pillar 또는 column이라고 한다. 땅에 박혀 있는 기둥들은 post, 그래서 '가로등'은 lamp-post이다. post와 유사한 의미인 pole은 얇고 긴 기둥으로 '막대기'나 '말뚝' 정도로 이해하면 된다. 실제 시험에서 긴 롤러(roller)를 들고 건물 외벽에 페인트칠을 하고 있는 사진이 출제됐는데, 이때 pole이라는 말로 뭉뚱그려 상황을 표현한 보기가 정답으로 제시되었다.

Some **pillars** are supporting the roof of the building. 기둥들이 건물의 지붕을 떠받치고 있다.
He is using a long **pole**. 남자가 기다란 막대기를 사용하고 있다.

279

5

(A) A woman is pointing to a document.
(B) A woman is holding some crates.
(C) One of the men is zipping up his work vest.
(D) They are packing some boxes.

[해석]
(A) 여자가 서류를 가리키고 있다.
(B) 여자가 박스를 들고 있다.
(C) 남자들 중 한 명이 작업 조끼의 지퍼를 올리고 있다.
(D) 사람들이 박스를 포장하고 있다.

어휘 point to ~을 가리키다 document 서류 hold 들고 있다 crate 상자 zip up 지퍼를 올리다
vest 조끼 pack 포장하다

05 2인 이상 사진에서 단수 주어로 시작하는 보기는 그 특정 주어의 상태에 집중한다.

▶ 다수의 사람들이 등장하는 사진은 주로 공통된 동작이나 전체 배경에 대해 언급한다.
▶ 최근에는 다수 사람 중 한 명을 언급하여, 특정 동작이나 상태의 특징을 답으로 하는 문제가 출제된다.

STEP 1 사진 분석

❶ 다수 사람들 등장
❷ 모두 조끼를 착용하고 있다.
❸ 여자는 파일을 가리키고 있다.
❹ 한 남자는 컴퓨터 화면을 쳐다보면서 타자를 치고 있다.
❺ 한 남자는 무언가를 작성하고 있다.

STEP 2 사진에 보이지 않는 단어가 들리면 바로 소거한다.

(A) A woman is pointing to a document. ▶정답
(B) A woman is holding ~~some crates~~.
  ▶ 여자는 박스가 아닌 파일을 들고 있다.
(C) One of the men is ~~zipping up~~ his work vest.
  ▶ 조끼의 지퍼를 올리는 모습이 아니다.
(D) ~~They~~ are packing some boxes.
  ▶ 박스를 포장하고 있는 모습은 보이지 않는다.

STEP 3 2인 이상 사진의 POINT

1. 특정인 한 명을 언급할 때는 One of the men의 표현과 함께 동작과 상태의 차이점을 나타낸다.
2. Some people 혹은 They 등의 표현이면 공통된 동작/상태가 답이 된다.

  They are having a meeting. 사람들이 회의를 하고 있다.
  Some people are participating in a parade. 일부 사람들이 퍼레이드에 참가하고 있다.

사진 유형	정답 유형
다수 사람이 나왔을 경우	① 다수의 공통 행위와 상황 묘사 ② 특정인 한 명의 구체적인 동작 묘사 ③ 주변의 상황 묘사

6

(A) A floor is being swept.
(B) A window is being closed.
(C) Some lamps are hanging from a ceiling.
(D) A carpet has been rolled up against the sofa.

[해석]
(A) 바닥을 쓸고 있다.
(B) 창문을 닫고 있다.
(C) 조명들이 천장에 매달려 있다.
(D) 소파 옆에 카페트가 말려져 있다.

어휘   floor 바닥   sweep 쓸다, 청소하다   hang from ~에 매달려 있다   lamp 조명, 등   roll up 동그랗게 말다

06 사물의 위치는 마지막 〈전치사 + 명사〉를 통해 파악하자.

▶ 사람이 없는 사물 위주의 사진은 명사들의 위치나 주변 배경에 대해 묘사한다.
▶ 장소 묘사를 위한 위치는 〈전치사 + 명사〉의 전명구로 나타내는데, PART 1에서의 전명구는 문장의 맨 끝에 위치하므로 보기에서 들리는 명사가 맞는 것이라 해도 끝까지 내용을 들어야만 정답 여부를 파악할 수 있다.

STEP 1   사진 분석

❶ 사람이 없는 사물 위주 사진
❷ 책상과 소파 뒤의 벽에는 액자가 걸려 있다.
❸ 커튼이 젖혀져 있다.
❹ 조명과 조명 사이에는 창문이 있다.

STEP 2   사진에 보이지 않는 단어가 들리면 바로 소거한다.

(A) A floor ~~is being swept~~.
▶ 바닥 청소를 하고 있는 사람은 없다.
(B) A window ~~is being closed~~.
▶ 창문을 닫고 있는 사람은 없다.
(C) Some lamps are hanging from a ceiling. ▶정답
(D) A carpet has been ~~rolled up~~ against the sofa.
▶ 카페트는 펼쳐져 있다.

STEP 3   장소 위치 출제 POINT

1. 위치를 나타내는 사물 사진은 '~에 있다'가 기본 표현으로, 현재시제 혹은 현재완료로 나타낸다. '~에 위치해 있다'는 의미의 표현은 다음을 암기하면 쉽게 들을 수 있다.

❶ be placed 놓여 있다
❷ be left 남아 있다
❸ be arranged 정렬해 있다
❹ be set up 놓여 있다
❺ be situated 위치해 있다
❻ be put 놓여 있다
❼ be hung 걸려 있다
❽ There is/are ~이 있다

2. 자동사의 경우, 진행형으로 상태를 표현하므로 유의하자.

❶ be lying 놓여 있다
❷ be hanging 걸려 있다

07. Who's organizing this year's anniversary?
(A) Morgan is in charge of it. 사람 이름 답변
(B) In the Chantel Hotel. Where 의문문 응답
(C) To celebrate the foundation. Why 의문문 응답

07. 올해 기념일은 누가 기획하고 있나요?
(A) Morgan 씨가 그 일을 담당하고 있습니다.
(B) Chantel Hotel에서요.
(C) 창립을 축하하기 위해서요.

---

08. When will the building inspection be conducted?
(A) On the ground floor. Where 의문문 응답
(B) Wednesday at the latest. 시간 답변
(C) Follow the safety regulations.
How 의문문 응답 / 연상 어휘 x

08. 건물 점검은 언제 실시될 예정인가요?
(A) 1층에서요.
(B) 늦어도 수요일에요.
(C) 안전 수칙을 따라 주십시오.

---

09 Do you want some cake for dessert?
(A) Chef Edmond made this. 주어 오류 / Who 의문문 응답
(B) It was delicious. 시제 오류 / How 의문문 응답
(C) Yes, that would be great. 긍정의 답변

09. 디저트로 케이크 드실 건가요?
(A) 요리사 Edmond 씨가 이걸 만들었습니다.
(B) 그것은 맛있었습니다.
(C) 네, 그게 좋겠습니다.

---

10. Where will the workshop be held this month?
(A) In the Pearson Center in London. 장소 답변
(B) Thursday or Friday. When 의문문 응답
(C) Yes, I met her there. Yes/No 오류

10. 이번 달에 워크숍은 어디에서 진행될 건가요?
(A) London의 Pearson Center에서요.
(B) 목요일이나 금요일이요.
(C) 네, 저는 그곳에서 그녀를 만났습니다.

---

11. Would you like to have dinner with me after work?
(A) Marco is a famous chef. Who 의문문 답변
(B) Sorry, I still have work to complete. 간접적인 거절 답변
(C) I used to work at a marketing company. 시제 오류

11. 퇴근하고 저랑 저녁 드실래요?
(A) Marco 씨는 유명한 요리사입니다.
(B) 죄송하지만, 아직 마무리해야 할 업무가
있습니다.
(C) 저는 마케팅 회사에서 근무했었습니다.

---

12. What's the registration fee for the business lecture
on Mason Street?
(A) It lasts about two hours. How long 의문문 응답
(B) Forty dollars a person. 돈/액수 답변
(C) They were highly recommended. 주어 오류

12. Mason Street에서 진행되는 경영 강의
등록비는 얼마인가요?
(A) 그것은 대략 2시간 동안 계속됩니다.
(B) 1인당 40달러입니다.
(C) (사람들이) 그것들을 적극 추천했습니다.

---

13. How can I apply for the contest?
(A) Consult our Web site. 간접적인 응답
(B) The finalists will be selected soon. 연상 어휘 x
(C) No, I don't have time. Yes/No 오류

13. 콘테스트에 어떻게 지원할 수 있나요?
(A) 저희 웹사이트를 참고하십시오.
(B) 결승 진출자가 곧 선정될 예정입니다.
(C) 아니요, 저는 시간이 없습니다.

14. Isn't the store still closed?
(A) ~~They~~ carry kids' apparel. 주어 오류
(B) Our ~~closing~~ time is ~~6 P.M.~~ 유사 발음 x / **When** 의문문 응답
(C) Yes, it is under renovation. 긍정의 답변

14. 그 가게가 여전히 닫혀 있지 않나요?
(A) 그들은 아동 의류를 취급합니다.
(B) 저희 마감 시간은 오후 6시입니다.
(C) 맞습니다, 거기가 수리중입니다.

---

15. Can I see a doctor now, or do I have to wait?
(A) You can see one right now. **paraphrasing** 답변
(B) I have ~~waited~~ longer than I expected. 동일 어휘 x /
How long 의문문 응답
(C) I ~~have lived by the sea.~~ 유사 발음 x / **Where** 의문문 응답

15. 지금 의사 선생님을 만나 볼 수 있을까요,
혹은 기다려야 하나요?
(A) 지금 바로 만나 뵐 수 있습니다.
(B) 제 예상보다 오랫동안 기다리고 있습니다.
(C) 저는 바닷가 근처에서 살고 있습니다.

---

16. Where should I put the package?
(A) Behind the reception desk. 장소 답변
(B) ~~No, thanks.~~ 권유 / 제안의 답변
(C) ~~In the morning.~~ **When** 의문문 응답

16. 소포를 어디에 둘까요?
(A) 접수처 뒤쪽에요.
(B) 아닙니다, 괜찮습니다.
(C) 아침에요.

---

17. Which printer should I use to print out this file?
(A) It is out of ~~print.~~ 유사 발음 x
(B) The grayscale one. **구체적인 답변**
(C) I have already ~~filed it.~~ 동일 어휘 x

17. 이 파일 인쇄하려면 어느 프린터를 사용해
야 하나요?
(A) 그것은 절판되었습니다.
(B) 흑백 프린터요.
(C) 제가 이미 그것을 철하였습니다.

---

18. Are there enough chairs for everyone to attend the
meeting?
(A) ~~Some flight attendants.~~ **Who** 의문문 응답
(B) Maria will take care of that. **I don't know** 답변
(C) ~~It was~~ informative. 주어 오류 / 시제 오류

18. 회의에 참석하는 모든 사람들이 앉을 수
있게 의자가 충분히 있나요?
(A) 몇몇 승무원이요.
(B) Maria 씨가 그걸 처리할 것입니다.
(C) 그것은 유익했습니다.

---

19. Why did the management send this notice?
(A) Did you see that? 사실 여부 확인(반문)
(B) I'll ~~send~~ it now. 동일 어휘 x
(C) ~~Notice~~ the difference. 동일 어휘 x

19. 경영진이 왜 이 공지문을 발송했을까요?
(A) 당신, 그것 보셨나요?
(B) 제가 지금 그것을 발송할 것입니다.
(C) 차이점에 주목하세요.

---

20. Are these booklets for sale?
(A) The ~~sales~~ event begins ~~next Monday.~~
동일 어휘 x / **When** 의문문 응답
(B) They are ~~interesting.~~ **How** 의문문 응답
(C) Feel free to take one. **간접적인 상황 설명**

20. 이 책자들은 판매 중인가요?
(A) 할인 행사는 다음 주 월요일에 시작됩니다.
(B) 그것들은 재미있습니다.
(C) 편하게 하나 가져가십시오.

21. Our train hasn't arrived yet.
(A) ~~To the conference center.~~ **Where 의문문 응답**
(B) I heard there is a mechanical problem. **구체적인 상황 설명**
(C) The ~~training~~ session will be ~~on June 24.~~
뉴사 발음 x / When 의문문 응답

21. 우리 기차가 아직 도착하지 않았습니다.
(A) 회의장으로요.
(B) 기술적인 문제가 생겼다고 들었습니다.
(C) 연수회는 6월 24일에 있을 예정입니다.

---

22. When will the next issue of *Dogs and Cats Magazine* be released?
(A) It will be available in March. **시간 답변**
(B) ~~I~~ wrote an ~~article.~~ **연상 어휘 x**
(C) ~~At a local bookstore.~~ **Where 의문문 응답**

22. 〈Dogs and Cats Magazine〉 다음 호는 언제쯤 발매될 예정인가요?
(A) 그것은 3월에 구매 가능할 것입니다.
(B) 저는 기사를 작성하였습니다.
(C) 지역 서점에서요.

---

23. Should we order a new printer?
(A) ~~In alphabetical order.~~ **동일 어휘 x / How 의문문 응답**
(B) That's a good idea. **긍정의 답변**
(C) Twenty ~~copies,~~ please.
How many 의문문 응답 / 연상 어휘 x

23. 우리가 새 프린터를 주문해야 하나요?
(A) 알파벳 순서대로요.
(B) 좋은 생각입니다.
(C) 20부 복사 부탁드립니다.

---

24. What do you think about our new line of clothing?
(A) ~~Draw a line~~ on a piece of paper.
동일 어휘 x / How 의문문 응답
(B) ~~For the autumn season.~~ **How long 의문문 답변**
(C) It's rather simple. **상태 설명**

24. 자사의 신규 의상 라인에 대해 어떻게 생각하시나요?
(A) 종이에 선 한 줄을 그려 주세요.
(B) 가을 시즌 동안이요.
(C) 다소 단순합니다.

---

25. You applied for the marketing assistant position, didn't you?
(A) Not yet. **직접적인 응답**
(B) ~~At an open market.~~ **Where 의문문 응답**
(C) ~~He~~ is my assistant. **주어 오류**

25. 귀하는 마케팅 보조직에 지원하셨습니다. 그렇죠?
(A) 아직 아닙니다.
(B) 공개 시장에서요.
(C) 그는 제 조수입니다.

---

26. Megan, how did you find out about this catering service?
(A) ~~Take the bus.~~ **How can I get to ~? 의문문 응답**
(B) ~~It was excellent.~~ **How was it? 의문문 응답**
(C) One of my colleagues recommended it. **출처 답변**

26. Megan 씨, 이 출장 연회 서비스를 어떻게 알게 되셨나요?
(A) 그 버스를 타세요.
(B) 그것은 매우 좋았습니다.
(C) 제 동료 중 한 명이 그것을 추천하였습니다.

27. Who will be the keynote speaker at the next seminar?
(A) It ~~was~~ Keith Galbain. 시제 오류
(B) The sales increase will be ~~key~~. 유사 발음 x
(C) I have no idea. '모르겠다'의 답변

27. 다음 세미나에서 누가 기조연설을 할 예정인가요?
(A) 그것은 Keith Galbain이었습니다.
(B) 매출 증가가 핵심일 것입니다.
(C) 전혀 모르겠습니다.

28. Haven't you received the estimates for your renovation project?
(A) Yes, but we're still deciding. 이유 답변
(B) ~~With a receipt~~. How 의문문 응답 / 연상 어휘 x
(C) A ~~renovated~~ building. 유사 발음 x

28. 귀하의 보수 프로젝트에 대한 견적서를 받지 않으셨나요?
(A) 네, 하지만 아직 결정 중입니다.
(B) 영수증과 함께요.
(C) 수리된 건물이요.

29. Why didn't you attend the meeting?
(A) It was ~~very helpful~~. How 의문문 응답
(B) ~~The new marketing trend~~. What 의문문 응답
(C) I was on a business trip. 이유 설명

29. 당신은 왜 회의에 참석하지 않으셨나요?
(A) 그것은 매우 유용했습니다.
(B) 새로운 마케팅 트렌드요.
(C) 제가 출장을 갔었습니다.

30. Can you replace the batteries or should I call the maintenance staff?
(A) For ~~maintenance~~ work. 동일 어휘 x / Why 의문문 응답
(B) I'll do that first thing tomorrow morning. **paraphrasing 답변**
(C) ~~Place~~ it ~~on my desk~~. Where 의문문 응답 / 유사 발음 x

30. 당신이 배터리를 교체해 주실 수 있나요, 아니면 제가 관리팀 직원에게 전화를 해야 하나요?
(A) 관리 작업 때문에요.
(B) 제가 내일 아침에 그 일부터 제일 먼저 하겠습니다.
(C) 제 책상에 그것을 놓아 주세요.

31. My computer is getting slow.
(A) ~~Since last week~~. How long 의문문 응답
(B) ~~With fast shipping~~. How 의문문 응답
(C) Let me check it. 다음 행동 제시

31. 제 컴퓨터가 점점 느려지고 있습니다.
(A) 지난주부터요.
(B) 빠른 배송으로요.
(C) 제가 그것을 확인해 보겠습니다.

07 [Who 의문문] 사람 이름이나 직위로 대답한다.

[질문 분석] Who's organizing this year's anniversary?

문제의 키워드는 Who/organizing으로, '기획자가 누구'인지 묻는 문제이다. 일반적으로 Who 의문문은 행위의 주체 이름 인 사람이 정답으로 가장 많이 출제된다.

[보기 분석]

(A) Morgan is in charge of it. ▶정답

구체적인 사람 이름인 Morgan을 제시하여, 올해 기념일을 기획(it = organizing this year's anniversary)하는 업무의 주체를 언급하고 있으므로 정답이다.

(B) In the Chantel Hotel. ❷ 다른 의문사에 대한 답변

장소 부사구(전치사 in + 장소 명사 Chantel Hotel)를 이용한 대답은 Where 의문문의 답변이다. 따라서 Where is this year's anniversary held?에 대한 답변이다.

(C) To celebrate the foundation. ❷ 다른 의문사에 대한 답변

to부정사(~하기 위해서)를 이용해 '설립일 축하'라는 목적을 설명하고 있으므로 Why 의문문의 답변이다.

08 [When 의문문] 시점을 묻는다.

[질문 분석] When will the building inspection be conducted?

문제의 키워드는 When/inspection be conducted로, '점검일'을 묻는 문제이다. 따라서 시간 부사(절)로 특정 시간 혹 은 행위가 발생할 시점을 언급하면 정답이다.

[보기 분석]

(A) On the ground floor. ❷ 다른 의문사에 대한 답변

전치사 on과 함께 ground floor(1층)는 특정 장소를 나타므로 Where 의문문의 답변이다.

(B) Wednesday at the latest. ▶정답

특정 요일 Wednesday와 시간 부사구 at the latest(늦어도)를 이용하여 건물을 점검하는 구체적인 시점을 언급하고 있 으므로 정답이다.

(C) Follow the safety regulations. ❷ 다른 의문사에 대한 답변

안전 수칙 준수 즉, 행위에 대한 방법을 당부하는 것으로 How 의문문의 답변이다. 또한 building inspection에서 safety regulations를 연상한 오답이다.

09 [조동사 의문문] 고득점 유형 - 조동사 선택의문문/권유/부탁

[질문 분석] Do you want some cake for dessert?

문제의 키워드는 Do you want/cake로, 상대방에게 케이크를 권유하는 문제이다. 조동사로 시작한 의문문이나, 선택, 권 유, 부탁의 의미를 포함한 경우 그에 맞게 대답해야 한다.

[보기 분석]

(A) Chef Edmond made this. ❸ 주어 오류

문제의 주어인 You의 의견을 묻는 것으로, 답변은 주로 I로 시작해야 하므로 오답이다. 또, 제작자의 구체적인 이름(Chef Edmond)을 언급하고 있으므로 Who 의문문의 답변이다.

(B) It was delicious. ❺ 시제 오류

대명사 it은 문제의 some cake를 받을 수 있지만, 미래시제 질문에 과거시제로 답변이 불가능하므로 오답이다. 또, 상태 를 나타내는 형용사 delicious를 사용해 자신의 의견 혹은 생각을 언급하고 있으므로 How 의문문 혹은 What do you think ~?의 답변이다.

(C) Yes, that would be great. ▶정답
상대방의 권유/제안에 수락을 표현한 정답이다.

TEST 2 해설

10 [Where 의문문] 장소로 대답한다.

[질문 분석] **Where will the workshop be held this month?**
문제의 키워드는 Where/workshop be held로, '워크숍이 진행될 장소'를 묻는 문제이다.

[보기 분석]
(A) In the Pearson Center in London. ▶정답
워크숍이 진행되는 구체적인 장소(Pearson Center in London)를 언급했으므로 정답이다.

(B) Thursday or Friday. ❷ 다른 의문사에 대한 답변
or 앞뒤로 구체적인 요일(Thursday, Friday)을 언급했으므로 When 의문문의 답변이다.

(C) Yes, I met her there. ❶ Yes/No 오류
의문사를 이용한 의문문은 구체적인 정보로 답변해야 하므로 긍정/부정을 나타내는 Yes/No로 답변이 불가능하다.

11 [권유/제안/부탁] 승낙, 거절 또는 That's good.

[질문 분석] **Would you like to have dinner with me after work?**
문제의 키워드는 Would you like to/have dinner로, '함께 저녁 식사할까요?'라는 권유/제안 질문이다. 권유/제안 질문의 가장 기본적인 답변에는 ① 좋다(수락), ② 싫다(거절), ③ That's a good idea.가 있다.

[보기 분석]
(A) Marco is a famous chef. ❷ 다른 의문사에 대한 답변
구체적인 사람 이름과 함께, 그의 직업을 나타내고 있으므로 Who 의문문의 답변이다.

(B) Sorry, I still have work to complete. ▶정답
완곡한 거절의 표현인 Sorry와 함께, 같이 저녁을 하지 못하는 이유 즉, 마무리해야 할 업무가 있다는 구체적인 이유를 설명하고 있으므로 정답이다.

(C) I used to work at a marketing company. ❺ 시제 오류
미래형 질문인 권유/제안 표현에서는 일반적으로 답 역시 미래형으로 대답해야 한다. 따라서 과거의 습관을 나타내는 'used to 동사원형'의 답변이 불가능하므로 오답이다.

289

12 [What 의문문] What 뒤에 나오는 명사가 정답을 결정한다.

[질문 분석] What's the registration fee for the business lecture on Mason Street?
문제의 키워드는 What's registration fee로, '강의 등록비'가 얼마인지 묻는 문제이다. What 뒤에 비용을 나타내는 명사가 언급되었으므로 'How much 의문문'과 동일하게 풀어야 함을 유의하자.

[보기 분석]
(A) It lasts about two hours. ❷ 다른 의문사에 대한 답변
구체적인 기간 명사 about two hours를 사용해 답변했으므로 How long 의문문의 답변이다.

(B) Forty dollars a person. ▶정답
가격을 묻는 질문에, 1인당 납부해야 하는 구체적인 액수로 답변하고 있으므로 정답이다.

(C) They were highly recommended. ❸ 주어 오류
문제에 복수 대명사 They를 받을 수 있는 구체적인 명사가 언급되지 않았으므로 오답이다.

13 [How 의문문] 〈How+do/조동사〉는 방법이나 수단으로 대답한다.

[질문 분석] How can I apply for the contest?
문제의 키워드는 How/I apply/contest로, '대회의 지원 방법'을 묻는 문제이다. 구체적인 수단 혹은 방법을 묻는 〈How + do/can/should 등〉 질문에는 주로 명령문, by+동사ing, '나는 모른다'의 표현이 정답으로 자주 출제된다.

[보기 분석]
(A) Consult our Web site. ▶정답
직접적으로 지원 방법을 설명하는 것이 아니라, 명령문으로 '해당 정보를 확인할 수 있는 출처(our Web site)를 참고하라'고 조언해 주고 있으므로 정답이다.

(B) The finalists will be selected soon. ❹ 연상 어휘 오류
질문의 contest에서 finalist를 연상한 오답이다.

(C) No, I don't have time. ❶ Yes/No 오류
〈How + 조동사〉 의문문은 수단 혹은 방법을 묻는 문제로 Yes/No 답변이 불가능하다.

14 [Do/Be/조동사 의문문] Yes/No로 대답한다.

[질문 분석] Isn't the store still closed?
'가게가 여전히 닫혀 있는지' 즉, 사실을 확인하는 문제이다. 따라서 Yes/No 등의 긍정, 부정 답변이 우선적으로 이루어져야 한다.

[보기 분석]
(A) They carry kids' apparel. ❸ 주어 오류
문제에서 대명사 They를 받을 수 있는 복수 명사가 언급되지 않았으므로 오답이다.

(B) Our closing time is 6 P.M. ❹ 유사 발음 오류
질문의 closed와 closing의 유사 발음을 이용한 오답이다. 또 구체적인 마감 시간(6 P.M.)을 언급하는 것으로 When 의문문의 답변이다.

(C) Yes, it is under renovation. ▶정답
상대방의 질문에 긍정의 Yes로 대답하며 가게가 닫혀 있는 구체적인 이유(수리중)를 설명하고 있으므로 정답이다.

15 [or] 고득점 유형 - 문장 or 문장

[질문 분석] Can I see a doctor now, or do I have to wait?
or 앞뒤에 문장이 위치한 것으로, '지금 의사 선생님과의 진료가 가능한지 혹은 기다려야 하는지'를 묻는 문제이다. 예외적으로 〈문장 or 문장〉은 Yes/No로 답할 수 있다.

[보기 분석]
(A) You can see one right now. ▶정답
or 앞뒤 문장 중 하나를 선택한 것으로, 질문의 a doctor를 대명사 one으로 paraphrasing한 정답이다.

(B) I have waited longer than I expected. ❹ 동일 어휘 오류
질문의 wait을 반복한 오답이다. 또 구체적으로 기다린 시간(longer than I expected)을 언급했으므로, How long 의문문의 답변이 된다.

(C) I have lived by the sea. ❹ 유사 발음 오류
질문의 see와 발음이 유사한 sea를 사용한 오답이다. 또, 내가 살고 있는 구체적인 장소(by the sea)를 언급했으므로, Where have you lived?의 답변이다.

16 [Where 의문문] 장소로 대답한다.

[질문 분석] Where should I put the package?
'소포를 둘 장소'를 묻는 문제로, 키워드는 Where/I put/package이다. 일반적으로 Where 의문문은 장소를 나타내는 부사구(e.g. 전치사 + 장소 명사)로 답변한다.

[보기 분석]
(A) Behind the reception desk ▶정답
전치사 behind와 함께 소포를 둘 장소인 reception desk(접수대)를 언급했으므로 장소 표현의 정답이다.

(B) No, thanks. ❷ 다른 의문사에 대한 답변
권유/제안 질문의 완곡한 거절 답변으로 오답이다.

(C) In the morning. ❷ 다른 의문사에 대한 답변
전치사 in과 함께 구체적인 시간 명사 the morning을 언급했으므로 When 의문문의 답변이다.

17 [Which] 〈The ~ one〉이 최다 빈출 정답이다.

[질문 분석] Which printer should I use to print out this file?

문제의 키워드는 Which printer shoul I use로, '어떤 프린터를 사용해야 하는지'를 묻는 문제이다. 〈Which + 명사〉 의문문은 명사의 종류나 해당 명사를 구체적으로 설명하는 보기가 정답이 된다.

[보기 분석]

(A) It is out of print. ❹ 유사 발음 오류
printer와 유사 발음인 print를 이용한 오답이다.

(B) The grayscale one. ▶정답
Which 선택 의문문은 주로 부정대명사인 one/ones를 이용한 〈the + 형용사+one(s)〉의 형태로 답변한다. 따라서 상대방이 사용할 수 있는 특정 프린터의 특징을 설명하고 있으므로 정답이다.

(C) I have already filed it. ❹ 동일 어휘 오류
질문의 file(파일)의 동사형인 file(철하다)을 현재완료형(have filed)으로 사용하여 혼동을 유도한 오답이다.

18 [I don't know] 내가 하는 일이 아니다.

[질문 분석] Are there enough chairs for everyone to attend the meeting?

문제의 키워드는 Are there enough chairs로, '의자가 충분한지' 묻는 문제이다. 조동사 의문문에 I don't know 류의 회피성 답변이 나오는 난도 높은 문제가 최근 출제된다.

[보기 분석]

(A) Some flight attendants. ❷ 다른 의문사에 대한 답변
사람들의 특정 직업을 언급한 것으로 Who 의문문의 답변이다.

(B) Maria will take care of that. ▶정답
Yes/No로 직접 대답하는 것이 아니라, Maria 씨가 that(행사 준비) 업무를 처리할 예정이다 즉, 나는 모르기 때문에 Maria 씨에게 물어보라고 답변하고 있는 I don't know형 답변으로 정답이다.

(C) It was informative. ❸ 주어 오류
문제의 주어는 enough chairs이므로, 답변의 주어는 It이 아닌 복수 대명사 They를 사용해야 한다. 또 질문의 시제와 답변의 시제는 일치하는 것이 원칙이므로, 현재시제로 답해야 한다.

19 [반문] 사실 확인을 위한 반문

[질문 분석] Why did the management send this notice?

문제의 키워드는 Why/management send/this notice로, '경영진이 공지문을 발송한 이유'를 묻는 문제이다. 일반적으로 Why 의문문은 문제에 대한 원인 혹은 목적을 언급하는 내용이 정답이다.

[보기 분석]

(A) Did you see that? ▶정답
질문에 대한 직접적인 답변을 하는 것이 아니라, 질문에서 언급한 공지문을 보았는지 반문하고 있으므로 정답이다.

(B) I'll send it now. ❹ 동일 어휘 오류
질문의 send를 반복 사용한 오답이다.

(C) Notice the difference. ❹ 동일 어휘 오류
질문의 notice를 반복 사용한 오답이다.

20 [조동사/Be동사 의문문] 간접적인 상황 설명

[질문 분석] Are these booklets for sale?
'소책자의 판매 여부'를 묻는 문제로, 조동사 의문문은 상대방의 의견 혹은 사실을 확인한다. 주로 Yes 뒤에는 긍정하거나 동의하는 보충 설명이, No 뒤에는 부정하거나 동의하지 않는 이유를 언급한다.

[보기 분석]

(A) The sales event begins next Monday. ❹ 동일 어휘 오류
문제의 sale과 동일 어휘인 sales를 사용한 오답이다. 또 시간 부사구 next Monday를 사용했으므로, When 의문문의 답변이다.

(B) They are interesting. ❷ 다른 의문사에 대한 답변
판매 여부를 묻는 질문에 상태를 나타내는 형용사 interesting을 사용해 they에 대한 생각을 언급한 것으로 How 의문문의 답변이다.

(C) Feel free to take one. ▶정답
판매 중이냐는 질문에 직접적으로 No를 표현하지 않고, 무료니까 편하게 가져가라는 표현으로 언급한 우회적인 답변이다.

21 [평서문] 동의의 구체적인 이유와 추가 설명

[질문 분석] Our train hasn't arrived yet.
'기차가 아직 도착하지 않았다'라는 평서문 형태의 질문이다. 평서문의 정답은 주로 ① 동의, 맞장구로 답변을 하거나 부연 설명을 한다. ② 동의하지 않는다. ③ 다음 행동을 제시한다. ④ 상대의 말에 추가 정보를 묻는 형태의 반문으로 답변을 하게 된다.

[보기 분석]

(A) To the conference center. ❷ 다른 의문사에 대한 답변
전치사 to와 함께 구체적인 장소 명사를 언급했으므로 Where 의문문의 답변이다.

(B) I heard there is a mechanical problem. ▶정답
상대방의 의견에 동의하는 구체적인 이유 즉, 기계적인 문제로 기차가 아직 도착하지 않았다라고 상황을 설명하고 있는 것으로 정답이다.

(C) The training session will be on June 24. ❹ 유사 발음 오류
질문의 train과 training의 유사 발음을 이용한 오답이다. 또 연수회가 진행되는 날짜를 언급했으므로 When 의문문의 답변이다.

22 [When 의문문] 시제를 주의하라.

[질문 분석] When will the next issue of *Dogs and Cats Magazine* be released?
문제의 키워드는 When/next issue/released로, '다음 호 발매 예정일'를 묻는 문제이다. When 의문문은 뒤의 조동사 혹은 동사가 시제를 결정하므로, 다른 의문사 질문보다 질문의 시제를 정확히 들어야 한다.

[보기 분석]
(A) It will be available in March. ▶정답
대명사 It은 Dogs and Cats Magazine을 가리키며, 시간 부사구 in March를 사용해 잡지가 발매되는 구체적인 예정 날짜를 언급했으므로 정답이다.

(B) I wrote an article. ❹ 연상 어휘 오류
magazine에서 article를 연상한 오답이다.

(C) At a local bookstore. ❷ 다른 의문사에 대한 답변
전치사 At과 함께 구체적인 장소 명사를 언급했으므로 Where 의문문의 답변이다.

23 [권유/제안/부탁] 승낙, 거절 또는 That's good.

[질문 분석] Should we order a new printer?
문제의 키워드는 Should we order / printer로, 프린터를 새로 주문해야 하는지 묻는 문제이다.

[보기 분석]
(A) In alphabetical order. ❹ 동일 어휘 오류
질문의 order를 반복 사용한 오답이다. 또한 형용사 alphabetical를 사용해 구체적인 순서(order)를 언급하고 있으므로 How 의문문의 답변이다.

(B) That's a good idea. ▶정답
상대방 의견에 동의 혹은 맞장구치는 표현으로, 권유/제안 문제의 빈출 정답이다.

(C) Twenty copies, please. ❷ 다른 의문사에 대한 답변
구체적인 수량을 언급하고 있으므로 How many 의문문의 답변이다. 또 질문의 printer에서 copies를 연상한 오답이다.

24 [What 의문문] 〈What+조동사〉 질문은 본동사에서 정답이 결정된다.

[질문 분석] What do you think about our new line of clothing?
문제의 키워드는 What do you think/clothing으로, 상대방이 '신규 의상 라인'에 대해서 어떻게 생각하고 있는지 의견을 묻는 문제이다.

[보기 분석]
(A) Draw a line on a piece of paper. ❹ 동일 어휘 오류
질문의 line를 반복 사용한 오답이다. 또 명령문을 사용하여 구체적인 방법을 설명하고 있으므로 How 의문문 답변이다.

(B) For the autumn season. ❷ 다른 의문사에 대한 답변
전치사 For와 함께 구체적인 기간을 언급했으므로 How long 의문문의 답변이다.

(C) It's rather simple. ▶정답
상태 형용사 simple을 이용해 신규 상품에 대한 구체적인 생각을 언급하고 있으므로 정답이다. 대명사 It은 our new line of clothing을 가리킨다.

25 [부정/부가의문문] Yes/No 없는 정답은 변명이 나온다.

[질문 분석] You applied for the marketing assistant position, didn't you?

상대방이 특정 직책에 지원했는지 여부를 확인하는 문제로, 주로 ① 다음 행동 제시, ② 관련 부가 설명, ③ Yes/No를 포함하고 있는 답변의 내용이 정답이 된다.

[보기 분석]

(A) Not yet. ▶정답
상대방의 질문에 그 직책에 지원하지 않았다 즉, 답변에 No를 포함하고 있는 경우로 정답이다.

(B) At an open market. ❷ 다른 의문사에 대한 답변
전치사 at과 함께 구체적인 장소 명사를 언급했으므로 Where 의문문의 답변이다.

(C) He is my assistant. ❸ 주어 오류
He로 받을 수 있는 구체적인 명사가 질문에 없으므로 오답이다.

26 [How 의문문] 사람/광고/신문/책 등의 출처로 대답한다.

[질문 분석] Megan, how did you find out about this catering service?

문제의 키워드는 how/find out/catering service로, '출장 연회 서비스를 찾은 경로'를 묻는다. 최근 How did you learn/find/hear ~?의 질문으로 '정보의 출처'를 묻는 고난도 유형이 출제된다.

[보기 분석]

(A) Take the bus. ❷ 다른 의문사에 대한 답변
명령문으로 방법을 구체적으로 알려주고 있으므로, How can I get to the National museum?과 같은 질문의 답변이다.

(B) It was excellent. ❷ 다른 의문사에 대한 답변
형용사 excellent를 사용해 의견을 설명하고 있으므로 How was it? 의문문의 답변이다.

(C) One of my colleagues recommended it. ▶정답
대명사 it은 catering service를 가리키며, 출장 연회 서비스를 알게 된 경로 즉, 출처로 동료를 언급했으므로 정답이다.

27 [I don't know] '모르겠다'의 다양한 표현들

[질문 분석] Who will be the keynote speaker at the next seminar?
문제의 키워드는 Who/keynote speaker로, '기조연설자가 누구인지'를 묻는 문제이다. '모르겠다'의 표현은 사실상 천하무적 답변이므로 관련 표현들을 알아두어야 한다.

[보기 분석]
(A) It was Keith Galbain. ❺ 시제 오류
질문의 의도와 맞지 않는 시제는 오답이다. 질문의 시제는 미래이지만 과거로 답변하고 있으므로 오답이다.

(B) The sales increase will be key. ❹ 유사 발음 오류
질문의 keynote와 유사 발음인 key를 이용한 오답이다.

(C) I have no idea. ▶정답
연설자가 누구인지 묻는 상대방의 질문에 직접적으로 모른다고 표현하고 있으므로 정답이다.

28 [Do/Be/조동사 의문문] Yes/No로 대답한다.

[질문 분석] Haven't you received the estimates for your renovation project?
'보수 프로젝트의 견적서를 받았는지' 묻는 문제로, 부정의문문은 not을 빼고 들어야 하는 것이 포인트이다. 또, 조동사 의문문은 상대방의 질문에 대해 긍정의 Yes, 부정의 No로 먼저 대답하고, 그 뒤에 자신이 하고 싶은 말을 한다.

[보기 분석]
(A) Yes, but we're still deciding. ▶정답
견적서를 받았지만, 아직도 결정 중이라는 일의 진행 상황을 설명하므로 정답이다.

(B) With a receipt. ❷ 다른 의문사에 대한 답변
구체적인 방법을 언급하고 있으므로 How 의문문의 답변이다. 또 질문의 receive에서 receipt를 연상한 오답이다.

(C) A renovated building. ❹ 유사 발음 오류
문제의 renovation과 renovated의 유사 발음을 이용한 오답이다.

29 [Why 의문문] 이유나 변명을 언급한다.

[질문 분석] Why didn't you attend the meeting?
'회의에 참석하지 않은 이유'를 묻는 문제로, 권유/제안 의문문 'Why don't you[we] ~?'와 헷갈리지 않아야 한다.

[보기 분석]
(A) It was very helpful. ❷ 다른 의문사에 대한 답변
상태 형용사 helpful을 이용해 개인적인 의견을 밝히고 있으므로 How 의문문의 답변이다.

(B) The new marketing trend. ❷ 다른 의문사에 대한 답변
구체적으로 명사를 설명하는 대답은 What 의문문의 답변이다. 따라서 What did you learn from the last meeting? 혹은 What was the topic of the last meeting?의 답변이다.

(C) I was on a business trip. ▶정답
'나는 출장 갔었다'라고 회의에 참석하지 못한 구체적인 이유를 언급하고 있으므로 정답이다. 최근에는 because, for, so that 등이 생략된 평서문 형태가 정답으로 출제된다.

30 [or] 질문의 단어를 paraphrasing하거나 간접적으로 대답한다.

[질문 분석] Can you replace the batteries or should I call the maintenance staff?
〈문장 or 문장〉의 단골 질문인 '당신이 할래요, 아니면 내가 할까요?'의 질문이다.

[보기 분석]

(A) For maintenance work. ❹ 동일 어휘 오류
문제의 maintenance를 반복 사용한 오답이다. 또 전치사 For와 함께 구체적인 업무를 언급했으므로 Why 의문문의 답변이다.

(B) I'll do that first thing tomorrow morning. ▸정답
or 앞뒤 문장 중 하나를 선택하는 것이지만, replace the batteries를 that으로 paraphrasing한 정답이다.

(C) Place it on my desk. ❷ 다른 의문사에 대한 답변
구체적인 장소 부사구 on my desk를 언급했으므로, Where 의문문의 답변이다. 또 문제의 replace와 place의 유사 발음을 이용한 오답이다.

31 [평서문] 다음 행동 제시

[질문 분석] My computer is getting slow.
'제 컴퓨터가 점점 느려지고 있어요'라는 평서문 형태의 질문이다. 일반 평서문은 다음 행동 제시, 추가 관련 질문, 추가 설명의 답변이 출제된다.

[보기 분석]

(A) Since last week. ❷ 다른 의문사에 대한 답변
구체적인 기간을 언급하고 있으므로 지속되는 기간을 묻는 How long 의문문의 답변이다.

(B) With fast shipping. ❷ 다른 의문사에 대한 답변
전치사 With와 함께 구체적인 수단 혹은 방법을 언급한 것으로 How 의문문의 답변이다.

(C) Let me check it. ▸정답
상대방이 언급한 문제점에 사역동사 Let과 함께 대명사 it (=computer)를 사용해 '내가 살펴보겠다' 즉, 다음 행동을 제시하고 있으므로 정답이다.

Questions 32-34 refer to the following conversation.

> M   Excuse me, sorry to bother you. But I believe **you're sitting in my**
> **(32) seat. My ticket says 21W**.
> W   Oh! **Let me check my ticket**. Hmm... It also says my seat is 21W. **33-C**
> I think I'm sitting in the right place.
> M   Really? **This is the **express bus** to Edgeware Town, right? Am I on
> **(33) the wrong bus**?
> W   Oh, dear! Sorry, mine is 21W for the bus to Queen's Park. **Just give** **32-A**
> **(34) me a second to collect my bags** from the overhead bin.

32. What are the speakers talking about?
(A) A destination
(B) An online store
(C) A local attraction
(D) An assigned seat

주제 / 상
ㄴ, 첫 2줄에 집중한다.

33. Where most likely are the speakers?
(A) In a lounge
(B) On a bus
(C) At a ticket office
(D) In a shop

장소 / 상
ㄴ, 그 장소에서만 쓸 수 있는
단어를 듣자.

34. What does the woman say she will do?
(A) Talk with a bus driver
(B) Request another ticket
(C) Take her baggage
(D) Present her ID card

여 / 미래 / 하
ㄴ, 후반부 여자의 대사에
집중한다.

남   실례합니다. 방해해서 죄송해요. 그런데 그 쪽이 제 좌석에
앉아 계신 것 같아요. 제 표에 21W라고 적혀 있거든요.
여   오! 제 표를 확인해 볼게요. 음... 제 좌석도 21W라고 적
혀 있는데요. 저는 제 좌석에 앉아 있는 것 같은데요.
남   정말요? 이거 Edgeware Town으로 가는 고속버스죠?
제가 버스를 잘못 탄 건가요?
여   어머나! 죄송해요. 제 좌석은 Queen's Park로 가는 버
스의 21W입니다. 머리 위쪽 선반에서 가방을 꺼낼 수
있게 잠깐만 기다려 주세요.

32. 화자들은 무엇에 대해 이야기하고 있는가?
(A) 목적지
(B) 온라인 매장
(C) 지역 명소
(D) 배정된 좌석

33. 화자들은 어디에 있는 것 같은가?
(A) 휴게실에
(B) 버스 안에
(C) 매표소에
(D) 상점에

34. 여자는 무엇을 하겠다고 말하는가?
(A) 버스 운전사와 이야기하기
(B) 다른 티켓 요청하기
(C) 그녀의 짐 가져가기
(D) 그녀의 신분증 보여주기

32 주제를 묻는 문제는 처음 두 줄에 답이 있다.

STEP 1 주제를 묻는 문제는 대화의 앞부분을 들으면서 답을 찾자.

화자들이 이야기하는 것 즉, 주제를 묻는 문제로, 상단부에서 정답을 찾자. 남자의 첫 대사 "I believe you're sitting in my seat. My ticket says 21W."에서 여자가 남자의 좌석인 21W에 앉아 있는 것 같다는 말에 여자는 "Let me check my ticket.(제 티켓을 확인해 볼게요)"라고 응답하였다. 즉, 화자들은 자신에게 배정된 좌석에 대해 이야기하고 있으므로 정답은 (D)이다.

– 주제나 목적을 묻는 문제 유형
Why is the man calling? 남자는 왜 전화하는가?
What is the purpose/topic of the conversation? 대화의 목적/주제는 무엇인가?
What are the speakers discussing? 화자들은 무엇을 논의하고 있는가?
What are the speakers talking about? 화자들은 무엇에 대해 이야기를 나누고 있는가?
What is the conversation mainly about? 대화는 주로 무엇에 관한 것인가?

STEP 2 함정 유형 및 오답 패턴

(A) A destination ▸지문에서 to Edgeware Town, to Queen's Park라는 버스의 행선지가 언급되었지만, 이는 버스 좌석을 확인하기 위한 것이므로 오답이다.
(B) An online store
(C) A local attraction
(D) An assigned seat ▸정답

33 장소의 경우 그 장소에서만 쓸 수 있는 단어를 들어라!

STEP 1 장소 문제의 경우, 각 장소 관련 어휘나 상황 등을 연상해 정답을 찾는다.

화자들의 현 위치를 묻는 문제로, 지문 상단부에서 남자와 여자는 자신들에게 배정된 좌석을 확인했으며, 남자의 두 번째 대사인 "This is the express bus to Edgeware Town, right? Am I on the wrong bus?"에서 남자는 본인이 타고 있는 버스가 Edware Town으로 향하는 고속버스임을 확인하고 있다. 즉, 남자와 여자는 고속버스에 타고 있는 것으로 정답은 (B)이다.

STEP 2 함정 유형 및 오답 패턴

(A) In a lounge
(B) On a bus ▸정답
(C) At a ticket office ▸ticket을 반복 이용한 오답이다.
(D) In a shop

34 〈여자의 미래〉는 후반부 여자의 대사에 나온다.

STEP 1 다음 행위(미래 정보)를 묻는 문제는 후반부 대사에서 정답을 알 수 있다.

여자의 미래 정보를 묻는 문제로, 여자의 마지막 대사에서 정답의 근거를 찾자. 여자의 마지막 대사 "Just give me a second to collect my bags from the overhead bin."에서 위쪽 선반에서 가방을 꺼낼 수 있게 시간을 달라고 언급하고 있으므로 여자는 자신의 짐을 챙겨 가져갈 것임을 알 수 있다. 따라서 정답은 (C)이다.

– 대사의 구체적인 단어는 보기의 포괄적인 단어로 paraphrasing되었다.
collect my bags from the overhead bin → take her baggage

어휘 **bother** 성가시게 하다 **seat** 좌석 **say** ~라고 쓰여 있다 **check** 확인하다 **right** 올바른, 맞는 **express** 고속의, 급행의 **wrong** 잘못된 **collect** 꺼내다 **overhead bin** (여객기나 버스의 객석 위에 있는) 짐 넣는 곳

Questions 35-37 refer to the following conversation.

M Hello, Ms. Kelly. **I'm calling from** Leyton **Dental Care** regarding
35 **your appointment** with Dr. Jacobs on July 12, at 11 A.M. Is it OK   35-A
36 with you **if we move the appointment** to 2 P.M.'?
W Hmm... I have a meeting with a client later in the afternoon, but I   37-B
   think 2 P.M. should be fine.
M Thank you so much! Some of our staff members will be at a dental
   seminar in the morning on that day, and we're worried about being
   shorthanded before they come back.
W Alright. **I'll write this down in my schedule right away** so that I
37 don't forget.

---

35. Who most likely is the man?
(A) A dentist
(B) A shop assistant
(C) A receptionist
(D) A seminar organizer

남 / 직업 / 상
ㄴ. 남자 대사 중 I'm calling
from ∼에 집중한다.

36. What does the man want to change?
(A) A method of payment
(B) An appointment time
(C) An event location
(D) A total number of products

남 / 변경 사항
ㄴ. 남자의 대사에 집중한다.

37. What will the woman do next?
(A) Draft a contract
(B) Reschedule a meeting
(C) Forward a medical file
(D) Update her schedule

여 / 미래 / 하
ㄴ. 여자의 마지막 대사에
집중한다.

남 안녕하세요, Kelly 씨. 7월 12일 오전 11시에 잡혀 있는
   Jacobs 선생님과의 진료 예약 때문에 Leyton Dental
   Care에서 연락드렸습니다. 저희가 오후 2시로 진료를
   변경해도 괜찮을까요?
여 음... 제가 오후 늦게 고객과 회의가 있지만, 오후 2시는
   괜찮을 것 같습니다.
남 정말 감사합니다! 저희 직원 몇 명이 그날 오전에 치과
   세미나에 참석할 예정이고, 복귀하기 전에 일손이 부족
   할 것 같아 걱정을 하고 있습니다.
여 알겠습니다. 제가 잊지 않게 이 일정을 지금 바로 제 스
   케줄에 적어 두겠습니다.

35. 남자는 누구일 것 같은가?
(A) 치과 의사
(B) 점원
(C) 접수 담당자
(D) 세미나 주최자

36. 남자는 무엇을 변경하길 원하는가?
(A) 지불 방법
(B) 예약 시간
(C) 행사 장소
(D) 총 제품의 수

37. 여자가 다음에 무엇을 할 것인가?
(A) 계약서 초안 작성
(B) 회의 일정 변경
(C) 의료 파일 전달
(D) 그녀의 일정 업데이트

35 직업은 대화의 전반부에 답이 들린다.

STEP 1   주로 전반부에 특정 직업과 명사를 언급한다.

남자의 직업을 묻는 문제로, 남자의 첫 대사 "I'm calling from Leyton Dental Care ~ move the appointment to 2 P.M.?"에서 남자는 여자의 치과 진료 예약을 변경하고자 전화를 걸었다는 목적을 언급하였다. 즉, 남자는 치과 예약 업무를 담당하는 사람임을 알 수 있으므로 정답은 (C) A receptionist(접수 담당자)이다.

– 직업은 대화 전반부에서 I'm calling from ~ (~에서 전화 드립니다), This is ··· from ~ (~의 ···입니다)과 같은 문장에서 from 뒤에 회사명이나 업종이 직접 언급되거나, we(우리), our(우리의) 등의 표현과 함께 회사명이나 업종과 관련된 단어가 언급된다는 것을 알아두자.

STEP 2   함정 유형 및 오답 패턴

보기에 여러 개의 직업 명사가 언급되면 남자/여자/제3자를 구별하자.
(A) A dentist ▸ 남자가 아닌, Jacobs 씨의 직업이므로 오답이다.
(B) A shop assistant
(C) A receptionist ▸ 정답
(D) A seminar organizer

36 남자/여자/화자(man/woman/speakers)를 확인하라.

STEP 1   문제에 남자가 언급되면 남자의 대사에 답이 나온다.

남자가 변경하고 싶은 것이 무엇인지를 묻는 문제로, 남자의 대사에서 정답을 찾는다. 남자의 대사 "Is it OK with you if we move the appointment to 2 P.M.?"에서 치과 진료 예약을 오후 2시로 변경해도 괜찮은지 묻고 있다. 즉, 남자는 예약 시간 변경을 요청하고 있으므로 정답은 (B)이다.

37 미래 정보는 대화 후반부에 나오는 I'll ~이 정답이다.

STEP 1   다음 행위(미래 정보)를 묻는 문제는 주로 당사자의 대사에서 정답을 알 수 있다.

여자의 미래 일정을 묻는 문제로, 후반부 여자의 대사에 집중한다. 여자는 "I'll write this down in my schedule right away so that I don't forget."에서 변경된 진료 예약 내용을 일정표에 적어 놓겠다고 언급하였으므로, 정답은 (D)이다. 지문의 구체적인 내용 write this down in my schedule right away는 보기의 포괄적인 내용 update her schedule로 paraphrasing되었다.

– 미래 정보를 묻는 do next 문제
세 문제 중 마지막으로 출제되며 비교적 쉬운 문제이다. 대화가 끝난 다음 어떤 행동이나 행위를 할 것인지, 대화 직후에 일어날 미래 정보를 묻는다.

STEP 2   함정 유형 및 오답 패턴

대화의 특정 단어로 연상할 수 있는 키워드가 보기에 있는 경우라도 대화 내용과 일치하지 않으면 소거한다.
(A) Draft a contract
(B) Reschedule ~~a meeting~~ ▸ 회의가 아닌 치과 진료 시간을 다시 잡는 것으로 오답이다. 여자의 대사 I have a meeting 만 듣고 답을 고르지 않도록 주의해야 한다.
(C) Forward a medical file
(D) Update her schedule ▸ 정답

어휘 regarding ~에 관하여 appointment 약속, 예약 move 옮기다 meeting 회의 client 고객 be worried about ~에 대해 걱정하다 be shorthanded 손이 모자라다 right away 즉각, 곧바로

Questions 38-40 refer to the following conversation.

W Herbert, [38] some guests staying in **our hotel** want to go to Gary Band's concert tonight. I've tried to contact the ticket office several times to reserve tickets for them, but no one is answering.

M Hmm... **We have a pamphlet** in my office **about other music** [39] **concerts** this week at different arenas. Why don't you ask the guests if they would like to see other shows instead?

W OK. Let me **come by your office after my coffee break**. Can you give me the details then? [40]

> [40-C]
> [38-A]
> [39-B]

---

38. What kind of business do the speakers work for?
(A) A concert hall
(B) A restaurant
(C) A travel agency
(D) A hotel

화자들 / 직장 / 상
ㄴ. 첫 두 줄의 our / your / this / here에 집중한다.

39. What does the man inform the woman about?
(A) Famous local restaurants
(B) A reservation process
(C) Some music performances
(D) Discounted rates for tourists

남 / 제공 정보
ㄴ. 남자 대사에 집중한다.

40. What will the woman do after her break?
(A) Email some guests
(B) Visit the man's office
(C) Go to a concert
(D) Send back some tickets

여 / 미래 / 하
ㄴ. 키워드 after her break 앞뒤에 집중한다.

여 Herbert 씨, 저희 호텔에 숙박 중인 일부 고객들이 오늘 밤에 Gary Band의 콘서트에 가길 원하십니다. 그분들을 위해 티켓을 예약하고자 여러 번 매표소에 연락했지만, 전화를 안 받더라고요.

남 음... 이번 주 다른 공연장에서 진행되는 다른 음악 콘서트 관련 팸플릿이 제 사무실에 있습니다. 고객분들께 대신 다른 공연을 보고 싶으신지 물어보면 어떨까요?

여 알겠습니다. 휴식 시간 후에 당신 사무실에 잠깐 들를게요. 그때 세부 사항을 알려주시겠어요?

38. 화자들은 어떤 사업장에서 일하는가?
(A) 콘서트 홀
(B) 식당
(C) 여행사
(D) 호텔

39. 남자는 여자에게 무엇에 대해 알리는가?
(A) 유명한 지역 식당
(B) 예약 과정
(C) 일부 음악 공연들
(D) 관광객을 위한 할인 요금

40. 여자는 휴식 후에 무엇을 할 것인가?
(A) 몇몇 손님에게 이메일 보내기
(B) 남자의 사무실 방문하기
(C) 콘서트에 가기
(D) 일부 티켓 반송하기

38 직업은 대화의 전반부에 답이 들린다.

STEP 1 직업은 첫 두 줄의 대명사(I/You/We)에서 나온다.

화자들의 직업을 묻는 문제로, 대화의 전반부 "some guests staying in our hotel"에서 화자들은 호텔에서 근무하고 있다는 것을 알 수 있으므로 정답은 (D)이다.

– 직업의 경우, we(우리), our(우리의) 등의 대명사 표현과 함께 회사명이나 업종과 관련된 단어가 언급된다는 점을 알아두자.

STEP 2 함정 유형 및 오답 패턴

(A) A concert hall ▶ 지문의 concert에서 연상할 수 있는 오답이다.
(B) A restaurant
(C) A travel agency
(D) A hotel ▶ 정답

39 답의 위치를 예측하면서 보기에 집중하라.

STEP 1 답은 순서대로 대화에 배치되기 때문에 전체 내용을 다 듣고 답을 선택하기보다는 문제 위치에 따라 해당 보기에 집중하여 듣는다.

두 번째 문제이므로, 대화 중반부 남자 대사에 집중하자. 남자가 여자에게 알려주는 내용이 무엇인지 묻는 문제로, 남자의 대사 "We have a pamphlet in my office about other music concerts"에서 다른 음악 콘서트들의 팸플릿이 남자의 사무실에 있다고 언급하고 있다. 따라서 남자가 여자에게 알려주려는 정보는 음악 공연이므로 정답은 (C)이다. 본문의 other music concerts는 보기의 some music performances로 paraphrasing되었다.

STEP 2 함정 유형 및 오답 패턴

(A) Famous local restaurants
(B) A reservation process ▶ 여자가 표를 구매하고자 매표소에 연락을 취했다고 했으므로 오답이다.
(C) Some music performances ▶ 정답
(D) Discounted rates for tourists

40 〈미래〉는 후반부에 위치한다.

STEP 1 〈미래 시간 키워드〉는 시간 부사와 함께 후반부에 나온다.

여자의 미래 일정을 묻는 문제로, 후반부에서 키워드 after her break 앞뒤를 잘 들어야 한다. 후반부 여자의 대사 "Let me come by your office after my coffee break."에서 여자는 휴식이 끝난 후 남자의 사무실에 잠깐 들르겠다고 언급하였다. 따라서 정답은 (B)이다. 대화의 come by your office는 보기의 Visit the man's office로 paraphrasing되었다.

STEP 2 함정 유형 및 오답 패턴

(A) Email some guests
(B) Visit the man's office ▶ 정답
(C) Go to a concert ▶ 콘서트에 가는 것은 호텔 손님들이 원하는 것이다.
(D) Send back some tickets

어휘 stay 머물다 contact 연락하다 ticket office 매표소 reserve 예약하다 answer 대답하다 arena 공연장 come by 잠깐 들르다 details 세부 사항

Questions 41-43 refer to the following conversation.

W Excuse me, **could you help me find a video camera?** I've never
41 owned one before, so if you could give me some **recommendations,**
it would be great.

M Certainly. Could you tell me what specific functions you are looking
for and what price range you are thinking about?

W Sure, **I'm going to use it** most during my vacations. I plan to go
42 on several **trips** soon, so **I want to keep records** of what I will be
experiencing. But, I've never used a video device, so something
simple and easy to use would be perfect.

M Well, I believe the **Lowe R2** model would work for you. I own **this**
43 **model** myself because **it's not difficult to use.** It is perfect as a first
camera.

41-A **41-B**

42-A
42-D

---

41. What does the woman ask the man to do?
(A) Offer a ~~discount~~
(B) Provide ~~details~~ on a feature
(C) Make suggestions on a product
(D) Submit an order form

여 / 요청 / 상
└. 여자 대사, could you ~?에
정답이 있다.

42. What does the woman say she will do with her video device?
(A) Use it for her ~~business~~
(B) Record her trips
(C) Make her own movie
(D) Document ~~corporate events~~

여 / 미래 / her video device
└. 여자의 대사 중 대명사 it에
집중하자.

43. What does the man mention about the Lowe R2?
(A) It is the latest model.
(B) It is not difficult to operate.
(C) Its customer reviews are good.
(D) Its battery lasts longer than other models.

남 / 키워드 Lowe R2 / 하
└. 키워드 앞뒤 문장을
집중해 듣자.

여 실례합니다. 비디오카메라 찾는 것 좀 도와주시겠어요?
전에 비디오카메라가 있어 본 적이 없어서 추천을 해 주
시면 좋을 것 같아요.

남 당연히 그래야죠. 찾고 계신 특정 기능과 생각하시는 가
격대를 말씀해 주시겠어요?

여 네, 저는 휴가 기간 동안에 그걸 많이 사용할 거예요. 곧
여러 군데 여행을 갈 예정이기 때문에, 제가 경험할 것들
을 녹화하고 싶습니다. 하지만 비디오 장치를 사용해 본
적이 없어서 단순하고 사용하기 쉬운 제품이 좋을 것 같
습니다.

남 음, Lowe R2 모델이 손님께 적합할 것 같습니다. 사용
하기 어렵지 않아서 저도 이 모델을 갖고 있습니다. 처음
사용하는 카메라로 이게 딱이죠.

41. 여자가 남자에게 요청하는 건 무엇인가?
(A) 할인 제공
(B) 기능에 대한 세부 사항 제공
(C) 제품 추천
(D) 주문서 제출

42. 여자는 비디오 장치로 무엇을 할 거라고 말하는가?
(A) 그녀의 사업을 위해 사용하기
(B) 그녀의 여행 기록하기
(C) 그녀 자신의 영화 찍기
(D) 기업 행사 기록하기

42. 남자는 Lowe R2에 대해 뭐라고 언급하는가?
(A) 최신 모델이다.
(B) 작동이 어렵지 않다.
(C) 고객 후기가 좋다.
(D) 배터리가 다른 모델보다 오래 간다.

41 문제의 순서와 대화의 순서는 일치한다.

STEP 1 답의 위치를 예측하면서 보기에 집중하자.

여자가 남자에게 요청하는 것이 무엇인지 묻는, 첫 번째 문제이다. 답은 순서대로 나오기 때문에 지문의 상단부 여자의 대사에서 정답의 근거를 찾자. 여자의 첫 대사 "could you help me find a video camera?"에서 비디오카메라 찾는 것을 도와달라는 언급과 함께, "if you could give me some recommendations, it would be great"에서 카메라 추천을 요청하고 있다. 따라서 정답은 (C)이다.

– 요청/요구 사항을 묻는 문제는 요청이나 요구의 표현 뒤에 정답이 언급된다.
요청, 요구 표현: Please ~ (~해주세요), Can/Could you ~? (~해 주시겠어요?), You should ~ (~해야 해요)

STEP 2 함정 유형 및 오답 패턴

(A) Offer a ~~discount~~ ▶할인이 아닌 제품을 추천하는 것이므로 오답이다.
(B) Provide ~~details~~ on a feature ▶제품의 특징이 아닌, 제품 추천을 요청한 것이므로 오답이다.
(C) Make suggestions on a product ▶정답
(D) Submit an order form

42 키워드 문제는 키워드 기준 앞뒤 문장에 답이 위치한다. ▶her video device

STEP 1 문제의 키워드가 누구의 대사에 나오는지 확인하고 문제에 나오는 키워드를 대화에서 잡아야 답을 골라낼 수 있다.

여자가 그녀의 비디오 장치로 무엇을 할 것인지 묻는 문제로, 여자의 대사 중 핵심 키워드 her video device는 본문에서 대명사 it으로 언급된다. 중반부 여자의 대사 "I'm going to use it ~ keep records of what I will be experiencing"에서 휴가 기간 동안 그녀가 경험하게 될 모든 것들을 기록하고자 비디오 장비를 사용할 거라고 언급하였다. 따라서 정답은 (B)이다.

STEP 2 함정 유형 및 오답 패턴

(A) Use it for her ~~business~~ ▶출장이 아닌 휴가 기간 동안 사용할 것임을 언급하였으므로 오답이다.
(B) Record her trips ▶정답
(C) Make her own movie
(D) Document ~~corporate events~~ ▶기업 행사가 아닌, 여행 기간 동안 경험하게 될 것을 기록하고자 함이므로 오답이다.

43 키워드 문제는 키워드 기준 앞뒤 문장에 답이 위치한다. ▶Lowe R2

STEP 1 문제의 키워드가 누구의 대사에 나오는지 확인하고 문제에 나오는 키워드를 대화에서 잡아야 답을 골라낼 수 있다.

키워드란 문제에 등장하는 특정 행위를 말하는 동사, 또는 고유명사(사람 이름, 지명), 시간, 장소, 수단, 방법 등을 뜻한다. 남자가 Lowe R2에 대해 뭐라고 언급했는지 묻는 문제이다. 남자 대사에서 키워드 Lowe R2 앞뒤에서 정답을 찾는다. 남자의 대사 중 "I believe the Lowe R2 model would work for you. I own this model myself because it's not difficult to use."에서 해당 제품은 사용하기 어렵지 않다는 특징을 언급하였으므로, 정답은 (B)이다.

어휘 **own** 소유하다 **recommendation** 추천 **specific** 특정한 **function** 기능 **look for** ~을 찾다
price range 가격대 **plan to do** ~할 계획이다 **keep record of** ~을 기록하다 **experience** 경험하다
device 장비, 장치

Questions 44-46 refer to the following conversation.

W Hi, Brad. **We're now going to the event of Lambert** Medical **[44-B]**
44 **Association to provide catering service**, but it doesn't seem like we have enough plates. Can you tell me where we can get more?

M Oh, dear! **I placed an order** for some from our **supplier** several
45 days ago, **but they haven't been** delivered **yet**. This is the third **[44-D] [45-C]** time this month that we have a delay with them.

W Hmm... we're scheduled to begin setting up the tables at the venue by 1:00. Do you have any idea? There isn't enough time for me to go to a shop and get some on the way.

M Alright. I think **I can help you by buying some** and bringing them to
46 the venue.

W I'd appreciate that. I'll send you a text message with the exact location.

---

44. What kind of service do the speakers most likely provide?
(A) Advertising
(B) Medical
(C) Catering
(D) Shipping

화자들 / 제공 서비스(직업) / 상
ㄴ, 첫 두 줄의 our / your / this
/here에 집중하여 듣는다.

45. Why does the man say, "This is the third time this month"?
(A) He does not like an idea.
(B) He is disappointed with a supplier.
(C) He already informed his staff of an issue.
(D) He knows the location well.

남 / 화자 의도 파악
ㄴ, 앞뒤 문맥을 파악한다.

46. What will the man most likely do next?
(A) Park his vehicle
(B) Visit a shop
(C) Contact a deliverer
(D) Call a meeting

남 / 미래 / 하
ㄴ, 남자 대사, I can help you
~ 표현에 집중하자.

여 안녕하세요. Brad 씨. 저희가 Lambert Medical Association 행사에 출장 연회 서비스를 제공하려고 지금 가고 있는데요, 접시가 충분하지 않은 것 같습니다. 어디에서 접시를 더 가져올 수 있는지 알려 주시겠어요?

남 오, 이런! 며칠 전에 제가 우리 공급업체에 일부 주문했는데, 아직 배송이 안 됐습니다. 제품이 지연된 게 이번 달에만 세 번째입니다.

여 음... 1시까지 해당 장소에서 식탁 세팅을 시작해야 합니다. 뭐 좋은 생각 있으세요? 제가 가는 길에 가게에 들러서 구매할 시간은 충분하지 않습니다.

남 알겠습니다. 제가 몇 개 구매해서 그 장소까지 가져다주는 게 당신에게 도움이 될 것 같네요.

여 그래 주시면 정말 고맙죠. 문자 메시지로 정확한 위치 보내드릴게요.

44. 화자들은 어떤 서비스를 제공하는 것 같은가?
(A) 광고 (B) 의료
(C) 출장 연회 (D) 배송

45. 남자는 왜 "This is the thrid time this month (이번 달에만 세 번째입니다)"라고 말하는가?
(A) 그는 아이디어를 맘에 들어하지 않는다.
(B) 그는 공급업체에 실망했다.
(C) 그는 이미 그의 직원에게 문제를 알렸다.
(D) 그는 그 위치를 잘 알고 있다.

46. 남자는 다음에 무엇을 할 것 같은가?
(A) 자신의 차량 주차
(B) 상점 방문
(C) 배달인에게 연락
(D) 회의 소집

44 직업은 대화의 전반부에 답이 들린다.

STEP 1 직업은 첫 두 줄의 대명사(I/You/We)에서 나온다.

화자들이 제공하는 서비스 즉, 화자들의 직업을 묻는 문제로 대화 전반부에서 정답을 찾는다. 여자의 대사 "We're now going to the event of Lambert Medical Association to provide catering service"에서 출장 연회 서비스를 제공하러 행사장에 가고 있음을 언급하였다. 즉, 화자들은 출장 연회 서비스 관련 기업에서 근무하고 있는 것으로 정답은 (C)이다.

– 직업의 경우, we(우리), our(우리의) 등의 대명사 표현과 함께 회사명이나 업종과 관련된 단어가 언급된다.

STEP 2 함정 유형 및 오답 패턴

(A) Advertising
(B) Medical ▸지문의 Medical을 반복 사용한 오답으로, 화자들이 서비스를 제공하러 가는 곳이 Lambert Medical Association이다.
(C) Catering ▸정답
(D) Shipping ▸정답 위치와 상관없는 delivered에서 연상할 수 있는 오답이다.

45 화자 의도 파악 문제는 해당 위치에서 연결어를 확보하자.

STEP 1 앞뒤 문맥을 파악하여 포괄적인 정답을 찾아야 한다.

남자의 대사 "I placed an order for some from our supplier several days ago, but they haven't been delivered yet."에서 며칠 전에 주문한 제품이 아직 배송되지 않았음을 언급하고 바로 기준 문장인 "This is the third time this month"와 함께 "that we have a delay with them"이라고 언급하였다. 즉, 남자는 이번 달에만 공급업체가 물건을 세 번 늦게 가져다주었다는 사실과 함께 실망감을 표현하고 있으므로 정답은 (B)이다.

– 화자의 의도 파악 문제에서 정답의 단서는 대화의 앞뒤 문맥에서 찾아야 한다. 또 화자의 의도로 주어진 문장에서 동일한 단어가 있거나 주어진 문장과 같은 의미의 보기는 오히려 답이 될 확률이 적다는 것을 알아두자.

STEP 2 함정 유형 및 오답 패턴

(A) He does not like an idea.
(B) He is disappointed with a supplier. ▸정답
(C) He already informed his staff of an issue. ▸주어진 문장의 대명사 this와 유사 의미를 갖고 있는 an issue를 사용한 오답이다.
(D) He knows the location well.

46 미래 정보는 대화 후반부에 나오는 I'll ~이 정답이다.

STEP 1 다음 행위(미래 정보)를 묻는 문제는 주로 당사자의 대사에서 정답을 알 수 있다.

남자의 다음 행동을 묻고 있는 문제로, 후반부 남자 대사에 집중한다. 남자의 대사 "I can help you by buying some and bringing them to the venue"에서 부족한 접시를 구매해서 행사 장소로 가져가겠다고 언급하였다. 즉, 남자는 대화가 끝나고 물건을 구입하고자 상점에 들를 것임을 알 수 있으므로 정답은 (B)이다.

어휘 catering 출장 뷔페 plate 접시 place an order 주문하다 supplier 공급업체 deliver 배달하다
have a delay with ~이 지연되다 be scheduled to do ~할 예정이다 set up 설치하다, (식탁 등을) 차리다
venue 장소 appreciate 감사하다 exact 정확한

Questions 47-49 refer to the following conversation with three speakers.

M1 Hello, **Ralph**. Joan and I wanted to come by to welcome you to Molina Construction. A lot of **architecture majors** were interviewed
47 for this winter's internship, but you were the best.
W And **I would like to explain the work hour report** as well. You're
48 required to **hand in the report to the payroll department** at the end of each week. Have you got some time to talk about that now?
M2 Hmm... I have to visit the main conference room in half an hour to get information about some building project that I need to work on next week. **48-D**
M1 Oh, I'm sorry. I should have told you this earlier. **The room is closed**
49 for repairs, so the **workshop has been postponed** until Thursday. **49-D**

47. What field does Ralph specialize in?
(A) Human resources
(B) Architecture
(C) Marketing
(D) Building maintenance

Ralph / 전문 분야 / 상
ㄴ, 대명사 You에 집중하여 듣자.

48. What is the woman trying to discuss with Ralph?
(A) Some job specifications
(B) A security procedure
(C) A payroll system
(D) Some construction projects

여 / Ralph 씨와의 이야기 주제
ㄴ, 여자 대사에 집중한다.

49. Why has the workshop been delayed?
(A) An employee is on holiday.
(B) Some information is unavailable.
(C) A facility is not accessible.
(D) Some computers are not working.

이유 / 워크숍 지연
ㄴ, 후반부 대사에서 키워드
workshop, delayed 앞뒤
문장에 집중한다.

남1 안녕하세요, Ralph 씨. Joan 씨랑 전 당신이 Molina Construction에 온 걸 환영하기 위해 잠깐 들르고 싶었어요. 이번 동계 인턴 직에 많은 건축학 전공자들이 면접을 봤지만, 당신이 최고였답니다.
여 그리고 저는 또 업무 시간 보고서에 대해서 알려드리고 싶어요. 매 주말에 경리과에 보고서를 제출하셔야 합니다. 지금 이것과 관련해 이야기 나눌 시간이 있나요?
남2 음... 다음 주에 제가 작업해야 하는 건축 프로젝트 관련 자료를 얻고자 30분 후에 제가 본 회의실을 가야 합니다.
남1 오, 미안해요. 이것을 일찍 말했어야 했는데요. 그 장소는 수리 때문에 폐쇄되었고요, 그래서 워크숍은 목요일까지 연기되었습니다.

47. Ralph 씨는 어느 분야를 전문으로 하는가?
(A) 인적 자원
(B) 건축학
(C) 마케팅
(D) 건물 유지 관리

48. 여자는 Ralph 씨와 무엇을 논하려고 하는가?
(A) 직무 내용
(B) 보안 절차
(C) 급여 시스템
(D) 몇몇 건설 프로젝트

49. 워크숍이 왜 연기되었는가?
(A) 직원이 휴가 중이다.
(B) 일부 정보를 이용할 수 없다.
(C) 시설을 이용할 수 없다.
(D) 일부 컴퓨터가 작동하지 않는다.

47 문제에 제시된 사람 이름은 3인칭 대명사로 표현된다.

STEP 1 대화에서 제3자의 직업을 물을 때는 그 사람의 이름이 언급되고서야 답이 나온다.

이런 경우 문제에서 언급된 이름이 나오길 기다렸다가 보기와 일치하는 단어가 들리면 바로 답을 선택한다. 문제의 핵심 키워드인 Ralph 씨의 전문 분야를 묻는 문제로, 첫 번째 남자의 대사 "Hello, Ralph."와 "A lot of architecture majors were interviewed ~ but you were the best"에서 많은 건축학 전공자들이 면접을 봤으며 당신 즉, Ralph 씨가 최고였음을 언급하였다. 즉, You에 해당하는 Ralph 씨는 건축학을 전공한 것으로 정답은 (B)이다.

48 남자/여자/화자(man/woman/speakers)를 확인하라.

STEP 1 문제에 여자가 언급되면 여자의 대사에 답이 나온다.

여자가 Ralph 씨와 논의하려는 내용이 무엇인지 묻는 두 번째 문제로, 여자의 대사에서 정답을 찾는다. 여자의 대사 "I would like to explain ~ end of each week"에서 업무 시간 보고서에 대해 설명해 주겠다는 이야기와 함께 해당 보고서는 매 주말에 경리과(payroll department)에 제출해야 함을 언급하였다. 즉, 업무 시간 보고서는 급여(payroll)에 영향을 미치는 것임을 확인할 수 있고 그것에 대해 이야기할 시간이 있느냐는 말에서 (C)가 정답임을 알 수 있다.

STEP 2 함정 유형 및 오답 패턴

(A) Some job specifications
(B) A security procedure
(C) A payroll system ▸정답
(D) Some construction projects ▸여자가 아닌 남자가 필요한 정보이므로 오답이다.

49 Why 문제는 대화에서 그대로 반복된 후, 원인에 대한 정답이 나온다. ▶ delayed

STEP 1 구체적인 내용을 묻는 키워드 문제 중에 이유나 원인을 묻는 건, 주로 결과를 키워드로 주고 어떤 원인이 등장하는지를 확인해야 한다.

워크숍이 연기된 이유를 묻는 문제이다. 지문의 하단부 "The room is closed for repairs, so the workshop has been postponed until Thursday."에서 보수 공사로 회의실이 폐쇄되었기 때문에, 워크숍이 목요일까지 연기되었음을 언급하였다. 따라서 정답은 (C)이다. 대화의 구체적인 표현 the room is closed for repairs는 보기의 포괄적인 표현 A facility is not accessible로 paraphrasing되었다.

STEP 2 함정 유형 및 오답 패턴

(A) An employee is on holiday.
(B) Some information is unavailable.
(C) A facility is not accessible. ▸정답
(D) Some computers are not working. ▸repairs에서 연상할 수 있는 not working을 이용한 오답이다.

어휘　come by 잠깐 들르다　welcome 환영하다　architecture 건축학　major 전공자　interview 면접하다　explain 설명하다　be required to do ~해야 한다　hand in 제출하다　department 부서　talk about ~에 대해 이야기하다　work on ~에 애쓰다, ~에 착수하다　close 폐쇄하다　postpone 연기하다, 미루다

Questions 50-52 refer to the following conversation.

M I'm grateful for your follow-up visit, Ms. Moreno. Your crew has done a great job constructing the parking lot for our main building. It's **50** quite nice. **But,** it seems that **some work still needs to be done on the side of the building.** Most of the white lines that are supposed to divide the parking spots have not been painted yet.

W Hmm... Yeah, I see. The work was scheduled to be done on **51** Wednesday, **but** the **snow** on that day **delayed our schedule.**

M I understand, but I hope it will be done shortly.

W Certainly, there will be no problem. **I'll organize our schedule right 52 now.** My crew will drop by and have this work finished for you early tomorrow.

---

50. What issue is the man talking about?
(A) A broken door
(B) An error in the bill
(C) A leaking pipe
(D) An unfinished job

남 / 문제점 / 상
└, 남자의 대사에 집중한다.

51. According to the woman, what has caused a delay?
(A) Irregular maintenance
(B) A limited budget
(C) Bad weather
(D) Demanding work

여 / 지연 이유
└, 역접 접속사 / 부사에 집중해 듣는다.

52. What does the woman say she will do right now?
(A) Set up a schedule
(B) Order extra materials
(C) Call a site manager
(D) Close a deal

여 / 미래 / right now / 하
└, 키워드 앞뒤에 집중하여 듣는다.

남 후속 방문에 감사드립니다. Moreno 씨. 귀사의 직원들이 저희 본관 주차장 공사를 매우 잘해 주었습니다. 정말 훌륭합니다. 그런데 건물 측면에 몇 가지 공사가 마무리되어야 할 것 같아요. 주차 공간을 나누게 돼 있는 흰색 선 대부분이 아직 칠해져 있지 않습니다.

여 음... 네, 그렇네요. 그 작업은 수요일에 마무리될 예정이었는데, 그날 눈이 와서 일정이 지연되었습니다.

남 이해하지만, 빨리 공사가 마무리되기를 바랍니다.

여 그럼요. 문제없을 겁니다. 지금 바로 일정을 조정하겠습니다. 저희 직원들이 내일 아침 일찍 들러 공사를 마무리지을 겁니다.

50. 남자는 어떤 문제에 대해 이야기하고 있는가?
(A) 고장 난 문
(B) 청구서의 오류
(C) 새는 배관
(D) 완료되지 않은 작업

51. 여자에 따르면, 무엇 때문에 지체가 발생했는가?
(A) 불규칙한 유지 보수
(B) 한정된 예산
(C) 좋지 않은 날씨
(D) 힘든 일

52. 여자는 지금 바로 무엇을 할 거라고 말하는가?
(A) 일정 잡기
(B) 추가 자재 주문
(C) 현장 관리자에게 연락
(D) 계약 체결

50 문제점과 걱정은 본인의 입으로 직접 얘기한다.

STEP 1   문제점을 묻는 문제는 첫 대사와 두 번째 대사에 정답이 있다.

남자가 이야기하고 있는 문제점이 무엇인지 묻는 문제로, 남자 대사에서 정답의 단서를 찾자. "But it seems that some work still needs to be done on the side of the building."에서 일부 작업이 마무리되지 않은 것처럼 보인다고 언급하였다. 즉, 남자가 이야기하고 있는 문제점은 완료되지 않은 (건설) 작업이므로 정답은 (D)이다.

51 However, But 뒤에 결정적인 정답의 단서가 나온다.

STEP 1   그러나(but/however), 사실은(actually/in fact), 유감스럽게도(unfortunately), 죄송합니다만(I'm sorry but/I'm afraid ~), 고맙지만(Thanks but ~) 등의 역접 또는 반전을 의미하는 표현 뒤에 정답의 단서가 제시될 가능성이 높다.

지연이 발생한 이유를 묻는 문제로, 여자 대사에서 정답의 단서를 찾자. 중반부 여자 대사 "but the snow on that day delayed our schedule"에서 본래 공사가 마무리되어야 하는 날에 눈이 내려서 지연이 발생했다는 구체적인 이유를 언급하였다. 따라서 정답은 (C)이다. 대화의 구체적인 단어 the snow는 보기의 포괄적인 단어 Bad weather로 paraphrasing되었다.

52 키워드 문제는 키워드 기준 앞뒤 문장에 답이 나온다. ▶ right now

STEP 1   특정 키워드에 대해 묻는 문제는 반드시 담화 중의 해당 키워드 앞뒤에서 답이 들린다.

여자의 미래 일정을 묻는 문제로, 문제의 핵심 키워드 right now 앞뒤에서 정답을 찾는다. 후반부 여자의 대사 "I'll organize our schedule right now."에서 남자가 언급한 문제를 해결하기 위해 여자는 지금 바로 일정을 조정하겠다고 언급하였으므로 정답은 (A)이다. 대화의 organize our schedule은 보기에서 Set up a schedule로 paraphrasing되었다.

어휘   grateful 고마워하는 follow-up 후속의 construct 건설하다 parking lot 주차장 quite 꽤 be supposed to do ~하기로 되어 있다 divide 나누다 be scheduled to do ~할 예정이다 delay 지연시키다 shortly 곧 organize 준비하다, 조정하다 drop by 잠깐 들르다

Questions 53-55 refer to the following conversation.

M Hi, my name is Rudy Morris. **I'm calling** regarding **my subscription**
53 to *Business Today Magazine*. I moved to my new apartment several
weeks ago, and I provided my new address when I moved in.
However, since then, only one issue has been delivered to me. I'm
wondering if there is a problem.

54-C

W OK, sir. Let me see. Alright! According to our system, your
54 subscription was valid only until last week. **Would you like to**
subscribe to the digital version of our magazine? We're offering
a 30 percent discount on online subscriptions at the moment.

M Hmm... Well, I prefer reading the paper version. **Can I** also **get the**
55 **discount** on that? If possible, I would like to renew right now.

---

53. What kind of company is the man calling?
(A) A hardware store
(B) A magazine publisher
(C) A radio station
(D) A computer shop

여 / 직업 / 상
└, 상대방의 대사에서 직업을
알 수 있는 경우이다.

54. What does the woman suggest?
(A) Changing some information
(B) Visiting the main office
(C) Printing out an issue
(D) Signing up for an online subscription

여 / 제안
└, 여자 대사 중 권유/제안
표현에 집중하여 듣자.

55. What does the man ask about?
(A) Business hours
(B) Express shipping
(C) Price reduction
(D) Relocation services

남 / 문의 / 하
└, 후반부 남자의 대사 중
의문문에 집중하여 듣자.

남 안녕하세요, 저는 Rudy Morris입니다. 제 〈Business
Today Magazine〉 구독 때문에 연락드렸습니다. 몇 주
전에 제가 새 아파트로 이사했고, 이사했을 때 새 주소를
알려드렸거든요. 하지만, 그때 이후로 저한테 한 부만 배
달됐습니다. 문제가 있는지 궁금하네요.
여 네, 고객님. 확인해 보겠습니다. 아해! 저희 시스템에 따
르면, 고객님의 구독이 지난주까지만 유효했습니다. 저희
잡지의 디지털 버전을 구독하시겠어요? 지금 온라인 구
독에 30퍼센트 할인을 제공해 드리고 있습니다.
남 음... 저기, 전 종이 버전으로 읽는 게 더 좋아요. 그것도
할인받을 수 있을까요? 가능하다면, 지금 바로 갱신하고
싶습니다.

53. 남자는 어떤 종류의 회사에 전화하고 있는가?
(A) 철물점
(B) 잡지사
(C) 라디오 방송국
(D) 컴퓨터 상점

54. 여자는 무엇을 제안하는가?
(A) 일부 정보 변경
(B) 본사 방문
(C) 간행물 출력
(D) 온라인 구독 신청

55. 남자는 무엇에 대해 묻는가?
(A) 영업 시간
(B) 특급 배송
(C) 가격 할인
(D) 이사 서비스

53 직업, 업종은 대화의 전반부에 답이 들린다.

STEP 1 본인이 직접 자신이 일하는 회사에 대해 언급하지 않고, 상대방의 대사를 통해 어떤 업종에서 일하는지 알아내야 하는 경우 난도가 높아진다.

남자가 전화를 건 기업 즉, 여자의 업종을 묻는 문제이다. 남자의 첫 번째 대사 "I'm calling regarding my subscription to *Business Today Magazine*."에서 남자는 잡지 구독 때문에 연락했음을 언급하였다. 즉, 남자는 여자가 근무하는 잡지사에 전화를 건 것으로 정답은 (B)이다.

54 남자/여자/화자(man/woman/speakers)를 확인하라.

STEP 1 문제에 여자가 언급되면 여자의 대사에 답이 나온다.

여자가 제안한 일이 무엇인지 묻는 문제로, 여자의 대사 중 권유/제안 표현에서 정답을 찾는다. 여자의 대사 "Would you like to subscribe to the digital version of our magazine?"에서 잡지의 디지털 버전 구독을 제안하고 있으므로 정답은 (D)이다. 대화의 구체적인 표현 subscribe to the digital version of our magazine은 보기의 포괄적인 표현 Signing up for an online subscription으로 paraphrasing되었다.

– Why don't you ~? (~하는 게 어떤가요?), Would you like ~? (~하실래요?), You can ~ (당신은 ~할 수 있어요), Let's ~ (~합시다) 등의 권유/제안 표현을 알아두자.

STEP 2 함정 유형 및 오답 패턴

(A) Changing some information
(B) Visiting the main office
(C) Printing out an issue ▶상단부의 **issue**를 반복 사용한 오답이다.
(D) Signing up for an online subscription ▶정답

55 들리는 단어는 구체적이나, 정답은 포괄적인 어휘를 사용한다.

STEP 1 대화에서 들리는 구체적인 단어는 보기에서 포괄적이고 일반화된 단어로 **paraphrasing**됨에 유의한다.

남자가 문의하는 것이 무엇인지 묻는 문제로, 후반부 남자의 대사 "I prefer reading the paper version. Can I also get the discount on that?"에서 종이로 인쇄된 잡지도 할인을 받을 수 있는지 묻고 있다. 따라서 정답은 (C)이다. 대화의 get the discount는 보기에서 Price reduction으로 paraphrasing되었다.

어휘 **regarding** ~에 관하여 **subscription** 구독 **several** 몇몇의 **provide** 제공하다 **issue** (정기 간행물의) 호 **move in** 이사를 들다 **deliver** 배달하다 **wonder** 궁금하다 **valid** 유효한 **at the moment** 바로 지금 **prefer** 선호하다 **renew** 갱신하다

Questions 56-58 refer to the following conversation with three speakers.

> **W1** Tim, I'm really grateful to you for helping **prepare our presentation**
> **56** on the new **advertising** campaign.
> **W2** Yeah, we really thank you. It's almost done. Are there **any**
> **57** **suggestions for things** we should **add to the presentation** at next
> week's client meeting? Your comments are really helpful.
> **M** I'd describe **in more detail how this advertising campaign** is
> **58** going to **reach** more diverse potential **consumers**.
> **W1** Hmm... we intend to use various social media sites to reach younger
> customers. Should we talk about this in our presentation?
> **M** That's perfect. The client will love that.
> **W2** Let's work on it right now. Could you meet us one more time to talk
> about our revisions tomorrow?

56-A

58-C

---

56. What are the speakers mainly talking about?
(A) A new product
(B) A social event
(C) A presentation
(D) A local store

주제 / 상
ㄴ 지문 전반부를 집중해 듣자.

57. What kind of business do the speakers work for?
(A) An office supply store
(B) A cleaning company
(C) A financial consulting firm
(D) An advertising company

화자들 / 직업 / 상
ㄴ 지문 전반부에 집중해 듣자.

58. What does the man say should be described in more detail?
(A) Ways to reach various customers
(B) Plans for an upcoming meeting
(C) Changes in a work schedule
(D) Measures to prevent errors

남 / 키워드 in more detail
ㄴ 남자 대사에서 키워드 앞뒤
문장에 집중해 듣자.

여1 Tim 씨, 새 광고 캠페인 발표 준비 도와주셔서 정말 감
사드려요.
여2 네, 정말 감사드립니다. 준비는 거의 끝났어요. 다음 주
고객 회의 때 할 발표에 추가되어야 하는 것들에 대해
의견이 있으세요? Tim 씨가 내는 의견이 아주 유용하
거든요.
남 저라면 이 광고 캠페인이 더 다양한 잠재 고객에게 어
떻게 도달할 것인지 더 자세히 설명 드리겠습니다.
여1 음... 저희는 더 젊은 소비자에게 접근하기 위해 다양한
소셜 미디어 사이트를 활용할 계획입니다. 저희 발표
때 이 점에 대해 이야기를 나누어야 할까요?
남 아주 좋은데요. 고객은 그걸 좋아할 거예요.
여2 지금 바로 그렇게 진행합시다. 내일 수정 관련 이야기
를 할 수 있게 한 번 더 시간을 내 만날 수 있을까요?

56. 화자들은 주로 무엇에 대해 이야기하고 있는가?
(A) 신상품
(B) 사교 행사
(C) 발표
(D) 지역 상점

57. 화자들이 종사하는 업종은 무엇인가?
(A) 사무용품 판매점
(B) 청소 회사
(C) 금융 컨설팅 회사
(D) 광고 회사

58. 남자는 무엇이 더 자세히 묘사되어야 한다고 말하는가?
(A) 다양한 고객에게 접근하는 방법
(B) 다가오는 회의 계획
(C) 근무 일정 변경
(D) 오류 방지 정책

56 주제를 묻는 문제는 처음 두 줄에 답이 있다.

STEP 1 3인 대화에서 첫 번째 문제는 주로 3인의 직업이나 대화 주제를 묻는다.

대화 주제를 묻는 문제로, 상단부에 집중한다. 여자1의 첫 번째 대사 "I'm really grateful to you for helping prepare our presentation on the new advertising campaign"에서 신규 광고 캠페인 관련 발표 준비를 도와준 것에 감사 인사를 전하며, 이어진 여자 2의 대사 "Are there any suggestions for things we should add to the presentation at next week's client meeting?"에서 발표에 추가해야 할 것이 있냐고 의견을 묻고 있다. 즉, 화자들은 발표에 대해 이야기를 나누고 있는 것이므로 정답은 (C)이다.

STEP 2 함정 유형 및 오답 패턴

(A) A new ~~product~~ ▶new를 반복 이용한 오답으로, 신상품이 아닌 신규 광고 캠페인 발표 준비 이야기를 하고 있으므로 오답이다.
(B) A social event
(C) A presentation ▶정답
(D) A local store

57 장소/직업 등의 같은 위치 문제가 연달아 출제되면 2:1의 구조이다.

STEP 1 PART 3 문제와 대화 중 정답의 위치는 대화를 기준으로 1:1:1(상:중:하)로 나온다. 각 질문의 정답이 한꺼번에 나오는 경우가 있는데, 대화 전반부에 두 문제의 정답이 2개 연속 나오는 경우를 2:1의 구조라고 하며, 전체 문제의 20~30% 정도를 차지한다.

처음 두 질문이 주제, 직업, 문제점, 과거형 질문, 장소 등에 관해 묻는다면 첫 번째 화자의 대사에서 동시에 답이 들린다. 두 번째 문제가 직업을 묻고 있는 것이므로, 2:1 구조일 수 있다는 것을 미리 파악하고 첫 대사에서 정답의 근거를 찾자. 여자1의 첫 대사 "I'm really grateful to you for helping prepare our presentation on the new advertising campaign"에서 여자들은 신규 광고 캠페인 발표 준비에 도움을 준 남자에게 감사 인사를 전하고 있다. 즉, 화자들은 광고 회사에서 근무하고 있으므로 정답은 (D)이다.

58 키워드 문제는 키워드 기준 앞뒤 문장에 답이 위치한다. ▶ in more detail

STEP 1 남자 대사에서 키워드 in more detail을 파악하자.

더 자세히 논의해야 하는 것이 무엇인지 묻는 문제로, 핵심 키워드 in more detail 앞뒤에서 정답을 찾는다. 남자의 대사 "I'd describe in more detail how this advertising campaign is going to reach more diverse potential consumers."에서 자신이라면 더 다양한 잠재 고객들에게 접근할 수 있는 방법에 대해 자세히 설명하겠다고 언급하였으므로 정답은 (A)이다. 대화의 구체적인 표현 how this advertising campaign is going to reach ~ consumers는 보기에서 포괄적인 표현 Ways to reach customers로 paraphrasing되었다.

STEP 2 함정 유형 및 오답 패턴

(A) Ways to reach various customers ▶정답
(B) Plans for an upcoming meeting
(C) Changes in a ~~work schedule~~ ▶근무 일정이 아닌, 광고 매체 확장에 관한 것이므로 오답이다.
(D) Measures to prevent errors

어휘 grateful 고마워하는 prepare 준비하다 presentation 발표 advertising 광고 suggestion 제안, 의견 add 추가하다 comment 의견 helpful 유용한 describe 말하다 in detail 상세하게 reach ~에 들어가다, 미치다, 도달하다 diverse 다양한 potential 잠재적인 intend to do ~하려고 생각하다 revision 수정 사항

Questions 59-61 refer to the following conversation.

W Hello, Patel. My supervisor told me that **you're** going to **train our**
[59] **new employees**.
M Yes, I'm still preparing for the training. It begins next week. Updating
the training materials takes so much time. **I have not been able to
do any other work.** [60]
W Well, don't worry. I finished my report early, so I can help if you want.
M Great! Thank you. **Can you go to the security office** to check if
the ID badges for the new employees are ready? I requested [61-B]
them several days ago, but no one has told me anything yet.
W **Sure, I'll go** and check that right now.
[61]

59. What kind of event is the man preparing for?
(A) A building inspection
(B) A customer survey
(C) A training course
(D) A client meeting

남 / 준비 행사 / 상
ㄴ, 여자 대사, you're going to
train ~

60. What does the woman imply when she says, "I finished my report
early"?
(A) She thinks she will get promoted.
(B) She intends to leave the office.
(C) She is available to give assistance.
(D) She wants comments on a project.

여 / 화자 의도 파악
ㄴ, 앞뒤 문맥을 파악하며
풀어야 한다.

61. What will the woman most likely do next?
(A) Correct a few errors
(B) Check some equipment
(C) Go to another department
(D) Postpone an event

여 / 미래 / 하
ㄴ, 남자의 마지막 대사에서
세부 사항을 확인한다.

여 안녕하세요, Patel 씨. Patel 씨가 신입사원들을 교육시
킬 거라는 소식, 제 상사에게 들었습니다.
남 네, 제가 아직도 교육 준비를 하고 있어요. 그 교육이 다
음 주에 시작되는데요. 교육용 자료 업데이트에 시간이
너무 많이 걸립니다. 다른 업무를 할 수가 없어요.
여 음, 걱정하지 마세요. 제가 보고서를 일찍 마무리지어서
원하신다면 도와드릴 수 있습니다.
남 잘됐네요! 감사합니다. 경비실에 가셔서 신입 사원들 사
원증이 준비되었는지 확인해 주시겠어요? 제가 며칠 전
에 요청했지만, 아직까지 아무도 저에게 뭐라고 말해 주
지 않았습니다.
여 그러죠. 제가 지금 바로 가서 알아보겠습니다.

59. 남자는 어떤 행사를 준비하고 있는가?
(A) 건물 점검
(B) 고객 설문 조사
(C) 교육 과정
(D) 고객 회의

60. 여자가 "I finished my report early(저는 보고서를 일
찍 마무리지었습니다)"라고 말할 때 무엇을 의미하는가?
(A) 그녀는 본인이 승진할 거라고 생각한다.
(B) 그녀는 퇴근하려고 한다.
(C) 그녀는 도와줄 시간이 있다.
(D) 그녀는 프로젝트에 대한 코멘트를 원한다.

61. 여자는 다음에 무엇을 할 것 같은가?
(A) 오류 바로잡기
(B) 일부 장비 확인하기
(C) 다른 부서에 가기
(D) 행사 연기하기

59 문제의 순서와 대화의 순서는 일치한다.

STEP 1 답의 위치를 예측하면서 보기에 집중하자.

남자가 어떤 행사를 준비하는지 묻는 첫 번째 문제이다. 답은 순서대로 나오므로 상단부에서 정답의 근거를 찾자. 여자의 첫 대사 "you're going to train our new employees."라는 언급에 남자가 Yes라고 응답하고 있다. 따라서 남자가 준비하고 있는 것은 신입사원 교육이므로 정답은 (C)이다. 대화의 train our new employees는 보기에서 A training course 로 paraphrasing되었다.

60 화자의 의도 파악 문제는 해당 위치의 연결어가 있다면 그 연결어를 확보해야 한다.

STEP 1 앞뒤 문맥을 파악하여 포괄적인 정답을 찾아야 한다.

남자가 "Updating the training materials takes so much time. I have not been able to do any other work."에서 교육 자료 준비로 다른 업무를 못 하고 있다는 문제점을 언급하자, 여자는 "don't worry"로 답한 후 연결어 'so'를 사용하여 남자를 도와줄 수 있다는 걸 구체적으로 표현하고 있다. 따라서 정답은 (C)이다.

61 미래 정보는 대화 후반부에 나오는 I'll ~이 정답이다.

STEP 1 다음 행동(미래 정보)을 묻는 문제(~ next?)는 주로 당사자의 대사에서 정답을 알 수 있다.

그런데 고난도 문제들에서는 상대방의 제안이나 요청을 수락함으로써 그것을 하겠다는 의미(결과적으로 미래의 행위)가 되므로 상대가 제안하는 내용이나 요청하는 내용을 잘 들어야 한다. 여자의 다음 행동을 묻는 문제로, 남자의 대사 "Can you go to the security office to check if the ID badges for the new employees are ready?"와 여자의 대사 "Sure, I'll go and check that right now."에서 남자가 경비실에 가서 신입사원 사원증이 준비됐는지 확인해 주겠냐고 요청하자, 여자는 긍정의 답변을 하였다. 즉, 여자는 경비실에 가서 사원증이 준비됐나 확인할 것이므로 정답은 (C)이다. 대화의 구체적인 표현 go to the security office는 보기의 포괄적인 표현 go to another department로 paraphrasing되었다.

STEP 2 함정 유형 및 오답 패턴

(A) Correct a few errors
(B) Check ~~some equipment~~ ▶ 여자가 확인하는 것은 장비가 아닌 신입사원들의 사원증이므로 오답이다.
(C) Go to another department ▶ 정답
(D) Postpone an event

Questions 62-64 refer to the following conversation and map.

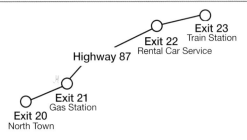

W We should stop by a gas station to fill the car before going to the train
62 station. **Otherwise, we will be charged an additional fee** for fuel by
the rental company.
M You're right! We may have to pay more than expected.
W Alright. Do I need to take this exit here?
M I don't think so. That's for **North Town**. We should **go a little farther**
63 and use **the next exit**.
W OK. **I hope there is a shop selling some snacks**. Then we can buy
64 something to eat on the train.

62-A 62-C
62-D

64-B 64-D

Exit 23
Train Station
Exit 22
Rental Car Service
Highway 87
Exit 21
Gas Station
Exit 20
North Town

62. What are the speakers worried about?
(A) Being stuck in a traffic jam
(B) Paying an extra fee
(C) Missing a train
(D) Securing a parking space

화자들 / 걱정 / 상
└. 역접 접속사/부사
Otherwise에 집중하여 듣자.

63. Look at the graphic. Which exit does the man tell the woman to take?
(A) Exit 20   **(B) Exit 21**
(C) Exit 22   (D) Exit 23

시각 자료 / 여자가 사용할 출구
└. 각 출구에 위치한 장소에
집중한다.

64. What does the woman say she hopes to do?
(A) Call her family   (B) Purchase some gifts
(C) Get some food   (D) Buy a map

여 / 원하는 일 / 하
└. 여자 대사, I hope ~에
답이 있다.

여 기차역에 가기 전에, 주유소에 잠시 들러 차에 기름을 넣어야 합니
다. 그렇지 않으면, 렌탈 회사가 추가 연료비를 청구할 거예요.
남 당신 말이 맞아요! 예상보다 더 많은 돈을 지불해야 할지도 몰라요.
여 맞아요. 지금 이 출구로 나가야 하나요?
남 아닌 것 같은데요. 그쪽은 North Town 방향이에요. 조금 더 가서
다음 출구를 이용해야 해요.
여 알았어요. 스낵을 파는 상점이 있으면 좋겠어요. 그러면 우리가 기
차에서 먹을 걸 살 수 있잖아요.

23번 출구
기차역
22번 출구
차량 렌탈 서비스
고속도로 87
21번 출구
주유소
20번 출구
North Town

62. 화자들은 무엇을 걱정하는가?
(A) 교통 체증에 갇히는 것
(B) 추가 요금 지불
(C) 기차 놓치는 것
(D) 주차 공간 확보

63. 시각 자료를 보시오. 남자는 여자에게 어느 출
구로 나가라고 말하는가?
(A) 20번 출구   **(B) 21번 출구**
(C) 22번 출구   (D) 23번 출구

64. 여자는 무엇을 하고 싶다고 말하는가?
(A) 그녀의 가족에게 전화하기
(B) 선물 구매하기
(C) 식품 구매하기
(D) 지도 구매하기

62 문제점을 묻는 문제는 첫 대사와 두 번째 대사에 정답이 있다.

STEP 1 문제점을 묻는 문제는 대화 도입부에서 화자가 문제점을 언급하거나, 첫 번째 화자가 질문을 던지면 두 번째 화자가 그에 대한 응답으로 문제점을 언급한다.

화자들이 무엇을 걱정하는지 묻는 문제로, 지문 상단부에서 정답의 단서를 찾자. 여자의 대사 "Otherwise, we will be charged an additional fee for fuel by the rental company."에서 주유를 하지 않으면, 렌탈 회사가 추가 비용을 청구할 수 있음을 언급하고 있다. 즉, 추가 요금을 걱정하고 있는 것으로 정답은 (B)이다. 대화의 be charged an additional fee는 보기의 Paying an extra fee로 paraphrasing되었다.

– However, But 뒤에 결정적인 정답의 단서가 나온다.
그러나(but/however), 사실은(actually/in fact), 유감스럽게도(unfortunately), 죄송합니다만(I'm sorry but/I'm afraid ~), 고맙지만(Thanks but ~), otherwise(그렇지 않다면) 등의 역접 또는 반전을 의미하는 표현 뒤에 정답의 단서가 제시될 가능성이 높다.

STEP 2 함정 유형 및 오답 패턴

(A) Being stuck in a traffic jam ▸ car에서 연상할 수 있는 **traffic jam**을 이용한 오답이다.
(B) Paying an extra fee ▸ 정답
(C) Missing a train ▸ **train**을 반복 이용한 오답이다.
(D) Securing a parking space ▸ car에서 연상할 수 있는 **parking space**를 이용한 오답이다.

63 〈시각 자료〉 문제는 보기가 대화에서 언급되지 않는다.

STEP 1 보기가 출구 번호이므로 시각 자료에서 그 외 부분을 확인하며 대화를 들어야 한다.

남자가 여자에게 이용하라고 가르쳐 준 출구를 묻는 문제로, 대화를 들을 때 출구 번호 이외의 정보에 집중해야 한다. 남자의 대사 "That's for North Town. We should go a little more and use the next exit."에서 현재 가장 가까운 출구는 North Town을 향하기 때문에 조금 더 가서 다음 출구를 이용하라고 제안하고 있다. 따라서 다음 출구(21번 출구)에 해당하는 (B)가 정답이다.

64 문제에 여자가 언급되면 여자의 대사에 답이 나온다.

STEP 1 〈원하는 것〉은 '미래'를 의미한다. '미래'는 지문 후반부에 위치한다.

여자가 하고 싶어 하는 일이 무엇인지 묻는 문제로, 후반부 여자의 대사에서 정답을 파악한다. 여자의 대사 "I hope there is a shop selling some snacks. Then we can buy something to eat on the train."에서 기차에서 먹을 수 있는 간식을 판매하는 장소가 있으면 좋겠다는 소망을 언급하였다. 따라서 정답은 (C)이다.

STEP 2 함정 유형 및 오답 패턴

(A) Call her family
(B) Purchase some gifts ▸ **Purchase**(구매)는 맞지만, **gifts**(선물)를 구매하길 원하는 것이 아니므로 오답이다.
(C) Get some food ▸ 정답
(D) Buy a map ▸ **Buy**(구매)는 맞지만, **map**(지도)을 구매하길 원하는 것이 아니므로 오답이다.

어휘   **stop by** 잠시 들르다   **gas station** 주유소   **fill** 채우다   **otherwise** 그렇지 않으면   **charge** 청구하다
additional 추가의   **fuel** 연료   **pay** 지불하다   **exit** 출구

Questions 65-67 refer to the following conversation and review.

W Terry, have a look at this food service Web site. Our restaurant got some bad reviews from customers. Here are some of them.

M Oh, no! These clearly show the area we have to focus on. Because of the **65** review, **I'm concerned we won't be able to attract as many diners as before.**

W Hmm... at least the **renovation** work on the **dining area** is nearly completed, **66** so **its** appearance **will be better.**

M Sure, **but we should talk about the other issue** at **next week's meeting.**

W I think **a consultant should probably be invited** to advise us on how to **67** take care of this. There shouldn't be any more bad reviews like this.

66—C

http://www.foodservice.net	
Review of Eduardo Restaurant	
Location & Transportation	★★★★★
Restaurant Facilities	★★★★
Interior Appearance	★
Customer Service	★

65. What does the man say he is concerned about?
(A) Missing an event (B) **Losing diners**
(C) Opening a new branch (D) Cutting a budget

66. Look at the graphic. Which area will the speakers be talking about at next week's meeting?
(A) Location & Transportation (B) Restaurant Facilities
(C) Interior appearance (D) **Customer Service**

67. What does the woman suggest doing?
(A) Offering a discount
(B) **Inviting a consultant**
(C) Ordering new tables and chairs
(D) Relocating to a different place

남 / 걱정 / 상
ㄴ, 남자 대사, I'm concerned
~에 내용이 제시된다.

시각 자료 / next week's meeting
ㄴ, 대화 중 시각 자료와 매칭되는 내용을 찾자.

여 / 제안 / 하
ㄴ, 여자 대사, I think ~에 정답이 나온다.

여 Terry 씨, 여기 식품 서비스 웹사이트 좀 보세요. 우리 식당이 고객들로부터 좋지 않은 평가를 받았어요. 여기에 그 중 몇 가지가 있습니다.
남 아, 이런! 이것들이 우리가 주력해야 할 부분을 또렷하게 보여주는 군요. 이 평가들 때문에, 우리가 이전만큼 손님을 많이 유치하지 못할까 봐 걱정이에요.
여 음... 적어도 식사 공간 보수 공사는 거의 끝났으니까, 외관은 더 나아질 거예요.
남 네, 그렇지만 다음 주 회의에서 다른 문제에 대해 이야기해야겠네요.
여 이 문제 해결 방법에 대해 저희에게 조언을 줄 수 있게 컨설턴트를 초청해야 할 것 같아요. 이런 안 좋은 후기가 더 이상 있어서는 안 되잖아요.

http://www.foodservice.net	
Eduardo Restaurant 후기	
위치와 교통	★★★★★
식당 시설	★★★★
내부 인테리어	★
고객 서비스	★

65. 남자는 무엇이 걱정스럽다고 말하는가?
(A) 행사 놓치기 (B) **식당 손님 잃기**
(C) 새 지점 개설 (D) 예산 삭감

66. 시각 자료를 보시오. 화자들은 다음 주 회의에서 어떤 부문에 대해서 이야기할 것인가?
(A) 위치와 교통 (B) 식당 시설
(C) 내부 인테리어 (D) **고객 서비스**

67. 여자가 하자고 제안하는 것은 무엇인가?
(A) 할인 제공
(B) **컨설턴트 초대**
(C) 새 탁자와 의자 주문
(D) 다른 장소로 이전

65 문제점과 걱정은 본인의 입으로 직접 얘기한다.

STEP 1 문제점의 표현은 주로 concerned(걱정된), worried(걱정된), late(늦은), delayed(지연)가 나온다.

남자가 언급한 문제점이 무엇인지 묻는 문제로, 남자의 대사에서 정답의 단서를 찾자. 남자의 대사 "I'm concerned we won't be able to attract as many diners as before."에서 전만큼 많은 손님을 유치하지 못할까 봐 걱정하고 있음을 언급하였다. 즉, 남자가 걱정하는 것은 손님을 잃는 것이므로 정답은 (B)이다. 대화의 구체적인 표현 not, attract as many diners as before는 보기의 포괄적인 표현 Losing diners로 paraphrasing되었다.

66 〈시각 자료〉 문제는 보기가 대화에서 언급되지 않는다.

STEP 1 시각 자료 문제는 대화에서 시각 자료와 매칭되는 내용이 정답이다.

화자들이 다음 주 회의에서 이야기할 부분에 대해 묻고 있다. 안 좋은 리뷰(bad review)에 대한 얘기를 하면서 중반부 여자의 대사 "at least the renovation ~ appearance will be better"에서 식사 공간 보수 작업이 마무리되면 외관이 개선될 것임을 언급하자, 남자는 "but we should talk about the other issue at next week's meeting(그렇지만 다음 주 회의에서 다른 문제에 대해 이야기해야겠네요)"이라고 언급하고 있다. 즉, 고객 후기 중 평점이 낮은 Interior Appearance와 Customer Service 중, 다음 주 회의에서 다룰 주제는 인테리어가 아닌 고객 서비스임을 알 수 있다. 따라서 정답은 (D)이다.

67 제안, 요구 사항은 후반부에 답이 있다.

STEP 1 직접적인 권유, 제안, 요구, 요청하는 표현과 평서문의 형태로 간접적으로 '~하겠다'고 제안하거나 '~을 하세요'라고 권유 또는 명령하는 표현을 잡아야 한다.

여자가 제안하는 것이 무엇인지 묻는 문제이다. 제안, 요구 사항은 후반부에 답이 있으므로 후반부 여자의 대사에서 정답의 단서를 찾자. 후반부 여자의 대사 "I think a consultant should probably be invited to advise us on how to take care of this."에서 안 좋은 평점을 받은 이 상황을 해결하게 조언을 줄 수 있는 컨설턴트를 초청하자고 제안하고 있다. 따라서 정답은 (B)이다.

어휘 review 후기, 평가 clearly 또렷하게 focus on ~에 주력하다 attract 마음을 끌다, 유치하다
at least 적어도 renovation 보수, 개조 complete 완료하다 appearance 외관 invite 초대하다, 초청하다
advise 조언하다 take care of 해결하다

Questions 68-70 refer to the following conversation and graph.

W Good Morning, Mr. Pena. There is some data I'm concerned about. Could you
68 take a look at the report on **our packaging production** last week?

M Yeah. What's the matter?

W Well, if you look at page 3 of this report, **the packaging cutting equipment in the**
69 production line was operating at <u>under 60 percent</u> capacity last week. It was
not producing as much output as it normally does.

M I understand. **We should** stop the line right now and **ask a technician to**
70 **inspect the equipment as soon as possible**. There is a large order to fill next
week. The equipment must be working properly to complete the order in time.

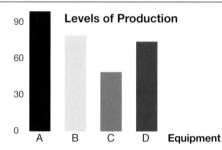

Levels of Production

68. What type of business do the speakers work for?
(A) A food supplier (B) A car repair center
(C) A packaging plant (D) An appliance store

69. Look at the graphic. Which equipment are the speakers talking about?
(A) Equipment A (B) Equipment B
(C) Equipment C (D) Equipment D

70. What does the man say needs to be done as soon as possible?
(A) Revising ~~a schedule~~ (B) Reviewing other reports
(C) Selling ~~products~~ **(D) Contacting maintenance**

화자들 / 직업 / 상
ㄴ. 여자 대사, our packaging
production ~에 힌트가 있다.

시각 자료 문제
ㄴ. 시각 자료에서 주어진 보기
외의 것을 확인하자.

남 / 미래 / as soon as
possible / 하
ㄴ. We should ~ as soon as
possible에 정답이 제시된다.

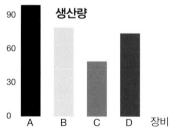

남 알겠습니다. 지금 바로 그 작업 라인을 중지하고 가능한 한
빨리 기술자에게 그 장비를 점검하라고 요청해야겠네요. 다
음 주에 채워야 할 대량 주문이 있습니다. 제 시간에 그 주문
을 완료하려면 그 장비가 제대로 작동해야만 합니다.

68. 화자들은 어떤 업체에서 일하는가?
(A) 식품 공급회사 (B) 자동차 수리 센터
(C) 포장재 공장 (D) 가전제품 상점

69. 시각 자료를 보시오. 화자들은 어떤 장비에 대해 이야기하
고 있는가?
(A) 장비 A (B) 장비 B
(C) 장비 C (D) 장비 D

70. 남자는 가능한 한 빨리 무엇을 마무리해야 한다고 이야기
하는가?
(A) 일정 변경 (B) 다른 보고서 검토
(C) 제품 판매 **(D) 관리부서와 연락**

여 안녕하세요, Pena 씨. 제가 좀 걱정이 되는 일부 데이터
가 있어요. 지난주 저희 포장재 생산량 보고서를 봐 주시
겠어요?

남 네. 무엇이 문제인가요?

여 네. 보고서 3페이지를 보시면, 지난주에 생산 라인의 포
장재 커팅 장비가 60퍼센트 미만으로 작동했습니다. 평
상시만큼 많은 양을 생산하지 못했습니다.

68 직업은 대화의 전반부에 답이 들린다.

STEP 1 첫 두 줄에서 our/your/this/here 표현과 함께 들리는 직업 명사가 정답이 된다.

화자가 근무하고 있는 업종을 묻는 문제로, 상단부에서 정답의 근거를 찾는다. 여자의 첫 대사 "Could you take a look at the report on our packaging production last week?"에서 지난주 포장재 생산량 관련 보고서를 살펴볼 수 있는지를 묻고 있다. 즉, 화자들은 포장재 공장에서 일하고 있음을 알 수 있으므로 정답은 (C)이다.

69 〈시각 자료〉 문제는 보기가 대화에서 언급되지 않는다.

STEP 1 그래프는 대상의 〈비교〉를 위한 것이므로 주로 서수, 최상급, 수량 표현으로 정답을 파악한다.

화자들이 이야기 나누고 있는 장비를 묻는 문제로, 보기에서 언급되지 않은 제품의 생산량에 집중해서 담화를 듣는다. 여자의 대사 "the packaging cutting equipment ~ under 60 percent capacity last week"에서 포장재 커팅 장비의 생산력이 60퍼센트 미만으로 작동했음을 언급하자, 이어서 남자가 "We should stop the line right now(그 작업 라인을 지금 바로 중지해야 한다)"고 언급하고 있다. 즉, 그래프에서 생산량 수준이 60퍼센트 미만인 장비는 C이므로 정답은 (C)이다.

70 〈미래〉는 후반부에 위치한다. ▶ as soon as possible

STEP 1 〈미래 시간 키워드〉는 시간 부사와 함께 후반부에 나온다.

후반부에 위치하면서 문제의 핵심 키워드 as soon as possible 또는 비슷한 뜻의 시간 부사가 지문에서 제시된다면 그 문장이 정답이다. 후반부 남자 대사 "We should stop the line ~ as soon as possible"에서 가능한 한 빨리 기술자에게 장비 점검을 요청해야 함을 언급하였으므로 정답은 (D)이다. 대화의 구체적인 표현 ask a technician to inspect the equipment는 보기에서 포괄적인 표현 Contacting maintenance로 paraphrasing되었다.

STEP 2 함정 유형 및 오답 패턴

(A) Revising a schedule ▶ in time에서 연상할 수 있는 a schedule을 이용한 오답이다.
(B) Reviewing other reports
(C) Selling some products ▶ order에서 연상할 수 있는 products를 이용한 오답이다.
(D) Contacting maintenance ▶ 정답

어휘   be concerned about ~을 걱정하다   take a look at ~을 보다   operate 작동하다
capacity (공간, 기계의) 생산 능력   output 생산량   technician 기술자   inspect 점검하다   equipment 장비
properly 제대로   complete 완료하다   in time 시간에 맞춰, 늦지 않게

Questions 71-73 refer to the following excerpt from a meeting.

> **71** As mentioned, **the goal** of this training session is **to improve our**
> **72** **customer service** throughout **our chain of cafes**. Recently, we've
> received many customer complaints about the quality of customer
> service in some of our branches. So, I have invited Ms. Fuller here
> to lead a training session for the staff members from all of our
> branches. We'll hold another session for those who are not able to
> attend today. Everyone is required to receive this training without
> **73** exception. Now, **Ms. Fuller will start her talk**. Please give her a
> warm welcome.

73-A

73-C

71. What type of business do the listeners work for?
(A) A financial consulting company
(B) An office supplies store
(C) A cafe chain
(D) An educational institution

청자들 / 직업 / 상
ㄴ. 첫 두 줄의 our / your / this
/ here에 집중하자.

72. According to the speaker, what is the training session about?
(A) A software system
(B) A return policy
(C) New equipment
(D) Customer service

주제 / training session
ㄴ. 첫 두 줄에 집중해 듣자.

73. What will the listeners most likely do next?
(A) Review customer ~~records~~
(B) Listen to a speaker
(C) Meet ~~new coworkers~~
(D) Sample some drinks

청자들 / 미래 / 하
ㄴ. 하단부의 미래 표현에
집중하자.

말씀드렸듯이, 이 연수회의 목표는 모든 카페 체인점의 고객
서비스를 개선시키기 위함입니다. 최근에, 저희는 일부 지점
의 고객 서비스 품질과 관련하여 고객들로부터 많은 불만사
항을 접수했습니다. 그래서 저는 모든 지점 직원들이 참여하
는 연수회 진행을 위해 Fuller 씨를 초대하였습니다. 오늘 참
석할 수 없는 직원들을 위해 또 다른 교육을 진행할 예정입
니다. 모든 직원들은 예외 없이 이 교육을 받으셔야 합니다.
이제, Fuller 씨가 강연을 시작할 겁니다. Fuller 씨를 반갑
게 맞이해 주십시오.

71. 청자들은 어떤 업종에서 근무하고 있는가?
(A) 금융 컨설팅 회사
(B) 사무용품 판매점
(C) 카페 체인점
(D) 교육기관

72. 화자에 따르면, 연수회는 무엇에 관한 것인가?
(A) 소프트웨어 시스템
(B) 환불 정책
(C) 신규 장비
(D) 고객 서비스

73. 청자들은 다음에 무엇을 할 것 같은가?
(A) 고객 관련 기록 검토하기
(B) 연설자의 이야기 듣기
(C) 신입 동료와 만나기
(D) 음료 시음하기

71 직업과 장소는 전반부에서 힌트가 나온다.

STEP 1 첫 두 줄에서 **our/your/this/here** 표현과 함께 들리는 장소/직업 명사가 정답이 된다.

청자가 근무하고 있는 직종을 묻는 문제이다. 지문 전반부의 "the goal of this training session is to improve our customer service throughout our chain of cafes"에서 오늘 진행하는 연수회의 목적은 전국에 위치한 카페 체인점의 고객 서비스를 개선시키기 위함임을 언급하였다. 즉, 화자를 비롯하여 청자들은 카페 체인점에서 근무하고 있는 것으로 정답은 (C) A cafe chain이다.

72 Meeting의 주제/목적은 Before we start, I'd like to start 다음에 나온다.

STEP 1 주제/목적을 묻는 문제는 첫 두 줄에 집중해야 한다.

연수회의 주제를 묻는 것으로, 지문 초반부의 the goal of this training session 뒤에 정답이 언급된다. 담화의 "the goal of this training session is to improve our customer service throughout our chain of cafes"에서 전국 카페 체인점의 고객 서비스를 개선시키려는 연수회의 목표를 직접적으로 언급하였으므로 정답은 (D) Customer service이다.

– 회의 지문은 Thanks for coming/Before we begin의 표현으로 주로 시작하며, 그 다음에 회의를 주최하는 이유나 목적을 언급한다. 이때, I'd like to ~ 이외에 〈명령문〉 혹은 〈과거시제를 통한 문제 제기 이유〉 등의 주제를 나타내는 전형적인 표현이 언급된다.

73 Let's, next, from now 등의 표현은 마지막 줄에 들리며 미래 일정을 설명한다.

STEP 1 미래 정보를 묻는 **Next** 문제는 마지막 대사의 미래 표현을 잡아야 한다.

청자들의 미래를 묻는 문제로, 담화 후반부의 "Now, Ms. Fuller will start her talk. Please give her a warm welcome."에서 Fuller 씨가 강연을 시작할 예정이니, 따뜻하게 맞이해 달라고 요청하고 있다. 즉, 청자들은 Fuller 씨가 진행하는 강연을 들을 것으로, 정답은 (B)이다. 지문의 구체적인 어휘 Ms. Fuller는 보기의 포괄적인 어휘 a speaker로 paraphrasing되었다.

– 회의 말미에 화자가 청자에게 요청하는 내용이 많이 등장한다. now(이제), so(그래서), please 등 화제를 전환하기 위한 표현이 들리면 집중해야 한다.

STEP 2 함정 유형 및 오답 패턴

(A) Review customer ~~records~~ ▶고객 관련 기록이 아닌, 고객들의 불만사항을 과거에 검토한 뒤, 이를 해결하고자 연수회가 진행되고 있는 것으로 오답이다.
(B) Listen to a speaker ▶정답
(C) Meet ~~new coworkers~~ ▶Ms. Fuller를 new coworkers로 연상한 오답이다.
(D) Sample some drinks

어휘   mention 언급하다   goal 목표   training session 연수회   improve 개선시키다   customer service 고객 서비스   throughout ~ 도처에, ~ 구석구석까지   recently 최근에   complaint 불만사항   quality 품질   branch 지점   invite 초대하다   lead 진행하다   be required to do ~해야 한다   without exception 예외 없이

Questions 74-76 refer to the following telephone message.

---

74 Hello, this is Shannon Fleming calling **from Fox Banking Group.** I'm **calling about the résumé you submitted.** It looks excellent, so we'd like to have an interview with you to talk about **the position** in more detail. However, prior to the interview, we'd like to make sure you know that, as **financial consultant, you would be** required to **75 travel frequently** to attend various meetings with clients. This will involve attending international business events several times a year. **76** If this is something you're fine with, **please contact me** at 332-2245 **to** schedule an interview. Thank you.

`75-A`
`75-D`
`76-C`
`76-A`

---

74. What kind of business has the listener sent a résumé to?
(A) A medical center
(B) A car manufacturer
(C) A financial institution
(D) A shipping firm

청자 / 이력서 발송 기업 / 상
ㄴ. 첫 두 줄 인사 표현에 집중해 듣는다.

75. What is mentioned about the position?
(A) It is ~~temporary~~.
(B) It includes frequent traveling.
(C) It needs to be filled as soon as possible.
(D) It requires ~~extensive experience~~.

키워드 the position
ㄴ. the position이 언급하는 구체적인 명사를 파악해야 한다.

76. Why does the listener need to call Ms. Fleming?
(A) To ~~accept a job offer~~
(B) To update information
(C) To get a ~~contract~~
(D) To set up an interview

이유 / 청자 / call Ms. Fleming / 하
ㄴ. 권유 / 제안 표현에 집중하여 듣자.

안녕하세요. 저는 Fox Banking Group의 Shannon Fleming입니다. 귀하가 제출하신 이력서 때문에 연락드렸습니다. 이력서가 매우 돋보여서, 직책에 관해 더 자세하게 이야기를 나누고자 인터뷰를 진행하고 싶습니다. 하지만, 인터뷰를 진행하기 전에, 금융 컨설턴트로 고객과의 다양한 회의에 참석하기 위해 출장을 자주 가셔야 한다는 점을 아시는지 확인하고 싶습니다. 해당 직책에는 일 년에 여러 차례 국제 비즈니스 행사에 참석하는 업무도 포함되어 있습니다. 이런 것에 괜찮으시다면, 332-2245로 저에게 연락 주셔서 인터뷰 일정을 잡으시기 바랍니다. 감사합니다.

74. 청자는 어떤 업종에 이력서를 보냈는가?
(A) 의료 센터
(B) 자동차 제조업체
(C) 금융 기관
(D) 택배 회사

75. 그 직책에 관하여 언급된 건 무엇인가?
(A) 임시직이다.
(B) 잦은 출장이 포함된다.
(C) 가능한 한 빨리 사람을 충원해야 한다.
(D) 폭넓은 경험을 필요로 한다.

76. 청자는 왜 Fleming 씨에게 전화해야 하는가?
(A) 일자리 제안을 수락하기 위해서
(B) 정보를 업데이트하기 위해서
(C) 계약을 체결하기 위해서
(D) 면접 약속을 잡기 위해서

74 전화 메시지는 화자와 청자를 구별하는 특별한 표현이 있다.

STEP 1 **This is + 화자, You've reached + 화자, Thank you for calling + 화자 / This is for + 청자**

청자가 지원한 업종이 무엇인지 묻는 것으로, 첫 두 줄의 인사 표현에 집중한다. 전반부의 "this is Shannon Fleming calling from Fox Banking Group. I'm calling about the résumé you submitted"에서 화자는 Fox Banking Group에서 근무하고 있는 Shannon Fleming으로, 청자가 제출한 이력서 때문에 연락했음을 언급하였다. 즉, 청자는 금융 관련 기업에 지원한 것으로 정답은 (C)이다.

– 전화 메시지를 들을 때는 초반부에 This message is for 수신자(이 메시지는 ~에게 남기는 것입니다), This is 발신자 from 회사(저는 어디에서 근무하고 있는 누구입니다), I'm calling about (~ 때문에 전화 드렸습니다), You've reached ~ (~에 연결됐습니다) 등의 표현이 자주 언급된다.

75 키워드 문제는 키워드 기준 앞뒤 문장에 정답이 나온다. ▶ the position

STEP 1 **최근에는 키워드 뒤가 아니라 그 다음 대사에서 대명사(It/He/She/They 등)로 받아 정답이 나오는 경우가 있다.**

문제의 키워드는 the position으로 지문에서 구체적인 직책 financial consultant임을 파악한 뒤 문제를 풀어야 한다. 담화의 "However, prior to the interview, ~ various meetings with clients"에서 금융 컨설턴트의 업무에 고객과의 다양한 회의로 자주 출장을 가야 함을 언급하였으므로 정답은 (B)이다.

– But, However, Actually 등의 역접이나 반전을 의미하는 접속사나 부사 뒤에 정답을 동반하는 경우가 많다.

STEP 2 **함정 유형 및 오답 패턴**

(A) It is ~~temporary.~~ ▶지문의 position에서 temporary(임시직의)를 연상한 오답이다.
(B) It includes frequent traveling. ▶정답
(C) It needs to be filled as soon as possible.
(D) It requires ~~extensive experience.~~ ▶지문의 required은 언급되었지만, extensive experience는 지원 자격을 나타내므로 오답이다.

76 Why 관련 질문은 대화에서 그대로 반복된 후 원인에 대한 정답이 나온다.

STEP 1 **Why 뒤의 키워드가 지문에서 들려야 그 뒤에 정답이 나온다.**

문제의 키워드는 call Ms. Fleming으로, Fleming 씨에게 전화해야 하는 이유를 묻는 문제이다. 담화 후반부의 "If this is something you're fine with, please contact me at 332-2245 to schedule an interview."에서 Fleming 씨가 언급한 업무가 괜찮으면, 면접 일정을 잡게 연락을 달라고 요청하고 있다. 따라서 정답은 (D)이다.

– 전화 메시지는 주로 화자가 청자에게 부탁이나 요청, 당부하는 내용으로 마무리가 되며, 의문점이 있으면 언제든지 전화해 달라거나, 변경 사항을 확인해 달라는 내용이 많이 언급된다. 따라서 제안, 요청 문제나 앞으로의 일을 묻는 문제의 단서가 제시된다.

STEP 2 **함정 유형 및 오답 패턴**

(A) To ~~accept a job offer~~ ▶아직 채용 여부는 결정되지 않았으므로 오답이다.
(B) To update information
(C) To get a ~~contract~~ ▶contact와 유사 발음인 contract는 오답이다.
(D) To set up an interview ▶정답

어휘　résumé 이력서　submit 제출하다　in detail 상세하게　prior to ~에 앞서, ~ 전에
make sure 확실하게 하다　financial consultant 금융 컨설턴트　frequently 자주, 흔히　attend 참석하다
various 다양한　involve 포함하다　international 국제적인　contact 연락하다　schedule 일정을 잡다

Questions 77-79 refer to the following excerpt from a meeting.

> **[77]** OK, that's it for **today's marketing campaign meeting**. Actually, I need to talk more about the new washing machine model, but we will schedule another meeting on Monday. So, before then, please **[78]** familiarize yourself with **the specifications of the new model**. You can find **them** **on our Web site**. And I'd like you all to be ready **[79]** **to talk about your marketing plan ideas** for the products at the meeting.

> **77-C**
> **79-A**
> **79-D**

77. What field do the listeners most likely specialize in?
(A) Data handling
(B) Marketing
(C) Product ~~development~~
(D) Manufacturing

청자 / 전문 분야 / 상
ㄴ, 첫 두 줄에 집중한다.

78. According to the speaker, what can be found on the Web site?
(A) A list of current clients
(B) Financial statements
(C) A directory of local businesses
(D) The specifications of a new product

키워드 on the Web site
ㄴ, 키워드 앞뒤에 집중해 듣는다.

79. What will the listeners most likely do before the next meeting?
(A) Change their ~~schedule~~
(B) Draft a contract
(C) Prepare their ideas
(D) Review ~~customer comments~~

청자 / 미래 / 하
ㄴ, 권유/제안 표현에 집중한다.

네, 그러면 오늘 마케팅 캠페인 회의를 마무리하겠습니다. 사실, 신규 세탁기 모델에 대해서 더 많은 이야기를 나눠야 하지만, 월요일로 다른 회의 일정을 잡겠습니다. 그러니 그 전까지, 신 모델 설명서에 익숙해지십시오. 설명서는 웹사이트에서 찾아보실 수 있습니다. 회의에서 여러분 모두 제품에 관한 마케팅 계획 아이디어를 이야기할 수 있게 준비해 주셨으면 합니다.

77. 청자들의 전문 분야는 무엇일 것 같은가?
(A) 데이터 처리
(B) 마케팅
(C) 제품 개발
(D) 제조

78. 화자에 따르면, 웹사이트에서 무엇을 찾을 수 있는가?
(A) 현재 고객 명단
(B) 재무제표
(C) 현지 기업체들의 안내책자
(D) 신규 제품의 설명서

79. 다음 회의 전에, 청자들은 뭘 할 것 같은가?
(A) 일정 변경
(B) 계약서 초안 작성
(C) 아이디어 준비
(D) 고객 후기 검토

77 문제와 답의 순서는 일치한다.

STEP 1 첫 번째 문제의 답은 주로 담화의 전반부에 위치한다.

청자들의 전문 분야를 묻는 문제로, 지문 전반부에서 정답을 찾는다. 지문 전반부의 "that's it for today's marketing campaign meeting"에서 화자는 오늘 마케팅 캠페인 회의를 마무리하겠다고 언급했다. 즉, 화자를 비롯한 청자는 마케팅 캠페인 회의에 참여한 것으로, 마케팅 업종에서 근무하고 있음을 파악할 수 있다. 따라서 정답은 (B)이다.

STEP 2 함정 유형 및 오답 패턴

(A) Data handling
(B) Marketing ▸정답
(C) Product ~~development~~ ▸washing machine을 product로 연상했지만, development는 언급되지 않았으므로 오답이다.
(D) Manufacturing

78 키워드 문제는 키워드 기준 앞뒤 문장에 정답이 나온다. ▸ on the Web site

STEP 1 특정 키워드 문제는 담화 중의 해당 키워드 앞뒤에서 답이 들린다.

웹사이트에서 찾아볼 수 있는 것이 무엇인지 묻는 문제로, 문제의 키워드 on the Web site에 집중해 담화를 들어야 한다. 담화의 "You can find them on our Web site."에서 웹사이트에서 them을 확인할 수 있음을 언급하였지만, 구체적인 대상을 파악할 수 없으므로 앞 문장에서 대명사 them이 가리키는 것을 찾아야 한다. 앞 문장 "So, before then, please familiarize yourself with the specifications of the new model."에서 화자는 청자들에게 다음 회의 전에, 신규 제품 설명서에 익숙해지기를 바라고 있다. 즉, 대명사 them은 specifications of the new model로, 웹사이트에서 신규 제품의 설명서를 찾을 수 있다. 따라서 정답은 (D)이다.

79 요청/제안 문제는 하단에 위치한다.

STEP 1 I'd like you ~, Please ~, If you ~, should/must/had better 등이 자주 나온다.

청자들이 다음 회의 전까지 해야 할 미래 일정을 묻는 문제로, 지문 후반부에 정답이 있다. 후반부의 "So, before then, please familiarize yourself with the specifications of the new model."과 "And I'd like you all to be ready to talk about your marketing plan ideas for the products at the meeting."에서 화자는 월요일에 진행될 다음 회의 전까지 신제품 사용 설명서에 익숙해지는 것과, 신제품 관련 마케팅 계획 아이디어 준비를 요청하고 있다. 따라서 정답은 (C)이다.

– 회의의 마지막 질문으로는 주로 '다음 회의 때 무엇을 할 것인가, 다음 주에 어떤 일이 일어날 것인가'와 같은 미래의 일을 묻기 때문에 further, next week, next meeting과 함께 미래 표현에서 정답의 근거를 찾아야 한다.

STEP 2 함정 유형 및 오답 패턴

(A) Change their ~~schedule~~ ▸지문 전반부의 schedule를 반복 사용한 오답이다.
(B) Draft a contract
(C) Prepare their ideas ▸정답
(D) Review ~~customer comments~~ ▸신제품 설명서 검토를 요청했으므로 오답이다.

어휘 washing machine 세탁기 schedule 일정을 잡다 familiarize with ~에 정통하다, 익숙하게 하다 specification 설명서, 사양 be ready to do ~할 준비가 되다

Questions 80-82 refer to the following telephone message.

Good afternoon, Griffin. This is Omar, and I'm returning your phone [80] call regarding **the workshop I'm scheduled to hold** at your firm. You asked me whether any special materials or equipment should be prepared for the seminar. My assistant and I will take care of all [81] the materials. But **we will need a projector and screen to use** during the event. And, as for **your suggestion to pick us up from** [82] **the train station, I have already reserved a** rental car. So, don't **worry about my transportation.** Thank you. See you next week.

[80-D] [81-D]

[81-A] [82-C]

80. What is the speaker planning to do?
(A) Go on holiday
(B) Treat some clients
(C) Hold a training session
(D) Prepare a job interview

화자 / 미래 / 상
ㄴ, 첫 두 줄의 미래 표현에 집중하여 듣는다.

81. What is the listener asked to prepare for the speaker?
(A) A rental car
(B) Access to the Internet
(C) Presentation equipment
(D) A copy of some documents

청자 / 준비
ㄴ, 역접 접속사에 집중한다.

82. Why does the speaker say, "I have already reserved a rental car"?
(A) To turn down an offer
(B) To cancel a scheduled event
(C) To change a reservation
(D) To complain about some requests

화자 의도 파악 / 하
ㄴ, 해당 위치 앞뒤 문맥을 파악하여 정답을 찾는다.

안녕하세요, Griffin 씨. Omar입니다. 귀사에서 진행 예정인 워크숍 관련한 전화 받고 연락드렸습니다. 세미나 때 특별 자료나 장비가 준비되어야 하는지 문의하셨네요. 제 조수와 제가 모든 자료를 책임질 겁니다. 하지만, 행사에서 사용할 프로젝터와 스크린이 필요하겠어요. 또, 기차역에 저희를 데리러 오시겠다는 귀하의 제안에 대해서는요, 제가 이미 렌트카를 예약해 놓았습니다. 그러니 제 교통편은 걱정하지 않으셔도 됩니다. 감사합니다. 다음 주에 뵙겠습니다.

80. 화자는 무엇을 하려고 계획하고 있는가?
(A) 휴가 가기
(B) 고객 접대하기
(C) 연수회 진행하기
(D) 입사 면접 준비하기

81. 청자는 화자를 위해 무엇을 준비해 달라고 요청받는가?
(A) 렌터카
(B) 인터넷 접속 권한
(C) 발표 장비
(D) 서류 사본

82. 화자는 왜 "I have already reserved a rental car(제가 이미 렌트카를 예약해 놓았습니다)"라고 말하는가?
(A) 제안을 거절하기 위해서
(B) 예정된 행사를 취소하기 위해서
(C) 예약을 변경하기 위해서
(D) 일부 요청에 항의하기 위해서

80 답은 담화 중에 힌트가 언급되는 순서대로 배치되고, 위치는 불변이다.

STEP 1 답은 순서대로 배치되므로 문제 위치에 따라 해당 보기에 집중해 듣는다.

화자의 미래 계획을 묻는 문제로, 지문 전반부의 미래 표현에 집중하자. 담화의 "This is Omar, and I'm returning your phone call regarding the workshop I'm scheduled to hold at your firm."에서 화자 Omar는 청자 Griffin 씨 회사에서 워크숍을 진행할 예정임을 언급하였다. 즉, 화자의 미래 일정은 워크숍 진행으로 정답은 (C)이다. 지문의 workshop은 보기의 training session으로 paraphrasing되었다.

STEP 2 함정 유형 및 오답 패턴

(A) Go on holiday
(B) Treat some clients
(C) Hold a training session ▸정답
(D) Prepare a~~job interview~~ ▸세미나에서 쓸 자료를 준비해야 하므로 오답이다.

81 But, However 뒤에 정답이 있다.

STEP 1 But이나 However, Actually 등의 역접이나 반전을 의미하는 접속사나 부사 등이 나오면 그 뒤에 정답을 동반하는 경우가 많다.

청자가 준비해야 하는 것이 무언지 묻는 문제로, 담화 중반부의 "But we will need a projector and screen to use during the event."에서 화자는 행사에서 사용할 프로젝터와 스크린이 필요하다고 언급하였다. 즉, 화자는 간접적으로 해당 기기의 준비를 부탁하고 있으므로 정답은 (C)이다. 지문의 a projector and screen은 보기의 presentation equipment로 paraphrasing되었다.

– 전화 메시지는 화자가 청자에게 무언가를 요청하려고 발신하는 것이 일반적이지만, 청자가 제기한 문제나 요구에 대한 답변을 위해 하는 경우도 있다. 이때 주로 I've received message about ~의 표현이 언급된다.

STEP 2 함정 유형 및 오답 패턴

(A) A rental car ▸지문 후반부에서 화자는 이미 차량을 예약했으므로 오답이다.
(B) Access to the Internet
(C) Presentation equipment ▸정답
(D) A copy of some documents ▸지문 초반부에서 화자와 조수가 모든 자료를 준비할 것임을 언급하였으므로 오답이다.

82 " "의 화자의 의도 파악 문제에서 같은 뜻의 보기는 제거한다.

STEP*1 주어진 문장과 동일한 단어 혹은 같은 의미의 보기는 답이 될 확률이 적다.

앞 문장인 "And, as for your suggestion to pick us up from the train station"에서 청자는 화자를 태우러 기차역에 가겠다고 제안했음을 알 수 있다. 하지만 기준 문장인 "I have already reserved a rental car"와 다음 문장인 "So don't worry about my transportation."에서 화자는 차량을 대여했으므로 걱정하지 말라고 언급하였다. 즉, 화자는 간접적으로 청자의 제안을 거절하므로 정답은 (A)이다.

STEP 2 함정 유형 및 오답 패턴

(A) To turn down an offer ▸정답
(B) To cancel a ~~scheduled~~ event ▸기준 문장의 reserved - scheduled
(C) To change a ~~reservation~~ ▸기준 문장의 reserved a rental car - a reservation
(D) To complain about some ~~requests~~

어휘 **return a call** 답례 전화를 하다 **regarding** ~에 관하여 **be scheduled to do** ~할 예정이다
firm 회사, 기업 **material** 자료 **equipment** 도구, 장비 **assistant** 조수
take care of ~에 대해 책임지다, 처리하다 **as for** ~에 관해 말하자면 **suggestion** 제안
pick up ~를 태우러 가다 **reserve** 예약하다

Questions 83-85 refer to the following announcement.

Hi, everyone. As mentioned, **Holton Construction** is going to
[83] merge with Kurt Building Supplies this quarter. To combine
the two forces, some restructuring of the organization is already
underway. As a result, **Julian Hicks** will be assigned as the new
head of our construction machinery department. We're very pleased
that he has agreed to assume this responsibility as **he's an expert
[84] in construction engineering.** We're all sure that his extensive
experience will be an invaluable asset to our company. **Currently,**
[85] he's visiting one of **our plants in Brighten,** but we can meet him in
person next week.

`83-D`

83. According to the speaker, what will take place this quarter?
(A) An employee training session
(B) A financial audit
(C) An industrial merger
(D) A construction project

키워드 this quarter / 상
└, 지문의 전반부에서 정답을
파악하자.

84. What field does Julian Hicks specialize in?
(A) Textile chemistry
(B) Computer graphics
(C) Business accounting
(D) Construction engineering

키워드 Julian Hicks / 전문 분야
└, Julian Hicks 씨는 담화에서
He로 언급된다.

85. What is Julian Hicks currently doing?
(A) Designing a hiring process
(B) Touring a plant
(C) Conducting a survey
(D) Drafting a budget report

Julian Hicks / 키워드
currently / 하
└, 키워드 currently 앞뒤에
집중하여 듣는다.

안녕하세요, 여러분. 언급했던 것처럼, Holton Construction
은 이번 분기에 Kurt Building Supplies와 합병할 예정입니
다. 두 기업의 영향력을 합치고자, 일부 기업 구조조정이 이미
진행 중입니다. 그 결과, Julian Hicks 씨가 저희 건설 장비 부
서의 새로운 책임자로 배정될 예정입니다. Hicks 씨는 건축공
학 전문가이기 때문에, 그가 이 업무를 맡기로 동의해 주셔서
저희는 매우 기쁩니다. 그 분의 폭넓은 경험이 우리 기업에 귀
중한 자산이 될 것이라 저희 모두 확신합니다. 현재 Hicks 씨
는 Brighten에 위치한 공장 중 한 곳을 방문 중인데요, 다음
주에 직접 그 분을 만날 수 있게 될 겁니다

83. 화자에 따르면, 이번 분기에 무엇이 일어날 것인가?
(A) 직원 연수회
(B) 재무 감사
(C) 기업 합병
(D) 건설 프로젝트

84. Julian Hicks 씨의 전문 분야는 무엇인가?
(A) 섬유 화학
(B) 컴퓨터 그래픽
(C) 기업 회계
(D) 건축공학

85. Julian Hicks 씨는 현재 뭘 하고 있는가?
(A) 채용 과정 설계
(B) 공장 견학
(C) 설문조사 실시
(D) 예산 보고서 초안 작성

83 정답은 담화 중 힌트가 언급되는 순서대로 배치되고, 위치는 불변이다.

STEP 1 정답은 순서대로 배치되기 때문에 문제의 위치에 따라 해당 보기를 집중하여 듣는다.

이번 분기에 진행될 것을 묻는 첫 번째 문제로, 지문 상단부에서 정답을 파악해야 한다. 지문 전반부의 "As mentioned, Holton Construction is going to merge with Kurt Building Supplies this quarter."에서 Holton Construction은 이번 분기에 Kurt Building Supplies와 합병할 계획임을 언급하였으므로 정답은 (C)이다. 지문의 구체적인 어휘 merge with Kurt Building Supplies는 보기의 포괄적인 어휘 an industrial merger로 paraphrasing 되었다.

– 회사의 합병과 같은 변화를 알리는 경우, 업계 내 회사의 입지 변화 혹은 직원들의 복지 향상과 같은 긍정적인 효과를 언급하게 된다.

STEP 2 함정 유형 및 오답 패턴

(A) An employee training session
(B) A financial audit
(C) An industrial merger ▸ 정답
(D) A construction project ▸ construction은 기업명에서 언급된 것으로 이번 분기에 진행 예정인 일과는 관련이 없다.

84 키워드 문제는 키워드 기준 앞뒤 문장에 정답이 나온다. ▶ Julian Hicks

STEP 1 최근에는 키워드 뒤에 답이 나오는 것이 아니라 그 다음 대사에서 대명사(It/He/She/They 등)로 받아 정답이 나오는 경우가 있다.

문제의 키워드는 Julian Hicks로, 지문에서 대명사 He로 언급된다. Julian Hicks 씨의 전문 분야를 묻는 문제로, 담화의 "Julian Hicks will be assigned ~ machinery department"와 "he's an expert in construction engineering"에서 건축공학 전문가인 Julian Hicks 씨가 합병이 진행되면서 새롭게 건설 장비 부서의 책임자로 임명되었음을 언급하였으므로 정답은 (D)이다.

– 제 3자를 언급하는 경우, 최근에 한 일이나 업적 혹은 현재 상태를 설명한다. 따라서 제 3자의 특징에 대해 묻는 경우, 그 사람의 이름이 언급된 곳 뒤에 바로 정답이 나온다. 따라서 문제에 언급된 이름이 들릴 때까지 기다렸다가 보기와 일치하는 단어가 들리면 바로 정답으로 선택해야 한다.

85 키워드 문제는 키워드 기준 앞뒤 문장에 정답이 나온다. ▶ currently

STEP 1 특정 키워드 문제는 반드시 담화 중의 해당 키워드 앞뒤에서 답이 들린다.

문제의 키워드는 currently로, Julian Hicks 씨가 현재 하고 있는 일이 무엇인지 묻는 문제이다. Julian Hicks 씨는 대명사 He로 언급되며 키워드 currently 주변에서 정답을 찾는다. 담화 후반부의 "Currently, he's visiting one of our plants in Brighten"에서 Julian Hicks 씨가 현재 Brighten에 위치한 공장을 방문하고 있음을 언급하였으므로 정답은 (B)이다. 지문의 구체적인 어휘 visiting one of our plants in Brighten은 보기의 포괄적인 어휘 Touring a plant로 paraphrasing되었다.

어휘 mention 언급하다 merge 합병하다, 병합하다 quarter 분기 combine 결합하다 force 힘, 영향력 restructuring 구조조정 organization 기관 underway 진행 중인 assign 배정하다 head 책임자 construction machinery 건설 장비 department 부서 assume 맡다 responsibility 책임(맡은 일) expert 전문가 construction engineering 건축공학 extensive 광범위한, 폭넓은 invaluable 매우 유용한, 귀중한 asset 자산 currently 현재 plant 공장 in person 직접

Questions 86-88 refer to the following telephone message.

Hello, this message is for Paula Jenkins. This is Jodi Kline, and I'm
86 one of the organizers of the **leading trade fair**. We have received
the registration form you sent us to reserve a booth at the event.
87 But, it looks like **you did not submit the registration fee with
the form.** The fee is £450, and it is required for reserving a booth
for your firm. The payment should be submitted no later than this
Friday. We hope to see you at the fair. **It is expected to be very
88 well attended. Hundreds of companies have already signed up**
and many more are expected to register. Feel free to call me back
should you have any questions. Thank you.

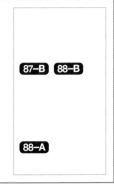

86. What type of event is scheduled to be held?
(A) A trade fair
(B) A product release
(C) A sports tournament
(D) A charity auction

행사 종류 / 상
ㄴ. 첫 두 줄을 집중해 듣는다.

87. What is the purpose of the speaker's call?
(A) To discuss a new system
(B) To ~~confirm~~ a registration detail
(C) To report a schedule change
(D) To ask for a missing payment

전화 목적
ㄴ. 역접 접속사에 집중해서 듣자.

88. What is suggested about the event?
(A) Parking is free to attendees.
(B) The registration fee ~~has been discounted~~.
(C) It is very popular.
(D) It is held every year.

키워드 the event / 하
ㄴ. the event는 담화에서
대명사 It으로 언급된다.

안녕하세요, Paula Jenkins 씨께 드리는 메시지입니다. 저
는 Jodi Kline이며, 선두적인 무역 박람회 주최자 중 한 사
람입니다. 행사 부스 예약을 위해 귀하께서 보내주신 신청서
를 받았습니다. 하지만, 서류와 함께 등록비를 납부하지 않으
신 것 같습니다. 요금은 450파운드이며, 기업 부스 예약에
반드시 필요합니다. 해당 금액은 늦어도 이번 주 금요일까지
납부하셔야 합니다. 박람회에서 만나 뵙기를 바랍니다. 박람
회에 많은 사람들이 참석할 거라 예상됩니다. 수백 개의 기
업이 이미 신청했으며, 더 많은 기업이 신청할 것이라 예상
합니다. 궁금하신 점 있으시면, 언제든지 연락 주십시오. 감
사합니다.

86. 어떤 종류의 행사가 열릴 예정인가?
(A) 무역 박람회
(B) 제품 출시
(C) 스포츠 토너먼트
(D) 자선 경매

87. 화자가 전화를 건 목적은 무엇인가?
(A) 새로운 시스템을 논의하기 위해서
(B) 등록 세부사항을 확인하기 위해서
(C) 일정 변경을 알리기 위해서
(D) 누락된 지불 금액을 청구하기 위해서

88. 행사에 대해서 언급된 것은 무엇인가?
(A) 참석자에게 주차가 무료이다.
(B) 등록비는 할인 중이다.
(C) 매우 인기가 있다
(D) 매년 개최된다.

86 첫 두 줄 안에 주제/목적이 나온다

STEP 1   **Hi, Hello, Good morning**의 간단한 인사말 뒤에 주제/목적이 제시된다..

개최 예정인 행사 즉, 행사의 주제가 무엇인지 묻는 문제로, 지문의 상단부에서 정답을 파악하자. 담화의 "This is Jodi Kline, and I'm one of the organizers of the leading trade fair."에서 화자인 Jodi Jenkins는 선두적인 무역 박람회 주최자 중 한 명임을 언급하였다. 즉, 곧 진행될 행사는 무역 박람회로 정답은 (A)이다.

87 But, However 뒤에 정답이 있다.

STEP 1   **But, However, Actually** 등의 접속사나 부사 뒤에 정답을 동반하는 경우가 많다.

화자가 전화를 건 목적을 묻는 문제로, 지문 전반부의 "We have received the registration form you sent us to reserve a booth at the event. But, it looks like you did not submit the registration fee with the form."에서 청자인 Paula Jenkins 씨는 행사 부스를 예약하고자 신청서를 보냈지만, 등록비는 납부하지 않았음을 언급하였다. 즉, 화자는 누락된 비용 납부를 요청하고 있으므로 정답은 (D)이다. 지문의 registration fee는 보기의 missing payment로 paraphrasing되었다.

– 지문의 첫 두 줄에서 과거 정보를 언급할 경우, 문제점이나 불만사항을 말하거나 추가적인 요청을 위한 포석이 그 내용이 된다.

STEP 2   함정 유형 및 오답 패턴

(A) To discuss a new system
(B) To ~~confirm~~ a registration detail ▸등록 세부사항 확인이 아닌, 등록비 납부를 요청하고 있으므로 오답이다.
(C) To report a schedule change
(D) To ask for a missing payment ▸정답

88 키워드 문제는 키워드 기준 앞뒤 문장에 정답이 나온다. ▸ the event

STEP 1   최근에는 키워드 뒤가 아니라 그 다음 대사에서 대명사(**It/He/She/They** 등)로 받아 정답이 나오는 경우가 있다.

문제의 키워드는 the event이지만, 담화에서는 대명사 it으로 언급된다. 지문 후반부의 "It is expected to be very well attended. Hundreds of companies have already signed up"에서 해당 무역 박람회에 많은 사람들이 참석할 것으로 예상하며, 이미 많은 기업들이 신청했음을 언급하였다. 즉, 해당 박람회는 인기가 많은 것으로 정답은 (C)이다.

STEP 2   함정 유형 및 오답 패턴

(A) Parking is free to attendees. ▸지문의 free는 '자유로운' 상태를 나타내지만, 보기의 free는 '무료의' 의미로 사용되었다.
(B) The registration fee ~~has been discounted~~. ▸지문 전반부에서 미납한 등록비를 지불해 달라고 요청하고 있으므로 오답이다.
(C) It is very popular. ▸정답
(D) It is held every year.

어휘   organizer 조직자, 주최 측   trade fair 무역 박람회   registration form 신청서   reserve 예약하다
submit 제출하다   registration fee 등록비   require 필요하다, 요구하다   firm 기업   payment 지불(금), 납입
no later than 늦어도 ~까지는   expect 기대하다, 예상하다   well attended 많은 사람들이 참석한
sign up 참가하다, 등록하다   feel free to do 마음대로 ~하다

335

Questions 89-91 refer to the following talk.

---

[89] During last month's safety inspection of **our construction sites**, one of them was cited for several violations. This is unacceptable. **Safety** is taken very **seriously here at Peggy Buildings**, which [90] **is the reason this meeting is being held** today. Let's get started by going through our safety procedures. You can keep the folders provided when you entered the room. They contain detailed instructions on all the safety practices. For your convenience, we have divided them into categories. **However, some** of the sections [91] **are not in order. We didn't have enough time to arrange the materials properly.**

90-A 90-B
90-D

91-C

---

89. What field does the speaker most likely work in?
(A) Car manufacturing
(B) Construction
(C) Finance
(D) Publishing

화자 / 직업 / 상
ㄴ. 첫 두 줄의 our / your / this / here 표현에 집중하자.

90. Why is the meeting being held?
(A) To discuss the results of a survey
(B) To learn about current market trends
(C) To talk about safety policies
(D) To share security issues

이유 / 회의 진행
ㄴ. 문제 키워드 meeting being held에 집중해 듣는다.

91. Why does the speaker say, "We didn't have enough time to arrange the materials properly"?
(A) To acknowledge a worker
(B) To make an excuse
(C) To express concern
(D) To extend a deadline

화자 의도 파악 / 하
ㄴ. 해당 위치 앞뒤 문맥을 파악하여 정답을 찾는다.

지난달 저희 공사 현장에서 안전 검사가 진행되는 동안, 여러 장소 중 한 곳이 몇 가지 위반을 하고 있다고 언급되었습니다. 이것은 용인될 수 없는 일입니다. 안전은 이곳 Peggy Buildings에서 매우 중요하게 여기는 것이며, 이것 때문에 오늘 이 회의가 열리고 있는 것입니다. 자사의 안전 절차를 하나하나 살펴보면서 시작해 봅시다. 이 방에 들어오실 때 받은 파일을 가지고 계십시오. 그 파일에 모든 안전 실무와 관련된 상세한 설명이 들어 있습니다. 여러분들의 편의를 위해, 저희는 그것들을 여러 항목으로 나눴습니다. 하지만, 일부 항목은 제대로 되어 있지 않습니다. 자료들을 제대로 정리할 시간이 부족했습니다.

89. 화자는 어떤 분야에서 근무할 것 같은가?
(A) 자동차 제조   **(B) 건설**
(C) 금융   (D) 출판

90. 왜 회의가 열리고 있는가?
(A) 설문조사 결과를 논의하기 위해서
(B) 현재 시장 추세를 알아보기 위해서
(C) 안전 정책을 이야기하기 위해서
(D) 보안 문제를 공유하기 위해서

91. 화자는 왜 "We didn't have enough time to arrange the materials properly(자료들을 제대로 정리할 시간이 부족했습니다)"라고 말하는가?
(A) 근로자를 인정하기 위해서
(B) 변명하기 위해서
(C) 염려를 표현하기 위해서
(D) 마감일을 연장하기 위해서

89 직업과 장소는 전반부에서 힌트가 나온다.

STEP 1 첫 두 줄에서 our/your/this/here 표현과 들리는 장소/직업 명사가 정답이다.

화자가 일하는 곳을 묻는 문제로, 지문의 상단부에서 정답을 파악한다. 담화의 "During last month's safety inspection of our construction sites, one of them was cited for several violations."에서 지난달에 화자를 비롯한 청자들이 근무하고 있는 공사 현장에 안전 점검이 진행되었음을 언급하였으므로 정답은 (B)이다.

90 Why 관련 질문은 대화에서 그대로 반복된 후 원인에 대한 정답이 나온다.

STEP 1 Why 뒤의 키워드가 지문에서 들려야 그 뒤에 정답이 나온다.

현재 회의가 진행되고 있는 이유를 묻는 문제로, 담화 전반부에서 지난달에 실시한 안전 점검에서 위반 사항이 적발되었음을 언급하였다. 이어서 "Safety is taken very seriously here at Peggy Buildings, which is the reason this meeting is being held today."에서 Peggy Buildings는 안전을 중요하게 여기는 곳이며, 그것 때문에 오늘 회의를 열고 있다는 목적을 언급하였다. 즉, 화자가 회의를 주관하는 이유는 안전 관련 이야기를 하기 위함이므로 정답은 (C)이다.

STEP 2 함정 유형 및 오답 패턴

(A) To discuss the results of a survey ▶ 설문조사 결과가 아닌, 안전에 관한 이야기를 나눌 것이므로 오답이다.
(B) To learn about current market trends ▶ 현 시장 추세가 아닌, 문제 해결 방안에 대해 이야기를 나눌 것이므로 오답이다.
(C) To talk about safety policies ▶ 정답
(D) To share security issues ▶ 보안이 아닌, 안전 문제에 대해 이야기하고 있는 것으로 오답이다.

91 " "의 화자 의도 파악 문제는 포괄적으로 설명한 보기가 정답이다.

STEP 1 화자의 의도 파악 문제 표현은 주로 앞뒤 문맥을 연결하는 역할을 하므로, 주변 문맥을 파악해 포괄적인 정답을 찾아야 한다.

바로 앞 문장인 "For your convenience, we have divided them into categories. However, some of the sections are not in order."에서 화자는 청자들이 안전 실무와 관련된 설명을 편하게 확인할 수 있도록, 여러 항목으로 분류했다는 것과 역접 접속사 However로 일부 서류는 분류 작업이 제대로 안 되었음을 언급하였다. 바로 뒤 문장인 "we didn't have enough time to arrange the materials properly"에서 모든 자료를 정리하지 못한 구체적인 이유를 언급하고 있으므로 정답은 (B)이다.

STEP 2 함정 유형 및 오답 패턴

(A) To acknowledge a worker ▶ 직원이 아닌, 실수를 인정하는 것이므로 오답이다.
(B) To make an excuse ▶ 정답
(C) To express concern ▶ 염려가 아닌, 변명을 하는 것이므로 오답이다.
(D) To extend a deadline

어휘　safety inspection 안전 검사　construction site 공사 현장　cite ~을 언급하다, 인용하다
violation 위반, 위배　unacceptable 받아들일 수 없는　seriously 심각하게　go through ~을 살펴보다
safety procedure 안전 수칙(절차)　detailed 세부적인　instruction 설명, 지시　practice 실행, 실천
convenience 편의　in order 제대로 된　arrange 처리하다, 정리하다　properly 제대로, 적절하게

Questions 92-94 refer to the following instructions.

---

92 Welcome to **our landscape painting class** here at the Canons Public Library. I'm Harper, and I will lead today's class. First, let me tell you about the lockers along the hallway. **They** can be used to keep your painting supplies after class. Keep in mind that **we are not the only ones who use this room.** There are **other events** **93** scheduled to be held **from 3:30 P.M. to 6:30 P.M. in this room.** So, our **class will end** about **10 minutes early** for cleaning. Oh, and I should remind you that if **you haven't paid for the class,** please **94** don't forget to do that before leaving today.

94-A

93-A

---

92. What class are the listeners attending?
(A) Writing
(B) Art
(C) Furniture design
(D) Home repair

청자 / 수강 수업 / 상
ㄴ. 첫 두 줄의 인사 표현에 집중한다.

93. Why does the speaker say, "we are not the only ones who use this room"?
(A) To clarify ~~the location of the class~~
(B) To explain why the class needs to finish early
(C) To remind listeners to be on time for every class
(D) To encourage listeners to sign up for other classes

화자 의도 파악
ㄴ. 해당 위치 앞뒤 문맥을 파악한다.

94. What do some of the listeners have to do after today's class?
(A) ~~Rearrange~~ their supplies
(B) Complete a survey
(C) Submit some work
(D) Make a payment

키워드 after today's class / 하
ㄴ. 담화에서 유사 어휘인 before leaving today로 언급된다.

이곳 Canons Public Library에서 진행되는 풍경화 수업에 오신 것을 환영합니다. 제 이름은 Harper이며, 오늘 수업을 진행할 겁니다. 우선, 여러분께 복도를 따라 있는 사물함 이야기를 하겠습니다. 사물함은 수업이 끝난 후 여러분의 그림 도구를 보관하는 용도로 사용하실 수 있습니다. 우리만이 공간을 사용하는 사람들이 아님을 명심하십시오. 오후 3시 30분부터 6시 30분까지 이 교실에서 다른 행사가 진행될 예정입니다. 그래서 청소 때문에 수업이 10분 일찍 끝날 겁니다. 아, 다시 한 번 알려드려야겠군요. 수업료를 납부하지 않으셨다면, 오늘 가시기 전에 잊지 말고 납부해 주세요.

92. 청자들은 무슨 수업에 참석하고 있는가?
(A) 작문
(B) 미술
(C) 가구 디자인
(D) 집수리

93. 화자는 왜 "we are not the only ones who use this room(우리만 이 공간을 사용하는 사람들이 아닙니다)"라고 말하는가?
(A) 수업 장소를 분명히 설명하기 위해서
(B) 수업이 왜 일찍 끝나야 하는지 설명하기 위해서
(C) 청자들에게 매 수업에 제시간에 오라고 상기시키기 위해서
(D) 청자들에게 다른 수업 신청을 권장하기 위해서

94. 일부 청자들은 오늘 수업이 끝난 뒤 뭘 해야 하는가?
(A) 용품 재정리
(B) 설문조사 마무리
(C) 작업물 제출
(D) 결제

92   직업과 장소는 전반부에서 힌트가 나온다.

STEP 1   Welcome / Attention 단어 뒤에서 직업이나 장소를 언급한다.

청자들이 수강하고 있는 강좌가 무엇인지 묻는 문제로, 청자들이 현재 있는 장소에서 정답을 파악하자. 지문 전반부의 "Welcome to our landscape painting class here at the Canons Public Library."에서 화자는 Canons Public Library에서 진행되는 풍경화 수업에 오신 청자들에게 환영 인사를 전하고 있다. 즉, 청자들은 풍경화 수업을 듣고 있는 것으로 정답은 (B)이다. 지문의 구체적인 어휘 landscape painting class는 보기의 포괄적인 어휘 art로 paraphrasing되었다.

93   " "의 화자의 의도 파악 문제는 포괄적으로 설명한 보기가 정답이다.

STEP 1   화자 의도 파악 문제는 주변 문맥을 파악해 포괄적인 정답을 찾는다.

기준 문장인 "we are not the only ones who use this room"과 "There are other events ~ 10 minutes early for cleaning"에서 오후 3시 30분부터 6시 30분까지 청자들이 위치한 강의실에서 다른 행사가 진행되기 때문에 청소를 할 수 있게 10분 일찍 수업을 끝내겠다는 일정을 언급하였다. 즉, 화자는 수업을 일찍 끝내야 하는 이유를 설명하고 있으므로 정답은 (B)이다.

STEP 2   함정 유형 및 오답 패턴

(A) To clarify ~~the location of the class~~ ▸this room과 유사 의미인 the location of the class는 소거한다.
(B) To explain why the class needs to finish early ▸정답
(C) To remind listeners to be on time for every class
(D) To encourage listeners to sign up for other classes

94   키워드 문제는 키워드 기준 앞뒤 문장에 정답이 나온다. ▸ after today's class

STEP 1   특정 키워드 문제는 반드시 담화 중의 해당 키워드 앞뒤에서 답이 들린다.

문제의 키워드는 after today's class이지만, 담화에서는 유사 어휘 before leaving today로 언급된다. 담화 후반부의 "I should remind you that if you haven't paid for the class, please don't forget to do that before leaving today"에서 화자는 수업료를 납부하지 않은 청자들에게 수업이 끝난 뒤 가시기 전에 수업료를 납부해 달라고 요청하고 있다. 즉, 일부 청자들은 결제를 해야 하므로 정답은 (D)이다.

STEP 2   함정 유형 및 오답 패턴

(A) ~~Rearrange~~ their supplies ▸화자는 청자들에게 복도에 위치한 사물함에 그림 도구들을 정리가 아닌 보관할 수 있음을 언급하였으므로 오답이다.
(B) Complete a survey
(C) Submit some work
(D) Make a payment ▸정답

어휘   landscape paining 풍경화   locker 개인 물품 보관함   along ~을 따라   be used to do ~하기 위해 사용되다
painting supplies 미술 도구   keep in mind that ~ ~을 명심하다   end 끝나다
remind 상기시키다, 다시 한 번 알려주다

Questions 95-97 refer to the following broadcast and map.

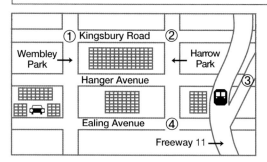

95 Good morning listeners! This is CRC Local News. The **heavy snow storm passed through our town last night.** Because of damage caused by the 96 storm, all of the traffic lights at the **intersection of Kingsbury Road and Wembley Park** are out of order. The traffic lights have been malfunctioning for about 3 hours and maintenance crews have now arrived at the site to fix them. Town officials have reported that the work is expected to be 97 completed by 4 P.M., and there won't be any impact on **tonight's winter festival** at Wembley Park, so stick to your plans. More details about the event will be dealt with at the main news hour.

97-C
97-B

① Kingsbury Road ②
Wembley Park →
← Harrow Park
Hanger Avenue
③
Ealing Avenue ④
Freeway 11 →

95. According to the news report, what has caused a problem?
(A) Building construction
(B) **Severe weather**
(C) A car accident
(D) An outdated road sign

문제의 원인 / 상
↳ 첫 두 줄의 과거시제에 집중한다.

96. Look at the graphic. Which location is the speaker talking about?
(A) **Location 1**
(B) Location 2
(C) Location 3
(D) Location 4

시각 자료 / 키워드 speaker talking
↳ 장소 전치사에 집중한다.

97. What does the speaker say will take place tonight?
(A) **A seasonal festival**
(B) A press release
(C) Road maintenance work
(D) A bicycle race

키워드 tonight / 하
↳ 키워드 앞뒤 문장을 집중해 듣자.

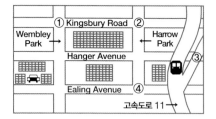

① Kingsbury Road ②
Wembley Park →
← Harrow Park
Hanger Avenue
③
Ealing Avenue ④
고속도로 11 →

안녕하세요, 청취자 여러분! CRC Local News입니다. 어젯밤 폭설이 우리 마을을 지나갔습니다. 폭설로 인한 피해 때문에, Kingsbury Road와 Wembley Park 사이의 교차로에 위치한 신호등이 전부 작동하지 않고 있습니다. 교통 신호등이 약 3시간 동안 오작동되었으며, 유지관리팀이 현재 그것들을 수리하려고 현장에 도착하였습니다. 마을 공무원들은 이 작업

이 오후 4시까지는 마무리될 것으로 예상하며, 오늘 밤에 Wembley Park에서 진행되는 겨울 축제에 어떠한 영향도 주지 않을 것이라 발표했습니다. 그러니 여러분의 계획을 변경하지 마십시오, 행사와 관련된 세부 사항은 주요 뉴스 시간에서 알려드리겠습니다.

95. 뉴스 보도에 따르면, 무엇 때문에 문제가 발생하였는가?
(A) 건물 공사
(B) **악천후**
(C) 교통사고
(D) 낡은 도로 표지판

96. 시각 자료를 보시오. 화자가 말하고 있는 장소는 어디인가?
(A) **1번 장소**
(B) 2번 장소
(C) 3번 장소
(D) 4번 장소

97. 화자는 오늘밤에 무엇이 진행될 예정이라고 이야기하는가?
(A) **계절 행사**
(B) 언론 공식 발표
(C) 도로 정비 작업
(D) 자전거 경주

95 문제점을 묻는 문제는 첫 대사와 두 번째 대사에 정답이 있다.

STEP 1 문제점은 주로 과거시제로 언급되며, 해결을 위한 요청, 제안의 표현이 따라 나온다.

문제 발생의 원인을 묻는 것으로, 지문 전반부 과거시제에서 정답을 찾는다. 담화의 "The heavy snow storm passed ~ are out of order"에서 어젯밤에 발생한 폭설로, Kingsbury Road와 Wembley Park 사이의 교차로 신호등이 정상적으로 작동하지 않는다는 문제점을 언급하였다. 즉, 문제의 원인은 어젯밤 발생한 폭설이므로 정답은 (B)이다. 지문의 구체적인 어휘 heavy snow storm은 보기의 포괄적인 어휘 Severe weather로 paraphrasing되었다.

– 교통 방송의 경우 현재의 교통 상황(문제점, 원인) → 교통 체증 안내(원인에 대한 결과) → 우회로 제시(해결책) 순서로 진행된다. 또 교통 체증의 이유로 주로 도로 공사(road construction) 혹은 악천후(inclement weather)가 많이 언급된다.

96 시각 자료 ▶ 지도 자료는 opposite, next to 등의 장소 전치사가 정답의 단서다.

STEP 1 지도는 장소 명사 앞의 〈전치사〉를 통해 정답을 파악한다.

화자가 이야기하고 있는 장소가 어디인지 묻는 문제이다. 담화의 "Because of damage caused by the storm, all of the traffic lights at the intersection of Kingsbury Road and Wembley Park are out of order."에서 어젯밤 폭설로, Kingsbury Road와 Wembley Park 사이에 위치한 교차로 신호등이 정상적으로 작동하지 않고 있음을 언급하였다. 따라서 화자가 이야기하고 있는 장소는 Kingsbury Road와 Wembley Park 사이에 위치한 (A)이다.

97 키워드 문제는 키워드 기준 앞뒤 문장에 정답이 나온다. ▶ tonight

STEP 1 특정 키워드 문제는 반드시 담화 중의 해당 키워드 앞뒤에서 답이 들린다.

문제의 키워드는 tonight으로, 오늘 밤에 진행되는 행사가 무엇인지 묻는 문제이다. 담화 후반부의 "Town officials have reported that the work is expected to be completed by 4 P.M., and there won't be any impact on tonight's winter festival at Wembley Park"에서 도로 수리는 오후 4시까지 마무리될 것이기 때문에, 오늘 밤 Wembley Park에서 진행되는 겨울 축제에 어떠한 영향도 주지 않을 것이라는 공무원의 말을 언급하였다. 따라서 정답은 (A)이다. 지문의 구체적인 어휘 winter festival은 보기의 포괄적인 어휘 seasonal festival로 paraphrasing되었다.

STEP 2 함정 유형 및 오답 패턴

(A) A seasonal festival ▶정답
(B) A ~~press release~~ ▶town officials have reported에서 연상한 오답이다.
(C) ~~Road maintenance work~~ ▶정비팀이 도착해 현재 신호등이 수리되고 있으므로 오답이다.
(D) A bicycle race

어휘 **heavy snow storm** 폭설 **pass through** 거쳐(지나)가다 **traffic light** 신호등 **intersection** 교차로 **malfunction** 제대로 작동하지 않다 **site** 현장 **fix** 수리하다 **official** 공무원 **expect** 예상하다 **complete** 완료하다, 끝마치다 **impact on** ~에 대한 영향 **stick to something** ~을 계속하다 **detail** 세부 사항 **deal with** ~을 다루다, 처리하다

Questions 98-100 refer to the following talk and checklist.

Before we start today's shift, we should look at the procedures for
98 handling food shipments. **I'm worried** about the time we waste when
the procedures aren't followed. For instance, boxes of goods sent
from our firm's warehouse are sometimes shipped to wrong branches.
Spending valuable time checking goods that are not for our branch
99 is not good for us. Thus, make sure to **pay attention to the code**
written on each box. The code must be the same as the one on the
shipping invoice that we have received. When the code is different,
please do not open the box which needs to be returned. We must
100 keep this in mind since additional goods will be delivered to us for next
week's **sales event**.

98-C

100-B

Shipment Checklist		
Step 1	**Checking Box Code**	____
Step 2	Matching packing list with contents	____
Step 3	Inspecting goods for damage	____
Step 4	Moving goods to storage room	____

98. What is the speaker worried about?
(A) Customer complaints **(B) Wasted work hours**
(C) Insufficient storage space (D) Additional costs

99. Look at the graphic. Which step does the speaker say needs
special attention?
(A) Step 1 (B) Step 2
(C) Step 3 (D) Step 4

100. What does the speaker say will start from next week?
(A) A regular inspection (B) A grand opening
(C) A sales promotion (D) An orientation session

화자 / 염려 / 상
ㄴ. I'm worried ~ 표현을
집중해 듣자.

시각 자료 / 키워드 needs
special attention
ㄴ. 각 단계의 구체적인 내용에
집중한다.

키워드 from next week / 하
ㄴ. 키워드 앞뒤 내용을 집중해
듣는다.

배송품 확인 목록		
1단계	박스 코드 확인	____
2단계	내용물과 포장 목록 대조	____
3단계	제품 손상 여부 검수	____
4단계	창고로 제품 이동	____

오늘 교대 근무를 시작하기 전에, 식품 배달 처리 절차를 확
인해야 합니다. 저는 해당 절차를 따르지 않을 때 낭비하는
시간이 염려스럽습니다. 예를 들면, 저희 기업 창고에서 발
송된 제품 박스가 때때로 잘못된 지점으로 발송됩니다. 저희
지점 물건이 아닌 제품 확인에 귀중한 시간을 소비하는 건
저희에게 도움이 되지 않습니다. 그러므로 각 박스에 적힌
코드를 잘 확인해 주십시오. 그 코드는 저희가 받은 송장에
표시된 것과 동일해야 합니다. 만약 코드가 다르다면, 회수해

야 하므로 상자를 열지 마십시오. 다음 주 판매 행사 때문에 추가
상품이 우리한테 배송될 것이라서 이 점을 꼭 명심해 주십시오.

98. 화자는 무엇을 걱정하는가?
(A) 고객 불만사항 **(B) 허비되는 업무 시간**
(C) 불충분한 저장 공간 (D) 추가 비용

99. 시각 자료를 보시오. 화자는 어떤 단계에서 특히 주의해야
한다고 말하는가?
(A) 1단계 (B) 2단계
(C) 3단계 (D) 4단계

100. 화자는 다음 주부터 무엇이 시작될 것이라고 이야기하는가?
(A) 정기 검사 (B) 개업 행사
(C) 제품 판촉 (D) 오리엔테이션

98 문제점을 묻는 문제는 첫 두 줄에 정답이 있다.

STEP 1 문제점은 역접의 단어(unfortunately/but) 이외에, I'm sorry but, I'm afraid 다음에 언급된다.

화자가 염려하고 있는 게 무엇인지 묻는 문제이다. 지문 전반부의 "I'm worried about the time we waste when the procedures aren't followed."에서 화자는 절차를 따르지 않을 경우 낭비되는 시간에 대해서 걱정하고 있다. 따라서 정답은 (B)이다. 지문의 the time we waste는 보기의 wasted work hours로 paraphrasing되었다.

STEP 2 함정 유형 및 오답 패턴

(A) Customer complaints
(B) Wasted work hours ▶정답
(C) Insufficient ~~storage space~~ ▶warehouse에서 **storage space**를 연상한 오답이다.
(D) ~~Additional costs~~

99 시각 자료▶ 시각 자료 문제에서 (A)–(D)의 보기는 대화에서 들리지 않는다.

STEP 1 보기가 체크리스트 순서이므로 시각 자료에서 그 외의 부분을 확인하면서 담화를 들어야 한다. 따라서 각 단계의 세부 사항에 해당하는 단어를 들어야 한다.

특히 주의를 요해야 하는 단계가 무엇인지 묻는 문제이다. 담화의 "Spending valuable time checking goods that are not for our branch is not good for us. Thus, make sure to pay attention to the code written on each box."에서 화자의 회사로 발송될 물품이 아닌 것을 확인하는 데 시간 낭비하는 건 자신들에게 좋지도 않으니 각 박스에 적힌 코드에 주의를 기울여 달라고 청자인 직원들에게 당부하고 있다. 따라서 박스 코드 확인은 체크리스트 중 1단계이므로 정답은 (A)이다.

100 키워드 문제는 키워드 기준 앞뒤 문장에 정답이 나온다. ▶ next week

STEP 1 특정 키워드 문제는 반드시 담화 중의 해당 키워드 앞뒤에서 답이 들린다.

문제의 키워드는 next week로, 담화를 들을 때 해당 키워드에 집중해야 한다. 담화 후반부의 "We must keep this in mind since additional goods will be delivered to us for next week's sales event."에서 다음 주에 판매 행사가 진행되기 때문에, 추가 물품이 배달될 예정임을 알리고 있으므로 정답은 (C)이다. 지문의 sales event는 보기의 a sales promotion으로 paraphrasing되었다.

STEP 2 함정 유형 및 오답 패턴

(A) A regular inspection
(B) A ~~grand opening~~ ▶additional goods will be delivered에서 **grand opening**을 연상한 오답이다.
(C) A sales promotion ▶정답
(D) An orientation session

어휘 **shift** 교대 근무 **procedure** 절차, 방법 **handle** 처리하다 **shipment** 배송 **follow** 따르다, 따라 하다 **goods** 제품 **firm** 기업 **warehouse** 창고 **valuable** 귀중한 **make sure to do** 반드시 ~하다 **pay attention to** ~에 주목하다, ~에 주의를 기울이다 **invoice** 송장, 청구서 **keep in mind** 명심하다 **additional** 추가의 **deliver** 배달하다 **sales event** 판매 행사, 할인 행사

101   Dr. Anya Petrov / is well known for / her ———— / (in the field of sports psychology).
         주어   동사   목적어   (전치사구)

관사, 소유격, 한정사 뒤에는 항상 명사가 정답이다.
for her ————

STEP 1   빈칸은 전치사 for의 목적어 자리이다.

형용사 역할을 하는 소유격 대명사 her의 수식을 받으면서, 목적어 자리에 들어갈 수 있는 품사는 명사뿐이다. 따라서 정답은 (B) accomplishments이다.

STEP 2   오답 분석

타동사의 동명사 형태인 (C) accomplishing은 뒤에 목적어가 위치해야 하며, 본동사 형태인 (A) accomplish와 과거형인 (D) accomplished는 동사 자리에 위치해야 하므로 오답이다. 또 (C) accomplishing과 (D) accomplished를 분사로 판단할 경우, 수식을 받는 명사가 위치해야 한다.

STEP 3   명사와 동명사가 같이 있을 때는 명사가 우선 정답이 된다.

동명사가 답이 될 때: ① 보기에 명사가 없을 때 ② 타동사의 경우 뒤에 목적어를 동반할 때 ③ 복합명사로 쓰일 때 ④ 행위를 묘사할 때이다.

> 해석 Anya Petrov 박사님은 스포츠 심리학 분야에서 세운 자신의 업적으로 잘 알려져 있다.
> 어휘 **be known for** ~로 알려져 있다   **field** 분야   **psychology** 심리학
> 정답 (B)

---

102   After / members of the R&D team (at Peu Rul Pharmaceuticals) / found / new chemicals,
     접속사   주어   (전치사구)   동사1   목적어
/ ———— / developed / innovative treatments (for cancer).
               동사2   목적어2   (전치사구)

대명사란 앞에 있는 명사를 대신 받는 것이다.
After 완전한 문장, ———— developed ~

STEP 1   빈칸은 동사 developed의 주어 자리이다.

해당 문장의 접속사는 after, 동사 자리에는 found와 developed가 위치해 있다. 즉, after는 부사절 접속사로 두 개의 완전한 문장을 연결하고 있으므로, 빈칸은 동사 developed의 주어 자리이다. 따라서 주격 대명사인 (A) they가 정답이다. 대명사 they는 'Peu Rul Pharmaceuticals 연구 개발팀의 직원들'을 가리킨다.

STEP 2   오답 분석

목적격 대명사인 (B) them은 동사나 전치사의 목적어 자리에 위치하며, 소유격 대명사인 (C) their는 명사를 수식하는 형용사 역할을 하므로 뒤에 명사를 동반해야 한다. 재귀대명사인 (D) themselves는 주어 뒤 혹은 문장 끝에 위치하므로 오답이다.

> 해석 Peu Rul Pharmaceuticals 연구 개발팀 직원들이 새로운 화학 물질을 발견한 후에, 그들은 혁신적인 암 치료법을 개발했다.
> 어휘 **R&D team** 연구 개발부서   **pharmaceuticals** 제약회사   **chemical** 화학 물질   **develop** 개발하다
> **innovative** 획기적인   **treatment** 치료   **cancer** 암
> 정답 (A)

103 Kellaergman Real Estate Agency / is trying / to help / you / find / the ——— house.
주어　　　　　　　　　동사　to부정사 help 목적어 목적보어　find의 목적어

〈형용사+명사〉명사 앞자리는 형용사가 정답이다.
~ find the ——— house

STEP 1　빈칸은 타동사 find의 목적어인 명사 house를 수식하는 형용사 자리이다.

관사 the와 명사 house 사이에 빈칸이 위치하고 있으므로 명사를 수식하는 형용사가 들어가야 한다. 따라서 보기 중 형용사인 (C) perfect가 정답이다.

STEP 2　오답 분석

부사 (A) perfectly는 형용사, 동사 혹은 문장 전체를 수식하므로, 빈칸 뒤의 명사 house를 수식할 수 없다. 명사 (B) perfection은 명사 앞에 위치할 경우, 뒤의 명사의 종류나 특징을 설명한다. 하지만 perfection(완벽, 완전)은 house의 종류를 설명할 수 없으므로 오답이다. 타동사 perfect(완벽하게 하다)의 분사 형태인 (D) perfecting은 뒤에 수식을 받는 명사가 있어야 하며, 동명사일 경우에는 앞에 the를 받을 수 없으므로 오답이다.

STEP 3　명사를 수식하는 형용사의 대표적인 위치

① 부정관사/정관사(a/an/the)+**형용사**+명사	an **active** program 활동 중인 프로그램
② 소유격/지시형용사+**형용사**+명사	its **strategic** growth 그것의 전략적인 증대
③ 부사/형용사+**형용사**+명사	particularly **small** companies 특히 소규모 회사들
④ 타동사+**형용사**+명사	have **technical** problems 기술적인 문제가 있다
⑤ 동명사+**형용사**+명사	changing **political** conditions 정치적인 조건 변경
⑥ 전치사+**형용사**+명사	of **professional** ethics 직업 윤리의

해석 Kellaergman Real Estate Agency는 여러분이 완벽한 주택을 찾을 수 있도록 도와드리고자 노력하고 있습니다.
어휘 **real estate agency** 부동산
정답 (C)

104 The new desk / is ——— designed / (for children / who need an adjustable desk) /
주어 　　　　　동사 　　　　　　(전치사구) 　　　　관계대명사절(children 수식)
(for their heights).
(전치사구)

> be동사와 분사 사이에는 부사가 위치한다.
> **The new desk is ——— designed ~.**

STEP 1　빈칸은 be동사와 과거분사 사이로 부사 자리이다.
수동태인 〈be동사 + 과거분사〉 사이에 들어갈 수 있는 품사는 부사이므로, 정답은 부사 (B) specially이다.

STEP 2　오답 분석
형용사 (A) special 뒤에는 수식을 받는 명사가 위치해야 하므로 오답이다. 또 해당 문장에는 본동사 is designed가 위치하고 있으므로 본동사 형태인 (C) specialize 역시 오답이다. 명사인 (D) specialization은 일반적으로 주어나 목적어 자리에 위치하므로 오답이다.

STEP 3　부사 출제 패턴

① 〈주어+**부사**+동사〉	⑨ 〈have+**부사**+과거분사〉
② 〈주어+동사+목적어+**부사**〉	⑩ 〈자동사+**부사**+전치사〉
③ 〈관사+**부사**+형용사+명사〉	⑪ 〈조동사+**부사**+본동사〉
④ 〈be동사+**부사**+형용사〉	⑫ 〈완전한 문장+as+**부사**+as〉
⑤ 〈**부사**, 완전한 문장〉	⑬ 〈완전한 문장+more+**부사**+than〉
⑥ 〈완전한 문장+**부사**〉	⑭ 〈to+**부사**+동사원형〉
⑦ 〈be동사+**부사**+과거분사〉	⑮ 〈전치사+**부사**+동명사〉
⑧ 〈be동사+**부사**+현재분사〉	

해석　새 책상은 키 때문에 높이 조절이 가능한 책상이 필요한 아이용으로 특수 제작되었다.
어휘　**adjustable** 조절 가능한　**height** 높이, 키
정답　(B)

---

105 The ——— (of the Macoy Organization) / is / to protect wildlife / (from human activity).
　　주어 　　　　(전치사구) 　　　　동사 　　주격 보어 　　　　(전치사구)

> 명사 어휘는 '사람/사물/가산/불가산' 등의 짝(pair)이나 group으로 다닌다.
> **The ——— of the Macoy Organization + is + to protect ~.**

STEP 1　빈칸은 문장의 주어 자리로 명사가 들어갈 자리이다.
빈칸 뒤의 전치사구 of the Macoy Organization의 수식을 받으면서 문장에서 주어 역할을 할 수 있는 품사는 명사이다.

STEP 2　빈칸과 주격 보어와의 관계를 생각해야 한다.
주격 보어는 빈칸과 동격을 이루어야 한다. 하지만 보어 자리에 있는 to protect wildlife와 (D) objection(반대, 반대 이유, 이의)은 동격(반대 ≠ 보호, 공존)이 될 수 없으므로 오답이다. 또 objection은 전치사 of가 아닌 to 혹은 against와 함께 자주 쓰인다.
명사 형태인 (A) objects, (B) objective와 (C) objectives 모두 '목적, 목표'라는 뜻으로 전치사 of와 함께 구체적인 대상을 설명하지만, 본동사(is)가 단수이므로 단수 명사인 (B) objective가 정답이다.

STEP 3 사람 vs. 사물 / 가산 vs. 불가산명사

close / closure c (단수) 끝 / u 폐쇄	correspondent / correspondence c 통신원, 기자 / u 서신
opening / openness c 개회, 개통 / u 개방	entrance / entry c 입구, u 입장, 입학 / u 참가, 등록, c 참가자
use / usage c 목적, u 사용 / u, c 용법	estimate / estimation c 견적서 / u 견적
periodical / period c 정기간행물 / u 기간	remainder / reminder c 나머지 / 상기시키는 것
recruit / recruiter c 신입직원 / c 모집자	objective / objectivity / objection c 목표 / u 객관성 / c 반대
beneficiary / benefit c 수혜자, 수신자 / c. u 혜택	product / production c 생산품 / u 생산
architect / architecture c 건축가 / u 건축 (양식)	

해석 Macoy Organization의 목표는 인간 활동으로부터 야생동물을 보호하는 것이다.
어휘 **organization** 기업, 기관 **protect** 보호하다 **wildlife** 야생동물 **human** 인간, 사람
정답 (B)

---

106 After / the new computing system / was installed / last week, / ———— malfunctions /
접속사　　　　　주어　　　　　동사1　　　시간 부사구　　　　주어2
have occurred.
동사2

수량 형용사는 명사와 수일치를 확인한다.
———— malfunctions have occurred

STEP 1 빈칸은 명사를 수식하는 형용사 자리이다.

빈칸은 복수 명사 malfunctions를 수식할 수 있는 형용사가 들어갈 자리이다. 따라서 가산 복수명사를 수식할 수 있는 (B) few가 정답이다. few는 '거의 없는'이란 부정적인 의미를 갖고 있지만, 가산명사의 복수형을 수식한다는 것을 꼭 알아두자.

STEP 2 오답 분석

불가산명사를 수식하는 (A) much, (C) little 뒤에는 단수 명사가 와야 하므로 오답이다. 또 (D) every는 가산 단수명사를 수식하므로 오답이다.

STEP 3 가산 복수명사와 함께 쓰는 형용사

many[numerous] / a (good) number of			a good number of employees 꽤 많은 직원들
few(부정) / a few(긍정) / fewer(부정)			few employees 거의 없는 직원들 a few employees 몇몇 직원들
multiple / several / 수사 (둘 이상)	+	셀 수 있는 복수명사	multiple books 많은 책들
every + 수사(반복)			every five weeks 5주마다
each of / one of			each of the employees 직원들 각각
other / both			other employees 다른 직원들
various / a variety of			various employees 다양한 직원들

해석 새 컴퓨팅 시스템이 지난주에 설치된 후에, 오작동은 거의 발생하지 않고 있다.
어휘 **new** 새로운 **install** 설치하다 **malfunction** 고장, 기능 불량 **occur** 발생하다
정답 (B)

107 (Beginning next Wednesday), Popping Stationery / ———— / its store hours /
　　　　(분사구문)　　　　　　　　　　주어　　　　　　　　　　목적어

(until 9:30 P.M. daily).
(시간 부사구)

> 동사의 시제는 시간 부사구로 판단 가능하다.
> **Beginning next Wednesday, S + _____ + its store hours ~**

STEP 1　전체 문장에 동사가 없다.

분사구문의 Beginning next Wednesday(다음 주 수요일을 시작으로)가 있으므로 빈칸에는 미래시제 동사가 들어가야 한다. 따라서 정답은 미래시제 형태인 (C) will be extending이다.

STEP 2　오답 분석

주어 Popping Stationery는 단수이므로 복수 형태인 (B) have extended와 (D) are extending은 오답이다. (A) is extended는 3형식 타동사(extend)의 수동태로, 뒤에 목적어를 취할 수 없으므로 오답이다.

> 해석 다음 주 수요일을 시작으로, Popping Stationery는 매일 저녁 9시 30분까지 영업 시간을 연장할 예정이다.
> 어휘 stationery 문구 store hours 영업 시간 daily 매일매일
> 정답 (C)

---

108 The new PKR-1000 / enables / staff / to search customer databases / easily
　　　　주어　　　　　　동사　　목적어　　　　목적격 보어(to부정사구)

———— quickly.
부사구

> 앞뒤 문장에서 답을 결정하는 단어들을 확보한다.
> **~ easily ———— quickly**

STEP 1　빈칸 앞뒤에 동일 품사인 부사가 위치한다.

문장과 문장이 아닌, 두 개의 부사를 연결시킬 수 있는 등위접속사가 들어가야 한다. 따라서 정답은 (C) and이다.

STEP 2　오답 분석

(A) after, (D) for는 전치사의 경우 명사를, 접속사의 경우 두 개의 완전한 문장을 연결하므로 오답이다. (B) either는 상관접속사로, 〈either A or B〉의 구조로 사용되므로 오답이다.

STEP 3　등위접속사 각각의 의미

순접	and 첨가, 대등적 서술(그리고), 시간 순서(그러고 나서) / so 결과 서술(그래서, 그러므로)
역접	but/yet 대조(그러나, 하지만) / nor 부정적인 서술(그리고 ~이 아니다)
기타	or 선택(또는), 대안적 서술(바꿔 말하면, 혹은, 그렇지 않으면 = or else)

> 해석 신형 PKR-1000으로 직원들은 쉽고 빠르게 고객 데이터베이스를 검색할 수 있다.
> 어휘 enable ~을 할 수 있게 하다 staff 직원 search 검색하다 customer 고객, 소비자 easily 쉽게, 수월하게 quickly 빨리
> 정답 (C)

109 Mr. Kunes / was surprised / that / ——— five hundred people / had already purchased /
주어   동사1   명사절 접속사   주어2   동사2

tickets / (to his concert).
목적어2   (전치사구)

수사 수식 부사
——— **five hundred people** ~

STEP 1   빈칸은 수량 형용사 five hundred를 수식하는 부사 자리이다.

수량 형용사(five hundred)를 수식할 수 있는 품사는 부사로 정답은 (B) approximately이다. 수사를 수식하는 부사로 almost(거의), approximately(대략), about(약), nearly(거의) 등이 자주 출제된다는 점을 알아두자.

STEP 2   오답 분석

형용사 (A) approximate는 명사를 수식하므로 오답이다. 명사 (C) approximation은 형용사의 수식을 받으므로 오답이다. (D) approximated는 동사의 과거형 혹은 분사인 형용사 형태이지만, 종속절에 동사(had purchased)가 있으므로 동사는 들어갈 수 없으며, 분사일 경우 또 다른 형용사를 수식할 수 없으므로 오답이다.

STEP 3   수사 수식 부사

의미	수사를 꾸며 주는 부사(구)	의미	수사를 꾸며 주는 부사(구)
거의	almost, nearly	최대한	up to, a maximum of
대략	approximately, roughly, round, about	~만큼	as many as(수), as much as(양)
겨우	only, just, merely, at most, no more than	~ 이상(~보다 많은)	over, more than
최소한, 적어도	at least, a minimum of	~ 이하(~보다 적은)	under, less than

해석 Kunes 씨는 대략 오백 명이 벌써 그의 콘서트 표를 구매했다는 것에 놀랐다.
어휘 surprised 놀란   purchase 구매하다
정답 (B)

110 Marc Srentova, (a lawyer from MS Laws), / ——— / to take the case.
　　　주어　　　　　(동격)　　　　　　　　　to부정사

하나의 문장에는 반드시 동사가 하나 있어야 한다.
Marc Srentova ——— to take the case.

STEP 1　문장에 본동사가 필요하다.

보기 중 (D) being은 동명사 혹은 현재분사 형태로, 본동사의 역할을 하지 못하므로 오답이다. 주어 Marc Srentova는 단수이므로 정답은 (C) was이다. 복수 동사인 (A) are과 (B) have는 주어 자리에 복수 명사가 위치해야 하므로 오답이다.

해석 MS Laws의 변호사인 Marc Srentova 씨가 사건을 담당하기로 했었다.
어휘 **lawyer** 변호사　**take the case** 사건을 맡다, 담당하다　**be동사+to부정사** ~할 예정이다
정답 (C)

---

111 Customers / can wait / (in the lounge) / ——— / our staff / processes /
　　　주어1　　동사1　　(전치사구)　　　　　　　주어2　　　동사2
the applications.
목적어2

접속사 여부는 동사의 개수가 결정한다.
완전한 문장 + ——— + 완전한 문장.

STEP 1　문장에 동사가 2개이므로 빈칸은 접속사가 들어가야 한다.

빈칸 앞뒤로 완전한 문장이 위치하므로 빈칸은 부사절 접속사 자리이다. 따라서 정답은 (D) while이다.

STEP 2　오답 분석

보기 중 전치사 (A) except와 (C) during은 문장을 연결하는 것이 아니라 명사를 받으므로 오답이다. 또 접속부사 (B) nevertheless는 문장을 연결하는 역할은 하지 않으므로 역시 오답이다.

STEP 3　보기에 함께 등장하는 접속사 vs. 전치사 vs. 부사

접속사와 전치사는 연결어이다. 접속사 뒤에는 문장(동사)이 추가로 연결되며, 전치사 뒤에는 명사가 추가된다.

접속사/관계사	기본 문장에 동사가 하나 더 추가되어야 한다.
전치사	전치사는 문장에서 명사를 추가할 때 사용한다. 전치사 하나당 명사 하나씩이 추가된다. 전치사구는 문장 구조에 영향을 주지 않는다.
부사	완전한 문장에 들어가며 연결어가 아닌 수식 어구이기 때문에 문장 구조에 영향을 주지 않는다.

해석 저희 직원들이 신청서를 처리하는 동안, 고객님들은 휴게실에서 대기해 주십시오.
어휘 **customer** 소비자, 고객　**wait** 대기하다, 기다리다　**lounge** 라운지, 대합실　**staff** 직원　**process** 처리하다
application 신청서
정답 (D)

112 Ms. Bennings / ————— / the food contest / (for the past ten years).
　　　주어　　　　　　　　　　목적어　　　　　(전치사구)

last year는 과거 vs. for the last five year는 현재완료
Ms. Bennings ————— the food contest for the past ten years.

STEP 1　빈칸은 문장의 본동사 자리이다.

따라서 동명사 혹은 분사 형태인 (B) organizing은 본동사 자리에 위치할 수 없으므로 오답이다. 또 사람 주어인 Ms. Bennings는 단수이므로 복수 동사인 (A) organize는 오답이다. 빈칸 뒤에 목적어가 나오므로 수동태인 (D) will be organized 역시 오답이다.

STEP 2　시제를 결정하는 시간 부사를 확인하라.

문장 끝에 위치한 for the past ten years(지난 10년 간)이 나와 10년 전인 과거부터 현재까지의 지속적인 행위를 나타내므로 현재완료시제인 (C) has organized가 정답이다.

STEP 3　과거 vs. 현재완료

1. 〈과거 + last year〉 vs. 〈현재완료 + for[over/since/in] the last three years〉

과거시제는 과거 특정 시점에 시작했다가 완료된 일이고, 현재완료시제는 과거에 발생하여 지금까지 영향을 미치는 경우이다. 과거 부사는 '과거의 특정한 시점'을 의미하고, 현재완료 부사는 '과거에서 시작해 현재까지 이어지는 시점'을 의미한다.

I cleaned the office last Monday. 〈과거시제〉
지난주 월요일에 나는 사무실을 청소했다.
I have been here since this morning. 〈현재완료시제〉
나는 오늘 아침부터 여기 (계속) 있었다.

2. 〈과거시제, in 2008〉 vs 〈현재완료, since 2008〉 vs 〈과거완료, by 2008〉

This program which was implemented in 2008 has received high satisfaction levels.
2008년에 시행된 이 프로그램은 (현재까지) 만족도가 높게 나왔다.

해석　Bennings 씨는 지난 10년 동안 음식 콘테스트를 기획해 왔다.
어휘　**contest** 대회, 시합　**past** 지나간
정답　(C)

---

113 (Due to the rise in awareness of environmental issues), / this year's demand
(전치사구)   주어
(for hybrid cars) / is / ─────── higher than last year's.
(전치사구)   동사   보어

비교급과 최상급을 수식하는 부사
~ ─────── **higher than last year's**

STEP 1 빈칸은 형용사의 비교급 **higher**를 수식하는 부사 자리이다.
(B) many는 수량 형용사로, 가산 복수명사를 수식하므로 오답이다.
(C) very는 일반 형용사나 부사를 강조하는 부사로 오답이다.
(D) well은 부사로 주로 동사나 과거분사를 수식한다.

STEP 2 강조부사 **much**는 비교급과 최상급 앞에 놓여 수식한다.
much는 '훨씬'의 의미로 《(more) + 비교급》을 수식하므로 정답은 (A) much이다.

STEP 3 비교급과 최상급을 수식하는 부사

① 비교급 수식 부사	② 최상급 수식 부사	③ 주의해야 하는 비교급/최상급 수식 부사
much, (by) far, even, still, a lot, a little/bit, a great[good] deal 이 외에 significantly도 함께 알아두자.	much, (by) far, the very, a great[good] deal	yet+비교급 vs. the 최상급+yet e.g. yet more problems 전보다 더 많은 문제 the most exciting yet 여태까지 중에 가장 흥미진진한

해석 환경 문제에 대한 인식이 높아져서, 올해 하이브리드 승용차에 대한 수요가 작년보다 훨씬 더 높다.
어휘 due to ~ 때문에 rise 증가, 상승 environmental 환경의 issue 문제 demand 수요
정답 (A)

---

114 The HCTC program / plans / ─────── / local residents / (with better health services).
         주어   동사   목적어   (전치사구)

미래/계획/의도/생각/결정/노력 동사 + to부정사
The HCTC program plans ─────── local residents

STEP 1 접속사/관계사의 개수와 동사의 개수를 확인하라.
문장에 접속사나 관계사가 없고, 동사는 plans 하나만 존재한다. 따라서 본동사 형태인 (C) provides와 (D) provide는 오답이다.

STEP 2 빈칸은 뒤에 나온 목적어를 받을 수 있는 준동사 자리이다.
목적어를 받을 수 있는 준동사의 능동태 형태인 동명사 (A) providing과 to부정사 (B) to provide에서 정답을 선택해야 한다. 본동사 plan은 to부정사를 목적어로 취하는 동사이므로 정답은 (B) to provide가 된다.

STEP 3　to부정사를 목적어로 취하는 동사

주어	+	afford ~할 여유가 있다 decide ~하기로 결정하다 wish ~하기를 바라다 want ~하기를 원하다 fail ~하는 것에 실패하다 tend ~하는 경향이 있다	expect ~할 것으로 예상하다 plan ~할 계획하다 hope ~하기를 희망하다 promise ~할 것을 약속하다 refuse ~하는 것을 거절하다 strive ~하기 위해 노력하다	+	to부정사

※ 예외: fail(실패하다) / refuse(거절하다) to do

해석　HCTC 프로그램은 지역 주민들에게 더 나은 공공 의료 서비스를 제공할 계획이다.
어휘　local 현지의　resident 거주자　provide A with B A에게 B를 제공하다　health service 공공 의료 서비스
정답　(B)

115　All employees / can ——— / the employee contact list / (from the company Web site).
　　　　　주어　　　　동사　　　　　　목적어　　　　　　　(전치사구)

사람 주어, 사람 목적어만 취하는 동사는 빈출 출제 포인트이다.
All employees can ——— the employee contact list ~.

STEP 1　빈칸은 뒤에 목적어를 받을 수 있는 3형식 타동사가 들어갈 자리이다.

보기 중 (B) appeal(호소하다, 항소하다)는 자동사로 뒤에 전치사 to를 동반하므로 오답이다. 또 (D) stay(머무르다, ~한 상태를 유지하다)는 1형식 동사일 경우 뒤에 장소 부사구가, 2형식 동사일 경우에는 뒤에 형용사를 취하여 주어의 상태를 설명하므로 오답이다.

STEP 2　동사가 받는 주어와 목적어의 관계를 확인하라.

타동사 (C) notify(알리다)는 사람 목적어를 받는 동사로 오답이다. 따라서 정답은 (A) access이다. 타동사 access(접근하다, 이용하다)는 목적어로 정보와 관련된 명사(e.g. database(데이터베이스), account(계정), mail(메일) 등)를 언급한다.

STEP 3　토익에 자주 나오는 〈동사＋목적어＋전치사＋명사〉의 숙어 표현

regard/deem A as B A를 B로 간주하다	exchange A for B A와 B를 교환하다 (A를 주고 B를 받다)
compensate A for B A에게 B에 대해 보상하다	impose A on B B에다 A를 부과하다
obtain A from B B로부터 A를 얻다	inform/notify A of/about B A에게 B에 대해 알리다/통지하다
compare A with B A와 B를 비교하다	reimburse A for B A에게 B를 배상하다, 변제하다
contribute A to B A를 B에게 기여하다	replace A with B A를 B로 대체/교체하다

해석　전 직원은 회사 웹사이트에서 직원 연락처에 접근할 수 있다.
어휘　employee 직원　contact list 연락처
정답　(A)

116 Manager Peter Collins / will be meeting / the three finalists / (at tomorrow's orientation)
주어 　　　　　 동사 　　　　 목적어 　　　　 (전치사구)
　　　　　.

부사적 용법의 재귀대명사는 주어 뒤, 문장 끝에 위치한다.
완전한 문장 + ―――.

STEP 1 문장이 완전할 때 쓸 수 있는 대명사는 부사 역할의 재귀대명사뿐이다.

(A) he는 주격 대명사로 주어 자리가 비어 있을 때만 정답이 될 수 있다. (B) his는 소유격 대명사로 명사를 수식하는 형용사 자리에 위치해야 하므로 오답이다. (C) him은 목적격 대명사로, 목적어 자리에 와야 하므로 완전한 문장을 수식하는 빈칸에는 들어갈 수 없다.

STEP 2 재귀대명사가 완전한 문장에 쓰이면 '스스로, 직접'의 뜻을 가진다.

빈칸 앞의 문장 자체가 완전한 문장이므로, 주어인 Manager Peter Collins를 강조하는 재귀대명사 (D) himself가 정답이다.

STEP 3 재귀대명사의 위치

① 문장의 동사를 강조하는 재귀대명사

완전한 문장	+	재귀대명사

② 주어 강조 부사 기능

주어	+	재귀대명사	+	동사	+	목적어

해석 관리자 Peter Collins 씨가 내일 오리엔테이션에서 결승전 진출자 세 명을 직접 만날 예정이다.
어휘 **finalist** 결승 진출자 **orientation** 오리엔테이션, 예비 교육
정답 (D)

---

117 The survey results / indicated / that / most attendees / found / the conference /
주어1 　　　　 동사1 　 명사절 접속사 　주어2 　　　 동사2 　　　 목적어2
very ―――.
목적격 보어

5형식 동사의 목적격 보어는 형용사가 우선한다.
~ found the conference very ―――.

STEP 1 문장에 접속사(that) 하나이고, 동사는 **indicated**와 **found** 2개이다.

문장에 동사는 더 이상 필요 없기에 본동사인 (A) inform와 (B) informs는 오답이다.

STEP 2 동사 **find**는 3형식과 5형식이 모두 가능하다.

3형식의 경우, 목적어(the conference) 뒤의 빈칸에 부사가 들어가야 한다. 하지만 보기 중 부사가 없으므로 found를 5형식 동사로 판단해야 한다.

STEP 3 5형식 동사인 경우 목적격 보어로 명사나 형용사가 가능하다.

목적격 보어가 명사면 the conference와 (D) information이 동격이어야 하는데, 학회와 정보는 동격이 될 수 없다. 따라서 형용사 (C) informative가 정답이다.

해석 설문조사 결과는 대다수 참석자들이 학회가 매우 유익했다고 느낀다는 걸 보여줬다.
어휘 **survey** 설문조사 **result** 결과 **indicate** 나타내다 **attendee** 참석자 **conference** 학회
정답 (C)

118 ──────── / its prices / have risen / slightly, / Looming Flowers / does not expect /
　　　　　　　　 주어1　　　 동사1　　　 부사　　　　 주어2　　　　　 동사2

its sales / to decline.
목적어2 목적격 보어(to부정사)

기대치의 반대를 의미하는 **although**
──────── **its prices have risen ~, ~ not expect its sales to decline.**

STEP 1　빈칸은 두 개의 완전한 문장을 연결할 수 있는 부사절 접속사 자리이다.
보기 모두 부사절 접속사이므로, 구조와 의미상 가장 적절한 어휘를 골라야 한다.

STEP 2　종속절(가격 증가)과 주절(매출 감소 X)은 상반되는 내용이다.
따라서 이렇게 상반되는 내용을 연결하는 (A) Although가 정답이다. 이유나 원인을 나타내는 접속사 (B) Because와 (D) Since의 경우, 가격 증가라는 원인으로 초래되는 결과는 일반적으로 매출 감소이다. 인과관계가 논리적으로 맞지 않으므로 오답이다. 조건의 접속사인 (C) Provided(만약 ~라면) 역시 주절과의 관계가 어울리지 않으므로 오답이다.

STEP 3　양보 부사절 접속사는 예상 못한 결과나 기대와 반대되는 내용을 나타낸다.
although, though, even though, even if: 비록 ~일지라도
(복합관계사) whatever, wherever, however, whoever 등
as: ~이라 하더라도 whether (~ or not): ~이든 아니든
while: ~인 반면에, ~일지라도 whereas: ~한 반면에

해석 가격이 약간 인상되긴 했어도, Looming Flowers사는 매출이 감소하지 않을 것으로 예상하고 있다.
어휘 **price** 가격　**slightly** 약간　**expect** 예상하다　**sales** 매출　**decline** 감소하다
정답 (A)

119 Our customer service representatives / are / ———— / (to satisfying all of our customers).
　　　　　　　　주어　　　　　　　　 동사　　　 　　　 　　　　　(전치사구)

분사 형태의 형용사
Our customer service representatives are ———— to satisfying ~.

STEP 1　be동사 뒤의 주격 보어 자리에 들어길 수 있는 품사는 명사와 형용사이다.

빈칸은 be동사 뒤의 주격 보어 자리이며, 뒤의 전치사구 to satisfying 이하의 수식을 받아야 한다. 따라서 보기 중 본동사 형태인 (C) dedicate는 오답이다. 또 customer service representatives와 (B) dedication(전념, 헌신)은 동격의 관계를 이루지 못하므로, 빈칸에는 형용사가 들어가야 한다.

STEP 2　사람을 수식할 수 있는 dedicated vs. dedicating을 구분하라.

customer service representatives라는 사람 명사를 수식할 수 있는 (A) dedicated(헌신적인)가 정답이 된다.

STEP 3　〈be동사＋형용사＋to＋(동)명사〉(to가 전치사이므로 뒤에 (동)명사가 온다.)

be accessible to ~에 접근 가능하다	be equivalent to ~에 상응하다, ~와 같다
be accustomed to ~에 익숙하다	be exposed to ~에 노출되다
be adjacent to ~에 인접하다	be liable to ~하기 쉽다 (to부정사도 가능)
be affordable to ~을 감당할 수 있다	be payable to ~에게 지불 청구하다
be beneficial to ~에 이득이 되다	be related to ~와 관련이 있다
be close to ~에 (심리적/물리적으로) 가깝다	be responsive to ~에 반응하다
be comprehensible to ~를 이해할 수 있다	be similar to ~와 비슷하다
be devoted to ~에 헌신하다	be subject to ~에 당하기 쉽다, ~을 받기 쉽다
be entitled to ~할 자격이 있다	be transferable to ~로 양도 가능하다

해석　저희 고객 서비스 상담원들은 저희 모든 고객님들을 만족시키고자 전념하고 있다.
어휘　customer service representative 고객 서비스 상담원　satisfy 만족시키다　customer 소비자, 고객
정답　(A)

120　If / you / notice / any defects (in our new display screens), / please ———— / us /
　　 접속사 주어　동사1　　　목적에　　　　　(전치사구)　　　　　　　　　목적어2
immediately.
부사

사람 주어, 사람 목적어만 취하는 동사는 빈출 출제 포인트이다.
If 완전한 문장, please ———— us immediately.

STEP 1　문장 안에 접속사가 1개(If)이므로, 동사 2개가 있어야 한다.

이미 동사 notice가 보이므로, 빈칸은 목적어 us를 취할 수 있는 타동사 자리이다. 따라서 보기 중 자동사인 (B) reply는 오답이다.

STEP 2　취하는 목적어가 사람인지 사물인지를 구분하라.

(A) notice(알아차리다)는 뒤에 사람의 존재 유무나 행위의 진행을 나타낸다. 따라서 사람 목적어를 받아야 하는 해당 문장에는 어울리지 않는다.
(D) review(검토하다, 논평하다)는 목적어로 사물 명사 즉, 행위나 성과 혹은 서류를 나타내는 명사를 취하므로 오답이다. 따라서 목적어로 사람 명사를 취할 수 있는 (C) notify(알리다, 통고하다)가 정답이다.

STEP 3 사람만을 주어로 취하거나 목적어로 받는 동사들

1. 사람만을 주어로 취하는 동사

expect(기대하다), consider(고려하다), decide(결정하다), plan(계획하다), intend(의도하다) 등이 있는데, decide, plan, intend는 사람 주어로는 수동태가 불가능하다.

2. 사람만을 목적어로 취하는 동사

teach(가르치다), instruct(지도하다, 지시하다), impress(감명을 주다), 감정동사 등이 있다.

> 해석 신형 디스플레이 화면에서 결함을 발견하시면, 즉시 저희에게 알려주십시오.
> 어휘 defect 결함 immediately 즉시
> 정답 (C)

121 Please be aware / that / the ———— (of mobiles phones and other electronic devices) /
동사1   명사절 접속사   (전치사구)
is prohibited / (during the tour).
동사2   (전치사구)

보기에 사람 명사와 사물 명사가 같이 나오면 동사의 주어나 목적어가 사람인지 사물인지를 따진다.
the ———— + is prohibited

STEP 1 빈칸은 동사 is prohibited의 주어 자리이다.

전치사구의 수식을 받으면서, 주어 자리에 위치할 수 있는 품사는 명사뿐이다. 따라서 본동사 형태인 (A) operate(작동하다)는 오답이다. 또 형용사 (D) operational(가동상의, 운영상의)은 뒤에 수식을 받는 명사가 위치해야 하므로 오답이다.

STEP 2 수동태는 주어를 목적어 자리에 놓고 정답을 판단한다.

종속절의 is prohibited는 수동태로, 빈칸은 동사 prohibit과 목적어 관계에 있음을 알 수 있다. 동사 prohibit은 행위를 금지하는 것으로, 이에 해당하는 (B) operation(작동)이 정답이다.

STEP 3 명사 선택 문제 풀이 순서

> 주어 자리 → 관사/수량/지시형용사 확인 → 동사와의 수일치 확인 → 사람 vs. 사물 → 가산/불가산 구분
>
> 보기에는 동일한 어형의 셀 수 있는 가산명사(사람 명사/사물 명사), 셀 수 없는 불가산명사가 모두 등장한다. 처음부터 가산명사와 불가산명사를 구분하려 하지 말고 위의 순서대로 확인하라.

> 해석 휴대전화와 다른 전자기기의 작동은 견학 동안 금지된다는 점, 주의해 주십시오.
> 어휘 be aware ~에 주의하다 electronic device 전자기기 prohibit 금지하다 tour 견학
> 정답 (B)

TEST 2 해설

122 (On sunny days), / Melissa's Bistro / usually opens / its patio section / ————— /
(전치사구)　　　　　　주어　　　　　동사　　　　　목적어에

more customers / to enjoy its wonderful view outside.
목적어　　　　　　목적격 보어(to부정사구)

to부정사는 동사가 아니다.
완전한 문장 + ————— **more customers to enjoy its wonderful view outside**

STEP 1　문장에 접속사나 관계사 없이 본동사 opens만 있다.
따라서 보기 중 본동사 형태인 (A) allow와 (B) allows는 오답이다.

STEP 2　완전한 문장 뒤에 나올 수 있는 동사의 형태를 확인하라.
(C) allowed는 수동태로 볼 수도 있지만, 3형식 타동사로 수동태가 되면 뒤에 목적어를 받을 수 없으므로 오답이다. 빈칸은 뒤에 나오는 목적어와 to부정사의 목적격 보어를 받을 수 있는 준동사 자리이다. 따라서 정답은 (D) to allow이다.

STEP 3　요구/허락/준사역 등의 동사 + 목적어 + to부정사

주어	+	expect 예상하다 instruct 지시하다 lead 이끌다 remind 상기시키다 want 원하다 force 강요하다 urge 촉구하다	enable 가능하게 하다 invite 초대하다 encourage 격려하다 allow/permit 허락하다 require/request/ask 요구하다 cause 야기시키다 persuade/convince 설득하다	+	목적어	+	to부정사

해석　평소에 맑은 날에는 Melissa Bistro가 고객들이 아름다운 바깥 풍경을 즐길 수 있도록 파티오 구역을 개방한다.
어휘　**sunny** 화창한　**bistro** 작은 식당　**patio** 파티오(문밖 테라스)　**customer** 소비자, 고객　**view** 풍경
정답　(D)

---

123 Heymin Kim / decided to relocate / the office / ————— the tenth floor.
　　　주어　　　　동사　　　　　　relocate의 목적어

뒤에 있는 명사가 전치사를 결정한다.
~ relocate the office ————— the tenth floor.

STEP 1　빈칸은 완전한 문장 뒤에서 명사를 추가할 수 있는 전치사 자리이다.
동사 relocate는 '이전하다'로 움직임이나 이동을 나타내는 전치사 to와 함께 사용한다. 따라서 정답은 (D)이다.

STEP 2　장소를 나타내는 기본 전치사 at/on/in
tenth floor처럼 층수를 나타내는 적절한 전치사는 on이다. 장소를 나타내는 기본 전치사 at/on/in은 사용하는 명사가 정해져 있으므로 따로 정리해 둘 필요가 있다.

at	시간이나 장소에 있어 하나의 지점, 위치 등을 나타낸다. e.g. at the intersection/bus stop/station/10 Franklin street 교차로에서/버스 정류장에서/기차역에서/Franklin Street 10번가에서
in	장소나 특정 공간 내에 존재하거나 포함되어 있다는 의미를 가진다. e.g. in the world/city/room/town 세계에/도시에/방에/마을에
on	물리적/추상적인 것의 표면에 접해 있다는 개념의 전치사이다. e.g. on the table/wall/Han river/1st floor 탁자 위에/벽 위에/한강에/1층에

STEP 3. relocate (A) to B vs. locate A in/on/at+B

동사 locate는 '~에 위치시키다'는 의미로 전치사 at/on/in/near 등을 받는다. 하지만 relocate는 '다른 곳으로 위치시키다' 즉, 이동의 개념이 생기기 때문에 전치사 to를 받을 수 있다.

> 해석 Heymin Kim은 사무실을 10층으로 이전하기로 결정했다.
> 어휘 decide 결정하다 relocate 이전하다 floor 층
> 정답 (D)

---

124 We / will continue to use / the Diamond Room / (for larger events) ─────── /
주어   동사   use의 목적어   전치사구

renovations (to the Rose Room) / are finished.
주어2   (전치사구)   동사2

시간 부사절은 미래시제 대신 현재시제를 쓴다.
완전한 문장(미래시제) + ─────── + 완전한 문장(현재시제).

STEP 1   빈칸은 두 개의 완전한 문장을 연결시키는 부사절 접속사 자리이다.

따라서 보기 중 전치사인 (A) without과 (C) under는 오답이다.

STEP 2   시간 부사절은 보통 주절과 종속절의 시제를 일치시키지만, 주절의 시제는 미래이고 빈칸 뒤의 시제는 현재이다.

보수 공사가 아직 마무리되지 않은 미래 사실임에도, 현재시제를 사용했다는 것은, 시간 부사 접속사를 사용해 미래시제 대신 현재시제를 표현했음을 알 수 있다. 따라서 정답은 (B) until이다. 결과 부사절 접속사 (D) so that 앞에는 원인이, 뒤에는 결과가 위치해야 한다.

STEP 3   빈출 시간 부사 접속사

시간 부사절의 현재시제나 현재완료시제는 항상 미래를 의미한다.

> ※ 빈출 시간 부사 접속사
>
> when ~할 때 while ~하는 동안에 as soon as ~하자마자 once 일단 ~하면 until ~까지 after ~ 후에
> before ~ 전에 since ~ 이래로 by the time ~ 즈음에, ~까지 at the time ~에

> 해석 Rose Room의 보수 공사가 끝날 때까지 대규모 행사 진행을 위해, Diamond Room을 계속 사용할 것이다.
> 어휘 continue to do 계속 ~하다 use 사용하다 renovation 보수, 개조
> 정답 (B)

125 In order to process / your requests / quickly, / we / need to see / the ——— receipt
　　　　to부정사구　　process의 목적어　부사　주어　　동사　　　see의 목적어
/ (for your purchases).
　　(전치사구)

〈형용사＋명사〉 명사 앞자리는 형용사가 정답이다.
~ the ——— receipt ~

STEP 1　빈칸은 **to부정사 see**의 목적어 **receipt**를 수식하는 형용사 자리이다.
보기 모두 형용사이므로, 의미와 구조상 가장 적절한 어휘를 고르는 문제이다. 앞에서 목적을 언급하고, 그 뒤에는 목적을 달성할 수 있는 방법을 언급하고 있다. 따라서 빈칸의 수식으로 영수증의 구체적인 상태를 나타낼 수 있는 형용사 (B) original(원본의)이 정답이다.

STEP 2　오답 분석
(A) introductory(서문의, 도입부의)는 course, chapter, remark와 같이 과정의 도입부를 설명할 때 사용되어 receipt(영수증)를 수식할 수 없으므로 오답이다.
(C) accurate가 영수증을 수식하면, 금액에 오차가 없이 '정확한' 것을 나타내므로, 요청 처리를 위해 필요한 자료가 아니므로 문맥상 오답이다.
(D) direct는 중간 단계 없이 '직접적인' 혹은 말, 태도가 '단도직입적인'이라는 상태를 가리키며, 보통 전치사 to 혹은 from 과 함께 쓰인다.

해석 여러분의 요청을 빠르게 처리하기 위해서, 구매 건에 대한 원본 영수증을 보여주셔야 합니다.
어휘 **in order to do** ~하기 위하여　**process** 처리하다　**request** 요청　**receipt** 영수증　**purchase** 구매(품)
정답 (B)

---

126 (Due to time limits), / Clara Nelson / will speak / only ——— /
　　　　(전치사구)　　　　주어　　　동사
(about the Montreal Music Festival).
　　　(전치사구)

동사 수식 부사
완전한 문장 + only ——— 전치사구

STEP 1　빈칸 앞은 완전한 문장이므로, 빈칸은 부사 **only**의 수식을 받으며 동사 **speak**를 수식하는 부사가 들어갈 자리이다.
보기 모두 부사이므로, 의미와 구조상 가장 적절한 부사 어휘를 고르는 문제이다. speak는 '말하다, 발표하다'의 뜻으로, 발표를 진행하는 상태를 나타낼 수 있는 부사가 와야 한다. 따라서 정답은 (A) briefly이다. 시험에서는 review, speak, visit 의 동사와 함께 출제된 적이 있다.

STEP 2　오답 분석
(B) rarely는 빈도부사로, 조동사와 be동사 뒤에 혹은 일반동사 앞에 위치해야 하므로 오답이다. (C) recently는 주로 과거 혹은 현재완료시제와 어울리는 부사로 오답이다. (D) slightly는 증감이나 변화의 정도를 나타내는 부사로, 주로 수량 형용사나 증가/감소를 나타내는 동사와 함께 다닌다.

해석 시간이 제한돼 있어서, Clara Nelson 씨는 Montreal Music Festival에 대해 간략하게만 이야기할 예정입니다.
어휘 **due to** ~ 때문에　**time limit** 시간 제한
정답 (A)

127 This year's sales figures (from Conroy Cereal Company) / are / surprisingly similar /
　　　　주어　　　　　　　　　　　　(전치사구)　　　　　　　　　동사　주격 보어

(to ——— of the previous year).
　(전치사구)

비교 구문에서 반복 명사를 대신하는 **that**과 **those**
This year's sales figures are similar to + ——— of the previous year.

STEP 1　비교 대상이 되는 것을 찾는다.

비교 대상은 올해의 판매 수치(This year's sales figures)와 작년의 판매 수치이다. 복수명사 sales figures를 받을 수 있는 부정대명사 복수형 (C) those가 정답이다.

STEP 2　오답 분석

(A) much는 불가산 명사를 언급하므로 오답이다.
(B) either(둘 중 어느 하나의)는 문제에서 either가 지칭할 수 있는 2개의 특정 대상이 언급되지 않았으므로 오답이다. 인칭대명사 (D) them은 뒤에서 형용사구(of the previous year)의 수식을 받을 수 없으므로 오답이다.

STEP 3　**that/those**의 출제 패턴

앞에서 언급된 비교 대상이 되는 특정 유형의 명사를 받는다.

명사's 명사 명사 in/on 명사	+	전치사/ 동사	+	that/those	+	of/with/in+명사 분사구문(-ing/-ed)

해석　Conroy Cereal Company의 올해 매출액은 작년 것과 대단히 유사하다.
어휘　**sales figures** 매출액　**surprisingly** 놀랄 만큼, 대단히　**be similar to** ~와 비슷하다　**previous** 이전의
정답　(C)

128 Holly Publishing / will feature / a new fashion trend / (in the June ————).
주어　　　　　　　동사　　　　목적어　　　　　　　(전치사구)

문장 중의 답 근거 단어를 찾아 연결해 정답을 찾는다.
Holly Publishing + will feature ~ + in the June ————.

STEP 1　빈칸은 전치사 뒤의 명사 자리이다.
보기 모두 명사 형태이므로, 의미와 구조상 적절한 어휘를 고르는 문제이다.

STEP 2　답을 결정하는 근거를 찾아야 한다.
문장의 주어는 Holly Publishing으로, 전치사구에는 새로운 패션 트렌드를 다루는 정보 출처가 나와야 하므로, 정답은 (B) issue(정기 간행물의 호)이다. (D) cover는 도서 관련 어휘이지만, 책이나 잡지의 표지를 가리키므로 오답이다. 장소를 나타내는 (A) area는 시간을 나타내는 June(6월)의 수식을 받지 못하므로 오답이다. (C) offer(제안, 제공)는 주로 형용사 free, special과 함께 출제된다.

> 해석 Holly Publishing은 6월 호에 새로운 패션 트렌드를 다룰 예정이다.
> 어휘 **feature** 특별히 포함하다　**trend** 추세
> 정답 (B)

---

129 If / you / want to get / reimbursement (for your medical expense), / please submit /
접속사 주어　　동사1　　get의 목적어　　(전치사구)　　　　　　　동사2
an application / (with proof documents) / ———— two weeks.
목적어2　　　　(전치사구)

뒤에 있는 명사가 전치사를 결정한다.
완전한 문장 + ———— two weeks.

STEP 1　빈칸은 기간 명사(two weeks)를 받는 전치사가 들어갈 자리이다.
따라서 보기 중 동작 동사와 함께 쓰이는 (A) to는 오답이다. (B) until은 상태의 지속을 나타내므로, 주로 지속/계속의 의미를 가진 동사(e.g. be, remain, stay, work 등)와 함께 쓰인다. (C) before 뒤에는 시점 명사가 와야 하므로 오답이다. 따라서 기간 명사를 받을 수 있는 (D)가 정답이다.

STEP 2　within vs. after vs. in+one hour
- in은 특정 시간이 지난 바로 그 시점을 말한다.
- within은 특정 기간 내에 특정 동작이 발생하는 걸 의미한다.
- after는 특정 시간이 지난 후부터 그 이후 계속되는 시간을 뜻한다.

> 해석 의료비 환불을 받고 싶으시면, 2주 이내에 증명 서류와 함께 신청서를 제출해 주십시오.
> 어휘 **reimbursement** 변제, 상환, 배상　**medical expense** 의료비　**submit** 제출하다　**application** 신청서
> **proof** 증거　**document** 서류
> 정답 (D)

130 Pedestrians / are reminded / to walk ──────── / (on sidewalks) / when / it / snows.
주어　　　동사1　　　to부정사　　　　　　　(전치사구)　　접속사　주어2 동사2

'어떻게'의 정답이 되는 방법 부사
Pedestrians are reminded to walk ────────

STEP 1　빈칸은 동사 **walk**를 수식하는 부사 자리이다.

따라서 걷는 방법을 설명해 주는 부사가 들어가야 하므로 보기 중 방법을 나타내는 부사 (C) carefully가 정답이다.

STEP 2　오답 분석

(A) honestly(솔직히)는 주로 문두에 위치해, 말하는 정보가 사실임을 강조할 때 사용한다. (B) repeatedly(반복적으로)는 행위의 반복을 강조할 때 사용하므로 오답이다. (D) widely(널리, 매우)는 주로 형용사를 수식하는 부사로 오답이다.

해석　보행자들은 눈이 내릴 때 보도 위로 조심해서 걸어다녀야 함을 명심해야 한다.
어휘　pedestrian 보행자　remind 상기시키다, 다시 한 번 알려 주다　sidewalk 보도, 인도
정답　(C)

Questions 131-134 refer to the following notice.

On Tuesday, November 11, Hilly Water Park will begin renovations in some of the facilities. This project will consist of two phases. One is surface work. The area **located** ------- the main pool **and** the kids pool needs to be resurfaced. Workers will
prepare the zone for a new surface on November 16. -------. **So our staff will not be**
affected by this work.

131.

132.

The second phase will consist in relocating some amenities. In order to **make** our amenities more ------- , we're going to move them to the first floor of each facility.

133.

Also, **we'll** add more selected snack booths so **customers** ------- various kinds of

134.

dishes in our water park.

---

131. (A) among
    (B) between
    (C) into
    (D) after

전치사 어휘
└, among vs. between

132. (A) The main pool will also need to be enlarged.
    (B) Many companies sent estimates for a bidding process.
    (C) The original schedule was postponed due to bad weather.
    (D) The dates for this correspond to our staff's holiday.

문맥 추가 문제
└, 빈칸 문장의 앞뒤 문장을
확인하자.

133. (A) access
    (B) accessible
    (C) accessibility
    (D) accessing

품사
└, make + 목적어 +
목적격 보어(명사, 형용사)의
5형식 구조이다.

134. (A) have enjoyed
    (B) can enjoy
    (C) to be enjoying
    (D) will have enjoyed

동사 형태
└, 시제는 다른 동사의 시제를
파악하자.

문제 131–134는 다음 공지를 참고하시오.

11월 11일 화요일에 Hilly Water Park의 시설 일부에서 보수 공사를 시작할 예정입니다. 이 프로젝트는 두 단계로 구성될 것입니다. 하나는 포장 작업입니다. 메인 풀과 키즈 풀 사이에 위치한 구역은 표면을 다시 처리해야 합니다. 작업자들은 11월 16일에 표면을 새로 처리하고자 구역을 준비할 예정입니다. 이 날짜는 저희 직원들의 휴가 기간과 일치합니다. 그래서 저희 직원들은 해당 공사로 영향을 받지 않을 것입니다.

두 번째 단계는 일부 편의시설을 이전시키는 것입니다. 저희 편의시설을 더 쉽게 사용할 수 있게 하고자, 편의시설을 각 시설의 1층으로 이동시킬 예정입니다. 또, 더 엄선된 간식 부스를 추가할 것이어서 고객분들이 우리 워터파크에서 다양한 음식을 즐기실 수 있을 것입니다.

> 어휘 renovation 보수, 개조 facility 시설 consist of ~로 구성되다 phase 단계 surface 표면, 포장 locate ~에 위치하다 resurface (도로 등에) 표면 처리를 다시 하다 prepare 준비하다 zone 지역, 지구 affect 영향을 미치다 relocate 이전시키다 amenity 편의시설 move 옮기다 add 덧붙이다, 추가하다 selected 선택된 various 다양한

전치사 어휘
131 전치사는 뒤에 명사를 동반한다.

STEP 1 빈칸 뒤에 "명사 and 명사" 구조로 연결되어 있다.

따라서 〈between A and B〉 구조로 둘 사이를 나타내는 전치사 (B) between이 정답이다.

STEP 2 오답 분석

(A) among은 〈among+복수 명사〉 구조로, among 뒤에 복수명사가 오며 셋 이상의 관계를 나타낼 때 쓴다.
(C) into는 이동, 변화, 방향을 나타내므로, 움직임을 의미하는 동작 동사 (transfer 옮기다, convert 바꾸다, expand 확장하다) 등과 함께 쓰인다.
(D) after는 '~ 이후에'의 뜻으로 장소 명사와 어울리지 않는다.

문맥 추가
132 문맥 추가 문제는 빈칸 앞뒤의 내용과 연결되는 보기의 키워드를 찾아야 한다.

STEP 1 바로 뒤 문장에 결과를 언급하는 접속사 So가 있다.

'표면 작업이 직원들에게 영향을 주지 않을 것이다'는 결과를 언급하였다. 즉, 공사 진행 날짜인 11월 16일이 직원들의 휴가 날짜와 일치한다는 구체적인 원인을 설명하고 있는 (D)가 정답이다.

STEP 2 문맥 추가 문제에서 다음 연결어들을 확인한다.

① 접속사, 접속부사, 전치사
② 지시대명사, 지시형용사, 수량대명사, 인칭대명사

(A) 메인 풀도 확장해야 합니다. → 보수 공사 프로젝트는 두 가지라고 언급하고, 두 가지 모두 지문에서 이미 언급되어 있다.
(B) 많은 회사들이 입찰 절차를 위한 견적서를 보냈습니다. → 입찰 절차에 대한 언급은 없다.
(C) 악천후로 원래 일정이 연기되었습니다. → 빈칸 앞 문장을 통해 작업이 진행될 것임을 알 수 있다.
(D) 이 날짜는 저희 직원들의 휴가 기간과 일치합니다.

133 품사 문제는 관련 문법을 적용해야 한다.

STEP 1 〈make(동사) our amenities(목적어) more _____(목적격 보어)〉의 5형식 구조이다.

목적격 보어 자리에 명사가 올 경우 목적어와 목적격 보어는 동격이 되어야 하는데, 고객과 access(접근), accessibility(접근 가능성)은 동격이 될 수 없으므로 (A) access, (C) accessibility는 우선 제거하자.

(D) 목적격 보어 자리에 형용사 역할을 하는 분사가 올 수 있지만, accessing은 타동사이므로 뒤에 목적어가 있어야 하는데, 빈칸 뒤에는 목적어가 없으므로 답이 될 수 없다. 따라서 '고객들을 접근하기 쉽게 만든다'를 의미하는 형용사 (B) accessible이 정답이다.

동사 시제

134 시제 문제는 전체 지문의 시제와 다른 동사들의 시제를 모두 파악해야 한다.

STEP 1 빈칸은 주어 customers 뒤에 들어갈 적절한 동사 형태를 묻는 문제이다.

따라서 본동사 형태가 아닌 (C) to be enjoying은 답이 될 수 없다.

STEP 2 빈칸에는 미래시제가 위치해야 한다.

주절의 시제가 we'll add로 미래이며, 결과를 나타내는 접속사 so로 문장이 연결되어 있으므로 빈칸에도 역시 미래시제가 위치해야 한다. 따라서 과거의 일이 현재까지 영향을 주는 현재완료시제 (A) have enjoyed는 답이 될 수 없다. 미래완료시제는 미래의 완료 시점을 동반한다. 해당 문장에서는 미래의 특정 완료 시점을 언급하고 있지 않으므로 (D) will have enjoyed는 답이 될 수 없다. 따라서 정답은 향후에 가능함을 의미하는 (B) can enjoy이다.

Questions 135-138 refer to the following e-mail.

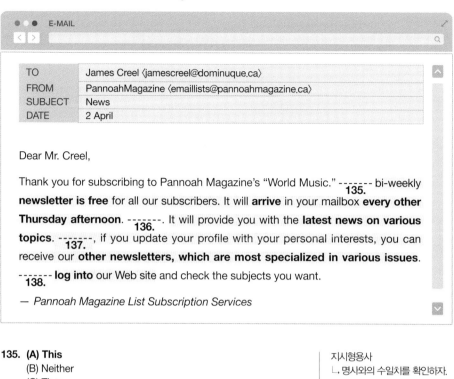

TO   James Creel ⟨jamescreel@dominuque.ca⟩
FROM   PannoahMagazine ⟨emaillists@pannoahmagazine.ca⟩
SUBJECT   News
DATE   2 April

Dear Mr. Creel,

Thank you for subscribing to Pannoah Magazine's "World Music." -------- bi-weekly **135.** **newsletter is free** for all our subscribers. It will **arrive** in your mailbox **every other Thursday afternoon**. --------. It will provide you with the **latest news on various 136. topics**. --------, if you update your profile with your personal interests, you can **137.** receive our **other newsletters, which are most specialized in various issues**. ------- **log into** our Web site and check the subjects you want. **138.**

— *Pannoah Magazine List Subscription Services*

TEST 2 해설

135. **(A) This**
     (B) Neither
     (C) These
     (D) Anything

136. (A) It will soon be released.
     (B) You will receive a monthly bill for it.
     (C) We want to send you some e-mails.
     (D) We trust that you will find it interesting.

137. (A) As if
     (B) Furthermore
     (C) To demonstrate
     (D) In contrast

138. (A) Recently
     (B) Hardly
     (C) Simply
     (D) Similarly

지시형용사
ㄴ. 명사와의 수일치를 확인하자.

문맥 추가 문제
ㄴ. 빈칸 문장의 앞뒤 문장을 확인하자.

접속 부사 어휘
ㄴ. 앞뒤 문맥을 파악하자.

부사 어휘
ㄴ. 동사 log into를 수식하는 적절한 부사 어휘를 찾아야 한다.

수신	James Creel 〈jamescreel@dominuque.ca〉
발신	PannoahMagazine 〈emaillists@pannoahmagazine.ca〉
제목	뉴스
날짜	4월 2일

Creel 씨에게

Pannoah Magazine의 〈World Music〉을 구독해 주셔서 감사합니다. 이 격주 소식지는 모든 구독자에게 무료입니다. 이 잡지는 격주로 목요일 오후에 독자님의 메일함에 들어와 있을 겁니다. 저희는 독자님께서 이 소식지를 재미있다고 생각할 거라 믿습니다. 이 소식지로 다양한 주제의 최신 소식들을 제공해 드릴 예정입니다. 뿐만 아니라, 프로필에 개인 관심사를 업데이트하시면, 다양한 쟁점을 가장 전문적으로 다루고 있는 다른 소식지들도 받아보실 수 있습니다. 저희 웹 사이트에 로그인하셔서 원하시는 주제들을 확인하세요.

— Pannoah Magazine 구독 서비스

어휘 subscribe to ~을 구독하다 biweekly 격주의 newsletter 소식지 subscriber 구독자
arrive in ~에 도착하다 provide 제공하다 latest 최신의 various 다양한 topic 주제 update 갱신하다
profile 프로필 personal interest 개인 관심사 be specialized in ~에 특화되어 있다 subject 주제

지시형용사

135 **지시형용사는 명사와의 수일치를 따져라.**

STEP 1 _____ + 단수 명사(newsletter) + 단수 동사(is)

빈칸은 문장의 주어인 명사 newsletter를 수식하는 형용사 자리이다. (D) Anything은 대명사이므로 우선 제거하자. (C) These는 복수 명사를 수식하므로 답이 될 수 없다. (B) Neither는 단수 명사 수식이 가능하지만, '(둘 중) 어느 ~도 아니다' 라는 부정의 의미를 가지므로 문맥상 맞지 않다. 따라서 단수 명사를 수식하는 지시형용사 (A) This가 정답이다.

문맥 추가

136 **문맥 추가 문제는 빈칸 앞뒤의 내용과 연결되는 보기의 키워드를 찾아야 한다.**

STEP 1 소식지가 도착하는 날짜를 언급한 뒤의 문장으로 맞는 것을 고른다.

구독에 감사드린다는 언급과 함께 '소식지는 모든 구독자에게 무료이며, 격주 목요일 오후에 메일함에 들어와 있을 것이다' 라며 소식지 관련 정보를 제공하고 있다. 즉, 발신자인 Pannoah Magazine 구독 서비스 부서는 Creel 씨가 해당 소식지가 재미있다고 여길 것이라고 이야기하는 (D)가 정답이다.

(A) 그것은 곧 공개될 예정입니다. → 공개될 것에 대한 언급이 없다.
(B) 독자님은 매달 그것의 청구서를 받게 될 겁니다. → 앞 문장에서 무료라고 언급하고 있다.
(C) 저희는 독자님께 이메일을 보내고 싶습니다. → 첫 문장에서 구독 감사 인사를 언급했으며, 빈칸 바로 뒤 문장에서는 소식지가 발송되는 날짜를 언급하였다.
(D) 저희는 독자님께서 이 소식지를 재미있다고 생각할 거라 믿습니다.

접속부사 어휘

137 연결어 문제는 앞뒤 문맥을 파악하자.

STEP 1 〈 _____, 완전한 문장(종속절), 완전한 문장(주절).〉 구조이다.

따라서 부사절 접속사 (A) As if는 답이 될 수 없다.

STEP 2 빈출 접속부사의 의미와 쓰임을 파악한다.

빈칸 앞은 '다양한 주제에 대한 최신 소식들을 제공한다'는 해당 잡지의 특징에 관한 내용이며, 빈칸 뒤에는 '프로필을 업데이트하면 구독자의 개인 관심사에 특화된 다른 소식지를 받을 수 있다'는 구독 관련 구체적인 추가 사항을 언급하고 있다. 따라서 추가 사항을 언급할 때 사용하는 접속부사 (B) Furthermore(뿐만 아니라)가 정답이다.

(C) To demonstrate는 주절의 목적이 시위 운동에 참가하기나 증명해야 하는 것이 되어야 하므로 문맥상 적절하지 않다.

(D) In contrast(그에 반해서)는 앞뒤 문장이 대조되어야 하므로 역시 답이 될 수 없다.

부사 어휘

138 어휘 문제는 해석상 말이 되는 것이 답이 아니라 빈칸의 위아래 연결 단어가 확보되어야 한다.

STEP 1 동사의 의미에 맞는 부사를 찾는다.

동사 log into를 꾸며 주며 '그저 웹 사이트에 로그인해라'를 의미하는 (C) Simply가 정답이다.

STEP 2 오답 분석

(A) Recently는 주로 완료시제, 과거시제와 함께 쓰인다. (B) Hardly는 부정부사로 문두로 오게 되면, 문장의 주어와 동사의 어순이 도치된다. (D) Similarly는 "유사하게, 비슷하게"를 뜻하는 부사로 문맥상 적절하지 않다.

Questions 139-142 refer to the following letter.

October 11

Dear Mr. Paulo,

I want to thank you for taking the time to discuss the **opportunity** ------- an **139.** accounting director for Moncart Electronics. Based on our conversation, I believe my past work experience makes me a perfect candidate. ------- **am familiar with** the **140.** **computer programs used by your company** to organize and manage accounting data. -------. In addition, I believe that my background and education would be **141.** **valuable assets** to **your** ------- . **142.**

Once again, thank you for your time.

Sincerely,

Jason Belkinson

---

139. (A) becomes
(B) became
(C) to become
(D) having become

품사
└, 〈명사 + ＿＿ + 명사〉에서 빈칸은 준동사 자리이다.

140. **(A) I**
(B) You
(C) They
(D) We

주격 대명사
└, 동사의 수를 파악하자.

141. (A) I hope to meet with you again soon.
(B) An accounting position is a very important position.
(C) I am especially experienced with Accounting 2500.
(D) I have enclosed my portfolio with this letter.

문맥 추가 문제
└, 빈칸 앞뒤 문장을 확인하고 보기의 키워드를 찾자.

142. (A) experience
(B) organization
(C) presentation
(D) conference

명사 어휘
└, 빈칸 위아래 답의 근거가 되는 연결어를 확보하자.

문제 139-142는 다음 편지를 참조하시오.

10월 11일

Paulo 씨께

Moncart Electronics사의 회계 감독관이 될 기회를 논의할 시간을 내주셔서 감사 인사 드리고 싶습니다. 저희가 나눈 대화를 근거로, 제 과거 근무 경험으로 봤을 때, 제가 적임자라고 생각합니다. 저는 귀사에서 사용하고 있는, 회계 자료 준비 및 관리 컴퓨터 프로그램에 익숙합니다. 저는 특히나 Accounting 2500을 사용해 본 경험이 있습니다. 게다가, 저의 배경과 학력이 귀사에 귀중한 자산이 될 거라고 믿습니다.

다시 한 번, 시간 내주셔서 감사합니다.

Jason Belkinson 올림

어휘 opportunity 기회 accounting 회계 director 감독관 based on ~에 근거하여
conversation 대화 work experience 근무 경험 candidate 후보자
be familiar with ~을 잘 알고 있다, ~에 익숙하다 organize 준비하다, 구성하다 manage 관리하다
in addition 추가로 background 배경 education 교육 valuable 소중한, 귀중한 asset 자산

동사

139 품사 문제는 관련 문법을 적용해야 한다.

STEP 1 빈칸은 명사와 명사 사이에 위치해 있다.

따라서 전치사가 들어갈 수 있는 자리이나 보기에 전치사가 없다. 그렇다면 준동사가 들어갈 자리임을 알 수 있다. 본동사 형태인 (A) becomes와 (B) became은 답이 될 수 없다.

STEP 2 **opportunity는 to부정사를 동반한다.**

시험에 가장 자주 출제되는 것 중 하나가 명사를 수식하는 to부정사이다. opportunity는 to부정사의 수식을 받을 수 있으며, 관용 표현으로 opportunity to do (~할 기회)로 자주 출제된다. 따라서 (C) to become이 정답이다.

대명사

140 대명사의 위치에 따라 주격, 목적격, 소유격이 출제된다.

STEP 1 빈칸은 동사 am familiar with의 주어 자리이다.

보기 모두 주격 대명사이므로, 동사의 형태를 확인하자. 동사가 be동사의 1인칭 단수 형태인 am이므로 (A) I가 정답이다. (B) You, (C) They, (D) We는 be동사의 복수형 are를 동사로 취한다.

141 문맥 추가 문제는 빈칸 앞뒤의 내용과 연결되는 보기의 키워드를 찾아야 한다.

STEP 1   빈칸 앞에서 '나는 컴퓨터 프로그램들을 잘 다룬다'는 내용을 언급하고 있다.

즉, Belkinson 씨가 특정 회계 프로그램명과 함께 자신의 능력을 설명하고 있는 (C)가 정답이다.

(A) 곧 다시 만나길 바랍니다. → 인사말로, 마지막 문단에 오는 것이 적절하다.
(B) 회계직은 매우 중요한 자리입니다. → 직위에 대한 언급은 첫 문장에서 언급하고 있다.
(C) 저는 특히나 Accounting 2500을 사용해 본 경험이 있습니다.
(D) 제 포트폴리오를 이 편지에 동봉했습니다. → 화자의 포트폴리오에 대한 언급은 없다.

142 어휘 문제는 빈칸의 위아래 답의 근거가 되는 연결어가 확보되어야 한다.

STEP 1   소유격 대명사(형용사) **your**의 수식을 받는 적절한 명사 어휘를 고르는 문제이다.

첫 문장에서 편지를 작성한 I가 회계 감독관 지원자임을 알 수 있고, 바로 앞 문장에서, Paulo 씨가 근무하는 기업에서 사용하는 컴퓨터 프로그램을 잘 다룬다며 자신이 적합한 지원자람을 다시 한 번 강조하고 있다. 따라서 Belkinson 씨가 귀중한 자산이 될 수 있는 장소는 그가 지원한 회사를 의미하므로 정답은 (B) organization이다.

Marinel Resort–Tembok, Bali

"Great resort for travelers."

I stayed at this beautiful resort on a recent trip to Bali. It is ------- **that** the resort was
143.
designed for those who want to relax. ------- in a peaceful sanctuary, **the villa** where
144.
I stayed **had** its own private entrance and a plunge pool with an unobstructed view of
the ocean. Also, the spa treatments were amazing.

    The resort's only ------- **is** its **lack of a fitness center**. Aside from learning Balinese
145.
healing traditions, I wanted to **work out**. -------.
146.

---

143. (A) clear
    (B) clearly
    (C) clearing
    (D) cleaned

품사
ㄴ. be동사 + 주격 보어(형용사,
명사)의 구조를 파악한다.

144. (A) Locate
    (B) Locating
    (C) Located
    (D) To locate

품사
ㄴ. 부사절의 접속사가 생략된
분사구문임에 주의한다.

145. (A) announcement
    (B) distance
    (C) drawback
    (D) event

명사 어휘
ㄴ. 빈칸 위아래 답의 근거가 되는
연결어를 확보하자.

146. (A) There was a cafe on the ground floor.
    (B) Therefore, my friends recommended the resort.
    (C) But there isn't any equipment to exercise.
    (D) It lasted ten minutes longer than expected.

문맥 추가
ㄴ. 빈칸 앞뒤 문장을 확인하고
보기의 키워드를 찾자.

Marinel Resort—Tembok, Bali

"여행지를 위한 최고의 리조트"

전 최근 발리로 여행 갔을 때 이 아름다운 리조트에서 묵었습니다. 리조트가 휴식을 취하려는 사람들을 위해 설계되었다는 게 분명합니다. 제가 묵었던 평화로운 안식처에 위치한 빌라는 전용 입구와 바다가 가리지 않고 훤히 보이는 냉탕을 갖추고 있었습니다. 또 온천 치료도 굉장했습니다.

리조트의 유일한 결점은 피트니스 센터가 부족한 것입니다. 발리의 전통 치료법을 배우는 것 외에도, 저는 운동을 하고 싶었거든요. 하지만 그곳에는 운동 장비가 하나도 비치되어 있지 않습니다.

> 어휘 recent 최근의 design 설계하다 relax 휴식을 취하다 sanctuary 안식처 entrance 입구
> plunge pool 냉탕 unobstructed 방해 받지 않는, 가로막는 것이 없는 lack 부족
> aside from ~ ~을 제외하고, ~ 외에도 work out 운동하다

형용사
143 품사 문제는 관련 문법을 적용해야 한다.

STEP 1   빈칸은 진주어 that절의 주격 보어 자리이다.

주격 보어로 올 수 있는 품사는 형용사, 명사뿐이므로, 부사인 (B) clearly는 우선 제거하자.

STEP 2   〈형용사 vs. 분사〉에서는 형용사가 우선한다.

빈칸은 형용사 자리이지만, 보기에 형용사(clear)와 분사(cleaned)가 둘 다 있으면, 형용사가 우선한다. 따라서 리조트의 특징을 설명해 주는 형용사 (A) clear가 정답이다.
(C) clearing은 타동사 clear의 분사 형태로, 뒤에 목적어가 위치해야 하므로 오답이다.

분사
144 품사 문제는 관련 문법을 적용해야 한다.

STEP 1   〈 _____ in a peaceful sanctuary(수식 어구) + 완전한 문장〉

한 문장에 동사가 2개 이상 나오려면 접속사나 관계사 같은 연결어가 필요하다. 해당 문장에는 접속사나 관계사가 없으므로 본동사 형태인 (A) Locate는 답이 될 수 없다.

STEP 2   해당 문장은 부사절 접속사가 생략된 분사구문 형태이다.

일반 타동사의 분사 형태는 목적어의 유무로 결정한다. locate는 타동사이므로 뒤에 목적어가 위치해야 하는데 빈칸 뒤에 목적어가 없으므로 (B) Locating, (D) To locate는 답이 될 수 없다. 따라서 과거분사형인 (C) Located가 정답이다.

명사 어휘

145 어휘 문제는 빈칸의 위아래 답의 근거가 되는 연결어가 확보되어야 한다.

STEP 1 빈칸은 **The resort's**의 수식을 받으며 동사 **is**의 주어 자리에 들어갈 적절한 명사 어휘를 고르는 문제이다.

앞 단락에서는 리조트의 특징이자 장점을 언급하였고, 두 번째 단락에서는 리조트 내 피트니스 센터 부족이라는 문제점을 언급하고 있다. 따라서 lack of a fitness center와 동격을 이뤄야 하므로, '리조트의 유일한 결점은 피트니스 센터의 부족이다'를 의미하는 (C) drawback이 정답이다.

문맥 추가

146 문맥 추가 문제는 빈칸 앞뒤 내용과 연결되는 보기의 키워드를 찾아야 한다.

STEP 1 피트니스 센터 부족과 운동을 하고 싶었지만 못했다에 어울리는 문장을 찾는다.

리조트에 피트니스 센터가 부족하다는 언급과 함께, 스스로 운동하고 싶었다는 작성자의 의지를 언급하고 있다. 따라서 헬스장 시설과 관련된 내용이 언급되어야 한다. 따라서 역접 접속사 But을 이용하여 '그렇지만 그곳에는 운동 장비가 비치되어 있지 않았다'고 리조트의 문제점을 언급하는 (C)가 정답이다.

(A) 1층에 카페가 있었습니다. → 리조트의 결점에 대해 언급하는 내용과 연결되지 않는다.
(B) 그러므로, 제 친구들은 이 리조트를 추천했습니다. → 리조트를 알게 된 출처를 말한다. 따라서 예약 관련 내용이 언급될 때 할 수 있는 말이다.
(C) 하지만 그곳에는 운동 장비가 하나도 비치되어 있지 않습니다.
(D) 예상보다 10분 더 지속되었습니다. → 결점 부분과 소요 시간은 서로 연결되지 않는다.

Questions 147-148 refer to the following receipt.

Ticket for Opera Night *at the Blanca Royal Theater*
Guest Singer: Dennis Hailey
Date: **June 23**, 6:45 P.M.

Receipt No. RC2101-J81101

> **147** Opera Night
> → a musical event

(Please keep the receipt number. It will be required should you need to contact our customer service.)

Payment £34 to Blanca Royal Theater - Paid by Lowell **Dawson**
Method of payment – Credit Card No. xxxx-xxx

> **148** bring this receipt ~ after printing it
> → A printed receipt

NOTE: Tickets are not refundable. **Please** make sure to **bring this receipt** with you to the arena **after printing it**. Don't forget to arrive ahead of time to confirm your name on our list at the ticket office.

> 오답 함정 147-D
> 매표소에서 할 일은 이름 확인!!

147. What will Mr. Dawson most likely do on June 23?
(A) Ask for a refund
(B) ~~Make a phone call~~ to the theater
(C) Attend a musical event
(D) ~~Request a paper receipt~~ at the ticket office

Mr. Dawson / June 23
ㄴ. 키워드 주변에서 정답을 찾자.

148. What must Mr. Dawson bring with him?
(A) A printed receipt
(B) His membership ID
(C) A parking permit
(D) His credit card

요구 사항 / Mr. Dawson /
bring
ㄴ. 하단부의 권유 / 제안 표현에
집중한다.

문제 147-148은 다음 영수증을 참조하시오.

Blanca Royal Theater Opera Night 입장권
초대 가수: Dennis Hailey
날짜: 6월 23일, 오후 6시 45분

영수증 번호 RC2101-J81101

(영수증 번호를 보관해 두세요. 저희 고객 서비스에 연락하실 경우, 영수증 번호를 요청할 겁니다.)

Blanca Royal Theater에 34파운드 지불 - Lowell Dawson 납입
지불 방법 - 신용카드 번호 xxxx-xxxx-xxxx-4386

주의: 티켓은 환불이 불가능합니다. 영수증을 출력하신 후, 공연장으로 꼭 가지고 오십시오. 잊지 마시고 매표소에 미리 도착하셔서 저희 명단에 귀하의 이름이 올라가 있는지 확인해 주세요.

어휘 theater 극장 keep 보관하다 receipt 영수증 require 필요하다, 요구하다 contact 연락하다 payment 지불(금) method 방법, 방식 refundable 환불 가능한 arena 경기장, 공연장 arrive 도착하다 ahead of time 예정보다 빨리 confirm ~을 확인하다 ticket office 매표소

---

147. Dawson 씨는 6월 23일에 무엇을 할 것 같은가?

(A) 환불 요청하기　　　　　　(B) 극장에 전화하기
(C) 음악 행사에 참석하기　　(D) 매표소에 종이 영수증 요청하기

STEP 1　기간, 요일, 숫자 등은 키워드 옆에 있는 것이 답이다.

본문에 있는 정보 중에 문제에서 제시하는 키워드 옆에 있는 정확한 정보를 찾아내는 것이 관건이다. 지문의 "Payment £34 to Blanca Royal Theater – Paid by Lowell Dawson"에서 Dawson 씨가 Blanca Royal Theater에 금액을 지불했음을 알 수 있다. 또 "Ticket for Opera Night at the Blanca Royal Theater"와 "Date: June 23, 6:45 P.M."에서 6월 23일 해당 극장에서 Opera Night 공연이 진행됨을 알 수 있다. 즉, Dawson 씨는 6월 23일에 오페라 공연을 보기 위해 외출할 것임을 알 수 있으므로 정답은 (C)이다. 지문의 Opera Night가 보기의 a musical event로 paraphrasing됐다.

STEP 2　오답 분석

(A)는 지문에서 언급되지 않았으므로 오답이다.
(B) 지문에서 theater는 언급되었지만, 연락을 할 거라는 언급은 없으므로 오답이다.
(D) 지문의 "Please make sure to ~ at the ticket office"에서 직접 영수증을 인쇄해서 가져와야 하며, 매표소에서는 이름이 명단에 올라가 있는지 확인해야 하므로 오답이다.

---

148. Dawson 씨는 무엇을 가지고 가야 하는가?

(A) 출력한 영수증
(B) 그의 회원권
(C) 주차증
(D) 그의 신용카드

STEP 1　요구 사항은 답이 지문의 하단부에 있다.

결론이나 미래에 대한 전망, 계획 또는 제안이나 요구, 요청 사항은 본문의 후반부에 주로 등장한다. 지문의 후반부에서 Please, You should/need/have to의 표현을 잡자.
지문의 하단부 "Please make sure to bring this receipt with you to the arena after printing it."에서 영수증을 출력해서 공연장으로 가져오라고 언급하고 있으므로 정답은 (A)이다.

Questions 149-151 refer to the following invoice.

From: Allan Fresh Goods Inc.
　　　44TO 21Q
　　　Canons Park Avenue, London

Invoice:

Billed to:

Mr. Vernon Dunn

Gordon Bistro

150 Shipped to
→ Some items will be delivered.

Shipped to (on May 21)
Gordon Bistro
231 Marble Arch, London

149 업종 – 표의 구체적인 명목

Product No.	Quantity	Product Description
31PP	6	Carton of Potatoes
71RC	4	Carton of Sweet Onions
*32RX	5	Can of Tuna
12VC	7	Bag of flour
43BN	4	Sanitary Rubber gloves

* Product **32RX** will be shipped on May 22 as it is currently out of stock.

151 currently out of stock
→ temporarily unavailable

오답 함정 149
(A) 32RX 제품이 현재 재고가 없다고 언급하고 있으므로 배송회사가 아닌,
　　해당 제품을 취급하는 식품 공급업체임을 알 수 있다.
(C) 제품을 배송 받는 장소가 식당(Gordon Bistro)이다.

---

149. What type of business most likely is Allan Fresh Goods Inc.?
(A) A delivery firm
(B) A food supplier
(C) A restaurant
(D) A farm

Allan Fresh Goods Inc. / 업종
ㄴ, 표의 구체적인 명목들을
확인하여 답을 찾는다.

150. According to the invoice, what will most likely happen on May 21?
(A) Some forms will be submitted.
(B) Documents will be filed.
(C) Some items will be delivered.
(D) A payment will be made in full.

happen / May 21
ㄴ, 키워드 주변에서 정답을 찾자.

151. What is indicated about the tuna cans?
(A) They were delivered to a wrong address.
(B) They are temporarily unavailable.
(C) They are no longer produced.
(D) They are on sale at the moment.

tuna cans
ㄴ, 또 다른 키워드 32RX를 찾아
정답을 구한다.

문제 149-151은 다음 청구서를 참고하시오.

발신: Allan Fresh Goods Inc.
44TO 21Q
Canons Park Avenue, London

주문서:
지불인: **배송지 (5월 21일)**
Vernon Dunn 씨   Gordon Bistro
Gordon Bistro   231 Marble Arch, London

제품 번호	수량	제품 설명
31PP	6	감자 상자
71RC	4	양파 상자
*32RX	5	참치 통조림
12VC	7	밀가루 푸대
43BN	4	위생 고무장갑

* 32RX 제품은 현재 재고가 없기 때문에 5월 22일에 발송될 것입니다.

어휘 **ship** 출하하다, 배송하다 **description** 설명 **sanitary** 위생적인, 위생의 **currently** 현재 **out of stock** 재고가 없는

---

149. Allan Fresh Goods Inc.는 어떤 기업인 것 같은가?

(A) 배송 회사
(B) 식품 공급업체
(C) 식당
(D) 농장

STEP 1   업종을 묻는 문제는 표의 구체적인 명목들이 답을 보여 준다.

표에 있는 구체적인 품목들이 회사에 대한 정보를 보여 준다. 청구서의 제품 설명 항목(Potatoes, Sweet Onions, Tuna, Flour, Sanitary rubber gloves)을 통해 Allan Fresh Goods Inc.는 식품 공급업체인 것을 유추할 수 있으므로 정답은 (B)이다.

STEP 2   오답 분석

(A) 지문의 "Product 32RX will be shipped on May 22 as it is currently out of stock."에서 현재 32RX 제품이 재고가 없다고 언급하고 있으므로 배송 회사가 아님을 알 수 있다.
(C) 제품을 받는 장소가 식당(Gordon Bistro)이므로 오답이다.
(D) 감자와 양파를 공급 받는 장소이므로 오답이다.

---

150. 청구서에 따르면, 5월 21일에 무슨 일이 일어날 것 같은가?

(A) 일부 양식이 제출될 것이다.
(B) 서류가 철해질 것이다.
(C) 일부 제품들이 배달될 것이다.
(D) 지불금이 전액 납부될 것이다.

STEP 1   답은 항상 키워드 옆에 있다.

키워드 5월 21일을 검색하자. Shipped to (on May 21)에서 5월 21일에 주문품이 배송될 것임을 알 수 있고, 지문의 하단부 "Product 32RX will be shipped on May 22"에서 32RX는 5월 22일에 발송될 것임을 언급하고 있다. 따라서 32RX를 제외한 대부분의 주문품이 5월 21일에 배송될 것이므로 정답은 (C)이다.

---

151. 참치 통조림에 대해 언급된 것은 무엇인가?

(A) 잘못된 주소로 배송되었다.

(B) 일시적으로 구매가 불가능하다.

(C) 더 이상 생산되지 않는다.

(D) 현재 할인 중이다.

STEP 1   키워드 옆에 답이 없는 경우는 또 다른 키워드를 남긴다.

문제 중에서 제시된 키워드를 본문에서 찾으면 그 근처에 답이 있다. 키워드 근처에 있는 내용이 보기 중의 답에 해당하지 않으면 또 다른 키워드를 남기게 된다. 이때, 또 다른 키워드를 연결하여 답을 찾아야 한다.

키워드 tuna cans를 지문에서 검색하자. 지문의 표에서 참치 통조림(Can of Tuna)의 제품 번호가 32RX임을 확인한 뒤에, 키워드 32RX를 검색하자. 지문의 하단부 "Product 32RX will be shipped on May 22 as it is currently out of stock."에서 32RX 제품은 현재 재고가 없음을 언급하고 있으므로 일시적으로 구입할 수 없다는 (B)가 정답이다. 지문의 currently out of stock이 보기의 temporarily unavailable로 paraphrasing됐다.

STEP 2   오답 분석

(A), (C)는 지문에서 언급되지 않았으므로 오답이다.

(D) 지문의 "Product 32RX will be shipped on May 22 as it is currently out of stock."에서 현재 재고가 없다고 언급하고 있으므로 할인 중이라는 (D)는 오답이다.

Questions 152-153 refer to the following letter.

Elaine Morgan
3341 Canary Wharf
North London, MQ 2094

August 21

Wilbert Manning
214 Hounslow South
South London, TR0091

Dear Mr. Manning,

> **152** extend my sincere gratitude to you
> → express appreciation

I am writing to extend my sincere **gratitude** to you for being my professional reference. I strongly believe the reference letter you have written to support my application helped me **take over the position** of social and political news **reporter at RQBC Station**.

> **153** reporter at RQBC Station
> → a broadcasting company

I have learned a lot while working under you, particularly through broadcasting new stories in multiple languages, which gave me a great chance to get myself ready for this new position. **Now, I am not only reporting live** in Chinese and Japanese, but also enjoying the challenge of translating international political news stories.

Thank you again for your help.

> 오답 함정 153-D
> Morgan 씨의 리포터 업무에 대해 언급한 내용
> 으로 지문에서 연상할 수 있는 오답에 주의한다.

Yours sincerely,
Elaine Morgan

Elaine Morgan

152. What is the main purpose of Ms. Morgan's letter?
(A) To ~~accept~~ a job offer
(B) To ~~report~~ a political issue
(C) To express appreciation
(D) To correct some personal information

목적 / 상
ㄴ. 목적은 지문의 상단부를
확인하자.

153. Where does Ms. Morgan work?
(A) At a local newspaper
(B) At a broadcasting company
(C) At a charity organization
(D) At a language institution

Ms. Morgan / 업종
ㄴ. 편지에 언급되는
직업 관련 표현을 확인하자.

Elaine Morgan
3341 Canary Wharf
North London, MQ 2094

8월 21일

Wilbert Manning
214 Hounslow South
South London, TR0091

Manning 씨께

제 직업 추천인이 되어 주신 것에 진심어린 감사 인사를 드리고자 이 편지를 씁니다. 제 지원서를 뒷받침하고자 작성해 주신 추천서가 RQBC Station(방송국)에서 제가 사회 정치 뉴스 리포터 자리를 인계받는 데 도움이 된 것 같습니다.

전 Manning 씨 밑에서 근무하면서, 특히 다국어로 하는 새로운 이야기 방송을 통해서 많은 것을 배웠으며, 이를 통해 제 스스로가 새로운 직책을 준비할 수 있는 좋은 기회를 얻었습니다. 이제 저는, 중국어와 일본어로 생방송을 진행할 뿐만 아니라, 국제 정치 보도 기사 번역이라는 도전도 즐기고 있습니다.

다시 한 번, 도와주셔서 감사합니다.

Elaine Morgan

Elaine Morgan

어휘 **extend** 더 넓게 만들다, 주다, 베풀다 **sincere** 진심어린 **gratitude** 감사 **professional** 전문적인, 직업과 관련된 **reference** 추천서 **strongly** 강력하게 **reference letter** 추천서 **application** 지원, 지원서 **take over** (기업, 업무 등을) 인수하다 **position** 일자리, 직위 **social** 사회의 **political** 정치의 **reporter** 리포터, 기자 **particularly** 특히 **broadcast** 방송하다 **multiple** 다양한, 다중의 **language** 언어 **get ready for** ~에 대비하다 **report** 보도하다 **challenge** 도전 **translate** 번역하다 **international** 국제적인

---

152. Morgan 씨가 편지를 쓴 주요 목적은 무엇인가?
(A) 일자리 제안을 수락하기 위해
(B) 정치적 문제를 보도하기 위해
(C) 감사를 표하기 위해
(D) 일부 개인 정보를 정정하기 위해

STEP 1 목적은 처음 두 줄에 90% 답이 있다.

지문의 상단부 "I am writing to extend my sincere gratitude to you for being my professional reference."에서 Morgan 씨가 자신의 직업 추천인이 되어 준 Manning 씨에게 감사 인사를 전하기 위해 편지를 작성했다는 목적을 언급하였으므로 정답은 (C)이다.

STEP 2 오답 분석

(A) 지문의 "the reference letter ~ helped me take over the position"에서 이미 일자리를 인계받았다는 것을 알 수 있으므로 오답이다.
(B) 지문에서 "political news"가 언급됐지만, 정치적 문제를 보도하기 위한 것이 편지의 주요 목적은 아니므로 오답이다.
(D)는 지문에서 언급되지 않았으므로 오답이다.

153. Morgan 씨는 어디에서 일하는가?

(A) 지역 신문사에서

(B) 방송국에서

(C) 자선 단체에서

(D) 어학원에서

STEP 1 I/You/제3자를 확인하고 각각의 직업을 파악하라.

편지/이메일을 보내거나 받는 사람과 관련된 문제의 경우 I와 You 그리고 본문 중에 언급되는 제3자를 찾아서 직업과 관련 정보를 정리해야 한다. 주로 사람이나 회사 이름을 키워드로 하여 직위, 회사의 업종, 부서, 직업 등을 묻는다.

Morgan 씨가 근무하는 회사 업종을 묻는 문제로, 편지 하단부를 통해 Morgan 씨가 편지를 작성한 I임을 알 수 있다. 지문의 "the reference letter ~ news reporter at RQBC Station"에서 RQBC Station(방송국)에서 리포터 자리를 인계 받았다는 언급을 통해 Morgan 씨가 방송국에서 리포터로 근무하고 있음을 알 수 있다. 따라서 정답은 (B)이다.

STEP 2 오답 분석

(A), (C) 지문의 "reporter at RQBC Station"을 통해 방송국에서 리포터로 근무하고 있음을 알 수 있으므로 오답이다.

(D) 지문의 "translating international political news stories"에서 language institution(어학원)을 연상할 수 있지만, 해당 부분은 Morgan 씨의 리포터 업무에 대해 언급한 내용이므로 오답이다. 지문의 단어에서 연상할 수 있는 보기에 유의해야 한다.

Questions 154-156 refer to the following e-mail.

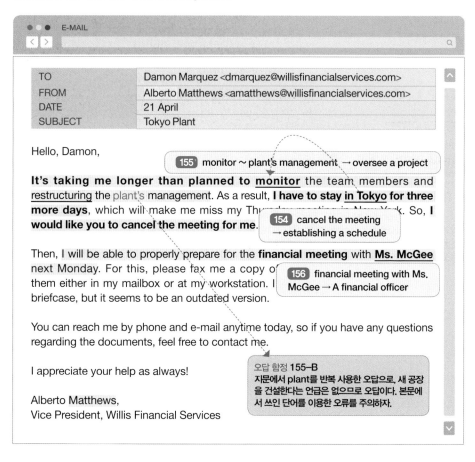

TO   Damon Marquez <dmarquez@willisfinancialservices.com>
FROM   Alberto Matthews <amatthews@willisfinancialservices.com>
DATE   21 April
SUBJECT   Tokyo Plant

Hello, Damon,

> **155** monitor ~ plant's management → oversee a project

It's taking me longer than planned to monitor **the team members and** restructuring the plant's management. As a result, **I have to stay in Tokyo for three more days**, which will make me miss my Th~~ursday meeting in New York~~. So, **I would like you to cancel the meeting for me**.

> **154** cancel the meeting → establishing a schedule

Then, I will be able to properly prepare for the **financial meeting** with **Ms. McGee** next Monday. For this, please fax me a copy o~~f~~

> **156** financial meeting with Ms. McGee → A financial officer

them either in my mailbox or at my workstation. I ~~have the~~ briefcase, but it seems to be an outdated version.

You can reach me by phone and e-mail anytime today, so if you have any questions regarding the documents, feel free to contact me.

I appreciate your help as always!

Alberto Matthews,
Vice President, Willis Financial Services

> 오답 함정 155-B
> 지문에서 plant를 반복 사용한 오답으로, 새 공장을 건설한다는 언급은 없으므로 오답이다. 본문에서 쓰인 단어를 이용한 오류를 주의하자.

---

154. Why did Mr. Matthews write the e-mail?
(A) ~~To report on~~ the status of a restructuring project
(B) To ask for help with establishing a schedule
(C) To arrange an interview with an applicant
(D) To request assistance with a ~~building project~~

목적
ㄴ. 지문 상단부에 집중해 듣자.

155. Why is Mr. Matthews in Tokyo?
(A) To close a deal
(B) To ~~construct~~ a new plant
(C) To enjoy a holiday
(D) To oversee a project

이유 / Mr. Matthews / in Tokyo
ㄴ. 키워드 in Tokyo 앞뒤에서 정답을 찾는다.

156. Who most likely is Ms. McGee?
(A) A shop assistant
(B) A financial officer
(C) A building designer
(D) A plant supervisor

Ms. McGee / 직업
ㄴ. 키워드 앞뒤에서 정답을 찾는다.

문제 154-156 다음 이메일을 참조하시오.

수신	Damon Marquez 〈dmarquez@willisfinancialservice.com〉
발신	Alberto Matthews 〈amatthews@willisfinancialservice.com〉
날짜	4월 21일
제목	도쿄 공장

안녕하세요, Damon 씨

팀원들과 공장 관리 구조조정을 모니터링하는 게 계획한 것보다 시간이 더 걸리고 있습니다. 결과적으로, 저는 도쿄에서 3일 더 머물러야 하고요. 그래서 뉴욕에서 열리는 목요일 회의에 빠지게 될 겁니다. 그래서 당신이 그 회의를 취소해 주셨으면 좋겠습니다.

그러면, 다음 주 월요일 McGee 씨와의 재무 회의를 제대로 준비할 수 있을 것입니다. 이를 위해, 문서 사본을 제게 팩스로 보내주세요. 제 우편함이나 근무지에서 찾으실 수 있습니다. 서류 가방에 사본을 챙겨왔다고 생각했는데, 이전 자료인 것 같습니다.

오늘 언제라도 전화와 이메일로 연락이 가능하니까, 서류에 관해 질문 있으면, 언제든지 연락 주십시오.

늘 그렇듯 당신의 도움에 감사드립니다!

Alberto Matthews 올림
Willis Finance Services 부사장

어휘 restructure 구조조정하다   plant 공장   miss 놓치다   cancel 취소하다   properly 제대로, 적절히
prepare for ~를 준비하다   financial 재정의, 재무의   find 찾다   briefcase 서류 가방   outdated 구식인
reach 연락하다   regarding ~에 관하여   appreciate ~을 감사하다

---

154. Matthews 씨는 왜 이메일을 작성했는가?

(A) 구조조정 프로젝트의 진행 상황을 보고하기 위해
(B) 일정 조정에 도움을 요청하기 위해
(C) 지원자와의 인터뷰를 마련하기 위해
(D) 건축 프로젝트에 대한 도움을 요청하기 위해

STEP 1   목적은 처음 두 줄에 90% 정답이 있다.

목적은 본문의 상단부에서 주로 언급된다. 지문의 "I would like you to cancel the meeting for me"에서 회의를 취소해 줄 것을 요청하고 있으므로 일정 변경에 도움을 요청하기 위해 이메일을 작성했다는 (B)가 정답이다. 지문의 I would like you to cancel the meeting은 보기의 ask for help with establishing a schedule로 paraphrasing됐다.

STEP 2   오답 분석

(A) 지문 상단부의 "It's taking me longer than planned to monitor"를 보면 진행 상황 보고인 듯하지만 결국 일정 변경을 요청하고자 이메일을 작성했으므로 오답이다.
(C)는 지문에서 언급되지 않았으므로 오답이다.
(D) 도움을 요청하기 위한 것(To request assistance)은 맞지만, 건축 프로젝트에 도움을 요청하는 게 아니므로 오답이다.

155. Matthews 씨는 왜 도쿄에 있는가?

(A) 거래를 체결하기 위해
(B) 새 공장을 건설하기 위해
(C) 휴가를 즐기기 위해
(D) 프로젝트를 감독하기 위해

STEP 1 답은 항상 키워드 옆에 있다.

이메일의 발신자는 Matthews 씨로, 지문의 "I have to stay in Tokyo for three more days"에서 도쿄에서 3일 더 머물러야 함을 언급하였다. 또, 바로 앞 문장인 "It's taking ~ management"에서 직원 감독과 공장 관리 시스템의 구조조정 모니터에 계획했던 것보다 많은 시간이 걸리고 있다는 구체적인 이유를 언급하고 있으므로 정답은 (D)이다.

STEP 2 오답 분석

(A), (C)는 지문에서 언급되지 않았으므로 오답이다.
(B) 지문에서 plant를 언급하고 있지만, 공장 관리 시스템의 구조조정(restructuring the plant's management)이라는 언급만 있으므로 오답이다.

---

156. McGee 씨는 누구일 것 같은가?

(A) 점원
(B) 재무 담당자
(C) 건축 디자이너
(D) 공장 감독관

STEP 1 사람 이름은 항상 중요한 키워드이다.

문서에 다수의 사람들이 등장하는 경우, 사람들의 직업이나 요구 사항들을 따로 정리하면서 문서를 읽어야 한다. 특히 I/You/제3자 등의 관계를 파악하면서 내용을 정리해야 한다.
지문에서 McGee 씨가 언급된 부분을 찾자. 지문의 "I will be able to ~ Ms. McGee next Monday"에서 다음 주 월요일에 제3자인 McGee 씨와 재무 회의가 있을 거라고 언급하고 있다. 따라서 McGee 씨는 재무 관련 업무를 담당하고 있는 사람임을 알 수 있으므로 정답은 (B)이다.

Questions 157-158 refer to the following text-message chain.

● ● ● ○ ○   🔋

Robyn Median 10:23 A.M.
The clients from Japan are here in the conference room. Should we begin the meeting without you?

Cathy Mendez 10:24 A.M.
Yes, please go ahead. I will be there in about 15 minutes.

Robyn Median 10:25 A.M.
OK. We'll start with the outline, and then move onto the new functions of our model. Can you be here by 10:40?

Cathy Mendez 10:26 A.M.
I think I will be able to make it.

> **158** you should talk about the new technologies → Mendez's specialty
> : Technology

Robyn Median 10:26 A.M.
Good. I believe **you should talk about the new technologies** we have applied to the new product. **It's your field.**

Cathy Mendez 10:27 A.M.
Absolutely! Thank you.

---

157. At 10:24 A.M., what does Ms. Mendez most likely mean when she writes, "Yes, please go ahead"?
(A) She wants Ms. Median to follow a schedule.
(B) She thinks they should hold the meeting at another place.
(C) She suggests starting a business event ~~a little later~~.
(D) She needs some more details about a project.

화자 의도 파악 문제
ㄴ. 해당 위치의 위아래 문맥을 파악하자.

158. According to Ms. Median, what is Ms. Mendez's specialty?
(A) Sales
(B) Technology
(C) Advertising
(D) Distribution

키워드 Ms. Mendez's specialty
ㄴ. Median 씨의 대사에서 Mendez 씨는 대명사 you로 언급된다.

문제 157-158은 다음 문자 메시지를 참조하시오.

Robyn Median [오전 10시 23분]
일본에서 오신 고객들이 이곳 회의실에 계십니다. 당신 없이 회의 시작할까요?

Cathy Mendez [오전 10시 24분]
네, 먼저 하세요. 저는 한 15분 후에 거기 도착할 것 같습니다.

Robyn Median [오전 10시 25분]
네. 개요로 시작해서, 저희 모델의 새로운 기능으로 넘어가겠습니다. 10시 40분까지 이곳에 오실 수 있나요?

Cathy Mendez [오전 10시 26분]
가능할 것 같습니다.

Robyn Median [오전 10시 26분]
알겠습니다. 신제품에 적용시킨 신기술은 당신이 이야기해야 할 것 같아요. 당신 분야잖아요.

Cathy Mendez [오전 10시 27분]
물론이죠! 감사합니다.

어휘 conference room 회의실   outline 개요   move onto ~로 이동하다   function 기능   make it 도착하다
technology 기술   apply to ~에 적용하다   field 분야

---

157. 오전 10시 24분에 Mendez 씨가 "Yes, please go ahead(네, 먼저 하세요)"라고 작성한 것은 무엇을 의미하는 것 같은가?

(A) 그녀는 Median 씨가 일정표를 따르길 원한다.
(B) 그녀는 그들이 다른 장소에서 회의를 열어야 한다고 생각한다.
(C) 그녀는 기업 행사 시작을 조금 뒤로 늦추기를 제안하고 있다.
(D) 그녀는 프로젝트에 관해 더 많은 상세 정보가 필요하다.

STEP 1   온라인 채팅의 '의도' 문제는 위아래 연결어가 있거나 전체적인 상황을 포괄적으로 묘사하는 것이 답이다.

바로 앞에서 Median 씨의 질문 "Should we begin the meeting without you?(당신 없이 회의를 시작할까요?)"에 대해 Mendez 씨는 "Yes, please go ahead.(네, 먼저 하세요)"라고 언급하고 있다. 따라서 Mendez 씨는 Median 씨가 회의를 일정대로 진행하길 원한다는 것을 알 수 있으므로 정답은 (A)이다.

---

158. Median 씨에 따르면, Mendez 씨의 전문 분야는 무엇인가?
(A) 영업
(B) 기술
(C) 광고
(D) 유통

STEP 1   대명사 I/You/제3자를 확인하고 각각의 직업을 파악하라.

질문의 키워드는 Mendez's specialty(Mendez 씨의 전문 분야)로, Median 씨의 대사에서 Mendez 씨는 대명사 You로 언급된다. Median 씨의 메시지 중 "I believe you should talk about the new technologies we have applied to the new product. It's your field."에서 Median 씨는 신제품에 적용시킨 신기술을 가장 잘 알고 있는 Mendez 씨가 이야기하는 것이 좋다고 이야기하고 있다. 즉, Mendez 씨의 전문 분야는 기술이므로 정답은 (B)이다.

Questions 159-160 refer to the following e-mail.

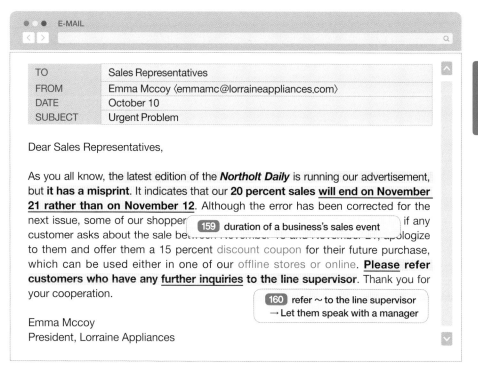

TO	Sales Representatives
FROM	Emma Mccoy ⟨emmamc@lorraineappliances.com⟩
DATE	October 10
SUBJECT	Urgent Problem

Dear Sales Representatives,

As you all know, the latest edition of the **Northolt Daily** is running our advertisement, but **it has a misprint**. It indicates that our **20 percent sales will end on November 21 rather than on November 12**. Although the error has been corrected for the next issue, some of our shopper [159 duration of a business's sales event] if any customer asks about the sale between November 12 and November 21, apologize to them and offer them a 15 percent discount coupon for their future purchase, which can be used either in one of our offline stores or online. **Please refer customers who have any further inquiries to the line supervisor**. Thank you for your cooperation.

> 160 refer ~ to the line supervisor
> → Let them speak with a manager

Emma Mccoy
President, Lorraine Appliances

---

159. What is suggested about the *Northolt Daily*?
(A) It is owned by Lorraine Appliances.
(B) It will include a business's discount coupon.
(C) It misprinted the duration of a business's sales event.
(D) It has recently started issuing a brand new publication.

키워드 Northolt Daily
∟. 문제와 보기의 키워드를 먼저 정리한 후 본문을 검색한다.

160. What should sales representatives do if customers have further questions?
(A) Tell them about new products
(B) Ask them to submit a comment online
(C) Direct them to the business's other offline stores
(D) Let them speak with a manager

소비자 / 추가 질문 시 대처 방법
∟. 지문의 하단부에서 관련 표현을 확인하자.
"Please ~"

문제 159-160은 다음 이메일을 참조하시오.

수신	영업 직원들
발신	Emma Mccoy ⟨emmamc@lorraineappliances.com⟩
날짜	10월 10일
제목	긴급 사항

영업 직원분들께

여러분 모두 아시다시피, ⟨Northolt Daily⟩ 최신호에 저희 광고를 게시하고 있는데 오타가 하나 있습니다. 일간지에는 11월 12일이 아닌, 11월 21일에 20퍼센트 할인 판매가 종료될 거라고 명시되어 있습니다. 다음 호에서는 그 오류가 정정되었지만, 저희 쇼핑객 중 일부는 이걸 알지 못할 것으로 예상됩니다. 따라서 고객이 11월 13일과 11월 21일 사이에 그 할인에 대해 문의하면, 사과하시고 추후 구매 건에 대해서 오프라인 매장이나 온라인 매장에서 사용할 수 있는 15퍼센트 할인권을 제공해 주십시오. 추가 문의 사항이 있는 고객들은 담당 라인 관리자에게 안내하시기 바랍니다. 협조해 주셔서 감사드립니다.

Emma Mccoy
Lorraine Appliances 사장

어휘 run (기사, 광고를) 싣다   advertisement 광고   misprint 오식, ~을 잘못 인쇄하다   indicate 나타내다   correct 정정하다   shopper 쇼핑객   unaware of ~을 알지 못하는   apologize 사과하다   offer 제공하다   further 추가의   inquiry 질문   cooperation 협력

---

159. ⟨Northolt Daily⟩에 대해 언급된 것은 무엇인가?

(A) Lorraine Appliances사가 소유하고 있다.
(B) 기업 할인 쿠폰을 실을 예정이다.
(C) 업체의 할인 행사의 기간을 잘못 인쇄했다.
(D) 최근에 새로운 출판물을 발행하기 시작했다.

STEP 1   '사실'인 것을 찾는 문제는 보기의 키워드를 먼저 정리한 후 본문을 검색한다.

⟨Northolt Daily⟩에 관한 것을 묻는 문제이다. 보기를 (A) owned, Lorraine Appliances (B) will include, discount coupon (C) misprinted, duration (D) started issuing, publication으로 정리한 후 본문을 검색하자. 지문의 "the latest edition of ~ rather than on November 12"에서 Northlot Daily 최신호에 할인 판매 행사 기간이 11월 12일이 아닌 11월 21일에 끝난다고 표기되어 있음을 언급하였다. 따라서 기업의 판매 행사 기간을 잘못 인쇄했다는 (C)가 정답이다.

STEP 2   오답 분석

(A) 지문의 "the latest edition of the *Northolt Daily* is running our advertisement"에서 Lorraine Appliances 기업에서 ⟨Northolt Daily⟩에 광고를 게시했음을 알 수 있지만, 소유 여부는 알 수 없으므로 오답이다.
(B) 지문에 "discount coupon"이 언급되어 있지만, ⟨Northolt Daily⟩에 할인 쿠폰이 포함될 예정이라는 언급은 없으므로 오답이다. 할인 쿠폰은 이메일을 작성한 Lorraine Appliances사의 대표가 이메일을 받는 영업직원들에게 고객들에게 제공하라고 요청한 사항이다.
(D)는 지문에서 언급되지 않았으므로 오답이다.

160. 고객들이 추가로 질문하면, 영업직원들은 무엇을 해야 하는가?

(A) 고객들에게 신제품 알려주기

(B) 고객들에게 온라인으로 후기 제출 요청하기

(C) 기업의 다른 오프라인 매장으로 안내하기

(D) 고객들이 관리자와 이야기하도록 하기

STEP 1   요구 사항은 답이 지문의 하단부에 있다.

결론이나 미래에 대한 전망, 계획 또는 제안이나 요구, 요청 사항은 본문의 후반부에 주로 등장한다. 지문의 후반부에서 Please, Why don't you/Let's, If you want, You should/need/have to, We want you/We ask you, 명령문 표현들을 잡아야 답이 나온다.

지문의 하단부 "Please refer customers who have any further inquiries to the line supervisor"에서 추가 질문이 있는 고객들을 관리자에게 안내하라고 요청하고 있다. 즉, 소비자들의 추가 질문은 관리자와의 대화로 해결될 것이므로 정답은 (D)이다.

STEP 2   오답 분석

(A) 지문의 "It indicates that our 20 percent sales will end on November 21 rather than on November 12."에서 products를 연상할 수 있지만, 신제품이 아닌, 할인 행사의 오류를 정정하고자 이메일을 보낸 것으로 오답이다.

(B), (C) 지문의 "our offline stores or online"에서 online과 offline store가 언급되어 있지만, 소비자들에게 후기 제출 요청 혹은 안내에 관한 언급은 없으므로 오답이다. 본문에서 사용된 단어를 이용한 오류를 주의하자.

Questions 161-163 refer to the following Web page.

Main	About Us	Camping	Hiking	Maps	**Information**

Please be advised that **www.placesfortourists.net**, a well-known commercial Web site that features tourism spots, 162 ates 34 Ealing Common Avenue as the **address of Sudbury Hill Reserve. But** please note that **this address** is for the **reserve's storage facility**, located at the end of an unpaved path which only reserve staff members can use.

161

The Sudbury Hill Reserve's official entrance and **visitor center** can be found at **32 Rayners Road**, about 32 kilometers from the storage facility. All visitors to the reserve are required to use the main entrance. All guided tours and trails with direction signs start from that place. **From Richmond, use freeway 34 South**, and follow **Holland River for about 4 kilometers** to the reserve's entrance. For more details, call (302) 443-9584.

163 use freeway 34 ~ to the reserve's entrance → Driving direction to the reserve

161. For whom is the information most likely intended?
(A) Daily commuters in the Sudbury Hill area
(B) Employees working at a local attraction
(C) Visitors to a reserve
(D) Road-maintenance work crews

대상자
ㄴ, 지문의 전반부에 집중해 읽자.

162. What is indicated about the Web site www.placesfortourists.net?
(A) It is only for international tourists.
(B) It is operated by Sudbury Hill Reserve.
(C) It shows incorrect information.
(D) It is scheduled to be updated.

키워드 Web site
ㄴ, 역접 접속사 But 뒤에 정답이 있다.

163. What information is included on the Web page?
(A) Driving direction to the reserve
(B) Employment opportunities for local residents
(C) A list of upcoming events in the reserve
(D) Explanations on how to purchase tickets in advance

웹사이트 게시 정보
ㄴ, 본문은 구체적이고, 정답은 포괄적이다.

문제 161-163은 다음 웹페이지를 참조하시오.

메인	회사 소개	캠핑	하이킹	지도	정보

관광 명소를 소개하는 유명 상업 웹사이트 www.placesfortourists.net에서 34 Ealing Common Avenue가 Sudbury Hill Reserve의 주소로 표기되어 있음을 알려드립니다. 하지만, 이 주소는 보호구역 직원들만이 사용할 수 있는 비포장 도로 끝에 위치한 보호구역의 저장 시설용임을 유의하시기 바랍니다.

Sudbury Hill Reserve의 공식 입구와 방문자 센터는 창고 시설에서 대략 32킬로미터 떨어져 있는 32 Rayners Road에 있습니다. 모든 보호구역 방문객들은 정문을 사용하셔야만 합니다. 모든 가이드 투어와 방향 표지판이 설치된 오솔길이 그 장소에서 시작됩니다. Richmond에서 고속도로 34 South를 사용해 약 4킬로미터 정도 Holland River를 따라 가서 보호구역 입구까지 오십시오. 더 많은 세부사항은 (302) 443-9584로 전화주시기 바랍니다.

어휘 well-known 잘 알려진 commercial 상업의, 상업적인 tourism 관광, 여행 spot 장소 reserve (동식물 등의) 보호구역 storage 저장(고), 보관(소) facility 시설 located ~에 위치한 unpaved 포장되지 않은 official 공식적인 entrance 입구 trail 오솔길 direction 방향

---

161. 누구를 위한 정보인 것 같은가?

(A) Sudbury Hill 지역의 통근자들
(B) 지역 명소에서 일하는 직원들
(C) 보호구역 방문객들
(D) 도로 정비 작업 직원들

STEP 1   지문의 대상자는 첫 부분에 주로 위치한다.

지문 상단부 "www.placesfortourists.net, a well-known ~ for the reserve's storage facility"에서 관광지 내용을 다루고 있는 웹사이트에서 Sudbury Hill Reserve의 주소가 잘못되어 있음을 언급하였다. 또 두 번째 문단 "The Sudbury Hill Reserve's ~ Rayners Road"에서 Sudbury Hill Reserve의 정문(공식적인 입구)과 방문자 센터는 32 Rayners Road에 있다고 언급하고 있으므로 정보는 Sudbury Hill Reserve의 방문객을 위해 쓰여진 것을 알 수 있다. 따라서 정답은 (C)이다.

STEP 2   오답 분석

(A), (D)는 지문에서 언급되지 않았으므로 오답이다.
(B) "The Sudbury Hill Reserve's official entrance ~ are required to use the main entrance"에서 Sudbury Hill Reserve의 공식 입구와 방문자 센터에 대한 설명과 함께, 방문객들은 정문을 이용해야 한다고 언급하고 있으므로 지역 명소에서 일하는 직원들을 위해 쓰여졌다는 (B)는 오답이다.

---

162. 웹사이트 www.placesfortourists.net에 대해 언급된 것은 무엇인가?

(A) 해외 관광객 전용이다.
(B) Sudbury Hill Reserve에서 운영한다.
(C) 잘못된 정보를 보여준다.
(D) 업데이트될 예정이다.

STEP 1   but, however, unfortunately 등 역접의 표현 뒤에 답이 있다.

지문의 "But please note that this address is for the reserve's storage facility"에서 해당 웹 사이트에서 Sudbury Hill Reserve의 주소를 잘못 보여주고 있음을 언급하였으므로 정답은 (C)이다.

STEP 2　오답 분석

(A), (D)는 지문에서 언급되지 않았으므로 오답이다.
(B) 웹 사이트에서 Sudbury Hill Reserve의 주소가 잘못되어 있음을 언급했지만, 해당 웹사이트를 Sudbury Hill Reserve에서 운영하는 건 확인할 수 없으므로 오답이다.

---

163. 웹 페이지에 어떤 정보가 포함되어 있는가?

(A) 보호구역으로 운전해 가는 방향
(B) 지역 주민의 고용 기회
(C) 보호구역에서 열릴 다가올 행사 목록
(D) 사전 티켓 구입 방법 설명

STEP 1　본문은 구체적이고 답은 항상 포괄적이다.

지문에 포함된 정보를 묻는 문제이다. 지문의 "From Richmond, use freeway 34 South, and follow Holland River for about 4 kilometers to the reserve's entrance."에서 보호구역 입구까지 운전해서 오는 길을 알려 주고 있으므로, 정답은 (A)이다.

Questions 164-166 refer to the following information.

Jakarta Eco-friendly Building Tech Fair

EXHIBITION AREA POLICY

> **164** admission to the event is limited to ~
> → who can be in the exhibit area

N BADGE

Please note that admission to the event is limited to administrators, attendees, and exhibitors from authorized organizations. Attendees must wear badges at all times when in the e

> **165** Each organization's primary contact will be given ~ to representatives participating in the show → be given to representatives

- **Each organization's primary contact will be given admission badges** for **distribution** to **representatives participating** in the show.

- **The total number of admission badges** provided to each organization will be decided according to **the size of the booth** space it has booked.

> **166** according to the size of the booth space it has booked → By reserving a bigger space

- Any individual w[____]ll will be evicted from the fair.

- Misuse of admission badges, or fake certification by any organization's personnel will result in withdrawal of its exhibit from the hall.

---

164. Why is the information written?
(A) To list amenities available to attendees
(B) To brief the reservation process
(C) To outline how to set up an exhibit
(D) To explain who can be in the exhibit area

목적 / 상
ㄴ, 지문의 상단부에서 확인하자.

165. How will badges be secured by the attendees?
(A) They will be mailed to each individual.
(B) They will be given to representatives.
(C) They must be requested online.
(D) They will be issued after check-in.

방법 / badges, secured
ㄴ, 키워드를 기준으로 지문을 검색한다.

166. How can an organization obtain more badges?
(A) By talking with the head of administration
(B) By applying for more badges at the security office
(C) By paying an additional fee
(D) By reserving a bigger space for its display

방법 / 추가 배지 받기
ㄴ, 본문은 구체적이고 정답은 항상 포괄적이다.

문제 164-166은 다음 정보를 참조하시오.

자카르타 친환경 건축 기술 박람회

전시장 정책
입장 배지

행사 입장은 관리자, 참가자, 그리고 공인된 단체의 출품자로 제한된다는 점을 유의하시기 바랍니다. 참가자들은 전시회장 안에 있는 동안에는 항상 명찰을 착용하셔야만 합니다.

- 각 단체의 주요 연락책은 전시회에 참여하는 직원들에게 배부할 수 있도록 입장 배지를 받으실 겁니다.

- 각 단체에 배부되는 입장 배지의 총 개수는 예약하신 부스 공간의 크기에 따라 결정될 것입니다.

- 공식적으로 전시장 홀에 신청하지 않은 개인은 누구든 박람회에서 퇴출될 겁니다.

- 입장 배지의 오용 또는 단체 직원들의 가짜 증명서가 있다면 행사장에서 전시를 철수하게 될 겁니다.

어휘 admission 입장 limit 제한하다 administrator 관리자 attendee 참석자 exhibitor 출품자, 참가자 authorized 공인된 organization 단체, 기구 exhibition hall 전시회장 primary 주요한 contact 연락원, 정보원 distribution 분배 individual 개인 officially 공식적으로 sign up 등록하다 evict 퇴거시키다 misuse 오용 fake 가짜의 certification 증명 personnel 직원들 result in ~을 야기하다 withdrawal 철수, 철회 exhibit 전시품

---

164. 왜 정보가 작성되었는가?
(A) 참가자들이 사용할 수 있는 편의시설을 명시하기 위해
(B) 예약 절차를 짧게 요약하기 위해
(C) 전시품 설치 방법을 설명하기 위해
(D) 전시 구역에 누가 있을 수 있는지 설명하기 위해

STEP 1 목적은 처음 두 줄에 90% 답이 있다.

해당 지문은 전시장 정책에 관한 것으로, 지문 상단부 "Please note that admission ~ from authorized organizations"에서 행사장에는 관리자, 참가자, 공인된 단체의 출품자로만 제한한다는 점을 유의하라고 언급하고 있다. 따라서 정답은 (D)이다.

---

165. 참가자는 어떻게 입장 배지를 받을 수 있는가?
(A) 배지는 각 개인에게 발송될 예정이다.
(B) 배지는 직원들에게 배부될 예정이다.
(C) 온라인으로 배지를 신청해야만 한다.
(D) 배지는 체크인 이후에 발행될 예정이다.

STEP 1 답은 항상 키워드 옆에 있다.

참가자가 어떻게 입장 배지를 확보할 수 있는지 묻는 문제로, 지문의 "Each organization's primary contact ~ in the show"에서 각 단체의 주요 연락책들은 참석한 직원들에게 배포(distribution)할 수 있게 배지를 받을 것이라고 언급하고 있다. 따라서 참석자들에게 배지가 주어질 것임을 알 수 있음으로 정답은 (B)이다.

166. 회사는 어떻게 추가 배지를 얻을 수 있는가?

(A) 행정 책임자와 이야기함으로써

(B) 경비실에 더 많은 배지를 신청함으로써

(C) 추가 요금을 지불함으로써

(D) 더 넓은 전시 공간을 예약함으로써

STEP 1 본문 중에 구체적인 단서들을 모아서 포괄적인 답을 찾는다.

더 많은 배지를 얻기 위해서 어떻게 해야 하는지를 묻는 문제이다. 지문의 "The total number of admission ~ the booth space it has booked"에서 직원들에게 배부되는 입장 배지의 총 수는 각 단체가 예약한 부스 공간의 크기에 따라 결정된다고 언급하고 있다. 따라서 정답은 (D)이다.

Goldhawk

A Valuable Source For Business Success

167

Goldhawk is a strong new-generation program **created to help design** affordable and effective **surveys.** Our user-friendly Web-based computer program enables you to easily keep track of and evaluate findings as well as create and monitor surveys.

Goldhawk provides the following:

169-D
- **Easy-to-follow instructions** that guide you each step of the way for creating surveys.

169-C
- **A vast list of sample questions, from open text to true or false formats,** including suggestions on when and how to apply each type.

- A large selection of examples of appropriate questions, **created by analyzing vital comments on quality from respondents.** 168 created by ~ from respondents
  → It collects customers' opinions
169-A
- **Various means of easy and fast ways to reach potential survey respondents by using social media, e-mail, and other methods.**

- Real-time reports with quick summaries that help you anticipate the final results of your survey.

Visit www.goldhawk.net for further details.

---

167. Why most likely would an organization use Goldhawk?
(A) To work on financial reports
(B) To create ~~various marketing materials~~
(C) To analyze the latest market trends
(D) To design ~~computer~~ programs

목적 / 상
ㄴ 지문의 상단부에서 확인하자.

168. What is indicated about the firm that developed Goldhawk?
(A) It is well-known for its affordable products.
(B) Its owner is a computer programmer.
(C) It collects customers' opinions to improve products.
(D) Its Web site shows customer comments.

Goldhawk 개발사의 특징
ㄴ 사실인 것을 찾는 문제는
문제와 보기의 키워드를 먼저
정리한 후 본문을 검색한다.

169. What is NOT stated as a feature of Goldhawk?
(A) Tips on distribution channels
(B) Clear visual aid materials
(C) Examples of survey questions
(D) User-friendly instructions

NOT / a feature of Goldhawk
ㄴ NOT question은 소거법을
이용하자.

문제 167-169는 다음 광고를 참조하시오.

Goldhawk

기업 성공을 위한 소중한 자료

Goldhawk은 저렴하고 효과적인 설문조사 제작에 도움을 드리고자 제작된 강력한 신세대 프로그램입니다. 사용하기 쉬운 웹 기반 컴퓨터 프로그램으로 설문조사를 제작, 모니터할 수 있을 뿐만 아니라 조사 결과를 파악하고 평가할 수 있습니다.

Goldhawk은 아래의 특징을 제공하고 있습니다.

- 설문지를 작성하는 각 단계별 방법을 안내하는 쉬운 설명
- 각 유형에 언제, 어떻게 적용시킬 지에 대한 조언과 함께 오픈 텍스트부터 참거짓 포맷까지 방대한 샘플 질문 리스트
- 응답자로부터 받은 설문조사 품질 관련한 중요한 의견을 분석해 제작된 다양하고 적절한 질문지 모음
- 소셜 미디어, 이메일과 다른 방식을 사용하여, 잠재적인 설문 응답자에게 도달할 수 있는 쉽고 빠른 다양한 수단 방법
- 설문조사의 최종 결과 예측에 도움이 되는 빠른 요약 내용이 담긴 실시간 보고서

더 자세한 내용은 www.goldhawk.net을 방문하세요.

어휘 **valuable** 소중한, 귀중한 **source** 원천 **design** 설계하다 **user-friendly** 사용하기 쉬운 **Web-based** 웹에 기반을 둔 **keep track of** 파악하다, 추적하다 **vast** 어마어마한 **including** ~을 포함하여 **suggestion** 제안 **appropriate** 적절한 **analyze** 분석하다 **vital** 필수적인, 중요한 **comment** 후기, 의견 **means** 수단 **reach** 연락하다, 도달하다 **potential** 잠재적인 **respondent** 응답자 **method** 수단, 방법 **summary** 요약 **anticipate** 기대하다 **result** 결과

---

167. 왜 기관에서 Goldhawk을 사용할 것 같은가?

(A) 재무 보고서를 작성하기 위해
(B) 다양한 마케팅 자료를 제작하기 위해
(C) 최신 시장 동향을 분석하기 위해
(D) 컴퓨터 프로그램을 디자인하기 위해

STEP 1 목적은 처음 두 줄에 90% 답이 있다.

Goldhawk의 사용 목적을 묻는 문제이다. 지문 상단부의 "Goldhawk is a strong new-generation program created to help design affordable and effective surveys."에서 Goldhawk 프로그램은 설문조사지 제작을 위해 개발된 프로그램임을 언급하였다. 즉, 기관들은 설문조사 진행을 위해 Goldhawk을 사용하는 것이므로, 정답은 (C)이다.

STEP 2 오답 분석

(A), (B) 지문에서 "Our user-friendly Web-based ~ create and monitor surveys"에서 재무 보고서/마케팅 자료가 아닌 설문조사지 제작을 위해 Goldhawk을 사용하는 것으로 오답이다.
(D) 지문에서 program은 언급되었지만, 컴퓨터 프로그램을 디자인하기 위해 Goldhawk을 사용하는 것이 아니므로 오답이다.

168. Goldhawk을 개발한 회사에 대해서 언급된 것은 무엇인가?

(A) 저렴한 제품으로 잘 알려져 있다.

(B) 소유주는 컴퓨터 프로그래머이다.

(C) 제품 개선을 위해 고객의 의견을 수집한다.

(D) 웹 사이트는 고객의 의견을 보여준다.

STEP 1   '사실'인 것을 찾는 문제는 보기의 키워드를 먼저 정리한 후 본문을 검색한다.

보기의 키워드를 (A) affordable products (B) Its owner, computer programmer (C) collects customers' opinion (D) Web site, customer comments로 정리한 후 본문을 검색하자. Goldhawk의 특징 중 "A large selection of examples of appropriate questions, created by analyzing vital comments on quality from respondents."에서 응답자로부터 받은 의견을 분석해 질문지가 제작되었음이 언급되어 있다. 즉, Goldhawk을 개발한 회사는 제품 개선을 위해 고객의 의견을 수집한다는 것을 알 수 있으므로 정답은 (C)이다.

STEP 2   오답 분석

(A), (B), (D)는 지문에서 언급된 사항이 없으므로 오답이다.

---

169. Goldhawk의 특징으로 언급되지 <u>않은</u> 것은 무엇인가?

(A) 유통 경로에 관한 조언

(B) 명확한 시각 자료

(C) 설문지 질문 예시

(D) 사용하기 쉬운 설명

STEP 1   NOT Question은 소거법을 이용한다.

언급되지 않은 것을 묻는 문제로 지문에서 언급된 것을 보기와 대조해 소거한 후 정답을 남긴다.

(A) 지문의 "Various means of easy and fast ways to reach potential survey respondents by using social media, e-mail, and other methods."에서 다양한 유통 채널을 이용해 잠재 고객과 연락이 가능함을 언급하였다.

(C) 지문의 "A vast list of sample questions, from open text to true or false formats"에서 방대한 샘플 질문 목록이 있음을 언급하였다.

(D) 지문의 "Easy-to-follow instructions that guide you each step of the way for creating surveys."에서 설문지 제작 방법을 쉽게 설명하고 있음을 언급하였다. 따라서 지문에서 언급되지 않은 (B)가 정답이다.

Questions 170-171 refer to the following report.

Today's business issue

Fresh fruit sales in the nation have decreased by almost thirty percent this quarter. This sudden and huge drop has surprised some people, although this year's severe weather conditions were expected to negatively affect the overall yield of fresh fruit. Local restaurants and cafes attributed a considerable increase in the prices of their menu items containing fruit ingredients to

> **170** a considerable increase in the prices → higher prices

a rise in the wholesale price of fresh fruit. To make up for losses in sales, **many are modifying their menu items not to contain any fruit.** For instance, un uit

> **171** modifying their menu ~ any fruit → selling alternative products

ingredients. Since fruit market conditions vary depending on the weather unlike other industries, conventional approaches such as customer discounts and advertisements are not effective solutions.

170. According to the report, what has caused a change in fresh fruit consumption trends?
(A) Higher prices
(B) New advertising strategies
(C) Fierce competition
(D) Consumers' variable tastes

원인 / a change in fresh fruit consumption
ㄴ, 본문 중에서 구체적인 단서들을 찾자.

171. What are businesses doing to respond to the trend?
(A) Offering various discounts
(B) Selling alternative products
(C) Opening longer hours than usual
(D) Advertising more than before

businesses / 트렌드에 대한 대처 방법
ㄴ, 지문은 구체적이고 정답은 포괄적이다.

TEST 2 해설

오늘의 사업 쟁점

국내 신선 과일 판매량이 이번 분기에 약 30% 감소했습니다. 올해 발생한 악천후가 신선 과일의 전체 생산량에 부정적인 영향을 미칠 것으로 예상은 되었지만, 이런 갑작스러운 큰 하락으로 일부 사람들이 놀라게 됐습니다. 신선 과일의 도매 가격이 상승하자 지역 식당과 카페는 과일 재료가 들어간 메뉴 가격을 크게 인상시켰습니다. 매출 손실을 만회하기 위해, 많은 가게에서 과일을 넣지 않는 메뉴로 수정하고 있습니다. 예를 들어, Vauxahall에 있는 Priscilla Bistro는 과일 재료를 넣지 않은 디저트와 음료를 판매하기 시작했습니다. 과일 시장 상황은 다른 산업과 달리 날씨에 따라 변동되기 때문에, 고객 할인과 광고 같은 기존 방식은 효과적인 해결책이 아닙니다.

어휘 decrease 줄다, 감소하다 sudden 갑작스러운 huge 거대한 drop 하락 severe 극심한 negatively 부정적으로 affect 영향을 미치다 overall 전반적인 yield 생산량 attribute A to B A는 B로 인해 발생하다 considerable 상당한 increase 증가, 인상 ingredient 재료 wholesale 도매의 make up for 보상하다 loss 손실 modify 수정하다 contain 포함하다 serve 제공하다 vary 다르다 depending on ~에 따라 industry 산업 conventional 관습적인 approach 접근법 advertisement 광고 effective 효과적인 solution 해결책

---

170. 보고서에 따르면, 무엇 때문에 신선 과일 소비 트렌드에 변화가 생겼는가?

(A) 더 높아진 가격
(B) 신규 광고 전략
(C) 치열한 경쟁
(D) 소비자의 자주 바뀌는 입맛

STEP 1   답은 항상 **paraphrasing**된다.

지문의 "Fresh fruit sales ~ decreased ~ this quarter"에서 과일의 소비가 줄었다는 트렌드를 언급하고, Local restaurants ~ 이하에서 도매 가격의 상승으로 과일이 포함된 메뉴의 가격을 올렸다고 언급하고 있으므로, 이러한 과일 소비의 트렌드를 변화시킨 원인은 보기 중에서 높아진 가격이므로 정답은 (A)이다.

---

171. 동향에 대응하기 위해 사업체는 무엇을 하고 있는가?

(A) 다양한 할인 제공
(B) 대체 상품 판매
(C) 평소보다 더 오랜 시간 영업
(D) 전보다 더 많은 광고 집행

STEP 1   본문은 구체적이고 답은 항상 포괄적이다.

문제의 키워드가 본문에서 paraphrasing되어 있기 때문에 유사한 의미의 단어를 검색하면 그 근처에 답이 있다. 질문의 키워드 businesses는 유사 어휘인 local restaurants and cafes로 지문에서 언급된다. 지문의 "To make up for losses in sales, many are modifying their menu items not to contain any fruit."에서 매출 손실을 보충하기 위해, 사업체 대다수가 과일을 필요로 하지 않는 메뉴로 변경하고 있다고 언급하고 있다. 따라서 정답은 (B)이다.

Questions 172-175 refer to the following information.

Canons Nation_____ RA)

> 172 new restriction policies
> → some updated policies

Canons Nationa_____ d itself and mainland shorelines. Please be advised that **new restriction policies** to access the reserve will be implemented this spring. People who are not members of an approved tour will be not permitted to step on Canons Island. This policy also applies to individuals who may intend to come to the island independently with their private boats. Anchoring offshore or viewing the island from the water is allowed, but making landfall is not.

Approved visitors can enjoy CNRA's official **boat tours, which** leave at **three-hour intervals** beginning at 9 A.M. daily year [174-B] The last boat tour departs at 5 P.M. from April to September, and at 3 P.M. from October to February. Contact us at 04 6654 4832 to make a booking. **The boat tour** includes a one-hour visit to the island, where migratory birds can be observed. The visit is **led by an authorized CNRA reserve guide.**

173

Bookings and Payment

> 175 shorten your tour
> → last a shorter time than planned

Unless your group arrives at the scheduled time, to avoid disrupting subsequent trips, CNRA reserves the right to **shorten your tour** if necessary. Rescheduling is not p[174-D] Each tour is limited to 12 members. If the number of members in your group is less than 10, CNRA reserves the right to add other visitors to your tour. Tickets are £15 per person for those over 13 years old and £8 per child un[174-C] To hold a reservation, a deposit of £4 per person is required, which will be credited to the total admission fee for your party and is nonrefundable.

172. What is announced in the information?
(A) New transportation services
(B) Some updated policies
(C) An increase in admission fees
(D) New tourist attractions

주제 / 상
ㄴ 지문의 상단부에서 확인하자.

173. What is suggested about visitors to Canons Island?
(A) They ~~must use~~ their own boats to visit the Island.
(B) They are not allowed to fish near the Island.
(C) They must be with a guide to tour the Island.
(D) They are forbidden to feed the Island's wildlife.

사실인 것을 찾는 문제
ㄴ 문제와 보기의 키워드를 먼저
정리한 후 본문을 검색한다.

174. What is NOT stated about CNRA tours?
(A) Individuals cannot reserve a spot on a day tour.
(B) Tour schedules are different depending on the season.
(C) Payment has to be made in advance.
(D) The total number of people in a group is limited.

NOT / CNRA tours
ㄴ NOT Question은 소거법을
이용하자.

175. What will probably happen if a group is late for their tour?
(A) It may be called off immediately.
(B) It may require additional costs.
(C) It may be postponed to a different day.
(D) It may last a shorter time than planned.

단체 여행자 / 지각
ㄴ 지문 하단부를 집중하여 읽자.

문제 172-175는 다음 정보를 참조하시오.

Canons National Reserve Administration (CNRA)

Cannons National Reserve는 Canons Island와 본토 해안가를 자랑합니다. 보호구역 접근 관련 신규 규제 정책이 올 봄에 실행될 예정임을 숙지해 주십시오. 승인받은 투어 회원이 아닌 분들은 Canons Island에 들어가실 수 없습니다. 이 정책은 개인 배로 독자적으로 섬에 오려는 개인에게도 적용됩니다. 앞바다에 정박하거나 바다에서 섬을 보는 것은 허용되지만 상륙은 허용되지 않습니다.

승인받은 방문객은 CNRA의 공식 보트 투어를 즐기실 수 있습니다. 이 투어는 일 년 내내 매일 오전 9시부터 3시간 간격으로 출발합니다. 마지막 보트 투어는 4월에서 9월까지 오후 5시에 출발하고, 10월에서 2월까지는 오후 3시에 출발합니다. 예약하시려면 04 6654 4832로 연락주세요. 보트 투어에는 1시간 섬 방문이 포함되는데, 여기서 철새를 관찰할 수 있습니다. 이 방문은 공인 CNRA 보호구역 가이드가 진행합니다.

예약 및 결제
여러분의 그룹이 예정된 시간에 도착하지 않으면, 이후 여행에 차질을 빚지 않기 위해, CNRA는 필요에 따라 여행 시간을 단축할 권한이 있습니다. 일정 변경은 불가능합니다. 각 투어는 12명으로 제한됩니다. 단체 인원 수가 10명 미만이면, CNRA는 그 투어에 다른 방문객을 추가시킬 수 있습니다. 티켓 가격은 13세 이상은 1인당 15파운드이며, 13세 이하 아이들은 1인당 8파운드입니다. 예약을 하시려면, 1인당 4파운드의 보증금이 필요하며, 이것은 여러분의 단체 총 입장료로 사용되며 환불은 불가능합니다.

어휘 **boast** 자랑하다 **mainland** 본토 **shoreline** 해안가 **restriction** 규제 **policy** 정책 **access** 접근하다 **implement** 시행하다 **approved** 승인된 **permit** 허가하다 **step on** ~을 밟다 **individual** 개인 **intend to do** ~하려고 생각하다 **anchor** 닻을 내리다. 정박하다 **offshore** 앞바다에 **landfall** 육지 접근, 상륙 **tour** 투어, 관광 **independently** 독립적으로, 독자적으로 **private** 개인 소유의 **official** 공식적인 **interval** 간격 **year-round** 연중 계속되는 **last** 마지막의 **depart** 출발하다 **include** 포함하다 **migratory bird** 철새 **observe** ~을 보다. 관찰하다 **scheduled** 예정된 **disrupt** 방해하다 **subsequent** 그 다음의 **shorten** 단축하다 **limit** 제한하다 **credit** 입금하다

---

172. 정보에서 무엇을 알리는가?
(A) 새로운 교통 서비스
(B) 갱신된 정책
(C) 입장료의 인상
(D) 새로운 관광 명소

STEP 1   목적이나 주제는 처음 두 줄에 90% 답이 있다.

정보가 알리고 있는 내용이 무엇인지 묻는 문제로, 주제는 본문의 상단부를 확인해야 정답을 찾을 수 있다. 지문의 상단부 "Please be advised that new restriction policies to access the reserve will be implemented this spring."에서 올 봄에 보호구역 접근 관련 새로운 정책이 시행될 예정임을 알리고 있으므로 정답은 (B)이다. 본문의 new restriction policies가 보기의 Some updated policies로 paraphrasing되었다.

173. Canons Island 방문객에 대하여 무엇이 언급되는가?

(A) 그들은 자기 소유의 배를 사용해서 섬을 방문해야만 한다.
(B) 그들은 섬 근처에서 낚시를 할 수 없다.
(C) 그들이 섬을 관광하려면 가이드와 함께 해야만 한다.
(D) 그들은 섬의 야생동물에게 먹이를 줄 수 없다.

STEP 1 '사실'인 것을 찾는 문제는 보기의 키워드를 먼저 정리한 후 본문을 검색한다. 본문 중에 구체적인 단서들을 모아서 포괄적인 답을 찾자.

보기의 키워드를 (A) own boats (B) not, fish (C) with a guide (D) forbidden, feed, wildlife로 정리한 후 본문을 검색하자. 지문의 "The boat tour includes a one-hour visit to the island, where migratory birds can be observed. The visit is led by an authorized CNRA reserve guide."에서 보트 투어는 가이드의 안내에 따라 섬에서 철새 관찰 여행이 진행된다고 언급하고 있다. 따라서 정답은 (C)이다.

STEP 2 오답 분석

(A) 지문의 "This policy also applies to individuals who may intend to come to the island independently with their private boats."에서 개인 소유의 배로 독자적으로 섬을 오르는 개인들도 새로운 정책의 대상임을 언급하였으므로 오답이다.
(B), (D)는 지문에서 언급되지 않았으므로 오답이다.

---

174. CNRA 투어에 대해 언급되지 <u>않은</u> 것은 무엇인가?

(A) 개인은 일일 여행 여행지를 예약할 수 없다.
(B) 투어 일정은 계절에 따라 다르다.
(C) 결제는 사전에 이루어져야 한다.
(D) 단체 총 인원수는 제한되어 있다.

STEP 1 NOT Question은 소거법을 이용한다.

언급되지 않은 것을 묻는 문제로 지문에서 언급된 것을 보기와 대조해 소거한 후 정답을 남긴다.
(B) 지문의 "The last boat tour departs at 5 P.M. from April to September, and at 3 P.M. from October to February."에서 마지막 보트는 4월에서 9월까지 오후 5시에 출발하고, 10월에서 2월까지는 오후 3시에 출발한다고 언급하고 있으므로 계절에 따라 투어 일정이 다르다는 것을 알 수 있다.
(C) 지문의 "To hold a reservation, a deposit of £4 per person is required, which will be credited to the total admission fee for your party and is nonrefundable."에서 여행 예약을 위해서는 개인당 4파운드의 보증금을 입금해야 한다고 언급되어 있다.
(D) 지문의 "Each tour is limited to 12 members."에서 각 투어는 12명으로 제한된다고 언급하고 있다. 따라서 지문에서 언급되지 않은 (A)가 정답이다.

---

175. 단체가 지각을 하면, 무슨 일이 발생할 것인가?

(A) 즉시 취소될 수도 있다.
(B) 추가 요금이 발생할 수도 있다.
(C) 다른 날로 연기될 수도 있다.
(D) 계획보다 시간이 적게 걸릴 수도 있다.

STEP 1 추후 연락처/연락 방법/지원 방법/향후 발생 등은 지문의 하단부에 정답이 있다.

단체 여행자들이 지각했을 경우에 발생할 일을 묻는 문제로, 지문 하단부의 "Unless your group arrives at the scheduled time, ~ to shorten your tour if necessary"에서 여행하기로 한 단체가 예정된 시간에 도착하지 않으면, 필요에 따라서 여행 시간을 단축할 수 있음을 언급하였으므로 정답은 (D)이다.

Questions 176-180 refer to the following e-mail and magazine index.

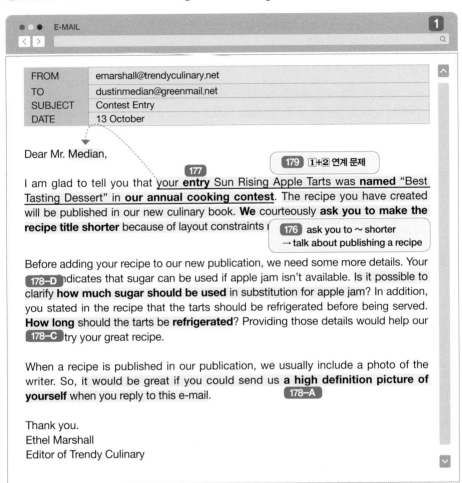

● ● ●   E-MAIL   **1**

< >

FROM	emarshall@trendyculinary.net
TO	dustinmedian@greenmail.net
SUBJECT	Contest Entry
DATE	13 October

Dear Mr. Median,

179 ⓵+⓶ 연계 문제

177

I am glad to tell you that your **entry** Sun Rising Apple Tarts was **named** "Best Tasting Dessert" in **our annual cooking contest**. The recipe you have created will be published in our new culinary book. **We** courteously **ask you to make the recipe title shorter** because of layout constraints (**176** ask you to ~ shorter → talk about publishing a recipe

Before adding your recipe to our new publication, we need some more details. Your **178-D** indicates that sugar can be used if apple jam isn't available. Is it possible to clarify **how much sugar should be used** in substitution for apple jam? In addition, you stated in the recipe that the tarts should be refrigerated before being served. **How long** should the tarts be **refrigerated**? Providing those details would help our **178-C** try your great recipe.

When a recipe is published in our publication, we usually include a photo of the writer. So, it would be great if you could send us **a high definition picture of yourself** when you reply to this e-mail. **178-A**

Thank you.
Ethel Marshall
Editor of Trendy Culinary

\<Book Index>

②

Trendy Culinary Vol.21
Recipe Index

Renowned Chefs
15 ·········· Meatball Spaghetti: A special take on the traditional dish
24 ·········· Chili Chicken: A chance to explore fun new flavors

Home Baking
29 ·········· Mom's Banana Cake: A surprisingly moist cake with mashed fresh bananas

Winner of the Annual Contest 179 1+2 연계 문제
35 ·········· Apple Tarts: A fabulous fruit dessert

Simple & Easy Cooking
40 ·········· Italian Cheese Toast: **A quick and easy snack** 180 A quick and easy snack → not difficult to cook

Secret Ingredient
44 ·········· Crushed Garlic Bread: A great-tasting bread with crushed garlic

---

176. What is the main purpose of the e-mail to Mr. Median?
(A) To ask for a deadline extension
(B) To invite him to lead a cooking class
(C) To talk about publishing a recipe
(D) To inform him about a prize he will receive

이메일 / 목적 / 상: 지문 1
ㄴ, 지문 1의 상단부에서 확인하자.

177. In the e-mail, the word "entry" in paragraph 1, line 1, is closest in meaning to
(A) beginning
(B) part
(C) submission
(D) award

동의어 찾기 문제: 지문 1
ㄴ, 단어를 기준으로 앞뒤 문장을 확인하자.

178. What is NOT mentioned as something Mr. Median needs to provide?
(A) An image of himself
(B) A new recipe
(C) The duration of a process
(D) The amount of an ingredient

NOT / Mr. Median, provide: 지문 1
ㄴ, NOT question은 소거법을 이용하자.

179. On what page is Mr. Median's recipe shown?
(A) 15
(B) 24
(C) 35
(D) 40

what page / Mr. Median's recipe: 지문 1+2
ㄴ지문 1에서 세부사항 확인 후 지문 2에서 정답을 찾는다.

180. What is suggested about the recipe on page 40?
(A) It is not difficult to cook.
(B) It requires rare ingredients.
(C) It is developed by a renowned chef.
(D) It is highly nutritious

키워드 the recipe on page 40: 지문 2
ㄴ, 키워드 앞뒤 문장을 확인하자.

문제 176-180은 다음 이메일과 잡지 색인을 참조하시오.

발신	emarshall@trendyculinary.net
수신	dustinmedian@greenmail.net
제목	대회 출품작
날짜	10월 13일

Median 씨께

귀하의 출품작 Sun Rising Apple Tarts가 저희 연례 요리 경연대회에서 "Best Tasting Dessert(최고 맛 디저트)"로 지명되었음을 말씀드리게 되어 기쁩니다. 개발하신 조리법은 저희가 출간할 새 요리책에 소개될 예정입니다. 공간 제약과 관련된 배치 제약 때문에 요리법 이름을 더 짧게 해 주시기를 정중히 요청 드립니다.

새 출간물에 귀하의 조리법을 추가하기 전에, 몇 가지 더 자세한 정보가 필요합니다. 귀하의 조리법에 의하면, 사과잼을 구하기가 힘들면, 설탕을 사용할 수 있다고 명시되어 있습니다. 사과잼 대신 설탕을 얼마나 넣어야 하는지 명확하게 알려 주실 수 있나요? 그 외에, 먹기 전에 타르트를 냉장 보관해야 한다고 조리법에 언급하셨습니다. 타르트를 얼마 동안 냉장 보관해야 하나요? 이런 세부 사항을 알려 주시면, 독자들이 훌륭한 조리법을 시도해 보는 데 도움이 될 것입니다.

조리법이 저희 출간물로 출간이 되면, 보통 작가의 사진을 싣습니다. 그래서 이메일에 답장 주실 때, 저희에게 고화질 사진을 보내 주신다면 좋을 것 같습니다.

감사합니다.
Ethel Marshall
Trendy Culinary 편집자

〈도서 색인〉

Trendy Culinary 21권
조리법 색인

유명 요리사
15 ·········· 미트볼 스파게티: 전통 요리에 대한 특별한 해석
24 ·········· 칠리 치킨: 재미있고 새로운 맛의 체험 기회

홈베이킹
29 ·········· 엄마의 바나나 케이크: 으깬 신선한 바나나를 곁들인 엄청나게 촉촉한 케이크

연례 대회 우승자
35 ·········· 사과 타르트: 기가 막힌 과일 디저트

간단하고 쉬운 요리
40 ·········· 이탈리아 치즈 토스트: 빠르고 쉽게 준비할 수 있는 간식

비밀 재료
44 ·········· 으깬 마늘빵: 으깬 마늘을 곁들인 맛있는 빵

어휘 name 지명하다 annual 연례의 culinary 요리의 courteously 정중히 constraint 제약
related to ~와 관련한 limited 제한된 publication 출판물, 간행물 indicate 보여주다 available 구매가 가능한
clarify 명확하게 하다 substitution 대용품 state 명시하다, 언급하다 refrigerate 냉장고에 보관하다
serve 내놓다, 대접하다 provide 제공하다 publish 발행하다 include 포함하다 high definition 고화질
take 해석, 의견 mashed 으깬 fabulous 굉장한 crushed 으깬, 짓찧은

176. Median 씨에게 이메일을 보낸 주요 목적은 무엇인가?

(A) 마감일 연장을 요청하기 위해
(B) 그를 초청해 요리 수업을 진행하도록 하기 위해
(C) 조리법 출간에 관해 이야기하기 위해
(D) 그가 받게 될 상에 대해 알려주기 위해

STEP 1   목적은 처음 두 줄에 90% 정답이 있다.

첫 번째 이메일의 목적을 묻는 문제로, 지문 상단부에서 정답을 찾을 수 있다. 지문 상단부 "The recipe you have created will be published in our new culinary book. We courteously ask you to make the recipe title shorter because of layout constraints related to limited space."에서 Median 씨가 개발한 조리법이 새 요리 책에 실릴 것이라는 상황 설명과 함께 출판 관련 요청 사항을 언급하고 있다. 따라서 정답은 (C)이다.

STEP 2   오답 분석

(A) 첫 번째 지문 "We courteously ask you to make the recipe title shorter because of layout constraints related to limited space."에서 마감일이 아닌, 조리법 이름을 짧게 해달라고 요청했으므로 오답이다.
(B)는 지문에서 언급되지 않았으므로 오답이다.
(D) 첫 번째 지문 상단부 "I am glad to tell you ~ annual cooking contest"에서 Median 씨의 출품작인 Sun Rising Apple Tarts가 요리 대회에서 Best Tasting Dessert(최고 맛 디저트)로 선정되었음을 언급했지만, Median 씨가 수상 받을 구체적인 상명은 언급되지 않았으므로 오답이다.

---

177. 이메일에서, 첫 번째 문단 첫 번째 줄의 "entry"와 의미가 가장 가까운 것은?

(A) 시작
(B) 부분
(C) 제출품
(D) 상

STEP 1   동의어는 문맥상 대체할 수 있는 단어를 찾는 것이다.

단순히 같은 뜻을 찾는 것이 아니라 본문의 문맥과 어울리는 단어로 교체하는 것이 핵심이다. 지문의 "your entry Sun Rising Apple Tarts was named "Best Tasting Dessert" in our annual cooking contest"에서 Median 씨의 "출품작"인 Sun Rising Apple Tarts가 연례 요리 대회에서 Best Tasting Dessert(최고 맛 디저트)로 선정되었음을 언급하였다. 즉, "출품작"과 대체할 수 있는 (C) submission이 정답이다.

---

178. Median 씨가 제공해야 하는 것으로 언급되지 <u>않은</u> 것은 무엇인가?

(A) 그의 사진
(B) 신규 레시피
(C) (조리) 과정 시간
(D) 재료의 양

STEP 1   NOT Question은 소거법을 이용한다.

언급되지 않은 것을 묻는 문제로 지문에서 언급된 것을 보기와 대조해 소거한 후 정답을 남긴다.
(A) 첫 번째 지문의 "it would be great if you could send us a high definition picture of yourself when you reply to this e-mail"에서 Median 씨 본인 사진을 보내달라고 요청하고 있다.
(C) 첫 번째 지문의 "How long should the tarts be refrigerated?"에서 타르트를 냉장 보관해야 하는 시간을 묻고 있다.
(D) 첫 번째 지문의 "Is it possible to clarify how much sugar should be used in substitution for apple jam?"에서 사과잼이 없을 경우 넣어야 하는 설탕의 양을 묻고 있다.
따라서 지문에서 언급되지 않은 (B)가 정답이다.

179. Median 씨의 조리법은 몇 페이지에 나와 있는가?

(A) 15
(B) 24
(C) 35
(D) 40

STEP 1 두 문서를 동시에 이용하는 연계 문제 유형 – 표나 그래프 등 시각 자료는 다른 문서와 연결하여 답을 찾는 문제가 주로 출제된다.

첫 번째 지문의 "your entry Sun Rising Apple Tarts was named "Best Tasting Dessert" in our annual cooking contest"에서 Median 씨의 출품작이 연례 요리 대회에서 '최고 맛 디저트'로 선정되었음이 언급되어 있다. 또, 두 번째 지문의 "Winner of the Annual Contest ~ fruit dessert"에서 Median 씨의 Sun Rising Apple Tarts가 35페이지에 실려 있음이 언급되어 있다. 따라서 정답은 (C)이다.

180. 40페이지에 실린 조리법에 대해 언급된 것은 무엇인가?

(A) 요리하기 어렵지 않다.
(B) 희귀한 재료가 필요하다.
(C) 유명한 요리사가 개발했다.
(D) 영양가가 높다.

STEP 1 답은 항상 키워드 옆에 있다.

질문의 키워드 page 40를 지문에서 검색하자. 두 번째 지문의 "Simple & Easy ~ easy snack"에서 해당 페이지에는 빠르고 쉽게 준비할 수 있는 간식 조리법이 명시되어 있음이 언급되어 있다. 따라서 정답은 (A)이다.

STEP 2 오답 분석

(B), (C), (D)는 지문에서 언급되지 않았으므로 오답이다.

Leah Book Store
1

Autumn Brochure

Information for Patrons:

181 help you on your next trip
→ a review of tourist attractions around the world

Our new brochure will help you find your next book. In our Leisure and Travel section starting on page 4, **travel books and guides** are highlighted to **help you on your next trip** anywhere in the world. On page 6, our Cooking and Food section introduces various interesting titles for those who love cooking and food lovers. Starting on page 9, you will find the latest trends in commercial and residential interior designs in the Construction and Architecture titles. Finally, check our wide selection of reference and course books in the Business Management section on page 12 with **this year's award-winning publication:** *New Innovative Paths of Business Management*.

This brochur **184** 1+2 연계 문제
"New Innovative Paths of Business Management"의 저자를 두 번째 지문에서 확인하자.
of our select

Vale area, be sure to stop by our store for a great **deal** of additional publications that are not listed on our online store. **182**

Leah Book Store

2

Business Marketing Textbook
By Flora C. McKinney and Robyn T. Mclaughlin

A detailed and clear introduction to business marketing with various recom **185–A** d learning activities and intriguing **illustrations** for important notes. Instructors can make copies of sheets **185–C** activities.

Condition: Relatively good, with few signs of use.
Price: £32.50

New Innovative Paths of Business Management
by Blanche Jennings **184** 1+2 연계 문제

Ideal for anyone inexperienced in business. Includes over 3,000 definitions of key terms in marketing and finance. Those who are already in business or just entered the business world will love this book.

Condition: Good, with few signs of wear and tear.
Price: £35.95

New Generation Finance Management
by Andre McDaniel

A combination of reliable financial theory and practical applications makes this book valuable. It features theoretical princip **185–B** real-life instances through case studies. Definitely useful for

183 4가지 항목의 공통 항목:
condition → secondhand books ts.

Condition: Like new.
Price: £21.20

Proper Accounting for Small Companies
by Ernest L. Manning

Important reading material for small business owners who wish to handle their own taxes and accounting work.

Condition: Fairly good, with minor wear and tear on some pages.
Price: £18.55

Leah Book Store

181. According to the information, which publication does Leah Book Store most likely carry?
(A) Course material for professional designers
(B) A review of tourist attractions around the world
(C) A picture book of famous historical buildings
(D) A well-known novelist's biography

182. In the information, the word "deal" in paragraph 2, line 3, is closest in meaning to
(A) contract
(B) treat
(C) amount
(D) handling

183. What is suggested about the brochure?
(A) It advertises only academic textbooks.
(B) It is issued every month for customers.
(C) It features secondhand books.
(D) It shows a full listing of book titles in stock.

184. Who has most likely received an award recently?
(A) Ms. McKinney
(B) Mr. McDaniel
(C) Ms. Jennings
(D) Mr. Manning

185. What is NOT mentioned as featured in the books in the brochure page?
(A) Pictures illustrating key notes
(B) Instances from the real business world
(C) Reading material that may be reproduced
(D) Information packets for starting a small business

Leah Book Store / 취급 도서 :
지문 **1**
ㄴ, 본문 중에서 구체적인 단서들을 찾자.

동의어 문제: 지문 **1**
ㄴ, 단어를 기준으로 앞뒤 문장을 확인하자.

brochure: 지문 **2**+**1**
ㄴ, 보기의 키워드를 정리하고 지문과 비교 대조한다.

수상자
ㄴ, 문제 키워드 received는 어휘 award-winning으로 언급된다. 지문 **1**에서 도서명 확인 후 지문 **2**에서 수상자 이름을 확인한다.

NOT / featured: 지문 **2**
ㄴ, NOT Question은 소거법을 이용하자.

문제 181-185는 다음 안내지와 책자 페이지를 참조하시오.

Leah Book Store
가을 책자

고객님을 위한 정보:

저희 새로운 책자가 독자님의 다음 도서를 찾는 데 도움이 될 것입니다. 4쪽에서 시작하는 레저 및 여행 섹션에는 여러분이 다음에 전 세계 어디를 여행하시든 도움을 드릴 수 있는 여행서와 안내서가 강조되어 있습니다. 6쪽의 요리 및 음식 섹션에서는 요리하는 것을 좋아하는 사람과 음식 애호가에게 다양하고 흥미로운 제목들을 소개하고 있습니다. 9쪽부터는 건설 및 건축 표제에서 상업용과 주거용 실내 디자인 관련 최신 트렌드를 확인하실 수 있을 겁니다. 마지막으로, 올해 수상한 출판물 〈New Innovative Paths of Business Management(비즈니스 관리의 새로운 획기적인 방향)〉이 실린 12쪽 기업 경영 섹션에서 다양한 참고서와 교재를 확인하세요.

저희가 가장 최근에 입수한 서적 중 일부만 이 책자에서 소개하고 있습니다. 전체 목록을 받아 보시려면, www.leahbookstore.net을 방문하세요. Madia Vale 지역에 방문하실 기회가 있으면, 온라인 상점에 명시되지 않은 수 많은 추가 출판물들을 보시러 꼭 저희 매장을 방문해 주세요.

Leah Book Store

비즈니스 마케팅 교재
Flora C. McKinney와 Robyn T. Mclaughlin 지음

다양한 추천 학습 활동과 주요 내용에 대한 흥미로운 삽화를 수록한, 상세하고 명쾌한 비즈니스 마케팅 입문서. 강사 분들이 수업 활동용으로 복사하셔도 됩니다.

상태: 사용 흔적이 거의 없으며, 비교적 양호함.
가격: 32.50파운드

비즈니스 관리의 새로운 획기적인 방향
Blanche Jennings 지음

비즈니스 경험이 없는 사람들에게 가장 적합함. 마케팅과 재무 관련 3,000개 이상의 핵심 용어 정의 포함. 비즈니스에 이미 종사하고 있거나 막 입문한 사람들이 아주 좋아할 책입니다.

상태: 마모가 거의 없으며 좋음.
가격: 35.95파운드

신세대 재무 관리 **2**
Andre McDaniel 지음

신뢰감 가는 재무 이론과 실전 적용의 조합으로 책의 가치가 있습니다. 사례 연구를 통한 실제 사례가 담긴 이론 원리가 포함되어 있습니다. 경영 전문가와 학생들에게 확실히 유용합니다.

상태: 거의 새것.
가격: 21.20파운드

소기업용 올바른 회계 업무
Ernest L. Manning 지음

세금과 회계 업무를 스스로 처리하고픈 소기업 대표들을 위한 중요한 독서 자료.

상태: 일부 페이지에 가벼운 마모가 있지만 꽤 양호.
가격: 18.55파운드

Leah Book Store

어휘 highlight 강조하다   title (책의) 제목   commercial 상업의   residential 주택지의, 주거용의
a wide selection of 다양한   reference 참고 문헌   publication 출판물   latest 최신의
acquisition 습득, 구입(취득)한 것   a great deal of 다량의, 많은   detailed 상세한   intriguing 아주 흥미로운
relatively 비교적   ideal 이상적인   inexperienced 경험이 부족한   definition 정의   wear and tear 마모
a combination of ~의 조합   reliable 신뢰할 수 있는   theory 이론   practical 실용적인   theoretical 이론적인
instance 사례   definitely 분명히   own 자신의

---

181. 정보에 따르면, Leah Book Store는 어떤 출판물을 취급하는 것 같은가?
(A) 전문 디자이너를 위한 교재   **(B) 전 세계 관광 명소 후기**
(C) 유명한 역사적인 건물의 사진책   (D) 유명 소설가 일대기

STEP 1   본문 중에 구체적인 단서들을 모아서 포괄적인 답을 찾는다.

본문을 읽기 전에 반드시 문제를 먼저 분석해야 한다. 문제는 정답의 위치/문제 풀이 전략/키워드를 알려준다.
다섯 문제 중 첫 번째 문제이므로, 정답은 주로 첫 번째 문서의 상단부에 위치한다. 지문의 "In our Leisure and Travel section ~ to help you on your next trip anywhere in the world"에서 4쪽부터 레저와 여행 섹션에서는 고객들의 다음 여행지 결정에 도움을 주는 내용을 다루고 있음을 언급하였다. 따라서 보기 중 이에 해당하는 내용은 여행지의 후기이므로, 정답은 (B)이다.

STEP 2   오답 분서

(A), (C), (D) 모두 언급된 사항이 없으므로 오답이다.

---

182. 정보에서, 두 번째 단락 세 번째 줄에서 "deal"과 의미가 가장 가까운 것은?
(A) 계약   (B) 대접
(C) 양   (D) 처리

STEP 1   동의어는 문맥상 대체할 수 있는 단어를 찾는 것이다.

단순히 같은 뜻을 찾는 것이 아니라 본문의 문맥에 어울리는 단어로 교체하는 것이 핵심이다. 해당 문장 "be sure to stop by our store for a great deal of additional publications"에서 (오프라인) 매장에서 다량의 추가 출판물들을 보유하고 있음을 언급하였다. 즉, deal은 '많음, 양'의 뜻으로 사용되므로 정답은 (C) amount이다.

---

183. 책사에 내해 무엇이 언급되어 있는가?
(A) 학술적인 교과서만 광고한다.
(B) 고객들을 위해 매달 발행된다.
(C) 중고 서적을 특징으로 한다.
(D) 재고가 있는 도서의 전체 목록을 보여준다.

STEP 1 본문 중에서 구체적인 단서들을 모아 포괄적인 정답을 찾는다.

책자에 관한 정보를 묻는 문제로, 두 번째 지문에서 정답을 찾아야 한다. 지문 중 각 도서의 상태란(Condition)을 보면, "Relatively good, with few signs of use. / Good, with few signs of wear and tear. / Like new. / Fairly good, with minor wear and tear on some pages." 같이 새 책이 아닌 중고 서적을 판매하고 있음을 확인할 수 있다. 따라서 정답은 (C)이다.

STEP 2 오답 분석

(A), (D)는 지문에서 언급되지 않았으므로 오답이다.
(B) 첫 번째 지문의 "Leah Book Store - Autumn Brochure"를 통해 책자는 매달이 아닌 계절별로 출간됨을 확인할 수 있다.

---

184. 최근에 누가 상을 받은 것 같은가?
(A) McKinney 씨
(B) McDaniel 씨
(C) Jennings 씨
(D) Manning 씨

STEP 1 두 문서를 동시에 이용하는 연계 문제 유형 – 5문제 중 반드시 한 문제 이상은 두 문서를 동시에 이용해야 답이 나온다.

보기의 키워드인 received an award를 지문에서 검색하자. 첫 번째 지문 "check our wide selection of ∼ New Innovative Paths of Business Management"에서 올해 수상한 출판물은 〈New Innovative Paths of Business Management〉임을 확인할 수 있지만, 해당 도서의 저자는 두 번째 지문에서 찾는다. 두 번째 지문에서 해당 출판물의 저자는 "Blanche Jennings"이므로 정답은 (C)이다.

---

185. 책자 페이지에 실린 책의 특징으로 언급되지 <u>않은</u> 것은 무엇인가?
(A) 주요 내용을 설명하는 사진
(B) 실제 비즈니스 세계의 사례
(C) 복사 가능한 독서 자료
(D) 소규모 사업 시작을 위한 자료집

STEP 1 NOT Question은 소거법을 이용한다.

책자 페이지에 실린 내용을 묻는 문제로, 두 번째 지문과 보기를 비교해서 정답을 찾아야 한다.
(A) 지문의 "Business Marketing Textbook ∼ activities and intriguing illustrations"에서 비즈니스 마케팅 교재에 재미있는 삽화가 삽입되어 있음이 언급되어 있다.
(B) 지문의 "New Generation Finance Management ∼ with real-life instances through case studies"에서 신세대 재무 관리 도서는 사례 연구를 통한 실제 예시가 포함되어 있음을 언급하였다.
(C) Business Marketing Textbook 특징에서 "Instructors can make copies of sheets for class activities."에서 해당 도서를 수업 활동으로 사용하고자 강사들이 복사를 해도 괜찮다는 특징을 언급하였다.
따라서 지문에서 언급되지 않은 (D)가 정답이다.

Questions 186–190 refer to the following announcement, information and e-mail.

Need Participants for Focus Groups

Fulham Research Center is looking for adults from 19 to 60 years old to take part in **a study** about leisure and travel activities **at the Hanger Convention Center** at 21 North Acton **during the second week of June.** (188–D) participants will review a selection (186–A) rtising messages and be involved in a group discussion moderated by a host. **Attendees will be compensated** for the three-hour program. Please contact Fulham at 321-5437-9983 (ext. 232) if you are interested. In order to determine your eligibility for the (186–B) **your call will be transferred** so you may **answer a simple screening questionnaire.**

Joseph,

I am happy to hear that you have agreed to oversee the focus group study for Lynch Royal at the Hanger Convention Center. The following is the tim (186–D) The client asked us to **find people who tend to travel frequently,** either for leisure or work, since this st (187) s for a leisure and travel industry Web site. **Fifteen people will be assigned to each group.** (188)

5:30 to 8:30 P.M. Programs
Dates and Age Ranges
Tuesday, 12 June–19 to 28
Wednesday, 13 June–29 to 41
Thursday, 14 June–42 to 51
Friday, 15 June–52 to 60

You will let each group listen to four advertising messages, which each highlight a different aspect of LynchRoyal.uk's services.

Message 1: Searching f (190) ②+③ 연계 문제
Message 2: Discounts f which is about the most popular destinations for travelers
Message 3: Finding the → Exploring major tourist attractions around the world
Message 4: Exploring major tourist attractions around the world

As each group's interaction is being recorded, **attendees' name tags** are required to be seen. In this way, **we can mention attendees by name when reviewing the video** and put together our evaluation for our cl (189) mention attendees by name 'd
you have any concern. → identifiable by researchers

Damon Marquez

415

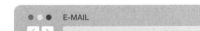

TO   kelley@lynchroyal.uk
FROM   dmarquez@fulhamresarch.uk
DATE   2 July
SUBJECT   June Study
ATTACHMENT   June Study Findings

Dear Mr. Kelley,

I would like to inform you that the research for the target market your firm ordered has been completed. As indicated in the attached file, we found out that **all our groups** indicated the same advertising message as the one they **liked most, which is about** the most popular destinations for travelers. We need to watch the video together to discuss the findings in detail, so let's meet this week when you have time.

Sincerely,

> **190** **2**+**3** 연계 문제
> which is about the most popular destinations for travelers
> → 두 번째 지문에서 메시지 확인!!

Damon Marquez
Head of Client Relations, Fulham Research Center

---

186. What is NOT indicated about the focus group attendees?
(A) They will be paid for their participation.
(B) They need to call to respond to preliminary questions.
(C) They have worked for Fulham Research Center before.
(D) They often go on trips.

NOT / the focus group attendees: 지문 **1**+**2**
ㄴ NOT Question은 소거법을 이용하자.

187. In the information, the word "find" in paragraph 1, line 3, is closest in meaning to
(A) feel
(B) locate
(C) realize
(D) consider

동의어 찾기: 지문 **2**
ㄴ 단어를 기준으로 앞뒤 문장을 확인하자.

188. What is suggested about the study?
(A) It took an entire month to conduct.
(B) It involved only leisure travelers.
(C) It consisted of groups of equal sizes.
(D) It was held at Lynch Royal's main office building.

키워드 the study: 지문 **2**
ㄴ 보기의 키워드를 정리하고 지문과 비교 대조한다.

189. According to the information, what was the purpose of the participants' name tags?
(A) To introduce them to other members
(B) To make them identifiable by researchers
(C) To grant them access to the convention center
(D) To assign them to the proper groups

목적 / participants' name tags: 지문 **2**
ㄴ paraphrasing된 내용을 확인한다.

190. What advertising message was the most popular?
(A) Message 1
(B) Message 2
(C) Message 3
(D) Message 4

가장 인기 있는 광고 메시지
ㄴ. 지문 **3**에서 세부 정보
확인 후 지문 **2**에서 광고명을
확인한다.

문제 186-190은 다음 공지와 정보 그리고 이메일을 참조하시오.

포커스 그룹 참가자 필요

Fulham Research Center에서 6월 둘째 주 동안 21 North Acton에 위치한 Hanger Convention Center에서 진행되는 여가 및 여행 활동 관련 연구에 참가할 19세에서 60세까지 성인들을 모집하고 있습니다. 연구 참가자들은 엄선된 광고 메시지를 검토하고 주최 측에서 사회를 보는 그룹 토론에 참여하게 될 것입니다. 참가자들은 이 3시간 프로그램 참여에 보상을 받게 됩니다. 관심 있으시면, 321-5437-9983 (내선번호 232) Fulham 으로 연락 주시기 바랍니다. 연구 적합성을 결정하기 위해, 간단한 설문 검사에 응답할 수 있게 귀하의 전화가 다른 부서로 연결될 겁니다.

Joseph 씨에게

Hanger Convention Center에서 진행되는 Lynch Royal사의 포커스 그룹 연구를 감독하기로 동의하셨다는 소식을 듣게 되어 기쁩니다. 다음은 일정표입니다. 이 연구가 여가와 여행 산업 웹사이트 제작을 위한 것이라서 의뢰한 고객이 여가나 업무 목적으로 자주 여행을 가는 사람들을 모집해 달라고 요청했습니다. 15명이 각 그룹에 배정될 것입니다.

오후 5시 30분부터 8시 30분 프로그램
날짜와 연령대
6월 12일 화요일 - 19세부터 28세까지
6월 13일 수요일 - 29세부터 41세까지
6월 14일 목요일 - 42세부터 51세까지
6월 15일 금요일 - 52세부터 60세까지

Joseph 씨가 각 그룹에게 광고 메시지 4개를 들려주셔야 합니다. 이 메시지들은 각각 Lynch Royal.uk.에서 제공하는 서비스의 다른 특징들을 강조하고 있습니다.

메시지 1 - 렌터카 찾기
메시지 2 - 단체 여행객 할인
메시지 3 - 가장 합리적인 항공권 찾기
메시지 4 - 전 세계 주요 관광 명소 탐험

각 그룹의 반응이 기록되기 때문에, 참석자들의 이름표가 눈에 띄어야 합니다. 이렇게 해서, 비디오를 검토할 때, 이름으로 참석자를 언급할 수 있고 고객에게 제출할 우리의 평가를 종합할 수 있습니다. 문의사항 있으시면 언제든지 제게 연락 주시기 바랍니다.

Damon Marquez 올림

수신	kelley@lynchroyal.uk
발신	dmarquez@fulhamresarch.uk
날짜	7월 2일
제목	6월 연구
첨부 파일	6월 연구 결과

Kelley 씨께

귀사에서 주문하신 목표 시장 연구 조사가 마무리되었음을 알려드리고자 합니다. 첨부 파일에 명시된 바와 같이, 모든 그룹이 동일한 광고 메시지를 가장 좋아했음을 알게 되었으며, 그 메시지는 여행자들에게 가장 인기 많은 여행지에 관한 것입니다. 조사 결과를 세부적으로 논의하려면 함께 비디오를 시청해야 합니다. 그러니 이번 주 시간이 나실 때 뵙지요.

Damon Marquez 올림
Fulham Reserach Center 고객 관리 책임자

어휘 participant 참가자   take part in ~ ~에 참가하다   advertising 광고
be involved in ~에 관련되다   discussion 토론   moderate 사회를 보다   compensate 보상하다
determine ~을 결정하다   eligibility 적임, 적격   transfer 이동시키다, 넘겨주다   screening 검사, 심사
questionnaire 설문지   oversee 감독하다   tend to do ~하는 경향이 있다   frequently 자주   assign 배정하다
highlight 강조하다   search for ~를 찾다   reasonable (가격이) 적당한, 너무 비싸지 않은
tourist attraction 관광 명소   interaction 상호 작용   mention 언급하다   find out 발견하다   in detail 상세하게

---

186. 포커스 그룹 참석자에 대해 언급되지 <u>않은</u> 것은 무엇인가?

(A) 그들은 참가에 대해 보수를 받을 것이다.
(B) 그들은 예비 질문에 답하기 위해 전화해야 한다.
(C) 그들은 전에 Fulham Research Center에서 근무한 적이 있다.
(D) 그들은 자주 여행을 다닌다.

STEP 1   NOT Question은 소거법을 이용한다.

언급되지 않은 것을 묻는 문제로 지문의 언급된 것을 보기와 대조해 소거한 후 정답을 남긴다. 문제의 키워드인 the focus group attendees에 관한 자세한 정보는 주로 첫 번째 문서 혹은 두 번째 문서에서 언급되므로, 해당 문서에서 정답을 찾는다.
(A) 첫 번째 지문의 "Attendees will be compensated for the three-hour program"에서 참가자들은 3시간 프로그램 참가로 보상을 받을 수 있다고 언급하였다.
(B) 첫 번째 지문의 "your call will be transferred so you may answer a simple screening questionnaire"에서 연구에 적합한 대상인지 확인하고자 간단한 설문 검사에 응하도록 전화가 다른 곳으로 연결될 것임을 언급하였다.
(D) 두 번째 지문의 "The client asked us to find people who tend to travel frequently"에서 해당 설문조사의 대상은 자주 여행 가는 사람이어야 함을 알 수 있다.
따라서 지문에서 언급되지 않은 (C)가 정답이다.

---

187. 정보에서, 첫 번째 문단 세 번째 줄의 "find"와 의미가 가장 가까운 것은?

(A) 느끼다
(B) 찾아내다
(C) 알아차리다
(D) 고려하다

STEP 1 동의어는 문맥상 대체할 수 있는 단어를 찾는 것이다.

단순히 같은 뜻을 찾는 것이 아니라 본문 문맥에 어울리는 단어로 교체하는 것이 핵심이다. 두 번째 지문의 해당 문장 "The client asked us to find people who tend to travel frequently"에서 고객은 여행을 자주 가는 사람들을 "찾으라고" 요청했다. 따라서 문맥상 find를 대체할 수 있는 단어인 (B) locate가 정답이다.

---

188. 연구에 대해서 언급된 것은 무엇인가?

(A) 실시하는 데 한 달이 걸렸다.
(B) 휴가 여행자만 포함했다.
(C) 동일한 규모의 그룹으로 구성되어 있다.
(D) Lynch Royal의 본사 건물에서 열렸다.

STEP 1 '사실'인 것을 찾는 문제는 보기의 키워드를 먼저 정리한 후 본문을 검색한다.

질문의 키워드는 study(연구)로 구체적인 연구 내용을 언급하는 두 번째 지문에서 정답을 찾는다. 두 번째 지문의 "Fifteen people will be assigned to each group."에서 각 연구 그룹에 15명이 배정됨을 언급하였다. 즉, 4개의 실험군 규모는 동일한 것으로 정답은 (C)이다.

STEP 2 오답 분석

(A) 첫 번째 지문의 "Fulham Research Center is looking for adults ~ during the second week of June"에서 연구는 6월 둘째 주 동안 즉, 1주일간 실시되는 것으로 언급하였다.
(B) 두 번째 지문의 "The client asked us to ~ to travel frequently, either for leisure or work"에서 고객은 연구 대상자로 여가나 업무 목적으로 여행을 자주 가는 사람을 찾도록 요청했음을 언급하였다.
(D) 첫 번째 지문의 "Fulham Research Center is looking for adults ~ at Hanger Convention Center"에서 연구는 Hanger Convention Center에서 진행된다고 언급하였으므로 오답이다.

---

189. 정보에 따르면, 참가자들이 명찰을 착용하는 목적은 무엇이었는가?

(A) 다른 구성원들에게 자신을 소개하기 위해
(B) 연구자들이 그들을 알아볼 수 있게 하기 위해
(C) 그들에게 컨벤션 센터 접근 권한을 주기 위해
(D) 그들을 적절한 그룹으로 배정하기 위해

STEP 1 답은 항상 키워드 옆에 있다.

질문의 키워드는 participants' name tags로, 해당 키워드가 언급된 두 번째 지문에서 정답을 찾는다. 두 번째 지문의 "attendees' name tags are required ~ evaluation for our client"에서 참가자들은 이름표가 보이도록 착용해야 하며, 이것으로 연구자들이 참가자들을 확인하기 위한 것임을 알 수 있다. 따라서 정답은 (B)이다.

---

190. 어떤 광고 메시지가 가장 인기 있었는가?

(A) 메시지 1
(B) 메시지 2
(C) 메시지 3
(D) 메시지 4

STEP 1 두 문서를 동시에 이용하는 연계 문제 유형 – 마지막 문제의 답은 주로 세 번째 문서에 등장한다.

마지막 문제의 답은 마지막 문서에 나오거나 마지막 문서에서 검색을 시작하여 다른 문서와 연계해 풀어야 한다. 문제의 키워드 which advertising message, most popular로, 먼저 세 번째 지문에서 가장 인기 있는 광고 메시지가 무엇인지 확인하자. 세 번째 지문 "all our groups indicated the same ~ destinations for travelers"에서 4개 연구 대상자 모두 여행자들을 위한 인기 목적지 관련 메시지에 가장 많은 관심을 보였음을 언급하였다. 따라서 구체적인 메시지 내용을 확인할 수 있는 두 번째 지문에서 이와 일치하는 메시지는 "Message 4: Exploring major tourist attractions around the world (전 세계 관광 명소 탐색)"이므로 정답은 (D)이다.

Questions 191-195 refer to the following coupon, message and e-mail.

PATRON COUPON

1

ONE-DAY SALE
Saturday, **18 April** ◀┄┄┄

• 15% off a single regular-priced product

194 **[1]+[3] 연계 문제** **25% off** a single discounted clearance product

Plenty of products will be available, including accessories, jackets, T-shirts, jeans, footwear, and more. **Store hours will be extended** for the day. We will be open from 10 A.M. to 9:30 P.M.

191 Store hours will be extended
→ stay open longer than usual

This coupon is valid on 18 April only, and is not valid on items of the following brands: Griffin, Hansen, and Fletcher. Each patron is limited to only one coupon. This coupon may not be combined with other promotional offers. Clearance products cannot be returned for exchanges, refunds, or store credit.

Dunn Fashion
427 Watford Avenue
Kenton RC2 5RT, Finchley
Phone: 201-3322-5664

2

To: All Dunn Fashion staff members
From: Jeffery Chavez, Supervisor
Date: 17 April
Re: Promotional event

The discount coupon printed in this week's issue of Community Weekly neglected to state that products available under the brand name **Coleman** are not included in the sale. If a shopper tries to buy a product of **this specific brand and use the coupon, please inform them of the mistake and express our sincere apology**. Then, explain ̶̶̶̶̶̶̶̶nored.

195 **[2]+[3] 연계 문제**
inform them of the mistake ~ apology → An explanation

In addition, we are expecting many more shoppers than usually especially from the early afternoon to late evening as the sales event has been **promoted** through all media. So, more **sales assistants** will be needed from 1 P.M. to 8 P.M. Anyone **available to work extra hours, please talk to me** by this evening.

Thank you in advance.

192 available to work extra hours
→ Work extra hours

FROM	DunnFashion ⟨cusotmerrelations@dunnfashion.com⟩
TO	Johnnie Doyle ⟨johnniedoyle@greennet.com⟩
DATE	18 April, 4:31 P.M.
SUBJECT	Proof of purchase

Dear Mr. **Doyle**,

The following is the electronic **receipt** you requested from Dunn Fashion.

Amount paid by Burke credit card XXXX XXXX XXXX 3217

Number of product	Price	Product Info.
1	$500.00 - $125.00 **$375.00**	Castro leather Jacket 25% discounted　**194** 1+3 연계 문제 **Product price**
1	$250.00 - $37.00 **$213.00**	Coleman **formal shoes** **195** 2+3 연계 문제
1	$41.00	Adkins felt hat
Total Total Saved	$629.00 $162.00	

Thank you for visiting Dunn Fashion.

---

191. What does the coupon indicate about the Dunn Fashion store on April 18?
(A) It will offer patrons full refunds.
(B) It will be distributed additional coupons to visitors there.
(C) It will stay open longer than usual.
(D) It will get a shipment of new products.

coupon / April 18: 지문 1
└ 키워드 앞뒤에서 정답을 찾는다.

192. In the message, what are sales assistants asked to do?
(A) Work extra hours
(B) Encourage patrons to complete a form
(C) Come to work early
(D) Apply for a managerial position

message / 판매원들이 요청 받은 일: 지문 2
└ 요청 사항은 지문 하단부를 확인하자.

193. In the message, the word "promoted" in paragraph 2, line 2, is closest in meaning to
(A) raised　　(B) facilitated
(C) publicized　(D) stimulated

동의어 찾기 문제: 지문 2
└ 단어를 기준으로 앞뒤 문장을 확인하자.

194. What is suggested about Mr. Doyle?
(A) He often visits Dunn Fashion.
(B) He paid for his products with cash.
(C) He will move to a different town.
(D) He bought a clearance product.

Mr. Doyle: 지문 3
└ 또 다른 키워드 25% discounted : 지문 1을 연계하여 문제를 풀자.

195. What did Mr. Doyle probably receive when he bought the formal shoes?

(A) A promotional gift
(B) A parking ticket
(C) An explanation
(D) A paper receipt

Mr. Doyle / 정장 신발 구입 시 받은 내용

ㄴ. 또 다른 키워드 Coleman: 지문 **3**에서 키워드 확보 후 **2**에서 세부 내용을 확인한다.

문제 191-195는 다음 쿠폰, 메시지 그리고 이메일을 참조하시오.

고객 쿠폰

일일 세일

4월 18일, 토요일

- 단일 정가 상품 15% 할인
- 단일 할인 재고 정리 상품 25% 할인

액세서리, 재킷, 티셔츠, 청바지, 신발 등을 포함해 많은 상품을 구매할 수 있습니다. 당일 영업 시간은 연장될 예정입니다. 오전 10시에서 오후 9시 30분까지 영업할 예정입니다.

이 쿠폰은 4월 18일에만 유효하며, Griffin, Hansen, Fletcher 브랜드 상품에는 사용이 불가능합니다. 각 고객님들은 1개의 쿠폰만 사용하실 수 있습니다. 이 쿠폰은 다른 프로모션 행사와 함께 사용이 불가능합니다. 재고 정리 상품은 교환, 환불 및 가게 적립금으로 변경해 드릴 수 없습니다.

Dunn Fashion
427 Watford Avenue
Kenton RC2 5RT, Finchley
전화: 201-3322-5664

수신 Dunn Fashion 전 직원들
발신 Jeffery Chavez, 관리자
날짜 4월 17일
답신 홍보 행사

이번 주 〈Community Weekly〉 호에 인쇄된 할인 쿠폰에 Coleman 브랜드의 상품은 이번 판매에 들어가지 않는다는 내용이 누락되었습니다. 쇼핑객이 쿠폰을 사용해 이 특정 브랜드 상품을 구매하려 한다면, 잘못된 부분을 알려 주시고 진심으로 사과해 주십시오. 그리고 예의상, 그래도 할인을 적용시켜 드릴 거라고 설명해 주십시오.

게다가, 세일 판매 행사가 모든 매체를 통해 홍보되고 있기 때문에, 특히 이른 오후부터 늦은 밤까지, 평소보다 더 많은 쇼핑객들이 올 것으로 예상하고 있습니다. 그래서, 오후 1시부터 오후 8시까지 더 많은 판매원들이 필요합니다. 추가 근무가 가능한 분은 오늘 저녁까지 제게 알려 주시기 바랍니다.

미리 감사드립니다.

발신	DunnFashion 〈cusotmerrelations@dunnfashion.com〉
수신	Johnnie Doyle 〈johnniedoyle@greennet.com〉
날짜	4월 18일, 오후 4시 31분
제목	구매 증거

Doyle 씨에게

다음은 요청하신 Dunn Fashion의 전자 영수증입니다.

Burke 신용카드 XXXX XXXX XXXX 3217로 지불한 총액

상품 수량	가격	상품 정보
1	$500.00 − $125.00 **$375.00**	Castro 가죽 재킷 25% 할인 상품 가격 **제품 가격**
1	$250.00 − $37.00 **$213.00**	Coleman 정장 구두 15% 할인 상품 가격 **제품 가격**
1	$41.00	Adkins 중절모
합계 총 할인 금액	$629.00 $162.00	

Dunn Fashion을 방문해 주셔서 감사합니다.

어휘 **patron** 고객   **plenty of** 많은   **available** 구매가 가능한   **extend** 연장하다   **valid** 유효한   **limit** 제한하다   **combine** 결합시키다   **promotional** 홍보의, 판촉의   **store credit** 가게 적립금   **neglect** ~을 하지 않다, 누락하다   **state** 명시하다   **include** 포함하다   **specific** 특정한   **inform A of B** A에게 B를 알리다   **mistake** 실수   **express** 표현하다   **sincere** 진실된, 진심어린   **apology** 사과   **as a courtesy** 예의상   **nevertheless** 그렇기는 하지만   **honor** 지키다, 이행하다   **expect** 기대하다, 예상하다   **promote** 홍보하다   **assistant** 조수, 보조원   **receipt** 영수증   **request** 요청하다   **felt hat** 중절모

191. 쿠폰은 4월 18일의 Dunn Fashion 상점에 대해 뭐라고 언급하는가?

(A) 고객들에게 전액 환불을 제공할 것이다.
(B) 그곳 방문객들에게 추가 쿠폰이 배부될 것이다.
(C) 평소보다 더 오래 영업을 할 것이다.
(D) 신제품을 배송 받을 것이다.

STEP 1 답은 항상 키워드 옆에 있다.

키워드 April 18을 지문에서 확인하자. 첫 번째 지문에서 "Store hours will be extended for the day. We will be open from 10 A.M. to 9:30 P.M."을 통해, 할인 행사가 진행되는 4월 18일에 평소보다 더 오랫동안 영업할 예정임을 언급하였다. 따라서 정답은 (C)이다.

STEP 2 오답 분석

(A), (B), (D)는 지문에서 언급되지 않았으므로 오답이다.

192. 메시지에서, 판매원들은 무엇을 하도록 요청받는가?

(A) 추가 근무하기
(B) 고객들에게 서류 작성 권장하기
(C) 일찍 출근하기
(D) 관리직에 지원하기

STEP 1 요구 사항은 답이 지문의 하단부에 있다.

요청 사항은 본문의 후반부에 등장하므로 두 번째 지문 후반부를 확인하자.
두 번째 지문 하단부 "more sales assistants will be needed from 1 P.M. to 8 P.M. Anyone available to

423

work extra hours, please talk to me by this evening"에서 할인 행사를 진행하는 4월 18일에 근무할 추가 직원들이 필요함을 언급하였다. 즉, 직원들은 추가 근무를 요청 받았으므로 정답은 (A)이다.

STEP 2   오답 분석

(B), (C), (D)는 지문에서 언급되지 않았으므로 오답이다.

---

193. 메시지에서, 두 번째 문단 두 번째 줄의 "promoted"와 의미가 가장 가까운 것은?

(A) 올렸다   (B) 촉진했다

(C) 홍보했다   (D) 자극했다

STEP 1   동의어는 문맥상 대체할 수 있는 단어를 찾는 것이다.

보기에서 일차원적으로 같은 의미의 단어를 찾는 것이 아니라 그 단어의 다양한 의미 중에서 본문의 상황에 맞는 의미를 선택해야 한다. 지문의 "the sales event has been promoted through all media"에서 할인 행사가 모든 매체를 통해 "홍보되기" 때문에 라는 문맥이므로 지문의 promoted와 대체할 수 있는 것은 보기 중 (C) publicized이다.

---

194. Doyle 씨에 대해 무엇이 언급되는가?

(A) 그는 자주 Dunn Fashion을 방문한다.

(B) 그는 현금으로 상품을 구입했다.

(C) 그는 다른 도시로 이사할 예정이다.

(D) 그는 재고 정리 상품 하나를 구입했다.

STEP 1   두 문서를 동시에 이용하는 연계 문제 유형 – 표나 그래프 등 시각 자료는 다른 문서와 연결하여 답을 찾는 문제가 주로 출제된다.

Doyle 씨에 대해 언급된 것이 무엇인지 묻는 문제이므로, 질문의 키워드 Doyle 씨를 지문에서 찾자. 세 번째 지문의 수신인은 Doyle 씨이며, 해당 지문의 "The following is the electronic receipt you requested from Dunn Fashion."과 아래 표를 통해서 Doyle 씨가 25퍼센트 할인을 받아 Castro 가죽 재킷을 구입했음을 확인할 수 있다. 따라서 첫 번째 지문에서 25% 할인해 주는 상품은 재고 정리 물품이므로, Doyle 씨는 재고 정리 상품 중 하나를 구입했다는 것을 알 수 있다. 따라서 정답은 (D)이다.

STEP 2   오답 분석

세 번째 지문 "Amount paid by Burke credit card"에서 그는 신용카드로 물건을 구입했다는 것을 알 수 있으므로 상품을 현금으로 구입했다는 (B)는 오답이다.

(A), (C)는 지문에서 언급되지 않았으므로 오답이다.

---

195. Doyle 씨가 정장 구두를 구매했을 때 무엇을 받았을 것 같은가?

(A) 홍보용 선물   (B) 주차권

(C) 설명   (D) 종이 영수증

STEP 1   두 문서를 동시에 이용하는 연계 문제 유형 – 해당 위치를 검색하면 답이 없고 그 위치에 또 다른 키워드를 남기므로 다른 문서에서 키워드를 찾아야 한다.

질문의 키워드 Mr. Doyle, formal shoes를 확인하고 세 번째 지문 formal shoes를 검색하자. Doyle 씨가 구매한 정장 구두의 브랜드가 Coleman인 것을 알 수 있다. 두 번째 지문 상단부에서 "The discount coupon printed in ~ the discount will nevertheless be honored"에서 Coleman 브랜드는 원래는 할인 행사를 진행하지 않는다는 오류 설명과 해당 브랜드 상품을 구매하려는 고객들에게 사과를 표하라고 요청하고 있다. 따라서 정답은 (C)이다.

STEP 2   오답 분석

(A), (B), (D)는 지문에서 언급되지 않았으므로 오답이다.

Questions 196–200 refer to following e-mail, flyer and text message.

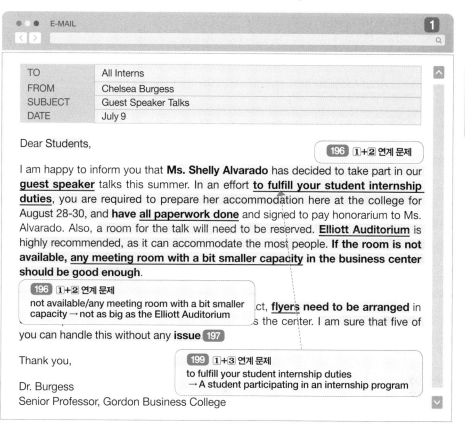

E-MAIL ①

TO	All Interns
FROM	Chelsea Burgess
SUBJECT	Guest Speaker Talks
DATE	July 9

Dear Students,

196 ①+② 연계 문제

I am happy to inform you that **Ms. Shelly Alvarado** has decided to take part in our **guest speaker** talks this summer. In an effort **to fulfill your student internship duties**, you are required to prepare her accommodation here at the college for August 28-30, and **have all paperwork done** and signed to pay honorarium to Ms. Alvarado. Also, a room for the talk will need to be reserved. **Elliott Auditorium** is highly recommended, as it can accommodate the most people. **If the room is not available, any meeting room with a bit smaller capacity** in the business center **should be good enough**.

196 ①+② 연계 문제
not available/any meeting room with a bit smaller capacity → not as big as the Elliott Auditorium

ct, **flyers need to be arranged** in s the center. I am sure that five of you can handle this without any **issue** **197**

Thank you,

199 ①+③ 연계 문제
to fulfill your student internship duties
→ A student participating in an internship program

Dr. Burgess
Senior Professor, Gordon Business College

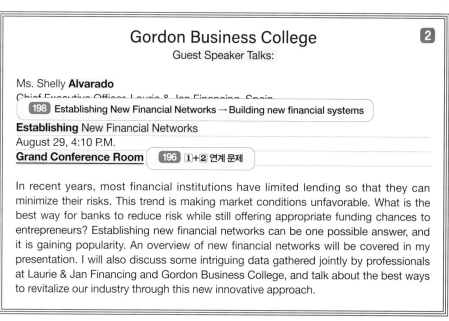

Gordon Business College ②
Guest Speaker Talks:

Ms. Shelly **Alvarado**
Chief Executive Officer, Laurie & Jan Financing, Spain

198 Establishing New Financial Networks → Building new financial systems

Establishing New Financial Networks
August 29, 4:10 P.M.
Grand Conference Room **196** ①+② 연계 문제

In recent years, most financial institutions have limited lending so that they can minimize their risks. This trend is making market conditions unfavorable. What is the best way for banks to reduce risk while still offering appropriate funding chances to entrepreneurs? Establishing new financial networks can be one possible answer, and it is gaining popularity. An overview of new financial networks will be covered in my presentation. I will also discuss some intriguing data gathered jointly by professionals at Laurie & Jan Financing and Gordon Business College, and talk about the best ways to revitalize our industry through this new innovative approach.

From: Beulah Espinoza
To: Wallace **Fields**
Received: August 10, 5:15 P.M.

199 1+3 연계 문제
전단지를 만든 사람의 특징을 첫 번째 지문에서 확인하자.

Wallace, I'm in the copy room trying to print **the flyer you created**, but unfortunately, I've found a mistake. Somehow, **Ms. Alvarado's profile has disappeared** from the flyer. Can you forward me a new one rig~~ht~~ open until 6:00 P.M. and we need to post

200 Ms. Alvarado's profile has disappeared
→ Some information is missing

---

196. What is suggested about the Grand Conference Room?
(A) It is ~~reserved~~ on August 30.
(B) It is not as big as the Elliott Auditorium.
(C) It was recently renovated.
(D) It is located outside the business center.

Grand Conference Room:
ㄴ 지문 2에서 연설 장소 확인 후
지문 1에서 세부 사항을 확인 및
비교한다.

197. In the e-mail, the word "issue" in paragraph 2, line 3, is closest in meaning to
(A) version
(B) edition
(C) problem
(D) publication

동의어 찾기 문제: 지문 1
ㄴ 단어를 기준으로 앞뒤 문장을
확인하자.

198. What is Ms. Alvarado's talk about?
(A) The best way ~~to become~~ a successful entrepreneur
(B) Innovative ~~approaches~~ to gather data
(C) ~~Employment opportunities~~ in the financial industry
(D) Building new financial systems

Ms. Alvarado's talk / 주제:
지문 2
ㄴ 주제를 묻는 문제는 상단부를
확인하자.

199. Who most likely is Mr. Fields?
(A) A faculty member at Gordon Business college
(B) One of Ms. Alvarado's employees
(C) A student participating in an internship program
(D) One of attendants in the copy room

Mr. Fields / 직업
ㄴ 또 다른 키워드 you
ㄴ 지문 3에서 포괄적인 내용
확인 후 지문 1에서 세부 내용
확인한다.

200. According to Ms. Espinoza, what is the problem?
(A) Some information is missing in the flyer.
(B) No room is available for the presentation.
(C) The name of a presenter is wrong.
(D) The flyer design has not been approved.

Ms. Espinoza / 문제: 지문 3
ㄴ 역접 접속사/부사에 집중한다.

문제 196-200은 다음 이메일, 전단지 그리고 문자 메시지를 참조하시오.

1

수신	모든 인턴들
발신	Chelsea Burgess
제목	초청 연사 강연
날짜	7월 9일

학생들에게

올 여름 초청 연사 강연에 Shelly Alvarado 씨가 참석하기로 결정하셨다는 소식을 알려 드리게 되어 기쁩니다. 학생 인턴으로서 임무를 이행하기 위한 노력으로, 여러분은 8월 28-30일간 그 분의 숙소를 이곳 대학 내에 준비해 주셔야 하며, Alvarado 씨에게 사례금을 지불할 수 있게 모든 서류 작업을 마무리하여 서명해 놓아야 합니다. 또, 강연장도 예약해 놓아야 합니다. Elliott Auditorium은 가장 많은 사람을 수용할 수 있기 때문에, 해당 장소를 적극 추천합니다. 그 공간을 이용할 수 없다면, 비즈니스 센터에 있는 그보다 적은 인원을 수용할 수 있는 회의실이어도 충분할 겁니다.

더불어, Alvarado 씨의 개요를 받는 즉시, 센터 맞은편 게시판에 게시할 수 있게 전단지가 준비되어야 합니다. 여러분 다섯 명이 아무 문제없이 이 업무를 잘 처리할 수 있을 거라고 확신합니다.

감사합니다.

Burgess 박사
Gordon Business College 수석 교수

2

Gordon Business College
초청 연사 강연

Shelly Alvarado 씨
Laurie & Jan Financing (스페인) 최고 경영자

새로운 금융 네트워크 구축
8월 29일 오후 4시 10분
Grand Conference Room

최근, 대부분의 금융기관이 자신의 위험성을 최소화하기 위해 대출을 제한하고 있습니다. 이 추세는 시장 상황을 불리하게 만들고 있고요, 사업가에게 적절한 자금 기회를 제공하면서 은행이 위험을 줄일 수 있는 최선의 방법은 무엇일까요? 새로운 금융 네트워크 구축이 가능성 있는 해결책이 될 수 있고, 현재 인기를 얻고 있습니다. 제 발표에서 새로운 금융 네트워크를 간략하게 다룰 예정입니다. 또 저는 Laurie & Jan Financing사와 Gordon Business College 전문가들과 공동으로 수집한 흥미로운 자료에 대해서 토론할 예정입니다. 이 새롭고 획기적인 방식을 통해 산업을 활성화시킬 수 있는 최선의 방법에 대해서도 이야기 나눌 예정입니다.

3

발신: Beulah Espinoza
수신: Wallace Fields
수신 시간: 8월 10일, 오후 5시 15분

Wallace 씨, 당신이 제작한 전단지를 인쇄하고자 제가 지금 복사실에 있습니다. 그런데 안타깝게도 오류를 하나 발견했습니다. 어찌된 일인지, Alvarado 씨의 프로필이 전단지에서 사라졌습니다. 수정 후에 새로 작성한 것을 바로 제게 보내주시겠습니까? 복사실은 오후 6시까지 하며, 오늘 전단지를 게시해야 합니다.

196. Grand Conference Room에 대해 언급된 것은 무엇인가?

(A) 8월 30일로 예약되어 있다.

(B) Elliott Auditorium만큼 크지 않다.

(C) 최근에 보수됐다.

(D) 비즈니스 센터 밖에 위치해 있다.

STEP 1 두 문서를 동시에 이용하는 연계 문제 유형 – 문제가 주는 힌트나 지문 내에서 답에 영향을 주는 모든 요소들을 이용한다.

첫 번째 지문의 "Elliott Auditorium is highly recommended, ~ any meeting room ~ should be good enough"에서 Burgess 씨는 가장 많은 사람들을 수용할 수 있는 Elliott Auditorium에서 강연 진행을 추천하였지만, 상황에 따라 그보다 더 작은 공간에서 진행해도 괜찮다고 언급하였다. 하지만 두 번째 지문에서 Alvarado 씨가 강연을 하는 공간이 "Grand Conference Room"임을 확인할 수 있다. 즉, Grand Conference Room은 Elliott Auditorium보다 작은 것으로 정답은 (B)이다.

STEP 2 오답 분석

(A) 첫 번째 지문 "In an effort to fulfill your student internship duties, you are required to prepare her accommodation here at the college for August 28-30"에서 8월 30일에는 초청 연사인 Alvarado 씨가 숙박하는 날짜이므로 오답이다.

(C), (D)는 지문에서 언급되지 않았으므로 오답이다.

197. 이메일에서, 두 번째 단락 세 번째 줄의 "issue"와 의미가 가장 가까운 것은?

(A) 판

(B) (간행물의) 호

(C) 문제

(D) 출판물

STEP 1 동의어는 문맥상 대체할 수 있는 단어를 찾는 것이다.

단순히 같은 뜻을 찾는 것이 아니라 본문의 문맥에 어울리는 단어로 교체하는 것이 핵심이다. 두 번째 지문의 "I am sure that five of you can handle this without any issue."에서 Burgess 씨는 5명 인턴이 아무런 "문제" 없이 해당 업무를 잘 처리할 수 있을 거라고 확신한다는 문맥이므로, issue를 대체할 수 있는 단어로 '문제'를 의미하는 (C) problem이 가장 적절하다.

198. Alvarado 씨의 연설은 무엇에 관한 것인가?

(A) 성공적인 기업인이 되는 최선의 방법
(B) 데이터 수집을 위한 획기적인 접근법
(C) 금융업계에서의 취업 기회
(D) 새로운 금융 시스템 구축

STEP 1 　 목적은 처음 두 줄에 90% 답이 있다.

Alvarado 씨의 연설에 대한 홍보지인 두 번째 지문의 상단부를 확인하자. 두 번째 지문에서 강연 주제인 "Establishing New Financial Networks"를 통해 새로운 금융 시스템(=networks)을 구축한다는 의미로 정답은 (D)이다.

STEP 2 　 오답 분석

(A) 지문에서 entrepreneur가 언급되어 있지만, 성공적인 사업가가 되는 방법에 관해서는 언급된 바가 없으므로 오답이다.
(B) 지문에서 data gathered가 언급되어 있지만, 데이터를 수집하는 혁신적인 방법에 대한 언급은 없으므로 오답이다.
(C) 지문에서 financial institutions가 언급되어 있지만, 금융산업에서의 취업 기회에 대한 언급은 없으므로 오답이다. 이처럼 지문에서 언급된 단어를 포함하고 있는 오답 보기를 주의해야 한다.

199. Fields 씨는 누구일 것 같은가?

(A) Gorden Business College의 교수진
(B) Alvarado 씨의 직원 중 한 명
(C) 인턴쉽 프로그램 참가 학생
(D) 복사실 직원 중 한 명

STEP 1 　 두 문서를 동시에 이용하는 연계 문제 유형 − 특정인과 관련한 사실 확인 문제는 해당 지문과 연계 지문을 동시에 봐야 한다.

문제의 핵심 키워드 Mr. Fields는 세 번째 지문에서 언급되었으므로 해당 지문에서 정답을 찾는다. 지문에서 Fields 씨는 세 번째 지문의 수신인이며, "I'm in the copy room trying to print the flyer you created"에서 전단지를 제작한 사람임을 확인할 수 있다. 또, 첫 번째 지문의 "In an effort to ~ signed to pay honorarium to Ms. Alvarado"에서 인턴들은 모든 문서 작업을 담당하고 있음이 언급되어 있다. 즉, Fields 씨는 인턴쉽에 참가하고 있는 학생임을 알 수 있으므로 정답은 (C)이다.

200. Espinoza 씨에 따르면, 무엇이 문제인가?

(A) 전단지에서 일부 정보가 누락돼 있다.
(B) 발표를 위한 공간 사용이 불가능하다.
(C) 발표자 이름이 잘못되어 있다.
(D) 전단지 디자인이 승인되지 않았다.

STEP 1 　 마지막 문제의 답은 주로 세 번째 문서에 등장한다.

단일 지문 문제와 마찬가지로 다중 지문의 문제들도 답은 순서대로 등장한다.
Espinoza 씨가 언급한 문제가 무엇인지 묻는 문제이다. Espinoza 씨가 작성한 세 번째 지문에서 정답을 찾자. "Somehow, Ms. Alvarado's profile has disappeared from the flyer."에서 Alvarado 씨의 프로필이 전단지에서 빠졌다는 (A)가 정답이다. 지문의 Ms. Alvarado's profile이 보기의 Some information으로, 지문의 has disappeared가 보기의 is missing으로 paraphrasing되었다.

TEST 3

LISTENING TEST

In the Listening test, you will be asked to demonstrate how well you understand spoken English. The entire Listening test will last approximately 45 minutes. There are four parts, and directions are given for each part. You must mark your answers on the separate answer sheet. Do not write your answers in your test book.

PART 1

Directions: For each question in this part, you will hear four statements about a picture in your test book. When you hear the statements, you must select the one statement that best describes what you see in the picture. Then find the number of the question on your answer sheet and mark your answer. The statements will not be printed in your test book and will be spoken only one time.

Statement (B), "They're having a meeting," is the best description of the picture, so you should select answer (B) and mark it on your answer sheet.

1.

2.

GO ON TO THE NEXT PAGE

3.

4.

5.

6.

GO ON TO THE NEXT PAGE

PART 2

Directions: You will hear a question or statement and three responses spoken in English. They will not be printed in your test book and will be spoken only one time. Select the best response to the question or statement and mark the letter (A), (B), or (C) on your answer sheet.

7. Mark your answer on your answer sheet.

8. Mark your answer on your answer sheet.

9. Mark your answer on your answer sheet.

10. Mark your answer on your answer sheet.

11. Mark your answer on your answer sheet.

12. Mark your answer on your answer sheet.

13. Mark your answer on your answer sheet.

14. Mark your answer on your answer sheet.

15. Mark your answer on your answer sheet.

16. Mark your answer on your answer sheet.

17. Mark your answer on your answer sheet.

18. Mark your answer on your answer sheet.

19. Mark your answer on your answer sheet.

20. Mark your answer on your answer sheet.

21. Mark your answer on your answer sheet.

22. Mark your answer on your answer sheet.

23. Mark your answer on your answer sheet.

24. Mark your answer on your answer sheet.

25. Mark your answer on your answer sheet.

26. Mark your answer on your answer sheet.

27. Mark your answer on your answer sheet.

28. Mark your answer on your answer sheet.

29. Mark your answer on your answer sheet.

30. Mark your answer on your answer sheet.

31. Mark your answer on your answer sheet.

PART 3

Directions: You will hear some conversations between two or more people. You will be asked to answer three questions about what the speakers say in each conversation. Select the best response to each question and mark the letter (A), (B), (C), or (D) on your answer sheet. The conversations will not be printed in your test book and will be spoken only one time.

32. Where most likely are the speakers?
(A) At a theater
(B) At an art gallery
(C) At a train station
(D) At a conference center

33. According to the man, what is the problem?
(A) The office was relocated.
(B) Access to the facility is limited.
(C) The place is under renovation.
(D) Tickets are unavailable.

34. What will the woman do next?
(A) Sign up for a membership
(B) Visit a Web site
(C) Go to another store
(D) Read a brochure

35. Why is the woman calling?
(A) To cancel a service
(B) To purchase items
(C) To make a reservation
(D) To renew a contract

36. What kind of business does the man work for?
(A) A hotel
(B) An Olympic center
(C) A laundry service
(D) A furniture store

37. What will the woman most likely do next?
(A) Provide some information
(B) Speak to a manager
(C) Offer a discount
(D) Make a phone call

GO ON TO THE NEXT PAGE

➡

38. Why does the woman say, "I need to review the department budget proposal"?
(A) To report some problems
(B) To decline an offer
(C) To request a document
(D) To make an excuse

39. According to the man, what will happen today?
(A) A meeting will be held about the budget.
(B) The CEO will give a presentation.
(C) A store will celebrate a grand opening.
(D) An executive will visit a facility.

40. Why is the woman relieved?
(A) She has time to review a report.
(B) She can leave for a vacation.
(C) The executive was satisfied with the report.
(D) The man's work is already complete.

41. Who most likely is the woman?
(A) A sports trainer
(B) A doctor
(C) A customer service representative
(D) A courier

42. What has the man recently done?
(A) Moved to another city
(B) Returned a package
(C) Opened a new business
(D) Visited the woman's company

43. What will the man most likely do next?
(A) Wrap a package
(B) Send an e-mail
(C) Go to the Web site
(D) Call his manager

44. According to the man, what did the speakers do recently?
(A) Started a performance
(B) Sold out tickets
(C) Launched a store
(D) Renovated a building

45. What problem does the woman mention?
(A) A phone system is down.
(B) Equipment needs to be updated.
(C) A deadline was missed.
(D) A Web site is not working properly.

46. What will the man most likely do next?
(A) Attend a meeting
(B) Visit a Web site
(C) Contact a colleague
(D) Complete a form

47. Where most likely is the conversation taking place?
(A) At a bank
(B) At a factory
(C) At an airport
(D) At a clothing store

48. Why does the man say, "I don't see it anywhere"?
(A) He can't find a price.
(B) He has lost an item.
(C) He is looking for his suitcase.
(D) He doesn't think a product is popular.

49. What will the woman most likely do next?
(A) Purchase some items
(B) Speak with a colleague
(C) Scan a tag
(D) Consult a list

50. Where are the speakers?
(A) In a meeting room
(B) In a pharmacy
(C) In a school
(D) In an airport

51. According to the woman, what event is taking place tomorrow?
(A) A graduation
(B) A meeting
(C) A trade show
(D) An opening ceremony

52. What is indicated about John's Eatery?
(A) It is offering a discount for a limited time.
(B) It has reasonable prices.
(C) It specializes in French food.
(D) It has comfortable seating.

53. What are the speakers discussing?
(A) Reserving a room
(B) Cancelling a reservation
(C) Applying for a card
(D) Giving a presentation

54. What is suggested about the super card?
(A) It costs an annual fee.
(B) It offers free vouchers.
(C) It can be used only when shopping.
(D) It has an unlimited subscription period.

55. According to the man, what will the woman receive?
(A) A discount on dining
(B) A complimentary charger
(C) A free plane ticket
(D) A credit card brochure

56. Why is the woman calling?
(A) To check the status of an order
(B) To make a reservation
(C) To inquire about a deadline
(D) To make a purchase

57. What problem does the man mention about the order?
(A) It arrived at a wrong address.
(B) It was temporarily unavailable.
(C) It contained damaged items.
(D) It was canceled.

58. What will the man provide for the woman?
(A) A coupon
(B) Free shipping
(C) A consultation
(D) A brochure

TEST 3

GO ON TO THE NEXT PAGE

59. What kind of industry do the speakers most likely work in?
    (A) Personnel
    (B) Journalism
    (C) Marketing
    (D) Accounting

60. What will the man do in two hours?
    (A) Have lunch
    (B) Attend a meeting with a client
    (C) Lead a presentation
    (D) Leave for a business trip

61. What does the woman say she looks forward to?
    (A) The man's presentation
    (B) The lunch break
    (C) A marketing campaign
    (D) The next meeting

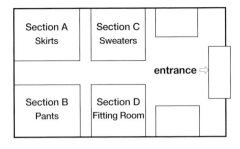

62. Where does the man most likely work?
    (A) At a supermarket
    (B) At home appliances store
    (C) At a clinic
    (D) At a clothing shop

63. What does the man ask the woman to show?
    (A) A receipt
    (B) A guarantee
    (C) A form
    (D) A map

64. Look at the graphic. In which section is the item that the woman wants?
    (A) Section A
    (B) Section B
    (C) Section C
    (D) Section D

Sophie Metropolis Hotel Rates	
Price	★★★
Customer service	★★★★★
Cleanness	★★★★
Amenities	★★

Optimal condition in Greenhouse	
Temperature	20℃
Humidity	60%
Lighting	8.1 hrs
Soil Acidity	pH 7

65. Where do the speakers most likely work?
(A) At a conference center
(B) At a hotel
(C) At a travel agency
(D) At a fitness center

66. Look at the graphic. What area do the speakers need to improve?
(A) Price
(B) Customer service
(C) Cleanness
(D) Amenities

67. What will Melinda most likely do next?
(A) Attend a meeting
(B) Contact her manager
(C) Look for some contractors
(D) Send some quotes

68. Where are the speakers working?
(A) At a law firm
(B) At a weather center
(C) At a garden
(D) At a power plant

69. Look at the graphic. According to the man, which condition is considered the most important in winter?
(A) Temperature
(B) Humidity
(C) Lighting
(D) Soil Acidity

70. Where will the speakers go next?
(A) To a factory
(B) To a greenhouse
(C) To the headquarters
(D) To the gift shop

TEST 3

GO ON TO THE NEXT PAGE

PART 4

Directions: You will hear some talks given by a single speaker. You will be asked to answer three questions about what the speaker says in each talk. Select the best response to each question and mark the letter (A), (B), (C), or (D) on your answer sheet. The talks will not be printed in your test book and will be spoken only one time.

71. What is the advertisement about?
(A) Free financial consulting services
(B) Web design courses
(C) Teaching job openings
(D) New computer models

72. What advantage is mentioned about the course?
(A) Reasonable tuition fees
(B) High-tech equipment
(C) Convenient timetables
(D) One-on-one sessions

73. What can be received through a contest?
(A) A briefcase
(B) A laptop
(C) An additional vacation day
(D) Free fitness training courses

74. What is discussed in today's Good Life radio program?
(A) Inexpensive recipes
(B) Ways to minimize stress
(C) Food for special events
(D) Regular workouts

75. What solution is suggested by the speaker?
(A) Eating less and exercising more
(B) Taking various kinds of nutrients
(C) Making meals at home
(D) Following a low-calorie diet

76. What are the listeners encouraged to do?
(A) Register for an event
(B) Post some feedback
(C) Buy some cooking books
(D) Participate in a show

77. Who most likely is the listener?
(A) A social worker
(B) A landscaper
(C) A property manager
(D) A construction manager

78. What does the speaker imply when he says, "It's 6:30 in the morning"?
(A) A deadline has been confirmed.
(B) Some data needs to be revised.
(C) He has to get up early.
(D) Some work disturbed his sleep.

79. What does the speaker say he will do this morning?
(A) Consult a friend
(B) Attend some meetings
(C) See a doctor
(D) Return a phone call

---

80. Where most likely are the listeners?
(A) At a plant
(B) In a historic park
(C) In an exhibition facility
(D) On a tour bus

81. What does the speaker encourage the listeners to do?
(A) Purchase a map
(B) See a film
(C) Visit a souvenir shop
(D) Avoid touching works of art

82. What do the listeners need to do before the tour begins?
(A) Proceed to the front of a building
(B) Leave some comments
(C) Bring back audio devices
(D) Prevent their phones from ringing

---

83. Where does the talk take place?
(A) At a training session
(B) At an award ceremony
(C) At a business luncheon
(D) At a party for new employees

84. According to the speaker, why has the event been delayed?
(A) An event finished later than scheduled.
(B) Some equipment was not working properly.
(C) A speaker missed a train.
(D) Some documents were not prepared on time.

85. What does the speaker imply when she says, "You can take some from the table beside the front door"?
(A) Attendees should sit in assigned seats.
(B) Attendees should obtain some materials.
(C) More equipment is required for an event.
(D) The number of attendees is larger than expected.

GO ON TO THE NEXT PAGE

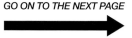

86. What was the speaker asked to do?
(A) Design a company logo
(B) Make customized clothes
(C) Renovate an office
(D) Fix some equipment

87. Why is Mr. Vargas exempt from a requirement?
(A) He is a regular customer.
(B) He has just started his own business.
(C) He is using Patsy Apparel for the first time.
(D) He will make an additional order soon.

88. Why can't the order be processed right now?
(A) A payment has to be made first.
(B) Some workers are on vacation.
(C) Some information is missing.
(D) A different format of a logo is required.

---

89. Where most likely is the talk given?
(A) At a construction site
(B) At a training session
(C) At a business meeting
(D) At an interview

90. What is the reason the speaker is talking about a change?
(A) A building is too old.
(B) A company is expanding.
(C) A town is growing.
(D) A company will be acquired.

91. Why does the speaker say, "Is it better for our staff to travel a few miles for a meeting"?
(A) To express most of the employees' opinion
(B) To emphasize the advantage of a plan
(C) To request a revision to a schedule
(D) To comment on the current public transportation system

---

92. Who most likely is the speaker?
(A) A doctor
(B) A mechanic
(C) A reporter
(D) A fitness instructor

93. What is the main purpose of the call?
(A) To get help with arranging a workshop
(B) To let the listener know about survey results
(C) To ask for a recommendation
(D) To notify the listener about a local festival

94. What does the speaker intend to do for her article?
(A) Correct an error
(B) Meet with the center's employees
(C) Carry out an additional survey
(D) Take some pictures

Meeting Room Locations

| Meeting Room 201 |
| Marketing |

| Meeting Room 202 |
| Research & Development |

| Meeting Room 203 |
| Personnel |

| Meeting Room 204 |
| Accounting |

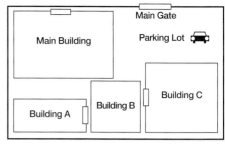

95. What does the company plan to do next week?
(A) Renovate its office space
(B) Replace a software system
(C) Close a deal with another company
(D) Modify some employee benefits

96. Look at the graphic. What team does the speaker most likely work in?
(A) Marketing
(B) Research & Development
(C) Personnel
(D) Accounting

97. What will happen at 12:30?
(A) Computer lessons will be provided.
(B) A client meeting will be held.
(C) A Q&A session will begin.
(D) Attendees will have a lunch break.

98. What is the speaker mainly discussing?
(A) A restaurant renovation
(B) An artwork fair
(C) A new product launch
(D) A computer trade show

99. According to the speaker, what was wrong with the event in previous years?
(A) Its registration price was too high.
(B) It did not have enough space.
(C) It was too crowded.
(D) Its transportation arrangements were disorganized.

100. Look at the graphic. Which building does the speaker want to assign to the software companies?
(A) Main Building
(B) Building A
(C) Building B
(D) Building C

This is the end of the Listening test. Turn to Part 5 in your test book.

READING TEST

In the Reading test, you will read a variety of texts and answer several different types of reading comprehension questions. The entire Reading test will last 75 minutes. There are three parts, and directions are given for each part. You are encouraged to answer as many questions as possible within the time allowed.

You must mark your answers on the separate answer sheet. Do not write your answers in your test book.

PART 5

Directions: A word or phrase is missing in each of the sentences below. Four answer choices are given below each sentence. Select the best answer to complete the sentence. Then mark the letter (A), (B), (C), or (D) on your answer sheet.

101. Marco Pizza is famous for ---------- gourmet selections.
(A) it
(B) they
(C) its
(D) itself

102. Over the ---------- few years, the Pharms Clinic has improved its medical equipment.
(A) last
(B) lasts
(C) lasted
(D) lastly

103. The mayor of Marchenta City has attributed its recent success to the ---------- of marketing and development.
(A) combines
(B) combine
(C) combination
(D) combined

104. Emilio Bistro chose the estimate of Margot Food, whose supply prices ---------- the manager's expectations.
(A) came
(B) cost
(C) met
(D) gave

105. Signing this document means that ---------- agree to follow all the terms and conditions.
(A) you
(B) herself
(C) yourself
(D) she

106. According to the revised company policy, this year's budget will be allocated ---------- by quarter.
(A) equal
(B) equals
(C) equally
(D) equality

107. Daniel Rockhurst's innovative design of the Merrylinch Public Library is ----------.
(A) commends
(B) commendable
(C) commending
(D) commend

108. Mr. Pruman will lead a training session ---------- the reception begins at the Rolland Hall.
(A) inside
(B) under
(C) before
(D) for

109. To accelerate the procedure, you should prepare ---------- your social security number or a form of identification.
(A) both
(B) either
(C) neither
(D) also

110. The use of printers and copiers is strictly limited to job-related ----------.
(A) task
(B) tasks
(C) tasking
(D) tasked

111. Recent ---------- can refer to the Web site that the government established to offer advice on starting businesses and finding career opportunities.
(A) graduates
(B) graduate
(C) graduated
(D) graduation

112. Penkle Construction was selected to renovate the shopping mall because it can do the work at a ---------- price.
(A) supported
(B) sharp
(C) reasonable
(D) effective

113. During her ten years of working as a journalist, Ms. Mun ---------- many brilliant and noted nutritionists around the world.
(A) interview
(B) interviewing
(C) is interviewed
(D) interviewed

114. In order to apply for the business loan, please fill out the ---------- loan form.
(A) enclosing
(B) enclosed
(C) enclosure
(D) enclose

115. The city council decided to hold the annual city music festival in the public park ---------- the chance of rain.
(A) actually
(B) although
(C) namely
(D) despite

116. ---------- of the historic building on Melmn Boulevard will be finished by April 20.
(A) Restore
(B) Restoration
(C) Restorable
(D) Restoring

GO ON TO THE NEXT PAGE

117. A customer service representative ---------- Ms. Cooper that the order she placed a week ago hasn't been processed yet.
(A) told
(B) talked
(C) said
(D) spoke

118. Compared to other similar products, MK-1000 is ---------- expensive.
(A) relate
(B) related
(C) relation
(D) relatively

119. With the popularity of cycling in Asia, Morine Cycle ---------- its influence in China.
(A) are expanded
(B) has been expanded
(C) to be expanded
(D) will be expanding

120. All of our products are ---------- examined before being released on the market.
(A) thoroughly
(B) highly
(C) sturdily
(D) mutually

121. The resurfacing work will be carried out ---------- Penson Avenue.
(A) between
(B) along
(C) during
(D) below

122. The fantasy novel Finding Pony is being made into a film ---------- Jordy Pung and Jessica Hanson.
(A) star
(B) starred
(C) starring
(D) stars

123. The recent survey indicated that ---------- the facilities in the hotel are renovated, income will decrease.
(A) which
(B) if
(C) yet
(D) unless

124. The spokesperson of KH Logistics announced that there were ---------- matters to address about the assembly line in the Massachusetts plant.
(A) substitute
(B) canceled
(C) accurate
(D) crucial

125. Mr. Pisher just finished his ---------- of the catering service's finances.
(A) application
(B) audit
(C) renewal
(D) comment

126. To maintain the high level of performance, inspections are required ---------- six months.
(A) every
(B) many
(C) whenever
(D) even

127. Ms. Pollack's careful ---------- to operating laboratory equipment has led her to acquire more accurate experiment results.
(A) approach
(B) arrival
(C) display
(D) gathering

128. Interview sessions at Perel Computers ---------- take place in the afternoon.
(A) patiently
(B) typically
(C) lightly
(D) extremely

129. Sidamo's Coffee Roasting offers customers coffee-making tips ---------- they can enjoy the taste of coffee better.
(A) in case
(B) so that
(C) while
(D) just as

130. The supervisor asked that all employees ---------- protective gear and name tags during work.
(A) wear
(B) wore
(C) will wear
(D) have worn

GO ON TO THE NEXT PAGE

PART 6

Directions: Read the texts that follow. A word, phrase, or sentence is missing in parts of each text. Four answer choices for each question are given below the text. Select the best answer to complete the text. Then mark the letter (A), (B), (C), or (D) on your answer sheet.

Questions 131-134 refer to the following notice.

The board of directors yesterday --------- its decision on whether to adopt a flexible
131.
working hours system. Mr. Hamilton, director of human resources insisted that further
study of work efficiency be needed --------- the directors can vote on the matter.
132.
---------. Yet the number of requests for flexible working has been growing in most
133.
departments. Most managers believe that the program would bring a dramatic ---------
134.
in employee morale. Mr. Hamilton says that we will take up the matter again within
three months.

131. (A) made
(B) confirmed
(C) agreed
(D) postponed

132. (A) so as
(B) before
(C) while
(D) because

133. (A) This flexible system is expected to reduce
absenteeism and tardiness.
(B) Mr. Hamilton recommends that a flexible
schedule be implemented.
(C) A minimum number of directors must be
present for a vote to be called.
(D) Only a few departments currently have applied
for this program.

134. (A) update
(B) period
(C) increase
(D) promotion

Questions 135-138 refer to the following e-mail.

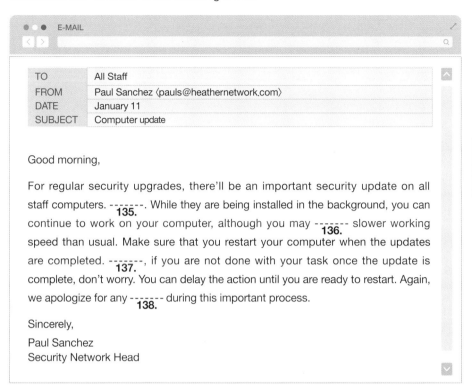

TO — All Staff
FROM — Paul Sanchez ⟨pauls@heathernetwork.com⟩
DATE — January 11
SUBJECT — Computer update

Good morning,

For regular security upgrades, there'll be an important security update on all staff computers. -------. **135.** While they are being installed in the background, you can continue to work on your computer, although you may ------- **136.** slower working speed than usual. Make sure that you restart your computer when the updates are completed. -------, **137.** if you are not done with your task once the update is complete, don't worry. You can delay the action until you are ready to restart. Again, we apologize for any ------- **138.** during this important process.

Sincerely,

Paul Sanchez
Security Network Head

135. (A) If you have any questions, please contact me immediately.
(B) Our current system is recognized as the best.
(C) These updates are limited to certain computers.
(D) These updates will start automatically tomorrow morning.

136. (A) notify
(B) complain
(C) ask
(D) experience

137. (A) Specifically
(B) However
(C) Rather
(D) Similarly

138. (A) inconvenienced
(B) inconvenient
(C) inconveniently
(D) inconvenience

GO ON TO THE NEXT PAGE

For the past twenty-eight years, Elliott Lawson has run a local store, designing and building custom pianos. But he has now decided to leave and move forward in a new career so he will ------- say goodbye to his colleagues and customers and
139.
begin a new job at the St. Augustine Art Institute in Houston. -------. "I am honored
140.
to have worked with everyone here, but I think it's time for me to share my craft with our next generation," Mr. Lawson said. He plans to sell the remaining inventory in his store. Some unique and rare ------- will be available at reduced prices. There are
141.
a few kid-size pianos, which will ------- be for sale. This closing sale will end next
142.
Saturday.

139. (A) regret
(B) regretted
(C) regretful
(D) regretfully

140. (A) He offers more competitive prices than neighboring stores.
(B) His music will be performed every Sunday at a local restaurant.
(C) He is going to teach classes and take on an apprentice.
(D) He has completed the training course at a professional academy.

141. (A) books
(B) appliances
(C) paintings
(D) instruments

142. (A) instead
(B) also
(C) normally
(D) besides

Questions 143-146 refer to the following memo.

To: Dentsply International Inc. Staff
From: Jonathan Kim, CEO, FMC Technologies, Inc.
Re: Company Merger
Date: July 1

I have the great pleasure of announcing that the merger between Dentsply International Inc. and FMC Technologies, Inc. will be complete on September 10. From that date ------- **143.** the company will be known as DF International Technology Group. Through this merger, we will be one of the largest ------- **144.** of advanced applications in the international mobile phone market.

I know all of you worry about how the merger will affect you. But I can assure that your positions, compensation, and benefits will remain the same as contracted with Dentsply International Inc. -------. **145.**

Still, the merger will bring some changes in company strategies and policies. ------- **146.** will be discussed during a company-wide informational session tomorrow at 3 P.M. in the seminar room. Please bring your questions about the merger. I will see you then.

143. (A) forward
(B) behind
(C) next
(D) below

144. (A) providing
(B) provision
(C) providers
(D) provides

145. (A) In fact, additional responsibilities may be charged.
(B) The new employee handbook will be provided shortly.
(C) Once the updates are made, review your contract carefully.
(D) Ever since the merger, our sales have been increased consistently.

146. (A) It
(B) These
(C) Few
(D) Either

GO ON TO THE NEXT PAGE

PART 7

Directions: In this part you will read a selection of texts, such as magazine and newspaper articles, e-mails, and instant messages. Each text or set of texts is followed by several questions. Select the best answer for each question and mark the letter (A), (B), (C), or (D) on your answer sheet.

Questions 147-148 refer to the following text message.

Mathew Austin [2:13 P.M.]

Hi, Rodney. I just had a meeting with Baker's board members, and they expressed interest in our renovation proposal for their downtown headquarters. Joshua Baker requested other work samples, but the relevant portfolio is not with me at the moment. I'm on my way to another scheduled meeting, so please send him the copy of the Eastcote Building files as soon as possible with the full set of blueprints. Thank you.

147. What kind of business does Mr. Austin most likely work for?
(A) A law firm
(B) An advertising firm
(C) A financial institution
(D) An architectural company

148. What will Rodney most likely do next?
(A) Schedule an interview
(B) Deliver a work sample
(C) Compile a portfolio
(D) Meet with a client

Questions 149-150 refer to the following text message.

To: Ida Powers
From: Ian Laid
Sent: Tue, 3:21 P.M.

I'm showing Mr. Kelvin the property once used as a theater at Stratham High Road, but it's taking longer than planned. So I'm going straight to the apartment inspection at 45 Neasden Avenue for Richards, which means I won't have time to stop by the office. I would like you to bring their legal document and meet me at the apartment. Based on the result of the inspection, it may be possible to renegotiate the price. Thank you!

149. In what field does Mr. Laid most likely work?
(A) Law
(B) Construction
(C) Real estate
(D) Theater

150. What does Mr. Laid ask Ms. Powers to do?
(A) Arrange a meeting
(B) Negotiate an agreement
(C) Deliver some papers
(D) Review the result of an inspection

GO ON TO THE NEXT PAGE

Questions 151-152 refer to the following e-mail.

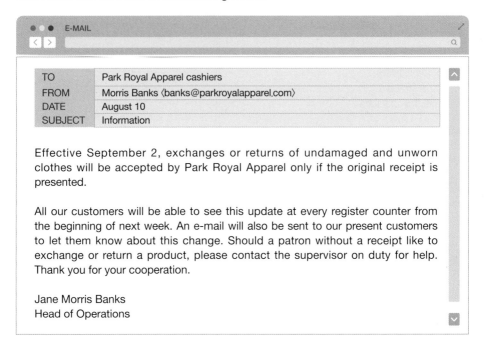

TO	Park Royal Apparel cashiers
FROM	Morris Banks ⟨banks@parkroyalapparel.com⟩
DATE	August 10
SUBJECT	Information

Effective September 2, exchanges or returns of undamaged and unworn clothes will be accepted by Park Royal Apparel only if the original receipt is presented.

All our customers will be able to see this update at every register counter from the beginning of next week. An e-mail will also be sent to our present customers to let them know about this change. Should a patron without a receipt like to exchange or return a product, please contact the supervisor on duty for help. Thank you for your cooperation.

Jane Morris Banks
Head of Operations

151. Why was the e-mail written?
(A) To address a trend change
(B) To ask for a sales assistance
(C) To publicize a new policy
(D) To announce a promotional event

152. According to the e-mail, what will supervisors most likely do?
(A) Indicate what product will be on sale
(B) Assist patrons with special requests
(C) Host a training session for cashiers
(D) Determine when to display new products

Questions 153-154 refer to the following text-message chain.

Jean Navarro 13:21
Haven't you left the Canons Center yet?

Cody Morales 13:22
No, I'm still here. The last presenter is about to start her lecture.

Jean Navarro 13:23
Do you think you are going to Gerald's lecture on office automation afterward? It's in Hall C on the third floor.

Cody Morales 13:24
I will definitely attend it. His lectures are always fascinating.

Jean Navarro 13:24
Yeah, absolutely. Very practical and informative, too.

Cody Morales 13:25
Would you like me to keep a seat for you close to the front row?

Jean Navarro 13:26
That would be wonderful. I appreciate that.

TEST 3

153. At 13:24, what does Ms. Navarro most likely mean when she writes, "Yeah, absolutely"?
(A) She is sure Mr. Morales will go to a lecture.
(B) A presenter in the Canons Center is interesting.
(C) She is satisfied with the material written by Gerald.
(D) The location of a lecture is the same as usual.

154. What is suggested about Mr. Morales?
(A) He wants Ms. Navarro to host a lecture.
(B) He will be hired by the Canons Center.
(C) He will be able to reach Hall C before Ms. Navarro.
(D) He is going to give a presentation in the Canons Center.

GO ON TO THE NEXT PAGE

Questions 155-157 refer to the following letter.

3 August

Dear Mr. Hong-chin,

Congratulations! You have accumulated enough point on your Park Theater Membership for four complimentary tickets. We have enclosed them with this letter. In addition, we have included a calendar of upcoming performances. The tickets are valid until September 29.

All of our members are sent four complimentary tickets for every 3,000 points accumulated. The points are earned when you purchase regularly priced ticket at any Park Theater location.

Check the status of your membership points online at www.gardenclub.co.uk.

Sincerely,

Park Theater

155. What was Mr. Hong-chin sent?
(A) A directory of Park Theater members
(B) A ticket for a specific performance
(C) A free pass for an industrial fair
(D) A schedule of show times

156. According to the letter, what can Mr. Hong-chin do at the Web site?
(A) Find directions to Park Theater locations
(B) Apply for a new club membership
(C) Track how many points he has received
(D) Leave comments about a performance

157. The word "complimentary" in paragraph 2, line 1, is closest in meaning to
(A) admirable
(B) praised
(C) free
(D) complete

Questions 158-159 refer to the following text message chain.

●●●○○   ▭

Leroy Snyder 11:22 A.M.
Erma, can I ask you a question about the adjustment you wanted me to make on the instruction manual for our brand-new appliance scheduled to be released next quarter?

Erma Simon 11:23 A.M.
Sure. What is it?

Leroy Snyder 11:24 A.M.
Did you ask me to forward you the entire manual or just page 24 with the changes?

Erma Simon 11:25 A.M.
Actually, I am not able to check my e-mail at the moment because the Internet in the hotel I am staying at is not working.

Leroy Snyder 11:25 A.M.
Don't worry. The meeting with the clients is not until Tuesday. So, you have some time.

Erma Simon 11:26 A.M.
Well, I need time to review them. So, please fax me just page 24.

Leroy Snyder 11:27 A.M.
Certainly. Can you give me the number?

Erma Simon 11:27 A.M.
3321-8843.

Leroy Snyder 11:28 A.M.
It's done. If it has not arrived, I can try again.

Erma Simon 11:29 A.M.
I got it. Thanks a lot!

158. Who most likely is Mr. Snyder?
(A) A publisher
(B) A technical writer
(C) A repair person
(D) A sales representative

159. At 11:26, what does Mr. Simon most likely mean when he writes, "I need time to review them"?
(A) He needs more time to prepare for an event.
(B) He plans to correct some information himself.
(C) He wants to acquire a document right away.
(D) He intends to push back a deadline.

GO ON TO THE NEXT PAGE

Questions 160-162 refer to the following article from a company newsletter.

Sue Elliott has returned

Everyone here at the Regina Recruiting Agency is excited about Sue Elliott's return to the main office to serve as administrative director. —— [1] —— Ms. Elliott was attending a training course in Dawson City about advanced data processing for the past month. —— [2] —— The class focused on safe and speedy processing of sensitive and classified data for organizations.

Ms. Elliott has successfully passed the course. —— [3] —— As the course is run by the Chesham Safe Data Processing Association (CSDPA), Ms. Elliott is now fully certified for her area to create systems that process electronic data securely. —— [4] ——

160. What is the article mainly about?
(A) A firm's relocation plan
(B) A newly created security system
(C) An employee's achievement
(D) A newly hired staff member

161. What is indicated about the training course?
(A) It is held every month.
(B) It is hosted by CSDPA.
(C) It takes one year to complete.
(D) It can be attended by employees of any level.

162. In which of the positions marked [1], [2], [3], and [4] does the following sentence best belong?
"Thus, we look forward to her creating one for us when she gets back."
(A) [1]
(B) [2]
(C) [3]
(D) [4]

Questions 163-164 refer to the following text message chain.

●●●○○   🔋

Don Castillo   7:05 P.M.
I know it's after work, but before I go on my business trip, would you mind if I ask you something?

Joey Craig   7:06 P.M.
Not at all. What can I do for you?

Don Castillo   7:07 P.M.
I just got to Safe Car Renting, and they are requesting insurance. I am not sure about our travel policy on a case like this as I am quite new to the firm. Should I pay extra for it?

Joey Craig   7:10 P.M.
Indeed, to drive a car during a business trip, we have to purchase the insurance.

Don Castillo   7:12 P.M.
Is it OK to use the corporate credit card or am I required to use my own card?

Joey Craig   7:12 P.M.
The corporate credit card is better, but the receipt has to be kept.

Don Castillo   7:13 P.M.
They said that e-receipts are available for customers, so keeping records of receipts shouldn't be a problem.

163. At 7:06 P.M., what does Mr. Craig mean when he writes, "Not at all"?
(A) Insurance is unnecessary.
(B) He is willing to answer a question.
(C) Mr. Castillo can hand in an e-receipt.
(D) Information on travel policies is available on a Web site.

164. What is suggested about Mr. Castillo?
(A) He will drive his own vehicle.
(B) He has never gone on a business trip before.
(C) He will apply for a credit card after his trip.
(D) He has recently joined a company.

GO ON TO THE NEXT PAGE

➡

http://www.multipleculturegallery.com

Multi-cultural Gallery
A Museum of Multi-cultural Artwork and Records
We are excited to host our latest exhibition:
Southeast Asian Art

The exhibition is scheduled to begin on 16 August as part of the gallery's continuing Cultures Around the Globe event. All visitors to the museum who have paid the gallery admission will be able to enjoy the exhibition. Displays of contemporary and historical artifacts by distinguished Southeast Asian artists will be featured.

Beulah Espinoza, the curator of the five-week show, will use his extensive knowledge for the gallery. After working as a curator for the Indonesian Association for the Arts for five years and spending four years researching historical artwork for the Central Ancient Arts, an archeology institute in Malaysia, Mr. Espinoza assumed the gallery's management position in February of this year.

A variety of artifacts, such as jewelry, clay pottery, crafting tools, and clothing, as well as paintings, murals, and sculptures will be displayed in the Southeast Asian Art Exhibition. Guest artists from the region will hold art seminars during the first week of September. The fee for each seminar is $6 on top of the entrance admission, and basic materials are included.

165. What is suggested about the Southeast Asian Art Exhibition?
(A) It will last until the end of August.
(B) It will feature new and old art alike.
(C) It is going to focus on jewelry and crafting tools.
(D) It is the last exhibition in the Cultures Around the Globe event.

166. Who is Mr. Espinoza?
(A) An art reporter
(B) A guest artist
(C) A gallery staff member
(D) A hired tour guide

167. According to the Web page, what can gallery visitors do for an additional fee?
(A) Join a membership program
(B) Explore a special exhibit hall
(C) Watch a film on Southeast Asia
(D) Participate in a workshop

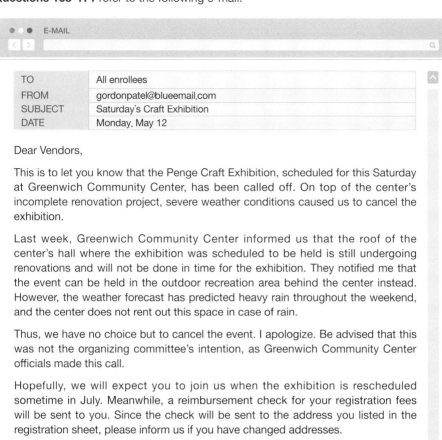

TEST 3

TO: All enrollees
FROM: gordonpatel@blueemail.com
SUBJECT: Saturday's Craft Exhibition
DATE: Monday, May 12

Dear Vendors,

This is to let you know that the Penge Craft Exhibition, scheduled for this Saturday at Greenwich Community Center, has been called off. On top of the center's incomplete renovation project, severe weather conditions caused us to cancel the exhibition.

Last week, Greenwich Community Center informed us that the roof of the center's hall where the exhibition was scheduled to be held is still undergoing renovations and will not be done in time for the exhibition. They notified me that the event can be held in the outdoor recreation area behind the center instead. However, the weather forecast has predicted heavy rain throughout the weekend, and the center does not rent out this space in case of rain.

Thus, we have no choice but to cancel the event. I apologize. Be advised that this was not the organizing committee's intention, as Greenwich Community Center officials made this call.

Hopefully, we will expect you to join us when the exhibition is rescheduled sometime in July. Meanwhile, a reimbursement check for your registration fees will be sent to you. Since the check will be sent to the address you listed in the registration sheet, please inform us if you have changed addresses.

Sincerely,

Gordon Patel

168. Who most likely is Mr. Patel?
(A) A vendor selling craft items
(B) An official working for a center
(C) A contractor for some renovation work
(D) An organizer for an event

169. What is indicated about the outdoor recreation area at Greenwich Community Center?
(A) It has recently been renovated.
(B) It is far from the center.
(C) It requires an admission fee to enter.
(D) It cannot be used on rainy days.

170. The word "call" in paragraph 3, line 3, is the closest in meaning to
(A) telephone
(B) visit
(C) decision
(D) pressure

171. According to the e-mail, what will Penge Craft Exhibition vendors receive?
(A) A request from
(B) A handbook
(C) A new calendar
(D) A refund

GO ON TO THE NEXT PAGE

Questions 172-175 refer to the following online chat discussion.

●●●○○ ▬

Jordan Walters [10:17 A.M.]
Hello, Inez. There is an inventory issue I need to talk to you about. Do you have time?

Inez Torres [10:18 A.M.]
Certainly!

Jordan Walters [10:18 A.M.]
According to the record, there is only one box of sugar left. There have been a lot of delivery requests for sugar recently. Do we need to order more of it?

Inez Torres [10:19 A.M.]
That's not necessary. We've found another manufacturer that can provide the same quality sugar at a lower rate. I already ordered 30 boxes while you were away for the annual workshop. They will arrive in a few days.

Jordan Walters [10:20 A.M.]
Great! I appreciate your help.

Inez Torres [10:21 A.M.]
No problem. And yesterday, I contacted restaurants, so they were already informed of the change.

Jordan Walters [10:23 A.M.]
Excellent! Thank you.

172. At 10:18 A.M., what does Ms. Torres most likely mean when she writes, "Certainly"?
(A) She will approve Mr. Walters's proposal.
(B) She is willing to meet Mr. Walters's clients.
(C) She has done something Mr. Walters asked to do.
(D) She is available to discuss a problem with Mr. Walters.

173. What is suggested about Mr. Walters?
(A) He submitted an order for his coworker.
(B) He recently attended a training session.
(C) He corrected the inventory records.
(D) He delivered some products to a client.

174. What kind of business do Ms. Torres and Mr. Walters most likely work for?
(A) A packaging manufacturer
(B) A shipping company
(C) A food supplier
(D) A local restaurant

175. According to the online discussion, what did Ms. Torres do recently?
(A) Created a new design for a menu
(B) Arranged a training event for new hires
(C) Made customers aware of a change
(D) Helped Mr. Walters update an inventory record

GO ON TO THE NEXT PAGE

Questions 176-180 refer to the following e-mails.

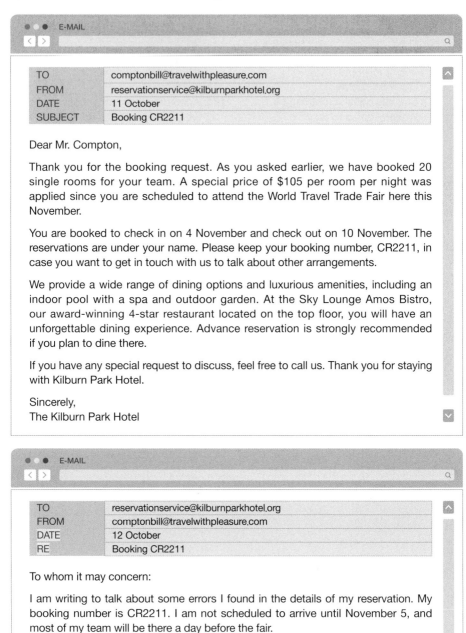

E-MAIL

TO	comptonbill@travelwithpleasure.com
FROM	reservationservice@kilburnparkhotel.org
DATE	11 October
SUBJECT	Booking CR2211

Dear Mr. Compton,

Thank you for the booking request. As you asked earlier, we have booked 20 single rooms for your team. A special price of $105 per room per night was applied since you are scheduled to attend the World Travel Trade Fair here this November.

You are booked to check in on 4 November and check out on 10 November. The reservations are under your name. Please keep your booking number, CR2211, in case you want to get in touch with us to talk about other arrangements.

We provide a wide range of dining options and luxurious amenities, including an indoor pool with a spa and outdoor garden. At the Sky Lounge Amos Bistro, our award-winning 4-star restaurant located on the top floor, you will have an unforgettable dining experience. Advance reservation is strongly recommended if you plan to dine there.

If you have any special request to discuss, feel free to call us. Thank you for staying with Kilburn Park Hotel.

Sincerely,
The Kilburn Park Hotel

E-MAIL

TO	reservationservice@kilburnparkhotel.org
FROM	comptonbill@travelwithpleasure.com
DATE	12 October
RE	Booking CR2211

To whom it may concern:

I am writing to talk about some errors I found in the details of my reservation. My booking number is CR2211. I am not scheduled to arrive until November 5, and most of my team will be there a day before the fair.

The exact dates for each person were listed on the initial application I forwarded. Please make the corrections and confirm them with me. Thanks in advance for your immediate attention to this issue.

Sincerely,

Bill Compton

176. Why was the first e-mail written?
(A) To confirm booking details
(B) To book hotel rooms in advance
(C) To report a recent change in room prices
(D) To respond to inquiries about a hotel's facilities

177. What is suggested about the Sky Lounge Amos Bistro?
(A) It recently relocated to the top floor.
(B) It is usually crowded.
(C) It was just renovated.
(D) It is located near the Kilburn Park Hotel.

178. Why is Mr. Compton asked to keep his reservation number?
(A) To obtain a discount
(B) To access the hotel restaurant
(C) To be entered in a contest
(D) To refer to it in case of a problem

179. What part of the reservation was incorrect?
(A) The number of people
(B) The hotel branch
(C) The check-in dates
(D) The total room price

180. In the second e-mail, the word "issue" in paragraph 2, line 3, is closest in meaning to
(A) publication
(B) matter
(D) distribution
(D) offer

GO ON TO THE NEXT PAGE

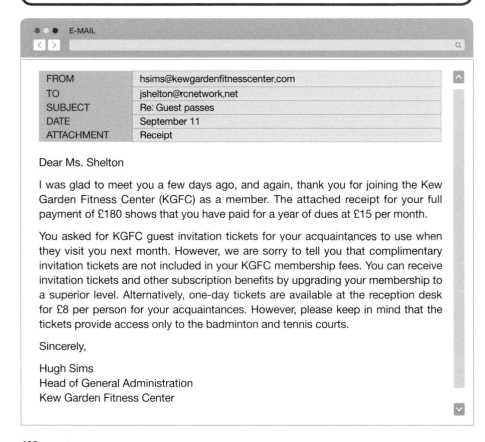

Kew Garden Fitness Center(KGFC)
Membership Subscription Choices

	Normal	Premium	Superior
Payments per Month	£15	£25	£40
Reduced Price on Seasonal Programs*	–	–	√
Guest Invitation Tickets	–	√	√
Free Parking	√	√	√
Badminton & Tennis Courts Access	√	√	√
Indoor Swimming Pool Access	√	√	√
Fitness Section Access	√	√	√

Please be advised that all membership levels are required to pay the one-time enrollment fee of £40, which is not refundable. Those who pay for the full year in advance on registration are exempt from the enrollment fee.

*For a complete schedule of seasonal events,
check our Web site at www.kewgardenfitnesscenter.com

E-MAIL

FROM	hsims@kewgardenfitnesscenter.com
TO	jshelton@rcnetwork.net
SUBJECT	Re: Guest passes
DATE	September 11
ATTACHMENT	Receipt

Dear Ms. Shelton

I was glad to meet you a few days ago, and again, thank you for joining the Kew Garden Fitness Center (KGFC) as a member. The attached receipt for your full payment of £180 shows that you have paid for a year of dues at £15 per month.

You asked for KGFC guest invitation tickets for your acquaintances to use when they visit you next month. However, we are sorry to tell you that complimentary invitation tickets are not included in your KGFC membership fees. You can receive invitation tickets and other subscription benefits by upgrading your membership to a superior level. Alternatively, one-day tickets are available at the reception desk for £8 per person for your acquaintances. However, please keep in mind that the tickets provide access only to the badminton and tennis courts.

Sincerely,

Hugh Sims
Head of General Administration
Kew Garden Fitness Center

181. What is indicated about the seasonal programs provided at KGFC?
(A) Each person is required to pay £8.
(B) People need to register in advance.
(C) Their lists are posted on the Internet.
(D) Non-members can enjoy them.

182. In the e-mail, the word "dues" in paragraph 1, line 3, is closest in meaning to
(A) deadlines
(B) fees
(C) reasons
(D) proofs

183. What benefit does Ms. Shelton NOT currently have with KGFC?
(A) Access to workout equipment
(B) Discounts on seasonal events
(C) Access to its the swimming pool
(D) Free parking

184. What is most likely true about Ms. Shelton?
(A) She has to pay KGFC some money.
(B) She is not inclined to upgrade her membership.
(C) She came to KGFC on September 11.
(D) She did not need to pay the enrollment fee.

185. What is suggested about guests of normal-level members?
(A) They can acquire tickets at the reception desk.
(B) They can upgrade their memberships.
(C) They are allowed to visit KGFC several days a week.
(D) They can access all of KGFC's facilities.

GO ON TO THE NEXT PAGE

Questions 186-190 refer to the following e-mail, article and list.

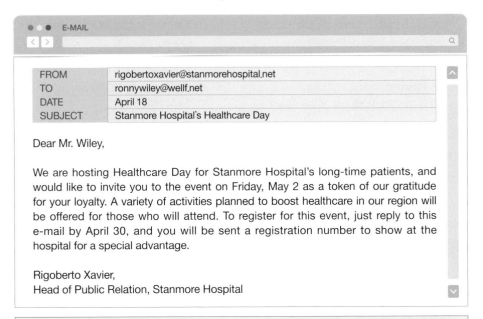

E-MAIL

FROM	rigobertoxavier@stanmorehospital.net
TO	ronnywiley@wellf.net
DATE	April 18
SUBJECT	Stanmore Hospital's Healthcare Day

Dear Mr. Wiley,

We are hosting Healthcare Day for Stanmore Hospital's long-time patients, and would like to invite you to the event on Friday, May 2 as a token of our gratitude for your loyalty. A variety of activities planned to boost healthcare in our region will be offered for those who will attend. To register for this event, just reply to this e-mail by April 30, and you will be sent a registration number to show at the hospital for a special advantage.

Rigoberto Xavier,
Head of Public Relation, Stanmore Hospital

Healthcare Day at Stanmore Hospital

by Amber Tucker on May 6

Stanmore Hospital held an impressive Healthcare Day last Friday. This event took place in appreciation of the community's support for the hospital over the last twenty years. Not only Stanmore Hospital patients but also a lot of people in the area attended the event.

Participants attended a number of activities, and they were given many complimentary gifts, including potted plants, laptop computers, and other items from local businesses that sponsored the event. The group of physicians provided attendees who received a specific number with a free physical checkup.

A long line was standing at Dr. Cecilia Thornton's office during the event. "Although I participated in today's event to get information about dental and skin care technology, Dr. Thornton's presentation about how to prevent presbyopia and enhance vision offered me the very useful tips," said Diana Webster, one of attendees.

Nutritionist Kim Wrights talked about health dietary habits, which was the most popular of the other presentations. Over 150 people, most of whom are senior citizens, came to learn about the new trends in health diet. The presentation lasted much longer than scheduled, as Ms. Wrights answered many attendee questions in detail.

Kids were excited to participate in a health quiz program asking about general cleanliness and health. Some of the kids were awarded dolls and toys from the program host for answering questions correctly. The event was so successful that Stanmore Hospital General Manager Sharon White is thinking about hosting it annually.

Stanmore Hospital Healthcare Day, May 2

Duties and Roles

- Correspondence: Tammy Wood
- Promotion: Rigoberto Xavier
- Lectures: Sharon White (Fitness),
        Kim Wrights (Healthy Diet)
- Health Practice for Kids: Robert Williams
- Health Presentations/Checkups:
    Roger Torres, Bessie Vargas,
    Betty Thomas, Cecilia Thornton

186. What is the purpose of the e-mail to Mr. Wiley?
(A) To inquire about his meal preference
(B) To ask him to arrange an event
(C) To invite him to an event
(D) To encourage him to fill out a survey

187. How did some participants get a medical checkup free of charge?
(A) By completing a survey
(B) By coming to an event early
(C) By attending Dr. Wrights's presentation
(D) By replying to an e-mail from Mr. Xavier

188. What field is Dr. Thornton most likely specialized in?
(A) Teeth hygiene
(B) Skin care
(C) Eyes health
(D) Nutrition

189. What is suggested about the presentation on diet?
(A) It sparked a lot of interest.
(B) It took place in a different place.
(C) It was recorded to be aired.
(D) It was just for senior citizens.

190. Who most likely gave toys out?
(A) Mr. Torres
(B) Ms. White
(C) Ms. Thomas
(D) Mr. Williams

GO ON TO THE NEXT PAGE

Questions 191-195 refer to the following Web pages.

---

http://www.dtscanada.com

Home	Travel	Booking	Customer comments

Explore Northern Canada with Dawson Tour Service (DTS)

For more than a decade, DTS has provided a wide range of tour services throughout Northern Canada for all age groups and for various interests. Every tour DTS offers is led by experienced and committed guides. See below for descriptions of the tour packages we are currently offering. We can answer your questions by phone seven days a week from 10 A.M. to 6 P.M.

Explore Watson's Food (Tuesdays and Thursday, 3:00 P.M. to 8:30 P.M.)
Try a variety of local dishes in the town's favorite restaurants and snack bars. After visiting each scheduled place, you will be given time to look around nearby stores before moving onto the next food samples. Your day's final stop will be for an elegant dinner overlooking Watson Lake.

Yukon Tower Tour (Wednesdays and Fridays, 1:00 P.M. to 6:00 P.M.)
Begin your afternoon visiting Yukon Tower with our guide. After that, walk around historical sites and hear about the history of Yukon Town from our guide Patsy Walters, who is recognized for her excellent storytelling abilities.

Whitehorse Mt. River Exploration (Saturdays, 1:00 P.M. to 6:00 P.M.)
Go on a four-hour hike and kayak ride through the beautiful natural park and enjoy magnificent views from the summit. Our guide, Jose Tran, will point out and talk about various plants and animals along the way.

---

http://dtscanada.com/booking/confirmation–CV220911

Booking confirmation

Purchase Date: Thursday 14 May
Name of Customer: Glen Walsh
Booking Code: CV220911

1 June Whitehorse Mt. River Exploration	Two Tickets	Per person $ 65	$ 130
5 June Explore Watson's Food	Two Tickets		$ 130
Total: $ 260			

Please be advised that you need to print out this confirmation slip and bring it with you on the day of your tour.

http://www.dtscanada.com

| Home | Travel | Booking | Customer comments |

DTS customer comments:

Overall, I was very satisfied with Dawson Tour Service. Jose Tran, our first guide, gave us a fascinating tour. We learned intriguing facts about the wide range of plants and animals we got to see. It was not easy to move around due to a number of kayaks on our tour, but we were still able to see many plants and animals. I even got some pictures of rare fish with the camera I brought! However, the scenery from the summit was not as good as expected. After the first tour, the local specialties made our afternoon and evening special. In the evening, we all agreed to do something like this again next year.

Glen Walsh June 11

191. What is NOT indicated about Dawson Tour Service?
(A) It boasts highly qualified workers.
(B) It has been in business for over 10 years.
(C) It won a famous award in the tourism industry.
(D) It can arrange tours for families with children.

192. When can visitors learn about local history?
(A) On Sundays and Mondays
(B) On Tuesdays and Thursdays
(C) On Wednesdays and Fridays
(D) On Saturdays

193 What did Mr. Glen do on the June 5 tour?
(A) Visited local attractions
(B) Stopped by various local businesses
(C) Filled out a survey
(D) Took part in a culinary class

194. What does Mr. Glen indicate in the customer comments?
(A) The Explore Watson's Food tour was led by an excellent guide.
(B) The Whitehorse Mt. River Exploration tour offered a magnificent view.
(C) The Explore Watson's Food tour lasted longer than expected.
(D) The Whitehorse Mt. River Exploration tour was somewhat crowded.

195. According to the customer comment, what will Mr. Glen most likely do next year?
(A) Order some plants
(B) Visit historical sites
(C) Go fishing in a river
(D) Purchase his own kayak

GO ON TO THE NEXT PAGE

---

http://www.nealvacuums.com/merchandise/R2100housekeeper

| MAIN | Place an Order | Merchandise | Comments | Contact |

Model: R2100 Housekeeper for professional or home use!
Product Description:
• Convenient swivel tech allows smooth steering.
• Its light weight, about 11 pounds, makes it easily portable.
• Superior 13 HP power motors suck in any dirt from deep within any type of floor.
• Pressing a single button causes the retractable cord to quickly rewind.
• The three-year limited warranty covers malfunctions and repairs.
• Its cutting-edge design allows for easy cleaning as no dust bag is required.

Price: £98.00 (Plus: £12.00 delivery) **Special Offer**: £2.00 delivery!

News For Vacuum Owners

HATTON TOWN, July 11—The R2100 Housekeeper, a vacuum cleaner manufactured by Neal Appliances, considered the current top-selling appliance of its kind, has a flaw.

Mr. Wolfe, a spokesperson for Neal Appliance's disclosed a statement this morning, stating that "The cord retractors of some R2100 Housekeeper models have been found to malfunction. Customer satisfaction is Neal Appliance's number one priority. So we are sending teams of experienced and skilled technicians to visit our customers and fix the defective parts. In cases where repairs are not possible, we will replace the cleaners with new ones at no cost."

Customers who experience any problem or have any concerns about the appliance can contact Neal Appliances at 351-2231-0093.

---

http://www.nealvacuums.com/merchandise/R2100housekeeper

| MAIN | Place an Order | Merchandise | Comments | Contact |

Model: R2100 Housekeeper

I bought my R2100 Housekeeper around two months ago and have been quite satisfied with it. I use it nearly every day to vacuum the floor of my house since my family has pets. It is great for removing thin hair, even on the sofa, even though it is sometimes not easy to suck in dust from underneath furniture, which is not a big problem. I hadn't noticed the issue other users have experienced with this vacuum cleaner until an acquaintance of mine informed me of it. When I heard about the issue, I checked my model, but it did not seem to have any problems, so I did not need to contact the company. I highly recommend this product.

Randall Tucker, July 20

---

196. What is provided with the purchase of a R2100 Housekeeper?
(A) A carry bag
(B) Delivery service
(C) A three-year warranty
(D) Additional components

197. What is the main purpose of the article?
(A) To publicize a brand-new appliance
(B) To report a production issue
(C) To review some of the best-selling products
(D) To apologize for a miscommunication

198. In the article, the word "disclosed" in paragraph 2, line 1, is closest in meaning to
(A) launched
(B) released
(C) forwarded
(D) discovered

199. What does Mr. Tucker confirm about the R2100's product details?
(A) It has a powerful motor.
(B) It is easy to steer.
(C) It picks up dust from hard-to-reach areas.
(D) It is very light.

200. What does Mr. Tucker imply about his product?
(A) Its warranty is not valid anymore.
(B) Its model is no longer being made.
(C) Its cord operation functions well.
(D) Its rate was lower than expected.

GO ON TO THE NEXT PAGE

TEST 3

해설

정답 TEST 3

01. (B)	41. (C)	81. (B)	121. (B)	161. (B)
02. (C)	42. (A)	82. (D)	122. (C)	162. (D)
03. (D)	43. (C)	83. (A)	123. (D)	163. (B)
04. (D)	44. (A)	84. (B)	124. (D)	164. (D)
05. (B)	45. (D)	85. (B)	125. (B)	165. (B)
06. (A)	46. (C)	86. (B)	126. (A)	166. (C)
07. (A)	47. (D)	87. (B)	127. (A)	167. (D)
08. (B)	48. (A)	88. (D)	128. (B)	168. (D)
09. (B)	49. (B)	89. (C)	129. (B)	169. (D)
10. (C)	50. (D)	90. (B)	130. (A)	170. (C)
11. (A)	51. (A)	91. (B)	131. (D)	171. (D)
12. (B)	52. (D)	92. (C)	132. (B)	172. (D)
13. (C)	53. (C)	93. (B)	133. (D)	173. (B)
14. (A)	54. (A)	94. (D)	134. (C)	174. (C)
15. (A)	55. (B)	95. (B)	135. (D)	175. (C)
16. (C)	56. (A)	96. (C)	136. (B)	176. (A)
17. (A)	57. (B)	97. (D)	137. (B)	177. (B)
18. (A)	58. (A)	98. (D)	138. (D)	178. (D)
19. (A)	59. (C)	99. (C)	139. (D)	179. (C)
20. (B)	60. (C)	100. (B)	140. (C)	180. (B)
21. (B)	61. (A)	101. (C)	141. (D)	181. (C)
22. (C)	62. (D)	102. (A)	142. (B)	182. (B)
23. (B)	63. (A)	103. (C)	143. (A)	183. (B)
24. (A)	64. (A)	104. (C)	144. (C)	184. (D)
25. (C)	65. (B)	105. (A)	145. (C)	185. (A)
26. (B)	66. (D)	106. (C)	146. (B)	186. (C)
27. (A)	67. (C)	107. (B)	147. (D)	187. (D)
28. (B)	68. (C)	108. (C)	148. (B)	188. (C)
29. (A)	69. (A)	109. (B)	149. (C)	189. (A)
30. (B)	70. (B)	110. (B)	150. (C)	190. (D)
31. (A)	71. (B)	111. (A)	151. (C)	191. (C)
32. (B)	72. (C)	112. (C)	152. (B)	192. (C)
33. (D)	73. (B)	113. (D)	153. (B)	193. (B)
34. (A)	74. (A)	114. (B)	154. (C)	194. (D)
35. (D)	75. (C)	115. (D)	155. (D)	195. (B)
36. (C)	76. (B)	116. (B)	156. (C)	196. (C)
37. (A)	77. (C)	117. (A)	157. (C)	197. (B)
38. (C)	78. (D)	118. (D)	158. (B)	198. (B)
39. (D)	79. (B)	119. (D)	159. (C)	199. (A)
40. (A)	80. (C)	120. (A)	160. (C)	200. (C)

1

(A) A man is planting some flowers.
(B) A man is working outside.
(C) A man is repairing a machine.
(D) A man is holding a hammer.

[해석]
(A) 남자는 꽃을 심고 있다.
(B) 남자는 밖에서 작업 중이다.
(C) 남자는 기계를 고치고 있다.
(D) 남자는 망치를 들고 있다.

어휘   plant 심다   repair 수리하다   machine 기계   hold 잡다   hammer 망치

01 1인 사진은 사람의 동작과 외관에 집중한다.

▶ PART 1의 1-2번 문제, 특히 1번은 주로 1인 사진이 출제된다. 1인 사진은 시선 처리를 주로 사진 중심부에 두어 눈에 띄는 동작과 상태를 미리 파악해야 한다.

STEP 1   사진 분석

❶ 1인 중심
❷ 야외에서 작업 중이다.
❸ 허리를 구부리고 있다.
❹ 장비를 들고 있다.

STEP 2   사진에 보이지 않는 단어가 들리면 바로 소거한다.

(A) A man is ~~planting~~ some flowers.
▶ 꽃을 심고 있지 않다.
(B) A man is working outside. ▶정답
(C) A man is ~~repairing a machine~~.
▶ 기계를 수리하고 있지 않다.
(D) A man is holding a ~~hammer~~.
▶ 망치를 들고 있지 않다.

STEP 3   1인 사진의 POINT

1. 1인 사진은 동작이나 상태에 대한 묘사를 염두에 둬야 한다.
2. 최신 경향! 〈손 → 눈 → 의복〉에 해당하는 순서로 집중한다.

사진 유형	정답 유형
사람의 상반신이 나왔을 경우	① 구체적인 동작 묘사 → ② 주변의 장소나 상황에 맞는 행위 묘사 → ③ 외모, 외형과 관련된 상태 묘사 → ④ 주변(장소)의 상황이나 사물 묘사
사람의 전신이 나왔을 경우	① 상황에 맞는 행위 묘사 → ② 구체적인 동작 묘사 → ③ 외모, 외형과 관련된 상태 묘사 → ④ 주변(장소)의 상황이나 사물 묘사

2

(A) A woman is looking at a monitor.
(B) A woman is using a calculator.
(C) A woman is resting her chin on her hand.
(D) A woman is writing something down.

[해석]
(A) 여자는 모니터를 보고 있다.
(B) 여자는 계산기를 사용하고 있다.
(C) 여자는 손으로 턱을 받치고 있다.
(D) 여자는 무언가를 적고 있다.

어휘 look at ~을 보다 calculator 계산기 rest 받치다 chin 턱 write down ~을 적다

02 오답을 먼저 소거한 후에 정답을 찾는다.

▶ PART 1에서 사진에 안 보이는 명사, 동사들은 모두 답이 아니다. 소거법은 이렇게 사진 내용과 상관없는 오답을 제거해 가며 정답을 남기는 방법을 말한다. 따라서 답이 아닌 것은 'X'로, 모르는 것은 '△' 혹은 '?'로 표시하면서 빨리 판단할 수 있어야 한다.

STEP 1   사진 분석

❶ 1인 중심
❷ 문서를 보고 있다.
❸ 손으로 턱을 받치고 있다.
❹ 테이블 위에 노트북이 있다.

STEP 2   사진에 보이지 않는 단어가 들리면 바로 소거한다.

(A) A woman is looking at a ~~monitor~~.
▶ 여자는 서류를 보고 있다.
(B) A woman is ~~using~~ a calculator.
▶ 계산기는 테이블 위에 놓여만 있다.
(C) A woman is resting her chin on her hand. ▶정답
(D) A woman is ~~writing~~ something down.
▶ 여자는 무언가를 적고 있지 않다.

STEP 3   소거법 POINT

1. 사진에서 보이지 않는 명사, 동사가 들리면 모두 오답이다.
2. 1인 사람 사진 → 주어는 대부분 통일되기 때문에 동사와 뒤의 부분을 위주로 받아쓰기를 한다.
3. 다수 사람 사진 → 주어의 단·복수에 맞는 동사를 파악하자.
4. 보기가 사물 주어로 시작하면 완료형 '이미 ~한 상태'가 주로 답이 된다.
5. 사람이 없는 사진에서 진행형 수동태 be being p.p.가 들리면 오답이다.

3

(A) A floor is being wiped.
(B) A trash can is being emptied.
(C) Some people are pushing a stroller.
(D) Some travelers are seated in the waiting area.

[해석]
(A) 바닥을 닦고 있다.
(B) 쓰레기통을 비우고 있다.
(C) 몇몇 사람들이 유모차를 밀고 있다.
(D) 몇몇 여행자들이 대합실에 앉아 있다.

어휘   wipe 닦다   empty 비우다   stroller 유모차   traveler 여행자   waiting area 대합실 (대기 장소)

03 2인 이상의 사진은 공통된 동작이나 포괄적인 상태가 답이다.

▶ 2인 이상의 사진은 PART 1 중반에 위치하여 난도가 높은 편에 속하지는 않지만, 1인 사진과 달리 여러 대상의 동작이나 상태, 사물을 파악해야 하므로 주의해야 한다.

STEP 1   사진 분석

❶ 〈사람+사물〉 사진
❷ 사람들이 앉아 있다.
❸ 화분들이 놓여 있다.
❹ 유모차가 있다.

TEST 3 해설

STEP 2   사진에 보이지 않는 단어가 들리면 바로 소거한다.

(A) A floor is being wiped.
▶ 바닥을 닦고 있는 사람은 없다.
(B) A trash can is being emptied.
▶ 쓰레기통은 사진에서 보이지 않는다.
(C) Some people are pushing a stroller.
▶ 유모차를 밀고 있는 사람은 없다.
(D) **Some travelers are seated in the waiting area.** ▶정답

STEP 3   2인 이상 사진의 POINT

1. 특정인 한 명을 언급할 때는 One of the men의 표현과 함께 동작과 상태의 차이점을 나타낸다.
2. Some people 혹은 They 등의 표현이면 공통된 동작/상태가 답이 된다.
 e.g. They are having a meeting. 사람들이 회의를 하고 있다.
     Some people are participating in a parade. 일부 사람들이 퍼레이드에 참가하고 있다.

사진 유형	정답 유형
다수 사람이 나왔을 경우	① 다수의 공통 행위와 상황 묘사 ② 특정인 한 명의 구체적인 동작 묘사 ③ 주변의 상황 묘사

4

(A) Some windows are being opened.
(B) A woman is clearing a table.
(C) Cushions are stacked on the floor.
(D) A painting is mounted on the wall.

[해석]
(A) 창문을 열고 있다.
(B) 여자가 테이블을 치우고 있다.
(C) 쿠션이 바닥에 쌓여 있다.
(D) 그림이 벽에 고정되어 있다.

어휘 clear a table 탁자를 치우다 stack 쌓다 mount 끼우다, 고정시키다 wall 벽

04 사람이 없는 사진에서는 2가지를 기억하라.

▶ 사물 사진의 소거 포인트 1: 사람 명사가 들리면 오답이다.
▶ 사물 사진의 소거 포인트 2: be being p.p.는 오답이다.

STEP 1 사진 분석

❶ 사람이 없는 사물 위주 사진
❷ 소파 위에 쿠션이 놓여 있다.
❸ 그림이 벽에 걸려 있다.

STEP 2 사진에 보이지 않는 단어가 들리면 바로 소거한다.

(A) Some windows are ~~being~~ opened.
▶ 창문을 열고 있는 사람은 없다.
(B) A ~~woman~~ is clearing a table.
▶ 사진에서 사람은 없다.
(C) Cushions are stacked on the ~~floor~~.
▶ 쿠션은 소파 위에 있다.
(D) A painting is mounted on the wall. ▶정답

STEP 3 사물 사진의 소거 POINT

1. 가장 부각되는 사물의 위치나 상태, 주변의 사물, 배경을 확인하라.

❶ 가장 부각되는 사물의 위치 및 상태를 확인한다.
❷ 주변 사물을 확인한다.
❸ 장소 및 배경을 확인한다.
❹ 사람이 없는 사진에 사람 명사가 들리면 오답이니 바로 소거한다.
❺ 사진에 없는 사물을 언급한 오답에 주의한다.

2. be being p.p.는 오답이다.

〈사물 주어 + be being p.p.〉는 '사람이 사물을 가지고 동작을 진행하고 있다'의 의미이므로, 사람이 없는 사진에서는 오답이다.
[예외] display(진열하다)의 경우 상태의 지속을 나타내어 사람이 없더라도 진행형 수동태를 쓸 수 있다.
e.g. Some items are being displayed. 물건이 진열되어 있다.

5

(A) People are getting onto a subway.
(B) A train is approaching a platform.
(C) Some notices have been posted on the window.
(D) People are standing in a lobby.

[해석]
(A) 사람들이 지하철에 탑승하고 있다.
(B) 열차가 승강장으로 다가오고 있다.
(C) 몇몇 안내문이 창문에 게시되어 있다.
(D) 사람들이 로비에 서 있다.

어휘 **get onto** ~에 타다 **approach** 다가가다(오다) **platform** 승강장 **notice** 안내문 **post** 게시하다 **stand** 서 있다 **lobby** 로비, (현관의) 홀

05 교통수단 사진에는 교통수단과 승객들이 등장한다.

▶ 공항 시설이나 차량의 내부 또는 버스, 기차, 비행기에서 사람들이 타고 내리는 모습 등 승강장에서 일어날 수 있는 다양한 상황이 등장한다.

STEP 1 사진 분석

❶ 〈사람+사물〉 사진
❷ 사람들이 승강장에 서 있다.
❸ 열차가 승강장에 있다.

STEP 2 사진에 보이지 않는 단어가 들리면 바로 소거한다.

(A) People are getting onto a subway.
▶ 사람들이 지하철에 탑승하는 모습이 아니다.
(B) A train is approaching a platform. ▶정답
(C) Some notices have been posted on the window.
▶ 사진에서 안내문은 보이지 않는다.
(D) People are standing in a lobby.
▶ 사람들은 승강장에 서 있다.

STEP 3 "교통수단"의 출제 표현

1. 자동차, 버스, 열차 등 탈것에 승하차하는 승객의 모습

getting on/off a train 기차에 오르다/내리다
stepping up/down on a plane 비행기에 오르다/내리다
boarding a bus 버스에 탑승하다
embarking/disembarking on a plane/ship 비행기·배에 탑승하다/하차하다, 하선하다

2. 버스, 열차 등 대중교통을 기다리는 승객의 모습

waiting at a platform 플랫폼에서 기다리다
waiting in a lounge 라운지에서 기다리다

6

(A) Some seating areas have been set up.
(B) Umbrellas have been folded.
(C) All entrances have been closed.
(D) There is a fountain in the middle of the square.

[해석]
(A) 일부 좌석 구역이 설치되어 있다.
(B) 파라솔이 접혀 있다.
(C) 모든 입구가 닫혀 있다.
(D) 광장 중앙에 분수가 있다.

어휘   set up 설치하다   fold 접다   entrance 입구   fountain 분수   in the middle of ~의 중앙에   square 광장

06 사람이 있더라도 배경이 부각되는 경우 사물의 상태를 위주로 듣는다.

▶ 사람과 사물이 함께 있는 사진이라고 해도 후반부 문제에서는 사람과 사물의 비중이 비슷하게 출제된다.

STEP 1 사진 분석

❶ 〈사람+사물〉 사진
❷ 의자와 테이블이 놓여 있다.
❸ 파라솔이 펼쳐져 있다.
❹ 사람들이 걷고 있다.

STEP 2 사진에 보이지 않는 단어가 들리면 바로 소거한다.

(A) Some seating areas have been set up. ▶정답
(B) Umbrellas have been ~~folded~~.
▶ 파라솔은 펼쳐져 있다.
(C) All entrances have been ~~closed~~.
▶ 모든 입구가 닫혀져 있는지는 알 수 없다.
(D) There is a ~~fountain~~ in the middle of the square.
▶ 사진에서 분수는 보이지 않는다.

STEP 3 사람과 사물이 혼합되어 있는 사진의 POINT

1. 사람의 비중과 배경의 비중을 판단한다.
2. 사진 속 장소와 주변 사물의 위치 및 상태를 확인한다.
3. 사진에서 부각되는 사물의 특징과 관련 단어들을 암기해 두어야 한다.
4. 사람의 동작과 무관한 동사를 사용한 오답에 주의한다.
5. 사진에 없는 사물을 언급한 오답에 주의한다.

07. Which floor is the meeting room on?
(A) The fourth. 장소 응답
(B) ~~About accounting.~~ 연상 어휘 x / What 의문문 응답
(C) ~~At 10:30~~ this morning. When 의문문 응답

07. 회의실은 몇 층입니까?
(A) 4층이요.
(B) 회계 업무에 대해서요.
(C) 오늘 아침 오전 10시 30분에요.

---

08. Where are these computers being made?
(A) Tribune Company ~~assembled~~ them already. 연상 어휘 x
(B) In Seattle. 장소 응답
(C) ~~$1,000.~~ How much 응답

08. 이 컴퓨터들은 어디에서 만들어지나요?
(A) Tribune Company가 이미 그것들을 조립했습니다.
(B) Seattle에서요.
(C) 1,000달러입니다.

---

09. Isn't Angelina coming to dinner with us?
(A) I know her ~~restaurant.~~ 연상 어휘 x
(B) No, she has to work late tonight. 부정의 응답
(C) I made a ~~dinner~~ reservation. 동일 어휘 x

09. Angelina 씨는 우리와 함께 저녁 식사하러 가지 않나요?
(A) 저는 그녀의 식당을 알아요.
(B) 아니요, 그녀는 오늘 밤 늦게까지 일해야 합니다.
(C) 저는 저녁 식사를 예약했습니다.

---

10. When are we supposed to deliver this order?
(A) An express ~~delivery~~ service. 유사 발음 x
(B) That's a really ~~short time.~~ 연상 어휘 x
(C) The customer just cancelled it. 간접적인 응답

10. 우리가 언제 이 주문품을 배송해야 하죠?
(A) 빠른우편 서비스요.
(B) 그건 정말 짧은 시간이에요.
(C) 고객이 방금 그것을 취소했어요.

---

11. The front entrance is locked, isn't it?
(A) Yes, but I know where the key is. 긍정의 응답
(B) ~~For security~~ purposes. 연상 어휘 x / Why 의문문 응답
(C) ~~From 10 to 9.~~ How long 의문문 응답

11. 정문이 잠겼어요, 그렇지 않나요?
(A) 네, 하지만 전 열쇠가 어디에 있는지 알아요.
(B) 보안을 위해서요.
(C) 10시부터 9시까지요.

---

12. Should I use a microphone for the seminar next week?
(A) The ~~seminar~~ was excellent. 동일 어휘 x / 시제 오류
(B) The room is rather small. 간접적인 응답
(C) Yes, ~~she~~ will attend. 주어 오류

12. 다음 주 세미나에 제가 마이크를 사용해야 하나요?
(A) 세미나는 훌륭했습니다.
(B) 공간이 다소 협소합니다.
(C) 네, 그녀는 참석할 거예요.

---

13. Why did Morgan come late this morning?
(A) Can you ~~come~~ back again? 동일 어휘 x
(B) No later than ~~10 A.M.~~ When 의문문 응답
(C) He had a client meeting. 이유 응답

13. 왜 Morgan 씨는 오늘 아침에 늦게 왔죠?
(A) 다시 오실 수 있나요?
(B) 늦어도 오전 10시까지요.
(C) 그는 고객과 회의가 있었어요.

14. Do you want me to write up the annual report?
(A) Yes, that would be great. 긍정적인 응답
(B) It is ~~on~~ the right ~~page~~. 연상 어휘 x / **Where** 의문문 응답
(C) ~~My e-mail address~~. **What** 의문문 응답

14. 제가 연례 보고서를 작성할까요?
(A) 네, 그러면 아주 좋겠어요.
(B) 그건 오른쪽 페이지에 있습니다.
(C) 제 이메일 주소요.

---

15. Do you mind if I use your computer after you're finished with it?
(A) Elaine asked me first. 간접적인 응답
(B) ~~Yes~~, it's finished. 동일 어휘 x
(C) ~~I did~~ it by myself. **Who** 의문문 응답

15. 당신이 컴퓨터 다 쓰면 제가 당신 컴퓨터를 사용해도 될까요?
(A) Elaine 씨가 먼저 저한테 물어봤는데요.
(B) 네, 끝났어요.
(C) 그거 저 혼자 했습니다.

---

16. Who's in charge of arranging our business trip next month?
(A) Within a ~~budget~~. 연상 어휘 x
(B) ~~Yes~~, it's on the calendar. **Yes/No** 오류
(C) Harley is taking care of that. 특정 인물 응답

16. 다음 달 우리 출장 준비는 누가 담당하고 있나요?
(A) 예산 한도 내에서요.
(B) 네, 달력에 기입되어 있습니다.
(C) Harley 씨가 그것을 처리하고 있습니다.

---

17. Have we been selling the blue model or red one more?
(A) Nearly the same of both. 둘 다 선택 응답
(B) I'll have the ~~red one~~. 동일 어휘 x
(C) Two more ~~colors~~. 연상 어휘 x

17. 저희가 파란 모델을 더 많이 팔고 있나요, 아니면 빨간 모델을 더 많이 팔고 있나요?
(A) 두 개가 거의 동일합니다.
(B) 빨간 걸로 하겠습니다.
(C) 두 가지 색상 더요.

---

18. When will our new car come out this year?
(A) I'm no longer responsible for product launches. 간접적인 응답
(B) ~~He~~ was the first to submit the proposal. 주어 오류
(C) ~~Every hour on the hour~~. **How often** 응답

18. 올해 우리 새 차는 언제 출시되나요?
(A) 저는 더 이상 제품 출시에 책임이 없습니다.
(B) 그가 제안서를 맨 먼저 제출했습니다.
(C) 매 정시에요.

---

19. I thought you had left to see the outside investment specialist.
(A) No, the appointment isn't until this afternoon. 부정의 응답
(B) Your ~~investment~~ portfolio. 동일 어휘 x
(C) That's ~~on your left~~. **Where** 의문문 응답

19. 저는 당신이 외부 투자 전문가를 만나러 갔다고 생각했습니다.
(A) 아니요, 그 약속은 오늘 오후에나 있습니다.
(B) 당신의 투자 포트폴리오요.
(C) 그것은 당신 왼쪽에 있습니다.

---

20. Do you prefer indoor seating or the outdoor patio?
(A) It's a very nice ~~chair~~. 연상 어휘 x
(B) Isn't it raining now? 반문 응답
(C) The ~~doors~~ are closed. 유사 발음 x

20. 실내 좌석이 좋으세요, 아니면 야외 테라스가 좋으세요?
(A) 정말 좋은 의자입니다.
(B) 지금 비가 오지 않나요?
(C) 문들이 닫혀 있습니다.

21. Your assistant has the copies of the sales report, doesn't he?
(A) A monthly ~~report~~. 동일 어휘 x
(B) Let's look on his desk. 다음 행동 제시
(C) Yes, ~~I'll~~ make some. 주어 오류

21. 당신 조수가 판매 보고서 사본을 가지고 있습니다. 그렇지 않나요?
(A) 월별 보고서요.
(B) 그의 책상을 봅시다.
(C) 네, 제가 만들게요.

---

22. What do you think of the new work shift schedule?
(A) I ~~know~~. 연상 어휘x
(B) 24-hour ~~rotation~~. 연상 어휘 x
(C) I was impressed by how flexible it is. 구체적 의견 응답

22. 새 근무 교대 일정에 대해 어떻게 생각하세요?
(A) 알고 있어요.
(B) 24시간 교대요.
(C) 근무 일정이 얼마나 유연한지 저 감탄했습니다.

---

23. Didn't Melody leave for her vacation?
(A) The place was ~~vacant~~. 유사 발음 x
(B) Yes, she told me yesterday. 긍정의 응답
(C) I know a good place to ~~rest~~. 연상 어휘 x

23. Melody 씨는 휴가가지 않았나요?
(A) 그 장소는 비어 있었습니다.
(B) 네, 그녀가 어제 제게 말했습니다.
(C) 저는 쉬기 좋은 곳을 압니다.

---

24. Do we need to order more office supplies?
(A) No, it's not in the budget this month. 부정의 응답
(B) Please leave them on the ~~shelves~~. 연상 어휘 x
(C) Various ~~expenses~~. 연상 어휘 x

24. 저희가 사무용품을 더 주문해야 할까요?
(A) 아니요, 그건 이번 달 예산에 없습니다.
(B) 그것들을 선반에 두세요.
(C) 여러 가지 비용이요.

---

25. How do you turn on this space heater here?
(A) ~~No~~, I don't think so. Yes/No 오류
(B) A little ~~higher~~. 연상 어휘 x
(C) Let me close a window for you. 간접적인 응답

25. 여기 이 실내 난방기를 어떻게 켜나요?
(A) 아니요, 저는 그렇게 생각하지 않습니다.
(B) 조금 더 높게요.
(C) 당신을 위해 창문을 닫겠습니다.

---

26. The job duties in the employee handbook are rather unclear.
(A) ~~Somewhere~~ in the cabinet. Where 의문문 응답
(B) None of us understand them either. 동의/맞장구 응답
(C) They are posted on the ~~Web site~~. Where 의문문 응답

26. 직원 안내서에 있는 직무가 다소 분명하지 않습니다.
(A) 캐비닛 어딘가에요.
(B) 저희 중 어느 누구도 그것을 이해 못합니다.
(C) 그것들은 웹 사이트에 게시되어 있습니다.

27. What is the rental fee for this appliance?
(A) You can check this brochure. **I don't know** 응답
(B) It was too ~~expensive~~. 연상 어휘 x / 시제 오류
(C) With an ~~application~~. 유사 발음 x

27. 이 기기의 대여료는 얼마입니까?
(A) 이 책자를 확인해 보세요.
(B) 그건 너무 비쌌습니다.
(C) 신청서와 함께요.

---

28. Why don't we review the final contract together later today?
(A) They're ~~on the third floor~~. **Where** 의문문 응답
(B) How about around 4? 반문 응답
(C) No, we did not ~~contact~~ him. 유사 발음 x

28. 오늘 늦게 최종 계약서를 같이 검토하는 게 어때요?
(A) 그들은 3층에 있습니다.
(B) 4시경에 어때요?
(C) 아니요, 저희는 그와 연락하지 않았습니다.

---

29. Could you cover my shift tomorrow morning?
(A) We should ask the supervisor first. 간접적인 응답
(B) A ~~new story~~. **What** 의문문 응답
(C) ~~Next Monday~~. **When** 의문문 응답

29. 내일 아침에 저 대신 근무해 주실 수 있어요?
(A) 먼저 관리자에게 물어봐야 하겠는데요.
(B) 새로운 이야기요.
(C) 다음 주 월요일이요.

---

30. I just received the annual budget and expense report from accounting.
(A) The chief ~~accountant~~. 유사 발음 x
(B) The financial statement looks good, doesn't' it? 반문 응답
(C) ~~To reduce expenses~~. **Why** 의문문 응답 / 동일 어휘 x

30. 제가 방금 회계부에서 연간 예산 및 지출 보고서를 받았습니다.
(A) 회계부장이요.
(B) 재무제표가 좋아 보입니다. 그렇지 않아요?
(C) 비용을 줄이기 위해서요.

---

31. Has the building superintendent fixed the wiring problem on the fourth floor?
(A) The call came from the second floor. 간접적 응답
(B) ~~At~~ the supermarket downtown. **Where** 의문문 응답
(C) ~~How long will~~ it take? 시제 오류

31. 건물 관리자가 4층 배선 문제를 고쳤나요?
(A) 전화는 2층에서 왔습니다.
(B) 시내 슈퍼마켓에서요.
(C) 얼마나 걸릴까요?

07 〈Which+명사〉는 해당 명사를 구체적으로 설명한다.

[질문 분석] Which floor is the meeting room on?
Which floor가 키워드로 회의실이 몇 층인지 묻는 〈Which+명사〉 의문문이다. 〈Which+명사〉는 해당 명사를 구체적으로 설명하는 것이 답이다.

[보기 분석]
(A) The fourth. ▶정답
몇 층인지 묻는 질문에 4층이라고 구체적인 층수를 말한 정답이다.

(B) About accounting. ❹ 연상 어휘 오류
질문의 meeting room에서 About accounting을 연상한 어휘 오류이다. 회의 주제를 묻는 What 의문문에 대한 응답으로 적절하다.

(C) At 10:30 this morning. ❷ 다른 의문사에 대한 답변
시간에 대한 답변으로 When 의문문에 대한 응답이다.

08 [Where 의문문] 장소로 대답한다.

[질문 분석] Where are these computers being made?
Where/computers/made가 키워드인 장소를 묻는 Where 의문문이다. Where의 현재형 질문은 at/in/on 등 현재의 위치를 보여 주는 전치사를 동반한다.

[보기 분석]
(A) Tribune Company assembled them already. ❹ 연상 어휘 오류
질문의 made에서 assembled를 연상한 어휘 오류이다.

(B) In Seattle. ▶정답
장소를 묻는 Where 의문문에 Seattle이라는 구체적인 장소를 말한 정답이다.

(C) $1,000. ❷ 다른 의문사에 대한 답변
가격에 대한 응답이며, How much 의문문의 응답으로 적절하다.

09 [부정의문문] 대답이 긍정이면 Yes, 부정이면 No로 답한다.

[질문 분석] Isn't Angelina coming to dinner with us?
'Angelina 씨가 저녁 식사하러 가는지' 사실을 확인하는 부정의문문이다. 부정의문문은 질문이 부정적이어도 내용 자체에 맞추어, 내용이 긍정이면 Yes, 부정이면 No로 대답한다.

[보기 분석]
(A) I know her restaurant. ❹ 연상 어휘 오류
질문의 dinner에서 restaurant을 연상한 어휘 오류이다.

(B) No, she has to work late tonight. ▶정답
부정의 No(안 간다)로 응답한 뒤, 그녀가 오늘 밤 늦게까지 일해야 한다고 부가 설명하는 정답이다.

(C) I made a dinner reservation. ❹ 동일 어휘 반복
질문의 dinner를 반복 이용한 오답이다.

10 [When] '취소했다' 혹은 '변경했다'는 답에 주의하라.

[질문 분석] When are we supposed to deliver this order?

When/we supposed to deliver가 키워드로 '주문품을 언제 배송해야 하는지' 묻는 When 의문문이다. When 의문문에 대한 답변으로 I was going to/I thought ~ (~하려고 했어요, ~라고 생각했어요) 또는 '취소했다', '변경했다'로 답할 수 있다.

[보기 분석]

(A) An express delivery service. ❹ 유사 발음 오류
질문에 나온 deliver의 유사 발음 delivery를 이용한 오답이다.

(B) That's a really short time. ❹ 연상 어휘 오류
질문의 When에서 연상할 수 있는 short time을 이용한 오답으로, 언제 주문을 배송해야 하는지 미래 시점을 묻는 질문에 '정말 짧은 시간입니다'라는 현재시제 답변은 적절하지 않으므로 오답이다.

(C) The customer just cancelled it. ▸정답
'주문을 언제 배송해야 하는지' 묻는 질문에 직접적인 답변이 아닌, '고객이 방금 주문을 취소했다'며 배송할 필요가 없다고 간접적으로 답하는 정답이다.

11 [부가의문문] 대답이 긍정이면 Yes, 부정이면 No로 답한다.

[질문 분석] The front entrance is locked, isn't it?

entrance/locked가 키워드인 '문이 잠겼는지' 사실을 확인하는 부가의문문이다. 문장 끝에 didn't you?/isn't she? 등 확인을 위한 꼬리 질문이 붙은 것을 부가의문문이라고 하며, 답변은 대개 Yes/No로 이루어진다.

[보기 분석]

(A) Yes, but I know where the key is. ▸정답
긍정의 Yes로 답한 뒤, '그렇지만 열쇠가 어디에 있는지 안다'고 부가 설명하는 정답이다.

(B) For security purposes. ❹ 연상 어휘 오류
질문에 나온 locked의 연상 어휘 security를 이용한 오답으로, 이유나 목적 내용은 Why 의문문에 대한 답변으로 적절하다.

(C) From 10 to 9. ❷ 다른 의문사에 대한 답변
'10시부터 9시까지요'라는 답변으로 기간을 묻는 How long 의문문에 대한 답변으로 적절하다.

12 [조동사 의문문] No를 대신하거나 간접적인 거절을 위한 상황 설명이 답이다.

[질문 분석] Should I use a microphone for the seminar next week?
Should I use/a microphone이 키워드로 마이크를 사용해야 하는지 묻는 조동사 의문문이다. 조동사 의문문은 주로 Yes/No 등의 긍정/부정으로 대답하지만, Yes나 No 없이도 대답할 수 있다는 점에 유의하자. 이때 대답의 내용은 Yes/No의 의미를 포함하고 있어야 한다.

[보기 분석]
(A) The seminar was excellent. ❹ 동일 어휘 반복
질문의 seminar를 반복 이용한 오답이다. 또 미래의 일을 묻고 있는데 과거시제로 답한 시제 오류이기도 하다.

(B) The room is rather small. ▶ 정답
'세미나를 위해 마이크를 사용해야 하는지' 묻는 질문에 '공간이 다소 협소하다'며 마이크를 사용하지 않아도 된다는 No를 우회적으로 표현하는 정답이다.

(C) Yes, she will attend. ❸ 주어 오류
긍정의 Yes로 응답하고 있지만, she로 받을 수 있는 구체적인 명사가 질문에 없으므로 오답이다.

13 [Why 의문문] 이유나 변명을 언급한다.

[질문 분석] Why did Morgan come late this morning?
Why/Morgan/come late가 키워드로 '왜 Morgan 씨가 늦게 왔는지' 이유를 묻는 Why 의문문이다.

[보기 분석]
(A) Can you come back again? ❹ 동일 어휘 반복
질문의 come을 반복 이용한 오답이다.

(B) No later than 10 A.M. ❷ 다른 의문사에 대한 답변
'늦어도 오전 10시까지요'라는 답변으로 시간을 묻는 When 의문문에 대한 응답이다.

(C) He had a client meeting. ▶ 정답
'그는 고객과 회의가 있었다'고 Morgan 씨가 늦게 온 이유를 구체적으로 답하고 있으므로 정답이다.

14 [제안 의문문] 가장 중요한 부분은 ~ me to do이다.

[질문 분석] Do you want me to write up the annual report?
Do you want me to가 키워드인 '내가 ~할까?'라고 묻는 제안 의문문이다. Would you like me to do/Do you want me to do 등의 표현은 '내가 ~해 줄까요?'의 의미로 대답은 주로 '괜찮다/혼자 할 수 있다/고맙다' 등이 나온다.

[보기 분석]
(A) Yes, that would be great. ▶ 정답
긍정의 Yes와 함께 '그렇게 해 주면 좋겠다'고 제안을 수락한 정답이다.

(B) It is on the right page. ❹ 연상 어휘 오류
질문의 report의 연상 어휘 page를 이용한 오답으로, 장소를 묻는 Where 의문문의 정답으로 적절하다.

(C) My e-mail address. ❷ 다른 의문사에 대한 답변
명사의 답변은 What 의문문에 대한 응답임을 유의하자.

15 [권유/제안/부탁 의문문] Do you mind ~?에서 승낙의 의미는 Yes로 하지 않는다.

[질문 분석] Do you mind if I use your computer after you're finished with it?

'당신 컴퓨터를 사용해도 되는지' 묻는 부탁 의문문이다. Do you mind는 '마음에 걸리다, 싫어하다'라는 부정의 의미인 mind를 이용한 정중한 부탁/제안 질문이다. 질문의 핵심이 '싫어합니까'라는 의미이므로, 승낙할 때 Yes로 답변하지 않아야 한다는 점에 유의하자.

[보기 분석]

(A) Elaine asked me first. ▶정답
'Elaine 씨가 먼저 물어보았다'는 답변으로 Elaine 씨가 먼저 컴퓨터를 사용할 것이라고 말하며 우회적으로 안 된다고 답변한 정답이다.

(B) Yes, it's finished. ❹동일 어휘 반복
질문의 finished를 반복 사용한 오답이다. Do you mind ~?에 Yes로 답한 건 상대의 부탁을 거절하는 의미이다. '괜찮다'는 표현은 No/Not at all이라는 점도 알아두자.

(C) I did it by myself. ❷다른 의문사에 대한 답변
누가 했는지 묻는 Who 의문문에 대한 응답으로 적절하며, '컴퓨터를 사용해도 되는지' 묻는 권유/부탁 질문에 적절하지 않으므로 오답이다.

16 [Who 의문문] 사람 이름이나 직위로 대답한다.

[질문 분석] Who's in charge of arranging our business trip next month?

Who/in charge of가 키워드인 Who 의문문이다. 특정 업무나 책임을 맡은 사람은 '특정 사람 이름/직책 명사'로 답한다.

[보기 분석]

(A) Within a budget. ❹연상 어휘 오류
질문의 business trip의 연상 어휘 budget(예산)을 이용한 오답이다. 질문의 in charge of는 '~을 담당한'의 뜻임을 주의하자.

(B) Yes, it's on the calendar. ❶Yes/No 오류
의문사로 시작하면 Yes/No 답변은 오답이다. 의문사는 '언제, 어디서, 누가, 무엇을, 어떻게, 왜, 어떤'이라는 육하원칙의 질문을 하므로, 이에 맞는 구체적인 대상으로 답변해야 한다.

(C) Harley is taking care of that. ▶정답
'Harley 씨가 처리하고 있다'고 구체적인 담당자 이름으로 답하고 있으므로 정답이다.

17 [선택 의문문] either/both/neither가 들리면 답이다.

[질문 분석] Have we been selling the blue model or red one more?

'파란 모델, 빨간 모델 둘 중 어느 것을 더 많이 팔고 있는지'를 묻는 선택 의문문이다. 선택 의문문의 기본 답변은 1. 둘 중 하나를 선택하는 경우, 2. 둘 다 선택하는 경우, 3. 둘 다 선택하지 않는 경우이다.

[보기 분석]

(A) Nearly the same of both. ▶정답
'파란 모델, 빨간 모델'이 거의 동일하게 팔린다고 둘 다를 선택한 정답이다. A와 B를 지칭하여 답하는 either/both/neither의 표현을 알아두자.

(B) I'll have the red one. ❹동일 어휘 반복
질문의 red one을 반복 이용한 오답으로, '우리가 어떤 것을 더 잘 팔고 있는지' 묻는 질문에 '빨간 것으로 하겠습니다'는 적절하지 않으므로 오답이다.

(C) Two more colors. ❹연상 어휘 오류
질문의 blue, red의 연상 어휘 colors를 이용한 오답이다.

18 [When] 최고 난이도 답변 – '모른다'

[질문 분석] When will our new car come out this year?

When will/new car come out이 키워드로 '새 차가 언제 출시되는지'를 묻는 When 의문문이다. When 의문문에 대한 응답으로 '나도 모른다, 내 담당이 아니다, 반문, 간접적인 대답'은 고난도 유형이다.

[보기 분석]

(A) I'm no longer responsible for product launches. ▶정답
'자동차가 언제 출시되는지'를 묻는 질문에 '내 담당이 아니다'라는 답변으로 '모른다'를 우회적으로 말한 정답이다.

(B) He was the first to submit the proposal. ❸주어 오류
응답의 he/she는 질문에서 특정한 사람이 언급되어야 답할 수 있음을 주의하자.

(C) Every hour on the hour. ❷다른 의문사에 대한 답변
빈도, 횟수를 묻는 How often 의문문에 대한 답변으로, 언제 출시되는지 미래 시점을 묻는 질문에, '매 정시마다'의 답변은 적절하지 않으므로 오답이다.

19 [평서문] 동의/맞장구로 답한다.

[질문 분석] I thought you had left to see the outside investment specialist.

you/had left to see/specialist가 키워드로 '당신이 투자자를 만나러 갔다고 생각했다'는 평서문이다. 평서문의 답변으로 ① 동의하거나 ② 동의하지 않거나 ③ 다음 행동을 제시하거나 ④ 상대의 말에 추가 정보를 묻는 형태의 반문으로 답변을 하게 된다.

[보기 분석]

(A) No, the appointment isn't until this afternoon. ▶정답
'당신이 전문가를 만나러 갔다고 생각했다'는 평서문에 부정의 No와 함께, '그 약속은 오늘 오후에나 있다'고 부가 설명하는 정답이다.

(B) Your investment portfolio. ❹동일 어휘 반복
질문의 investment를 반복 이용한 오답이다.

(C) That's on your left. ❷다른 의문사에 대한 답변
'당신 왼쪽에 있습니다'라는 답변으로 장소에 대해 묻는 Where 의문문에 적절한 응답이다.

20 [or] 질문에 prefer/choose/비교급이 있으면 선택 의문문이다.

[질문 분석] Do you prefer indoor seating or the outdoor patio?

indoor seating or outdoor patio가 키워드인 선택 의문문이다. Which가 없는 선택 의문문은 문장 파악이 쉽지 않지만, 질문에 다음 표현이 나오면 선택 의문문으로 봐야 한다. 〈더 좋아하다(prefer)/선택하다(choose)/비교급〉의 표현이 나오면 Which가 없더라도 선택 의문문으로 이해하자.

[보기 분석]

(A) It's a very nice chair. ❹ 연상 어휘 오류
질문의 seating 연상 어휘 chair를 이용한 오답이다.

(B) Isn't it raining now? ▶정답
'지금 비가 오지 않나요?'라며 반문으로 답변한 정답이다. 질문에 대한 직접적인 답변이 아닌, 추가 질문하며 '반문'으로 답변할 수 있다는 점에 유의하자.

(C) The doors are closed. ❹ 유사 발음 오류
질문의 indoor/outdoor의 유사 발음 doors를 이용한 오답이다.

21 [부가의문문] Yes/No로 답하지 않는 답변

[질문 분석] Your assistant has the copies of the sales report, doesn't he?

assistant/has/copies가 키워드로 '조수가 사본을 가지고 있는지' 사실을 확인하는 부가의문문이다. 부가의문문에 Yes/No가 없는 경우는 주로 1. 다음 행동을 제시하는 경우나, 2. 답변의 내용이 Yes/No를 포함하고 있는 경우이다.

[보기 분석]

(A) A monthly report. ❹ 동일 어휘 반복
질문의 report를 반복 이용한 오답이다.

(B) Let's look on his desk. ▶정답
'조수가 사본을 가지고 있는지' 사실을 확인하는 질문에 '그의 책상을 보자'고 다음 행동을 제시하고 있으므로 정답이다.

(C) Yes, I'll make some. ❸ 주어 오류
긍정의 Yes로 답하고 있지만, 질문의 주어는 Your assistant인데, 답변의 주어는 I이므로 주어 오류로 오답이다.

22 What do you think (of/that) ～?는 의견을 물어보는 질문이다.

[질문 분석] What do you think of the new work shift schedule?
'새 근무 교대 일정에 대해 어떻게 생각하는지' 의견을 묻는 What 의문문이다. What do you say ～?/What do you think about/of ～?는 의견을 묻는 What 의문문으로 상태 형용사나 enjoy 등으로 답변한다.

[보기 분석]
(A) I know. ❹ 연상 어휘 오류
질문의 think 연상 어휘 know를 이용한 오답이다. 의견을 묻는 질문에 '알고 있어요'라고 답하는 것은 적절하지 않으므로 오답이다.

(B) 24-hour rotation. ❹ 연상 어휘 오류
질문의 work shift 연상 어휘 rotation을 이용한 오답이다.

(C) I was impressed by how flexible it is. ▶정답
새 근무 교대 일정이 어떤지 묻는 질문에 '유연한 근무 일정에 감명을 받았다'며 좋다고 답하고 있으므로 정답이다.

23 [부정의문문] 대답이 긍정이면 Yes, 부정이면 No로 답한다.

[질문 분석] Didn't Melody leave for her vacation?
'Melody 씨가 휴가가지 않았는지' 사실 확인을 하는 부정의문문이다. 부정의문문에서 not은 부정이 아니라 자신의 의견을 강조하는 표현이므로 not이 없다고 생각하고 일반의문문처럼 '주어가 ～한지, ～인지'의 여부를 판단하는 것이 핵심이다.

[보기 분석]
(A) The place was vacant. ❹ 유사 발음 오류
질문의 vacation의 유사 발음 vacant를 이용한 오답이다.

(B) Yes, she told me yesterday. ▶정답
긍정의 Yes로 답한 뒤, '그녀가 어제 (휴가간다고) 말했다'고 부가 설명하고 있으므로 정답이다.

(C) I know a good place to rest. ❹ 연상 어휘 오류
질문의 vacation 연상 어휘 rest를 이용한 오답이다.

24 [Do/Be/조동사 의문문] Yes/No로 대답한다.

[질문 분석] Do we need to order more office supplies?
Do we need to order가 키워드인 조동사 의문문이다. 조동사 의문문은 상대방의 의견을 묻는 질문이기 때문에 주로 Yes/No 등의 긍정/부정으로 대답한다.

[보기 분석]
(A) No, it's not in the budget this month. ▶정답
'사무용품을 더 주문해야 하는지' 묻는 질문에 부정의 No로 답변한 뒤 '사무용품 주문은 이번 달 예산에 없다'고 부가 설명하고 있으므로 정답이다.

(B) Please leave them on the shelves. ❹ 연상 어휘 오류
질문의 office supplies의 연상 어휘 shelves를 이용한 오답이다.

(C) Various expenses. ❹ 연상 어휘 오류
질문의 order(주문하다)의 연상 어휘 expenses(비용)를 이용한 오답으로 명사의 답변은 What 의문문에 대한 응답임을 유의하자.

25 [How] 최고 난도 – 간접적인 대답

[질문 분석] How do you turn on this space heater here?

How/turn on/heater가 키워드인, 방법을 묻는 How 의문문이다. How 의문문의 답으로 직접적인 답변이 아닌 간접적으로 돌려 말하는 답변이 가능하다는 점에 유의하자.

[보기 분석]

(A) No, I don't think so. ❶ Yes/No 오류
의문사로 시작하는 의문문에 Yes/No 답변은 오답이다.

(B) A little higher. ❹ 연상 어휘 오류
질문의 heater의 연상 어휘 higher를 이용한 오답으로, 난방기를 어떻게 켜는지 방법을 묻는 질문에 '조금 더 높게요'는 적절하지 않으므로 오답이다.

(C) Let me close a window for you. ▶정답
난방기를 켜는 방법을 묻는 질문에 "창문을 닫을게요"라며 난방기 켜는 방법에 대한 직접적인 답변이 아닌, 창문을 닫겠다고 우회적으로 말하는 정답이다.

26 [평서문] 동의/맞장구로 답한다.

[질문 분석] The job duties in the employee handbook are rather unclear.

job duties/unclear가 키워드인, '직무가 분명하지 않다'는 의미의 평서문이다. 평서문에 대한 답변 중 가장 많은 비중을 차지하는 답은 동의, 맞장구이다.

[보기 분석]

(A) Somewhere in the cabinet. ❷ 다른 의문사에 대한 답변
장소에 대한 답변으로 Where 의문문에 적절한 응답이다.

(B) None of us understand them either. ▶정답
'저희 중 어느 누구도 그것을 이해 못한다'는 답변으로 '직원 안내서에 있는 직무가 분명하지 않다'는 평서문에 '동의'하는 답변으로 정답이다.

(C) They are posted on the Web site. ❷ 다른 의문사에 대한 답변
Web site에 게시돼 있다는 출처 응답으로 Where 의문문에 적절한 답변이다.

27 [I don't know] '모르겠다'의 다양한 표현들

[질문 분석] **What is the rental fee for this appliance?**
What/fee가 키워드인 대여료를 묻는 What 의문문이다. What+price/cost/fee=How much의 개념으로 돈이나 액수로 답한다는 것을 알아두자. 그렇지만 '모르겠다'는 응답은 모든 질문에 통하는 천하무적 답변이라는 점을 유의하자.

[보기 분석]
(A) You can check this brochure. ▸정답
비용을 묻는 질문에 '책자를 확인해 보라'고 하면서 '나도 모른다'는 답변을 우회적으로 표현한 정답이다.

(B) It was too expensive. ❹ 연상 어휘 오류
질문 fee의 연상 어휘 expensive를 이용한 오답이다. 또, 질문은 현재인데 과거로 답하고 있으므로 시제 오류이기도 하다.

(C) With an application. ❹ 유사 발음 오류
질문 appliance의 유사 발음 application을 이용한 오답이다.

28 [권유/제안의 의문문] Why don't you/we/I ~?

[질문 분석] **Why don't we review the final contract together later today?**
Why don't we review/today가 키워드인 권유/제안의 의문문이다. 권유/제안 의문문은 기본적으로 승낙, 거절로 답하지만, 최근에는 '반문 또는 기다리라'는 답이 대세라는 점을 알아두자.

[보기 분석]
(A) They're on the third floor. ❷ 다른 의문사에 대한 답변
장소에 대한 답변으로 Where 의문문에 적절한 응답이다.

(B) How about around 4? ▸정답
'오늘 보고서를 검토 하는 게 어떠냐'는 제안에 '4시경이 어때요?'라고 검토할 특정 시간을 제안하며 반문으로 답하는 정답이다.

(C) No, we did not contact him. ❹ 유사 발음 오류
질문 contract(계약서)의 유사 발음 contact(연락하다)를 이용한 오답이다.

29 회피성 대답을 공략하라.

[질문 분석] **Could you cover my shift tomorrow morning?**
Could you cover my shift가 키워드로 'Would/Could you ~?'는 부탁하는 표현임을 알아두자. 고득점 유형으로 질문에 대한 직접적인 답이 아닌 상황 설명, 반문과 회피성 대답을 공략해야 한다.

[보기 분석]
(A) We should ask the supervisor first. ▸정답
'대신 근무해 줄 수 있는지' 부탁하는 질문에 '먼저 관리자에게 물어봐야 한다'고 Yes/No의 직접적인 답이 아닌 우회적으로 답변한 정답이다.

(B) A new story. ❷ 다른 의문사에 대한 답변
명사의 답변은 What 의문문에 대한 응답임을 유의하자.

(C) Next Monday. ❷ 다른 의문사에 대한 답변
시간 부사 답변으로 When 의문문에 대한 응답이다.

30 [평서문] 반문으로 답한다.

[질문 분석] I just received the annual budget and expense report from accounting.

'연간 예산 및 지출 보고서를 받았다'는 평서문이다. 평서문에 대한 답변으로 이미 주어진 내용에 추가 질문을 하거나 재확인을 하는 반문이 정답이 될 수 있다.

[보기 분석]

(A) The chief accountant. ④ 유사 발음 오류
질문 accounting의 유사 발음 accountant를 이용한 오답이다.

(B) The financial statement looks good, doesn't it? ▶정답
'연간 예산 및 지출 보고서를 받았다'는 평서문에 '재무제표가 좋아 보입니다, 그렇지 않아요?'라고 반문하는 답변으로 정답이다.

(C) To reduce expenses. ② 다른 의문사에 대한 답변
'비용을 줄이기 위해서'라는 이유/목적의 답변으로 Why 의문문에 대한 응답으로 적절하다. 또, 질문의 expense를 반복 이용한 오답이다.

31 [Do/Be/조동사 의문문] Yes/No가 없는 대답

[질문 분석] Has the building superintendent fixed the wiring problem on the fourth floor?

fixed/problem/fourth floor가 키워드로 '4층의 문제를 해결했는지' 사실을 확인하는 조동사 의문문이다. 조동사 의문문에서 대답 자체가 긍정이나 부정의 의미를 충분히 내포하고 있는 경우에는 Yes/No를 생략하기도 한다. Yes/No가 없는 경우 1. 간접적인 상황을 설명하거나, 2. No를 대신해 변명하거나, 3. 다음 행동을 제시할 수 있다.

[보기 분석]

(A) The call came from the second floor. ▶정답
'4층 문제를 해결했는지' 묻는 질문에 '전화는 2층에서 왔다'며 4층이 아닌 2층이라고 간접적으로 상황을 설명해 주어 질문에 대해 우회적으로 답변하고 있으므로 정답이다.

(B) At the supermarket downtown. ② 다른 의문사에 대한 답변
장소를 묻는 Where 의문문의 응답으로 적절하다.

(C) How long will it take? ⑤ 시제 오류
현재 '문제를 해결했는지' 묻는 질문에 '얼마나 걸릴까요?'라고 미래로 답하고 있으므로 오답이다.

Questions 32-34 refer to the following conversation.

> **W** Good morning. I'd like to **purchase a ticket** for the exhibit **Art of**
> 32 **Paper at your gallery.** I've read your advertisement in a newspaper. 33-B 34-D
> **M** **I'm afraid** we've already **sold out of tickets** for the morning. Some
> tickets for this afternoon are available, though. 33
> **W** All right. I'll buy it now. How much is it?
> **M** A regular ticket is 15 dollars, but we offer a 20 percent discount to
> 34 our members. If you don't have a membership, **you can register for**
> **one** here.
> **W** Good. **I'll do that** right now.

32. Where most likely are the speakers?
(A) At a theater
(B) At an art gallery
(C) At a train station
(D) At a conference center

대화 장소 / 상
ㄴ, 첫 두 줄에 집중해 듣자.

33. According to the man, what is the problem?
(A) The office was relocated.
(B) Access to ~~the facility~~ is limited.
(C) ~~The place~~ is under renovation.
(D) Tickets are unavailable.

남자 / 문제점
ㄴ, 남자의 대사에 정답이 있다.

34. What will the woman do next?
(A) Sign up for a membership
(B) Visit a Web site
(C) Go to another store
(D) Read ~~a brochure~~

여자 / 미래 / 하
ㄴ, 남자의 대사에서 대명사
that이 나타내는 것을
잘 들어야 한다.

여 안녕하세요. 귀하의 갤러리에서 진행하는 종이 예술 전
시회 관람권을 한 장 구매하고 싶습니다. 신문에서 광고
를 읽었습니다.
남 죄송하지만, 이미 오전 입장권은 매진되었습니다. 오늘
오후 입장권은 구매 가능하지만요.
여 알겠습니다. 지금 오후 입장권을 구매하겠습니다. 얼마
인가요?
남 관람권은 15달러이지만, 저희 회원분들께는 20퍼센트
할인해 드리고 있습니다. 회원권이 없으시면, 지금 여기
서 신청하실 수 있습니다.
여 알겠습니다. 지금 바로 그것을 하겠습니다.

32. 화자들은 어디에 있을 것 같은가?
(A) 극장에
(B) 미술관에
(C) 기차역에
(D) 회의장에

33. 남자의 말에 따르면, 문제점은 무엇인가?
(A) 사무실이 이전했다.
(B) 시설 접근이 제한적이다.
(C) 해당 장소는 수리 중이다.
(D) 입장권은 구매가 불가능하다.

34. 여자는 다음에 무엇을 할 것인가?
(A) 회원권 등록하기
(B) 웹사이트 방문하기
(C) 다른 가게로 가기
(D) 책자 읽기

32 직업과 장소는 전반부에서 힌트가 나온다.

STEP 1 첫 두 줄에 **our/your/this/here** 표현과 함께 들리는 장소/직업 명사가 정답이다.

화자들이 대화를 나누고 있는 장소를 묻는 문제이다. 여자의 대사 "I'd like to purchase a ticket for the exhibit Art of Paper at your gallery."에서 여자는 종이 예술 전시회의 관람권을 구매하고 싶음을 표현하고 있다. 즉, 화자들이 이야 기를 하고 있는 장소는 해당 전시회가 진행되는 갤러리로, 정답은 (B)이다.

STEP 2 함정 유형 및 오답 패턴

보기 모두 purchase a ticket으로 연상할 수 있는 장소이지만, the exhibit Art of Paper at your gallery에서 정답이 결정되었다.

33 문제점과 걱정은 본인의 입으로 직접 얘기한다.

STEP 1 문제점을 묻는 문제는 첫 번째와 두 번째 대사에 정답이 있다.

남자가 말하고 있는 문제점이 무엇인지 묻는 문제로, 남자의 대사에 정답이 있다. 담화의 "I'm afraid we've already sold out of tickets for the morning."에서 오전 입장권이 매진되었다는 문제점을 이야기하고 있다. 따라서 지문의 sold out of tickets를 unavailable(구매 불가능한)로 paraphrasing한 (D)가 정답이다.

– 역접접속사(but/however) 이외에도 I'm sorry but, I'm afraid 뒤에 정답의 단서가 제시될 가능성이 높다.

STEP 2 함정 유형 및 오답 패턴

(A) The office was relocated.
(B) Access to ~~the facility~~ is limited. ▸지문의 **gallery**에서 **facility**를 연상한 오답이다.
(C) ~~The place~~ is under renovation.
(D) Tickets are unavailable. ▸정답

34 미래 정보는 대화 후반부에 나오는 I'll ~이 정답이다.

STEP 1 미래 일정을 묻는 문제에서 앞선 화자의 말에 동의해 줌으로써 정답을 알려주는 경우가 있다.

여자의 미래 정보를 묻는 문제로, 후반부 여자의 대사에 집중해야 한다. 담화의 "Good. I'll do that right now."에서 여 자는 상대방의 말에 동의한 것으로, 남자의 대사에서 대명사 that이 가리키는 것을 파악해야 한다. 남자의 대사 "A regular ticket is ~ you can register for one here"에서 회원들에게는 전시회 관람권의 원래 가격인 15달러에서 20퍼센트 를 할인해 준다는 걸 언급하면서, 회원권 가입을 제안하고 있다. 즉, 여자는 남자의 제안에 동의했으므로 정답은 (A)이다.

STEP 2 함정 유형 및 오답 패턴

해당 위치(후반부)에서 언급되지 않은 것은 오답이다.
(A) Sign up for a membership ▸정답
(B) Visit a Web site
(C) Go to another store
(D) Read ~~a brochure~~ ▸지문 전반부에서 책자가 아닌 신문에서 광고를 읽은 것으로 오답이다.

어휘 **purchase** 구매하다 **gallery** 갤러리, 화랑 **advertisement** 광고 **newspaper** 신문 **sell out of** ~을 다 팔다 **available** 구매 가능한 **offer** 제공하다 **register for** 등록하다

Questions 35-37 refer to the following conversation.

W This is Melinda Garcia from the Rosemont Hotel. I'm calling to `35` **renew our contract with your laundry** service. I think it will expire in a month. `36`

M Sure, Ms. Garcia. Do you want the same contract as the current one?

W Actually, since the Olympics will take place in the city, we are expecting to have more guests in our hotel. So, we'll be sending more bedding and towels. Would it be possible to get a discount for a larger order?

M Well, we do offer discounts for orders in bulk. I can check the exact `37` figures. **Can you tell me how many items we'll handle a day?**

`36-A` `37-D`
`35-A`

`36-B`

`37-C`

---

35. Why is the woman calling?
(A) To cancel a service
(B) To purchase items
(C) To make a reservation
(D) To renew a contract

여자 / 전화 목적 / 상
ㄴ. 여자의 대사에 정답이 있다.

36. What kind of business does the man work for?
(A) A hotel
(B) An Olympic center
(C) A laundry service
(D) A furniture store

남자 / 근무지
ㄴ. 첫 두 줄을 집중해서 듣자.

37. What will the woman most likely do next?
(A) Provide some information
(B) Speak to a manager
(C) Offer a discount
(D) Make a phone call

여자 / 미래 / 하
ㄴ. 남자의 대사 중 권유 / 제안
표현에 집중하자.

여 저는 Rosemont Hotel에서 근무하고 있는 Melinda Garcia입니다. 귀사와의 세탁 서비스 계약을 갱신하려고 연락드렸습니다. 그게 한 달 후에 만기 예정인 것 같은데요.

남 그렇습니다, Garcia 씨. 현재 것과 동일한 계약을 원하시나요?

여 사실, 올림픽이 저희 시에서 개최될 예정이라, 저희 호텔에 투숙객이 더 많아질 거라고 예상하고 있습니다. 따라서 저희가 침구류와 수건을 더 많이 보낼 것 같습니다. 대용량 서비스 주문에 할인을 받을 수 있을까요?

남 음, 저희가 대용량 서비스 주문에 할인을 제공하고 있습니다. 제가 정확한 수치를 확인해야 해서요. 저희가 하루에 처리할 세탁물이 얼마나 되는지 알려주시겠습니까?

35. 여자는 왜 전화를 하고 있는가?
(A) 서비스를 취소하기 위해서
(B) 물건을 구매하기 위해서
(C) 예약하기 위해서
(D) 계약을 갱신하기 위해서

36. 남자는 어떤 업종에서 근무하고 있는가?
(A) 호텔
(B) 올림픽 센터
(C) 세탁 서비스
(D) 가구점

37. 여자는 다음에 무엇을 할 것 같은가?
(A) 정보 제공하기
(B) 관리자와 이야기하기
(C) 할인해 주기
(D) 전화하기

35 주제나 목적을 묻는 문제는 처음 두 줄에 정답이 있다.

STEP 1   보기 내용을 파악한 후, 처음 한두 문장에서 정답을 결정해야 한다.

여자가 전화를 건 목적을 묻는 문제이다. 여자의 대사 "I'm calling to renew our contract with your laundry service."에서 여자는 남자가 운영하는 세탁 서비스 계약을 갱신하고 싶다는 목적을 언급하고 있으므로 정답은 (D)이다.

– 전화의 목적을 나타낼 때는 I'm calling to ~ (~하기 위해 전화했습니다), Because ~ (~ 때문에) 등의 표현이 자주 출제된다. 혹은 look for, want 같이 '(무언가를) 찾고 있다' 혹은 '원하다'는 말과 함께 정답이 언급되기도 한다.

STEP 2   함정 유형 및 오답 패턴

(A) To ~~cancel~~ a service   ▶ 서비스 취소(cancel)가 아닌 갱신(renew)을 요청했다.
(B) To purchase items
(C) To make a reservation
(D) To renew a contract ▶ 정답

36 직업과 장소는 전반부에서 힌트가 나온다.

STEP 1   첫 두 줄에 our/your/this/here 표현과 함께 들리는 장소/직업 명사가 정답이다.

남자의 근무지를 묻는 문제로, 지문 전반부의 "I'm calling to renew our contract with your laundry service."에서 남자는 여자가 근무하는 호텔의 세탁물을 청소해 주는 서비스 관련 기업에서 근무하는 것으로 정답은 (C)이다.

– 처음 두 질문이 주제, 직업, 문제점, 과거형 질문, 장소 등에 관해 묻는다면, 첫 번째 화자의 대사에서 정답이 동시에 언급된다.

STEP 2   함정 유형 및 오답 패턴

(A) A hotel ▶ 여자의 근무지로 오답이다.
(B) An Olympic center ▶ 지문에서 Olympics가 언급되었지만, 여자가 근무하고 있는 호텔에 많은 사람들이 방문할 이유로 언급된 것이므로 오답이다.
(C) A laundry service ▶ 정답
(D) A furniture store

37 미래의 할 일이 상대방의 부탁, 제안 표현으로 나타나기도 한다.

STEP 1   요청과 제안의 빈출 표현에는 Please ~, 〈조동사 의문문〉, If ~ 등이 있다.

여자의 미래 일정을 묻는 문제로, 남자의 마지막 대사에서 정답을 파악하자. 후반부 여자의 대사 "Would it be possible to get a discount for a larger order?"와 남자의 대사 "Can you tell me how many items we'll handle a day?"에서 여자가 대용량 세탁물 할인 여부를 묻자, 남자는 하루에 세탁할 물품의 정확한 수량을 묻고 있다. 즉, 여자의 문의사항은 일부 정보를 제공한 뒤에 답변이 가능한 것으로 정답은 (A)이다. 지문의 구체적인 어휘 how many items we'll handle a day는 보기의 포괄적인 어휘 some information으로 paraphrasing되었다.

STEP 2   함정 유형 및 오답 패턴

(A) Provide some information ▶ 정답
(B) Speak to a manager
(C) Offer a discount ▶ 할인을 제공하는 것은 남자의 할 일이므로 오답이다.
(D) Make a phone call ▶ 여자가 전화한 걸 확인할 수 있으므로 오답이다.

어휘   renew a contract 계약을 갱신하다   laundry service 세탁 서비스   expire 만기되다   current 현재의   take place 개최되다   expect 기대하다, 예상하다   guest 손님, 투숙객   bedding 침구(류)   large order 대량 주문   offer a discount 할인해 주다   in bulk 대량으로   handle 처리하다

Questions 38-40 refer to the following conversation.

W Hi, Shawn. I need to review the department budget proposal. **Did you finish it?** `38`

M I'm sorry. Some data I need to analyze won't be here until this afternoon. If I work late today, I can finish it by tomorrow morning. `40-D`

W Oh, that's not good. The meeting for the annual budget is tomorrow. I need to review it before then. `39-A` `39-B`

M Oh, didn't you hear that the meeting was postponed until this Friday so that the **newly elected CFO** could attend it? She is **visiting a** `40-C` `39` **plant in Qingdao today**, so she asked to change the date.

W Then, you mean **we have a few more days to prepare for the meeting?**

M Yes. So you'll have enough time to review it. `40`

W I'm really glad to hear that. Then **I can review it carefully.**

---

38. Why does the woman say,
"I need to review the department budget proposal"?
(A) To report some problems (B) To decline an offer
(C) To request a document (D) To make an excuse

화자 의도 파악 / 상
ㄴ, 해당 위치 앞뒤 문맥을
파악한다.

39. According to the man, what will happen today?
(A) A meeting will be held about the budget.
(B) The CEO will give a ~~presentation~~.
(C) A store will celebrate a grand opening.
(D) An executive will visit a facility.

남자 / 키워드 today
ㄴ, 남자의 대사에서 정답을
파악하자.

40. Why is the woman relieved?
(A) She has time to review a report.
(B) She can leave for a vacation.
(C) The ~~executive was satisfied with the report~~.
(D) The man's work is already complete.

여자 / 이유 / relieved / 하
ㄴ, 여자의 대사에 집중하자.

여 안녕하세요, Shawn 씨. 제가 부서 예산안을 검토해야 해요. 그거 다 끝내셨나요?
남 죄송합니다. 제가 분석해야 할 자료가 오늘 오후에나 옵니다. 제가 오늘 늦게까지 일하면, 내일 오전까지 그것을 마무리할 수 있습니다.
여 오, 그건 안 돼요. 연간 예산 회의가 내일입니다. 전 그 전에 부서 예산안을 검토해야 합니다.
남 오, 새로 선출된 재무 담당 최고 책임자가 그 회의에 참가할 수 있게 회의가 이번 주 금요일로 연기되었다는 소식 못 들으셨어요? 그녀가 오늘은 Qingdao에 위치한 공장에 방문할 예정이어서 회의 날짜를 변경해 달라고 요청했습니다.
여 그러면, 저희가 회의 준비에 며칠 더 시간이 있다는 이야기인가요?
남 네. 그러니 당신이 그걸 검토할 시간은 충분할 겁니다.
여 그거 정말 다행이네요. 그러면 제가 그것을 꼼꼼하게 검토할 수 있겠어요.

38. 여자는 왜 "I need to review the department budget proposal (저는 부서 예산안을 검토해야 합니다)"라고 말하는가?
(A) 몇몇 문제를 보고하기 위해서
(B) 제안을 거절하기 위해서
(C) 서류를 요청하기 위해서
(D) 변명하기 위해서

39. 남자 말에 따르면, 오늘 무슨 일이 일어날 것인가?
(A) 예산 관련 회의가 열릴 것이다.
(B) 최고 경영자가 발표할 것이다.
(C) 상점이 개점을 축하할 것이다.
(D) 임원이 시설을 방문할 것이다.

40. 여자가 안도한 이유는 무엇인가?
(A) 그녀는 보고서를 검토할 여유가 있다.
(B) 그녀는 휴가를 떠날 수 있다.
(C) 임원이 보고서에 만족했다.
(D) 남자의 업무는 이미 완료되었다.

38 " "의 화자의 의도 파악 문제는 포괄적으로 설명한 보기가 정답이다.

STEP 1 화자의 의도 파악 문제의 표현은 주로 앞뒤 문맥을 연결하는 역할을 한다.

따라서 주변 문맥을 파악해서 포괄적인 정답을 찾아야 한다. 기준 문장인 "I need to review the department budget proposal"과 함께 "Did you finish it?"을 언급하였다. 즉, 부서 예산안을 지금 검토하고 싶어서 서류를 요청하는 여자의 의도를 파악할 수 있다. 따라서 정답은 (C)이다.

39 키워드 문제는 키워드 기준 앞뒤 문장에 답이 나온다. ▶ today

STEP 1 특정 키워드 문제는 반드시 지문 중의 해당 키워드 앞뒤에서 정답이 들린다.

문제의 키워드는 today로, 남자의 대사 "the newly elected CFO could attend it? She is visiting a plant in Qingdao today"에서 새로 선출된 재무 담당 최고 책임자가 오늘 Qingdao에 위치한 공장을 방문할 예정이라는 미래 일정을 언급하고 있으므로 정답은 (D)이다. 지문의 구체적인 어휘 newly elected CFO, plant를 보기의 포괄적인 어휘 executive, facility로 paraphrasing하였다.

STEP 2 함정 유형 및 오답 패턴

(A) A ~~meeting~~ will be held about the budget. ▶회의는 이번 주 금요일에 열리므로 오답이다.
(B) The CEO will give a ~~presentation~~. ▶전반부의 meeting에서 연상한 오답이다.
(C) A store will celebrate a grand opening.
(D) An executive will visit a facility. ▶정답

40 Why 문제는 대화에서 그대로 반복된 후 원인에 대한 정답이 나온다.

STEP 1 why 뒤의 키워드가 담화에서 들려야 그 뒤에 답이 나온다.

why 뒤의 키워드는 woman relieved로, 여자가 안도한 이유를 묻는 문제이다. 남자가 회의가 이번 주 금요일로 연기되었다는 사실을 언급하자, 여자의 대사 "Then, you mean we have a few more days to prepare for the meeting?"과 "I'm really glad to hear that. Then I can review it carefully"에서 여자는 회의를 준비할 시간과 부서 예산안을 검토할 여유가 있음에 긍정적인 감정을 표현하고 있다. 따라서 정답은 (A)이다.

- 이유나 원인을 묻는 문제는 주로 감정의 원인을 나타내는 worried(걱정하는), 염려하는(concerned), pleased(기쁜), surprised(놀란) 뒤에 언급되거나, 사과(apologize)를 하면 그 말의 앞뒤 부분에 원인이나 이유가 언급된다.

STEP 2 함정 유형 및 오답 패턴

(A) She has time to review a report. ▶정답
(B) She can leave for a vacation.
(C) The executive ~~was satisfied with the report~~. ▶보고서에 만족했다는 내용은 언급되지 않았으므로 오답이다.
(D) The man's work ~~is already complete~~. ▶남자는 아직 업무를 완료하지 못했다고 했으므로 오답이다.

어휘 review 검토하다 department 부서 budget proposal 예산안 analyze 분석하다
work late 늦게까지 일하다 postpone 연기하다 newly 새롭게 elected 선출된
CFO (Chief Financial Officer) 재무 담당 최고 책임자 plant 공장 prepare for ~를 준비하다
carefully 주의 깊게, 신중히

Questions 41-43 refer to the following conversation.

W Thank you for **calling BetterEx Sporting Goods. How may I help**
41 **you**?

M Hello, I'd like to change the delivery address for a package that I
42 ordered from your online shopping mall. Since I **just moved to San**
Francisco, I didn't have time to revise my old address on your
Web site. Can I receive the package to my new address?

W Let me check the status of the order. Hmm. It seems that your
package hasn't departed yet. I'll hold it until this afternoon. **Make**
43 **sure to update the information before then.**

M Okay. Thank you. I'll do **that** now.

---

41. Who most likely is the woman?
(A) A sports trainer
(B) A doctor
(C) A customer service representative
(D) A courier

여자 / 직업 / 상
└, 여자의 대사에 집중하여
듣는다.

42. What has the man recently done?
(A) Moved to another city
(B) Returned a package
(C) Opened a new business
(D) Visited the woman's company

남자 / 키워드 recently
└, 지문에서는 유사 어휘 just로
언급된다.

43. What will the man most likely do next?
(A) Wrap a package
(B) Send an e-mail
(C) Go to the Web site
(D) Call his manager

남자 / 미래 / 하
└, 여자의 대사에서 that을
나타내는 내용을 찾자.

여 BetterEx Sporting Goods에 전화 주셔서 감사합니다. 무엇을 도와드릴까요?
남 안녕하세요, 제가 그쪽 온라인 쇼핑몰에서 주문한 물건 배송주소를 변경하고 싶습니다. 제가 San Francisco로 막 이사 와서, 웹사이트에서 이전 주소지를 변경할 시간이 없었습니다. 새 주소지로 물건을 받을 수 있을까요?
여 제가 주문품 상태를 확인해 보겠습니다. 음. 주문하신 상품은 아직 출발하지 않은 것 같습니다. 제가 오늘 오후까지 배송을 보류해 드리겠습니다. 그 전에 정보(주소지)를 꼭 갱신해 주세요.
남 알겠습니다. 감사합니다. 제가 지금 그것을 하겠습니다.

41. 여자는 누구일 것 같은가?
(A) 스포츠 트레이너
(B) 의사
(C) 고객 서비스 부서 직원
(D) 배달원

42. 남자는 최근에 무엇을 했는가?
(A) 다른 도시로 이사했다.
(B) 물건을 반품했다.
(C) 새 사업장을 열었다.
(D) 여자의 회사를 방문했다.

43. 남자는 다음에 무엇을 할 것 같은가?
(A) 물건 포장하기
(B) 이메일 발송하기
(C) 웹사이트 방문하기
(D) 관리자에게 연락하기

41 직업과 장소는 전반부에서 힌트가 나온다.

STEP 1   직업을 묻는 문제는 전반부에 직업 관련 특정 명사가 언급된다.

여자의 직업을 묻는 문제이다. 여자의 첫 대사인 "Thank you for calling BetterEx Sporting Goods. How may I help you?"에서 여자는 BetterEx Sporting Goods에 전화를 건 것에 감사 인사를 전하며, 문의사항이 무엇인지 묻고 있다. 즉, 여자는 해당 기업에서 고객의 문의사항을 처리하는 고객 상담사임을 알 수 있다. 따라서 정답은 (C)이다.

– 직업과 장소를 묻는 문제의 정답 빈출 표현에는 Welcome to ~, You have reached ~, This is A from B, Thank you for calling ~ 등이 존재한다.

STEP 2   함정 유형 및 오답 패턴

(A) A ~~sports~~ trainer   ▸지문의 **Sporting**에서 **sports**를 연상한 오답이다.
(B) A doctor
(C) A customer service representative   ▸정답
(D) A courier

42 키워드 문제는 키워드 기준 앞뒤 문장에 답이 나온다.   ▸ recently

STEP 1   특정 키워드 문제는 반드시 지문 중의 해당 키워드 앞뒤에서 정답이 들린다.

문제의 키워드는 recently이지만, 대화에서는 유사 어휘 just(막, 방금)으로 언급된다. 남자의 대사 "Since I just moved to San Francisco"에서 남자는 최근에 San Francisco로 이사 왔음을 언급하고 있으므로 정답은 (A)이다. 지문의 구체적인 어휘 San Francisco가 보기의 포괄적인 어휘 another city로 paraphrasing되었다.

STEP 2   함정 유형 및 오답 패턴

(A) Moved to another city   ▸정답
(B) ~~Returned~~ a package   ▸물건의 주소지 변경 문의를 하며, 아직 물건을 받지 않았음을 알 수 있다.
(C) Opened a new business
(D) Visited the woman's company

43 미래 행동 문제의 답은 앞 사람 말에 수긍하는 형태로 나오기도 한다.

STEP 1   요청과 제안 문제의 힌트는 대화 후반부에 **You**로 언급된다.

남자의 미래 일정을 묻는 문제이지만, 남자의 대사 "I'll do that now."에서 대명사 that이 가리키는 내용은 이전 여자의 대사에서 확인할 수 있다. 중반부 대사 "I didn't have time to revise my old address on your Web site"에서 남자는 웹사이트에서 이전 주소지를 변경할 시간이 없었다고 언급하고 있으며, 여자의 대사 "Make sure to update the information before then."에서 정보(주소지)를 갱신해 달라고 했다. 따라서 남자는 정보(주소지)를 변경하기 위해 웹사이트를 방문할 것임을 알 수 있으므로 정답은 (C)이다.

어휘   **delivery address** 물품 배달 주소   **order** 주문하다   **revise** 수정하다   **status of the order** 주문품 처리 상태   **depart** 출발하다   **hold it** 보관하다, 보류하다

Questions 44-46 refer to the following conversation.

M Sally, the **premiere of our musical show** has been **a great** **44** **success**. In just three days, the show has already received good positive reviews from audiences and critics. `44-B` `44-C`

W Yeah, **but** there are **some issues with the ticketing service of** **45** **the theater's Web site**. People who tried to book more than three tickets at once through our Web site are reporting some difficulties. `45-B` `45-A` `46-B`

M Oh, I didn't know about that problem. It might be due to a restriction **46** on illegal ticketing. **I'll call** and have **the system organizer** address that right away.

---

44. According to the man, what did the speakers do recently?
(A) **Started a performance**
(B) Sold out tickets
(C) Launched a store
(D) Renovated a building

화자들 / 키워드 recently / 상
ㄴ 지문의 상단부에 집중한다.

45. What problem does the woman mention?
(A) A phone system is down.
(B) Equipment needs to be updated.
(C) A deadline was missed.
(D) **A Web site is not working properly.**

여자 / 문제점
ㄴ 여자의 대사에 정답이 있다.

46. What will the man most likely do next?
(A) Attend a meeting
(B) Visit a Web site
(C) **Contact a colleague**
(D) Complete a form

남자 / 미래 / 하
ㄴ 남자의 대사에 집중하자.

남 Sally 씨, 저희 뮤지컬 쇼 첫 공연이 아주 성공적이었습니다. 딱 3일 만에 벌써 관객과 비평가들에게 매우 긍정적인 평가를 받았습니다.

여 네, 하지만 극장 웹사이트 티켓 예매 서비스에 몇 가지 문제가 있습니다. 우리 웹사이트에서 한 번에 3장 이상 티켓을 구매하려는 사람들에게 일부 문제가 발생하고 있다고 합니다.

남 오, 전 그 문제에 대해서는 몰랐습니다. 그건 불법 티켓팅을 막기 위한 규제 때문일 것입니다. 제가 시스템 관리자에게 연락해서 그 문제를 바로 처리해 달라고 요청하겠습니다.

44. 남자의 말에 따르면, 화자들은 최근에 무엇을 했는가?
(A) **공연 시작**
(B) 티켓 매진
(C) 가게 개업
(D) 건물 보수

45. 여자는 어떤 문제를 언급하는가?
(A) 전화 시스템이 고장 났다.
(B) 장비가 업데이트되어야 한다.
(C) 마감일을 놓쳤다.
(D) **웹사이트가 정상적으로 작동하지 않고 있다.**

46. 남자는 다음에 무엇을 할 것 같은가?
(A) 회의 참석
(B) 웹사이트 방문
(C) **동료에게 연락**
(D) 서류 작성 완료

44 정답은 대화 중에 힌트가 언급되는 순서대로 배치되고, 위치는 불변이다.

STEP 1 대화 내용을 다 듣고 답을 선택하기보다 문제 위치에 따라 해당 보기에 집중하여 듣는다.

최근에 남자가 한 일을 묻는 문제로, 남자의 첫 대사에서 정답을 파악하자. 대화의 "Sally, the premiere ~ from audience and critics"에서 남자와 상대방 Sally 씨가 맡고 있는 뮤지컬쇼가 관객들과 비평가들로부터 매우 긍정적인 평가를 받아 성공적이라는 평가를 내리고 있다. 즉, 최근에 뮤지컬쇼가 개막한 것으로 정답은 (A)이다. 지문의 구체적인 어휘 the premiere of our musical show를 보기의 포괄적인 어휘 Started a performance로 paraphrasing되었다.

STEP 2 함정 유형 및 오답 패턴

(A) **Started a performance** ▸정답
(B) ~~Sold out tickets~~ ▸지문의 premiere of our musical show에서 연상한 오답이다.
(C) ~~Launched~~ a store ▸지문의 premiere에서 launched를 연상한 오답이다.
(D) Renovated a building

45 문제점과 걱정은 본인의 입으로 직접 얘기한다.

STEP 1 문제점은 주로 역접의 단어(unfortunately, but) 뒤에 언급된다.

여자가 언급한 문제점이 무엇인지 묻는 문제로, 여자의 대사에 정답이 있다. 대화의 "but there are some issues with the ticketing service of the theater's Web site"에서 웹사이트의 티켓 예매 서비스에 문제가 있다고 언급하고 있으므로 정답은 (D)이다. 지문의 some issues는 보기의 not working properly로 paraphrasing되었다.

STEP 2 함정 유형 및 오답 패턴

(A) A ~~phone system~~ is down. ▸전화 시스템이 아닌, 웹사이트의 티켓 예매 서비스가 오작동하고 있는 것으로 오답이다.
(B) Equipment needs to be ~~updated~~. ▸issues에서 updated를 연상한 오답이다.
(C) A deadline was missed.
(D) **A Web site is not working properly.** ▸정답

46 미래 정보는 대화 후반부에 나오는 I'll ~이 정답이다.

STEP 1 일반적으로 미래 일정은 당사자의 마지막 대사에 정답이 있다.

남자의 미래 일정을 묻는 문제로, 남자의 마지막 대사에 정답이 있다. "I'll call and have the system organizer address that right away."에서 현재 웹사이트 티켓 예매 서비스에서 발생한 문제를 처리하고자, 시스템 관리자에게 전화를 걸어 해결을 요청하겠다고 언급하고 있으므로 정답은 (C)이다. 지문의 구체적인 어휘 call, the system organizer는 보기의 포괄적인 어휘 Contact a colleague로 paraphrasing되었다.

STEP 2 함정 유형 및 오답 패턴

(A) Attend a meeting
(B) ~~Visit~~ a Web site ▸지문에서 Web site는 언급되었지만, 해당 장소에서 발견된 문제점을 해결해야 하므로 오답이다.
(C) **Contact a colleague** ▸정답
(D) Complete a form

어휘 **premiere** 첫 공연, 초연, 개봉 **success** 성공 **audience** 관객 **critic** 비평가 **theater** 극장
book 예약하다 **at once** 한 번에, 동시에 **due to** ~ 때문에 **restriction** 제한, 규제 **illegal** 불법적인
right away 즉각, 곧바로

Questions 47-49 refer to the following conversation.

M Hello, **I saw some shirts on display, but I can't find their prices.**
47 Can you help me?

W Sure, which kind of shirts were you looking at?

M These over here. I looked for **the price**. I don't see it anywhere. How
48 much do they cost?

W Let me check the price tags. Hmm.

M I checked. They don't have price tags.

W All right. **I'll talk to my manager to figure it out.** Please wait a minute.
49

`48-C` `48-B`

`49-A`

---

47. Where most likely is the conversation taking place?
(A) At a bank
(B) At a factory
(C) At an airport
(D) At a clothing store

장소 / 상
ㄴ. 대화의 전반부에 집중한다.

48. Why does the man say, "I don't see it anywhere"?
(A) He can't find a price.
(B) He has lost an item.
(C) He is looking for his suitcase.
(D) He doesn't think a product is popular.

화자 의도 파악
ㄴ. 해당 위치 앞뒤 문맥을
파악한다.

49. What will the woman most likely do next?
(A) Purchase some items
(B) Speak with a colleague
(C) Scan a tag
(D) Consult a list

여자 / 미래 / 하
ㄴ. 여자의 대사에 집중한다.

남 안녕하세요. 제가 진열되어 있는 셔츠를 봤는데. 가격을
찾을 수가 없네요. 저 좀 도와주실래요?
여 네, 어떤 셔츠를 보셨나요?
남 이쪽에 있는 거요. 가격표를 찾아봤는데, 어디에서도 그
게 안 보이네요. 그것들은 얼마인가요?
여 가격표를 확인해 보겠습니다. 음.
남 제가 확인했어요. 그 상품에는 가격표가 없습니다.
여 알겠습니다. 가격을 확인하기 위해 제가 매니저와 얘기
해 보겠습니다. 잠시만 기다려 주세요.

47. 대화는 어디에서 이루어지는 것 같은가?
(A) 은행에서
(B) 공장에서
(C) 공항에서
(D) 의류 매장에서

48. 남자는 왜 "I don't see it anywhere(어디에서도 그게
안 보이네요)"라고 말하는가?
(A) 그는 가격을 찾을 수 없다.
(B) 그는 물품을 잃어버렸다.
(C) 그는 그의 여행 가방을 찾고 있다.
(D) 그는 상품이 인기 있다고 생각하지 않는다.

49. 여자는 다음에 무엇을 할 것 같은가?
(A) 물건 구매하기
(B) 동료와 이야기하기
(C) 가격표 스캔하기
(D) 명단 참고하기

47 장소는 전반부에서 힌트가 나온다.

STEP 1　장소는 첫 두 줄의 대명사(I/You/We), 장소 부사(here/this+장소 명사)에서 나온다.

대화가 이루어지는 장소를 묻는 문제로, 대화 전반부에 정답이 있다. 대화의 "I saw some shirts on display, but I can't find their prices. Can you help me?"에서 남자는 진열되어 있는 셔츠의 가격표를 찾지 못해 점원에게 문의하고 있다. 이를 통해 대화는 의류 매장에서 이루어지고 있다는 것을 알 수 있다. 따라서 정답은 (D)이다.

48 " "의 화자 의도 파악 문제는 해당 위치에서 연결어를 확보하자.

STEP 1　문제에서 주어진 " "은 해당 위치를 듣고 앞뒤 문맥과 연계하여 파악해야 정답을 찾을 수 있다.

기준 문장의 대명사 it이 무엇을 가리키는지 정확하게 파악해야 한다. 바로 앞 문장인 "I looked for the price"에서 가격을 찾아보았다고 언급하고 있고, 기준 문장인 "I don't see it anywhere"를 언급하고 있다. 즉, 남자는 가격을 찾을 수 없음을 나타내고 있으므로 정답은 (A)이다.

STEP 2　함정 유형 및 오답 패턴

(A) He can't find a price. ▶정답
(B) He has ~~lost~~ an item. ▶I don't see it anywhere만 들었다면 함정에 빠질 수 있다.
(C) He is looking for his ~~suitcase~~. ▶looked for the price(가격표)를 찾는다고 하였으므로 suitcase는 오답이다.
(D) He doesn't think a product is popular.

49 〈여자의 미래〉는 여자의 대사 중 미래 시제로 나온다.

STEP 1　대화 직후에 일어날 미래의 정보를 묻는 문제는 후반부에 자주 등장한다.

여자의 미래 일정을 묻는 문제로, 지문 전반부에서 남자는 구매하려는 셔츠의 가격을 확인할 수 없다는 문제점을 언급하고 있다. 후반부 여자의 대사 "I'll talk to my manager to figure it out. Please wait a minute."에서 여자는 가격을 확인하기 위해 매니저와 얘기해 보겠다고 언급하였으므로 동료와 이야기한다는 (B)가 정답이다. 지문의 talk은 보기에서 speak으로 paraphrasing되었다.

STEP 2　함정 유형 및 오답 패턴

(A) ~~Purchase some items~~ ▶남자는 가격을 확인한 뒤에 셔츠 구매 여부를 결정하는 것으로 오답이다.
(B) Speak with a colleague ▶정답
(C) Scan a tag
(D) Consult a list

어휘　on display 전시된, 진열된　look at ~을 보다　cost (비용이) ~이다, 들다　price tag 가격표

Questions 50-52 refer to the following conversation with three speakers

---

M1 Excuse me, my wife and I **heard your announcement in the** `50` **airport**. Are there any volunteers for the later flight to Chicago?

M2 Not yet. Are you interested? Since this flight is overbooked, if you don't mind departing at eight o'clock tonight, we'll offer you a voucher for 350 dollars off a future flight.

W Well, we're going to **attend our son's graduation. But it's tomorrow**, `51` so I don't mind taking a later flight. Honey, what do you think?

M1 That's fine. While we wait, I think we'd better go grab a bite.

M2 I recommend **John's Eatery** near Gate 6. **They** carry a wide range `52` of quality food, and **they** have comfortable seating.

`51-B`

`52-C`

---

50. Where are the speakers?
(A) In a meeting room
(B) In a pharmacy
(C) In a school
(D) In an airport

화자 / 장소 / 상
ㄴ. 지문의 전반부에 집중해서
듣는다.

51. According to the woman, what event is taking place tomorrow?
(A) A graduation
(B) A ~~meeting~~
(C) A ~~trade show~~
(D) An opening ceremony

키워드 tomorrow
ㄴ, 키워드 앞뒤 문장에 집중한다.

52. What is indicated about John's Eatery?
(A) It is offering a discount for a limited time.
(B) It has reasonable prices.
(C) It specializes in ~~French food~~.
(D) It has comfortable seating.

키워드 John's Eatery / 하
ㄴ, 키워드 앞뒤 문장에 집중한다.

남1 실례합니다만, 제 아내와 제가 공항에서 당신이 방송하는 내용을 들었습니다. Chicago로 출발하는 늦은 비행 편에 탑승하려는 자원자가 있나요?

남2 아직이요. 관심 있으세요? 해당 비행 편이 초과 예약되었기 때문에, 오늘밤 8시에 출발하는 항공편도 괜찮으시다면, 향후 비행 편에 350달러를 할인하는 상품권을 제공해 드리겠습니다.

여 음, 저희는 아들 졸업식에 참석하려고 합니다. 그렇지만 그건 내일이라서 늦은 비행 편을 탑승해도 괜찮습니다. 여보, 당신 생각은 어때요?

남1 좋아요. 대기하는 동안, 우리가 뭔가 간단히 먹는 게 좋을 것 같아요.

남2 6번 게이트 근처의 John's Eatery를 추천합니다. 그 가게가 다양하고 질 좋은 음식을 제공하고, 편안한 좌석을 보유하고 있습니다.

50. 화자들은 어디에 있는가?
(A) 회의실에
(B) 약국에
(C) 학교에
(D) 공항에

51. 여자에 따르면, 내일 어떤 행사가 열릴 것인가?
(A) 졸업식
(B) 회의
(C) 무역 박람회
(D) 개막식

52. John's Eatery에 대해서 무엇이 언급되는가?
(A) 제한된 시간 동안 할인을 제공하고 있다.
(B) 가격이 합리적이다.
(C) 프랑스 음식을 전문으로 하고 있다.
(D) 편안한 좌석이 있다.

50 직업과 장소는 전반부에서 힌트가 나온다.

STEP 1 첫 두 줄에 **our/your/this/here** 표현과 함께 들리는 장소/직업 명사가 정답이다.

화자들이 대화를 나누고 있는 장소를 묻는 문제로, 지문의 전반부에서 정답을 파악한다. 남자1의 첫 대사 "Excuse me, my wife and I heard your announcement in the airport."에서 남자1은 공항에서 안내방송을 들었다고 언급하고 있으므로 정답은 (D)이다.

51 키워드 문제는 키워드 기준 앞뒤 문장에 답이 나온다. ▶ tomorrow

STEP 1 특정 키워드 문제는 반드시 지문 중의 해당 키워드 앞뒤에서 정답이 들린다.

여자의 대사에서 키워드 tomorrow 앞뒤를 파악해야 한다. "we're going to attend our son's graduation. But it's tomorrow"에서 여자는 내일 아들의 졸업식에 참석할 예정임을 언급하고 있으므로 정답은 (A)이다.

STEP 2 함정 유형 및 오답 패턴

(A) A graduation ▶정답
(B) A ~~meeting~~ ▶지문 전반부의 **announcement**에서 연상한 오답이다.
(C) A trade show
(D) An opening ceremony

52 키워드 문제는 키워드 기준 앞뒤 문장에 답이 나온다. ▶ John's Eatcry

STEP 1 특정 키워드 문제는 반드시 지문 중의 해당 키워드 앞뒤에서 정답이 들린다.

문제의 키워드는 John's Eatery로, 남자2의 대사 "I recommend John's Eatery ~ have comfortable seating" 에서 John's Eatery는 다양한 음식과 편안한 좌석을 갖고 있다는 가게의 특징을 설명하고 있다. 따라서 정답은 (D)이다.

STEP 2 함정 유형 및 오답 패턴

(A) It is offering a discount for a limited time.
(B) It has reasonable prices.
(C) It specializes in ~~French food~~. ▶다양한 음식을 판매하고 있는 것으로 오답이다.
(D) It has comfortable seating. ▶정답

어휘　**announcement** 발표, 소식　**volunteer** 자원자　**flight** 비행편　**overbook** 예약을 한도 이상으로 받다　**mind** 상관하다, 꺼리다　**depart** 출발하다　**voucher** 상품권, 할인권　**attend** 참석하다　**graduation** 졸업(식)　**had better do** ~하는 것이 좋을 것이다　**grab a bite** 간단히 먹다　**recommend** 추천하다　**a wide range of** 광범위한　**comfortable** 편안한

Questions 53-55 refer to the following conversation.

M Thank you for calling Max Credit Card. How may I help you?

W Hello, I saw your ads for new credit cards. **I'm interested in applying**
`53` **for** one, but could you explain the difference between your club card
and your super card?

M Sure. The club card doesn't have an annual fee. And it offers discounts
`54` only on store purchases. **The super card does** have an annual fee,
but it offers discounts not only on shopping, but also on transportation.
For example, your mileage rate is increased by up to 10 percent.
`54-D`
`54-C`

W Oh, in that case, I should get the super one. I go on a lot of business
trips by plane, so I need a card with mileage benefits.
`55-C`
`54-B`

M Actually, if you register today, **you'll** get a free wireless charger for
`55` **your mobile phone.** I'll help process your application by phone. It will
take only a few minutes.

---

53. What are the speakers discussing?
(A) Reserving a room
(B) Cancelling a reservation
(C) Applying for a card
(D) Giving a presentation

주제 / 상
└, 지문의 전반부에 집중해서
듣는다.

54. What is suggested about the super card?
(A) It costs an annual fee.
(B) It offers free vouchers.
(C) It can be used only when shopping.
(D) It has an unlimited subscription period.

키워드 super card
└, 키워드 앞뒤 문장에 집중한다.

55. According to the man, what will the woman receive?
(A) A discount on dining
(B) A complimentary charger
(C) A free plane ticket
(D) A credit card brochure

여자 / receive / 하
└, 남자 대사에 집중해서 듣는다.

남 Max Credit Card에 전화 주셔서 감사합니다. 무엇을
도와드릴까요?

여 안녕하세요. 새로 나온 신용카드 광고를 보았습니다. 귀
사 신용카드를 하나 신청하려고 하는데요. 클럽 카드와
슈퍼 카드의 차이점을 설명해 주시겠어요?

남 네. 클럽 카드는 연회비가 없습니다. 또 상점 구매에만
할인을 제공해 드립니다. 슈퍼 카드는 연회비가 있지만
쇼핑 뿐 아니라 교통편에도 할인을 제공합니다. 예를 들
어, 고객님의 마일리지 비율이 최대 10퍼센트까지 확대
됩니다.

여 오, 그러면 저는 슈퍼 카드를 신청해야겠네요. 저는 비행
기로 출장을 많이 가기 때문에, 마일리지 혜택이 있는 카
드가 필요합니다.

남 사실, 오늘 신청하시면, 무료로 핸드폰 무선 충전기를 받
으실 수 있습니다. 유선으로 신청서를 처리하도록 도와
드리겠습니다. 시간은 몇 분밖에 안 걸립니다.

53. 화자들은 무엇에 대해서 이야기하고 있는가?
(A) 객실 예약
(B) 예약 취소
(C) 카드 신청
(D) 발표

54. 슈퍼 카드에 대해 무엇이 언급되는가?
(A) 연회비가 든다.
(B) 무료 상품권을 제공한다.
(C) 쇼핑할 때만 사용이 가능하다.
(D) 사용 기간에 제한이 없다.

55. 남자에 따르면, 여자는 무엇을 받을 것인가?
(A) 식사 할인 **(B) 무료 충전기**
(C) 무료 항공권 (D) 신용카드 책자

53 첫 두 줄 안에 주제/목적이 나온다.

STEP 1 주제를 묻는 문제는 첫 번째 대사와 두 번째 대사에 정답이 있다.

화자들이 대화를 나누고 있는 내용이 무엇인지 묻는 문제이다. 여자의 첫 대사인 "I saw your ads for ~ and your super card?"에서 여자는 새로 출시된 클럽 카드와 슈퍼 카드의 차이점을 들은 뒤에 신용카드를 신청할 것이라는 의도를 확인할 수 있다. 즉, 화자들은 신용카드의 특징 및 신청에 대해 이야기를 나누는 것으로 정답은 (C)이다.

54 키워드 문제는 키워드 기준 앞뒤 문장에 답이 나온다. ▶ super card

STEP 1 특정 키워드 문제는 반드시 대화의 해당 키워드 앞뒤에서 답이 들린다.

문제의 키워드는 super card이다. 남자의 대사 "The super card does have an annual fee, but it offers discounts not only on shopping, but also on transportation."에서 슈퍼 카드는 연회비를 지불해야 하지만, 쇼핑과 교통편에 할인이 제공된다는 혜택을 설명하고 있다. 따라서 정답은 (A)이다.

STEP 2 함정 유형 및 오답 패턴

(A) It costs an annual fee. ▶정답
(B) It offers ~~free vouchers.~~ ▶지문 후반부에서 카드 가입 시, 무료 상품권이 아닌 무선 충전기를 제공하는 것으로 오답이다.
(C) It can be used only when shopping. ▶쇼핑뿐만 아니라, 대중교통 비용에 대해서도 할인해 주는 것으로 오답이다.
(D) It has an ~~unlimited~~ subscription period. ▶연회비를 납부한다는 것은 해당 카드는 1년마다 갱신해 주어야 한다는 의미이다.

55 미래 일정은 후반부에 정답이 있다.

STEP 1 미래 일정은 대화 후반부에서 질문에 등장한 사람의 대사를 잘 들어야 한다.

여자가 무엇을 받을 수 있는지 묻는 문제로, 남자의 대사에서 정답을 파악해야 한다. 대화의 "if you register today, you'll get a free wireless charger for your mobile phone."에서 여자가 오늘 카드를 신청하면, 핸드폰 무선 충전기를 무료로 받을 수 있음이 언급되어 있다. 따라서 정답은 (B)이다. 지문의 구체적인 어휘 a free wireless charger for your mobile phone은 보기의 포괄적인 어휘 A complimentary charger로 paraphrasing되었다.

STEP 2 함정 유형 및 오답 패턴

(A) A discount on dining
(B) A complimentary charger ▶정답
(C) A free ~~plane~~ ticket ▶지문에서 plane은 언급되었지만, 무료 항공권을 받을 수 있다는 내용은 언급되지 않았으므로 오답이다.
(D) A credit card brochure

어휘 credit card 신용카드 be interested in ~에 관심 있다 apply for 신청하다 explain 설명하다 difference 다름, 차이점 annual fee 연회비 transportation 교통편 rate 비율 up to 최대 ~까지 business trip 출장 wireless charger 무선 충전기 process 처리하다 application 신청(서)

Questions 56-58 refer to the following conversation.

W Good morning, **I placed an order a week ago** through your Web `56` site, and the invoice indicated that I would receive the order on December 14, yesterday. **But it hasn't arrived yet.** `56-D` `56-C`

M Oh, I'm sorry. Let me check our database. Can you give me the order number?

W It's 17120.

M **I'm sorry.** The **product you ordered was temporarily out of** `57` **stock**, so your order was shipped yesterday. The delivery takes about two days, so it will be arriving tomorrow. `57-A`

W That's not good. You should have contacted me immediately about the problem.

M I apologize. To compensate you for the inconvenience, **I'll give you** `58` **a 20 dollar voucher for your next purchase**. `58-B` `58-D`

---

56. Why is the woman calling?
(A) To check the status of an order
(B) To make a reservation
(C) To inquire about ~~a deadline~~
(D) To ~~make a purchase~~

여자 / 전화 목적 / 상
ㄴ. 여자의 대사에 집중한다.

57. What problem does the man mention about the order?
(A) It ~~arrived at a wrong address~~.
(B) It was temporarily unavailable.
(C) It contained damaged items.
(D) It was canceled.

남자 / 문제점
ㄴ. 남자의 대사에 정답이 있다.
역접의 표현에 집중한다.

58. What will the man provide for the woman?
(A) A coupon
(B) Free ~~shipping~~
(C) A consultation
(D) A ~~brochure~~

남자 / 제공 / 하
ㄴ. 남자의 미래 표현에 집중하여
정답을 찾자.

여 안녕하세요. 귀사 웹사이트에서 일주일 전에 물건을 주문했어요. 주문서에는 어제인 12월 14일에 물건을 수령할 거라고 적혀 있지만 그 물건이 아직도 도착 안 했습니다.

남 오, 죄송합니다. 데이터베이스를 확인해 보겠습니다. 주문 번호를 알려주시겠어요?

여 17120입니다.

남 죄송합니다. 주문하신 상품이 일시적으로 품절되어 어제 배송되었습니다. 배송은 대략 이틀 정도 소요됩니다. 그래서 고객님의 상품은 내일쯤 도착할 것입니다.

여 그것 참 그렇네요. 그런 문제가 생겼다면 즉시 저에게 연락을 주셨어야죠.

남 죄송합니다. 불편을 끼친 점에 보상하고자, 다음 구매에 사용하실 수 있는 20달러 상품권을 드리겠습니다.

56. 여자는 왜 전화를 하고 있는가?
(A) 주문 상태를 확인하기 위해서
(B) 예약하기 위해서
(C) 마감일에 대해 문의하기 위해서
(D) 구매하기 위해서

57. 남자는 주문에 관해 어떤 문제를 언급하는가?
(A) 잘못된 주소로 배송되었다.
(B) 일시적으로 구매가 불가능했다.
(C) 손상된 물품을 포함하고 있었다.
(D) 취소되었다.

58. 남자는 여자에게 무엇을 제공할 것인가?
(A) 쿠폰
(B) 무료 배송
(C) 상담
(D) 책자

56 주제나 목적을 묻는 문제는 처음 두 줄에 정답이 있다.

STEP 1   이유를 묻는 문제는 첫 번째 대사와 두 번째 대사에 정답이 있다.

여자가 전화를 건 이유를 묻는 문제로, 여자의 첫 대사에서 정답을 찾자. 대화의 "I placed an order a week ago ~ But it hasn't arrived yet"에서 여자가 지난주에 주문한 물건이 주문서에서 언급한 날짜에 도착하지 않았음을 말하고 있다. 즉, 여자는 주문한 물건의 배송 상태를 확인하고자 전화를 건 것으로 정답은 (A)이다.

STEP 2   함정 유형 및 오답 패턴

(A) To check the status of an order ▸정답
(B) To make a reservation
(C) To inquire about a deadline ▸마감일이 아닌 배송 상태를 문의하는 것으로 오답이다.
(D) To make a purchase ▸이미 물건을 구매한 것으로 오답이다.

57 문제점과 걱정은 본인의 입으로 직접 얘기한다.

STEP 1   But(그러나), I'm sorry, but(죄송합니다만), Unfortunately(불행하게도) 등의 표현 뒤에 문제 상황을 언급한다.

남자가 언급하고 있는 문제점이 무엇인지 묻는 문제로, 남자의 대사에 집중한다. 대화의 "I'm sorry. The product you ordered was temporarily out of stock, so your order was shipped yesterday."에서 주문한 물건이 일시적으로 품절되어서, 배송이 지연되었다는 이유를 남자가 설명하고 있다. 따라서 정답은 (B)이다. 지문의 out of stock은 보기의 unavailable로 paraphrasing되었다.

STEP 2   함정 유형 및 오답 패턴

(A) It arrived at a wrong address. ▸물건은 아직 배송 중인 것으로 오답이다.
(B) It was temporarily unavailable. ▸정답
(C) It contained damaged items.
(D) It was canceled.

58 미래 정보는 대화 후반부에 나오는 I'll ~이 정답이다.

STEP 1   미래 일정은 당사자의 후반부 대사에서 정답을 파악할 수 있다.

남자가 여자에게 제공할 것이 무엇인지 묻는 문제이다. 남자의 후반부 대사 "To compensate you for the inconvenience, I'll give you a 20 dollar voucher for your next purchase."에서 배송 지연으로 발생한 문제에 사과하고자, 남자는 다음 구매 시에 사용할 수 있는 20달러 상품권을 드리겠다고 언급하고 있다. 따라서 정답은 (A)이다. 지문의 구체적인 어휘 a 20 dollar voucher는 보기의 포괄적인 어휘 A coupon으로 paraphrasing되었다.

STEP 2   함정 유형 및 오답 패턴

(A) A coupon ▸정답
(B) Free shipping ▸무료 배송을 제공하겠다는 언급은 없으므로 오답이다.
(C) A consultation
(D) A brochure ▸voucher에서 연상한 오답이다.

어휘   place an order 주문하다 invoice 송장 indicate 나타내다 arrive 도착하다 temporarily 일시적으로 out of stock 품절인 should have p.p. ~했어야 했는데 (안 해서 안타깝다) contact 연락하다 immediately 즉시 apologize 사과하다 compensate A for B A에게 B에 대해 보상하다 voucher 상품권

Questions 59-61 refer to the following conversation.

M Hello, Martha. Good to see you again. It has been six months since we last met.

W Hi, Kevin. You're right. The last time **we met** was at the **marketing** `59` **conference** in Chicago. Are you attending this conference too?

M Actually, I was invited to be a keynote speaker. **My presentation is** `60-D` `60-B` `60` **in two hours**.

W Wow, congratulations! What topic will you talk about?

M Marketing through AI. It is about how to use AI for effective marketing.

W That sounds helpful. **I look forward to hearing your thoughts**. `61`

---

59. What kind of industry do the speakers most likely work in?
(A) Personnel
(B) Journalism
(C) Marketing
(D) Accounting

화자 / 직종 / 상
└, 첫 두 줄에 주로 답이 있다.

60. What will the man do in two hours?
(A) Have lunch
(B) Attend a meeting with a client
(C) Lead a presentation
(D) Leave for a business trip

남자 / 키워드 in two hours
└, 키워드 앞뒤 문장을 집중해 듣는다.

61. What does the woman say she looks forward to?
(A) The man's presentation
(B) The lunch break
(C) A marketing campaign
(D) The next meeting

여자 / 기대 / 하
└, 여자의 대사에 집중해 듣는다.

남 안녕하세요, Martha 씨. 다시 만나 뵙게 돼서 반갑습니다. 지난번에 뵙고 여섯 달만이네요.

여 안녕하세요, Kevin 씨. 맞아요. 저희가 마지막으로 만난 게 Chicago에서 열린 마케팅 학회였어요. 이번 학회에도 참석하시는 건가요?

남 사실, 제가 기조연설자로 초대받았습니다. 제 발표는 2시간 뒤에 있습니다.

여 와, 축하드립니다! 어떤 주제를 이야기하하실 건가요?

남 AI를 통한 마케팅이요. 효과적인 마케팅을 위한 AI 사용법에 관해 이야기할 겁니다.

여 유용하겠는데요. Kevin 씨 생각을 듣는 게 기대되네요.

59. 화자들은 어떤 사업체에 근무하는 것 같은가?
(A) 인사
(B) 언론
(C) 마케팅
(D) 회계

60. 남자는 2시간 뒤에 무엇을 할 예정인가?
(A) 점심 먹기
(B) 고객과의 회의에 참석하기
(C) 발표 진행하기
(D) 출장 가기

61. 여자는 무엇을 기대한다고 말하는가?
(A) 남자의 발표
(B) 점심 시간
(C) 마케팅 캠페인
(D) 다음 회의

59 직업과 장소는 전반부에서 힌트가 나온다.

STEP 1 **speakers(화자)의 직업은 we/our/here에 집중하며, W/M(여자와 남자)의 직업은 I am/This is/Your에 집중한다.**

화자들이 종사하고 있는 분야가 무엇인지 묻는 문제이다. 여자의 대사 "The last time we met was at the marketing conference in Chicago."에서 여자와 남자는 Chicago에서 진행되었던 마케팅 학회에서 만났다는 과거 사실을 언급하고 있다. 즉, 화자들은 마케팅 분야에서 근무하고 있는 것으로 정답은 (C)이다.

60 키워드 문제는 키워드 기준 앞뒤 문장에 답이 나온다. ▶ in two hours

STEP 1 **특정 시간, 수치가 언급된 문제는 반드시 키워드 근처에서 정답을 찾는다.**

문제의 키워드는 in two hours로, 남자가 2시간 뒤에 하는 일이 무엇인지 묻는 문제이다. 남자의 대사 "I was invited to be a keynote speaker. My presentation is in two hours."에서 남자는 기조연설자로 초청되어, 2시간 뒤에 발표를 진행할 것이라는 미래 일정을 언급하고 있다. 따라서 My presentation을 보기의 Lead a presentation으로 바꿔 표현한 (C)가 정답이다.

STEP 2 **함정 유형 및 오답 패턴**

(A) Have lunch
(B) Attend ~~a meeting~~ with a client ▶지문의 my presentation에서 meeting을 연상한 오답이다.
(C) Lead a presentation ▶정답
(D) ~~Leave for a business trip~~ ▶지문의 I was invited to be a keynote speaker에서 연상한 오답이다.

61 들리는 단어는 구체적이나, 정답은 포괄적인 어휘를 사용한다.

STEP 1 **지문에서 들리는 구체적인 단어는 보기에서 포괄적이고 일반화된 단어로 paraphrasing됨을 유의한다.**

여자가 기대하는 것을 묻는 문제로, 후반부 여자의 대사에 집중한다. 내 발표는 2시간 후에 있을 것이다(My presentation is in two hours)라고 남자가 언급하고 있고, 여자의 마지막 대사 "I look forward to hearing your thoughts"에서 여자는 your thoughts 즉, 남자의 발표를 기대하고 있음을 언급하였으므로 정답은 (A)이다. 지문의 your thoughts는 보기의 The man's presentation으로 paraphrasing되었다.

어휘　be invited to do ~하도록 초대받다　keynote speaker 기조연설자　topic 주제
AI (=Artificial Intelligence) 인공지능　effective 효과적인　look forward to V-ing ~을 고대하다

Questions 62-64 refer to the following conversation and floor plan.

M　Hello. Welcome to **Marianne Fashion**. How may I help you? **[62]**

W　I received this sweater from my friend yesterday, but I already have many sweaters. Can I exchange it for something else?

M　Yes, but according to our store policy, if you want to return or exchange **[63]** a product, **a receipt is needed**. Do you have a receipt?

W　Yes. Here it is.

M　OK. What kind of clothing are you looking for?

W　**I want a flared skirt. [64]**

M　We have a wide selection of skirts, which you can try on in the fitting room if you want. Take your time.

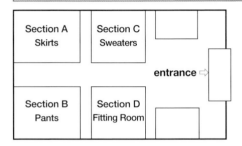

62. Where does the man most likely work?
(A) At a supermarket　　(B) At home appliances store
(C) At a clinic　　**(D) At a clothing shop**

63 What does the man ask the woman to show?
(A) A receipt　　(B) A guarantee
(C) A form　　(D) A map

64. Look at the graphic. In which section is the item that the woman wants?
(A) Section A　　(B) Section B
(C) Section C　　(D) Section D

남자 / 근무지 / 상
└. 첫 두 줄에 집중하여
듣는다.

남자 / 보여달라고 요청한 것
└. 남자의 대사에 집중하여
듣자.

시각 자료 / 제품이 놓여 있는
구역
└. 제품에 집중하여 듣는다.

여　저는 플레어 스커트요.
남　저희는 다양한 치마를 보유하고 있습니다. 원하시면 피팅룸에서 착용하실 수도 있고요. 천천히 둘러보세요.

62. 남자는 어디에서 근무하는 것 같은가?
(A) 슈퍼마켓에서 (B) 가정용 전자기기 매장에서
(C) 병원에서　　**(D) 의류 가게에서**

63. 남자는 여자에게 무엇을 보여달라고 요청하는가?
(A) 영수증　　(B) 보증서
(C) 서류　　(D) 지도

64. 시각 자료를 보시오. 여자가 원하는 제품은 어느 구역에 놓여 있는가?
(A) A 구역　　(B) B 구역
(C) C 구역　　(D) D 구역

남　안녕하세요. Marianne Fashion에 방문하신 걸 환영합니다. 무엇을 도와드릴까요?
여　제가 어제 친구한테 이 스웨터를 받았는데요. 제가 이미 스웨터를 많이 가지고 있어서요. 이걸 다른 걸로 교환할 수 있을까요?
남　네. 하지만, 가게 규정에 따르면 제품 환불이나 교환을 원하시면, 영수증이 필요합니다. 영수증 갖고 계신가요?
여　네. 여기 있습니다.
남　알겠습니다. 어떤 종류의 옷을 찾으세요?

62 직업과 장소는 전반부에서 힌트가 나온다.

STEP 1 〈**Welcome to**＋장소 명사〉 혹은 〈**Attention**＋사람 명사〉에 집중하자.

남자가 근무하고 있는 장소를 묻는 문제이다. 남자의 첫 대사 "Welcome to Marianne Fashion."과 여자의 대사 "I received this sweater ～ Can I exchange it for something else?"에서 남자가 근무하고 있는 Marianne Fashion에 방문한 것에 환영 인사를 하자, 여자는 친구에게 선물 받은 의류의 교환을 요청하고 있다. 따라서 남자가 근무하고 있는 장소는 의류 가게로 정답은 (D)이다.

63 남자/여자/화자(man/woman/speakers)를 확인하라.

STEP 1 문제에 남자가 언급되면 남자의 대사에 답이 나온다.

남자가 여자에게 보여달라고 한 것이 무엇인지 묻는 문제로, 남자의 대사에 정답이 있다. 대화의 "but according to our store policy, if you want to return or exchange a product, a receipt is needed. Do you have a receipt?"에서 해당 가게에서 구매한 물건의 환불 혹은 교환을 원하는 경우, 영수증을 지참해야 함을 언급하고 있으며, 영수증을 갖고 있는지 묻고 있으므로 정답은 (A)이다.

64 시각 자료 ▶ 시각 자료 문제에서 (A)-(D)의 보기는 절대 대화에서 들리지 않는다.

STEP 1 보기가 구역 명이므로 시각 자료에서 그 외의 부분을 확인하면서 대화를 들어야 한다. 따라서 해당 구역에 놓여 있는 제품에 해당하는 단어를 들어야 한다.

여자가 교환해서 받고 싶은 제품이 어느 구역에 놓여 있는지 묻는 문제이다. 여자의 대사 "I want a flared skirt."에서 여자는 플레어 스커트로 교환을 원한다고 밝히고 있다. 시각 자료에서 치마가 놓여 있는 장소는 Section A이므로 정답은 (A)이다.

어휘   exchange 교환하다   according to ～에 따르면   policy 정책   return 환불하다   receipt 영수증   flared 나팔 모양의   a wide selection of 다양한

Questions 65-67 refer to the following conversation and chart.

W   Ryan, have **you read the article in *Hotels All Around* magazine with the** **`65`** **list of the top 20 local hotels? We got third place.**

M   Yes, I saw the article. We got five stars in the category of customer service. As the head of customer service, I'm proud of that.

W   All of our customer service representatives are very attentive.

M   You're right. But I'm embarrassed that some of our ratings were not good. **`66`** I understand that we received a low rating, but I **am surprised by this one** **where we received the least stars**.

W   Yes, I was disappointed, too. I think it's because of the quality of the fitness center. In reviews we got before, some people complained about our fitness center. They said the machines in the center are outdated and that there aren't enough to accommodate all the guests.

M   OK, It's time to renovate the fitness center. **Melinda, can you search for** **`67`** **renovation contractors and** ask them to send estimates? After reviewing them, I'll decide which contractor will take on the work.

65–D

67–D

Sophie Metropolis Hotel Rates			
Price	★★★	Cleanness	★★★★
Customer service	★★★★★	Amenities	★★

65. Where do the speakers most likely work?
(A) At a conference center
(B) **At a hotel**
(C) At a travel agency
(D) At a fitness center

66. Look at the graphic. What area do the speakers need to improve?
(A) Price
(B) Customer service
(C) Cleanness
(D) **Amenities**

67. What will Melinda most likely do next?
(A) Attend a meeting
(B) Contact her manager
(C) **Look for some contractors**
(D) ~~Send some quotes~~

화자 / 근무지 / 상
└, 첫 두 줄의 our / your / this / here에 집중하여 듣는다.

시각 자료 / 개선 항목
└, 서수, 최상급 등에 집중하여 정답을 찾다

키워드 Melinda / 미래 / 하
└, 키워드 앞뒤 문장에 집중한다.

Sophie Metropolis Hotel 평점			
가격	★★★	청결	★★★★
고객 서비스	★★★★★	편의시설	★★

여   Ryan 씨, 상위 20개 지역 호텔 명단이 실린 〈Hotels All Around〉 잡지 기사 읽어 보셨나요? 저희가 3위를 차지했습니다.

남   네, 저 그 기사 보셨습니다. 저희가 고객 서비스 항목에서 별 다섯 개를 받았습니다. 고객 서비스 책임자로, 그 부분은 아주 자랑스럽습니다.

여   저희 모든 고객 서비스 상담원이야 아주 친절하지요.

남   맞습니다. 하지만, 일부 평점은 좋지 않아서 부끄럽네요. 저희가 낮은 평점을 받은 것은 이해하지만, 가장 낮은 별점을 받은 이 항목에 대해선 매우 놀랍습니다.

여   네, 저도 실망했습니다. 그게 헬스장 시설 상태 때문인 것 같아요. 이전에 저희가 받은 후기에서, 일부 고객들이 저희 헬스장에 불만을 제기했거든요. 헬스장 내부 기계가 오래됐고, 객실 손님들을 충분히 수용할 수 없다고 이야기했습니다.

남   알겠습니다. 헬스장을 보수할 시기가 온 것 같네요. Melinda 씨, 보수 하도급 업체를 조사해서 그들에게 견적서 발송을 요청해 줄래요? 제가 그것들을 검토한 후에, 어떤 도급업체가 해당 작업을 맡을지 결정하겠습니다.

65. 화자들은 어디에서 근무할 것 같은가?
(A) 회의장에서
(B) 호텔에서
(C) 여행사에서
(D) 헬스장에서

66. 시각 자료를 보시오. 화자들은 어떤 부분을 개선해야 하는가?
(A) 가격
(B) 고객 서비스
(C) 청결
(D) 편의시설

67. Melinda 씨는 다음에 무엇을 할 것 같은가?
(A) 회의 참석
(B) 관리자에게 연락
(C) 도급업체 조사
(D) 견적서 발송

65 직업과 장소는 전반부에서 힌트가 나온다.

STEP 1 화자들의 직업은 **we/our/here**에 집중해서 들어야 한다.

화자들의 근무지를 묻는 문제로, 지문 전반부 여자 대사에서 정답을 파악할 수 있다. 여자의 대사 "have you read the article in *Hotels All Around* magazine with the list of the top 20 local hotels? We got third place"에서 지역 호텔 관련 기사가 〈Hotels All Around〉 잡지에 실렸으며, 여자가 근무하는 호텔이 3위를 차지했다고 언급하고 있다. 따라서 화자들이 근무하고 있는 장소는 호텔로 정답은 (B)이다.

STEP 2 함정 유형 및 오답 패턴

(A) At a conference center
(B) At a hotel ▸정답
(C) At a travel ~~agency~~
(D) At a ~~fitness center~~ ▸중반부에 언급되지만, 호텔의 부속 시설이므로 오답이다.

66 시각 자료 ▸ 그래프는 서수, 최상급, 수량에 대한 언급에 정답이 나온다.

STEP 1 그래프는 대상의 〈비교〉를 위한 것이므로, 주로 서수, 최상급, 수량 표현으로 정답을 파악할 수 있다.

화자들이 개선해야 할 항목이 무엇인지 묻는 문제로, 남자의 대사인 "I understand that we received a low rating, but I am surprised by this one where we received the least stars."와 "OK. It's time to renovate the fitness center."에서 남자는 가장 낮은 평점을 받은 항목에서 실망스러움을 표현하며, 그렇기 때문에 헬스장을 보수할 시기임을 언급하고 있다. 따라서 화자들이 개선할 부분은 도표에서 평점이 가장 낮은 편의시설임을 알 수 있으므로 정답은 (D)이다.

67 키워드 문제는 키워드 기준 앞뒤 문장에 정답이 나온다. ▸ Melinda

STEP 1 특정 키워드 문제는 반드시 대화의 해당 키워드 앞뒤에서 답이 들린다.

문제의 키워드는 Melinda로, Melinda 씨의 미래 일정을 묻는 문제이다. 지문 후반부의 "Melinda, can you search for renovation contractors and ask them to send estimates?"에서 남자는 Melinda 씨에게 보수 도급업체(계약업체)를 조사한 뒤에, 그들에게 견적서 발송을 요청해 달라고 부탁하고 있다. 따라서 Melinda 씨는 가장 먼저 헬스장을 보수할 업체를 조사할 것이므로 정답은 (C)이다.

STEP 2 함정 유형 및 오답 패턴

(A) Attend a meeting
(B) Contact her manager
(C) Look for some contractors ▸정답
(D) ~~Send some quotes~~ ▸Melinda 씨가 아닌, 계약 업체가 발송하는 것으로 오답이다.

어휘 article 기사 local 현지의, 지역의 place 등위 customer service 고객 서비스 head 책임자 representative 직원 attentive 배려하는, 신경을 쓰는 complain about ~에 대해 항의하다 outdated 구식의 accommodate 수용하다 renovate 개조하다, 보수하다 search for ~를 찾다 renovation 개조, 보수 contractor 계약자, 도급업체 estimate 견적서 take on ~를 떠맡다

Questions 68-70 refer to the following conversation and sign.

M Today, for your gardening training, we'll discuss managing certain conditions.
68 Take a look at this training manual.
W There are many things to take into consideration for our garden.
M Yes, in particular, in the winter season, nothing is more important than
69 the number 20 you see there. However, we should check all of the numbers
carefully, not just that one.
W How often do we have to check the control system?
M Four times per shift. If you notice any changes, report to your supervisor
70 immediately. Now, I'll give you a tour of our greenhouse. Let's go.

Optimal condition in Greenhouse	
Temperature	20℃
Humidity	60%
Lighting	8.1 hrs
Soil Acidity	pH 7

68. Where are the speakers working?
(A) At a law firm
(B) At a weather center
(C) At a garden
(D) At a power plant

화자들 / 근무지 / 상
ㄴ 근무 장소는 주로 지문 전반부에
정답이 들린다.

69. Look at the graphic. According to the man, which condition is considered the most important in winter?
(A) Temperature
(B) Humidity
(C) Lighting
(D) Soil Acidity

시각 자료 / 겨울에 가장 중요한
조건
ㄴ 남자의 대사에 정답이 있으며,
구체적인 조건 내용에 집중한다.

70. Where will the speakers go next?
(A) To a factory
(B) To a greenhouse
(C) To the headquarters
(D) To the gift shop

화자들 / 방문 예정 장소 / 하
ㄴ 미래 표현에 집중하여 정답을
잡는다.

온실 최적 조건	
온도	20℃
습도	60%
채광	8.1 시간
토양 산도	pH 7

남 오늘, 원예 교육에서는 특정 조건 관리에 대해서 이야기
하겠습니다. 이 교육 매뉴얼을 봐주십시오.
여 저희 정원에 고려해야 할 사항들이 많이 있네요.
남 네, 특히, 겨울에는 저기 보이는 숫자 20보다 중요한 게
없습니다. 그렇지만 우리는 그거 하나만 아니라 모든 숫
자를 주의 깊게 살펴야 합니다.
여 제어 장치를 얼마나 자주 확인해야 하나요?
남 교대조별로 네 번이요. 변화를 발견하시면, 즉시 상사에
게 보고하세요. 이제, 저희 온실을 안내해 드리겠습니다.
자, 가시죠!

68. 화자들은 어디에서 근무하고 있는가?
(A) 법률 회사에서
(B) 기상청에서
(C) 정원에서
(D) 발전소에서

69. 시각 자료를 보시오. 남자에 따르면, 겨울에 가장 중요하게
여겨지는 건 어떤 조건인가?
(A) 온도
(B) 습도
(C) 채광
(D) 토양 산도

70. 화자들은 다음에 어디로 갈 것인가?
(A) 공장으로
(B) 온실로
(C) 본사로
(D) 기념품점으로

68 직업과 장소는 전반부에서 힌트가 나온다.

STEP 1 첫 두 줄에서 **our/your/this/here** 표현과 함께 들리는 장소/직업 명사가 정답이다.

화자들이 근무하는 장소를 묻는 문제로, 지문 전반부에서 정답을 파악할 수 있다. 남자의 대사 "Today, for your gardening training, ~ training manual"과 여자의 대사인 "There are many things to take into consideration for our garden,"에서 청자들이 진행 중인 원예 교육에서 특정 조건 관리에 관해 학습할 것임을 언급하고 있다. 즉, 화자들은 정원에서 근무하고 있는 것으로 정답은 (C)이다.

69 시각 자료 ▶ 시각 자료 문제에서 (A)–(D)의 보기는 절대 대화에서 들리지 않는다.

STEP 1 보기가 해당 조건 명이므로 시각 자료에서 그 외의 부분을 확인하면서 대화를 들어야 한다.

따라서 구체적인 조건의 내용에 해당하는 단어를 듣는다. 겨울에 가장 중요한 조건이 무엇인지 묻는 문제로, 남자의 대사에서 정답을 파악해야 한다. 담화의 "in particular, in the winter season, nothing is more important than the number 20 you see there"에서 겨울에는 숫자 20이 다른 것보다 가장 중요하다는 것을 언급하고 있다. 따라서 정답은 시각 자료 중 숫자 20에 해당하는 온도로 정답은 (A)이다.

70 미래 정보는 대화 후반부에 나오는 I'll ~이 정답이다.

STEP 1 일반적으로 미래 일정은 마지막 대사에 정답이 있다.

화자들이 방문할 장소를 묻는 문제로, 후반부 남자의 대사에서 정답을 파악할 수 있다. 남자의 대사 "Now, I'll give you a tour of our greenhouse. Let's go."에서 남자는 청자들에게 온실을 견학시켜 줄 예정이라고 언급하고 있으므로 정답은 (B)이다.

– I'll ~ (제가 ~할게요), I'm going to ~ (제가 ~할게요), I'm Ving (제가 ~할게요), Let me ~ 등의 미래 시제 표현으로 자신의 미래 일정을 직접 언급한다.

어휘 **gardening** 원예 **discuss** 논의하다 **manage** 관리하다 **certain** 특정한 **take a look at** ~을 보다 **take into consideration** ~을 고려하다 **in particular** 특히 **maintain** 유지하다 **shift** 교대 근무 **supervisor** 감독관, 관리자 **immediately** 즉시 **greenhouse** 온실

Questions 71-73 refer to the following advertisement..

71 **Would you like to improve your Web site development skills**, but don't have enough time to go for it? Here is a great opportunity for you. A part-time **course** is available at Lavonne Institute for those willing to keep learning. **Since courses are open in the evenings** 72 **and weekends**, you will be able to continue your education without disturbing your work schedule. If you sign up by July 15, you will automatically have a chance to **receive** a new **laptop** computer 73 through our **contest**. Take advantage of this opportunity. Call us right now.

71-D

71. What is the advertisement about?
(A) Free financial consulting services
(B) Web design courses
(C) Teaching job openings
(D) New computer models

주제 / 상
∟, 담화의 상단부에 정답이 있다.

72. What advantage is mentioned about the course?
(A) Reasonable tuition fees
(B) High-tech equipment
(C) Convenient timetables
(D) One-on-one sessions

the course의 이점
∟, 담화 중반부에서 강좌의 이점을 파악하자.

73. What can be received through a contest?
(A) A briefcase
(B) A laptop
(C) An additional vacation day
(D) Free fitness training courses

be received / a contest
∟, 키워드 앞뒤 문장을 집중해서 듣자.

웹 사이트 개발 기술을 향상시키고 싶은데 마음먹고 해볼 만한 충분한 시간이 없으신가요? 여기, 당신을 위한 좋은 기회가 있습니다. 배움을 계속 하시려는 분들을 위한 시간제 강좌를 Lavonne Institute에서 들으실 수 있습니다. 강좌가 저녁과 주말에 개설되어 있기 때문에, 근무 시간을 방해하지 않고 공부를 계속하실 수 있습니다. 7월 15일까지 등록하시면, 자동으로 저희 경품 추첨을 통해 신형 노트북 컴퓨터를 받을 수 있는 기회를 얻게 됩니다. 이 기회를 활용하세요. 지금 바로 전화주세요.

71. 광고는 무엇에 대한 것인가?
(A) 무료 금융 컨설팅 서비스
(B) 웹 디자인 강좌
(C) 교사직 구인
(D) 새 컴퓨터 모델

72. 강좌에 대해 어떤 이점이 언급되어 있는가?
(A) 합리적인 수업료
(B) 첨단 장비
(C) 편리한 시간표
(D) 일대일 수업

73. 경품 추첨을 통해 무엇을 받을 수 있는가?
(A) 서류 가방
(B) 노트북 컴퓨터
(C) 추가 휴가일
(D) 무료 피트니스 교육 강의

71 주제는 첫 두 줄 안에 나온다.

STEP 1 주제를 묻는 문제는 첫 두 줄 안에서 답이 나온다.

광고의 주제를 묻는 문제이다. "Would you like to improve your Web site development skills,"에서 웹 사이트 개발 기술에 관련된 광고임을 알 수 있고, "A part-time course is available"에서 강의를 들을 수 있다고 언급하고 있으므로, 광고되는 것은 웹 사이트 개발 기술 관련 강좌임을 알 수 있다. 따라서 정답은 (B)이다.
대사의 구체적인 단어 Web site development skills는 보기의 포괄적인 단어 Web design course로 paraphrasing 됐다.

STEP 2 함정 유형 및 오답 패턴

(A) Free financial consulting services
(B) Web design courses ▸정답
(C) Teaching job openings
(D) New computer models ▸답의 위치와 상관없는 **computer**에서 연상할 수 있는 오답이다.

72 답의 위치를 예측하면서 보기에 집중하라. ▶ course

STEP 1 답은 순서대로 담화에 배치되기 때문에 지문 중반부에서 키워드 **course**를 파악하자.

"Since courses are open in the evenings and weekends, ~ schedule"에서 저녁과 주말에 강좌가 있기 때문에, 근무 시간을 방해하지 않고 교육 받을 수 있다고 언급하고 있다. 따라서 강좌의 이점은 편리한 시간표라는 것을 알 수 있으므로 정답은 (C)이다. 대화의 구체적인 표현 courses are open in the evenings and weekends는 보기의 포괄적인 표현 Convenient timetables로 paraphrasing되었다.

73 키워드 문제는 키워드 기준 앞뒤 문장에 답이 나온다. ▶ a contest

STEP 1 키워드 **a contest**를 지문에서 확인하자.

Contest(경품 추첨)를 통해 받을 수 있는 것이 무엇인지 묻는 문제이다. "to receive a new laptop computer through our contest"에서 경품 추첨을 통해 노트북 컴퓨터를 받을 수 있다고 언급하고 있으므로 정답은 (B)이다.

어휘   **improve** 향상시키다   **development** 개발   **go for it** 마음먹고 달려들다   **opportunity** 기회   **institute** 기관   **weekend** 주말   **continue** 계속하다   **disturb** 방해하다   **sign up** 등록하다   **automatically** 자동적으로   **take advantage of** ~을 이용하다

Questions 74-76 refer to the following broadcast.

Good afternoon, Hounslow West. It's time for my daily radio show **Good Life**. Thank you for listening. I'm Brian Welch. When we try to eat healthy food, we often fail to stay on our budget. Well, cooking **74** **your own food at home** can save you a lot of money. Affordable **75** **recipes** have been collected on our blog to provide useful help. You can find various dishes worth trying. After trying one of them, **76** **please leave a comment on the blog**. We're happy to hear our listeners' feedback.

---

74. What is discussed in today's Good Life radio program?
(A) **Inexpensive recipes**
(B) Ways to minimize stress
(C) Food for special events
(D) Regular workouts

Good Life / 주제 / 상
ㄴ, 지문의 상단부에 정답이 나온다.

75. What solution is suggested by the speaker?
(A) Eating less and exercising more
(B) Taking various kinds of nutrients
(C) **Making meals at home**
(D) Following a low-calorie diet

solution
ㄴ, 문제점을 언급한 뒤 해결책이 따라온다.

76. What are the listeners encouraged to do?
(A) Register for an event
(B) **Post some feedback**
(C) Buy some cooking books
(D) Participate in a show

요청 / 하
ㄴ, 후반부 "Please ~"에 정답이 들어 있다.

안녕하세요, Hounslow West 지역 주민 여러분. 일일 라디오 쇼 "Good Life" 시간입니다. 청취해 주셔서 감사합니다. Brian Welch입니다. 우리가 건강에 좋은 음식을 먹으려고 할 때 종종 예산을 초과하곤 합니다. 음, 집에서 직접 요리를 하면 돈을 많이 절약할 수 있습니다. 유용한 도움을 드리기 위해 저렴한 조리법이 저희 블로그에 모여 있습니다. 해볼 만한 다양한 요리들을 찾으실 수 있습니다. 그 중 하나를 요리해 보신 후에, 블로그에 의견을 남겨 주세요. 청취자 여러분의 피드백을 듣고 싶습니다.

74. 오늘의 Good Life 라디오 프로그램에서 무엇을 언급하고 있는가?
(A) **저렴한 조리법**
(B) 스트레스를 최소화하는 방법
(C) 특별한 행사를 위한 음식
(D) 규칙적인 운동

75. 화자가 제시한 해결책은 무엇인가?
(A) 덜 먹고 더 운동하기
(B) 다양한 영양분 섭취하기
(C) **집에서 식사 만들기**
(D) 저칼로리 식단 따라 하기

76. 화자는 청자들에게 뭘 하라고 권하는가?
(A) 행사 등록
(B) **피드백 게시**
(C) 요리책 구입
(D) 공연 참가

74 키워드 문제는 키워드 기준 앞뒤 문장에 답이 나온다.

STEP 1 키워드 today's Good Life를 파악하자.

지문 상단부에서 일일 라디오 쇼 Good Life 시간이라고 언급하고 있으며, "When we try to eat healthy food, we often fail to stay on our budget."을 통해 건강에 좋은 음식을 먹으려고 할 때, 예산으로 문제를 겪는다고 상황 설명을 하고 있다. 이어서 "Affordable recipes ~ on our blog"에서 저렴한 조리법을 블로그에서 찾아 볼 수 있다고 언급하고 있으므로 오늘의 Good Life 라디오 프로그램에서 언급된 것은 저렴한 조리법이라는 것을 알 수 있다. 따라서 정답은 (A)이다. 보기의 affordable recipes는 보기에서 Inexpensive recipes로 paraphrasing되었다.

STEP 2 함정 유형 및 오답 패턴

(A) Inexpensive recipes ▶정답
(B) Ways to minimize stress
(C) Food for ~~special events~~ ▶특별 행사를 위한 음식을 이야기하고 있지 않다.
(D) Regular workouts

75 문제점을 먼저 언급하면 그 뒤에 해결책이 따라온다.

STEP 1 PART 4에는 한 사람의 말에서 문제와 해결책이 제시된다.

앞서 예산 문제를 언급 (When we try to ~ fail to stay on our budget)하고 있고, "Cooking your own food at home can save you a lot of money."를 통해 집에서 요리하는 걸 돈 절약 해결책으로 제시하고 있다. 따라서 정답은 (C)이다. 담화의 구체적인 단어 cooking your own food at home은 보기의 포괄적인 단어 Making meals at home으로 paraphrasing되었다.

76 요청/제안 문제는 하단에 위치하며 please가 대세이다.

STEP 1 PART 4의 요청과 제안은 화자(Speaker)가 청자들(Listeners)에게 지시한다.

질문과 답변의 형태 및 답변의 위치가 고정되어 있고, 이러한 경우, 정답과 관련된 내용이 지문 후반부에 등장한다. 지문 후반부 please leave a comment on the blog에서 블로그에 의견을 남겨 달라고 요청하고 있으므로 정답은 (B)이다. 담화의 구체적인 단어 leave a comment on the blog는 보기의 포괄적인 단어 Post some feedback으로 paraphrasing되었다.

• **요청과 제안 빈출 답변 표현**

Please + 동사원형: ~해 주세요
Let's ~ / What about ~? / How about ~?: ~합시다, ~하는 게 어때요?
You should/must/can/need to/had better ~: ~해야/~해야만 합니다
We ask/suggest/recommend/invite you to ~: 우리는 당신이 ~하기를 요청/제안합니다
If you ~ + 제안/요청 관련 명령문: 만약 ~하다면 ~하세요

STEP 2 함정 유형 및 오답 패턴

(A) Register for an event
(B) Post some feedback ▶정답
(C) Buy some ~~cooking~~ books ▶recipe를 통해 연상할 수 있는 오답이다.
(D) Participate in a show

어휘 **healthy** 건강한, 건강에 좋은 **fail** 실패하다 **stay on** 계속 남아 있다 **save** 절약하다 **affordable** (가격이) 알맞은 **collect** 모으다 **useful** 유용한 **leave** 남기다 **comment** 의견 **feedback** 피드백, 의견

Questions 77-79 refer to the following telephone message.

Hi, Ms. White. My name is Frank Wong. I live in Aldgate Apartment 304. I just moved in last week with my friend. **Your name** is listed **77** as the **building manager** in my lease agreement. **I'm calling regarding the loud noise the workers doing landscaping** work **78** in front of the building **have been making** since last week. It's 6:30 in the morning. I'd like to talk about this with you, so please call **79** me back. **I'll have** several **meetings** with my clients **during the morning**, but I'll be available in the afternoon. Thank you.

77–D

79–D

---

77. Who most likely is the listener?
(A) A social worker
(B) A landscaper
(C) A property manager
(D) A construction manager

청자 / 직업 / 상
└ your name ~ 이하의
직업 관련 힌트를 듣는다.

78. What does the speaker imply when he says, "It's 6:30 in the morning"?
(A) A deadline has been confirmed.
(B) Some data needs to be revised.
(C) He has to get up early.
(D) Some work disturbed his sleep.

화자의 의도 파악 문제
└ 앞뒤 문맥을 파악한다.

79. What does the speaker say he will do this morning?
(A) Consult a friend
(B) Attend some meetings
(C) See a doctor
(D) Return a phone call

미래 / this morning / 하
└ 후반부 I'll have ~에
정답이 있다.

안녕하세요, White 씨. 저는 Frank Wong이고 Aldgate Apartment 304호에 살고 있습니다. 저는 친구와 함께 지난주에 이사 왔습니다. White 씨 이름이 제 임대 계약서에 건물 관리자로 기재되어 있더라고요. 저는 건물 앞에서 조경 작업을 하는 작업자들이 지난주부터 내고 있는 소음 때문에 전화드렸습니다. 작업 시간이 아침 6시 30분입니다. 저는 이에 대해 당신과 이야기하고 싶습니다. 그러니 다시 전화주시기 바랍니다. 제가 아침에는 고객과 회의가 몇 개 있지만 오후에는 시간이 될 겁니다. 감사합니다.

77. 청자는 누구인 것 같은가?
(A) 사회 복지사
(B) 조경사
(C) 부동산 관리자
(D) 건설 관리자

78. 화자가 "It's 6:30 in the morning(아침 6시 30분입니다)"라고 말할 때 의미하는 것은 무엇인가?
(A) 마감 일자가 확정되었다.
(B) 일부 자료가 수정되어야 한다.
(C) 그는 일찍 일어나야 한다.
(D) 일부 작업은 그의 수면을 방해했다.

79. 화자는 오늘 아침에 무엇을 할 것이라고 말하는가?
(A) 친구와 상의하기
(B) 회의 참석하기
(C) 진료 받기
(D) 회신 전화하기

77 청자의 직업은 첫 두 줄 안에 나온다.

STEP 1 직업은 첫 두 줄의 대명사(I/You/We)에서 나온다.

청자가 누구인지 묻는 문제이다. "Your name is listed as the building manager"를 통해 청자는 건물 관리인인 것을 알 수 있으므로 정답은 (C)이다. 담화의 구체적인 단어 the building manager는 보기의 포괄적인 단어 A property manager로 paraphrasing되었다.

STEP 2 함정 유형 및 오답 패턴

(A) A social worker
(B) A landscaper
(C) A property manager ▸정답
(D) A ~~construction~~ manager ▸공사 관리자가 아닌 건물 관리자이다.

78 화자의 의도 파악 문제는 앞뒤 문맥과 연결하여 답을 찾아야 한다.

STEP 1 전체 문맥상 의미를 파악하는 문제이며 앞뒤 문맥을 파악해 포괄적인 정답을 찾아야 한다.

주어진 문장 앞에서, I'm calling regarding the loud noise ~ since last week에서 건물 앞 조경 작업으로 발생한 소음 때문에 전화를 걸었다고 언급한 뒤 "It's 6:30 in the morning(오전 6시 30분입니다)"라고 언급하고 있다. 따라서 일부 작업이 화자의 수면을 방해했다는 것을 알 수 있으므로 정답은 (D)이다.

STEP 2 함정 유형 및 오답 패턴

(A) A deadline has been confirmed.
(B) Some data needs to be revised.
(C) He has to get up early. ▸화자의 의도로 주어진 문장에 있는 동일한 단어가 보기에 있거나 주어진 문장과 같은 의미의 문장은 오히려 답이 될 확률이 적다.
(D) Some work disturbed his sleep. ▸정답

79 미래는 후반부에 위치한다. ▶ this morning

STEP 1 미래 시간 키워드는 시간 부사와 함께 후반부에 나온다.

후반부에서 미래 시간 키워드 this morning을 확인하자. I'll have several meetings ~ during the morning에서 오전에 회의가 있을 것이라고 언급하고 있으므로 정답은 (B)이다.

STEP 2 함정 유형 및 오답 패턴

(A) Consult a friend
(B) Attend some meetings ▸정답
(C) See a doctor
(D) Return a phone call ▸화자가 청자에게 요청한 사항이다.

어휘 **move** 이사하다 **list** 목록에 언급하다 **lease** 임대 **agreement** 계약서 **regarding** ~에 관하여 **landscaping** 조경 **in front of** ~의 앞에 **available** 시간이 있는

Questions 80-82 refer to the following tour information.

---

80 **Thank you for visiting** the Leicester **Art Gallery**. My name is Felix Welch. I'll be guiding you through our exhibit, *World Historic Artworks*. During our tour today, you will see various works of art from around the world, including rare paintings and sculptures never **81** disclosed to the public before. After the tour, **don't miss the video** playing in the auditorium. It's not that long, but you'll be able to learn more about the historical background of the art. Now **please follow** **82** **me,** and **don't forget to** turn your smart phone to silent mode.

80-B

---

80. Where most likely are the listeners?
(A) At a plant
(B) In a historic ~~park~~
(C) In an exhibition facility
(D) On a tour bus

청자 / 장소 / 상
ㄴ. 지문의 상단부 장소 관련
표현을 듣자.

81. What does the speaker encourage the listeners to do?
(A) Purchase a map
(B) See a film
(C) Visit a souvenir shop
(D) Avoid touching works of art

화자 / 요청
ㄴ. 명령문에 정답이 있다.

82. What do the listeners need to do before the tour begins?
(A) Proceed to the front of a building
(B) Leave some comments
(C) Bring back audio devices
(D) Prevent their phones from ringing

청자 / 의무 / 하
ㄴ. Please ~, don't forget to
~를 놓치지 않는다.

Leicester Art Gallery를 방문해 주셔서 감사합니다. 저는 Felix Welch입니다. 저희 전시회 '세계의 역사적인 미술품(World Historic Artworks)'에 여러분들을 안내할 것입니다. 오늘 투어 동안, 여러분은 대중들에게 공개된 적 없는 희귀한 그림과 조각품을 포함한 전 세계의 다양한 예술 작품을 관람하시게 될 겁니다. 투어 후에, 강당에서 상영되는 비디오를 놓치지 마세요. 그리 길지 않지만, 여러분들은 미술품들의 역사적인 배경에 대해 더 자세히 알게 되실 수 있습니다. 자, 저를 따라오시고, 스마트 폰을 무음 모드로 바꾸는 것도 잊지 마시기 바랍니다.

80. 청자들은 어디에 있는 것 같은가?
(A) 공장에
(B) 역사 공원에
(C) 전시 시설에
(D) 투어 버스에

81. 화자는 청자들에게 무엇을 하라고 권장하는가?
(A) 지도 구입
(B) 영상 시청
(C) 기념품 상점 방문
(D) 미술품 만지지 않기

82. 투어가 시작하기 전에 청자들은 무엇을 해야 하는가?
(A) 건물 앞으로 가기
(B) 의견 남기기
(C) 오디오 장치 돌려주기
(D) 전화 벨소리 울리지 않게 하기

80 장소는 대사의 전반부에서 나온다.

STEP 1 장소의 경우 그 장소에서만 쓸 수 있는 단어를 들어야 한다.

지문의 상단부 "Thank you for visiting the Leicester Art Gallery."에서 화자가 아트 갤러리를 방문해 주셔서 감사하다고 언급하고 있으므로 청자들은 아트 갤러리에 있다는 것을 알 수 있다. 따라서 정답은 (C)이다.
담화의 구체적인 단어 Art Gallery는 보기의 포괄적인 단어 an exhibition facility로 paraphrasing되었다.

STEP 2 함정 유형 및 오답 패턴

(A) At a plant
(B) In a historic ~~park~~ ▸ 위치와 상관없는 Historic에서 연상한 오답으로, 공원에 있는 것이 아니므로 오답이다.
(C) In an exhibition facility ▸ 정답
(D) On a tour bus

81 답의 위치를 예측하면서 보기에 집중하라.

STEP 1 답은 순서대로 담화에 배치되므로 문제의 위치에 따라 해당 보기에 집중해 듣는다.

화자가 청자에게 하라고 권장하는 것이 무엇인지 묻는 문제이다. 두 번째 문제이므로, 대화 중반부에서 요청/제안 표현을 파악하자. 지문의 중반부 "don't miss the video playing in the auditorium"에서 강당에서 상영되는 비디오를 놓치지 말라고 언급하고 있으므로 정답은 (B)이다.
담화의 구체적인 단어 don't miss the video는 보기의 포괄적인 단어 See a film으로 paraphrasing되었다.

82 요청/제안 문제는 하단에 위치하며 please가 대세이다.

STEP 1 요청은 후반부 명령문에서 나온다.

지문의 하단부 Now please follow me, and don't forget to turn your smart phone to silent mode.에서 화자를 따라오고, 스마트폰을 무음 모드로 바꾸는 것을 잊지 말라고 언급했으므로 정답은 (D)이다.
담화의 turn your smart phone to silent mode는 보기의 Prevent their phones from ringing으로 paraphrasing되었다.

어휘 **various** 다양한 **work of art** 미술품, 예술품 **including** ∼을 포함하여 **painting** 그림 **sculpture** 조각(품) **disclose** 공개하다, 드러내다 **miss** 놓치다 **auditorium** 강당 **learn** 배우다 **historical** 역사적인 **background** 배경 **follow** 따라오다

Questions 83-85 refer to the following introduction.

Good afternoon, everybody. **Thank you for attending** our staff
[83] **workshop**, "Enhancing Communication with Clients." I'm Lilia Wade
and I'll be leading today's workshop. Before we start, I'd like to
express my sincere apology for the **late start. The sound system**
[84] **was malfunctioning** earlier, but it has been fixed now. OK, let's
begin. Oh, right, it seems like some of you don't have the **training**
[85] **packet**. You can take some from the table beside the front door.

`83-C`

83. Where does the talk take place?
(A) At a training session
(B) At an award ceremony
(C) At a business luncheon
(D) At a party for new employees

장소 / 상
ㄴ 지문의 상단부 장소 관련
표현을 주의해서 듣는다.

84. According to the speaker, why has the event been delayed?
(A) An event finished later than scheduled.
(B) Some equipment was not working properly.
(C) A speaker missed a train.
(D) Some documents were not prepared on time.

키워드 delayed
ㄴ 키워드 앞뒤 문장의 문맥을
파악하며 듣는다.

85. What does the speaker imply when she says,
"You can take some from the table beside the front door"?
(A) Attendees should sit in assigned seats.
(B) Attendees should obtain some materials.
(C) More equipment is required for an event.
(D) The number of attendees is larger than expected.

화자 의도 파악 문제 / 하
ㄴ 앞뒤 문맥을 파악하며 듣는다.

안녕하세요, 여러분. 저희 직원 워크숍 "고객과의 의사소통 강
화"에 참석해 주셔서 감사합니다. 저는 Lilia Wade이고 오늘
의 워크숍을 진행할 것입니다. 시작하기 전에, 지연이 된 것에
진심으로 사과드리고 싶습니다. 앞서 음향 장치가 제대로 작동
하지 않았지만, 지금은 수리가 되었습니다. 좋습니다. 시작하
죠. 아, 그러네요. 여러분 중 일부는 교육용 책자를 안 가지고
계신 것 같네요. 앞문 옆에 비치된 테이블에서 가져가실 수 있
습니다.

83. 담화는 어디에서 이루어지는가?
(A) 교육 연수회에서
(B) 시상식에서
(C) 사업 오찬에서
(D) 신입사원 파티에서

84. 화자에 따르면, 행사는 왜 지연되었는가?
(A) 행사가 일정보다 늦게 끝났다.
(B) 일부 장비가 제대로 작동하지 않았다.
(C) 발표자가 기차를 놓쳤다.
(D) 일부 서류가 제시간에 준비되지 않았다.

85. 화자가 "You can take some from the table
beside the front door(앞문 옆에 비치된 테이블에서 가져
가실 수 있습니다)"라고 말할 때 의미하는 것은 무엇인가?
(A) 참석자들은 할당된 좌석에 앉아야 한다.
(B) 참석자들은 일부 자료를 입수해야 한다.
(C) 행사에 더 많은 장비가 필요하다.
(D) 예상보다 참석자 수가 많다.

83 장소 문제는 첫 두 줄에서 답이 나온다.

STEP 1 지문의 상단부에서 그 장소에서만 쓸 수 있는 단어를 듣자.

지문의 상단부 "Thank you for attending our staff workshop."에서 직원 워크숍에 참석해 줘서 고맙다고 언급하고 있으므로, 담화는 워크숍에서 이루어지고 있다는 것을 알 수 있다. 따라서 정답은 (A)이다.
담화의 구체적인 단어 staff workshop은 보기의 포괄적인 단어 a training session으로 paraphrasing되었다.

STEP 2 함정 유형 및 오답 패턴

(A) At a training session ▶ 정답
(B) At an award ceremony
(C) At a ~~business~~ luncheon ▶ **staff**에서 **business**를 연상할 수 있지만 오찬이 아니므로 오답이다.
(D) At a party for new employees

84 키워드 문제는 키워드 기준 앞뒤 문장에 답이 나온다. ▶ delayed

STEP 1 키워드 **delayed**를 지문에서 확인하자.

delayed의 관련 단어가 "ate start"로 지문에서 언급되고 있다. 지연에 사과드린다는 언급 뒤에, "The sound system was malfunctioning"을 통해 음향 시스템이 제대로 작동하지 않았다고 하고 있으므로 정답은 (B)이다.
담화의 was malfunctioning은 보기의 was not working properly로 paraphrasing되었다.

85 화자의 의도 파악 문제는 해당 위치에서 연결어를 확보하자.

STEP 1 화자의 의도 파악 문제에서 주어진 문장은 주로 앞뒤 문맥을 연결하는 역할을 하므로, 주변 문맥을 파악하여 정확한 의미와 화자의 의도를 이해하도록 하자.

주어진 문장 전에 it seems like some of you don't have the training packet.(여러분 중 일부는 교육용 책자를 안 가지고 계신 것 같네요)라고 언급하고 있다. 이어서 주어진 문장 "You can take some from the table beside the front door(앞문 옆에 비치된 테이블에서 가져가실 수 있습니다)"라고 말하고 있으므로 참석자들은 일부 자료를 가지고 있 어야 한다는 것을 알 수 있다. 따라서 정답은 (B)이다.

어휘 **lead** 이끌다 **express** 표현하다 **malfunction** 제대로 작동하지 않다 **fix** 수리하다 **beside** 옆에
properly 제대로 **prepare** 준비하다 **on time** 정각에 **obtain** 얻다 **material** 자료

TEST 3 해설

Questions 86-88 refer to the following telephone message.

Hi, Mr. Vargas. This is Watkins from Patsy Apparel. **I've received** [86] your **order** by e-mail and it indicates that **you need 40 T-shirts with your** company logo **printed on them**. We usually accept a minimum order of 50 T-shirts. **However**, we're willing to exempt you [87] from the requirement **as** you **just started your own business**. But your order can't be processed right away since **your company** logo [88] **needs to be turned into an appropriate format** for our printing equipment. If you forward us the digital version of your logo, we can start your order soon. If you have any concern, feel free to call us at 4431-9954.

86-A

87-D **88-C**

---

86. What was the speaker asked to do?
(A) Design a company logo
(B) Make customized clothes
(C) Renovate an office
(D) Fix some equipment

화자 / 요청 받은 것 / 상
ㄴ, 지문의 상단부를 집중해 듣자.

87. Why is Mr. Vargas exempt from a requirement?
(A) He is a regular customer.
(B) He has just started his own business.
(C) He is using Patsy Apparel for the first time.
(D) He will make an additional order soon.

필요조건에서 면제되는 이유
ㄴ, However ~ 등 역접의
표현 뒤를 유의한다.

88. Why can't the order be processed right now?
(A) A payment has to be made first.
(B) Some workers are on vacation.
(C) Some information is missing.
(D) A different format of a logo is required.

문제점 / 이유
ㄴ, your company logo
needs to ~에 정답이 있다.

안녕하세요, Vargas 씨. Patsy Apparel의 Watkins입니다. 제가 이메일로 Vargas 씨 주문을 받았는데 거기에 회사 로고가 새겨진 티셔츠가 40장 필요하다고 나와 있네요. 저희가 보통 최소로 티셔츠 50장 주문을 받습니다. 하지만, Vargas 씨가 이제 막 사업을 시작했으니까 기꺼이 그 조건에서 면제해 드리겠습니다. 그렇지만 회사 로고가 우리 인쇄 장비에 알맞은 형식으로 바뀌어야 해서 주문이 지금 바로 처리될 수는 없습니다. 로고의 디지털 버전을 저희에게 보내주시면, 주문을 빨리 착수할 수 있습니다. 문의사항 있으시면, 언제든지 4431-9954로 편하게 연락주세요.
.

86. 화자가 요청받은 것은 무엇인가?
(A) 회사 로고 디자인하기
(B) 맞춤형 의류 제작하기
(C) 사무실 보수하기
(D) 일부 장비 수리하기

87. 왜 Vargas 씨는 필요조건에서 면제되는가?
(A) 그는 단골 고객이다.
(B) 그는 이제 막 자기 사업을 시작했다.
(C) 그는 Patsy Apparel을 처음 이용하고 있다.
(D) 그는 곧 추가 주문을 할 것이다.

88. 주문은 왜 지금 바로 처리될 수 없는가?
(A) 먼저 지불이 되어야 한다.
(B) 일부 직원들이 휴가 중이다.
(C) 일부 정보가 누락되었다.
(D) 다른 형식의 로고가 필요하다.

86 문제의 순서와 대화의 순서는 일치한다.

STEP 1 답의 위치를 예측하면서 보기에 집중하자.

화자가 어떤 요청을 받았는지 묻는 첫 번째 문제이다. 순서대로 답이 나오므로 지문 상단부에서 정답의 근거를 찾자. "I've received your order ~ you need 40 T-shirts with your company logo printed on them"을 통해 화자는 회사 로고가 새겨진 티셔츠 제작을 주문 받았음을 알 수 있다. 따라서 정답은 (B)이다.
담화의 구체적인 단어 40 T-shirts with your company logo printed on them은 보기의 포괄적인 단어 Make customized clothes로 paraphrasing되었다.

STEP 2 함정 유형 및 오답 패턴

(A) ~~Design~~ a company logo ▸회사 로고 디자인을 주문받은 게 아니므로 오답이다.
(B) Make customized clothes ▸정답
(C) Renovate an office
(D) Fix some equipment

87 However, But 뒤에 결정적인 정답의 단서가 나온다.

STEP 1 그러나(but/however), 사실은(actually/in fact), 유감스럽게도(unfortunately) 등의 역접 또는 반전을 의미하는 표현 뒤에 정답의 단서가 제시될 가능성이 높다.

Vargas 씨가 왜 필요조건에서 면제되는지 묻는 문제이다. 지문 중반부의 "However, ~ as you just started your own business"에서 이제 막 사업을 시작했기에 그 조건에서 면제해 주겠다고 언급하고 있다. 따라서 정답은 (B)이다.

STEP 2 함정 유형 및 오답 패턴

(A) He is a regular customer.
(B) He has just started his own business. ▸정답
(C) He is using Patsy Apparel for the first time.
(D) He will make an additional ~~order~~ soon. ▸정답 위치와 관계없는 order를 이용한 오답으로, 그가 추가 주문할 것이라는 언급은 없다.

88 문제점을 먼저 언급하면 그 뒤에 해결책이 따라온다.

STEP 1 **PART 4**는 한 사람의 말에서 문제와 해결책이 제시된다.

"But your order can't be processed right away" 뒤의 "since your company logo needs to be turned into an appropriate format(당신의 회사 로고는 알맞은 형식으로 변환되어야 해서)"에서 주문이 처리될 수 없는 이유를 언급하고 있으므로 정답은 (D)이다.
담화의 구체적인 표현 your logo needs to be turned into an appropriate format은 보기의 포괄적인 표현 A different format of the logo is required.로 paraphrasing되었다.

STEP 2 함정 유형 및 오답 패턴

(A) A payment has to be made first.
(B) Some workers are on vacation.
(C) Some information is ~~missing~~. ▸정보가 누락됐다는 언급은 없으므로 오답이다.
(D) A different format of a logo is required. ▸정답

어휘 receive 받다 indicate 나타내다 accept 받아들이다 minimum 최소한도 exempt 면제하다 requirement 필요조건 process 처리하다 turn A into B A를 B로 변환하게 하다 appropriate 적절한 format 형식 forward 보내다 additional 추가의

Questions 89-91 refer to the following excerpt from a meeting.

> (89) I'm glad to see you all here at the board meeting. As president of Roman Financing, I have been looking forward to our board meeting to share our firm's most significant business issues. As we discussed at last month's meeting, the office space is too small to (90) accommodate our staff members **since the company is** growing **rapidly** and hiring new members. Our **original plan** was to acquire another office complex a few miles away, but we recently learned that the office building beside ours will soon be up for sale. Although its price is higher, I think we need to think about it. Is it better (91) for our staff to travel a few miles for a meeting? Without wasting time traveling across the town, our employees would be far more productive.

90-C
90-D

91-D

89. Where most likely is the talk given?
(A) At a construction site
(B) At a training session
(C) At a business meeting
(D) At an interview

장소 / 상
ㄴ. 담화의 앞부분에 대부분 정답이 나온다.

90. What is the reason the speaker is talking about a change?
(A) A building is too old.
(B) A company is expanding.
(C) A town is ~~growing~~.
(D) A company will be ~~acquired~~.

변화에 대해 언급하는 이유
ㄴ. since(때문에) ~를 놓치지 말자.

91. Why does the speaker say,
"Is it better for our staff to travel a few miles for a meeting"?
(A) To express most of the employees' opinion
(B) To emphasize the advantage of a plan
(C) To request a revision to a schedule
(D) To comment on the current ~~public transportation system~~

화자의 의도 파악
ㄴ. 앞뒤 문장의 문맥을 파악하여 정답을 찾자.

이사회의에서 여러분을 만나게 되어 기쁩니다. Roman Financing 사장으로, 전 우리 회사의 가장 중요한 비즈니스 안건을 함께 나누고자 이사회의를 무척 기다려 왔습니다. 지난달 회의에서 논의한 바와 같이, 회사가 빠르게 성장하고, 신입직원을 채용하고 있기 때문에 사무실 공간이 저희 직원들을 수용하기에 너무 작습니다. 저희 원래 계획은 몇 마일 떨어져 있는 다른 사무실 단지를 인수하는 것이었지만 최근에 우리 회사 옆에 있는 사무실 건물이 곧 매물로 나올 것이라는 걸 알게 됐습니다. 그곳의 가격이 더 비싸기는 하지만, 우리가 여기로 이사하는 걸 생각해 봐야 할 것 같습니다. 직원들이 회의 때문에 몇 마일을 이동하는 게 과연 더 좋은 걸까요? 도시를 가로질러 이동하는 시간 낭비를 하지 않는다면, 직원들이 훨씬 더 생산적이 될 것입니다.

89. 담화는 어디에서 이루어지는 것 같은가?
(A) 건설 현장에서 (B) 교육 연수회에서
(C) 비즈니스 회의에서 (D) 면접에서

90. 화자가 변화에 대해 이야기하는 이유는 무엇인가?
(A) 건물이 너무 오래됐다. **(B) 회사가 확장하고 있다.**
(C) 도시가 성장하고 있다. (D) 회사는 인수될 것이다.

91. 화자는 왜 "Is it better for our staff to travel a few miles for a metting?(직원들이 회의 때문에 몇 마일 이동하는 것이 더 좋을까요?)"라고 말하는가?
(A) 직원 대부분의 의견을 표현하기 위해
(B) 계획의 이점을 강조하기 위해
(C) 일정 수정을 요청하기 위해
(D) 현재 대중교통 시스템에 의견을 주기 위해

89 장소 문제는 첫 두 줄에서 답이 나온다.

STEP 1 지문의 상단부에서 그 장소에서만 쓸 수 있는 단어를 듣자.

지문 상단부 "I'm glad to see you all here at the board meeting."에서 '이사회의에서 여러분을 만나게 되어 기쁘다'
고 언급하므로, 담화가 이루어지는 장소는 이사회의인 것을 알 수 있다. 따라서 정답은 (C)이다.
담화의 구체적인 단어 the board meeting은 보기의 포괄적인 단어 a business meeting으로 paraphrasing되었다.

90 답의 위치를 예측하면서 보기에 집중하라.

STEP 1 답은 순서대로 배치되므로 문제의 위치에 따라 해당 보기에 집중해 듣는다.

두 번째 문제이므로, 대화 중반부에 집중하자. 화자가 변화에 대해 이야기하고 있는 이유를 묻는 문제이다. "the office
space is too small ~ since the company is growing rapidly and hiring new members"에서 회사가 빠르게
성장하고 신입직원을 고용하고 있어서 사무실 공간이 부족하다는 내용을 언급하고 있다. 사무실 확장이란 변화는 회사가 성
장이나 확장하고 있어서임을 알 수 있으므로 정답은 (B)이다.

STEP 2 함정 유형 및 오답 패턴

(A) A building is too old.
(B) A company is expanding. ▸정답
(C) A town is ~~growing~~. ▸**growing**은 언급되었지만, 도시가 성장하는 것이 아니므로 오답이다.
(D) A company will be ~~acquired~~. ▸정답의 위치와 관계없는 **acquiring**을 이용한 오답이다.

91 화자의 의도 파악 문제는 앞뒤 문맥과 연결하여 답을 찾아야 한다.

STEP 1 앞뒤 문맥을 파악하여 포괄적인 정답을 찾아야 한다.

주어진 문장 뒤에서 "Without wasting time ~, our employees would be far more productive.(도시를 가로질
러 이동하는 시간 낭비를 하지 않고, 직원들은 더 생산적이 될 것이다)라고 언급하고 있으므로 주어진 문장 "Is it better for
our staff to travel a few miles for a meeting?(직원들이 회의를 위해 몇 마일 이동하는 것이 더 좋을까요?)"를 언급
한 이유는 앞에서 언급한 가까운 사무실 복합단지를 매입하는 계획의 이점을 강조하기 위해서임을 알 수 있다. 따라서 정답
은 (B)이다.

STEP 2 함정 유형 및 오답 패턴

(A) To express most of the employees' opinion
(B) To emphasize the advantage of a plan ▸정답
(C) To request a revision to a schedule
(D) To comment on the current ~~public transportation system~~ ▸주어진 문장의 **traveling**에서 연상할 수 있는
오답이다.

어휘 **look forward to** ~을 고대하다 **significant** 중요한 **accommodate** 수용하다 **rapidly** 빠르게
original 원래의 **acquire** 인수하다 **recently** 최근에 **learn** ~을 알게 되다 **beside** ~ 옆에
up for something ~을 위해 내놓은 **productive** 생산적인 **express** 나타내다 **put emphasis on** ~을 강조하다
revision 수정

Questions 92-94 refer to the following telephone message.

Good afternoon, Mr. Russell. **This is** Celia Sharp **from** *Kenton*
92 *Life Magazine.* **I'm very happy to tell you that Ladbroke** Sports
Center **has been named this year's best fitness facility** in
the region. To make the decision, **we conducted** a customer
93 satisfaction survey. Congratulations! A special article on your sports
center will be featured in our July issue. In order to make the article
94 more interesting, **is it possible** for us to **take some photos** of your
facility? My number is 4238-5696. I'll be expecting your call. Thank
you.

92–D

94–C

92. Who most likely is the speaker?
(A) A doctor
(B) A mechanic
(C) A reporter
(D) A fitness instructor

화자 / 직업 / 상
ㄴ. This is ~ from ~에
힌트가 있다.

93. What is the main purpose of the call?
(A) To get help with arranging a workshop
(B) To let the listener know about survey results
(C) To ask for a recommendation
(D) To notify the listener about a local festival

전화 목적
ㄴ. I'm very happy to tell
you that ~에서 정답을 잡자.

94. What does the speaker intend to do for her article?
(A) Correct an error
(B) Meet with the center's employees
(C) ~~Carry out~~ an additional survey
(D) Take some pictures

미래 정보 / for her article
ㄴ. is it possible ~?의 형태로
표현하는 것에 주의한다.

안녕하세요, Russell 씨. 〈Kenton Life Magazine〉의
Celia Sharp입니다. Ladbroke Sports Center가 지역
에서 올해 최고의 피트니스 시설로 선정된 걸 말씀드리게 되
어 매우 기쁩니다. 결정을 위해, 저희가 고객 만족 설문조사
를 실시했습니다. 축하드립니다! Russell 씨의 스포츠 센터
에 관한 특별 기사가 저희 7월호에 실릴 예정입니다. 기사를
더 흥미롭게 하기 위해, 저희가 스포츠 센터 사진을 좀 찍을
수 있을까요? 제 번호는 4238-5696입니다. 전화 기다리
겠습니다. 감사합니다.

92. 화자는 누구일 것 같은가?
(A) 의사
(B) 정비공
(C) 리포터
(D) 피트니스 강사

93. 전화의 주된 목적은 무엇인가?
(A) 워크숍 준비에 도움을 얻기 위해
(B) 청자에게 설문조사 결과를 알리기 위해
(C) 추천서를 요청하기 위해
(D) 청자에게 지역 축제에 대해 알리기 위해

94. 화자는 그녀의 기사를 위해 무엇을 하려고 하는가?
(A) 오류 바로잡기
(B) 센터 직원들과 만나기
(C) 추가 설문조사 실시하기
(D) 사진 찍기

92 직업은 대화의 전반부에 답이 들린다.

STEP 1 직업은 전반부의 This is ~에서 힌트가 나온다.

화자의 직업을 묻는 문제로, 대화의 전반부 "This is Celia Sharp from *Kenton Life Magazine*."에서 화자는 Kenton Life Magazine사 소속이라고 언급하고 있으므로 정답은 (C)이다.
담화의 구체적인 단어 Celia Sharp from *Kenton Life Magazine*은 보기의 포괄적인 단어 A reporter로 paraphrasing 되었다.

STEP 2 함정 유형 및 오답 패턴

(A) A doctor
(B) A mechanic
(C) A reporter ▶정답
(D) A ~~fitness instructor~~ ▶**Sports Center**에서 연상할 수 있는 오답이다.

93 장소, 직업/목적, 주제 등의 같은 위치 문제가 연달아 출제되면 2:1 구조이다.

STEP 1 문제의 유형에 따라 지문의 순서에서 답이 나오는 일반적인 형태는 1:1:1이지만, 목적, 직업 유형의 문제가 연이어 나오면 2:1 구조이므로 주의하자.

첫 번째 문제에서 직업을 묻고 있고, 두 번째 문제에서 전화의 목적을 묻고 있으므로 두 문제 모두 지문 상단부에서 정답의 근거가 나올 수 있다. "I'm very happy to tell you that Ladbroke Sports Center has been named this year's best fitness facility"에서 Ladbroke Sports Center가 올해 최고의 피트니스 시설로 선정되었다는 것을 알리고 있으며, "To make the decision, we conducted ~ survey"에서 결정을 위해 설문조사를 진행했다고 언급하고 있으므로, 전화의 목적은 설문조사 결과를 알리기 위함이다. 따라서 정답은 (B)이다.

94 미래 정보는 대화 후반부에 나오는 I'll ~이 정답이다.

STEP 1 미래 정보는 담화 후반부에서 정답의 단서를 찾자.

지문의 후반부 "is it possible for us to take some photos of your facility?"에서 시설 사진을 찍어도 되냐고 묻고 있으므로 정답은 (D)이다.

STEP 2 함정 유형 및 오답 패턴

(A) Correct an error
(B) Meet with the center's employees
(C) ~~Carry out~~ an additional survey ▶추가 설문조사를 실시할 것이라는 언급은 없으므로 오답이다.
(D) Take some pictures ▶정답

어휘 **facility** 시설 **conduct** 수행하다 **satisfaction** 만족 **survey** (설문)조사 **article** 기사 **arrange** 준비하다 **correct** 수정하다 **carry out** ~을 수행하다

Questions 95-97 refer to the following instructions and chart.

Welcome to our staff training session. Today, we'll be talking about our new **software system**. We need to be familiar with the new system, as **95** beginning **next week, our current system** will start to be **replaced**. Before we start, we'll be divided into several groups so as to allow each of us to gain training according to our specific tasks. Please take a moment to look at the meeting room chart to find which room each team will go to. In **96** case you need my assistance, **I'll** be in **room 203**. And, don't forget that a **97** catered **lunch will be** provided in the lobby **at 12:30**.

`97–B`

`97–A`

Meeting Room Locations

Meeting Room 201
Marketing

Meeting Room 202
Research & Development

Meeting Room 203
Personnel

Meeting Room 204
Accounting

95. What does the company plan to do next week?
(A) Renovate its office space   **(B) Replace a software system**
(C) Close a deal with another company (D) Modify some employee benefits

회사 계획 / next week
ㄴ, 키워드 앞뒤 문장을
듣고 정답을 찾자.

96. Look at the graphic. What team does the speaker most likely work in?
(A) Marketing   (B) Research & Development
(C) Personnel   (D) Accounting

시각 자료
ㄴ, 시각 자료에서 주어진
보기 외의 것을 확인하자.

97. What will happen at 12:30?
(A) ~~Computer lessons~~ will be provided. (B) A client ~~meeting~~ will be held.
(C) A Q&A session will begin.   **(D) Attendees will have a lunch break.**

미래 일정 / 12:30 / 하
ㄴ, 지문 후반부 12:30에
답이 있다.

회의실 위치

회의실 201호
마케팅팀

회의실 202호
연구 개발팀

회의실 203호
인사팀

회의실 204호
회계팀

직원 교육 과정에 오신 걸 환영합니다. 오늘, 저희는 신규 소프트웨어 시스템에 관해 이야기할 겁니다. 다음 주부터 기존 시스템 교체가 시작되기 때문에 저희가 새로운 시스템에 익숙해져야 합니다. 시작하기 전에, 구체적인 업무에 따라 각자 맞는 교육을 받도록 몇 그룹으로 나뉠 겁니다. 잠시 시간을 내어 회의실 차트

를 보시고 각 팀이 어느 장소로 갈 것인지 찾으시기 바랍니다. 제 도움이 필요할 경우에 대비해, 저는 203호에 있겠습니다. 그리고 점심 뷔페가 12시 30분에 로비에서 제공된다는 점 잊지 마세요.

95. 회사는 다음 주에 무엇을 할 계획인가?
(A) 사무실 공간 개조   **(B) 소프트웨어 시스템 교체**
(C) 다른 회사와 계약 체결   (D) 일부 직원 복지 혜택 변경

96. 시각 자료를 보시오. 화자는 어느 팀에서 근무할 것 같은가?
(A) 마케팅   (B) 연구 개발
(C) 인사   (D) 회계

97. 12시 30분에 무슨 일이 일어날 것인가?
(A) 컴퓨터 수업이 제공될 것이다.
(B) 고객 회의가 열릴 것이다.
(C) 질의응답 시간이 시작될 것이다.
(D) 참가자들이 점심 시간을 가질 것이다.

95 키워드 문제는 키워드 기준 앞뒤 문장에 답이 나온다. ▶ next week

STEP 1 키워드 **next week**을 지문에서 확인하자.

"Today, we'll be talking about our new software system."에서 오늘 신규 소프트웨어 시스템에 대해 이야기할 것 이라는 언급과 함께, "as beginning next week, our current system will start to be replaced"에서 다음 주부터 기존 (소프트웨어) 시스템 교체가 시작될 것이라고 언급하고 있다. 따라서 정답은 (B)이다.

96 시각 자료 문제에서 (A)~(D)의 보기는 대화에서 들리지 않는다.

STEP 1 보기가 부서명이므로 시각 자료에서 그 외의 부분인 방 호수를 확인하면서 담화를 들어야 한다.

화자가 어느 팀에서 근무하는지 묻는 문제이다. "Please take a moment to look at the meeting room chart"에서 회의실 차트를 봐 달라고 언급하고 있고, "I'll be in room 203"에서 화자는 203호에 있을 거라고 언급하고 있다. 시각 자 료에서 203호는 인사부이므로 정답은 (C)이다.

97 미래는 후반부에 위치한다.

STEP 1 미래 시간 키워드는 시간 부사와 함께 후반부에 나온다.

12시 30분에 무슨 일이 일어날 것인지 묻는 문제이다. 지문 후반부 "a catered lunch will be provided in the lobby at 12:30"에서 12시 30분에 점심이 제공될 것이라고 언급하고 있으므로 정답은 (D)이다.
담화에 나온 내용 catered lunch will be provided는 보기에서 have a lunch break로 paraphrasing되었다.

STEP 2 함정 유형 및 오답 패턴

(A) ~~Computer lessons~~ will be provided. ▶제공되는 것은 컴퓨터 수업이 아닌 점심이다.
(B) A client ~~meeting~~ will be held. ▶정답 위치와 상관없는 meeting을 이용한 오답이다.
(C) A Q&A session will begin.
(D) Attendees will have a lunch break. ▶정답

어휘   be familiar with ~을 익히 알다, 익숙해지다   divide 나누다   according to ~에 따라   specific 구체적인
renovate 개조하다

Questions 98-100 refer to the following talk and map.

Good morning, everyone. As you know, **it's time to make** arrangements
`98` for the annual **Computer** Expo. Every year, we've held this event
`99` close to the city center, **but the area is crowded** and inconvenient,
which made it difficult for people to come. In order to increase this
year's attendance, we've chosen to hold the event at a new location
away from the city center. And now, we have to discuss which
building to assign to each company. Why don't we start with **software
companies**? I don't think they need much space. **They** should be in the
`100` building **farthest from the main gate**. **It's the smallest** one, right?

`98–B`

`100–A`

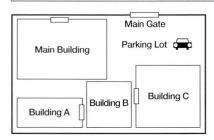

98. What is the speaker mainly discussing?
(A) A restaurant renovation   (B) An ~~artwork~~ fair
(C) A new product launch   **(D) A computer trade show**

99. According to the speaker, what was wrong with the event in
previous years?
(A) Its registration price was too high.
(B) It did not have enough space.
(C) It was too crowded.
(D) Its transportation arrangements were disorganized.

100. Look at the graphic. Which building does the speaker
want to assign to the software companies?
(A) ~~Main~~ Building   **(B) Building A**
(C) Building B   (D) Building C

화자 / 주제 / 상
ㄴ. 첫 두 줄에 집중해 듣는다.

지난 행사의 문제점
ㄴ. But 같은 역접의 표현 뒤에
정답이 나올 확률이 높다.

시각 자료 / software
companies
ㄴ. 담화 중 시각 자료와
매칭이 되는 내용을 찾자.

모두들 안녕하세요. 아시다시피, 연례 컴퓨터 박람회를 준비
할 시간입니다. 매년, 저희가 이 행사를 도심부 근처에서 개
최했는데 그 지역이 복잡하고 불편해서 사람들이 오기가 어
려웠습니다. 올해의 참석률을 높이기 위해, 저희는 도심에서
떨어진 새로운 곳에서 행사를 개최하기로 결정했습니다. 이
제 저희는 어떤 건물을 각 회사에 배정할지 논의해야 합니
다. 소프트웨어 회사들부터 시작하는 게 어떨까요? 그 회사

들은 넓은 공간이 필요할 것 같지 않아요. 소프트웨어 회사들은
정문에서 가장 먼 곳에 있는 건물에 있어야 합니다. 그곳이 가장
작은 곳이죠, 그렇죠?

98. 화자가 주로 논의하고 있는 것은 무엇인가?
(A) 식당 개조   (B) 예술품 박람회
(C) 신상품 출시   **(D) 컴퓨터 무역 박람회**

99. 화자에 따르면, 예전 년도 행사에 어떤 문제가 있었는가?
(A) 등록비가 너무 비쌌다. (B) 충분한 공간이 없었다.
(C) 너무 혼잡했다.   (D) 운송 준비가 체계적이지 않았다.

100. 시각 자료를 보시오. 화자는 소프트웨어 회사에 어느 건
물을 배정하길 원하는가?
(A) 본관   **(B) 빌딩 A**
(C) 빌딩 B   (D) 빌딩 C

98 주제는 첫 두 줄 안에 나온다.

STEP 1   주제를 묻는 문제는 첫 두 줄 안에서 답이 나온다.

지문의 상단부 "it's time to make arrangements for the annual Computer Expo"에서 컴퓨터 박람회 준비에 대해 이야기하고 있음을 알 수 있으므로 정답은 (D)이다.
담화의 단어 Computer Expo는 보기에서 다른 표현 A computer trade show로 paraphrasing되었다.

STEP 2   함정 유형 및 오답 패턴

(A) A restaurant renovation
(B) An ~~artwork~~ fair ▸ **Expo(박람회)**는 언급하고 있지만 예술품 박람회가 아닌 컴퓨터 박람회라고 언급하므로 오답이다.
(C) A new product launch
(D) **A computer trade show** ▸ 정답

TEST 3 해설

99 However, But 뒤에 결정적인 정답의 단서가 나온다.

STEP 1   그러나(but/however), 사실은(actually/in fact), 유감스럽게도(unfortunately) 등의 역접 또는 반전을 의미하는 표현 뒤에 정답의 단서가 제시될 가능성이 높다.

"we've held this event ~ city center"를 통해 매년 행사를 도심부 근처에서 개최했다는 언급에 이어, "but the area is crowded(그러나 그 지역은 복잡하다)"고 언급하고 있으므로 지난 행사에 있었던 문제는 혼잡했다는 것임을 알 수 있다.
따라서 정답은 (C)이다.

100 시각 자료 문제는 보기가 대화에서 언급되지 않는다.

STEP 1   시각 자료 문제는 보기가 언급되지 않으므로 시각 자료에 매칭되는 내용을 찾아야 한다.

"Why don't we start with software companies?(소프트웨어 회사들부터 시작하는 게 어때요?)"라는 언급에 이어 "They should be in the building farthest from the main gate. It's the smallest one(그들은 정문에서 가장 먼 곳에 있는 건물에 있어야 합니다. 그곳이 가장 작은 곳이죠)"라고 언급하고 있다. 시각 자료에서 정문에서 가장 멀고 가장 작은 곳은 Building A이므로 정답은 (B)이다.

STEP 2   함정 유형 및 오답 패턴

(A) ~~Main~~ Building ▸ **main gate(정문)**에서 가장 먼 곳의 건물이라고 언급하고 있다. main을 듣고 (A)를 답으로 고르지 않아야 한다.
(B) **Building A** ▸ 정답
(C) Building B
(D) Building C

어휘　make arrangements for ~을 준비하다　annual 매년의　city center 도심부　inconvenient 불편한
increase 증가하다　attendance 참석(률)　away from ~에서 떨어진, 멀어진　assign 배정하다　farthest 가장 먼

101 Marco Pizza / is / famous / (for ———— gourmet selections).
주어　　동사　주격보어　　　　(전치사구)

대명사의 위치에 따라 주격, 목적격, 소유격이 출제된다.
for ———— gourmet selections

STEP 1 빈칸은 명사 selections를 꾸며 주는 형용사 자리이다.
(C) its는 it의 소유격으로 명사를 수식하는 형용사 자리에 들어갈 수 있으므로 정답이다.

STEP 2 오답 분석
(A) it은 주격, 목적격 대명사로 주어/목적어 자리에 쓸 수 있다. (B) they는 주격 대명사로 주어 자리에 쓸 수 있다. (D) itself는 재귀대명사로, 목적어 자리, 부사 자리에 위치한다. 동사의 목적어 자리에 재귀대명사가 들어갈 경우는 주어와 목적어가 일치할 때이며, 재귀대명사가 부사로 쓰인 경우는 주어 뒤, 동사 앞 혹은 문장 끝에 위치한다.

STEP 3 대명사의 위치에 따라 주격, 목적격, 소유격이 출제된다.

❶ ———— +동사+목적어: 동사의 앞자리는 주어이므로 주격이 와야 한다.
❷ 주어+동사+ ———— 명사: 명사 앞에는 소유격이 와야 한다.
❸ 주어+동사+목적어+ ————: 완전한 문장 뒤의 부사 자리는 재귀대명사가 온다.
❹ 타동사/전치사+ ————: 타동사나 전치사의 목적어 자리에는 목적격이나 재귀대명사가 온다. (주어≠목적어일 때는 목적격, 주어=목적어일 때는 재귀대명사)

해석 Marco Pizza는 자사의 고급 식품 선정으로 유명하다.
어휘 be famous for ~로 유명하다　gourmet 미식가의, 좋은 재료로 만든
정답 (C)

---

102 (Over the ———— few years), the Pharms Clinic / has improved / its medical equipment.
(전치사구)　　　　　　　　　　　주어　　　동사　　　　목적어

형용사 자리에 〈형용사 vs. 분사〉라면 98% 형용사가 정답이다
the ———— few years

STEP 1 빈칸은 명사 years를 수식하므로 형용사 자리이다.
따라서 동사인 (B) lasts는 답이 될 수 없으며 (D) lastly는 문두에 위치하고, 문장 중간에는 올 수 없으므로 오답이다.

STEP 2 〈형용사 vs. 분사〉에서는 형용사가 우선한다.
분사는 기본적으로 동사 의미에 수동/완료, 능동/진행의 뜻이 추가된다. 하지만 last는 주로 자동사로 쓰이기 때문에 수동의 의미를 갖는 과거분사 형태인 (C) lasted로는 쓸 수 없으므로 오답이다. 보기 중 형용사인 (A) last가 정답이다.

STEP 3 분사 형용사가 답이 되는 3가지 출제 유형

❶ 기존 형용사가 없을 때
❷ 기존 형용사에 동사의 뜻이 추가될 때
❸ 형용사에서 동사로의 사역, 완료/수동, 진행/능동의 의미가 강조될 때이다.
e.g. 형용사 – diverse('다양한' 원래 다양한 상태인)+people, nature, color 등
　　분사 – diversified('다각화된' 인위적인 과정을 거쳐서 다각화된)+product, service 등

해석 지난 몇 년간, Pharms Clinic은 자사의 의료 장비를 개선했다.
어휘 improve 개선하다　equipment 장비
정답 (A)

103 The mayor of Marchenta City / has attributed / its recent success / (to the ———— of
주어   동사   목적어   (전치사구)
marketing and development).

관사, 소유격, 한정사 뒤에는 명사가 답이다.
the ———— of + 명사

STEP 1 빈칸은 전치사 to의 목적어 자리이다.
정관사 the와 함께 목적어로 들어갈 수 있는 품사는 명사뿐이다. 따라서 명사 (C) combination이 정답이다.

STEP 2 오답 분석
(A) combines와 (B) combine은 동사 형태이므로 답이 될 수 없으며, (D) combined는 동사 combine의 과거, 과거분사 형태이므로 답이 될 수 없다.

STEP 3 명사는 토익 시험에서 다음의 4가지 형태로 출제된다.

❶ 〈한정사(소유격, 관사, 지시 형용사 등) + 명사〉: my friend 내 친구, a desk 책상, this computer 이 컴퓨터, many employees 많은 직원들
❷ 〈전치사/타동사 + 명사〉: for students 학생용, like flowers 꽃을 좋아하다
❸ 〈형용사 + 명사〉: beautiful girls 아름다운 소녀들, local attractions 현지 관광 명소
❹ 〈명사 + 명사〉(복합명사): customer satisfaction 고객 만족

해석 Marchenta 시 시장은 시의 최근 성공이 마케팅과 개발이 조합한 결과로 보았다.
어휘 attribute A to B A를 B의 결과로 보다   development 개발
정답 (C)

104 Emilio Bistro / chose / the estimate (of Margot Food), whose / supply prices / ———— /
주어   동사   목적어   (전치사구)   관계사   주어2
the manager's expectations.
목적어2

타동사 어휘는 뒤에 오는 목적어와 주어를 확인하자.
supply prices ———— the manager's expectations

STEP 1 어휘 문제는 주어와 목적어의 관계를 반드시 확인해야 한다.
빈칸은 supply prices가 주어이며, expectations를 목적어로 받는 적절한 타동사 어휘가 들어갈 자리이다.

STEP 2 오답 분석
따라서 자동사 (A) came은 오답이다. (B) cost는 '(값, 비용이) 들다'의 의미로 값이나 비용을 목적어로 받아야 하므로 오답이다. (D) gave가 오게 되면 '가격이 기대를 주었다'를 의미하므로 문맥상 적절하지 않다. 따라서 공급 가격이 기대치를 충족시켰다는 문맥으로, '~을 충족시키다' meet의 과거형인 (C) met이 정답이다.

STEP 3 '~을 충족시키다'의 meet 뒤에 오는 목적어
deadline(마감일), need(요구), demand(수요), expectation(기대치)을 목적어로 받는다.

해석 Emillio Bistro는 Margot Food사의 견적서를 선택했고, 그곳의 공급 가격은 매니저의 기대치를 충족시켰다.
어휘 estimate 견적서   supply price 공급 가격   expectation 기대
정답 (C)

105 Signing this document / means / that / ———— / agree to follow /
주어   동사1   접속사   동사2

all the terms and conditions.
follow의 목적어

대명사의 위치에 따라 주격, 목적격, 소유격이 출제된다.
that ———— agree to follow all the terms and conditions

STEP 1   동사의 앞자리는 주어이므로 주격이 와야 한다.
재귀대명사는 주어 자리에 올 수 없으므로 (B) herself (C) yourself는 오답이다.

STEP 2   주어와 동사의 수가 일치해야 한다.
빈칸 뒤가 복수 동사 형태(agree)이므로 단수 동사를 받는 (D) she는 오답이다. 따라서 (A) you가 정답이다.

STEP 3   재귀대명사의 위치 패턴

❶ 재귀대명사는 목적어 자리, 부사 자리에 위치한다.
❷ 재귀대명사가 부사로 쓰인 경우, 주어 뒤 동사 앞 혹은 문장 끝에 쓴다.
  [동사 + ———— + 목적어] → 부사는 동사 뒤에서 후치 수식을 하지 않는다.
❸ 재귀대명사는 생략된 주어 대신 주어 자리에서 쓰일 수 없다.

해석 이 서류에 서명하는 것은 귀하가 모든 계약 조건에 따르겠다는 것에 동의한다는 걸 의미합니다.
어휘 **agree to do** ~하기로 동의하다   **follow** 따르다   **terms and conditions** 계약 조건
정답 (A)

---

106 (According to the revised company policy), this year's budget / will be allocated /
(전치사구)   주어   동사

———— / (by quarter).
(전치사구)

완전한 수동태 문장 + 부사
will be allocated + ————

STEP 1   빈칸 앞은 완전한 문장이므로 빈칸은 부사가 들어갈 자리이다.
타동사 allocate의 수동형태로 완전한 문장이다. 따라서 빈칸은 부사 자리이므로 보기 중 부사인 (C) equally가 정답이다.

STEP 2   오답 분석
(A) equal은 형용사, 명사, 동사이므로 오답이며 (B) equals은 명사, 동사이므로 오답이다. (D) equality은 '평등, 동등'을 의미하는 명사이다.

STEP 3   15개 부사 출제 패턴

① 〈주어+**부사**+동사〉	⑨ 〈have+**부사**+과거분사〉
② 〈주어+동사+목적어+**부사**〉	⑩ 〈자동사+**부사**+전치사〉
③ 〈관사+**부사**+형용사+명사〉	⑪ 〈조동사+**부사**+본동사〉
④ 〈be동사+**부사**+형용사〉	⑫ 〈완전한 문장+as+**부사**+as〉
⑤ 〈**부사**, 완전한 문장(주어+동사+목적어)〉	⑬ 〈완전한 문장+more+**부사**+than〉
⑥ 〈완전한 문장+**부사**〉	⑭ 〈to+**부사**+동사원형〉
⑦ 〈be동사+**부사**+과거분사〉	⑮ 〈전치사+**부사**+동명사〉
⑧ 〈be동사+**부사**+현재분사〉	

107 Daniel Rockhurst's innovative design (of the Merrylinch Public Library) / is / ————.
주어 (전치사구) 동사 주격 보어

be동사 뒤에 주격 보어 자리는 형용사와 명사가 답이 된다.
주어 + is(be동사) + ———— (주격 보어)

STEP 1 be동사 뒤에 오는 빈칸은 주어의 상태를 설명하는 주격 보어 자리이다.

주격 보어로 올 수 있는 품사는 형용사, 명사이다. 따라서 본동사 형태인 (A) commends, (D) commend는 오답이다. 따라서 보기 중 형용사 (B) commendable이 정답이다.

STEP 2 현재분사가 be동사 뒤에 쓰일 때,

현재분사 (C) commending은 능동태의 현재분사로 형용사 역할을 하여 be동사 뒤에 올 수 있지만, 이때는 동사의 현재진행형을 의미한다. 타동사인 commend(ing) 뒤에는 목적어를 동반해야 하는데 빈칸 뒤에 목적어가 없으므로 (C) commending은 오답이다.

108 Mr. Pruman / will lead / a training session / ———— / the reception / begins /
주어 동사 목적어 주어2 동사2
(at the Rolland Hall).
(전치사구)

접속사 여부는 동사의 개수가 결정한다.
완전한 문장 + ———— + 완전한 문장

STEP 1 문장의 동사가 2개(will lead, begins)이므로 빈칸은 접속사가 필요한 자리이다.

(A) inside, (B) under는 전치사이므로 오답이며, (D) for는 접속사의 기능이 있지만 토익에서 for는 전치사로 분류돼 접속사 문제로는 출제되지 않는다. 따라서 보기 중 접속사 (C) before가 정답이다.

STEP 2 보기에 함께 등장하는 접속사 vs. 전치사 vs. 부사

접속사와 전치사는 연결어이다. 접속사 뒤에는 문장(주어+동사)이 추가로 연결되며, 전치사 뒤에는 명사가 추가된다.

접속사/관계사	기본 문장에 동사가 하나 더 추가되어야 한다.
전치사	전치사는 문장에서 명사를 추가할 때 사용한다. 전치사 하나당 명사 하나씩이 추가된다. 전치사 구는 문장 구조에 영향을 주지 않는다.
부사	완전한 문장에 들어가며 연결어가 아닌 수식어구이기 때문에 문장 구조에 영향을 주지 않는다.

109 (To accelerate the procedure), you / should prepare / ———— your social security
(to부정사구)　　　　　주어　　　　　동사

number or a form of identification.
목적어

> 상관접속사는 같이 다니는 **pair**를 찾는다.
> ———— **명사 or 명사**

STEP 1　상관접속사는 거의 매월 출제된다.

보통 대명사, 부사(both, not (only), either, neither...)나 접속사(and, but (also), or, nor...) 중 한 곳을 비워 두고 그 짝을 묻는 문제로 출제되는, 쉬운 문제이다. 빈칸은 or와 함께 [명사와 명사]를 대등하게 연결하는 (B) either가 정답이다.

STEP 2　상관 접속사

상관 접속사는 단어와 단어, 구와 구, 절과 절을 연결할 수 있다.

both A and B	A, B 둘 다
either A or B	A, B 둘 중 하나
neither A nor B	A, B 둘 다 아닌
not (only) A but (also) B	A뿐만 아니라 B 역시
B as well as A	A뿐만 아니라 B 역시
A and B alike	A, B 둘 다 마찬가지로

해석　절차를 빠르게 진행하기 위해 사회보장번호나 신분증을 준비해야 한다.
어휘　**accelerate** 빠르게 하다, 가속하다　**procedure** 절차　**prepare** 준비하다　**social security** 사회 보장
identification 신원 확인, 신분
정답　(B)

110　The use of printers and copiers / is strictly limited / (to job-related ————).
　　　　　주어　　　　　　　　　　　동사　　　　　(전치사구)

> 명사 자리에 동명사와 명사의 선택
> **job-related** ————

STEP 1　빈칸은 형용사 **job-related**의 수식을 받는 명사 자리이다.

따라서 동사 task의 과거형, 과거분사 형태인 (D) tasked은 오답이다.

STEP 2　명사 **vs.** 동명사는 90% 명사가 답이다.

동명사는 명사의 역할을 한다. 하지만 명사가 들어갈 자리에 동명사와 명사가 둘 다 선택지에 있을 경우, 90%는 명사가 정답이다. 그리고 타동사의 동명사는 뒤에 반드시 목적어를 취한다. (C) tasking은 타동사의 동명사로 뒤에 목적어가 와야 하기 때문에 답이 될 수 없다.

STEP 3　〈단수 명사 **vs** 복수 명사〉 가산명사의 경우 관사 유무를 확인하라.

(A) task는 가산명사인데 앞에 관사가 없으므로 복수 형태인 (B) tasks가 정답이다.

해석　프린터와 복사기 사용은 업무와 관련된 일에만 엄격히 제한됩니다.
어휘　**strictly** 엄격히　**be limited to**+명사 ~로만 (사용할 수 있도록) 제한하다
정답　(B)

111   Recent ———— / can refer / (to the Web site) / that / the government / established /
주어   동사   (전치사구)   목적격관계대명사   주어2   동사2
(to offer advice) (on starting businesses and finding career opportunities.)
(to부정사구)   (전치사구)

주어 자리에 사람 명사 vs. 사물 명사 선택은 행위 주체가 되느냐 여부에 있다.
Recent ———— can refer to the Web site

STEP 1   빈칸은 문장의 주어로 명사가 들어갈 자리이다.

주어 자리는 동사 앞에서 끊어서 분석한다. 명사 자리이므로 동사의 과거, 과거분사 형태인 (C) graduated는 답이 될 수 없다.

STEP 2   앞에 관사가 없기 때문에 불가산명사나 가산명사의 복수형이 와야 한다.

따라서 (B) graduate는 가산명사의 단수형이므로 오답이다.

STEP 3   refer의 주체는 사람이다.

웹 사이트를 참조하는 것은 사람이기 때문에 사람 명사인 (A) graduates가 정답이다. (D) graduation은 불가산명사로 '졸업'을 의미하는 추상명사이므로 오답이다.

> 해석 최근 졸업생들은 창업과 취업 기회 모색에 조언을 제공하기 위해 정부가 개설한 웹 사이트를 참조할 수 있다.
> 어휘 recent 최근의   refer to 참조하다   establish 설립하다   advice 조언
> 정답 (A)

---

112   Penkle Construction / was selected / (to renovate the shopping mall) / because / it /
주어   동사   (to부정사구)   접속사 주어2
can do / the work / (at a ———— price).
동사2   목적어2   (전치사구)

형용사 어휘는 수식하는 명사를 확인하자.
at a ———— price

STEP 1   빈칸은 명사 price를 수식하는 적절한 형용사 어휘를 찾는 문제이다.

because는 '이유'의 접속사이다. '~한 가격에 쇼핑몰을 보수할 수 있기 때문에 선정되었다'는 문맥으로 '합리적인 가격'이라는 선정 이유를 나타낼 수 있는 (C) reasonable이 정답이다. reasonable은 affordable과 동의어로 price(가격)를 꾸며 주며 '합리적인 가격'을 의미하는 빈출 형용사이다.

STEP 2   오답 분석

(A) supported는 'support'의 과거분사로 무게를 지지하거나 도움, 원조를 준다는 의미이며 price와 함께 쓰이지 않으므로 오답이다.
(B) sharp는 '(변화가) 급격한'을 의미하며, fall(하락), increase(증가)와 같은 명사를 수식한다.
(D) effective는 '효과적인, 실질적인'의 의미로 '효과적인 가격'은 문맥상 적절하지 않으므로 오답이다.

> 해설 Penkle Construction은 합리적인 가격에 쇼핑몰을 보수할 수 있기 때문에 선정되었다.
> 해석 select 선발하다   renovate 보수하다
> 정답 (C)

113 (During her ten years of working as a journalist), Ms. Mun / ———— / many brilliant
　　　　　　　　　　　　　　(전치사구)　　　　　　　　　　　　　　　　　　　　주어

and noted nutritionists / (around the world).
　　　목적어　　　　　　　(전치사구)

문장에는 반드시 하나의 동사가 있어야 한다.
(전치사구) + 주어 + ———— + 목적어

STEP 1　전체 문장에 동사가 없다.

한 문장에는 반드시 하나의 동사가 있어야 하므로 빈칸은 동사 자리이다. 따라서 본동사 형태가 아닌 (B) interviewing은 오답이다.

STEP 2　동사 형태 문제는 수 → 태 → 시제 순으로 파악하자.

주어가 단수이므로 동사의 복수 형태인 (A) interview는 오답이다. 빈칸 뒤에 목적어가 있으므로 수동태인 (C) is interviewed는 오답이다. 따라서 정답은 (D) interviewed이다.

STEP 3　동사 문제를 풀 때 반드시 확인해야 하는 것

① 본동사가 있는가?	⑤ 사람 관련 동사인가?
② 접속사/관계사의 수와 총 동사의 개수가 맞는가?	⑥ 뒤에 목적어가 있는가?
③ 주어와 동사가 수 일치되어 있는가?	⑦ 시제를 결정하는 부분은 어디인가?
④ 자동사 vs. 타동사: 몇 형식 동사인가	

해석　기자로 근무한 10년 동안, Mun 씨는 전 세계의 여러 뛰어난 저명한 영양학자를 인터뷰했다.
어휘　**journalist** 기자, 언론인　**brilliant** 뛰어난　**noted** 저명한　**nutritionist** 영양학자
정답　(D)

---

114 (In order to apply for the business loan), please fill out / the ———— loan form.
　　　　　(to부정사구)　　　　　　　　　　　　　　　　　　　　동사　　　　　　목적어

〈형용사＋명사〉의 형용사 자리 분사는 뒤 명사와의 능동 vs. 수동 관계를 확인하라.
the ———— loan form

STEP 1　빈칸은 동사 fill out의 목적어인 명사 loan form을 수식하는 형용사 자리이다.

따라서 동사 (D) enclose는 오답이다. 〈명사+명사〉의 복합명사 앞에 오는 명사는 뒤에 오는 명사의 종류나 유형을 보여주는데 (C) enclosure(동봉된 것)는 뒤에 있는 form의 종류나 유형으로 볼 수 없으므로 답이 될 수 없다.

STEP 2　분사는 동사의 의미에 수동/완료(과거분사), 능동/진행(현재분사)의 뜻이 추가된다.

현재분사가 명사를 꾸며 줄 때는 뒤의 명사가 분사의 의미상 주어가 되며, 능동과 진행을 의미한다. loan form(대출 서류)가 동봉하는 것이 아니므로 (A) enclosing은 오답이다. 따라서 수동태의 의미가 될 수 있는 '동봉된 대출 서류'를 의미하는 (B) enclosed가 정답이다.

STEP 3　명사를 수식하는 품사를 선택하는 요령

① 형용사		명사의 상태나 크기, 종류, 색깔 등을 의미하는 일반 형용사이다.
② 과거분사	+ 명사	명사가 분사의 의미상 목적어가 되어 수동이나 완료를 의미한다.
③ 현재분사		명사가 분사의 의미상 주어가 되며 능동과 진행을 의미한다.
④ 명사		복합명사로 명사의 유형이나 종류를 보여주며, 관사나 복수형을 쓸 수 없다.

해석 사업 대출을 신청하려면, 동봉된 대출 서류를 작성하세요.
어휘 apply for 신청하다   loan 대출   fill out ~을 작성하다
정답 (B)

---

115 The city council / decided to hold / the annual city music festival / (in the public park) /
　　　　주어　　　　　　동사　　　　　　　hold의 목적어　　　　　　　　(전치사구)
　　　(———————— the chance of rain).

완전한 문장에서 문장 뒤에 명사를 추가할 때는 전치사가 필요하다.
완전한 문장 + ———————— the chance of rain

STEP 1　전치사는 뒤에 명사를, 접속사는 뒤에 〈주어+동사〉를 동반한다.

빈칸은 완전한 문장과 명사 사이에 위치하므로 빈칸은 전치사 자리이다. (A) actually, (C) namely는 부사, (B) although
는 접속사이므로 오답이다. 따라서 보기 중 전치사인 (D) despite가 정답이다.

STEP 2　완전한 문장 + 전치사 + 명사

이미 완전한 문장에서 명사를 추가할 때 명사의 자리를 만들어 주는 품사가 전치사이다. 즉, 문장에서 명사는 주어/목적어/
보어 자리 이외에는 등장할 수 없다. 그런데도 그 외에 명사를 추가하고 싶다면 전치사를 넣어 명사 자리를 만들어 주어야
한다. 이때 〈전치사+명사〉는 부사나 형용사 등의 수식 어구 역할을 한다.

전치사 자리	접속사
———— +(관사/소유격)+명사	———— +문장(주어+동사)
———— +대명사 목적격	———— +분사
———— +동명사	———— +전치사+명사
———— +명사절 접속사+주어+동사	———— +to부정사(명사절 접속사)

해설 시의회는 비가 올 수도 있음에도 불구하고 연례 도시 음악 축제를 공원에서 개최하기로 결정했다.
어휘 decide 결정하다   hold 개최하다   annual 매년의   chance of ~일 가능성
정답 (D)

116

— (of the historic building) (on Melmn Boulevard) / will be finished / (by April 20).
　　　(전치사구)　　　　　(전치사구)　　　　　　동사　　　　　(전치사구)

> 문장 = 주어1 + 동사1
> ——— (전치사구) will be finished

STEP 1　전체 문장에 주어가 없다.

빈칸은 동사 will be finished의 주어 자리이므로 명사가 와야 한다. 따라서 동사 (A) Restore(복원하다)와 형용사 (C) Restorable(복원 가능한)은 답이 될 수 없다.

STEP 2　타동사의 동명사는 뒤에 반드시 목적어를 취한다.

(D) Restoring은 타동사의 동명사로 뒤에 목적어가 와야 하기 때문에 답이 될 수 없다. 따라서 (B) Restoration(복원)이 정답이다.

> **동명사에서 명사로 굳어진 -ing형 명사는 명사로 취급하지만, 일반 동명사는 다음 특징을 갖는다.**
> **1.** 명사처럼 관사를 받거나 형용사의 수식을 받을 수 없다.
> **2.** 동명사는 원래 동사에서 파생된 것이라 동사의 성질을 그대로 가지고 있어서 동작이나 행위를 의미하기에 불가산명 사로 취급하여 단수 동사를 받는다.
> **3.** 타동사에서 나온 동명사는 반드시 목적어를 취한다.

> 해석　Melmn Boulevard에 있는 역사적인 건물의 복원은 4월 20일까지 완료될 것이다.
> 어휘　historic 역사적인　finish 끝내다
> 정답　(B)

117

A customer service representative / ——— / Ms. Cooper / that / the order /
　　주어1　　　　　　　　　　동사1　　목적어1　　접속사　　주어2
(she placed a week ago) / hasn't been processed yet.
　(목적격 관계대명사 생략)　　　　　동사2

> 유사한 의미의 동사 어휘는 자/타동사 구분과 그 쓰임을 확인해야 한다.
> 주어 + ——— + 목적어 + 접속사(that) + 주어 + 동사

STEP 1　빈칸은 동사 자리에 들어갈 동사 어휘를 묻는 문제이다.

사람을 목적어(Ms. Cooper)로 받을 수 있는 동사를 찾아야 한다. 보기에는 모두 '말하다'는 유사 의미를 가진 동사들이다.

STEP 2　유사 의미를 갖는 동사 어휘는 자/타동사를 구별하거나 그 쓰임을 알아야 한다.

talk와 speak는 자동사이기 때문에 목적어를 바로 취할 수 없다. '~에게 말하다'는 의미로 쓰일 때는 뒤에 전치사 to를 써야 한다. 따라서 (B) talked, (D) spoke는 오답이다. 예외로, speak가 '언어를 말하다'의 뜻일 때는 뒤에 바로 언어를 목적어로 취한다. say는 '~을/를(사물 목적어)'을 목적어로 받으며, '~에게'를 목적어로 취할 수 없으므로 (C) said도 오답이다. tell은 뒤에 사람 목적어를 받을 수 있으므로 〈tell+사람+that절〉의 구조가 가능한 (A) told가 정답이다.

반드시 출제되는 [통보하다/알리다+사람 목적어]

'~에게(간접목적어) ~을(직접목적어) 주다'의 동사는 수여동사(4형식)로 보통 두 개의 목적어를 나란히 취한다. 그런데 통보/알림류 동사가 '~에게'라는 말 때문에 4형식으로 착각하기 쉽다. 이것들은 다음 형태로 쓰이며 4형식 동사와 다르다.

통보하다/알리다 류의 동사	~에게	~을
advise(조언하다), inform(알리다), remind(상기시키다), notify(통보하다), assure(장담/확신하다), brief(브리핑하다), tell(말하다), warn(경고하다), convince(확신시키다), persuade(설득하다)	사람/회사/대상	* 전치사(of/about/on)+명사 * that+주어+동사 * to부정사

118   (Compared to other similar products), MK-1000 / is / ——— expensive.
　　　　　　　　(전치사구)　　　　　　　　　　　주어　동사　　주격 보어

be동사와 형용사 사이에 들어갈 수 있는 품사는 부사이다.
is ——— expensive

STEP 1 빈칸은 be동사 is와 형용사 expensive 사이에 위치한다.

형용사 expensive를 수식하는 부사가 와야 한다. 따라서 보기 중 부사 (D) relatively가 정답이다. (A) relate는 동사, (B) related는 동사의 과거, 과거분사 형태, (C) relation는 명사이므로 오답이다.

해석 다른 유사 제품과 비교하여 MK-1000은 비교적 비싸다.
어휘 compared to ~와 비교하여   expensive 비싼   relatively 비교적
정답 (D)

119   (With the popularity of cycling in Asia), Morine Cycle / ——— / its influence /
　　　　　　　　(전치사구)　　　　　　　　　　　주어　　　　　　　목적어
(in China).
(전치사구)

동사의 형태를 묻는 문제는 〈수→태→시제〉순으로 확인한다.
주어 + ——— + 목적어

STEP 1 하나의 문장에는 반드시 하나의 동사가 있어야 하므로 빈칸은 본동사 자리이다.

(C) to be expanded는 준동사로 바로 오답으로 소거한다.

STEP 2 동사 형태 문제는 수 → 태 → 시제 순으로 파악하자.

주어가 고유명사로 단수이므로 단수 동사가 와야 한다. 그러므로 복수 동사인 are를 포함하고 있는 (A) are expanded는 오답이다. 빈칸 뒤에 목적어(its influence)가 있으므로 일반 타동사 expand의 수동태 (B) has been expanded는 오답이다. 그러므로 일반 타동사의 능동태 형태인 (D) will be expanding이 정답이다.

해석 아시아에서 사이클링이 인기 있기 때문에, Morine Cycle은 중국 내 영향력을 확장할 것이다.
어휘 popularity 인기   influence 영향력   expand 확장하다
정답 (D)

120 All of our products / are ———— examined / (before being released on the market).
　　　　　주어　　　　동사　　　　　　　　　　　　　　　(접속사 + 분사구문)

부사 어휘 문제는 수식받는 대상을 확인하자.
All of our products are ———— examined

STEP 1 동사의 유형을 확인하라.

〈be동사+ ———— +과거분사〉에서 빈칸은 부사 자리로 examined를 수식하는 적절한 부사 어휘를 골라야 한다. 따라서 examined를 수식하여, '철저히 검사받다'를 의미하는, 어떤 행위의 정도를 의미하는 (A) thoroughly가 정답이다.

STEP 2 부사의 종류에 따라 수식하는 품사와 동사가 달라진다.

(C) sturdily는 어떤 사물의 단단함이나 튼튼함을 의미하는 부사로 '조사'라는 행위를 수식할 수 없다. (D) mutually는 '서로, 상호간에'를 의미하는 부사로 '제품이 서로 조사된다' 또한 문맥상 적절하지 않으므로 오답이다. (B) highly는 '대단히, 몹시'의 의미로 형용사의 상태 정도를 나타내는 정도 부사이므로 오답이다. highly recommended(적극적으로 추천받은), highly skilled(매우 숙련된), highly qualified(충분히 자격이 되는)의 표현을 알아두자.

STEP 3 thoroughly는 '연구하다', '조사하다' 의미의 동사와 어울려 사용된다.

'연구하다/조사하다'류 동사: research 연구하다 read 읽다 review 검토하다 inspect 조사하다 test 시험하다 check 확인하다 examine 시험/검진하다

> 해석 우리의 모든 제품은 시장에 출시되기 전에 철저히 검사를 받는다.
> 어휘 **examine** 검사하다 **release** 공개하다, 내놓다, 출시하다
> 정답 (A)

---

121 The resurfacing work / will be carried out / (———— Penson Avenue).
　　　　　주어　　　　　　　　동사

전치사는 뒤에 있는 명사가 결정한다.
———— Penson Avenue

STEP 1 빈칸에 들어갈 알맞은 전치사를 고르는 문제이다.

빈칸 뒤에 장소 명사(Penson Avenue)가 나와 있으며, 본동사는 실시되다(be carried out)이다. 따라서 장소 명사를 동반하여 '~을 따라' 움직임을 의미하는 (B) along이 정답이다.

STEP 2 뒤에 나온 명사에 따라 전치사는 달라진다.

(A) between은 〈between+복수 명사〉, 〈between A and B〉 구조로 둘 사이의 장소, 시간, 거리, 범위, 관계 등을 나타내므로 오답이다.
(C) 〈during+기간 명사〉에서 during은 특정 기간 내의 동작/상황의 발생을 보여주는 전치사로, 주로 뒤에 특정 기간을 내포하는 명사가 온다.
(D) below는 '~ 이하'를 의미하며 기준, 평균, 목표, 온도 등을 나타내는 목적어와 함께 사용해야 한다. below expectation(기대 이하), below average(평균 이하)의 표현을 알아두자.

> 해석 재포장 작업은 Penson Avenue를 따라 진행될 것이다.
> 어휘 **resurfacing** (도로) 재포장 **carry out** 수행하다
> 정답 (B)

122 The fantasy novel Finding Pony / is being made / (into a film)
　　　　　주어　　　　　　　　　　　　동사　　　　(전치사구)
(─────── Jordy Pung and Jessica Hanson).

완전한 문장 뒤의 명사 앞 빈 자리에 올 수 있는 건 전치사 또는 분사구문의 **V-ing**이다.
a film ─────── Jordy Pung and Jessica Hanson

STEP 1 　빈칸은 완전한 문장과 명사 사이에 위치해 있다.

우선 본동사 형태인 (A) star, (D) stars는 답이 될 수 없다. 1차적으로 명사와 명사를 연결할 수 있는 품사는 전치사이지만 보기 중에 전치사는 없다. 그렇다면, 분사를 고려해 봐야 한다.

STEP 2 　명사(주어) + ─────── + 명사(목적어)의 구조를 취하는 건 분사이다.

빈칸 앞 명사 a film을 수식하고 뒤의 명사 Jordy Pung and Jessica Hanson을 목적어로 받을 수 있는 분사를 선택한다. 타동사 star가 빈칸 뒤 목적어를 받는 준동사가 되려면 능동의 현재분사(-ing)가 되어야 하므로 정답은 (C) starring이다. (B) starred는 수동태 분사로 뒤의 목적어를 받을 수 없으므로 오답이다.

STEP 3 　관계대명사가 생략된 분사구문

명사	+	현재분사(-ing)	+	명사
└ 선행사(주어)		└ (관계대명사) + 동사 + ing		└ 목적어

일반적으로 선행 명사를 수식하는 주격 관계대명사절에서 관계대명사가 생략되고 동사에 -ing를 붙여 분사를 만든다. 이때 앞에 있는 명사는 분사의 주어가 되고 뒤의 명사는 목적어가 된다.

해석　판타지 소설 〈Finding Pony〉는 Jordy Pung과 Jessica Hanson이 주연을 맡아 영화로 제작되고 있다.
어휘　**film** 영화　**star** 주연을 맡기다
정답　(C)

123 The recent survey / indicated / that / ———— the facilities (in the hotel)
　　　　주어1　　　　동사1　　　접속사　　　　주어2　　　　(전치사구)

/ are renovated, / income / will decrease.
　동사2　　　　주어3　　　동사3

부사절의 접속사는 연결시켜 주는 두 문장의 논리 관계를 확인하라.
———— 주어 + 동사, 주어 + 동사

STEP 1　완전한 두 개의 문장: 부사절 접속사가 필요하다.
빈칸 뒤의 수동태는 완전한 문장이므로 빈칸에는 2개의 완전한 문장을 연결할 수 있는 부사절 접속사가 필요하다. (A) which는 관계대명사로 선행사를 수식하며, 뒤에 주어나 목적어가 없는 불완전한 문장이 온다. (C) yet은 등위접속사로 앞 뒤의 내용을 병렬구조로 연결하게 되므로 (A)와 (C)는 모두 오답이다.

STEP 2　문장의 논리 관계를 확인하라.
(B) if는 '만일 ~라면'의 조건을 나타내는 부사절 접속사로 '조건 또는 발생할 일에 대한 가정'을 의미한다. (D) unless는 '만일 ~ 아니라면'의 뜻으로 if ~ not을 의미한다. '호텔 시설을 보수하지 않으면, 수입이 감소할 것이다'의 의미로 '~하지 않으면 (~일 것이다)'라는 논리가 성립되므로 (D) unless가 정답이다.

unless = if ~ not
unless는 의미상 이것이 이끄는 절에 부정어(not, never)가 또 오게 되면 틀린 문장이다. 참고로 현재 사실의 반대를 나타내는 가정법으로는 거의 쓰이지 않는다.
e.g. 네가 돈이 충분하지 않다면, 내가 도와줄게.
▸ Unless you have enough money, I will help you. (O)
▸ Unless you don't have enough money, I will help you. (X)

해석　최근 설문조사는 호텔 내 시설을 보수하지 않으면, 수입이 감소할 것이라는 걸 보여주고 있다.
어휘　indicate 나타내다　facility 시설　renovate 보수하다　income 수입　decrease 감소하다
정답　(D)

---

124 The spokesperson (of KH Logistics) / announced / that / there / were / ———— matters /
　　　　주어1　　　　　(전치사구)　　　　　동사1　　접속사 유도부사 동사2　　　　주어2

to address about the assembly line / (in the Massachusetts plant.)
to부정사구　　　　　　　　　　　(전치사구)

어휘 문제는 논리나 형태상 답을 결정하는 키워드를 찾아야 한다.
———— matters to address ~

STEP 1　빈칸은 to address ~의 수식을 받는 명사 matter를 수식할 형용사 자리이다.
'해결할(to address) ———— 문제' 의미에 맞는 형용사를 찾아야 한다. matters를 수식하며 '조립 라인에 해결할 중요한 문제'의 의미로 (D) crucial이 정답이다.

STEP 2　오답 분석
(A) substitute는 품사가 명사와 동사이므로 오답이다. (B) canceled은 '취소된'의 의미로 '취소된 문제' 또한 문맥상 적절하지 않다. (C) accurate는 (오차나 오류 없이 수치나 기록 등이) '정확한'의 의미로 주로 수치나 정보를 수식한다.

해석　KH Logistic 대변인은 Massachusetts 공장 조립 라인과 관련해 해결해야 할 중요한 문제가 있다고 발표했다.
어휘　spokesperson 대변인　announce 발표하다　matter 문제　address 고심하다, 다루다
assembly line 조립 라인　plant 공장
정답　(D)

125 Mr. Pisher / just / finished / his ──── / (of the catering service's finances).
　　　　주어　　부사　　동사　　　목적어　　　　　　(전치사구)

어휘 문제는 논리나 형태상 답을 결정하는 키워드를 찾아야 한다. 〈명사+특정 전치사〉
──── **of the catering service's finances**

STEP 1 　 빈칸은 **his**의 수식을 받는 명사 자리로 문장의 목적어 자리이다.

빈칸 뒤 전치사 of와 연결될 수 있는 명사를 찾아야 한다. 단순히 의미상으로 답을 찾으려고 해서는 안 된다. 답을 결정하는 키워드를 확인해야 한다. 따라서 finances와 어울려 '재무 감사를 끝냈다'는 문맥으로 '회계 감사'의 뜻인 (B) audit이 정답이다. of는 '~의'의 의미로 보통 소유나 소속을 의미하지만 여기서는 뒤의 명사를 목적어로 하고 앞의 명사를 동사(행위)로 보아 finance를 audit하다는 의미로 '재무 감사'의 의미로 쓰였다.

STEP 2 　 빈칸 뒤 전치사 of ~와 연결될 수 있는 명사

(A) application은 〈application for + 신청/지원하는 대상〉의 형태로 '~의 신청/지원'을 뜻하거나, 〈application to/of + 이론/기술〉의 형태로 '~의 적용'을 뜻한다. 따라서 전치사 of 뒤에 이론/기술 관련 목적어가 와야 하므로 오답이다. (D) comment는 전치사 about, on과 어울려 '논평'의 의미로 쓰인다. (C) renewal은 '재개'를 의미하는 명사로 전치사 of와 함께 행위를 받아야 하는데 of ~ 이하의 finance는 행위가 아닌 돈을 의미하는 명사로 논리가 맞지 않는다.

> 해석 Pisher 씨는 방금 출장 연회 서비스의 재정 감사를 끝냈다.
> 어휘 **finish** 끝내다　**catering service** 출장 연회 서비스　**finance** 재정
> 정답 (B)

126 (To maintain the high level of performance), inspections / are required
　　　　　(to부정사구)　　　　　　　　　　　　　　주어　　　동사(수동태)
(──── six months).
　　부사

〈every+단수 명사/every+수사+복수 명사〉는 부사 역할을 한다.
완전한 문장 + ──── + 명사(**six months**)

STEP 1 　 완전한 문장에서 명사를 추가하기 위해서는 전치사가 필요하다.

하지만 보기에는 전치사가 없다. 그럼 보기에서 주어진 말과 합쳐서 부사로 쓰인다는 의미가 된다.
(B) many는 가산 복수 명사를 수식하는 형용사이므로 답이 될 수 없으며,
(C) whenever는 부사절 접속사로 뒤에 〈주어+동사〉가 와야 하므로 오답이다.
(D) even은 강조 부사로 명사, 동사, 형용사, 부사 그리고 문장을 수식할 수 있지만, 전치사를 대신해 완전한 문장에 명사를 추가할 수 없으므로 오답이다.

STEP 2 　 전치사를 대신하여 명사를 받아 부사구가 되는 〈한정사+명사〉

(A) every는 〈every+단수 명사〉 또는 〈every+수사+복수 명사〉를 받아 '매 ~마다'라는 의미의 빈도를 나타내는 부사구로 쓸 수 있다. 그러므로 정답은 (A) every가 된다.

꼭 알아두어야 할 ago!
전치사 없이 명사와 함께 부사구를 이루는 부사 표현으로 ago도 함께 알아두자.
e.g. He graduated 5 years ago. 그는 5년 전에 졸업했다.

> 해석 최상의 성능을 유지하기 위해, 점검이 6개월마다 필요하다.
> 어휘 **maintain** 유지하다　**performance** 성능　**inspection** 점검
> 정답 (A)

127 Ms. Pollack's careful ——— / (to operating laboratory equipment) / has led /
　　　　주어　　　　　　　　　　　　(전치사구)　　　　　　　　　　　　동사

her / to acquire more accurate experiment results.
목적어　　to부정사구

어휘 문제는 논리나 형태상 답을 결정하는 키워드를 찾아야 한다. 〈명사+특정 전치사〉
careful ——— to operating laboratory equipment

STEP 1 뒤에 전치사 to를 받을 수 있는 명사를 확인하라.

타동사 has led의 주어이면서 형용사 careful의 수식을 받는 적절한 명사 어휘를 골라야 한다. (A) approach는 전치사 to와 함께 '~에(의) 접근 방법'을 의미한다. 따라서 '실험실 장비 운영에 대한 신중한 접근이 정확한 실험 결과를 얻게끔 만들었다'는 문맥으로 (A) approach가 정답이다.

STEP 2 오답 분석

(B) arrival은 전치사 at/in 뒤에 장소 명사를 받으며, 전치사 of를 받을 경우 arrival은 도착 시간을 의미한다. (C) display 는 전치사 of를 받아 '~의 전시'라는 의미로 쓰이며 (D) gathering 역시 뒤에 of/from이 오므로 오답이다.

> 해석 실험실 장비 운영에 대한 Pollack 씨의 세심한 접근 방식으로 더 정확한 실험 결과를 얻게 되었다.
> 어휘 operate 가동하다 laboratory 실험실 acquire 얻다 accurate 정확한 experiment 실험
> 정답 (A)

---

128 Interview sessions / (at Perel Computers) / ——— / take place / (in the afternoon).
　　　　주어　　　　　　(전치사구)　　　　　　　　　　동사　　　　(전치사구)

부사 어휘 문제는 수식받는 대상을 확인하자.
Interview sessions ——— take place

STEP 1 빈칸은 동사 take place를 수식하는 부사 자리이다.

보기 모두 부사이므로, 의미와 위치상 적절한 것을 찾아야 한다.

STEP 2 문장의 동사 take place는 현재시제이다.

현재시제와 어울리는 부사를 생각하자. 주로 현재시제와 함께 사용하며 '보통'의 의미인 (B) typically가 정답이다. (A) patiently는 '참을성 있게'를, (C) lightly는 '가볍게'를 의미하는데 동사 take place(열리다, 개최되다)와 어울리지 않으므로 오답이며, (D) extremely는 형용사나 부사를 수식하므로 오답이다.

현재시제란 현재 발생하는 동작을 나타내는 것이 아니다.

현재시제는 ① 일상적, 주기적, 반복적인 경우 ② 상식/진리의 내용 ③ 상태, 지속, 감정, 인지의 동사가 쓰일 때 ④ 규칙, 정책의 경우에 사용한다. 따라서 현재시제와 짝을 이루며 답이 되는 부사는 반복이나 주기를 나타내는 빈도부사이다.

> ❶ 일정한 주기를 가진 빈도부사: hourly 한 시간마다 daily 일일, 하루 monthly 달마다
>   yearly/annually 해마다
> ❷ 횟수를 나타내는 빈도부사: once 한 번 twice 두 번 three times 세 번
> ❸ 반복을 의미하는 부사: regularly 정기적으로 always 항상 frequently/often 종종, 자주
>   sometimes 어쩌다 usually 대개, 보통

> 해석 Perel Computers에서 면접 시간은 보통 오후에 있습니다.
> 어휘 take place 일어나다
> 정답 (B)

129 Sidamo's Coffee Roasting / offers / customers / coffee-making tips / ———— / they /
주어1   동사1   목적어1   목적어2   주어2

can enjoy / the taste of coffee better.
동사2   목적어3

> 부사절 접속사는 연결시켜 주는 두 문장의 논리 관계를 확인하라.
> **완전한 문장 + ———— + 완정한 문장**

STEP 1   부사절 접속사의 선택은 두 문장의 논리관계를 확인하라.

보기가 모두 부사절 접속사로 쓰일 수 있으므로 두 문장의 논리 관계를 파악해야 한다. '커피 만들기 팁을 제공해서 더 나은 커피 맛을 즐길 수 있도록 한다'는 문맥이 자연스러워 빈칸 뒤 문장은 목적/결과를 의미한다. 따라서 정답은 (B) so that이다.

STEP 2   오답 분석

(A) in case는 in case (that)의 형태로 '~한 경우에'를 뜻하며 미래의 가정이나 어떤 일이 발생했을 때를 대비한다는 뜻이다. 따라서 대비하고자 하는 상황이 나와야 하므로 오답이다. (C) while은 부사절 접속사로 완전한 두 문장을 연결할 수 있지만, 주절과 종속절이 동시에 발생하거나, 앞뒤 동사가 대조를 이루어야 하기 때문에 오답이다. (D) just as는 '꼭 ~와 마찬가지로'를 의미하며, 문맥상 적절하지 않으므로 오답이다. just as는 토익에서 주로 〈just as + 형용사/부사〉 구조로 '동등하게, 똑같이'를 의미한다는 것을 알아두자.

이유 및 목적 부사절을 이끄는 종속접속사

이유·원인 부사절의 접속사	because, since, as, now that + S + V ~이기 때문에
목적 부사절의 접속사	that, so that, in order that + S + V ~하기 위해서, ~하도록 (may, will, can 등의 조동사가 따라온다.)
e.g. She works hard in order that she can get a promotion. 그녀는 승진하기 위해서 열심히 일한다.	

> 해석 Sidamo Coffee Roasting은 고객들이 더 나은 커피 맛을 즐길 수 있게 고객들에게 커피 만들기 팁을 제공한다.
> 어휘 offer 제공하다   taste 맛
> 정답 (B)

---

130 The supervisor / asked / that / all employees / ———— / protective
주어1   동사1   접속사   주어2

gear and name tags / (during work).
목적어2   (전치사구)

> **ask + that + 주어 + (should) + 동사원형**
> **동사(asked) + that + 주어 ————**

STEP 1   주장/명령/요구/제안/충고 동사+that+주어+(should)+동사원형

동사 문제는 일반적으로 수→태→시제 순으로 한다. 하지만 전체 문장의 동사가 ask, request, require, demand 같은 요구/주장/제안 동사인 경우, 접속사 that이 이어질 때 that절은 〈should+동사원형〉의 형태를 취한다. 이때 that 뒤에서 당위성의 의미를 가진 조동사 should는 생략할 수 있다. 빈칸에는 원래 should wear가 들어가야 하지만 should가 생략되고 동사원형만 남게 되므로 정답은 (A) wear이다.

> **요구/주장/제안 동사+that+주어+(should)+동사원형**
> insist 요구하다   suggest 제안하다   require 요구하다   decide 결정하다   ask 요청하다
> recommend 권고하다   propose 제안하다   demand 요구하다

> 해석 관리자는 모든 직원들에게 일하는 동안 보호 장비와 이름표를 착용하도록 요청했다.
> 어휘 supervisor 관리자   protective gear 보호 장비   name tag 이름표
> 정답 (A)

Questions 131-134 refer to the following notice.

The board of directors yesterday ------- its decision on whether to adopt a flexible
                                   131.
working hours system. Mr. Hamilton, director of human resources insisted that **further**
study of work efficiency **be needed** ------- the **directors can vote** on the matter.
                                            132.
-------. Yet the number of requests for flexible working has been **growing** in most
133.
departments. Most managers believe that the program would **bring** a dramatic
------- **in** employee morale. Mr. Hamilton says that we will take up the matter again
134.
within three months.

---

131. (A) made
(B) confirmed
(C) agreed
(D) postponed

동사 어휘
ㄴ 빈칸 위아래에서 답의 근거가
되는 연결어를 확보하자.

132. (A) so as
(B) before
(C) while
(D) because

접속사 어휘
ㄴ 동사들의 발생 순서를
확인하자.

133. (A) This flexible system is expected to reduce absenteeism
and tardiness.
(B) Mr. Hamilton recommends that a flexible schedule be
implemented.
(C) A minimum number of directors must be present for a vote
to be called.
**(D) Only a few departments currently have applied for this
program.**

문맥 추가 문제
ㄴ 빈칸 앞뒤 문장을 확인하고
보기의 키워드를 찾자.

134. (A) update
(B) period
(C) increase
(D) promotion

명사 어휘
ㄴ 빈칸 위아래에서 답의 근거가
되는 연결어를 확보하자.

문제 131-134는 다음 공지문을 참조하시오.

이사회는 어제 탄력 근무제를 채택할 것인지에 대한 결정을 연기했습니다. 인사부장 Hamilton 씨는 임원들이 이 문제에 대해 투표하기 전에 업무 효율성에 대한 심화 연구가 필요하다고 주장했습니다. 현재 일부 부서만이 이 프로그램을 신청했습니다. 그렇지만 탄력 근무제에 대한 요청 수가 대부분의 부서에서 증가하고 있습니다. 대부분의 매니저들은 이 프로그램이 직원들의 사기를 상당히 높일 것으로 생각하고 있습니다. Hamilton 씨는 3개월 안에 이 문제를 다시 이야기할 것이라고 말합니다.

> **어휘** adopt 채택하다 flexible 융통성 있는 insist 주장하다 efficiency 효율(성) request 요청 morale 사기, 의욕 absenteeism 결근 tardiness 지각 present 참석한 apply for ~을 신청하다

동사 어휘
131 빈칸의 위아래 답의 근거가 되는 연결어가 확보되어야 한다.

STEP 1 타동사 어휘를 고르는 문제이다.

빈칸은 The board of directors가 주어이며, its decision을 목적어로 받는 적절한 타동사 어휘가 들어갈 자리이다. 따라서 전치사 with, to, on과 쓰이는 자동사 (C) agreed는 오답이다.

STEP 2 내용상 아직 결정이 이뤄지지 않았다

further study ~ be needed에서 심화 연구가 필요하다는 언급을 통해 아직 최종 결정이 이루어지지 않았음을 확인할 수 있다. 따라서 '연기하다, 미루다'의 (D) postponed가 정답이 된다. (A) made와 (B) confirmed가 빈칸에 오게 되면 결정이 되었음을 뜻하는데 뒤의 문장에서 아직 결정된 사항이 아니라고 언급하고 있으므로 오답이다.

접속사 어휘
132 접속사를 선택할 때는 동사들의 발생 순서를 확인하자.

STEP 1 빈칸은 두 개의 완전한 문장을 연결할 수 있는 부사절 접속사 자리이다.

따라서 부사인 (A) so as는 오답이다.

STEP 2 접속사의 기본 의미를 숙지한다.

추가적인 심화 연구가 투표 전에 진행되어야 한다는 것으로 '~ 전에'를 의미하는 시간 부사절 접속사 (B) before가 정답이다.

STEP 3 오답 분석

(C) while은 '~ 동안에' 또는, '~인 반면에'란 의미로 주절과 종속절이 동시에 발생하거나, 앞뒤 내용이 대조를 이루어야 하기 때문에 오답이다. (D) because는 '~ 때문에'라는 이유의 접속사로 because가 이끄는 종속절이 주절의 이유나 원인이 되어야 하므로 오답이다.

133 빈칸 앞뒤의 내용과 연결되는 보기의 키워드를 찾아야 한다.

STEP 1   Yet 뒤의 내용과 상반되는 내용이 정답의 핵심이다.

빈칸 뒤에서 '그렇지만 탄력 근무제 요청 수가 대부분의 부서에서 증가하고 있다'고 언급하고 있으므로 '탄력 근무제 신청'에 관한 내용이 앞에서 언급되어야 한다. 따라서 부사 Only를 사용하여 '일부 부서만이 현재 탄력 근무제를 신청했다'고 언급하고 있는 (D)가 정답이다.

(A) 탄력 근무제는 결근과 지각을 줄여줄 것으로 기대됩니다. → 탄력 근무제에 대한 장점을 언급하는 것으로 그것을 소개하는 말과 함께 와야 적절하다.
(B) Hamilton 씨는 탄력 근무제가 실시되어야 한다고 권고합니다. → Hamilton 씨는 추가 심화 연구가 필요하다고 언급하고 있다.
(C) 투표를 진행하기 위해 최소한의 임원이 참석해야 합니다. → 투표 안내에 대한 언급은 없다.
(D) 현재 일부 부서만이 이 프로그램을 신청했습니다.

134 빈칸의 위아래에서 답의 근거가 되는 연결어가 확보되어야 한다.

STEP 1   빈칸은 동사 bring의 목적어 자리이다.

따라서 적절한 명사 어휘를 골라야 한다.

STEP 2   전치사와 짝을 이루는 명사들을 숙지한다.

이것들은 유사 의미의 어휘를 구분하는 데 도움이 된다. increase는 전치사 in과 함께 '~의 증가'를 뜻한다. 따라서 빈칸 뒤 전치사구 in employee morale의 수식을 받아, 직원들의 사기 증가를 가져올 것(bring)이라는 의미로 (C) increase가 정답이다.

STEP 3   오답 분석

(A) update(갱신), (B) period(기간), (D) promotion(홍보)은 프로그램이 가져올 결과로 볼 수 없으므로 오답이다.

Questions 135-138 refer to the following e-mail.

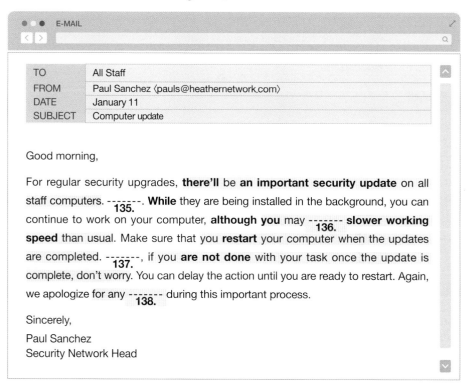

TO	All Staff
FROM	Paul Sanchez ⟨pauls@heathernetwork.com⟩
DATE	January 11
SUBJECT	Computer update

Good morning,

For regular security upgrades, **there'll** be **an important security update** on all staff computers. -------. **While** they are being installed in the background, you can
135.
continue to work on your computer, **although you** may ------- **slower working**
136.
speed than usual. Make sure that you **restart** your computer when the updates
are completed. -------, if you **are not done** with your task once the update is
137.
complete, don't worry. You can delay the action until you are ready to restart. Again,
we apologize for any ------- during this important process.
138.

Sincerely,

Paul Sanchez
Security Network Head

---

135. (A) If you have any questions, please contact me immediately.
(B) Our current system is recognized as the best.
(C) These updates are limited to certain computers.
(D) These updates will start automatically tomorrow morning.

문맥 추가 문제
ㄴ, 빈칸 앞뒤 문장을 확인하고
보기의 키워드를 찾자.

136. (A) notify
(B) complain
(C) ask
(D) experience

동사 어휘
ㄴ, 빈칸 위아래에서 답의
근거가 되는 연결어를 확보하자.

137. (A) Specifically
(B) However
(C) Rather
(D) Similarly

접속부사 어휘
ㄴ, 앞뒤 문맥을 파악하자.

138. (A) inconvenienced
(B) inconvenient
(C) inconveniently
(D) inconvenience

품사
ㄴ, ⟨한정사 + ___⟩ 구조를
파악하고 문제를 푼다.

수신	모든 직원들
발신	Paul Sanchez ⟨pauls@heathernetwork.com⟩
날짜	1월 11일
제목	컴퓨터 업데이트

안녕하세요.

정기 보안 업그레이드를 위해서 모든 직원들 컴퓨터에 중요한 보안 업데이트가 있을 예정입니다. 이 업데이트는 내일 아침 자동으로 시작됩니다. 바탕화면에 설치되는 동안, 평상시보다 작업 속도가 느리겠지만 여러분은 본인 컴퓨터로 계속 작업할 수 있습니다. 업데이트가 완료되면 컴퓨터를 꼭 다시 시작해 주십시오. 하지만 업데이트가 끝났는데도 여러분의 업무가 끝나지 않았다면 걱정하지 마세요. (컴퓨터를) 다시 시작할 준비가 될 때까지 재시작 작업은 미루셔도 됩니다. 다시 한번 이런 중요한 업데이트 과정 동안 발생할 불편에 대해 사과드립니다.

Paul Sanchez
보안 네트워크 책임자

어휘 install 설치하다   continue 계속하다   delay 미루다, 연기하다   process 과정

문맥 추가

135 빈칸 앞뒤의 내용과 연결되는 보기의 키워드를 찾아야 한다.

STEP 1   앞뒤 문장의 핵심 내용을 파악한다.

빈칸 앞에서 '모든 직원 여러분의 컴퓨터에 보안 업데이트(important security update on all staff computers)가 있을 예정이다'라고 언급하고 있다. 앞에서 언급한 업데이트를 지시 형용사 These updates로 받아 '업데이트는 내일 아침 자동적으로 시작한다'며, 업데이트의 진행에 대해 추가 정보를 언급하는 (D)가 정답이다.

(A) 질문 있으면 즉시 제게 연락주시기 바랍니다. → 마무리 인사말로, 마지막 문단에 오는 것이 적절하다.
(B) 현 시스템은 최고라고 인정받고 있습니다. → 현재 시스템이 아닌 보안 업그레이드에 대해 이야기하고 있다.
(C) 이 업데이트는 특정 컴퓨터로 제한됩니다. → 첫 문장에서 모든 직원 컴퓨터에 설치된다고 언급하고 있다.
(D) 이 업데이트는 내일 아침 자동으로 시작됩니다.

동사 어휘

136 빈칸 위아래에서 답의 근거가 되는 연결어가 확보되어야 한다.

STEP 1   적절한 타동사를 묻는 문제이다.

빈칸에는 you가 주어이며, slower working speed를 목적어로 받는 적절한 타동사 어휘가 들어가야 한다.

STEP 2   동사의 구조를 파악한다.

(A) notify는 ⟨notify+사람 목적어+전치사 of/that절⟩ 구조로 '~에게 ...을 알리다'를 뜻하며, 사람을 목적어로 받아야 하므로 오답이다.
(B) complain은 that절이나 전치사 about, of, to와 함께 쓰인다.
(C) ask는 전치사 about과 함께 '~에 대해 묻다'를 의미하므로 오답이다. 따라서 설치가 진행되는 동안, '느린 작업 속도를 경험할 수 있다'는 문맥으로 '~을 경험하다'의 (D) experience가 정답이다.

137 연결어 문제는 앞뒤 문맥을 파악하자.

STEP 1   무엇보다 앞뒤 문맥 파악이 먼저이다.

앞 문장에서 업데이트가 완료되면 컴퓨터를 다시 시작하라고 언급하고 있다. 뒤의 문장에서 '여러분의 업무가 끝나지 않았다면 걱정하지 마세요'라고 컴퓨터를 다시 시작하지 않는 경우를 언급하여 앞뒤 내용이 대조되고 있음을 알 수 있다. 따라서 대조의 접속부사 (B) However가 정답이다.

STEP 2   토익에 나오는 빈출 부사의 뜻을 확실히 알아 놓는다.

(A) Specifically(분명히, 명확하게)는 포괄적인 설명의 앞 문장에 이어 구체적인 설명을 추가할 때 사용하는 접속 부사이며, (C) Rather(오히려)는 앞에 말한 내용이 아닌 rather 뒤에 말한 내용을 선택하여 강조할 때 쓰는 접속부사이다. (D) Similarly(마찬가지로)는 앞에 나온 내용과 동일한 내용을 언급할 때 사용하는 접속부사이므로 오답이다.

138 관사, 소유격, 한정사 뒤에는 명사가 답이다.

STEP 1   빈칸은 전치사 for의 목적어 자리이다.

한정사 any의 수식을 받고 있으므로 명사 자리이다. 보기 중 명사는 (D) inconvenience뿐이므로 (D)가 정답이다.

STEP 2   오답 분석

(A) inconvenienced는 동사 inconvenience의 과거, 과거분사 형태이며, (B) inconvenient는 형용사, (C) inconveniently는 부사이므로 오답이다.

Questions 139-142 refer to the following article.

For the past twenty-eight years, Elliott Lawson has run a local store, designing and building custom pianos. But he has now decided to leave and move forward in a new career so **he will** ------- **say goodbye** to his colleagues and customers and
139.
begin **a new job** at the St. Augustine Art Institute in Houston. -------."I am honored
140.
to have worked with everyone here, but I think it's time for me to share my craft with our next generation," Mr. Lawson said. He plans to sell the remaining inventory in his store. Some **unique and rare** ------- **will be** available at reduced prices. There are
141.
a few **kid-size pianos**, which **will** ------- **be for sale.** This closing sale will end next
142.
Saturday.

139. (A) regret
    (B) regretted
    (C) regretful
    (D) regretfully

140. (A) He offers more competitive prices than neighboring stores.
    (B) His music will be performed every Sunday at a local restaurant.
    (C) He is going to teach classes and take on an apprentice.
    (D) He has completed the training course at a professional academy.

141. (A) books
    (B) appliances
    (C) paintings
    (D) instruments

142. (A) instead
    (B) also
    (C) normally
    (D) besides

품사
ㄴ. 〈조동사 + ___ + 본동사〉
사이에 들어가는 품사를 파악한다.

문맥 추가 문제
ㄴ. 빈칸 앞뒤 문장을 확인하고
보기의 키워드를 찾자.

명사 어휘
ㄴ. 빈칸 위아래에서 답의
근거가 되는 연결어를 확보하자.

부사 어휘
ㄴ. 빈칸 위아래에서 답의
근거가 되는 연결어를 확보하자.

지난 28년 동안, Elliott Lawson 씨는 주문 제작 피아노를 디자인하고 만들면서 지역 상점을 운영했습니다. 하지만 그는 이제 여길 떠나 새로운 일을 하기로 결정했습니다. 그래서 그는 아쉽게도 동료들과 고객에게 작별 인사를 하고 Houston에 있는 St. Augustine Art Institute(세인트 오거스틴 미술관)에서 새로운 일을 시작할 것입니다. 그는 수업을 진행하고 견습생을 받을 것입니다. "저는 여기서 여러분 모두와 함께 일할 수 있어 영광입니다. 하지만 제 공예품을 다음 세대와 공유해야 할 때라고 생각합니다."라고 Lawson 씨가 말했습니다. 그는 상점에 남아 있는 재고품을 판매할 계획입니다. 일부 독특하고 드문 악기를 할인된 가격으로 구매할 수 있습니다. 유아용 피아노도 몇 개 있는데, 이것들도 판매할 것입니다. 이 점포 정리 세일은 다음 주 토요일에 종료됩니다.

> 어휘 custom 주문하여 만든 colleague 동료 craft 공예(품) remaining 남아 있는 inventory 재고(품) unique 독특한 rare 드문 instrument 악기 reduced 할인된 a closing sale 점포 정리 세일 apprentice 견습생

부사
139 부사는 명사를 제외한 모든 것을 수식한다. - 〈조동사+부사+본동사〉

STEP 1 빈칸은 조동사 **will**과 본동사 **say** 사이에 위치하므로 부사 자리이다.

따라서 보기 중 부사인 (D) regretfully가 정답이다.

STEP 2 오답 분석

(A) regret은 동사, 명사, (B) regretted는 동사 regret의 과거형, 과거분사 형태, (C) regretful은 형용사이므로 오답이다.

문맥 추가
140 빈칸 앞뒤의 내용과 연결되는 보기의 키워드를 찾아야 한다.

STEP 1 빈칸 앞에서 그가 새로운 일을 시작할 것이라는 언급을 하고 있다.

따라서 그의 새로운 일에 대한 추가 정보를 제공하는 (C)가 정답이다.

(A) 그는 주변 상점보다 더 경쟁력 있는 가격을 제공합니다. → 그가 새로운 일을 찾아 떠날 거라고 언급하고 있고 가격에 대한 내용은 지문 후반부에서 언급되고 있다.
(B) 그의 음악은 지역 식당에서 일요일마다 공연될 겁니다. → 공연에 대한 언급은 없다.
(C) 그는 수업을 진행하고 견습생을 받을 것입니다.
(D) 그는 전문 아카데미에서 교육 과정을 마쳤습니다. → 그에 대한 소개와 함께 나와야 적절하다.

141 빈칸의 위아래에서 답의 근거가 되는 연결어가 확보되어야 한다.

STEP 1   빈칸은 적절한 명사 어휘를 고르는 문제이다.

형용사 unique and rare의 수식을 받으며 동사 will be의 주어 자리에 들어갈 적절한 명사여야 한다.

STEP 2   빈칸 위 아래에서 구체적인 단어들을 모아 포괄적인 정답을 찾는다.

다음 문장인 "There are a few kid-size pianos"에서 Lawson 씨가 운영하는 가게에서 유아용 피아노를 구입할 수 있음이 언급되어 있다. 즉, 할인된 가격에 구매할 수 있는 물품은 악기이므로 정답은 (D) Instruments이다.

142 빈칸의 위아래에서 답의 근거가 되는 연결어가 확보되어야 한다.

STEP 1   빈칸은 조동사 **will**과 본동사 **be** 사이에 위치할 부사 자리이다.

보기가 전부 부사이며, 바로 앞 문장에서 독특하고 희귀한 악기를 구매할 수 있다고 언급하고 있고, 해당 문장에서는 유아용 피아노를 구매할 수 있다고 언급하고 있으므로 '~도 또한'을 의미하며 앞 문장 내용에 추가 정보를 부연할 수 있는 (B) also 가 정답이다.

STEP 2   오답 분석

(A) instead(대신에)와 (D) besides(그 외에도)는 주로 문장 맨 앞이나 끝에 온다. (C) normally(보통)는 주로 현재시제와 함께 쓰여 주기적, 일상적, 반복적으로 진행되는 것을 의미한다.

Questions 143-146 refer to the following memo.

To: Dentsply International Inc. Staff
From: Jonathan Kim, CEO, FMC Technologies, Inc.
Re: Company Merger
Date: July 1

I have the great pleasure of announcing that the merger between Dentsply International Inc. and FMC Technologies, Inc. will be complete on September 10. From that date ------- the company will be known as DF International Technology Group.
143.
Through this merger, **we** will be **one of** the largest ------- of advanced applications in
144.
the international mobile phone market.

I know all of you worry about how the merger will affect you. But I can assure that **your positions, compensation, and benefits** will remain the same as contracted with Dentsply International Inc. -------.
145.

Still, the merger will bring some **changes** in company strategies and policies. -------
146.
will be discussed during a company-wide informational session tomorrow at 3 P.M. in the seminar room. Please bring your questions about the merger. I will see you then.

143. (A) forward
(B) behind
(C) next
(D) below

부사 어휘
ㄴ. From that date를 수식하는 적절한 부사 어휘를 골라야 한다.

144. (A) providing
(B) provision
(C) providers
(D) provides

품사
ㄴ. 사람 명사 vs. 사물 명사는 주어가 사람인지를 따지자.

145. (A) In fact, additional responsibilities may be charged.
(B) The new employee handbook will be provided shortly.
(C) Once the updates are made, review your contract carefully.
(D) Ever since the merger, our sales have been increased consistently.

문맥 추가 문제
ㄴ. 빈칸 앞뒤 문장을 확인하고 보기의 키워드를 찾자.

146. (A) It
(B) These
(C) Few
(D) Either

대명사
ㄴ. 앞에 나온 대신 받는 명사를 확인하자.

수신: Dentsply International Inc. 직원
발신: Jonathan Kim, FMC Technologies Inc. 최고경영자
납신: 회사 합병
날짜: 7월 1일

9월 10일에 Dentsply International Inc.와 FMC Technologies, Inc.의 합병이 완료될 것임을 알려드리게 되어 정말 기쁩니다. 9월 10일 이후로, 합병된 회사는 DF International Technology Group (DF 국제 기술 그룹)으로 알려질 것입니다. 이 합병으로 우리는 해외 휴대전화 시장에서 최신 어플리케이션의 최대 공급업체 중 한 곳이 될 것입니다.

합병이 여러분에게 어떤 영향을 미칠지 걱정하고 있다는 것 압니다. 그렇지만 여러분의 직위, 보수 및 혜택은 Dentsply International Inc.와 계약한 대로 동일하게 유지될 것입니다. 계약 갱신을 하게 되면 여러분의 계약서를 주의 깊게 검토하세요.

그럼에도 불구하고 합병은 회사 전략과 정책에 몇 가지 변화를 가져올 것입니다. 이 부분들은 내일 오후 3시 세미나실에서 회사 전반에 대한 정보를 제공하는 시간 동안 논의될 예정입니다. 합병에 관한 궁금한 사항을 준비해 오시기 바랍니다. 그럼 그때 봅시다.

어휘 **announce** 발표하다 **merger** 합병 **international** 국제적인, 해외의 **advanced** 선진의 **worry about** ~에 대해 걱정하다 **assure** 보장하다 **position** 직위 **compensation** 보수, 보상 **benefit** 혜택 **remain** 계속 ~한 상태이다 **contract** 계약하다 **strategy** 전략 **policy** 정책 **company-wide** 회사 전반의 **informational** 정보를 제공하는

부사 어휘
143 빈칸의 위아래에서 답의 근거가 되는 연결어가 확보되어야 한다.

STEP 1   빈칸은 전치사+명사(From that date)와 완전한 문장 사이에 위치한다.

(B) behind는 '~ 뒤에, 늦어'를 의미하는 전치사로, behind의 빈출 표현인 behind schedule(일정보다 늦게)을 알아두자. (C) next는 명사 앞에서만 명사를 수식하는 형용사이고, (D) below는 '기준이 되는 장소의 아래'를 뜻하는 부사이므로 오답이다. 따라서 that date는 Dentsply International Inc.와 FMC Technologies Inc.와의 합병이 진행되는 날 이후에 DF International Technology Group으로 불리므로 정답은 (A) forward이다.

명사
144 사람 명사 vs. 사물 명사는 동사의 주어가 사람인지 따진다.

STEP 1   빈칸은 명사가 들어갈 자리이다.

빈칸은 전치사 of의 목적어로 형용사 최상급 the largest의 수식을 받고 있는 명사 자리이다. 따라서 접속사인 (A) providing과 동사 형태인 (D) provides는 오답이다.

STEP 2   'one of the ──────'은 '~ 중의 하나'를 의미한다.

따라서 주어 we와 동격의 관계를 이룰 수 있는 사람 명사 (C) providers가 정답이다.

문맥 추가

145 빈칸 앞뒤의 내용과 연결되는 보기의 키워드를 찾아야 한다.

STEP 1 빈칸 앞에서 직위, 보수 및 혜택과 같은 계약 사항을 언급하고 있다.

따라서 계약이 갱신되면, 계약서를 주의 깊게 검토하라는 (C)가 정답이다.

(A) 사실, 추가 업무가 발생할 수 있습니다. → in fact(사실은, 하지만 실제는)는 부연 설명하거나 앞서 언급한 내용과 상반되는 내용을 언급할 때 쓰는 부사구로, 앞 문장에서 계약 상태가 유지될 것이라고 언급하고 있으므로 오답이다.
(B) 신입 사원 안내서가 곧 제공될 것입니다. → 신입 사원에 대한 언급은 없다.
(C) 계약 갱신을 하게 되면 여러분의 계약서를 주의 깊게 검토하세요.
(D) 합병 이후 우리의 매출은 꾸준히 증가했습니다. → 합병은 아직 이루어지지 않았다.

대명사

146 대명사는 앞에 있는 명사를 대신 받은 것이다.

STEP 1 빈칸은 적절한 대명사 어휘를 고르는 문제이다.

빈칸은 동사 will be discussed의 주어 자리로, 적절한 대명사를 골라야 한다. 빈칸 앞 문장에서 합병이 변화를 가져올 것이라고 언급하고 있으므로 복수 명사 changes를 대신 받을 수 있는 지시대명사 (B) These가 정답이다.

STEP 2 오답 분석

(A) It은 3인칭 단수 대명사로 단수 명사를 대신 받는다.
(C) Few는 부정어로 no의 의미를 가진다. 따라서 '논의될 게 거의 없다'는 의미가 되므로 문맥상 적절하지 않다.
(D) Either가 대명사로 쓰일 경우는 〈either of the/소유격+복수 명사〉구조로 쓰며, '(둘 중) 한 쪽'을 의미한다.

Questions 147-148 refer to the following text message.

Mathew Austin [2:13 P.M.]

Hi, **Rodney. I** just had a meeting with Baker's board members, and **they expressed interest in our renovation proposal** for their downtown headquarters. Joshua Baker requested other work samples, but the relevant portfolio is not with me at the moment. I'm on my way to another scheduled meeting, so **please send him the copy of the Eastcote Building files** as soon as possible **with the full set of blueprints**. Thank you.

> **147**

> **148** the copy of the Eastcote Building files, with the full set of blueprints → a work sample

---

147. What kind of business does Mr. Austin most likely work for?
(A) A law firm
(B) An advertising firm
(C) A financial institution
(D) An architectural company

Mr. Austin / 근무지 / 상
ㄴ. 첫 두 줄에 집중해 듣자.

148. What will Rodney most likely do next?
(A) Schedule an interview
(B) Deliver a work sample
(C) Compile a portfolio
(D) Meet with a client

Rodney / 미래 / 하
ㄴ. 권유/제안 표현에 집중해 듣자.

문제 147-148은 다음 문자 메시지를 참조하세요.

Mathew Austin [오후 2시 13분]

안녕하세요, Rodney 씨. 제가 방금 Baker's사 이사회 임원들과 회의했는데요, 임원들이 시내에 위치한 본사 보수 공사 제안서에 관심을 보였습니다. Joshua Baker 씨가 다른 작업 샘플을 요청했는데 지금 관련 포트폴리오가 저한테 없습니다. 제가 다른 회의에 가는 중이거든요. 그래서 가능한 한 빨리 Baker 씨에게 전체 설계도와 Eastcote Building 관련 파일 사본을 보내주세요. 감사합니다.

> 어휘 board member 임원   express 나타내다, 표현하다   interest in ~에 대한 관심   renovation 보수, 개조   proposal 제안(서), 제의   downtown 도심의, 중심가의   headquarters 본사   request 요청하다   relevant 관련 있는   at the moment 그때, 바로 지금   on one's way to ~으로 가는 길에   blueprint 설계도, 계획

---

147. Austin 씨는 어떤 업종에서 근무하는 것 같은가?

(A) 법률 회사
(B) 광고 회사
(C) 금융 기관
(D) 건축 회사

STEP 1   I/You/제3자를 확인하고 각각의 직업을 파악하라.

편지/메시지/이메일을 보내거나 받는 사람과 관련된 문제의 경우 I와 You 그리고 본문 중에 언급되는 제3자를 찾아서 직업 관련 정보를 묻는다. 주로 사람이나 회사 이름을 키워드로 하여 직위, 회사의 업종, 부서 등을 묻는다.
Austin 씨의 근무지를 묻는 문제로, 지문 첫 두 줄에서 our/your/this/here 표현에 집중해야 한다. 지문 전반부의 "I just had a meeting with Baker's board members, and they expressed interest in our renovation proposal for their downtown headquarters."에서 Baker's사의 임원들이 문자 메시지 발신자인 Austin 씨와 수신자인 Rodney 씨가 근무하는 기업에서 작성한 보수 제안서에 관심을 표했다고 언급하였다. 따라서 Austin 씨는 건물 보수와 관련된 직종에서 근무하고 있으므로 정답은 (D)이다.

---

148. Rodney 씨는 다음에 무엇을 할 것 같은가?

(A) 면접 일정 잡기
(B) 작업 샘플 전달하기
(C) 포트폴리오 편집하기
(D) 고객과 만나기

STEP 1   미래의 일이나 요청 사항은 지문의 하단부에 있다.

결론이나 미래에 대한 전망, 계획 또는 제안이나 요구, 요청 사항은 본문 후반부에 Please ~, 명령문 혹은 권유/제안 표현으로 등장한다. 수신자인 Rodney 씨의 미래 일정을 묻는 문제로, 지문 후반부 "I'm on my way to another scheduled meeting, so please send him the copy of the Eastcote Building files as soon as possible with the full set of blueprints."에서 Austin 씨는 다른 회의에 참석해야 하기 때문에, 수신자인 Rodney 씨에게 전체 설계도와 Eastcote Building 관련 파일 사본 전송을 부탁하고 있다. 따라서 정답은 (B)이다. 지문의 구체적인 어휘 the copy of Eastcote Building files as soon as possible with the full set of blueprints는 보기의 포괄적인 어휘 a work sample로 paraphrasing되었다.

STEP 2   오답 분석

(A) 지문의 "I'm on my way to another scheduled meeting"에서 Austin 씨는 이미 다른 회의 일정이 잡혀 있는 것이므로 오답이다.
(C) 지문의 "Joshua Baker requested other work samples, but the relevant portfolio is not with me at the moment."에서 portfolio는 언급되었지만, 편집이 아닌 관련 자료의 전달을 부탁한 것으로 오답이다.
(D) 지문의 "I just had a meeting with Baker's board members"에서 고객과 회의를 진행했던 사람은 Rodney 씨가 아닌 Austin 씨이므로 오답이다.

Questions 149-150 refer to the following text message.

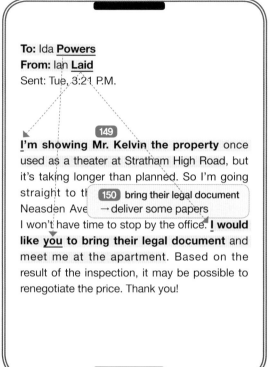

To: Ida **Powers**
From: Ian **Laid**
Sent: Tue, 3:21 P.M.

149
I'm showing Mr. Kelvin the property once used as a theater at Stratham High Road, but it's taking longer than planned. So I'm going straight to tl[**150** bring their legal document → deliver some papers]Neasden Ave
I won't have time to stop by the office. **I would like you to bring their legal document** and meet me at the apartment. Based on the result of the inspection, it may be possible to renegotiate the price. Thank you!

149. In what field does Mr. Laid most likely work?
(A) Law
(B) Construction
(C) Real estate
(D) Theater

Mr. Laid / 직업 / 상
ㄴ. 지문의 상단부에 집중해 읽는다.

150. What does Mr. Laid ask Ms. Powers to do?
(A) Arrange a meeting
(B) Negotiate an agreement
(C) Deliver some papers
(D) Review the result of an inspection

Mr. Powers / 요청 / 하
ㄴ. 하단부의 권유/제안 표현에
집중해 읽는다.

문제 149-150은 다음 문자 메시지를 참조하세요.

수신: Ida Powers
발신: Ian Laid
발송: 화요일, 오후 3시 21분

Stratham High Road에 과거에 극장으로 쓰이던 건물을 Kelvin 씨께 보여드리고 있지만, 예정보다 시간이 더 오래 걸리고 있습니다. 그래서 저는 곧장 45 Neasden Avenue의 Richards 씨 아파트를 점검하러 갈 겁니다. 제가 사무실에 들를 시간이 없을 것 같네요. 당신이 법률 문서를 챙겨 와서 저랑 그 아파트에서 만나면 좋겠습니다. 점검 결과에 따라, 가격 재협상이 가능할 것 같습니다. 감사합니다!

어휘 **property** 재산, 건물 **once** 한때 **theater** 극장 **straight** 똑바로, 곧장 **inspection** 점검, 검사 **stop by** ~에 잠시 들르다 **legal** 법률과 관련된 **document** 서류 **based on** ~에 근거하여 **result** 결과 **renegotiate** 재조정하다

---

149. Laid 씨는 어느 분야에서 근무할 것 같은가?

(A) 법률
(B) 건설
(C) 부동산
(D) 극장

STEP 1   정답은 순서대로 배치된다.

Laid 씨의 직업을 묻는 문제로, 첫 번째 문제의 정답은 90% 이상 지문의 상단부에 위치한다. 지문 전반부의 "I'm showing Mr. Kelvin the property once used as a theater at Stratham High Road"에서 발신자 Laid 씨는 Kelvin 씨에게 과거에 극장으로 사용됐던 건물을 보여주고 있음을 언급하였다. 즉, Laid 씨는 부동산 업종에서 근무하고 있으므로 정답은 (C)이다.

STEP 2   오답 분석

(A) 지문의 "I would like you to bring their legal document"에서 법률 관련 업종에서 근무하고 있다고 생각할 수 있으나, 해당 직종에서는 사람들에게 건물을 소개하지 않으므로 오답이다.
(B)는 지문에서 언급되지 않았으므로 오답이다.
(D) 지문의 "I'm showing Mr. Kelvin the property once used as a theater at Stratham High Road"에서 지문에 theater가 언급되었지만, Kelvin 씨에게 과거에 극장으로 사용되었던 건물을 보여주고 있으므로 오답이다.

---

150. Laid씨 가 Powers 씨에게 요청한 일은 무엇인가?

(A) 회의 준비
(B) 합의 내용 협상
(C) 서류 전달
(D) 검사 결과 검토

STEP 1   요구 사항은 정답이 지문의 하단부에 있다.

요구 사항은 주로 〈require/ask/invite/encourage + 목적어 + to do〉의 형태나 must/should/have to/need (to) 등으로 언급된다. Laid 씨가 Powers 씨에게 요청한 일이 무엇인지 묻는 문제로, 지문 후반부 "I would like you to bring their legal document and meet me at the apartment."에서 Laid 씨는 수신자 Powers 씨에게 법률 서류를 챙겨서 45 Neasden Avenue에 위치한 아파트로 가져와 달라고 부탁하고 있으므로 정답은 (C)이다. 지문의 구체적인 어휘 bring their legal document는 보기의 포괄적인 어휘 Deliver some papers로 paraphrasing되었다.

STEP 2   오답 분석

(A)는 지문에서 언급되지 않았으므로 오답이다.

(B) 지문의 "Based on the result ~ renegotiate the price"에서 합의 내용이 아닌 가격을 협상할 수 있음이 언급되었지만 이 일의 주체는 Laid 씨로 오답이다.

(D) 지문의 "So I'm going straight to the apartment inspection at 45 Neasden Avenue for Richards,"와 "Based on the result of the inspection, it may be possible to renegotiate the price."에서 아파트를 점검하고, 이에 대한 가격 재협상 과정에 참가하는 사람 또한 Laid 씨이므로 오답이다.

Questions 151-152 refer to the following e-mail.

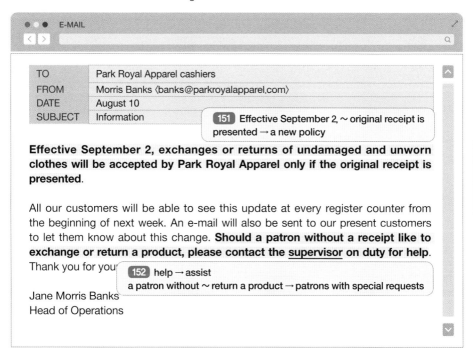

TO	Park Royal Apparel cashiers
FROM	Morris Banks ⟨banks@parkroyalapparel.com⟩
DATE	August 10
SUBJECT	Information

> 151 Effective September 2, ~ original receipt is presented → a new policy

Effective September 2, exchanges or returns of undamaged and unworn clothes will be accepted by Park Royal Apparel only if the original receipt is presented.

All our customers will be able to see this update at every register counter from the beginning of next week. An e-mail will also be sent to our present customers to let them know about this change. **Should a patron without a receipt like to exchange or return a product, please contact the <u>supervisor</u> on duty for help.**
Thank you for you~

> 152 help → assist
> a patron without ~ return a product → patrons with special requests

Jane Morris Banks
Head of Operations

---

151. Why was the e-mail written?
(A) To address a trend change
(B) To ask for a sales assistance
(C) To publicize a new policy
(D) To announce a promotional event

목적 / 상
ㄴ 첫 두 줄에 집중해 읽는다.

152. According to the e-mail, what will supervisors most likely do?
(A) Indicate what product will be on sale
(B) Assist patrons with special requests
(C) Host a training session for cashiers
(D) Determine when to display new products

키워드 supervisors / 미래 / 하
ㄴ 키워드 앞뒤에서 정답의 근거를 찾자.

수신	Park Royal Apparel 계산원들
발신	Morris Banks 〈banks@parkroyalapparel.com〉
날짜	8월 10일
제목	안내

9월 2일을 시작으로, Park Royal Apparel 사에서는 미손상 미착용 의류의 교환 및 환불은 원본 영수증을 제시할 경우에만 허용됩니다.

다음 주 초부터 고객들은 모든 계산대에서 이 최신 소식을 확인하실 수 있습니다. 또 기존 고객에게도 이런 변경사항을 알려 드리고자 이메일이 발송될 겁니다. 영수증이 없는 고객이 제품의 교환 혹은 환불을 원하시면 근무 중인 관리자에게 도움을 요청하십시오. 협조해 주셔서 감사합니다.

Jane Morris Banks 올림
사업 본부장

어휘 effective 시행되는, 발효되는 undamaged 손상되지 않은 unworn 닳지 않은, (옷을) 한 번도 입지 않은 original 원래의, 본래의 receipt 영수증 present 제시하다 register counter 계산대 patron 고객 supervisor 관리자 on duty 근무 중인 cooperation 협력, 협동

---

151. 왜 이메일이 작성되었는가?

(A) 변화 추세를 다루기 위해서 (B) 영업 지원을 요청하기 위해서
(C) 신규 정책을 발표하기 위해서 (D) 홍보 행사를 발표하기 위해서

STEP 1   목적은 처음 두 줄에 90% 정답이 있다.

이메일이 작성된 이유를 묻는 문제이다. 지문 전반부의 "Effective September 2, exchanges or returns ~ if the original receipt is presented"에서 9월 2일을 시작으로 원본 영수증을 제시해야만 의류 제품의 교환 혹은 환불이 가능하다는 신규 정책을 발표하고 있으므로 정답은 (C)이다. 지문의 구체적인 어휘 Effective September 2, ~ original receipt is presented는 보기의 포괄적인 어휘 a new policy로 paraphrasing되었다.

---

152. 이메일에 따르면, 관리자들은 무엇을 할 것 같은가?

(A) 할인 예정인 상품 표시하기
(B) 특별 요청을 하는 손님들 도와주기
(C) 계산원을 위한 교육 연수회 진행하기
(D) 신상품 진열 날짜 결정하기

STEP 1   정답은 항상 키워드 옆에 있다.

문제의 키워드는 supervisors로, 감독자의 미래 일정을 묻는 문제이다. 지문 후반부의 "Should a patron without a receipt like to exchange or return a product, please contact the supervisor on duty for help."에서 영수증이 없는데도, 제품 교환 혹은 환불을 원하는 고객이 있으면 근무 중인 관리자에게 연락하라고 언급하였으므로, 정답은 (B)이다. help는 assist로, 지문의 a patron without a receipt like to exchange or return a product는 보기의 patrons with special requests로 paraphrasing되었다.

STEP 2   오답 분석

(A), (C), (D)는 지문에서 언급되지 않았으므로 오답이다.

Questions 153-154 refer to the following text-message chain.

Jean Navarro 13:21
Haven't you left the Canons Center yet?

Cody Morales 13:22
No, I'm still here. The last presenter is about to start her lecture.

Jean Navarro 13:23
Do you think you are going to Gerald's lecture on office automation afterward? It's in **Hall C** on the third floor.

Cody Morales 13:24
I will definitely attend it. **His lectures** are always **fascinating**.

Jean Navarro 13:24
Yeah, absolutely. Very **practical and informative**, too.

Cody Morales 13:25   **154**
Would you like me to keep a seat for you close to the front row?

Jean Navarro 13:26
That would be wonderful. I appreciate that.

153. At 13:24, what does Ms. Navarro most likely mean when she writes, "Yeah, absolutely"?
(A) She is sure Mr. Morales will go to a lecture.
(B) A presenter in the Canons Center is interesting.
(C) She is satisfied with the material written by Gerald.
(D) The location of a lecture is the same as usual.

화자 의도 파악 문제
ㄴ. 해당 위치의 위아래 문맥을 파악하자.

154. What is suggested about Mr. Morales?
(A) He wants Ms. Navarro to host a lecture.
(B) He will be hired by the Canons Center.
(C) He will be able to reach Hall C before Ms. Navarro.
(D) He is going to give a presentation in the Canons Center.

키워드 Mr. Morales
ㄴ. Morales 씨의 대사에 정답이 있다.

Jean Navarro 13시 21분
Canons Center에서 아직 출발 안 하셨어요?

Cody Morales 13시 22분
네, 저 아직 여기 있습니다. 마지막 발표자가 막 강연을 시작하려 합니다.

Jean Navarro 13시 23분
그것 끝나고 당신이 사무 자동화에 관한 Gerald 씨 강연에 참석하실 건가요? 그 강연은 3층 Hall C에서 진행됩니다.

Cody Morales 13시 24분
저 꼭 그 강연에 참석할 거예요. 그 분 강연은 항상 흥미롭거든요.

Jean Navarro 13시 24분
네, 맞습니다. 또 매우 실용적이고 유익하죠.

Cody Morales 13시 25분
제가 앞줄과 가까운 좌석을 맡아 드릴까요?

Jean Navarro 13시 26분
그래 주신다면 좋죠. 감사합니다.

어휘 **last** 마지막의 **be about to do** 막 ~하려고 하다 **lecture** 강의, 강연 **automation** 자동화 **afterward** 후에
third 세 번째의 **floor** 바닥, 층 **definitely** 분명히, 틀림없이 **fascinating** 대단히 흥미로운 **absolutely** 전적으로
practical 실용적인 **informative** 유용한 정보를 주는 **keep a seat** 자리를 잡아두다 **close to** ~에 가까운
front row 앞줄 **appreciate** 고마워하다, 진가를 알아보다

---

153. 13시 24분에, Navarro 씨가 "Yeah, absolutely(네, 맞습니다)"라고 쓸 때의 의도는 무엇일 것 같은가?
(A) 그녀는 Morales 씨가 강의에 참석할 것이라고 확신하고 있다.
(B) Canons Center에서 발표하는 발표자가 아주 흥미롭다.
(C) 그녀는 Gerald 씨가 작성한 자료에 만족하고 있다.
(D) 강연 장소는 평소와 동일하다.

STEP 1   온라인 채팅 '의도' 문제는 위아래 연결어가 있거나 전체적인 상황을 포괄적으로 묘사하는 것이 정답이다.

온라인 채팅 대화에서는 등장인물들의 관계와 입장을 먼저 정리하고, 해당 위치의 위아래 문맥을 파악하여 포괄적인 정답을 찾는 것이 관건이다.
Navarro 씨가 "Do you think you are going to Gerald's lecture on office automation afterward?"에서 Morales 씨에게 Canons Center의 3층 Hall C에서 진행되는 Gerald 씨의 강연 참석 여부를 물어보자, Morales 씨는 "I will definitely attend it. His lectures are always fascinating."에서 Gerald 씨의 흥미로운 강연에 참석할 예정임을 언급하였다. 그러자 바로 Navarro 씨가 기준 문장인 "Yeah, absolutely."와 함께 "Very practical and informative, too."로 긍정의 표현으로 해당 강의에 대해 추가 설명을 하고 있다. 즉, Navarro 씨는 Morales 씨의 생각에 동의하고 있는 것으로 정답은 (B)이다. 지문의 구체적인 어휘 Gerald는 보기의 포괄적인 어휘 A presenter in the Canons Center로 paraphrasing되었다.

154. Morales 씨에 관해 언급된 것은 무엇인가?

(A) 그는 Navarro 씨가 강연을 주최하기를 원한다.

(B) Canons Center에서 그를 채용할 예정이다.

(C) 그는 Navarro 씨보다 먼저 Hall C에 도착할 예정이다.

(D) 그는 Canons Center에서 발표를 할 예정이다.

STEP 1   online chat은 등장인물의 담당 업무와 진행되는 일의 상황을 파악해야 한다.

대화중 누가 누구에게 어떤 업무를 지시했는가에 대한 사실 관계를 이해해야 한다. 따라서 현재 진행 상황과 문제점, 다음에 할 일 등에 대한 정보를 정리하자.

문제의 키워드는 Mr. Morales로, 그의 대사에서 정답을 파악하자. 지문 전반부에서 Morales 씨는 Canons Center 에서 강의를 듣고 있다. 또 후반부 Morales 씨 대사 "Would you like me to keep a seat for you close to the front row?"에서 Morales 씨가 Navarro 씨를 대신해 앞좌석을 맡아 줄지 묻자, Navarro 씨는 "That would be wonderful."로 긍정의 답변을 하였다. 즉, Navarro 씨는 Morales 씨보다 늦게 강연장에 도착할 것임을 알 수 있으므로 정답은 (C)이다.

STEP 2   오답 분석

(A) Morales 씨의 대사 "I will definitely attend it (=Gerald's lecture)."에서 Navarro 씨가 아닌, Morales 씨가 Gerald 씨가 진행하는 강연에 참석할 예정이므로 오답이다.

(B) 지문에서 Canons Center는 언급되었지만 Morales 씨의 채용 여부는 알 수 없으므로 오답이다.

(D) Morales 씨의 대사 "I will definitely attend it (=Gerald's lecture)."에서 Morales 씨가 Canons Center에서 발표를 하는 것이 아니라, Gerald 씨의 강의에 참석할 예정임으로 오답이다.

Questions 155-157 refer to the following letter.

3 August

Dear Mr. Hong-chin,

Congratulations! You have accumulat [155] nough point on your Park Theater Membership for **four complimentary tickets. We have enclosed them** with this letter. In addition, we have included **a calendar of upcoming performances.** The tickets are valid until September 29.

[157]
All of our members are sent four **complimentary** tickets for every 3,000 points accumulated. The points are earned when you purchase regularly priced ticket at any Park Theater location.

Check the status of your membership points underline{online} at www.gardenclub.co.uk.

Sincerely,

[156] the status of your membership points
→ how many points he has received

Park Theater

---

155. What was Mr. Hong-chin sent?
(A) A directory of Park Theater members
(B) ~~A ticket~~ for a specific performance
(C) A free pass for ~~an industrial fair~~
(D) A schedule of show times

Hong-chin 씨가 받은 물건 / 상
└ 지문의 상단부에 집중해 읽는다.

156. According to the letter, what can Mr. Hong-chin do at the Web site?
(A) Find directions to Park Theater locations
(B) ~~Apply for a new club membership~~
(C) Track how many points he has received
(D) Leave comments about a performance

키워드 at the Web site
└ 본문에서 유사 어휘
online으로 언급된다.

157. The word "complimentary" in paragraph 2, line 1, is closest in meaning to
(A) admirable
(B) praised
(C) free
(D) complete

동의어 찾기 문제
└ 단어를 기준으로 앞뒤 문장을
확인하자.

문제 155-157은 다음 편지를 참조하세요.

8월 3일

Hong-chin 씨에게

축하드립니다! 귀하께서는 무료 입장권 네 매를 받을 수 있을 만큼 Park Theater 멤버십 포인트를 충분히 쌓으셨습니다. 그 입장권을 이 편지에 동봉하였습니다. 추가로, 향후 공연 일정표도 넣어 드렸습니다. 해당 티켓은 9월 29일까지 유효합니다.

3,000포인트가 누적될 때마다 모든 회원에게 무료 입장권 네 매가 발송됩니다. 포인트는 Park Theater 지점에서 정규 가격에 티켓을 구매하실 때마다 적립됩니다.

www.gardenclub.co.uk에서 온라인으로 귀하의 멤버십 포인트 현황을 확인해 보세요.

Park Theater 올림

어휘 accumulate 모으다, 축적하다 complimentary 무료의 enclose 동봉하다 include 포함하다 calendar 일정표, 달력 upcoming 다가오는, 곧 있을 performance 공연 valid 유효한 earn 획득하다, 얻다 purchase 구매하다 regularly priced 정규 가격의 status 상태

---

155. Hong-chin 씨에게 무엇이 발송되었는가?

(A) Park Theater의 회원 안내책자
(B) 특정 공연 티켓 한 장
(C) 산업 박람회 무료 입장권 한 장
(D) 공연 시간 일정

STEP 1 답은 순서대로 배치된다.

Hong-chin 씨가 받은 물건이 무엇인지 묻는 첫 번째 문제로, 정답은 90% 이상 지문의 상단부에 위치한다. 지문 전반부의 "You have accumulated enough point ~ calendar of upcoming performances"에서 Hong-chin 씨의 Park Theater 멤버십 포인트가 충분히 쌓였기 때문에, 무료 입장권 4매와 공연 일정표를 발송했음을 언급하였다. 따라서 정답은 (D)이다.

STEP 2 오답 분석

(A)는 지문에서 언급되지 않았으므로 오답이다.
(B) 지문의 "You have accumulated enough point on your Park Theater Membership for four complimentary tickets. We have enclosed them with this letter."에서 공연을 관람할 수 있는 무료 입장권 1장이 아닌, 4장을 동봉하였으므로 오답이다.
(C) 지문의 "You have accumulated enough point on your Park Theater Membership for four complimentary tickets. We have enclosed them with this letter."에서 산업 박람회 입장권이 아닌, Park Theater 무료 입장권을 동봉한 것으로 오답이다.

156. 편지에 따르면, Hong-chin 씨는 웹사이트에서 무엇을 할 수 있는가?

(A) Park Theater 지점으로 가는 약도 찾기
(B) 신규 클럽 회원권 신청
(C) 누적된 포인트 확인
(D) 공연 후기 작성

STEP 1   답은 항상 키워드 옆에 있다.

질문의 키워드 at the Web site는 지문에서 유사 어휘 online으로 언급되며, 키워드 근처에 정답이 위치한다. 지문 하단부 "Check the status of your membership points online at www.gardenclub.co.uk."에서 온라인으로 멤버십 포인트 현황을 확인할 수 있음을 언급하였다. 즉, 웹사이트에서 Hong-chin 씨의 누적 포인트를 확인할 수 있으므로 정답은 (C)이다. 지문의 the status of your membership points는 보기의 how many points he has received로 paraphrasing되었다.

STEP 2   오답 분석

(A), (D)는 지문에서 언급되지 않았으므로 오답이다. (B) 지문의 "You have accumulated enough point on your Park Theater Membership for four complimentary tickets."에서 해당 편지의 수신자인 Hong-chin 씨는 이미 Park Theater의 멤버십 회원임을 확인할 수 있으므로 오답이다.

---

157. 두 번째 단락 첫 번째 줄의 "complimentary"와 의미가 가장 가까운 것은?

(A) 감탄스러운
(B) 칭찬받는
(C) 무료의
(D) 완전한

STEP 1   동의어는 문맥상 대체할 수 있는 단어를 찾는 것이다.

보기에서 일차원적으로 같은 의미의 단어를 찾는 것이 아니라 그 단어의 다양한 의미 중에서 본문의 상황에 맞는 의미를 선택해야 한다. 해당 문장인 "All of our members are sent four complimentary tickets for every 3,000 points accumulated."에서 3000포인트가 누적될 때마다 모든 회원들에게 '무료' 티켓 네 장이 발송된다고 언급하고 있다. 따라서 '무료의'의 뜻인 (C)가 정답이다.

Questions 158-159 refer to the following text message chain.

●●●○○　　　　　　　　　　　　　　　　　　　　　　□■

Leroy Snyder 11:22 A.M.
Erma, can I ask you a question about **the adjustment you wanted me to make on the instruction manual** for our brand-new appliance scheduled to be released next quarter? `158`

Erma Simon 11:23 A.M.
Sure. What is it?

Leroy Snyder 11:24 A.M.
Did you ask me to forward you the entire manual or just page 24 with the changes?

Erma Simon 11:25 A.M.
Actually, I am not able to check my e-mail at the moment because the Internet in the hotel I am staying at is not working.

Leroy Snyder 11:25 A.M.
Don't worry. The meeting with the clients is not until Tuesday. So, you have some time.

Erma Simon 11:26 A.M.
Well, I need time to review them. So, please fax me just page 24.
`159`

Leroy Snyder 11:27 A.M.
Certainly. Can you give me the number?

Erma Simon 11:27 A.M.
3321-8843.

Leroy Snyder 11:28 A.M.
It's done. If it has not arrived, I can try again.

Erma Simon 11:29 A.M.
I got it. Thanks a lot!

TEST 3 해설

158. Who most likely is Mr. Snyder?
(A) A publisher
(B) A technical writer
(C) A repair person
(D) A sales representative

Mr. Snyder / 직업 / 상
└. Snyder 씨 대사에
정답이 있다.

159. At 11:26, what does Mr. Simon most likely mean when he writes, "I need time to review them"?
(A) He needs more time to prepare for an event.
(B) He plans to correct some information himself.
(C) He wants to acquire a document right away.
(D) He intends to push back a deadline.

화자 의도 파악 문제
└. 해당 위치의 위아래 문맥을
파악하자.

Leroy Snyder [오전 11시 22분]
Erma 씨, 다음 분기에 출시 예정인 저희 회사 신형 전자기기 사용 설명서에서 제가 수정했으면 하고 바라시는 내용에 대해 질문해도 될까요?

Erma Simon [오전 11시 23분]
물론이죠. 무엇인가요?

Leroy Snyder [오전 11시 24분]
전체 설명서와 수정 사항이 반영된 24쪽 중 어느 것을 전달해 달라고 하셨어요?

Erma Simon [오전 11시 25분]
사실, 제가 머물고 있는 호텔 인터넷이 작동하지 않아서, 현재 이메일을 확인할 수가 없습니다.

Leroy Snyder [오전 11시 25분]
걱정하지 마세요. 고객과 회의는 화요일에 진행됩니다. 그러니 시간은 있습니다.

Erma Simon [오전 11시 26분]
글쎄요, 제가 그 서류들을 검토할 시간이 필요하거든요. 그러니 24쪽만 팩스로 보내주세요.

Leroy Snyder [오전 11시 27분]
알겠습니다. 번호를 알려주시겠어요?

Erma Simon [오전 11시 27분]
3321-8843입니다.

Leroy Snyder [오전 11시 28분]
보내드렸습니다. 도착하지 않았으면, 다시 보내드리겠습니다.

Erma Simon [오전 11시 29분]
받았습니다. 감사합니다!

어휘 **ask a question** 질문하다 **adjustment** 수정, 조정 **instruction manual** 사용 설명서 **brand-new** 아주 새로운, 신품의 **appliance** 전자기기 **release** 출시하다 **quarter** 분기 **forward** 보내다, 전달하다 **entire** 전체의 **change** 변경 사항, 변화 **at the moment** (마침) 지금 **client** 의뢰인, 고객 **review** 검토하다 **fax** 팩스로 보내다 **certainly** 틀림없이 분명히

---

158. Snyder 씨는 누구일 것 같은가?

(A) 출판업자
(B) 기술 관련 문서 작성지
(C) 수리 기술자
(D) 판매직원

STEP 1 　　message chain은 등장인물의 담당 업무와 진행되는 일의 상황을 파악한다.

온라인 대화에서 화자들의 직업은 가장 중요한 정보이므로, 등장하는 사람들의 이름과 대명사를 이용해 직업을 정리해 두는 연습을 해야 한다. Snyder 씨의 직업을 묻는 문제로, 그의 대사에서 정답을 파악하자. Snyder 씨 대사인 "can I ask you a question ~ be released next quarter?"에서 Snyder 씨는 다음 분기에 출시되는 신형 전자기기의 사용 설명서 제작과 관련하여 문의하고 있으므로 정답은 (B)이다.

159. 11시 26분에, Simon 씨가 "I need time to review them(제가 그 서류들을 검토할 시간이 필요하거든요)"라고 적었을 때 의미하는 것은 무엇인가?

(A) 그는 행사를 준비할 시간이 더 필요하다.
(B) 그는 스스로 일부 자료를 수정할 계획이다.
(C) 그는 지금 당장 서류를 받고 싶어 한다.
(D) 그는 마감일을 연기할 생각이다.

STEP 1 온라인 채팅 '의도' 문제는 위아래 연결어가 있거나 전체적인 상황을 포괄적으로 묘사하는 것이 정답이다.

온라인 채팅의 대화에서는 등장인물의 관계와 입장을 먼저 정리하고, 해당 위치의 위아래 문맥을 파악하여 포괄적인 정답을 찾는 것이 관건이다. 기준 문장의 대명사 them이 무엇인지 파악해야 한다. 지문 상단부에서 Simon 씨는 요청한 서류를 확인하지 못해 곤란함을 표현하고 있다. Snyder 씨는 "The meeting with the clients is not until Tuesday. So, you have some time."에서 고객과의 회의는 화요일에 진행되므로, 여유가 있음을 표현하였다. 이어서 Simon 씨는 기준 문장인 "I need time to review them."과 다음 문장인 "So, please fax me just page 24."에서 Snyder 씨에게 해당 서류를 보내달라고 요청하므로, 곧 서류를 검토할 것임을 확인할 수 있다. 따라서 정답은 (C)이다.

Questions 160-162 refer to the following article from a company newsletter.

Sue Elliott has returned

Everyone here at the Regina Recruiting Agency is excited about **Sue** (160) **tt's return to the main office to serve as administrative director.** — [1] — **Ms. Elliott was attending a** training course **in Dawson City about advanced data processing** for the past month. — [2] — The class focused on safe and speedy processing of sensitive and classified data for organizations.

Ms. Elliott has successfully passed the course. — [3] — As the course is run **by the Chesham Safe Data Processing Association (CSDPA)**, Ms. Elliott is (161) fully certified for her area to create systems that process electronic data securely. — [4] —

162 systems (that process electronic data securely) → 문장 중 대명사 one이 받는 명사

---

160. What is the article mainly about?
(A) A firm's relocation plan
(B) A newly created security system
(C) An employee's achievement
(D) A newly hired staff member

기사 주제 / 상
└, 포괄적인 정답을 찾는다.

161. What is indicated about the training course?
(A) It is held every month.
(B) It is hosted by CSDPA.
(C) It takes one year to complete.
(D) It can be attended by employees of any level.

키워드 training course
└, 문제와 보기의 키워드를 정리한 후 본문을 검색하자.

162. In which of the positions marked [1], [2], [3], and [4] does the following sentence best belong?
"Thus, we look forward to her creating one for us when she gets back."
(A) [1]
(B) [2]
(C) [3]
(D) [4]

문맥 추가 문제
└, 부정대명사 one에 집중하자.

Sue Elliott 씨 복귀

이곳 Regina Recruiting Agency의 전 직원은 총무부장으로 본사에 복귀하는 Sue Elliott 씨 소식에 기뻐하고 있습니다. — [1] — Elliott 씨는 지난 한 달 동안 Dawson 시에서 진행되던 고급 데이터 처리 관련 연수회에 참석 중이었습니다. — [2] — 해당 수업은 기업의 중요한 기밀 자료의 안전하고 빠른 처리에 초점을 맞추었습니다.

Elliott 씨는 그 과정을 성공적으로 통과했습니다. — [3] — Chesham 안전 자료 처리 협회(CSDPA)에서 운영하는 수업이라서, Elliott 씨는 이제 전자 데이터를 안전하게 처리하는 시스템 제작으로 자신의 분야에서 완전히 인정을 받은 것입니다. — [4] —

어휘 main office 본사 serve as ~의 역할을 하다 administrative director 총무부장
training course 교육 과정 advanced 고급의 safe 안전한 speedy 신속한 processing 처리 (과정)
sensitive 민감한, 신중을 요하는 classified 기밀의 organization 조직, 단체 successfully 성공적으로
association 협회, 회사 certify 증명하다, 보증하다 securely 안전하게

---

160. 기사는 무엇에 관한 것인가?
(A) 기업의 이전 계획
(B) 신설 보안 장치
(C) 직원이 한 일
(D) 신입사원

STEP 1 본문은 구체적이고 정답은 항상 포괄적이다.

지문 초반에 Sue Elliott이라는 직원이 본사로 복귀한다는 것과 지난 한 달 동안 교육에 참석했다는 내용을 통해서 직원이 한 일에 대한 내용임을 알 수 있으므로 정답은 (C)가 된다.

STEP 2 오답 분석

(A)는 회사의 relocation이 아니라 직원의 return이므로 오답이다.
(B)는 직원에 대한 내용으로 security system에 대한 내용이 아니다.
(D)는 새롭게 고용된 직원이 아니라 기존 직원이 복귀한 것이므로 오답이다.

---

161. 연수회에 관하여 무엇이 언급되고 있는가?
(A) 매달 진행된다.
(B) CSDPA에서 주관한다.
(C) 수료하는 데 1년이 걸린다.
(D) 모든 직책의 직원들이 참가할 수 있다.

STEP 1 '사실'인 것을 찾는 문제는 보기의 키워드를 먼저 정리한 후 본문을 검색한다.

보기의 키워드들을 본문에서 검색하여 보기의 내용과 본문의 내용을 비교 대조하여 정답을 찾아야 한다. 지문의 "Ms. Elliott was attending a training course in Dawson City about advanced data processing for the past month."와 "Ms. Elliott has successfully passed the course."에서 Elliott 씨가 Dawson 시에서 진행된 연수회를 성공적으로 통과했음을 언급하였다. 또한 "As the course is run by the Chesham Safe Data Processing Association (CSDPA), Ms. Elliott is now fully certified for her area to create systems that process electronic data securely."에서 CSDPA에서 운영하는 수업에서 Elliott 씨가 전자 데이터 처리 시스템 제작으로 인정받고 있음이 언급되어 있다. 따라서 Elliott 씨가 참석했던 연수회가 CSDPA에서 주관했음을 확인할 수 있으므로 정답은 (B)이다.

STEP 2   오답 분석

(A) 지문의 "Ms. Elliott was attending a training course in Dawson City about advanced data processing for the past month."에서 Elliott 씨가 지난달에 연수회에 참석했음은 언급되었지만, 교육 진행 간격에 대해서는 언급되지 않았으므로 오답이다.
(C) "Ms. Elliott was attending a training course in Dawson City about advanced data processing for the past month."에서 수료 기간이 한 달 정도 되는 것으로 나오기 때문에 오답이다.
(D)는 지문에서 언급되지 않았으므로 오답이다.

---

162. [1], [2], [3], [4]로 표시된 자리 중에서 다음 문장이 들어가기에 가장 알맞은 위치는 어디인가?
"그러므로 Elliott 씨가 복귀하면 저희를 위해 무언가를 제작해 주길 기대하고 있습니다."
(A) [1]
(B) [2]
(C) [3]
(D) [4]

STEP 1   '문맥' 추가 문제는 지시형용사, 지시대명사, 부사들이 정답을 연결한다.

지시형용사/지시대명사는 빈칸 위아래에서 해당 지시형용사나 대명사가 지칭하는 것을 찾아 연결해야 한다. 기준 문장의 부정대명사 one을 받을 수 있는 명사를 앞 문장에서 찾아야 한다. 대명사 one은 Elliott 씨가 제작해야 하며, 동시에 Regina Recruiting Agency에서 제작하기를 바라는 내용이 언급되어야 한다. 따라서 [4]번 앞 문장인 "Ms. Elliott is now fully certified for her area to create systems that process electronic data securely."에서 Elliott 씨는 안전하게 전자 데이터를 처리하는 시스템 개발로 인정받고 있음을 언급하였다. 따라서 부정대명사 one은 데이터 처리 시스템을 가리키는 것으로, Regina Recruiting Agency의 직원들이 Elliott 씨가 제작할 시스템을 기대하고 있다는 것이 가장 적절하므로 정답은 (D)이다.
참고로, 지문에서 언급된 사람은 Ms. Elliott 뿐이므로, 대명사 She에 집중하면 정답을 찾을 수 없다.

● ● ● ○ ○   🔋

Don Castillo   7:05 P.M.
I know it's after work, but before I go on my business trip, **would you mind if I ask you something**?   163

Joey Craig   <u>7:06 P.M.</u>
Not at all. What can I do for you?

Don Castillo   7:07 P.M.
I just got to Safe Car Renting, and they are requesting insurance. I am not sure about our travel policy on a case like this as **I am quite new to the firm**. Should I pay extra for it?

> 164 am quite new to the firm
> → has recently joined a company

Joey Craig   7:10 P.M.
Indeed, to drive a car during a business trip, we have to purchase the insurance.

Don Castillo   7:12 P.M.
Is it OK to use the corporate credit card or am I required to use my own card?

Joey Craig   7:12 P.M.
The corporate credit card is better, but the receipt has to be kept.

Don Castillo   7:13 P.M.
They said that e-receipts are available for customers, so keeping records of receipts shouldn't be a problem.

TEST 3 해설

---

163. At 7:06 P.M., what does Mr. Craig mean when he writes, "Not at all"?
(A) Insurance is unnecessary.
(B) He is willing to answer a question.
(C) Mr. Castillo can hand in an e-receipt.
(D) Information on travel policies is available on a Web site.

화자 의도 파악 문제
ㄴ 해당 위치의 위아래
문맥을 파악하자.

164. What is suggested about Mr. Castillo?
(A) He will drive his own vehicle.
(B) He has never gone on a business trip before.
(C) He will apply for a credit card after his trip.
(D) He has recently joined a company.

키워드 Mr. Castillo
ㄴ Castillo 씨 대사에
정답이 있다.

Don Castillo　　오후 7시 5분
퇴근 시간이 지난 건 아는데요, 제가 출장가기 전에, 뭐 좀 여쭤봐도 괜찮으시겠어요?

Joey Craig　　오후 7시 6분
괜찮습니다. 무엇을 도와드릴까요?

Don Castillo　　오후 7시 7분
제가 방금 Safe Car Renting에 도착했는데요, 그쪽 사람들이 보험을 들라고 요구하네요. 제가 갓 입사해서, 이와 관련된 출장 정책에 대해서 잘 모릅니다. 제가 추가 요금을 부담해야 하는 건가요?

Joey Craig　　오후 7시 10분
사실, 출장 중에 차를 운전하려면, 보험에 가입하셔야 합니다.

Don Castillo　　오후 7시 12분
법인카드를 사용해도 괜찮나요? 아니면 제 개인 카드를 사용해야 하나요?

Joey Craig　　오후 7시 12분
법인카드가 더 괜찮지만, 영수증을 보관해야 합니다.

Don Castillo　　오후 7시 13분
그쪽에서 고객들한테 전자영수증을 이용할 수 있다고 했어요. 그래서 영수증 기록 보관은 문제가 안 될 것 같아요.

어휘 **business trip** 출장　**request** 요구하다, 요청하다　**insurance** 보험, 보험금　**policy** 정책　**case** 경우
quite 꽤　**firm** 기업, 회사　**pay extra for** ~에 대한 추가 요금을 부담하다　**purchase** 구매하다　**corporate** 기업의
receipt 영수증　**keep record of** ~을 기록해 두다

---

163. 오후 7시 6분에, Craig 씨가 작성한 "Not at all(괜찮습니다)"은 무엇을 의미하는가?
(A) 보험은 불필요하다.
(B) 그는 질문에 기꺼이 대답하려 한다.
(C) Castillo 씨는 전자 영수증을 제출할 수 있다.
(D) 출장 정책 관련 정보는 웹사이트에서 확인할 수 있다.

STEP 1　온라인 채팅 '의도 파악' 문제는 위아래 연결어가 있거나 전체적인 상황을 포괄적으로 묘사하는 것이 정답이다.

온라인 채팅의 대화에서는 등장인물의 관계와 입장을 먼저 정리하고 해당 위치의 위아래 문맥을 파악하고 포괄적으로 정답을 찾는 것이 관건이다.
Castillo 씨는 대사 "I know it's after work, but before I go on my business trip, would you mind if I ask you something?"에서 현재 Craig 씨에게 퇴근을 했지만, 문의사항이 있기 때문에, 질문을 해도 되는지 공손하게 묻고 있다. 그러자 Craig 씨는 "Not at all."이라는 긍정의 답변을 하고 있다. Would you mind if ~?는 '내가 ~해도 꺼리지 않겠습니까?'의 뜻으로 No, Not이 들어가면 '꺼리지 않는다'의 의미가 되어 긍정의 대답이 된다. 즉, Craig 씨는 Castillo 씨의 질문에 답변해 주겠다는 의도를 확인할 수 있으므로 정답은 (B)이다.

164. Castillo 씨에 대해 언급된 것은 무엇인가?

(A) 그는 자신의 차량을 운전할 예정이다.

(B) 그는 이전에 출장을 가 본 적이 없다.

(C) 그는 출장을 다녀온 후에 신용카드를 신청할 것이다.

(D) 그는 최근에 회사에 입사했다.

STEP 1   online chat은 등장인물의 담당 업무와 진행되는 일의 상황을 파악해야 한다.

문제의 키워드는 Mr. Castillo로, 해당 키워드 대사에 정답이 있다. Castillo 씨의 대사 "I am not sure about our travel policy on a case like this as I am quite new to the firm."에서 Castillo 씨는 기업에 입사한지 얼마 되지 않았기 때문에, 출장 정책에 대해서 정확하게 알고 있지 않음을 언급하고 있다. 따라서 정답은 (D)이다. 지문의 quite new to the firm은 보기의 has recently joined a company로 paraphrasing되었다.

STEP 2   오답 분석

(A) Castillo 씨의 대사 "I know it's after work, but before I go on my business trip"과 "I just got to Safe Car Renting, and they are requesting insurance."에서 차를 끌고 출장을 갈 예정임을 확인할 수 있지만, 본인 소유의 차량인지는 확인이 불가능하므로 오답이다.

(B) Castillo 씨의 대사 "I know it's after work, but before I go on my business trip"에서 곧 출장을 갈 예정임을 알 수 있지만, 과거의 출장 경험 유무는 알 수 없으므로 오답이다.

(C) Castillo 씨의 대사 "Is it OK to use the corporate credit card or am I required to use my own card?"에서 신용카드(credit card)는 언급되었지만, 보험 가입 방법으로 법인카드의 사용이 가능한지 확인하고 있는 것으로 오답이다.

Questions 165-167 refer to the following Web page.

http://www.multipleculturegallery.com

Multi-cultural Gallery
A Museum of Multi-cultural Artwork and Records
We are excited to host our latest exhibition:
Southeast Asian Art

The exhibition is scheduled to begin on 16 August as part of the gallery's continuing Cultures Around the Globe event. All visitors to the museum who have paid the gallery admission will be able to enjoy the exhibition. **Displays of contemporary and historical artifacts** by distinguished Southeast Asian artists **will be featured**.

165 contemporary and historical artifacts → new and old art f the five-week show, will use his extensive knowledge for the gallery. After working as a curator for the Indonesian Association for the Arts for five years and spending four years researching historical artwork for the Central Ancient Arts, an archeology institute in Malaysia, **Mr. Espinoza assumed the gallery's management position** in February of this year. **166**

A variety of artifacts, such as jewelry, clay pottery, crafting tools, and clothing, as well as painting **167** urals, and sculptures will be displayed in the Southeast Asian Art Exhibition. **Guest artists from the region will hold art seminars** during the first week of September. **The fee for each seminar is $6 on top of the entrance admission**, and basic materials are included.

---

165. What is suggested about the Southeast Asian Art Exhibition?
(A) It will last until the end of August.
(B) It will feature new and old art alike.
(C) It is going to focus on jewelry and crafting tools.
(D) It is the last exhibition in the Cultures Around the Globe event.

키워드 Southeast Asian Art Exhibition / 상
ㄴ, 문제와 보기의 키워드를 정리한 후 본문을 검색하자.

166. Who is Mr. Espinoza?
(A) An art reporter
(B) A guest artist
(C) A gallery staff member
(D) A hired tour guide

직업 / Mr. Espinoza
ㄴ, 키워드 앞뒤에서 정답의 근거를 찾자.

167. According to the Web page, what can gallery visitors do for an additional fee?
(A) Join a membership program
(B) Explore a special exhibit hall
(C) Watch a film on Southeast Asia
(D) Participate in a workshop

방문객 / 미래 / 하
ㄴ, 지문의 후반부에서 정답을 파악하자.

---

http://www.multipleculturegallery.com

다문화 갤러리
다문화 예술 작품과 기록 전시관
최신 전시회 '동남아시아 예술'을 주최하게 되어 기쁩니다.

해당 전시회는 갤러리에서 진행되고 있는 전 세계 문화 행사의 일환으로 8월 16일에 시작할 예정입니다. 갤러리 입장료를 지불하신 모든 박물관 방문객들은 해당 전시회를 즐기실 수 있습니다. 특별히 유명 동남아시아 예술가들의 현대적이면서 역사적인 예술 작품들이 전시될 예정입니다.

5주간 진행되는 행사의 큐레이터인 Beulah Espinoza 씨는, 갤러리를 위해 자신의 광범위한 지식을 총동원할 예정입니다. 5년 동안 인도네시아 예술 협회에서 큐레이터로 근무하고, 말레이시아의 고고학 협회 Central Ancient Arts에서 4년 간 역사적인 작품을 연구한 이후로, Espinoza 씨는 올해 2월에 갤러리 관리직을 맡게 되었습니다.

그림, 벽화와 조각품뿐만 아니라 보석류, 점토 토기류, 공예 도구, 의류 같이 다양한 예술작품이 '동남아시아 예술' 전시회에서 선보일 예정입니다. 해당 지역 출신 초대 아티스트들이 9월 첫째 주 동안에 아트 세미나를 진행할 예정입니다. 입장료와 별도로, 각 세미나 요금은 6달러이며, 기본 재료가 포함되어 있습니다.

어휘 multi-cultural 다문화의 artwork 미술품 record 기록 host 주최하다 latest 최신의
exhibition 전시회 continuing 연속적인, 계속적인 admission 입장료 contemporary 동시대의, 현대의
historical 역사적인 distinguished 유명한, 성공한 feature 특징으로 삼다 extensive 광범위한, 폭넓은
knowledge 지식 archeology 고고학 institute 기관, 협회 assume 맡다 a variety of 다양한 artifact 공예품
mural 벽화 sculpture 조각품 on top of ~ 이외에 material 재료

---

165. 동남아시아 예술 전시회에 관하여 언급된 것은 무엇인가?
(A) 그것은 8월 말까지 진행될 예정이다.
(B) 그것은 새롭고 오래된 작품을 같이 다룰 예정이다.
(C) 그것은 보석류와 공예 도구에 중점을 둘 예정이다.
(D) 그것은 세계 문화 행사의 마지막 전시회이다.

STEP 1 '사실'인 것을 찾는 문제는 보기의 키워드를 먼저 정리한 후 본문을 검색한다.

보기의 키워드를 먼저 (A) until the end of August (B) features new and old art (C) focus, jewelry and crafting tools (D) last, Cultures Around the Globe event로 정리한다. 지문의 "Displays of contemporary and historical artifacts by distinguished Southeast Asian artists will be featured."에서 해당 전시회는 유명 동남아시아 예술가들이 제작한 현대적이고 역사적인 예술 작품을 전시할 예정임을 언급하였으므로 정답은 (B)이다. 지문의 contemporary and historical artifacts는 보기의 new and old art로 paraphrasing되었다.

STEP 2 오답 분석

(A) 지문의 "The exhibition is scheduled to begin on 16 August"와 "Beulah Espinoza, the curator of the five-week show, will use his extensive knowledge for the gallery."에서 해당 전시회의 시작일은 8월 16일이지만, 종료 날짜는 5주 뒤로 9월 중순임을 알 수 있으므로 오답이다.
(C) 지문의 "A variety of artifacts ~ will be displayed in Southeast Asian Art Exhibition"에서 보석과 공예 도구를 비롯한 다양한 전시품이 진열될 예정이므로 오답이다.
(D) 지문의 "The exhibition is scheduled to begin on 16 August as part of the gallery's continuing Cultures Around the Globe event."에서 현재 진행 중인 세계 문화 행사의 일환으로 해당 전시회가 진행되지만, 전시회의 순서는 언급되지 않았으므로 오답이다.

166. Espinoza 씨는 누구인가?

(A) 예술 기자
(B) 초대 아티스트
(C) 갤러리 직원
(D) 채용된 견학 가이드

STEP 1   사람 이름은 항상 중요한 키워드이다.

비즈니스 문서에서는 다수의 이름이 등장하기 때문에, 혼란이 없도록 등장인물 간의 관계나 각자의 주장들을 이해하는 능력이 중요하다. 따라서 I/You/제3자 등의 관계를 파악하면서 내용을 정리해야 한다.

문제의 키워드는 Mr. Espinoza로, 해당 키워드 주변에 정답이 있다. 지문의 "Beulah Espinoza, the curator of the five-week show, will use his extensive knowledge for the gallery."와 "Mr. Espinoza assumed the gallery's management position in February of this year."에서 Espinoza 씨가 갤러리의 관리직에 취임했으며, 5주간 진행되는 동남아시아 예술 전시회의 큐레이터로 활동할 것임을 알 수 있다. 따라서 정답은 (C)이다.

STEP 2   오답 분석

(A), (D)는 지문에서 언급되지 않았으므로 오답이다.
(B) 지문의 "Guest artists from the region will hold art seminars during the first week of September."에서 guest artist는 언급되었지만, Espinoza 씨의 직업은 아니므로 오답이다.

---

167. 웹페이지에 따르면, 추가 비용으로 갤러리 방문객들은 무엇을 할 수 있는가?

(A) 멤버십 프로그램 가입
(B) 특별 전시관 관람
(C) 동남아시아 관련 영화 관람
(D) 워크숍 참석

STEP 1   정답은 순서대로 배치된다.

마지막 문제이므로 정답은 지문의 후반부에 위치한다. 추가 비용을 지불한 갤러리 방문객들이 할 수 있는 일이 무엇인지 묻는 문제로, 지문의 "Guest artists ~ entrance admission, and basic materials are included"에서 9월 첫째 주 동안 초대 아티스트들이 진행하는 세미나가 진행되며, 입장료와 별도로 세미나 참가비 6달러에는 기본 재료가 포함되어 있음이 언급되어 있다. 즉, 추가 요금을 지불한 방문객들은 초대 아티스트들이 진행하는 행사에 참여할 수 있으므로 정답은 (D)이다. 지문의 구체적인 어휘 Guest artists from the region will hold art seminars는 포괄적인 어휘 Participate in a workshop으로 paraphrasing되었다.

STEP 2   오답 분석

(A)는 지문에서 언급되지 않았으므로 오답이다.
(B) 지문의 "A variety of artifacts ~ will be displayed in Southeast Asian Art Exhibition"에서 동남아시아 예술 전시회 진행 장소를 special exhibit hall로 paraphrasing할 수 있지만, 해당 전시회는 기본 입장료 지불 시 관람 가능하므로 오답이다.
(C) 지문의 "Displays of contemporary and historical artifacts by distinguished Southeast Asian artists will be featured."에서 동남아시아 예술 전시회에서는 영화가 아닌, 현대적이고 역사적인 작품을 보여주는 것으로 오답이다.

Questions 168-171 refer to the following e-mail.

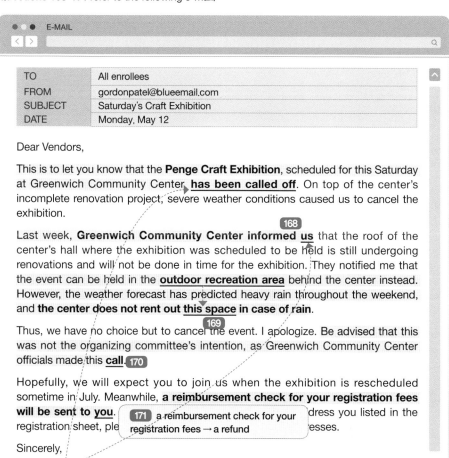

TEST 3 해설

● ● ●   E-MAIL

TO	All enrollees
FROM	gordonpatel@blueemail.com
SUBJECT	Saturday's Craft Exhibition
DATE	Monday, May 12

Dear Vendors,

This is to let you know that the **Penge Craft Exhibition**, scheduled for this Saturday at Greenwich Community Center, **has been called off**. On top of the center's incomplete renovation project, severe weather conditions caused us to cancel the exhibition.

Last week, **Greenwich Community Center informed us** that the roof of the center's hall where the exhibition was scheduled to be held is still undergoing renovations and will not be done in time for the exhibition. They notified me that the event can be held in the **outdoor recreation area** behind the center instead. However, the weather forecast has predicted heavy rain throughout the weekend, and **the center does not rent out this space** in case of rain.

Thus, we have no choice but to cancel the event. I apologize. Be advised that this was not the organizing committee's intention, as Greenwich Community Center officials made this **call**.

Hopefully, we will expect you to join us when the exhibition is rescheduled sometime in July. Meanwhile, **a reimbursement check for your registration fees will be sent to you**. [a reimbursement check for your registration fees → a refund] dress you listed in the registration sheet, ple   esses.

Sincerely,

Gordon **Patel**

---

168. Who most likely is **Mr. Patel**?
(A) A vendor selling craft items
(B) An official working for a center
(C) A contractor for some renovation work
(D) An organizer for an event

Mr. Patel / 직업 / 상
└. I / You / 제3자를 파악하자.

169. What is indicated about the outdoor recreation area at Greenwich Community Center?
(A) It has recently been renovated.
(B) It is far from the center.
(C) It requires an admission fee to enter.
(D) It cannot be used on rainy days.

키워드 outdoor recreation area
└. 키워드 앞뒤에서 정답의 근거를 찾자

170. The word "call" in paragraph 3, line 3, is the closest in meaning to
(A) telephone
(B) visit
(C) decision
(D) pressure

동의어 찾기 문제
└, 단어를 기준으로 앞뒤 문장을 확인하자.

171. According to the e-mail, what will Penge Craft Exhibition vendors receive?
(A) A request from
(B) A handbook
(C) A new calendar
(D) A refund

Penge Craft Exhibition 참여 상인 / 미래 / 하
└, 지문의 하단부 미래 표현에 집중하자.

문제 168-171은 다음 이메일을 참조하세요.

수신	모든 등록자들
발신	gordonpatel@blueemail.com
제목	토요일 공예품 전시회
날짜	5월 12일 월요일

상인분들께

이번 주 토요일에 Greenwich Community Center에서 진행 예정이던 Penge Craft Exhibition(Penge 공예품 전시회)가 취소되었음을 알려드립니다. 센터의 보수 프로젝트가 마무리되지 않은 것 외에도, 악천후로 해당 전시회가 취소되었습니다.

지난주에, Greenwich Community Center에서 전시회가 열릴 예정인 센터 홀의 지붕이 계속 공사 중이고 전시회 날짜에 맞춰 마무리되지 못할 거라고 알려 왔습니다. 센터 측에서는 센터 뒤쪽에 위치한 야외 레크레이션 구역에서 해당 행사를 대신 진행할 수 있다고 알려 줬습니다. 하지만, 일기 예보에서 주말 내내 폭우가 계속될 거라고 예보했고, 센터는 비가 올 경우에 해당 장소를 빌려주지 않습니다.

따라서 이 행사를 취소할 수밖에 없습니다. 사과드립니다. Greenwich Community Center 공무원들이 결정한 것이기에, 이것은 조직 위원회의 의도가 아님을 말씀드립니다.

다행히도, 7월 중으로 전시회 일정이 재조정이 되면 여러분의 참여를 기대할 수 있겠습니다. 그 동안, 여러분의 등록비 환불 수표가 발송될 예정입니다. 수표는 등록 서류에 명시하신 주소로 발송될 예정이기 때문에, 만약 주소가 변경되었다면 알려주십시오

Gordon Patel 올림

어휘 **craft exhibition** 공예품 전시회 **vendor** 상인 **community center** 시민 문화 회관 **call off** 취소하다 **on top of** ~ 외에 **incomplete** 불완전한, 미완성의 **renovation** 보수, 개조 **severe weather** 악천후 **cause** ~을 야기하다 **inform** 알리다, 통지하다 **roof** 지붕 **in time for** ~하는 시간에 맞춰 **notify** 알리다, 통지하다 **outdoor** 야외의 **weather forecast** 기상 예보 **predict** 예측하다 **heavy rain** 큰비, 호우 **throughout** ~ 동안 죽 내내 **have no choice but to do** ~할 수 밖에 없다 **organize** 준비하다, 조직하다 **committee** 위원회 **intention** 의도, 목적 **official** 임원, 공무원 **hopefully** 바라건대, 희망을 갖고 **meanwhile** 그 동안에 **reimbursement** 변제, 배상 **registration fee** 등록비 **address** 주소 **list** 작성하다

168. Patel 씨는 누구일 것 같은가?

(A) 공예품을 판매하는 상인
(B) 센터에서 근무하는 공무원
(C) 보수 작업 하도급 계약자
(D) 행사 주최자

STEP 1   I/You/제3자를 확인하고 각각의 직업을 파악하라.

편지/이메일을 보내거나 받는 사람과 관련된 문제의 경우 I와 You 그리고 본문 중에 언급되는 제3자를 찾아서 직업과 관련 정보를 정리해야 한다.

Patel 씨는 이메일의 발신자로, 첫 번째 문제의 정답은 지문 상단부에서 확인하자. 지문의 "This is to let you know that ~ has been called off"와 "Greenwich Community Center informed us ~ not to be done in time for the exhibition"에서 이번 주 토요일에 진행 예정이던 Penge Craft Exhibition의 진행 장소인 Greenwich Community Center 지붕 공사 미완성과 악천후로 연기되었다는 구체적인 이유를 언급하였다. 즉, Greenwich Community Center 에서 전달한 소식으로 최종 취소 결정을 내리게 된 것이므로, 발신자 Patel 씨는 Penge Craft Exhibition의 주최자임을 추측할 수 있다. 따라서 정답은 (D)이다.

STEP 2   오답 분석

(A) 이메일의 수신자로 오답이다.
(B) 지문의 "Be advised that this was not the organizing committee's intention, as Greenwich Community Center officials made this call."에서 Greenwich Community Center에서 Patel 씨에게 전시회 진행이 무리임을 알린 것으로 오답이다.
(C)는 지문에서 언급되지 않았으므로 오답이다.

---

169. Greenwich Community Center의 야외 레크레이션 구역에 관해 언급된 것은 무엇인가?

(A) 그곳은 최근에 개조되었다.
(B) 그곳은 센터에서 멀리 떨어져 있다.
(C) 그곳은 입장료를 받는다.
(D) 그곳은 비가 오는 날에 사용이 불가능하다.

STEP 1   답은 항상 키워드 옆에 있다.

질문의 키워드 outdoor recreation area와 관련된 내용을 지문에서 찾아 보기와 대조하는 문제이다. 지문의 "the event can be held in the outdoor recreation ~ not rent out this space in case of rain"에서 원래 장소를 대신하여 사용할 수 있는 곳으로, 센터 뒤쪽에 위치한 야외 레크레이션 구역을 제안했지만, 비가 내릴 경우에는 대여가 불가능함을 언 급하였다. 따라서 정답은 (D)이다.

STEP 2   오답 분석

(A) 지문의 "Last week, Greenwich Community Center informed us ~ in time for the exhibition"에서 레크 레이션 구역이 아닌, Greenwich Community Center의 센터 홀 지붕이 공사 중인 것으로 오답이다.
(B) 지문의 "They notified me that the event can be held in the outdoor recreation area behind the center instead."에서 레크레이션 구역은 회관 뒤쪽에 위치해 있음을 언급했으므로 오답이다.
(C)는 지문에서 언급되지 않았으므로 오답이다.

170. 세 번째 단락 세 번째 줄의 "call"과 의미가 가장 가까운 것은?

(A) 전화

(B) 방문

(C) 결정

(D) 압력

STEP 1 동의어 찾기 문제는 진짜 동의어를 찾는 것이 아니다.

동의어 찾기 문제에서 보기의 대부분은 실제 동의어들이다. 단순히 같은 뜻을 찾는 것이 아니라 본문의 문맥에 어울리는 단어로 교체하는 것이 핵심이다. 해당 문장인 "Be advised that this was not the organizing committee's intention, as Greenwich Community Center officials made this call."에서 전시회의 취소는 주최 측의 의도가 아니라, Greenwich Community Center가 이러한 "결정"을 내렸기 때문임을 밝히고 있다. 따라서 "결정"과 동일한 의미를 갖고 있는 (C)가 정답이다.

---

171. 이메일에 따르면, Penge Craft Exhibition의 상인들은 무엇을 받을 예정인가?

(A) 요청서

(B) 안내서

(C) 새로운 달력

(D) 환불

STEP 1 요구 사항은 답이 지문의 하단부에 있다.

결론이나 미래에 대한 전망, 계획 또는 제안이나 요구, 요청 사항은 본문 후반부에 주로 등장한다. You must/should/have to/need to 혹은 If절과 명령문에 주로 정답이 나온다.

후반부의 "a reimbursement check for your registration fees will be sent to you"에서 이메일의 수신자인 상인들에게 그들이 납부한 등록 비용을 환불해 줄 예정임을 언급하였으므로 정답은 (D)이다. 지문의 구체적인 어휘 a reimbursement check for your registration fees는 보기의 포괄적인 어휘 a refund로 paraphrasing되었다.

Questions 172-175 refer to the following online chat discussion.

● ● ● ○ ○   🔋

Jordan Walters [10:17 A.M.]
Hello, Inez. There is an inventory **issue** I need to talk to you about. **Do you have time**?

Inez Torres [10:18 A.M.]
Certainly! 172

Jordan Walters [10:18 A.M.]
According to the record, there is only one box of sugar left. There have been a lot of delivery requests for sugar recently. Do we need to order more of it?

Inez Torres [10:19 A.M.] 174
That's not necessary. We've **found another manufacturer that can provide the same quality sugar** at a lower rate. **I already ordered 30 boxes** while **you were away for the annual workshop.** They will arrive in a few days.

Jordan Walters [10:20 A.M.]
Great! I appreciate your help.

> 173 were away for the annual workshop
> → attended a training session

Inez Torres [10:21 A.M.]
No problem. And **yesterday, I contacted restaurants, so they were already informed of the change**.

Jordan Walters [10:23 A.M.]
Excellent! Thank you.

> 175 they (=restaurants) were already informed of the change → Made customers aware of a change

---

172. At 10:18 A.M., what does Ms. Torres most likely mean when she writes, "Certainly"?
(A) She will approve Mr. Walters's proposal.
(B) She is willing to meet Mr. Walters's clients.
(C) She has done something Mr. Walters asked to do.
(D) She is available to discuss a problem with Mr. Walters.

화자 의도 파악 문제
└ 해당 위치의 위아래 문맥을 파악하자.

173. What is suggested about Mr. Walters?
(A) He submitted an order for his coworker.
(B) He recently attended a training session.
(C) He corrected the inventory records.
(D) He delivered some products to a client.

키워드 Mr. Walters
└ Torres 씨 대사 중 대명사 You에 집중한다.

174. What kind of business do Ms. Torres and Mr. Walters most likely work for?
(A) A packaging manufacturer
(B) A shipping company
(C) A food supplier
(D) A local restaurant

Ms. Torres and Mr. Walters / 직업
└ 두 사람 대사에서 공통점을 찾아야 한다.

607

175. According to the online discussion, what did Ms. Torres do recently?

(A) Created a new design for a menu
(B) Arranged a training event for new hires
(C) Made customers aware of a change
(D) Helped Mr. Walters update an inventory record

> Ms. Torres / 키워드 recently / 하
> └. Torres 씨 대사 중 유사 어휘 yesterday에 집중한다.

문제 172-175는 다음 온라인 대화 메시지를 참조하세요.

Jordan Walters [오전 10시 17분]
안녕하세요, Inez 씨. 재고 문제와 관련해서 이야기를 하고 싶어요. 시간 괜찮으세요?

Inez Torres [오전 10시 18분]
괜찮습니다!

Jordan Walters [오전 10시 18분]
기록에 따르면, 설탕은 한 박스만 남아 있네요. 최근에 설탕 배달 요청이 많았습니다. 그걸 더 주문해야 할까요?

Inez Torres [오전 10시 19분]
그럴 필요 없어요. 저희가 더 낮은 가격에 동일한 품질의 설탕을 공급해 줄 수 있는 다른 제조업체를 찾았습니다. Walters 씨가 연례 워크숍에 참석하러 출장 가 있는 동안 제가 30박스를 이미 주문했습니다. 며칠 후에 도착할 겁니다.

Jordan Walters [오전 10시 20분]
대단한데요! 도와주셔서 감사합니다.

Inez Torres [오전 10시 21분]
천만에요. 그리고 어제 제가 식당에 연락해서, 그쪽도 이미 그 변경 사항 내용을 안내 받았습니다.

Jordan Walters [오전 10시 23분]
대단해요! 감사합니다.

어휘 **inventory** 재고 **issue** 문제 **according to** ~에 따르면 **delivery** 배송 **request** 요청 **recently** 최근에 **while** ~하는 동안, 반면에 **annual** 연례의 **contact** 연락을 취하다

---

172. 오전 10시 18분에, Torres 씨가 "Certainly(괜찮습니다)"라고 말한 의도는 무엇인가?

(A) 그녀는 Walters 씨의 제안서를 승인할 것이다.
(B) 그녀는 Walters 씨의 고객을 기꺼이 만날 것이다.
(C) 그녀는 Walters 씨가 요청한 일을 마무리했다.
(D) 그녀는 Walters 씨와 문제에 대해 논의할 수 있다.

STEP 1   온라인 채팅 '의도' 문제는 위아래 연결어가 있거나 전체적인 상황을 포괄적으로 묘사하는 것이 정답이다.

온라인 채팅 대화에서는 등장인물의 관계와 입장을 먼저 정리하고 해당 위치의 위아래 문맥을 파악하고 포괄적으로 정답을 찾는 것이 관건이다. Walters 씨는 "There is an inventory issue I need to talk to you about. Do you have time?"에서 재고 문제와 관련하여 Torres 씨와 이야기 나눌 수 있는지를 묻고 있다. Torres 씨는 이어서 기준 문장인 "Certainly!"로 긍정의 답변을 하고 있다. 즉, Torres 씨는 Walters 씨와 문제를 논의할 것이므로 정답은 (D)이다.

---

173. Walters 씨에 관하여 언급된 것은 무엇인가?

(A) 그는 동료를 대신해 주문서를 제출했다.   **(B) 그는 최근에 연수회에 참석했다.**
(C) 그는 재고 기록을 수정했다.   (D) 그는 고객에게 상품을 배달했다.

STEP 1 '사실'인 것을 찾는 문제는 보기의 키워드를 먼저 정리한 후 본문을 검색한다.

문제의 키워드는 Mr. Walters로, 그의 대사에 정답이 있을 확률이 높지만, 해당 문제는 Torres 씨 대사에 나오는 대명사 You에 집중해야 한다.

Torres 씨 대사인 "I already ordered 30 boxes of while you were away for the annual workshop."에서 Walters 씨가 연례 워크숍 때문에 출장 가 있는 동안, 그를 대신하여 Torres 씨가 더 낮은 가격에 동일한 품질의 설탕을 주문했음을 언급하였다. 즉, Walters 씨는 출장을 가 있었던 것으로 정답은 (B)이다. 지문의 were away for the annual workshop은 보기의 attended a training session으로 paraphrasing되었다.

STEP 2 오답 분석

(A) Torres 씨 대사인 "We've found another manufacturer that can provide the same quality sugar at a lower rate. I already ordered 30 boxes"에서 Walters 씨를 대신하여, Torres 씨가 설탕을 주문한 것이므로 오답이다.
(C) Walters 씨의 대사 "There is an inventory issue I need to talk to you about. Do you have time?"에서 재고 문제를 해결하고자 Torres 씨와 상의할 예정이므로 오답이다.
(D)는 지문에서 언급되지 않았으므로 오답이다.

---

174. Torres 씨와 Walters 씨는 어떤 업종에서 근무하는 것 같은가?

(A) 포장지 제조회사   (B) 배송회사
(C) 식재료 공급업체   (D) 현지 식당

STEP 1 online chat은 등장인물의 관계도를 먼저 이해한다.

보기의 오답들이 본문 중에 언급되는 내용이라서, 혼동을 피하기 위해서는 미리 직업, 담당 업무, 진행 순서 등을 정리해야 한다.

Torres 씨와 Walters 씨의 근무 업종을 묻는 문제로, 둘의 대사에서 정답을 파악해야 한다. Walters 씨의 대사 "According to the record, there is only one box of sugar left. There have been a lot of delivery requests for sugar recently."와 Torres 씨의 대사 "We've found another manufacturer that can provide the same quality sugar at a lower rate."에서 두 사람은 식자재인 설탕 주문을 관리하고 있음을 언급하였다. 또 후반부 Torres 씨의 대사 "I contacted restaurants, so they were already informed of the change."에서 설탕 납품 업체가 변경되었음을 식당에도 이미 공지했음을 언급하였다. 즉, Torres 씨와 Walters 씨는 식당에 설탕을 공급하는 직종에서 근무하고 있는 것을 확인할 수 있으므로 정답은 (C)이다.

STEP 2 오답 분석

(A) 지문에 manufacturer는 언급됐지만, Torres 씨가 Walters 씨를 대신해 주문한 업체는 설탕 제조업체로 오답이다.
(B)는 지문에서 언급되지 않았으므로 오답이다.
(D) 지문에 restaurant은 언급되었지만, Torres 씨가 연락을 취한 업체이므로 오답이다.

---

175. 온라인 대화에 따르면, 최근에 Torres 씨는 무엇을 했는가?

(A) 메뉴 새 디자인 제작
(B) 신입직원용 교육 행사 기획
(C) 고객들에게 변경 사항 공지
(D) Walters 씨의 재고 목록 업데이트 도와주기

STEP 1 답은 항상 키워드 옆에 있다.

Torres 씨가 과거에 한 일을 묻는 문제이다. Torres 씨의 대사인 "And yesterday, I contacted restaurants, so they were already informed of the change."에서 어제 식당에 설탕 제조업체가 변경되었다는 사실을 알렸음을 언급하였으므로 정답은 (C)이다. 지문의 they (= restaurants) were already informed of the change는 보기의 Made customers aware of a change로 paraphrasing되었다.

STEP 2 오답 분석

(A), (B), (D)는 지문에서 언급되지 않았으므로 오답이다.

Questions 176-180 refer to the following e-mails.

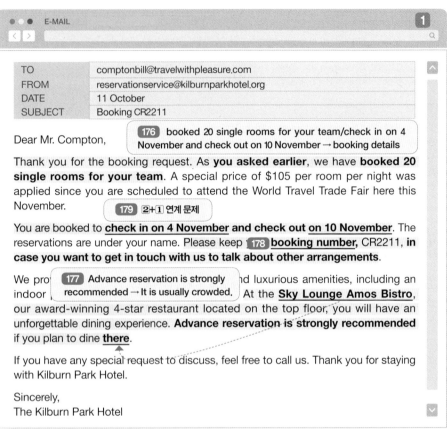

E-MAIL   **1**

TO   comptonbill@travelwithpleasure.com
FROM   reservationservice@kilburnparkhotel.org
DATE   11 October
SUBJECT   Booking CR2211

Dear Mr. Compton,

> **176** booked 20 single rooms for your team/check in on 4 November and check out on 10 November → booking details

Thank you for the booking request. As **you asked earlier**, we have **booked 20 single rooms for your team**. A special price of $105 per room per night was applied since you are scheduled to attend the World Travel Trade Fair here this November.

> **179** ②+① 연계 문제

You are booked to **check in on 4 November** and **check out on 10 November**. The reservations are under your name. Please keep ' **178** booking number, CR2211, **in case you want to get in touch with us to talk about other arrangements**.

We pro ... [**177** Advance reservation is strongly recommended → It is usually crowded.] ...d luxurious amenities, including an indoor ... At the **Sky Lounge Amos Bistro**, our award-winning 4-star restaurant located on the top floor, you will have an unforgettable dining experience. **Advance reservation is strongly recommended** if you plan to dine **there**.

If you have any special request to discuss, feel free to call us. Thank you for staying with Kilburn Park Hotel.

Sincerely,
The Kilburn Park Hotel

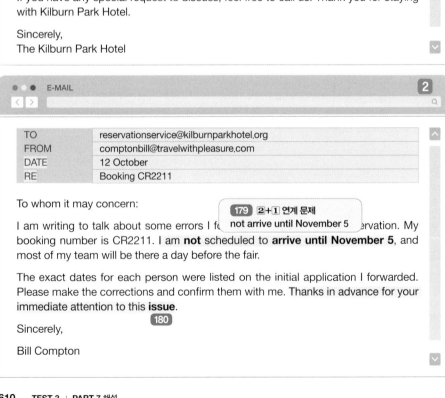

E-MAIL   **2**

TO   reservationservice@kilburnparkhotel.org
FROM   comptonbill@travelwithpleasure.com
DATE   12 October
RE   Booking CR2211

To whom it may concern:

> **179** ②+① 연계 문제
> not arrive until November 5

I am writing to talk about some errors I f... not arrive until November 5 ...ervation. My booking number is CR2211. I am **not** scheduled to **arrive until November 5**, and most of my team will be there a day before the fair.

The exact dates for each person were listed on the initial application I forwarded. Please make the corrections and confirm them with me. Thanks in advance for your immediate attention to this **issue**.

> **180**

Sincerely,

Bill Compton

176. Why was the first e-mail written?
(A) To confirm booking details
(B) To book hotel rooms ~~in advance~~
(C) To report a ~~recent change~~ in room prices
(D) To ~~respond to inquiries~~ about a hotel's facilities

177. What is suggested about the Sky Lounge Amos Bistro?
(A) It ~~recently relocated~~ to the top floor.
(B) It is usually crowded.
(C) It was just renovated.
(D) It is located ~~near~~ the Kilburn Park Hotel.

178. Why is Mr. Compton asked to keep his reservation number?
(A) To ~~obtain a discount~~
(B) To ~~access the hotel restaurant~~
(C) To be entered in a contest
(D) To refer to it in case of a problem

179. What part of the reservation was incorrect?
(A) ~~The number of people~~
(B) The hotel branch
(C) The check-in dates
(D) The ~~total room price~~

180. In the second e-mail, the word "issue" in paragraph 2, line 3, is closest in meaning to
(A) publication **(B) matter**
(D) distribution (D) offer

목적 / 상: 지문 **1**
ㄴ, 지문의 상단부에서 정답을 확인하자.

키워드 Sky Lounge Amos Bistro: 지문 **1**
ㄴ, 키워드 앞뒤에서 정답의 근거를 찾자.

이유 / Mr. Compton / keep reservation number: 지문 **1**
ㄴ, 지문에서 유사 어휘 booking number로 언급된다.

잘못된 예약 정보: 지문 **2**+**1**
ㄴ, 지문 **2**에서 오류 사항 확인하고, 지문 **1**에서 세부사항을 비교한다.

동의어 찾기 문제: 지문 **2**
ㄴ, 단어를 기준으로 앞뒤 문장을 확인하자.

문제 176-180은 다음 이메일들을 참조하세요.

수신	comptonbill@travelwithpleasure.com
발신	reservationservice@kilburnparkhotel.org
날짜	10월 11일
제목	예약 CR2211

Compton 씨께

예약 확인 요청해 주셔서 감사합니다. 이전에 요청하신 대로, 저희는 귀하의 일행분들을 위해서 20개 싱글 룸을 예약했습니다. 귀하께서 이번 11월에 여기에서 열리는 세계 여행 무역 박람회에 참가하실 예정이라서, 1박당 각 객실에 105달러의 특별 요금이 적용되었습니다.

귀하께서는 11월 4일에 체크인하고, 11월 10일에 체크아웃하시는 걸로 예약되어 있습니다. 객실 예약은 귀하의 이름으로 되어 있습니다. 다른 일정 준비에 관해 저희와 연락하시고 싶은 경우를 대비하여, 예약번호인 CR2211을 알고 계십시오.

저희는 다양한 식사 옵션과 스파와 야외 정원을 갖춘 실내 수영장을 포함해 고급스러운 편의시설을 제공하고 있습니다. 최상층에 위치한, 수상 경력에 빛나는 별 4개짜리 저희 Sky Lounge Amos Bistro에서 잊지 못할 식사를 경험하시게 될 겁니다. 그곳에서 식사하실 계획이 있으시면, 사전 예약하실 걸 강력하게 추천드립니다.

논의해야 할 특별 요청사항이 있으시면, 언제든지 연락 주십시오. Kilburn Park Hotel에 머물러 주셔서 감사합니다.

Kilburn Park Hotel 올림

수신	reservationservice@kilburnparkhotel.org
발신	comptonbill@travelwithpleasure.com
날짜	10월 12일
답장	예약 CR2211

관계자분들께

제 예약 상세 정보에서 발견한 몇 가지 오류에 대해서 이야기하고자 이 편지를 씁니다. 제 예약 번호는 CR2211입니다. 저는 11월 5일에 도착할 예정이며, 저희 팀 대다수 역시 박람회 전날 그곳에 도착할 예정입니다.

각 개인별로 도착하는 정확한 날짜는 제가 전달해 드렸던 처음 신청서에 명시되어 있습니다. 정정을 부탁드리며 이후에 저에게 다시 한 번 알려 주십시오. 이 문제에 즉각적인 관심을 가져 주신 점, 미리 감사드립니다.

Bill Compton 올림

어휘 request 요청 per ~마다, ~당 apply 적용시키다 be scheduled to do ~할 예정이다
get in touch with ~와 연락하다 arrangement 준비, 마련 a wide range of 광범위한, 다양한
amenity 편의시설 award-winning 상을 받은 top floor 최상층 advance reservation 사전 예약
strongly 강하게 feel free to do 거리낌 없이 ~하다 error 오류 detail 세부사항 list 열거하다, 명시하다
initial 초기의 application 신청서 forward 전달하다 make a correction 수정하다
confirm 확인해 주다, 확정하다 immediate 즉각적인

---

176. 왜 첫 번째 이메일이 작성되었는가?

(A) 예약 세부사항을 확정짓기 위해서
(B) 호텔 객실을 미리 예약하기 위해서
(C) 최근 객실 가격 변동 사항을 알리기 위해서
(D) 호텔 시설 관련 문의사항에 답변하기 위해서

STEP 1 목적은 처음 두 줄에 90% 답이 있다.

첫 번째 이메일이 작성된 이유를 묻는 문제이다.
첫 번째 지문 상단부의 "Thank you for the booking request. As you asked earlier, we have booked 20 single rooms for your team."과 "You are booked to check in on 4 November and check out on 10 November."에서 Compton 씨가 예약한 일정과 객실 수를 확인하고 있는 것으로 정답은 (A)이다. 지문의 구체적인 어휘 booked 20 single rooms for your team, check in on 4 November and check out on 10 Novermber는 보기의 포괄적인 어휘 booking details로 paraphrasing되었다.

STEP 2 오답 분석

(B) 지문의 "Thank you for the booking request."에서 이미 호텔을 예약한 것으로 오답이다.
(C) 지문의 "A special price of $105 per room per night was applied since you are scheduled to attend the World Travel Trade Fair here this November."에서 최근에 가격이 변동된 것이 아니라, 세계 여행 무역 박람회에 참석하는 사람들에게는 특별 요금이 적용된다는 것을 알려주는 것으로 오답이다.
(D) 지문 중반부에서 "We provide a wide range of dining options and luxurious amenities, including an indoor pool with a spa and outdoor garden."에서 호텔에 위치한 여러 시설들이 언급되었지만, 문의사항에 답변하는 것이 아니라 이에 대한 정보를 알려주는 것으로 오답이다.

177. Sky Lounge Amos Bistro에 관해서 언급된 것은 무엇인가?

(A) 그곳은 최근에 최상층으로 이전했다.

(B) 그곳은 평상시에도 붐빈다.

(C) 그곳은 막 보수되었다.

(D) 그곳은 Kilburn Park Hotel 근처에 위치해 있다.

STEP 1 답은 항상 키워드 옆에 있다.

문제의 키워드 Sky Lounge Amos Bistro와 관련된 내용을 지문에서 찾아, 보기와 대조하는 문제이다.

첫 번째 지문의 "At the Sky Lounge Amos Bistro, ~ Advance reservation is strongly recommended if you plan to dine there"에서 Sky Lunge Amos Bistro에서 식사할 계획이 있다면, 사전 예약이 반드시 필요함을 언급하였다. 즉, 해당 식당에 많은 사람들이 방문한다는 것을 알 수 있으므로 정답은 (B)이다. 지문의 advance reservation is strongly recommended는 보기의 usually crowded로 paraphrasing되었다.

STEP 2 오답 분석

(A) 지문의 "At the Sky Lounge Amos Bistro, our award-winning 4-star restaurant located on the top floor"에서 Sky Lounge Amos Bistro는 이미 최상층에 위치해 있으므로 오답이다.

(C)는 지문에서 언급되지 않았으므로 오답이다.

(D) 지문의 "At the Sky Lounge Amos Bistro, our award-winning 4-star restaurant located on the top floor"에서 해당 식당은 Kilburn Park Hotel 인근이 아니라, 호텔 내부에 위치해 있으므로 오답이다.

---

178. Compton 씨는 왜 예약 번호를 숙지하라고 요청 받는가?

(A) 할인을 받기 위해서

(B) 호텔 식당을 사용하기 위해서

(C) 시합에 참가하기 위해서

(D) 문제가 생겼을 때 참고하기 위해서

STEP 1 정답은 항상 키워드 옆에 있다.

Compton 씨가 예약 번호를 숙지하고 있어야 하는 이유를 묻는 문제이다. Compton 씨가 수신인인 첫 번째 지문에서 정답을 찾아야 하며, 문제의 키워드 reservation number는 본문에서 유사 어휘 booking number로 언급된다.

첫 번째 지문의 "Please keep your booking number, CR2211, in case you want to get in touch with us to talk about other arrangements."에서 다른 일정 준비 관련해 이야기 나누고 싶을 때를 대비하여, 예약 번호인 CR2211을 숙지하고 있으라고 언급하였다. 즉, 지문의 구체적인 어휘 other arrangements를 포괄적인 어휘 a problem으로 paraphrasing한 (D)가 정답이다.

STEP 2 오답 분석

(A) 첫 번째 지문의 "A special price of $105 per room per night was applied"에서 이미 특별 가격이 적용된 것으로 오답이다.

(B) 첫 번째 지문의 "Advance reservation is strongly recommended if you plan to dine there."에서 호텔에 위치한 식당 Sky Lounge Amos Bistro에서 식사를 하려면, 예약 번호가 아닌 사전 예약이 필요한 것으로 오답이다.

(C)는 지문에서 언급되지 않았으므로 오답이다.

179. 예약 세부사항의 어느 부분이 정확하지 않았는가?

(A) 인원 수
(B) 호텔 지점
(C) 체크인 날짜
(D) 객실 총 금액

STEP 1　5문제 중 반드시 한 문제 이상은 두 문서를 동시에 이용해야 정답이 나온다.

예약 세부사항 중 Compton 씨가 요청한 것과 다른 것이 무엇인지 묻는 문제이다. 두 번째 지문의 "I am not scheduled to arrive until November 5,"에서 Compton 씨는 체크인 날짜로 11월 5일을 언급하였다. 하지만 첫 번째 지문의 "You are booked to check in on 4 November and check out on 10 November."에서 호텔 측에서 이야기한 체크인 날짜가 11월 4일임을 확인할 수 있다. 따라서 예약 세부사항 중 잘못된 것은 (C)이다.

STEP 2　오답 분석

(A) 첫 번째 지문의 "As you asked earlier, we have booked 20 single rooms for your team."에서 20개 싱글 룸을 예약했다는 것에서 20명이 호텔을 방문한다는 것을 확인할 수 있지만, 이는 부정확한 예약 정보가 아니므로 오답이다.
(B)는 지문에서 언급되지 않았으므로 오답이다.
(D) 첫 번째 지문의 "As you asked earlier, we have booked 20 single rooms for your team. A special price of $105 per room per night was applied"에서 20개의 싱글 룸은 각 105달러의 특별 가격으로 예약됨을 언급하였다. 하지만, 이는 호텔 측에서 알려주는 정확한 세부사항으로 오답이다.

---

180. 두 번째 이메일에서, 두 번째 단락 세 번째 줄의 "issue"와 의미가 가장 가까운 것은?

(A) 출판물
(B) 문제
(C) 분포
(D) 제안

STEP 1　동의어는 문맥상 대체할 수 있는 단어를 찾는 것이다.

보기에서 일차원적으로 같은 의미의 단어를 찾는 것이 아니라 그 단어의 다양한 의미 중에서 본문의 상황에 맞는 의미를 선택해야 한다. 해당 문장 "Thanks in advance for your immediate attention to this issue."에서 '문제(잘못된 예약)' 해결에 미리 감사 인사를 전하고 있으므로 "문제, 일"의 의미를 갖는 (B)가 정답이다.

Questions 181-185 refer to the following notice and e-mail.

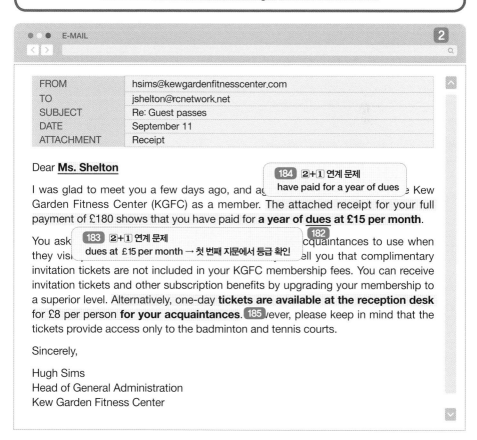

Kew Garden Fitness Center(KGFC) Membership Subscription Choices

	Normal	Premium	Superior
Payments **183** 2+1 연계 문제 dues at £15 per month → Normal	£15	£25	£40
Reduced Price on Seasonal Programs*	–	–	√
Guest Invitation Tickets	–	√	√
Free Parking	√	√	√
Badminton & Tennis Courts Access	√	√	√
Indoor Swimming Pool Access	√	√	√
Fitness Section Access	√	√	√

Please be advised that all membership level **184** 2+1 연계 문제 the one-time enrollment fee of £40, which is not refundable. Those who pay for the full year in advance on registration are exempt from the enrollment fee.

181 a complete schedule of seasonal events/Web site → their lists/on the Internet

*For a complete schedule of seasonal events, check our Web site at www.kewgardenfitnesscenter.com

● ● ● E-MAIL

FROM	hsims@kewgardenfitnesscenter.com
TO	jshelton@rcnetwork.net
SUBJECT	Re: Guest passes
DATE	September 11
ATTACHMENT	Receipt

Dear **Ms. Shelton**

184 2+1 연계 문제 have paid for a year of dues

I was glad to meet you a few days ago, and a_____ e Kew Garden Fitness Center (KGFC) as a member. The attached receipt for your full payment of £180 shows that you have paid for **a year of dues at £15 per month**.

You ask **183** 2+1 연계 문제 dues at £15 per month → 첫 번째 지문에서 등급 확인 cquaintances to use when they vis_____ ell you that complimentary invitation tickets are not included in your KGFC membership fees. You can receive invitation tickets and other subscription benefits by upgrading your membership to a superior level. Alternatively, one-day **tickets are available at the reception desk** for £8 per person **for your acquaintances. 185** /ever, please keep in mind that the tickets provide access only to the badminton and tennis courts.

Sincerely,

Hugh Sims
Head of General Administration
Kew Garden Fitness Center

181. What is indicated about the seasonal programs provided at KGFC?
(A) Each person is required to pay ~~£8.~~
(B) People need to register in advance.
(C) Their lists are posted on the Internet.
(D) Non-members can enjoy them.

키워드 seasonal programs: 지문 **1**
ㄴ 키워드 앞뒤에서 정답의 근거를 찾자.

182. In the e-mail, the word "dues" in paragraph 1, line 3, is closest in meaning to
(A) deadlines
(B) fees
(C) reasons
(D) proofs

동의어 찾기 문제: 지문 **2**
ㄴ 단어를 기준으로 앞뒤 문장을 확인하자.

183. What benefit does Ms. Shelton NOT currently have with KGFC?
(A) Access to workout equipment
(B) Discounts on seasonal events
(C) Access to its the swimming pool
(D) Free parking

NOT / benefit / Ms. Shelton have: 지문 **2**+**1**
ㄴ 지문 **2**에서 회원 등급 확인 후, 지문 **1**에서 세부사항을 확인한다.

184. What is most likely true about Ms. Shelton?
(A) She ~~has to pay~~ KGFC ~~some money.~~
(B) She ~~is not inclined to upgrade~~ her membership.
(C) She came to KGFC ~~on September 11.~~
(D) She did not need to pay the enrollment fee.

키워드 Ms. Shelton: 지문 **2**+**1**
ㄴ 지문 **2**에서 회원 비용 확인 후, 지문 **1**에서 내용을 확인한다.

185. What is suggested about guests of normal-level members?
(A) They can acquire tickets at the reception desk.
(B) They can upgrade their memberships.
(C) They are allowed to visit KGFC several days a week.
(D) They can access ~~all~~ of KGFC's facilities.

키워드 guests of normal-level members: 지문 **2**
ㄴ 문제와 보기의 키워드를 정리한 후 본문을 검색하자.

문제 181-185는 다음 공지문과 이메일을 참조하세요.

Kew Garden Fitness Center (KGFC)
회원권 종류

	일반	프리미엄	슈페리어
한 달 요금	15파운드	25파운드	40파운드
계절 프로그램 할인 가격*	–	–	√
손님 초대권	–	√	√
무료 주차	√	√	√
배드민턴 및 테니스장 사용	√	√	√
실내 수영장 사용	√	√	√
헬스장 사용	√	√	√

모든 등급의 회원권에는 등록비 40파운드를 1회 지불하셔야 하며 이는 환불이 불가능합니다. 1년치 비용을 미리 납부하시는 고객님께는 등록비를 면제해 드립니다.

* 계절 행사 관련 전체 일정은,
웹 사이트 www.kewgardenfitnesscenter.com에서 확인하세요.

발신	hsims@kewgardenfitnesscenter.com
수신	jshelton@rcnetwork.net
제목	답장: 손님용 입장권
날짜	9월 11일
첨부파일	영수증

Shelton 씨께

며칠 전에 당신을 만나 뵙게 되어 반가웠습니다. Kew Garden Fitness Center (KGFC)의 회원으로 등록해 주신 것에 다시 한 번 감사드립니다. 첨부된 180파운드 완납 영수증에는 매달 15파운드의 1년 회비를 납부하셨음이 표기되어 있습니다.

다음 달에 지인들이 Shelton 씨를 방문할 때 사용하실 수 있게 KGFC 손님 초대권을 문의하셨네요. 하지만, 유감스러운 말씀이지만 귀하의 KGFC 회원권에는 무료 초대권이 포함되어 있지 않습니다. 슈페리어 등급으로 회원권을 업그레이드하시면 초대권과 다른 회원 혜택을 받으실 수 있습니다. 그렇지 않으면, 지인이 사용할 수 있는 하루 입장권을 접수처에서 1인당 8파운드에 구매하실 수 있습니다. 하지만 그 입장권으로는 배드민턴 및 테니스장만 이용하실 수 있다는 점, 꼭 알아두시기 바랍니다.

Hugh Sims 올림
Kew Garden Fitness Center 관리 총 책임자

어휘 refundable 환불 가능한 registration 등록 in advance 사전에, 미리 be exempt from ~에서 면제되다 complete 완벽한, 완전한 attach 첨부하다 dues 회비 acquaintance 지인 complimentary 무료의 include 포함되다 alternatively 그렇지 않으면 access 입장(하다), 접근(하다)

---

181. KGFC가 제공하는 계절 프로그램에 대해 무엇이 언급되어 있는가??

(A) 개인당 8파운드를 지불해야 한다.
(B) 미리 등록해야 한다.
(C) 프로그램 목록은 인터넷에 게시되어 있다.
(D) 비회원이 프로그램에 참가할 수 있다.

STEP 1   답은 항상 키워드 옆에 있다.

문제의 키워드는 seasonal programs로, 해당 키워드가 언급된 첫 번째 지문에서 정답을 파악하자.
첫 번째 지문의 "For a complete schedule of seasonal events, check our Web site at www.kewgardenfitnesscenter.com"에서 헬스장 웹사이트에서 계절별 진행되는 프로그램에 대한 전체 일정표를 확인할 수 있음이 언급되어 있으므로 정답은 (C)이다. 지문의 a complete schedule of seasonal events는 보기의 their lists로, our Web site는 on the Internet으로 paraphrasing되었다.

STEP 2   오답 분석

(A) 두 번째 지문의 "Alternatively, one-day tickets are ~ for your acquaintances"에서 지인을 초대했을 때 사용할 수 있는 일일권의 요금이 8파운드로 오답이다.
(B), (D)는 지문에서 언급되지 않았으므로 오답이다.

182. 이메일에서, 첫 번째 문단 세 번째 줄의 "dues"와 의미가 가장 가까운 것은?

(A) 마감일
(B) 요금
(C) 이유
(D) 증거

STEP 1   동의어 찾기 문제는 진짜 동의어를 찾는 것이 아니다.

동의어 찾기 문제에서 보기 대부분은 실제 동의어들이다. 단순히 같은 뜻을 찾는 것이 아니라 본문의 문맥에 어울리는 단어로 교체하는 것이 핵심이다.

해당 문장 "The attached receipt for your full payment of £180 shows that you have paid for a year of dues at £15 per month."에서 첨부된 완납 영수증에서 1개월당 15파운드로 1년 "요금"을 납부했음을 보여준다고 언급하고 있다. 따라서 보기 중 '요금'의 의미를 갖고 있는 (B)가 정답이다.

---

183. Shelton 씨가 현재 KGFC에서 누릴 수 <u>없는</u> 혜택은 무엇인가?

(A) 운동 장비 사용
(B) 계절 행사 할인
(C) 수영장 사용
(D) 무료 주차

STEP 1   NOT Question은 소거법을 이용한다.

언급되지 않은 것을 묻는 문제로 지문에 언급된 것을 보기와 대조해 소거한 후 정답을 남긴다. 문제의 키워드는 benefit, Ms. Shelton, currently have로, Shelton 씨의 현 회원 등급으로 이용할 수 있는 혜택이 아닌 것이 무엇인지를 묻는 문제이다.

가장 먼저 두 번째 지문에서 Shelton 씨의 회원 등급을 확인해야 한다. 두 번째 지문의 "The attached receipt for your full payment of £180 shows that you have paid for a year of dues at £15 per month."에서 Shelton 씨는 매달 15파운드를 납부하는 등급으로 1년 치 회원권을 구입했음을 언급하였다. 즉, 첫 번째 지문에서 매달 요금이 15파운드인 등급은 '일반 등급(Normal)'임을 알 수 있다. 첫 번째 지문에서 할인된 가격의 계절 행사는 '슈페리어' 등급만이 사용 가능하므로 (B)가 정답이다.

STEP 2   오답 분석

(A) 첫 번째 지문에서 해당 등급의 혜택 "Fitness Section Access"에서 운동 장비 사용이 가능하므로 오답이다.
(C) 첫 번째 지문에서 해당 등급의 혜택 "Indoor Swimming Pool Access"에서 수영장 사용이 가능하므로 오답이다.
(D) 첫 번째 지문에서 해당 등급의 혜택 "Free Parking"에서 무료 주차가 가능하므로 오답이다.

184. Shelton 씨에 대해 맞는 내용은 무엇일 것 같은가?

(A) 그녀는 KGFC에 돈을 지불해야 한다.
(B) 그녀는 회원권을 업그레이드할 의향이 없다.
(C) 그녀는 9월 11일에 KGFC에 왔다.
(D) 그녀는 등록비를 지불할 필요가 없었다.

STEP 1   표나 그래프 등 시각 자료는 다른 문서와 연결하여 정답을 찾는 문제가 출제된다.

지문에서 시각 자료는 정답을 선택할 수 있는 근거를 제공한다. 따라서 두 문서 연계 문제의 출제 비중이 높다. 그렇기 때문에 문제를 본격적으로 풀기 전에 두 문서 앞부분의 키워드 위주로 정리한다.

두 번째 지문의 "The attached receipt for your full payment of £180 shows that you have paid for a year of dues at £15 per month."에서 Shelton 씨가 매달 요금이 15파운드인 일반 등급의 회원권 1년 비용을 납부했음을 확인할 수 있다. 또 첫 번째 지문의 "Those who pay for the full year in advance on registration are exempt from the enrollment fee."에서 1년 치 비용을 미리 납부한 고객들에 한해서 등록비를 면제해 주고 있음이 언급되어 있다. 즉, Shelton 씨는 등록비를 면제받았음을 알 수 있으므로 정답은 (D)이다.

STEP 2   오답 분석

(A) 두 번째 지문의 "The attached receipt for your full payment of £180 shows that you have paid for a year of dues at £15 per month."에서 헬스장 비용을 완납하고 영수증을 발행받은 것으로 오답이다.
(B) 두 번째 지문의 발신자는 Kew Garden Fitness Center의 총 책임자인 Hugh Sims 씨로, Shelton 씨의 회원권 업그레이드 계획 여부는 확인이 불가능하다.
(C) 두 번째 지문의 발신 날짜인 "September 11"과 "I was glad to meet you a few days ago"에서 Shelton 씨는 9월 11일 이전에 헬스장을 방문한 것으로 오답이다.

---

185. 일반 등급 회원들의 초대 손님에 대해 언급된 것은 무엇인가?

(A) 그들은 접수처에서 표를 구매할 수 있다.
(B) 그들은 회원권을 업그레이드할 수 있다.
(C) 그들은 일주일에 여러 번 KGFC를 방문할 수 있다.
(D) 그들은 KGFC의 모든 시설을 이용할 수 있다.

STEP 1   마지막 문제의 정답은 주로 마지막 문서에 등장한다.

문제의 키워드는 guests of normal-level members로, 마지막 문제의 정답은 두 번째 지문 후반부에서 찾자.
두 번째 지문은 Shelton 씨가 문의한 손님용 입장권에 답변하며, 간접적으로 회원권 업그레이드를 권유하고 있다. 하지만 "Alternatively, one-day tickets are available at the reception desk for £8 per person for your acquaintances."에서 업그레이드를 하지 않으면, 접수처에서 입장권을 1인당 8파운드에 구매할 수 있음이 언급되어 있다. 따라서 정답은 (A)이다.

STEP 2   오답 분석

(B), (C)는 지문에서 언급되지 않았으므로 오답이다.
(D) 두 번째 지문의 "However, please keep in mind that the tickets provide access only to the badminton and tennis courts."에서 접수처에서 구매한 입장권으로는 배드민턴장과 테니스 코트만 사용 가능하다고 언급되어 있으므로 오답이다.

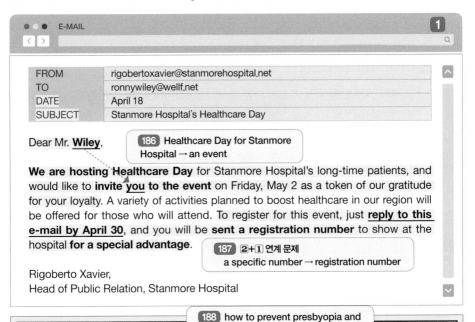

● ● ●　E-MAIL

FROM	rigobertoxavier@stanmorehospital.net
TO	ronnywiley@wellf.net
DATE	April 18
SUBJECT	Stanmore Hospital's Healthcare Day

Dear Mr. **Wiley**,

> **186** Healthcare Day for Stanmore Hospital → an event

We are hosting Healthcare Day for Stanmore Hospital's long-time patients, and would like to **invite you to the event** on Friday, May 2 as a token of our gratitude for your loyalty. A variety of activities planned to boost healthcare in our region will be offered for those who will attend. To register for this event, just **reply to this e-mail by April 30**, and you will be **sent a registration number** to show at the hospital **for a special advantage**.

> **187** ②+① 연계 문제
> a specific number → registration number

Rigoberto Xavier,
Head of Public Relation, Stanmore Hospital

> **188** how to prevent presbyopia and enhance vision → Eyes health

Healthcare Day at Stanmore Hospital
by Amber Tucker on May 6

Stanmore Hospital held an impressive Healthcare Day last Friday. This event took place in appreciation of the community's support for the hospital over the last twenty years. Not only Stanmore Hospital patients but also a lot of people in the area attended the event.

Participants attended a number of activities, and they were given many complimentary gifts, including potted

> **187** ②+① 연계 문제
> 또 다른 키워드 a specific number
> → 첫 번째 지문에서 확인

d other es that roup of physicians provided **attendees who received a specific number** with a **free physical checkup**.

A long line was standing at Dr. Cecilia Thornton's office during the event. "Although I participated in today's event to get information about dental and skin

care technology, **Dr. Thornton's** presentation about **how to prevent presbyopia and enhance vision offered me the very useful tips**," said Diana Webster, one of attendees.

Nutritionist Kim Wrights talked about **health dietary habits**, which was **the most popular** of the other

> **189** the most popular of the other presentations → sparked a lot of interest

about the new trends in health diet. The presentation lasted much longer than scheduled, as Ms. Wrights answered many attendee questions in detail.

Kids were excited to **participate in a health quiz program asking about general cleanliness and health.** Some of the kids were awarded dolls and toys from the program host for answering questions correctly. The

> **190** ②+③ 연계 문제
> health quiz program ~ and health
> → 세 번째 지문에서 강연자 확인

nmore White

Stanmore Hospital Healthcare Day, May 2

Duties and Roles

- Correspondence: Tammy Wood
- Promotion: Rigoberto Xavier
- Lectures: Sharon White (Fitness),
        Kim Wrights (Healthy Diet)
- **Health Practice for Kids: Robert Williams**
- Health Presentations/Checkups:
        Roger Torres, Bessie Vargas,
        Betty Thomas, Cecilia Thornton

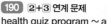

190 ②+③ 연계 문제
health quiz program ~ and health
→ Robert Williams

186. What is the purpose of the e-mail to Mr. Wiley?
(A) To inquire about his meal preference
(B) To ask him to arrange an event
(C) To invite him to an event
(D) To encourage him to fill out a survey

목적 / 상: 지문 ①
ㄴ, 첫 두 줄을 집중해 읽는다.

187. How did some participants get a medical checkup free of charge?
(A) By completing a survey
(B) By coming to an event early
(C) By ~~attending~~ Dr. Wrights's presentation
(D) By replying to an e-mail from Mr. Xavier

무료로 건강 검진을 받는 방법:
지문 ②+①
ㄴ, 지문 ②에서 방법 확인 후
지문 ①에서 세부 정보를
확인한다.

188. What field is Dr. Thornton most likely specialized in?
(A) Teeth ~~hygiene~~
(B) Skin care
(C) Eyes health
(D) Nutrition

키워드 Dr. Thornton / 전문
분야: 지문 ②
ㄴ, 키워드 앞뒤에서 정답의
근거를 찾자.

189. What is suggested about the presentation on diet?
(A) It sparked a lot of interest.
(B) It took place ~~in a different place~~.
(C) It was recorded to be aired.
(D) It was ~~just for~~ senior citizens.

키워드 presentation on
diet: 지문 ②
ㄴ, 유사 어휘 health dietary
habits로 언급된다.

190. Who most likely gave toys out?
(A) Mr. Torres
(B) Ms. White
(C) Ms. Thomas
(D) Mr. Williams

키워드 gave toys out:
지문 ②+③
ㄴ, 지문 ②에서 강좌 확인 후,
지문 ③에서 강연자를
확인한다.

문제 186-190은 다음 이메일과 기사, 명단을 참조하세요.

1

발신	rigobertoxavier@stanmorehospital.net
수신	ronnywiley@wellf.net
날짜	4월 18일
제목	Stanmore Hospital 건강의 날

Wiley 씨께

저희는 Stanmore Hospital 장기 환자분들을 위해 건강의 날을 주최하며, 귀하의 지속적인 관심에 감사드리고자 5월 2일 금요일에 열리는 행사에 초대하고자 합니다. 저희 지역 건강관리를 증진시킬 수 있게 마련된 다양한 활동들이 참석하시는 분들께 제공될 예정입니다. 이 행사에 신청하시려면, 4월 30일까지 이 이메일에 답장해 주시면 됩니다. 그러면 특별 혜택을 받을 수 있게 귀하가 병원에서 제시하실 수 있는 등록 번호를 발송해 드리겠습니다.

Rigoberto Xavier
Stanmore Hospital 홍보부 책임자

2

Stanmore Hospital 건강의 날
5월 6일 Amber Tucker 작성

Stanmore Hospital은 지난주 금요일에 인상적인 건강의 날 행사를 주최하였습니다. 이번 행사는 지난 20년 이상 병원을 지원해 준 지역단체에 보답하고자 열렸습니다. Stanmore Hospital 환자뿐 아니라 그 지역 내 많은 분들이 해당 행사에 참석했습니다.

참석자들은 다양한 행사에 참가하였으며, 화분, 노트북, 이 행사를 후원하는 지역 업체로부터 받은 물품을 포함하여, 많은 무료 상품들을 받았습니다. 의사들은 특정 번호를 받은 참석자들에게 무료로 건강 검진을 제공했습니다.

이 행사 동안 Cecilia Thornton 박사님 사무실에 사람들이 길게 줄을 서 있었습니다. "치과랑 피부 관리 기술 정보를 얻으려고 참석했지만, 노안 예방과 시력 강화에 대한 Thornton 박사님의 발표로 전 참 유용

한 조언을 얻었습니다."라고 참석자 중 한 분인 Diana Webster 씨가 말했습니다.

영양학자 Kim Wrights 씨는 건강한 식습관에 대해서 이야기를 나누었으며, 이는 여러 발표 중 가장 인기가 높았습니다. 150명 이상의 참가자 대다수가 노인이었으며, 이들은 건강식에 대한 최신 트렌드를 배우고자 방문하였습니다. Wrights 씨가 많은 참석자들의 질문에 자세하게 답변했기 때문에, 발표는 예정된 시간보다 오래 계속됐습니다.

아이들은 일반적인 청결과 건강 관련 건강 퀴즈 프로그램에 참여하게 되어 매우 즐거워했습니다. 일부 아이들은 정답을 맞혀서 프로그램 진행자에게서 인형과 장난감을 받았습니다. 이 행사가 매우 성공적이어서, Stanmore Hospital의 총 관리자 Sharon White 씨는 이 행사를 매년 진행할까 생각 중에 있습니다.

3

Stanmore Hospital 건강의 날, 5월 2일
업무와 역할

- 서신 담당: Tammy Wood
- 홍보: Rigoberto Xavier
- 강의: Sharon White (건강),
    Kim Wrights (건강식)
- 아이들 건강 수칙 실천: Robert Williams
- 건강 관련 발표/건강 검진:
    Roger Torres, Bessie Vargas,
    Betty Thomas, Cecilia Thornton

어휘 long-time 오랜 기간의　as a token of gratitude 고마움의 표시로　loyalty 충실, 충성
a variety of 여러 가지의　boost 북돋우다　region 지역　register for ~에 등록하다　reply to ~에 답하다
advantage 혜택, 장점　impressive 인상 깊은　take place 개최되다　in appreciation of ~에 감사하여
participant 참가자　a number of 많은　complimentary 무료의　potted plant 화분에 심은 식물
sponsor 후원하다　physician 의사　attendee 참가자　specific 특정한　physical checkup 건강 검진
dental 치아의　technology 기술　prevent 예방하다　presbyopia 노안　vision 시력　nutritionist 영양학자
dietary habit 식습관　senior citizen 고령자, 노인　last 계속되다　in detail 상세하게
participate in ~에 참가하다　general 일반적인　cleanliness 청결　award 수여하다　host 주최자
annually 일 년에 한 번, 연례로　correspondence 서신　promotion 홍보　health practice 건강 수칙 실천

186. Wiley 씨에게 이메일을 보낸 목적은 무엇인가?

(A) 그가 선호하는 식사에 대해 문의하기 위해서
(B) 그에게 행사 기획을 요청하기 위해서
(C) 그를 행사에 초청하기 위해서
(D) 그에게 설문조사지 작성을 권장하기 위해서

STEP 1　목적은 처음 두 줄에 90% 답이 있다.

Wiley 씨에게 이메일을 발송한 이유 즉, 첫 번째 지문의 목적을 묻는 문제이다.
첫 번째 지문의 "We are hosting Healthcare Day for Stanmore Hospital's long-time patients, and would like to invite you to the event on Friday, May 2 as a token of our gratitude for your loyalty."에서 Stanmore Hospital에서 진행 예정인 건강의 날에 Wiley 씨를 초청하려는 목적을 확인할 수 있으므로 정답은 (C)이다. 지문의 구체적인 어휘 Healthcare Day for Stanmore Hospital은 보기의 포괄적인 어휘 an event로 paraphrasing되었다.

187. 일부 참가자들은 어떻게 무료로 건강 검진을 받았는가?

(A) 설문조사지를 작성함으로써
(B) 행사에 일찍 옴으로써
(C) Wrights 씨의 발표에 참석함으로써
(D) Xavier 씨의 이메일에 답장함으로써

STEP 1　문제 중에 키워드가 있으면 해당 지문에서 검색된 키워드 위주로 정보를 연결한다.

문제의 키워드는 medical checkup, free of charge로 두 번째 지문에서 언급된다.
두 번째 지문의 "The group of physicians provided attendees who received a specific number with a free physical checkup."에서 특정 번호를 갖고 있는 참석자들은 무료로 건강 검진을 받을 수 있다. 하지만 정답을 찾을 수 없으므로 참석자(attendee)인 Wiley 씨에게 발송한 메일에서 정답을 찾자. 첫 번째 지문의 "To register for this event, just reply to this e-mail by April 30, and you will be sent a registration number to show at the hospital for a special advantage."에서 Wiley 씨에게 발송한 이메일에 답장을 하면, 병원에서 특별 혜택을 받을 수 있는 등록 번호 즉, 특정 번호를 받을 수 있음이 언급되어 있다. 즉, 참가자들이 무료로 건강 검진을 받으려면, Xavier 씨가 발송한 이메일에 답장을 해야 하므로 정답은 (D)이다.

STEP 2　오답 분석

(A), (B)는 지문에서 언급되지 않았으므로 오답이다.
(C) 두 번째 지문의 "Nutritionist Kim Wrights talked about health dietary habits, which was the most popular of the other presentations."에서 Wrights 씨의 건강한 식습관 강의는 언급되었지만, 무료로 건강 검진을 받을 수 있는 방법과는 관련이 없으므로 오답이다.

188. Thornton 박사님은 어떤 분야를 전문으로 하는 것 같은가?

(A) 치아 위생　　(B) 피부 관리
(C) 눈 건강　　(D) 영양

STEP 1   정답은 항상 키워드 옆에 있다.

문제의 키워드는 Dr. Thornton으로, 그의 전문 분야가 무엇인지 묻는 문제이다.

두 번째 지문의 "Dr. Thornton's presentation about how to prevent presbyopia and enhance vision offered me the very useful tips,"에서 Thornton 박사는 노안 예방과 시력 개선에 대한 강연을 진행한 것이 언급되어 있다. 즉, Thornton 박사의 전문 분야는 눈 건강과 관련이 있으므로 정답은 (C)이다.

STEP 2   오답 분석

(A) 두 번째 지문의 "Although I participated in today's event ~ offered me the very useful tips"에서 치아 위생이 아닌 치아 관리 기술이 언급되었지만, 오늘 진행된 행사의 주제이므로 오답이다.

(B) 두 번째 지문의 "Although I participated in today's event ~ offered me the very useful tips"에서 피부 관리 기술은 Thornton 박사의 전문 분야가 아닌, 오늘 진행된 주제이므로 오답이다.

(D) 두 번째 지문의 "Nutritionist Kim Wrights talked about health dietary habits"에서 Wrights 씨의 전문 분야가 영양이므로 오답이다.

---

189. 식단에 관한 발표에 대해 언급된 것은 무엇인가?

(A) 그것은 많은 관심을 불러일으켰다.
(B) 그것은 다른 장소에서 진행되었다.
(C) 그것은 방송을 위해서 녹화되었다.
(D) 그것은 노인만을 대상으로 했다.

STEP 1   **Paraphrasing된 표현을 주의하라.**

paraphrasing은 단순히 같은 의미를 찾기보다는 해당 표현의 의도를 파악해야 한다.

문제의 키워드는 presentation on diet로, 지문에서 유사 어휘 health dietary habits로 언급되며 Wrights 씨의 강연 주제와 관련 있음을 추측할 수 있다. 두 번째 지문의 "Nutritionist Kim Wrights talked about health dietary habits, which was the most popular of the other presentations."에서 식습관에 대한 발표는 Wrights 씨가 진행했으며, 해당 강의는 여러 강연 중 가장 인기가 많았다고 언급되어 있다. 즉, the most popular of the other presentations를 sparked a lot of interest로 paraphrasing한 (A)가 정답이다.

STEP 2   오답 분석

(B) 두 번째 지문의 "Stanmore Hospital held an impressive Healthcare Day last Friday."에서 건강의 날은 Stanmore Hospital에서 진행되었음이 언급되었지만, 각 강연이 진행된 구체적인 장소는 언급되지 않았으므로 오답이다.

(C)는 지문에서 언급되지 않았으므로 오답이다.

(D) 두 번째 지문의 "Nutritionist Kim Wrights talked about ~ about the new trends in health diet"에서 Wrights 씨 강연의 참석자 대부분이 노인임이 언급되어 있지만, 노인만을 대상으로 한 강좌임은 언급되지 않았으므로 오답이다.

---

190. 누가 장난감을 나누어 주었을 것 같은가?

(A) Torres 씨
(B) White 씨
(C) Thomas 씨
(D) Williams 씨

STEP 1   보기가 모두 장소이거나 시간, 사람 이름 등이면 본문에서 검색해 두어야 한다.

문제의 키워드를 중심으로 보기에 해당하는 명사들을 빠르게 찾는 것이 관건이다.

문제의 키워드는 gave toys out으로, 장난감을 나누어 준 강연자를 찾는 문제이다. 두 번째 지문의 "Kids were excited to participate ~ for answering questions correctly"에서 일반 위생과 건강 퀴즈 프로그램에서 정답을 맞힌 아이들에게는 인형과 장난감을 나누어 주었음이 언급되어 있다. 따라서 세 번째 지문에서 아이들을 위한 건강 강연을 진행한 사람은 Robert Williams로, 정답은 (D)이다.

Questions 191-195 refer to the following Web pages.

---

http://www.dtscanada.com **1**

| Home | Travel | Booking | Customer comments |

Explore Northern Canada with **Dawson Tour Service** (DTS)

191-B
For more than a decade, DTS has provid~~ed~~ **191-D** ide range of tour services throughout Northern Canada for **all age groups and for various interests**. Every tour DTS offers is led by **experienced and committed guides.** **191-A** elow for descriptions of the tour p~~ackages we are currently offering. We can~~ answer your questions by phone seve

> **193** 2+1 연계 문제
> the town's favorite restaurants and snack bars
> → various local businesses

Explore Watson's Food .)
Try a variety of local dishes in the town's favorite restaurants and snack bars. After visiting each scheduled place, you will be given time to look around nearby stores before moving onto the next food samples. Your day's final stop will be for an elegant dinner overlooking Watson Lake.

192
Yukon Tower Tour (Wednesdays and Fridays, 1:00 P.M. to 6:00 P.M.)
Begin your afternoon visiting Yukon Tower with our guide. After that, walk around historical sites and hear about in the **history of** Yukon Town from our guide Patsy Walters, who is recognize

> **195** 3+1 연계 문제
> Yukon Tower Tour → Visit historical sites

Whitehorse Mt. River Exp
Go on a four-hour hike and kayak ride through the beautiful natural park and enjoy magnificent views from the summit. Our guide, Jose Tran, will point out and talk about various plants and animals along the way.

---

http://dtscanada.com/booking/confirmation–CV220911 **2**

Booking confirmation

Purchase Date: Thursday 14 May
Name of Customer: Glen Walsh
Booking Code

> **194** 3+2 연계 문제
> our first guide → Whitehorse Mt. River Exploration

1 June			
Whitehorse Mt. River Exploration	Two Tickets	Per person	$ 130
5 June	Two Tickets	$ 65	$ 130
Explore Watson's Food			
		260	

> **193** 2+1 연계 문제
> the June 5 tour → Explore Watson's Food

Please be advised that you need to print out this confirmation slip and bring it with you on the day of your tour.

625

Home	Travel	Booking	Customer comments

DTS c

194 3+2 연계 문제
our first guide → 두 번째 지문에서 여행 상품 확인
not easy to move ~ kayaks → somewhat crowded

Overa Jose Tran, **our first guide**, gave us a fascinating tour. We learned intriguing facts about the wide range of plants and animals we got to see. It was **not easy to move** around **due to a number of kayaks** on our tour, but we were still able to see many plants and animals. I even got some pictures of rare fish with the camera I brought! However, the scenery from the summit was not as good as expected. **After the first tour**, the local specialties made our afternoon and evening special. In the evening, **we all agreed to do something like this again next year**.

Glen Walsh June 11

195 3+1 연계 문제
After the first tour / do something like this
→ 첫 번째 지문의 tour 내용 확인

---

191. What is NOT indicated about Dawson Tour Service?
(A) It boasts highly qualified workers.
(B) It has been in business for over 10 years.
(C) It won a famous award in the tourism industry.
(D) It can arrange tours for families with children.

NOT / Dawson Tour Service: 지문 1
ㄴ. NOT Question은 보기의 키워드를 정리한 후 본문과 비교하여 언급된 보기를 소거하자.

192. When can visitors learn about local history?
(A) On ~~Sundays and Mondays~~
(B) On Tuesdays and Thursdays
(C) On Wednesdays and Fridays
(D) On Saturdays

시간 / 키워드 local history: 지문 1
ㄴ. 유사 어휘 history of ~로 언급된다.

193 What did Mr. Glen do on the June 5 tour?
(A) ~~Visited local attractions~~
(B) Stopped by various local businesses
(C) Filled out a survey
(D) Took part in a culinary class

Mr. Glen / June 5: 지문 2+1
ㄴ. 지문 2에서 여행 상품 확인 후, 지문 1에서 세부사항을 확인한다.

194. What does Mr. Glen indicate in the customer comments?
(A) The ~~Explore Watson's Food~~ tour was led by an excellent guide.
(B) The Whitehorse Mt. River Exploration tour offered ~~a magnificent view~~.
(C) The Explore Watson's Food tour lasted longer than expected.
(D) The Whitehorse Mt. River Exploration tour was somewhat crowded.

Mr. Glen / customer comments: 지문 3+2
ㄴ. 지문 3 후기와 지문 2에서 여행 상품 확인 후 지문 1에서 세부사항을 확인한다.

195. According to the customer comment, what will Mr. Glen most likely do next year?
(A) Order some plants
(B) Visit historical sites
(C) Go fishing in a river
(D) ~~Purchase his own~~ kayak

Mr. Glen / 키워드 next year: 지문 3+1
ㄴ. 지문 3에서 내용 확인 후 지문 1에서 확인한다.

---

http://www.dtscanada.com

| 홈 | 여행 | 예약 | 고객 후기 |

Dawson Tour Service (DTS)로 캐나다 북부를 탐험하세요.

10년 넘게, DTS는 모든 연령대 그룹과 다양한 관심사를 가진 분들께 다양한 캐나다 북부 지역 여행 서비스를 제공해 왔습니다. DTS에서 제공하는 모든 여행은 경험 많고 헌신적인 가이드들이 진행합니다. 저희가 현재 제공하는 여행 패키지의 설명은 아래를 봐 주십시오. 일주일 내내 오전 10시부터 오후 6시까지 전화로 질문에 답변해 드리겠습니다.

Watson 마을 식도락 탐방 (화요일과 목요일, 오후 3시부터 오후 8시 30분까지)
마을에서 인기 있는 식당과 스낵바에서 다양한 현지 음식들을 맛보세요. 예정된 장소를 방문한 후에, 여러분은 다음 음식 시식하러 이동하기 전까지 근처 가게를 둘러보실 시간을 갖게 될 겁니다. 여러분의 최종 목적지는 Watson Lake를 내려다 보면서 하는 우아한 식사가 될 것입니다.

Yukon Tower 여행 (수요일과 금요일, 오후 1시부터 오후 6시까지)
저희 가이드와 함께 하는 Yukon Tower 방문으로 오후를 시작하세요. 그 후에는 유적지를 둘러보면서, 여러분의 가이드 Patsy Walters 씨에게서 Yukon Town의 역사에 대해 들어 보세요. Walters 씨는 우수한 스토리텔링 능력으로 인정받고 있답니다.

Whitehorse Mt. River 탐험 (토요일, 오후 1시부터 오후 6시까지)
아름다운 자연 공원을 4시간짜리 하이킹과 카약으로 체험해 보시고, 정상에서 웅장한 풍경을 느끼고 즐겨 보세요. 저희 가이드 Jose Tran 씨가 하이킹로를 따라 있는 다양한 식물과 동물을 가리키면서 이야기해 줄 것입니다.

---

http://dtscanada.com/booking/confirmation-CV220911 2

예약 확인서

구매일: 5월 14일 목요일
고객 성명: Glen Walsh
예약 코드: CV220911

6월 1일 Whitehorse Mt. River 탐험	2장	1인당 65달러	130달러
6월 5일 Watson 마을 식도락 탐험	2장		130달러
			총액: 260 달러

이 온라인 예약 확인서를 인쇄하셔서 여행 당일에 가져와 주십시오.

| 홈 | 여행 | 예약 | 고객 후기 |

DTS 고객 후기:

전반적으로, 저는 Dawson Tour Service에 만족했습니다. 저희 첫 번째 가이드였던 Jose Tran 씨는 저희에게 흥미로운 여행을 선사해 주었습니다. 저희가 마주친 다양한 식물과 동물에 대한 재미있는 사실을 알게 되었지요. 저희가 여행하는 동안 많은 카약들 때문에 이동하기가 쉽지 않았지만, 그래도 많은 식물과 동물들을 관찰할 수 있었습니다. 제가 가져온 카메라로 일부 희귀 물고기들을 촬영하기도 했고요! 하지만, 정상에서의 풍경은 예상했던 것만큼 멋지진 않았습니다. 첫 번째 여행이 끝나고, 현지 특산물 덕분에 오후와 저녁 시간이 특별해졌습니다. 저녁에, 저희는 내년에도 이러한 여행을 시도해 보기로 동의했습니다.

Glen Walsh 작성, 6월 11일

어휘 northern 북쪽에 위치한, 북부의 decade 십년 a wide range of 광범위한, 다양한 throughout ~ 전역에 experienced 경험이 있는 committed 헌신적인 below 아래에 description 설명 currently 현재 a variety of 다양한 look around 둘러보다 nearby 인근의 move onto ~로 옮기다, 이동하다 final 마지막의 elegant 우아한 overlook 내려다보다 historical 역사적으로 중요한 be recognized for ~으로 인정받다 magnificent 참으로 아름다운 summit 정상 along ~을 따라 confirmation slip 예약 확인서 comment 후기 intriguing 아주 흥미로운 due to ~ 때문에 scenery 경치, 풍경 speciality 특산물

---

191. Dawson Tour Service에 관하여 언급되지 <u>않은</u> 것은 무엇인가?

(A) 그곳은 매우 유능한 직원들에 대해 자부심을 갖고 있다.
(B) 그 기업은 10년 이상 운영되고 있다.
(C) 관광업계에서 유명한 상을 받았다.
(D) 그곳은 아이 동반 가족들을 위한 여행을 준비해 줄 수 있다.

STEP 1   NOT Question은 소거법을 이용한다.

언급되지 않은 것을 묻는 문제로 지문에서 언급된 것을 보기와 대조해 소거한 후 정답을 남긴다. 문제의 키워드 Dawson Tour Service에 관한 자세한 정보는 첫 번째 문서에서 언급되므로, 첫 번째 문서에 정답이 있다.
지문의 "For more than a decade, DTS has provided a wide range of tour services throughout Northern Canada for all age groups and for various interests."에서 DTS가 관광 산업과 관련 있음을 확인할 수 있지만, 해당 업계가 주관하는 상을 받았는지는 언급되어 있지 않으므로 정답은 (C)이다.

STEP 2   오답 분석

(A) "Every tour DTS offers is led by experienced and committed guides."에서 DTS의 여행은 경험이 풍부하고 헌신적인 가이드들이 진행한다고 언급되어 있다. 즉, experienced and committed guides를 highly qualified workers로 paraphrasing하였다.

(B) "For more than a decade, DTS has provided a wide range of tour services throughout Northern Canada"에서 DTS는 10년 넘게 다양한 여행 서비스를 제공했음을 언급했다. 지문의 for more than a decade를 for over 10 years로 paraphrasing하였다.

(D) "DTS has provided a wide range of tour services throughout Northern Canada for all age groups and for various interests."에서 DTS는 모든 연령대와 다양한 관심사를 가진 사람들에게 여행 서비스를 제공하고 있다고 언급되어 있다.

192. 방문객들은 언제 현지 역사에 대해서 배울 수 있는가?

(A) 일요일과 월요일에
(B) 화요일과 목요일에
(C) 수요일과 금요일에
(D) 토요일에

STEP 1 기간, 요일, 숫자 등은 키워드 옆에 있는 것이 답이다.

문제의 키워드는 local history로, 현지 역사에 대해서 학습할 수 있는 여행 상품의 진행 요일을 묻는 문제이다. 본문에서는 유사 키워드 history of ~로 언급되며, 그 근처에서 정확한 정보를 찾아내야 한다. 첫 번째 지문의 "After that, walk around historical sites and hear about the history of Yukon Town from our guide Patsy Walters"에서 유적지를 둘러보면서 가이드 Pasty Walters 씨가 Yukon Town의 역사에 대해 이야기해 줄 것임이 언급되어 있다. 즉, 해당 여행 상품의 이름은 Yukon Tower Tour로, 수요일과 금요일에 진행됨을 확인할 수 있으므로 정답은 (C)이다.

STEP 2 오답 분석

(A) 지문에서 일요일과 월요일에 진행되는 여행 상품은 존재하지 않으므로 오답이다.
(B) 지문에서 화요일과 목요일에 진행되는 상품은 Watson 마을 식도락 여행이다. 하지만 해당 여행 설명의 "Try a variety of local dishes in the town's favorite restaurants and snack bars"를 보면 역사적인 장소 방문이 아닌, 지역의 유명한 음식점과 스낵바에 방문하는 것으로 오답이다.
(D) 매주 토요일에 진행되는 상품은 Whitehorse Mt. River 탐험으로, "Go on a four-hour ~ magnificent views from the summit"에서 River 산 정상에서 풍경을 감상하고 하이킹과 카약 같은 야외 활동이 포함되어 있음을 언급하였으므로 오답이다.

---

193. Glen 씨는 6월 5일 여행에서 무엇을 하였는가?

(A) 지역 명소 방문
(B) 다양한 현지 기업 방문
(C) 설문 조사 작성
(D) 요리 수업 참가

STEP 1 문제 중에 키워드가 있으면 해당 지문에서 검색된 키워드 위주로 정보를 연결한다.

문제의 키워드는 Mr. Glen과 June 5로, 가장 먼저 두 번째 지문인 예약 확인서에서 Glen 씨가 6월 5일에 참가한 여행 명을 확인해야 한다. 두 번째 지문의 "5 June Explore Watson's Food"에서 Glen 씨는 6월 5일에 Watson 마을 식도락 탐험에 참가했음을 확인할 수 있다. 즉, 첫 번째 지문에서 해당 여행 상품의 설명인 "Try a variety of local dishes in the town's favorite restaurants and snack bars"를 보면 Watson 마을에 위치한 유명 식당과 스낵바에 방문하여 일정을 보낼 것임이 언급되어 있으므로 정답은 (B)이다. 지문의 구체적인 어휘 the town's favorite restaurants and snack bars를 various local businesses로 paraphrasing하였다.

STEP 2 오답 분석

(A) 지역 명소 방문은 Yukon Tower Tour 상품으로 오답이다.
(C), (D)는 지문에서 언급되지 않았으므로 오답이다.

---

194. Glen 씨가 고객 후기에서 내비친 것은 무엇인가?

(A) Watson 마을 식도락 탐험 여행은 훌륭한 가이드가 진행했다.
(B) Whitehorse Mt. River 탐험 여행은 훌륭한 풍경을 제공했다.
(C) Watson 마을 식도락 탐험 여행은 예상보다 오래 진행되었다.
(D) Whitehorse Mt. River 탐험 여행은 다소 붐볐다.

STEP 1 문제에 키워드가 있으면 해당 지문에서 검색된 키워드 위주로 정보를 연결한다.

키워드를 중심으로 지문을 검색하고 paraphrasing 여부나 한 단어 오류 등에 주의해서 정답을 선택한다.

문제의 키워드는 Mr. Glen과 customer comments로, 세 번째 지문에서 정답을 파악해야 한다. 세 번째 지문의 "Jose Tran, our first guide, ~ due to a number of kayaks on our tour"와 두 번째 지문의 "1 June Whitehorse Mt. River Exploration"을 보면 Glen씨의 첫 번째 여행 상품인 Whitehorse Mt. River 탐험 여행에서 카약을 타고 있는 사람들이 많아서 움직이기 어려웠다는 상황을 언급하고 있다. 즉, not easy to move around due to a number of kayaks를 somewhat crowded로 paraphrasing한 (D)가 정답이다.

STEP 2   오답 분석

(A) 세 번째 지문의 "Overall, I was very satisfied with Dawson Tour Service. Jose Tran, our first guide, gave us a fascinating tour."에서 첫 번째 여행 상품 가이드인 Jose Tran 씨의 도움으로 여행이 훨씬 재미있었음을 언급하였다. 즉, Explore Watson's Food가 아닌 Whitehorse Mt. River 탐험 여행 가이드를 칭찬하고 있는 것으로 오답이다.

(B) 세 번째 지문의 "However, the scenery from the summit was not as good as expected."에서 River 산 정상에서 바라본 풍경은 절경이 아니라, 예상보다 좋지 않았음을 언급하였으므로 오답이다.

(C)는 지문에서 언급되지 않았으므로 오답이다.

---

195. 고객 후기에 따르면, Glen 씨는 내년에 무엇을 할 것 같은가?

(A) 식물 주문

(B) 역사적인 유적지 방문

(C) 강으로 낚시하러 가기

(D) 본인의 카약 구매

STEP 1   연계 문제는 지문 하나만 읽어서는 답을 찾을 수 없다.

Glen 씨의 미래 일정을 묻는 문제로, 문제의 키워드 next year 주변에서 정답을 파악할 수 있다. 세 번째 지문 후반부의 "After the first tour, the local specialties ~ do something like this again next year"에서 Glen 씨는 첫 번째 여행 이후 이런 여행을 내년에도 다시 하고 싶다고 언급하고 있다.

그렇다면 첫 번째 지문에 나온 여행 상품 중 하나가 정답일 수 있는데, Yukon Tower Tour를 Visit historical sites로 paraphrasing한 (B)가 정답이다.

STEP 2   오답 분석

(A), (C)는 지문에서 언급되지 않았으므로 오답이다.

(D) 세 번째 지문의 "It was not easy to move around due to the number of kayaks on our tour"에서 kayak이 언급되었지만, Glen 씨의 카약 구매 의사는 확인할 수 없으므로 오답이다.

Questions 196-200 refer to the following Web page, article, and online review.

---

http://www.nealvacuums.com/merchandise/R2100housekeeper **1**

| MAIN | Place an Order | Merchandise | Comments | Contact |

Model: **R2100 Housekeeper** for professional or home use!
P **199** ③+① 연계 문제
- great for removing thin hair, even on the sofa,].
- → Superior 13 HP power motors ily portable.
- **Superior 13 HP power motors** suck in any **dirt from deep within any type of floor.**
- Pressing a single button causes the retractable cord to quickly rewind.
- The **three-year limited warranty** covers malfunctions and repairs.
- Its cutting-edge design all **196** for easy cleaning as no dust bag is required.

Price: £98.00 (Plus: £12.00 delivery) **Special Offer**: £2.00 delivery!

2

News For Vacuum Owners

HATTON TOWN, July 11–The **R2100 Housekeeper, a vacuum cleaner** manufactured by Neal Appliances, considered the current top-selling appliance of its kind, **has a flaw**. **197**

198
Mr. Wolfe, a spokesperson for Neal Appliances **disclosed** a statement this morning, stating that "The **cord retractors of some R2100 Housekeeper** models have been found to **malfunction.** **200** ③+② 연계 문제 ne priority.
So we are sending tea | the issue other users have experienced = cord | customers
and fix the defective p | retractors of some ~ have been found to malfunction | replace the
cleaners with new ones at no cost."

Customers who experience any problem or have any concerns about the appliance can contact Neal Appliances at 351-2231-0093.

http://www.nealvacuums.com/merchandise/R2100housekeeper

| MAIN | Place an Order | Merchandise | Comments | Contact |

Model: R2100 Housekeeper

I bought my R2___ | **199** ③+① 연계 문제
great for removing thin hair, even on the sofa
→ 첫 번째 지문에서 특징 확인 | nd have been quite
satisfied with it. _____ f my house since my
family has pets. It is great for removing thin hair, **even on the sofa**, even though it
is sometimes not easy to **suck in dust from underneath furniture**, which is not
a big problem. **I hadn't noticed the issue other users have experienced** with
this vacuum cleaner until an acquaintance of mine informed me of it. When I heard
about the issue, I c___ | **200** ③+② 연계 문제
not noticed/the issue other users have experienced
→ 두 번째 지문에서 문제점 확인 | roblems, so
I did not need to co_____ t.

Randall Tucker, July 20

---

196. What is provided with the purchase of a R2100 Housekeeper?
(A) A carry bag
(B) Delivery service
(C) A three-year warranty
(D) Additional components

R2100 Housekeeper
구매 시 제공되는 것: 지문 ①
ㄴ. 보기의 키워드를 본문에서
검색하자.

197. What is the main purpose of the article?
(A) To publicize a brand-new appliance
(B) To report a production issue
(C) To review some of the best-selling products
(D) To apologize for a miscommunication

기사 / 목적: 지문 ②
ㄴ. 지문의 첫 두 줄에서 정답을
파악한다.

198. In the article, the word "disclosed" in paragraph 2, line 1, is
closest in meaning to
(A) launched
(B) released
(C) forwarded
(D) discovered

동의어 찾기 문제: 지문 ②
ㄴ. 단어를 기준으로 앞뒤 문장을
확인하자.

199. What does Mr. Tucker confirm about the R2100's product
details?
(A) It has a powerful motor.
(B) It is easy to steer.
(C) It picks up dust from hard-to-reach areas.
(D) It is very light.

Tucker 씨가 언급한 제품
세부사항: 지문 ③+①
ㄴ. 지문 ③에서 언급한 특징 확인 후,
지문 ①에서 세부사항을 확인한다.

200. What does Mr. Tucker imply about his product?
(A) Its warranty is not valid anymore.
(B) Its model is no longer being made.
(C) Its cord operation functions well.
(D) Its rate was lower than expected.

Tucker 씨가 언급한 제품 특징:
지문 ③+②
ㄴ. 지문 ③에서 제품 관련 정보
확인 후, 두 번째 지문 ②의 내용과
비교한다.

문제 196-200은 다음 웹페이지와 기사, 온라인 후기를 참조하세요.

http://www.nealvacuums.com/merchandise/R2100housekeeper

메인	주문	상품	후기	연락처

모델: 전문가용 혹은 일상용 R2100 Housekeeper!

제품 설명:

- 편리한 회전 기술로 부드러운 조정이 가능합니다.
- 약 11파운드의 가벼운 무게로 휴대하기 쉽습니다.
- 우수한 13마력 모터로 모든 종류의 바닥 깊은 곳에 있는 먼지를 빨아들입니다.
- 버튼 하나만 누르면 리트랙터블 코드를 빠르게 되감을 수 있습니다.
- 3년 기한 보증 서비스로 고장과 수선을 보장합니다.
- 최첨단 디자인으로 쉽게 세척이 가능하기 때문에, 먼지백이 필요하지 않습니다.

가격: 98파운드 (추가: ~~12파운드 배달료~~) **특별 할인:** 2파운드 배달료!

TEST 3 해설

진공청소기 소유자를 위한 뉴스

HATTON TOWN 7월 11일 – 현재 동종 제품 가운데서 가장 잘 팔리며, Neal Appliances에서 제조한 진공청소기, R2100 Housekeeper에 결함이 있습니다.

Neal Appliances의 대변인 Wolfe 씨는 오늘 오전에 낸 성명서에서 "R2100 Housekeeper 제품의 일부 코드 리트랙터에서 고장이 발견되었습니다. 고객 만족은 Neal Appliances가 가장 우선시하는 부분입니다. 따라서 저희는 경험 많고 노련한 기술자들을 보내 고객님 댁을 방문하여 문제가 있는 부분을 수리하게 할 겁니다. 수리가 불가능할 경우에는, 무료로 새 제품으로 교체해 드릴 예정입니다."

문제를 겪고 계시거나 제품에 관하여 다른 우려가 있으신 고객들은, 351-2231-0093으로 Neal Appliances에 연락 주십시오.

http://www.nealvacuums.com/merchandise/R2100housekeeper

메인	주문	상품	후기	연락처

모델: R2100 Housekeeper

저는 R2100 Housekeeper를 한 2개월 전에 구매하였고 해당 제품에 꽤나 만족하고 있습니다. 저희 가족이 반려동물을 기르고 있는지라 집 바닥 청소를 하려고 전 거의 매일 사용하고 있습니다. 얇은 머리카락 제거에 아주 효과적입니다. 심지어 소파 위에 있는 것들도요. 가끔 가구 아래에 쌓여 있는 먼지 제거가 쉽진 않지만 그건 크게 문제가 되진 않습니다. 지인이 저에게 알려주기 전까지 다른 사용자들이 이 제품 때문에 겪는 문제점을 전 알아차리지 못했습니다. 그 문제에 대해 들었을 때, 제 청소기를 확인해 봤지만, 어떠한 문제도 없어 보였어요. 그래서 회사에 연락할 필요가 없었습니다. 저는 이 제품을 적극 추천합니다.

Randall Tucker 작성, 7월 20일

---

196. R2100 Housekeeper 구매로 무엇을 제공받는가?

(A) 가방
(B) 배달 서비스
(C) 3년 품질 보증서
(D) 추가 부품

STEP 1 문제 중에 키워드가 있으면 해당 지문에서 검색된 키워드 위주로 정보를 연결한다.

문제의 키워드는 R2100 Housekeeper로, 첫 번째 지문에서 해당 제품을 구매했을 때 제공되는 것이 무엇인지 묻는다. 따라서 해당 제품이 언급된 첫 번째 지문을 검색하여 paraphrasing 여부나 한 단어 오류 등에 주의해 답을 선택해야 한다. 지문의 "The three-year limited warranty covers malfunctions and repairs."에서 3년 기한의 품질 보증 서비스로 고장과 수리를 보장해 준다는 것이 언급되어 있다. 따라서 정답은 (C)이다.

STEP 2 오답 분석

(A) 지문의 "Its cutting-edge design allows for easy cleaning as no dust bag is required."에서 bag이 언급되지만 제품을 넣어서 가지고 다닐 수 있는 가방(carry bag)은 언급되지 않았다.
(B) 지문의 "Price: £98.00 (Plus: £12.00 delivery) Special Offer: £2.00 delivery!"에서 배송 비용은 할인 중에 있지만, 이는 R2100 Housekeeper 구매와 함께 추가 비용을 지불해야 하는 것이므로 오답이다.
(D)는 지문에서 언급되지 않았으므로 오답이다.

---

197. 기사의 주요 목적은 무엇인가?

(A) 신제품을 홍보하기 위하여
(B) 생산 문제를 보고하기 위하여
(C) 가장 잘 팔리는 상품 중 일부를 검수하기 위하여
(D) 소통 장애에 대해 사과하기 위하여

STEP 1 목적은 처음 두 줄에 90% 답이 있다.

기사의 목적을 묻는 문제로, 두 번째 지문의 상단부에서 언급된다. 지문의 "The R2100 Housekeeper, a vacuum cleaner manufactured by Neal Appliances, considered the current top-selling appliance of its kind, has a flaw."에서 현재 판매량이 가장 높은 R2100 Housekeeper 제품에 결함이 발견되었음을 언급하였다. 즉, 제품에 생긴 문제를 알리면서 해결 방안을 언급할 것임을 추측할 수 있으므로 정답은 (B)이다.

---

198. 기사에서, 두 번째 단락 첫 번째 줄의 "disclosed"와 의미가 가장 가까운 것은?

(A) 출시했다
(B) 발표했다
(C) 전달했다
(D) 발견했다

STEP 1 동의어는 문맥상 대체할 수 있는 단어를 찾는 것이다.

보기에서 일차원적으로 같은 의미의 단어를 찾는 것이 아니라 그 단어의 다양한 의미 중에서 본문의 상황에 맞는 것을 선택해야 한다. 해당 문장인 "Mr. Wolfe, a spokesperson for Neal Appliances disclosed a statement this morning"에서 Neal Appliances의 대변인 Wolfe 씨가 오늘 아침에 결함 관련 성명서를 '발표했음'을 언급하였다. 즉, '발표하다, 폭로하다'의 의미로 사용되었으므로 동일한 의미를 갖고 있는 (B)가 정답이다.

---

199. Tucker 씨는 R2100 제품 세부사항에 대해 무엇을 확인해 주고 있는가?
(A) 강력한 모터를 갖고 있다.
(B) 조정하기 쉽다.
(C) 손이 닿기 힘든 곳의 먼지를 제거한다.
(D) 매우 가볍다.

STEP 1 5문제 중 반드시 한 문제 이상은 두 문서를 같이 봐야 하는 문제가 출제된다.

문제의 키워드와 보기의 내용이 각각 다른 문서에서 나오는 경우는 두 문서를 동시에 파악해야 한다.
문제의 키워드인 Mr. Tucker는 세 번째 지문에서, R2100 제품의 세부 특징은 첫 번째 지문에서 언급된다. 즉, Tucker 씨가 언급한 특징이 무엇인지 정확하게 파악해야 한다. 세 번째 지문의 "It is great for removing thin hair"에서 Tucker 씨가 구입한 R2100 Housekeeper 제품은 얇은 머리카락 제거에 아주 좋다는 성능을 언급하고 있다.
따라서 첫 번째 지문에서 해당 특징인 "Superior 13 HP power motors suck in any dirt from deep within any type of floor."에 해당하는 것으로 R2100 Housekeeper가 강력한 전자 모터를 가지고 있음을 알 수 있다. 따라서 정답은 (A)이다.

STEP 2 오답 분석

(B), (D) 모두 R2100 Housekeeper 제품의 특징이 맞지만, Tucker 씨가 언급한 내용에는 해당하지 않으므로 오답이다.
(C)는 세 번째 지문에서 "even though it is sometimes not easy to suck in dust from underneath furniture"를 통해 제품의 특징을 확인한 것이라고 볼 수 없으므로 오답이다.

---

200. Tucker 씨가 제품에 대해 무엇을 암시하고 있는가?
(A) 보증서가 더 이상 유효하지 않다.
(B) 해당 모델이 더 이상 생산되지 않는다.
(C) 코드는 정상적으로 작동한다.
(D) 가격은 예상했던 것보다 더 저렴했다.

STEP 1 5문제 중 반드시 한 문제 이상은 두 문서를 봐야 하는 문제가 출제된다.

Tucker 씨가 갖고 있는 제품 R2100 Housekeeper와 관련한 사실 확인 문제이다. Tucker 씨의 생각을 언급하고 있는 세 번째 지문을 먼저 확인한다.
세 번째 지문에서 "I hadn't noticed the issue ~ mine informed me of it"에서 Tucker 씨가 소유한 제품에는 다른 사용자들이 겪은 문제(the issue other users have experienced)가 없었다고 언급하고 있으므로 그 문제점이 무엇인지 확인해야 한다. 해당 제품의 문제점은 두 번째 지문에서 언급되고 있다.
두 번째 지문의 "The cord retractors of some R2100 Housekeeper models have been found to malfunction."에서 Neal Appliances에서 제조한 R2100 Housekeeper 제품의 코드 리트랙터에서 고장이 발견되었음을 언급하고 있다. Tucker 씨는 자신의 제품 코드는 정상적으로 작동하고 있다는 것을 말하고 있으므로 정답은 (C)이다.

STEP 2 오답 분석

(A) 첫 번째 지문의 "The three-year limited warranty covers malfunctions and repairs."에서 해당 제품은 3년 간 보증을 받을 수 있음이 언급되어 있지만, 세 번째 지문에서 Tucker 씨가 해당 제품을 구매한 정확한 날짜를 언급하지 않았으므로 오답이다.
(B), (D)는 지문에서 언급되지 않았으므로 오답이다.

Answer Sheet

응시일자 :

TOEIC Test 1

성명	한글
	한자
	영문

Listening Comprehension

No.	A B C D	No.	A B C D	No.	A B C D	No.	A B C D
1	ⓐ ⓑ ⓒ	21	ⓐ ⓑ ⓒ ⓓ	41	ⓐ ⓑ ⓒ ⓓ	61	ⓐ ⓑ ⓒ ⓓ	81	ⓐ ⓑ ⓒ ⓓ
2	ⓐ ⓑ ⓒ	22	ⓐ ⓑ ⓒ ⓓ	42	ⓐ ⓑ ⓒ ⓓ	62	ⓐ ⓑ ⓒ ⓓ	82	ⓐ ⓑ ⓒ ⓓ
3	ⓐ ⓑ ⓒ	23	ⓐ ⓑ ⓒ ⓓ	43	ⓐ ⓑ ⓒ ⓓ	63	ⓐ ⓑ ⓒ ⓓ	83	ⓐ ⓑ ⓒ ⓓ
4	ⓐ ⓑ ⓒ	24	ⓐ ⓑ ⓒ ⓓ	44	ⓐ ⓑ ⓒ ⓓ	64	ⓐ ⓑ ⓒ ⓓ	84	ⓐ ⓑ ⓒ ⓓ
5	ⓐ ⓑ ⓒ	25	ⓐ ⓑ ⓒ ⓓ	45	ⓐ ⓑ ⓒ ⓓ	65	ⓐ ⓑ ⓒ ⓓ	85	ⓐ ⓑ ⓒ ⓓ
6	ⓐ ⓑ ⓒ	26	ⓐ ⓑ ⓒ ⓓ	46	ⓐ ⓑ ⓒ ⓓ	66	ⓐ ⓑ ⓒ ⓓ	86	ⓐ ⓑ ⓒ ⓓ
7	ⓐ ⓑ ⓒ	27	ⓐ ⓑ ⓒ	47	ⓐ ⓑ ⓒ ⓓ	67	ⓐ ⓑ ⓒ ⓓ	87	ⓐ ⓑ ⓒ ⓓ
8	ⓐ ⓑ ⓒ	28	ⓐ ⓑ ⓒ	48	ⓐ ⓑ ⓒ ⓓ	68	ⓐ ⓑ ⓒ ⓓ	88	ⓐ ⓑ ⓒ ⓓ
9	ⓐ ⓑ ⓒ	29	ⓐ ⓑ ⓒ	49	ⓐ ⓑ ⓒ ⓓ	69	ⓐ ⓑ ⓒ ⓓ	89	ⓐ ⓑ ⓒ ⓓ
10	ⓐ ⓑ ⓒ	30	ⓐ ⓑ ⓒ	50	ⓐ ⓑ ⓒ ⓓ	70	ⓐ ⓑ ⓒ ⓓ	90	ⓐ ⓑ ⓒ ⓓ
11	ⓐ ⓑ ⓒ	31	ⓐ ⓑ ⓒ	51	ⓐ ⓑ ⓒ ⓓ	71	ⓐ ⓑ ⓒ ⓓ	91	ⓐ ⓑ ⓒ ⓓ
12	ⓐ ⓑ ⓒ	32	ⓐ ⓑ ⓒ ⓓ	52	ⓐ ⓑ ⓒ ⓓ	72	ⓐ ⓑ ⓒ ⓓ	92	ⓐ ⓑ ⓒ ⓓ
13	ⓐ ⓑ ⓒ	33	ⓐ ⓑ ⓒ ⓓ	53	ⓐ ⓑ ⓒ ⓓ	73	ⓐ ⓑ ⓒ ⓓ	93	ⓐ ⓑ ⓒ ⓓ
14	ⓐ ⓑ ⓒ	34	ⓐ ⓑ ⓒ ⓓ	54	ⓐ ⓑ ⓒ ⓓ	74	ⓐ ⓑ ⓒ ⓓ	94	ⓐ ⓑ ⓒ ⓓ
15	ⓐ ⓑ ⓒ	35	ⓐ ⓑ ⓒ ⓓ	55	ⓐ ⓑ ⓒ ⓓ	75	ⓐ ⓑ ⓒ ⓓ	95	ⓐ ⓑ ⓒ ⓓ
16	ⓐ ⓑ ⓒ	36	ⓐ ⓑ ⓒ ⓓ	56	ⓐ ⓑ ⓒ ⓓ	76	ⓐ ⓑ ⓒ ⓓ	96	ⓐ ⓑ ⓒ ⓓ
17	ⓐ ⓑ ⓒ	37	ⓐ ⓑ ⓒ ⓓ	57	ⓐ ⓑ ⓒ ⓓ	77	ⓐ ⓑ ⓒ ⓓ	97	ⓐ ⓑ ⓒ ⓓ
18	ⓐ ⓑ ⓒ	38	ⓐ ⓑ ⓒ ⓓ	58	ⓐ ⓑ ⓒ ⓓ	78	ⓐ ⓑ ⓒ ⓓ	98	ⓐ ⓑ ⓒ ⓓ
19	ⓐ ⓑ ⓒ	39	ⓐ ⓑ ⓒ ⓓ	59	ⓐ ⓑ ⓒ ⓓ	79	ⓐ ⓑ ⓒ ⓓ	99	ⓐ ⓑ ⓒ ⓓ
20	ⓐ ⓑ ⓒ	40	ⓐ ⓑ ⓒ ⓓ	60	ⓐ ⓑ ⓒ ⓓ	80	ⓐ ⓑ ⓒ ⓓ	100	ⓐ ⓑ ⓒ ⓓ

Reading Comprehension

No.	A B C D	No.	A B C D	No.	A B C D	No.	A B C D
101	ⓐ ⓑ ⓒ ⓓ	121	ⓐ ⓑ ⓒ ⓓ	141	ⓐ ⓑ ⓒ ⓓ	161	ⓐ ⓑ ⓒ ⓓ	181	ⓐ ⓑ ⓒ ⓓ
102	ⓐ ⓑ ⓒ ⓓ	122	ⓐ ⓑ ⓒ ⓓ	142	ⓐ ⓑ ⓒ ⓓ	162	ⓐ ⓑ ⓒ ⓓ	182	ⓐ ⓑ ⓒ ⓓ
103	ⓐ ⓑ ⓒ ⓓ	123	ⓐ ⓑ ⓒ ⓓ	143	ⓐ ⓑ ⓒ ⓓ	163	ⓐ ⓑ ⓒ ⓓ	183	ⓐ ⓑ ⓒ ⓓ
104	ⓐ ⓑ ⓒ ⓓ	124	ⓐ ⓑ ⓒ ⓓ	144	ⓐ ⓑ ⓒ ⓓ	164	ⓐ ⓑ ⓒ ⓓ	184	ⓐ ⓑ ⓒ ⓓ
105	ⓐ ⓑ ⓒ ⓓ	125	ⓐ ⓑ ⓒ ⓓ	145	ⓐ ⓑ ⓒ ⓓ	165	ⓐ ⓑ ⓒ ⓓ	185	ⓐ ⓑ ⓒ ⓓ
106	ⓐ ⓑ ⓒ ⓓ	126	ⓐ ⓑ ⓒ ⓓ	146	ⓐ ⓑ ⓒ ⓓ	166	ⓐ ⓑ ⓒ ⓓ	186	ⓐ ⓑ ⓒ ⓓ
107	ⓐ ⓑ ⓒ ⓓ	127	ⓐ ⓑ ⓒ ⓓ	147	ⓐ ⓑ ⓒ ⓓ	167	ⓐ ⓑ ⓒ ⓓ	187	ⓐ ⓑ ⓒ ⓓ
108	ⓐ ⓑ ⓒ ⓓ	128	ⓐ ⓑ ⓒ ⓓ	148	ⓐ ⓑ ⓒ ⓓ	168	ⓐ ⓑ ⓒ ⓓ	188	ⓐ ⓑ ⓒ ⓓ
109	ⓐ ⓑ ⓒ ⓓ	129	ⓐ ⓑ ⓒ ⓓ	149	ⓐ ⓑ ⓒ ⓓ	169	ⓐ ⓑ ⓒ ⓓ	189	ⓐ ⓑ ⓒ ⓓ
110	ⓐ ⓑ ⓒ ⓓ	130	ⓐ ⓑ ⓒ ⓓ	150	ⓐ ⓑ ⓒ ⓓ	170	ⓐ ⓑ ⓒ ⓓ	190	ⓐ ⓑ ⓒ ⓓ
111	ⓐ ⓑ ⓒ ⓓ	131	ⓐ ⓑ ⓒ ⓓ	151	ⓐ ⓑ ⓒ ⓓ	171	ⓐ ⓑ ⓒ ⓓ	191	ⓐ ⓑ ⓒ ⓓ
112	ⓐ ⓑ ⓒ ⓓ	132	ⓐ ⓑ ⓒ ⓓ	152	ⓐ ⓑ ⓒ ⓓ	172	ⓐ ⓑ ⓒ ⓓ	192	ⓐ ⓑ ⓒ ⓓ
113	ⓐ ⓑ ⓒ ⓓ	133	ⓐ ⓑ ⓒ ⓓ	153	ⓐ ⓑ ⓒ ⓓ	173	ⓐ ⓑ ⓒ ⓓ	193	ⓐ ⓑ ⓒ ⓓ
114	ⓐ ⓑ ⓒ ⓓ	134	ⓐ ⓑ ⓒ ⓓ	154	ⓐ ⓑ ⓒ ⓓ	174	ⓐ ⓑ ⓒ ⓓ	194	ⓐ ⓑ ⓒ ⓓ
115	ⓐ ⓑ ⓒ ⓓ	135	ⓐ ⓑ ⓒ ⓓ	155	ⓐ ⓑ ⓒ ⓓ	175	ⓐ ⓑ ⓒ ⓓ	195	ⓐ ⓑ ⓒ ⓓ
116	ⓐ ⓑ ⓒ ⓓ	136	ⓐ ⓑ ⓒ ⓓ	156	ⓐ ⓑ ⓒ ⓓ	176	ⓐ ⓑ ⓒ ⓓ	196	ⓐ ⓑ ⓒ ⓓ
117	ⓐ ⓑ ⓒ ⓓ	137	ⓐ ⓑ ⓒ ⓓ	157	ⓐ ⓑ ⓒ ⓓ	177	ⓐ ⓑ ⓒ ⓓ	197	ⓐ ⓑ ⓒ ⓓ
118	ⓐ ⓑ ⓒ ⓓ	138	ⓐ ⓑ ⓒ ⓓ	158	ⓐ ⓑ ⓒ ⓓ	178	ⓐ ⓑ ⓒ ⓓ	198	ⓐ ⓑ ⓒ ⓓ
119	ⓐ ⓑ ⓒ ⓓ	139	ⓐ ⓑ ⓒ ⓓ	159	ⓐ ⓑ ⓒ ⓓ	179	ⓐ ⓑ ⓒ ⓓ	199	ⓐ ⓑ ⓒ ⓓ
120	ⓐ ⓑ ⓒ ⓓ	140	ⓐ ⓑ ⓒ ⓓ	160	ⓐ ⓑ ⓒ ⓓ	180	ⓐ ⓑ ⓒ ⓓ	200	ⓐ ⓑ ⓒ ⓓ

Answer Sheet

응시일자 :

TOEIC Test 2

Listening Comprehension

No.	A	B	C	D
1	a	b	c	
2	a	b	c	
3	a	b	c	
4	a	b	c	
5	a	b	c	
6	a	b	c	
7	a	b	c	d
8	a	b	c	d
9	a	b	c	d
10	a	b	c	d
11	a	b	c	d
12	a	b	c	d
13	a	b	c	d
14	a	b	c	d
15	a	b	c	d
16	a	b	c	d
17	a	b	c	d
18	a	b	c	d
19	a	b	c	d
20	a	b	c	d

No.	A	B	C	D
21	a	b	c	
22	a	b	c	
23	a	b	c	
24	a	b	c	
25	a	b	c	
26	a	b	c	
27	a	b	c	
28	a	b	c	
29	a	b	c	
30	a	b	c	
31	a	b	c	
32	a	b	c	
33	a	b	c	
34	a	b	c	
35	a	b	c	
36	a	b	c	
37	a	b	c	
38	a	b	c	
39	a	b	c	
40	a	b	c	

No.	A	B	C	D
41	a	b	c	d
42	a	b	c	d
43	a	b	c	d
44	a	b	c	d
45	a	b	c	d
46	a	b	c	d
47	a	b	c	d
48	a	b	c	d
49	a	b	c	d
50	a	b	c	d
51	a	b	c	d
52	a	b	c	d
53	a	b	c	d
54	a	b	c	d
55	a	b	c	d
56	a	b	c	d
57	a	b	c	d
58	a	b	c	d
59	a	b	c	d
60	a	b	c	d

No.	A	B	C	D
61	a	b	c	d
62	a	b	c	d
63	a	b	c	d
64	a	b	c	d
65	a	b	c	d
66	a	b	c	d
67	a	b	c	d
68	a	b	c	d
69	a	b	c	d
70	a	b	c	d
71	a	b	c	d
72	a	b	c	d
73	a	b	c	d
74	a	b	c	d
75	a	b	c	d
76	a	b	c	d
77	a	b	c	d
78	a	b	c	d
79	a	b	c	d
80	a	b	c	d

No.	A	B	C	D
81	a	b	c	d
82	a	b	c	d
83	a	b	c	d
84	a	b	c	d
85	a	b	c	d
86	a	b	c	d
87	a	b	c	d
88	a	b	c	d
89	a	b	c	d
90	a	b	c	d
91	a	b	c	d
92	a	b	c	d
93	a	b	c	d
94	a	b	c	d
95	a	b	c	d
96	a	b	c	d
97	a	b	c	d
98	a	b	c	d
99	a	b	c	d
100	a	b	c	d

Reading Comprehension

No.	A	B	C	D
101	a	b	c	d
102	a	b	c	d
103	a	b	c	d
104	a	b	c	d
105	a	b	c	d
106	a	b	c	d
107	a	b	c	d
108	a	b	c	d
109	a	b	c	d
110	a	b	c	d
111	a	b	c	d
112	a	b	c	d
113	a	b	c	d
114	a	b	c	d
115	a	b	c	d
116	a	b	c	d
117	a	b	c	d
118	a	b	c	d
119	a	b	c	d
120	a	b	c	d

No.	A	B	C	D
121	a	b	c	d
122	a	b	c	d
123	a	b	c	d
124	a	b	c	d
125	a	b	c	d
126	a	b	c	d
127	a	b	c	d
128	a	b	c	d
129	a	b	c	d
130	a	b	c	d
131	a	b	c	d
132	a	b	c	d
133	a	b	c	d
134	a	b	c	d
135	a	b	c	d
136	a	b	c	d
137	a	b	c	d
138	a	b	c	d
139	a	b	c	d
140	a	b	c	d

No.	A	B	C	D
141	a	b	c	d
142	a	b	c	d
143	a	b	c	d
144	a	b	c	d
145	a	b	c	d
146	a	b	c	d
147	a	b	c	d
148	a	b	c	d
149	a	b	c	d
150	a	b	c	d
151	a	b	c	d
152	a	b	c	d
153	a	b	c	d
154	a	b	c	d
155	a	b	c	d
156	a	b	c	d
157	a	b	c	d
158	a	b	c	d
159	a	b	c	d
160	a	b	c	d

No.	A	B	C	D
161	a	b	c	d
162	a	b	c	d
163	a	b	c	d
164	a	b	c	d
165	a	b	c	d
166	a	b	c	d
167	a	b	c	d
168	a	b	c	d
169	a	b	c	d
170	a	b	c	d
171	a	b	c	d
172	a	b	c	d
173	a	b	c	d
174	a	b	c	d
175	a	b	c	d
176	a	b	c	d
177	a	b	c	d
178	a	b	c	d
179	a	b	c	d
180	a	b	c	d

No.	A	B	C	D
181	a	b	c	d
182	a	b	c	d
183	a	b	c	d
184	a	b	c	d
185	a	b	c	d
186	a	b	c	d
187	a	b	c	d
188	a	b	c	d
189	a	b	c	d
190	a	b	c	d
191	a	b	c	d
192	a	b	c	d
193	a	b	c	d
194	a	b	c	d
195	a	b	c	d
196	a	b	c	d
197	a	b	c	d
198	a	b	c	d
199	a	b	c	d
200	a	b	c	d

성명

한자

영문

한글

Answer Sheet

TOEIC Test 3

응시일자 :

성명

| 한글 |
| 한자 |
| 영문 |

Listening Comprehension

No.	ANSWER	No.	ANSWER	No.	ANSWER	No.	ANSWER	No.	ANSWER
	A B C D		A B C D		A B C D		A B C D		A B C D
1	ⓐ ⓑ ⓒ ⓓ	21	ⓐ ⓑ ⓒ ⓓ	41	ⓐ ⓑ ⓒ ⓓ	61	ⓐ ⓑ ⓒ ⓓ	81	ⓐ ⓑ ⓒ ⓓ
2	ⓐ ⓑ ⓒ ⓓ	22	ⓐ ⓑ ⓒ ⓓ	42	ⓐ ⓑ ⓒ ⓓ	62	ⓐ ⓑ ⓒ ⓓ	82	ⓐ ⓑ ⓒ ⓓ
3	ⓐ ⓑ ⓒ ⓓ	23	ⓐ ⓑ ⓒ ⓓ	43	ⓐ ⓑ ⓒ ⓓ	63	ⓐ ⓑ ⓒ ⓓ	83	ⓐ ⓑ ⓒ ⓓ
4	ⓐ ⓑ ⓒ ⓓ	24	ⓐ ⓑ ⓒ ⓓ	44	ⓐ ⓑ ⓒ ⓓ	64	ⓐ ⓑ ⓒ ⓓ	84	ⓐ ⓑ ⓒ ⓓ
5	ⓐ ⓑ ⓒ ⓓ	25	ⓐ ⓑ ⓒ ⓓ	45	ⓐ ⓑ ⓒ ⓓ	65	ⓐ ⓑ ⓒ ⓓ	85	ⓐ ⓑ ⓒ ⓓ
6	ⓐ ⓑ ⓒ ⓓ	26	ⓐ ⓑ ⓒ ⓓ	46	ⓐ ⓑ ⓒ ⓓ	66	ⓐ ⓑ ⓒ ⓓ	86	ⓐ ⓑ ⓒ ⓓ
7	ⓐ ⓑ ⓒ ⓓ	27	ⓐ ⓑ ⓒ ⓓ	47	ⓐ ⓑ ⓒ ⓓ	67	ⓐ ⓑ ⓒ ⓓ	87	ⓐ ⓑ ⓒ ⓓ
8	ⓐ ⓑ ⓒ ⓓ	28	ⓐ ⓑ ⓒ ⓓ	48	ⓐ ⓑ ⓒ ⓓ	68	ⓐ ⓑ ⓒ ⓓ	88	ⓐ ⓑ ⓒ ⓓ
9	ⓐ ⓑ ⓒ ⓓ	29	ⓐ ⓑ ⓒ ⓓ	49	ⓐ ⓑ ⓒ ⓓ	69	ⓐ ⓑ ⓒ ⓓ	89	ⓐ ⓑ ⓒ ⓓ
10	ⓐ ⓑ ⓒ ⓓ	30	ⓐ ⓑ ⓒ ⓓ	50	ⓐ ⓑ ⓒ ⓓ	70	ⓐ ⓑ ⓒ ⓓ	90	ⓐ ⓑ ⓒ ⓓ
11	ⓐ ⓑ ⓒ ⓓ	31	ⓐ ⓑ ⓒ ⓓ	51	ⓐ ⓑ ⓒ ⓓ	71	ⓐ ⓑ ⓒ ⓓ	91	ⓐ ⓑ ⓒ ⓓ
12	ⓐ ⓑ ⓒ ⓓ	32	ⓐ ⓑ ⓒ ⓓ	52	ⓐ ⓑ ⓒ ⓓ	72	ⓐ ⓑ ⓒ ⓓ	92	ⓐ ⓑ ⓒ ⓓ
13	ⓐ ⓑ ⓒ ⓓ	33	ⓐ ⓑ ⓒ ⓓ	53	ⓐ ⓑ ⓒ ⓓ	73	ⓐ ⓑ ⓒ ⓓ	93	ⓐ ⓑ ⓒ ⓓ
14	ⓐ ⓑ ⓒ ⓓ	34	ⓐ ⓑ ⓒ ⓓ	54	ⓐ ⓑ ⓒ ⓓ	74	ⓐ ⓑ ⓒ ⓓ	94	ⓐ ⓑ ⓒ ⓓ
15	ⓐ ⓑ ⓒ ⓓ	35	ⓐ ⓑ ⓒ ⓓ	55	ⓐ ⓑ ⓒ ⓓ	75	ⓐ ⓑ ⓒ ⓓ	95	ⓐ ⓑ ⓒ ⓓ
16	ⓐ ⓑ ⓒ ⓓ	36	ⓐ ⓑ ⓒ ⓓ	56	ⓐ ⓑ ⓒ ⓓ	76	ⓐ ⓑ ⓒ ⓓ	96	ⓐ ⓑ ⓒ ⓓ
17	ⓐ ⓑ ⓒ ⓓ	37	ⓐ ⓑ ⓒ ⓓ	57	ⓐ ⓑ ⓒ ⓓ	77	ⓐ ⓑ ⓒ ⓓ	97	ⓐ ⓑ ⓒ ⓓ
18	ⓐ ⓑ ⓒ ⓓ	38	ⓐ ⓑ ⓒ ⓓ	58	ⓐ ⓑ ⓒ ⓓ	78	ⓐ ⓑ ⓒ ⓓ	98	ⓐ ⓑ ⓒ ⓓ
19	ⓐ ⓑ ⓒ ⓓ	39	ⓐ ⓑ ⓒ ⓓ	59	ⓐ ⓑ ⓒ ⓓ	79	ⓐ ⓑ ⓒ ⓓ	99	ⓐ ⓑ ⓒ ⓓ
20	ⓐ ⓑ ⓒ ⓓ	40	ⓐ ⓑ ⓒ ⓓ	60	ⓐ ⓑ ⓒ ⓓ	80	ⓐ ⓑ ⓒ ⓓ	100	ⓐ ⓑ ⓒ ⓓ

Reading Comprehension

No.	ANSWER	No.	ANSWER	No.	ANSWER	No.	ANSWER	No.	ANSWER
	A B C D		A B C D		A B C D		A B C D		A B C D
101	ⓐ ⓑ ⓒ ⓓ	121	ⓐ ⓑ ⓒ ⓓ	141	ⓐ ⓑ ⓒ ⓓ	161	ⓐ ⓑ ⓒ ⓓ	181	ⓐ ⓑ ⓒ ⓓ
102	ⓐ ⓑ ⓒ ⓓ	122	ⓐ ⓑ ⓒ ⓓ	142	ⓐ ⓑ ⓒ ⓓ	162	ⓐ ⓑ ⓒ ⓓ	182	ⓐ ⓑ ⓒ ⓓ
103	ⓐ ⓑ ⓒ ⓓ	123	ⓐ ⓑ ⓒ ⓓ	143	ⓐ ⓑ ⓒ ⓓ	163	ⓐ ⓑ ⓒ ⓓ	183	ⓐ ⓑ ⓒ ⓓ
104	ⓐ ⓑ ⓒ ⓓ	124	ⓐ ⓑ ⓒ ⓓ	144	ⓐ ⓑ ⓒ ⓓ	164	ⓐ ⓑ ⓒ ⓓ	184	ⓐ ⓑ ⓒ ⓓ
105	ⓐ ⓑ ⓒ ⓓ	125	ⓐ ⓑ ⓒ ⓓ	145	ⓐ ⓑ ⓒ ⓓ	165	ⓐ ⓑ ⓒ ⓓ	185	ⓐ ⓑ ⓒ ⓓ
106	ⓐ ⓑ ⓒ ⓓ	126	ⓐ ⓑ ⓒ ⓓ	146	ⓐ ⓑ ⓒ ⓓ	166	ⓐ ⓑ ⓒ ⓓ	186	ⓐ ⓑ ⓒ ⓓ
107	ⓐ ⓑ ⓒ ⓓ	127	ⓐ ⓑ ⓒ ⓓ	147	ⓐ ⓑ ⓒ ⓓ	167	ⓐ ⓑ ⓒ ⓓ	187	ⓐ ⓑ ⓒ ⓓ
108	ⓐ ⓑ ⓒ ⓓ	128	ⓐ ⓑ ⓒ ⓓ	148	ⓐ ⓑ ⓒ ⓓ	168	ⓐ ⓑ ⓒ ⓓ	188	ⓐ ⓑ ⓒ ⓓ
109	ⓐ ⓑ ⓒ ⓓ	129	ⓐ ⓑ ⓒ ⓓ	149	ⓐ ⓑ ⓒ ⓓ	169	ⓐ ⓑ ⓒ ⓓ	189	ⓐ ⓑ ⓒ ⓓ
110	ⓐ ⓑ ⓒ ⓓ	130	ⓐ ⓑ ⓒ ⓓ	150	ⓐ ⓑ ⓒ ⓓ	170	ⓐ ⓑ ⓒ ⓓ	190	ⓐ ⓑ ⓒ ⓓ
111	ⓐ ⓑ ⓒ ⓓ	131	ⓐ ⓑ ⓒ ⓓ	151	ⓐ ⓑ ⓒ ⓓ	171	ⓐ ⓑ ⓒ ⓓ	191	ⓐ ⓑ ⓒ ⓓ
112	ⓐ ⓑ ⓒ ⓓ	132	ⓐ ⓑ ⓒ ⓓ	152	ⓐ ⓑ ⓒ ⓓ	172	ⓐ ⓑ ⓒ ⓓ	192	ⓐ ⓑ ⓒ ⓓ
113	ⓐ ⓑ ⓒ ⓓ	133	ⓐ ⓑ ⓒ ⓓ	153	ⓐ ⓑ ⓒ ⓓ	173	ⓐ ⓑ ⓒ ⓓ	193	ⓐ ⓑ ⓒ ⓓ
114	ⓐ ⓑ ⓒ ⓓ	134	ⓐ ⓑ ⓒ ⓓ	154	ⓐ ⓑ ⓒ ⓓ	174	ⓐ ⓑ ⓒ ⓓ	194	ⓐ ⓑ ⓒ ⓓ
115	ⓐ ⓑ ⓒ ⓓ	135	ⓐ ⓑ ⓒ ⓓ	155	ⓐ ⓑ ⓒ ⓓ	175	ⓐ ⓑ ⓒ ⓓ	195	ⓐ ⓑ ⓒ ⓓ
116	ⓐ ⓑ ⓒ ⓓ	136	ⓐ ⓑ ⓒ ⓓ	156	ⓐ ⓑ ⓒ ⓓ	176	ⓐ ⓑ ⓒ ⓓ	196	ⓐ ⓑ ⓒ ⓓ
117	ⓐ ⓑ ⓒ ⓓ	137	ⓐ ⓑ ⓒ ⓓ	157	ⓐ ⓑ ⓒ ⓓ	177	ⓐ ⓑ ⓒ ⓓ	197	ⓐ ⓑ ⓒ ⓓ
118	ⓐ ⓑ ⓒ ⓓ	138	ⓐ ⓑ ⓒ ⓓ	158	ⓐ ⓑ ⓒ ⓓ	178	ⓐ ⓑ ⓒ ⓓ	198	ⓐ ⓑ ⓒ ⓓ
119	ⓐ ⓑ ⓒ ⓓ	139	ⓐ ⓑ ⓒ ⓓ	159	ⓐ ⓑ ⓒ ⓓ	179	ⓐ ⓑ ⓒ ⓓ	199	ⓐ ⓑ ⓒ ⓓ
120	ⓐ ⓑ ⓒ ⓓ	140	ⓐ ⓑ ⓒ ⓓ	160	ⓐ ⓑ ⓒ ⓓ	180	ⓐ ⓑ ⓒ ⓓ	200	ⓐ ⓑ ⓒ ⓓ

From Bottom to Top

토익, 그냥 점수만 따는 게 아니라
영어 실력도 쌓으면서 제대로 하고 싶으세요?
듣기, 문법, 읽기, 어휘 실력을
전방위로 넓히면서
토익의 전반적인 힘을 키워 보세요.

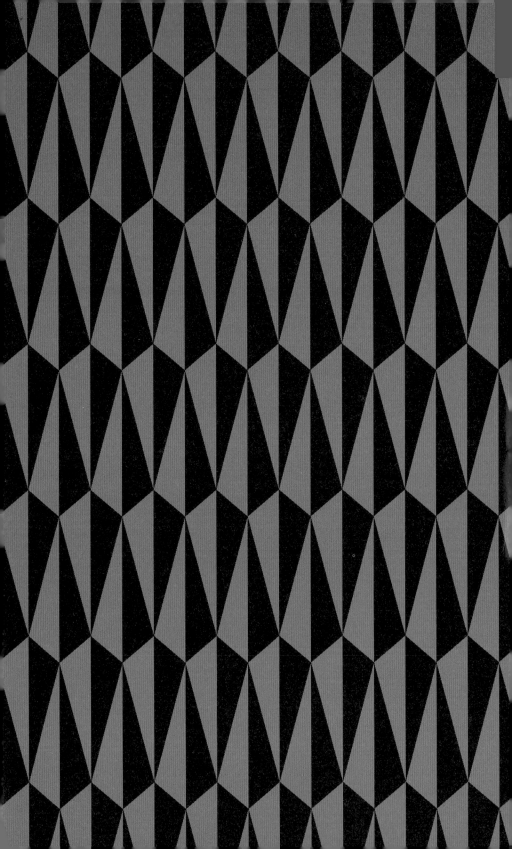

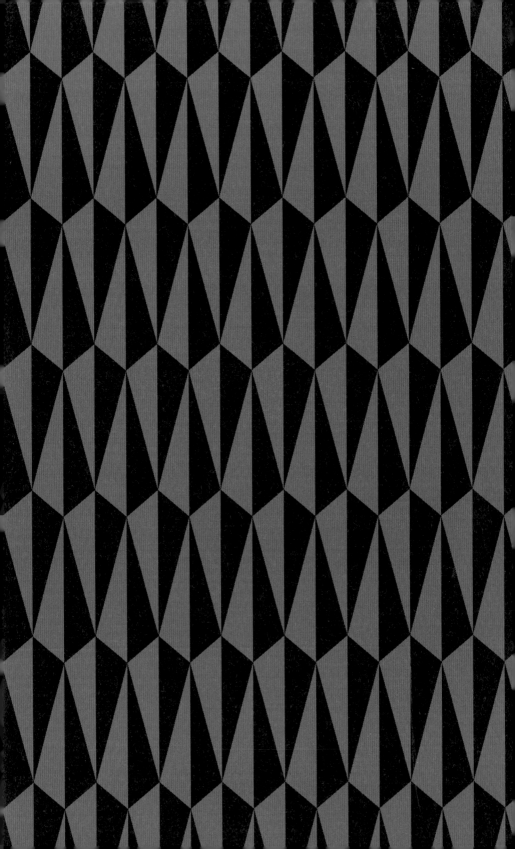